反向抵押贷款状况与运作

柴效武 等著

ZHEJIANG UNIVERSITY PRESS
浙江大学出版社

图书在版编目(CIP)数据

反向抵押贷款状况与运作 / 柴效武等著. —杭州：
浙江大学出版社,2019.10
ISBN 978-7-308-18405-2

Ⅰ.①反… Ⅱ.①柴… Ⅲ.①住房抵押贷款－研究
Ⅳ.①F830.572

中国版本图书馆 CIP 数据核字(2018)第 150148 号

反向抵押贷款状况与运作

柴效武 等著

责任编辑	傅百荣	
责任校对	高士吟	
封面设计	刘依群	
出版发行	浙江大学出版社	
	（杭州市天目山路 148 号　邮政编码 310007）	
	（网址：http://www.zjupress.com）	
排　　版	浙江时代出版服务有限公司	
印　　刷	虎彩印艺股份有限公司	
开　　本	787mm×1092mm　1/16	
印　　张	25.75	
字　　数	710 千	
版 印 次	2019 年 10 月第 1 版　2019 年 10 月第 1 次印刷	
书　　号	ISBN 978-7-308-18405-2	
定　　价	82.00 元	

目　录

反向抵押贷款定义的一般探讨

柴效武　李淑文[①]

摘要：欲深入理解反向抵押贷款这种金融产品，对其作出多方面的定义探讨是必要的。本文从反向抵押贷款的含义着手，对其内涵进行了多层次的界定。同时对反向抵押贷款的特征予以探讨。

一、Reverse Mortgage 的含义

反向抵押贷款是一种帮助老年人清算其所拥有房屋价值补充养老用费的金融工具，在美国称为 Reverse Mortgage，英法等欧洲国家推出的类似产品，则称为 Collateralized Annuity。

（一）Reverse Mortgage 的汉语辨析

国内目前对"reverse mortgage"的汉语翻译没有完全统一，通常翻译成"反向抵押贷款"，简称"倒按揭"，也有称为逆向抵押贷款或逆序抵押贷款等，但大同小异。同一个概念因翻译不同徒生混乱，实有必要讨论合适的用语。

我们曾形象化地概括养老模式的变迁：过去的养老传统是"儿子养老"，现在是"票子养老"，将来则会进入"房子养老"的新阶段。用以房养老指代"reverse mortgage"，似乎通俗易懂又简明扼要。许芳和范国华在 2006 年第 12 期《法学论坛》发表文章《我国以房养老模式的法律分析》，文中提到以房养老模式是指"reverse mortgage"，该篇文章的英文摘要中将"以房养老"翻译成"the mode of retire to enjoy life with the building"。但作为一个法学概念来说，"以房养老"较为笼统并口语化，容易引起混乱，作为一篇法学论文的探讨对象来说是不大合适的。

需要说明的是，以房养老这个非术语概念，代表的是一种新的养老思想和生活理念，而反向抵押贷款则只是以房养老下的一种具体操作模式或工具。以房养老的具体操作办法可包括 30 种，除反向抵押贷款之外，还包括售房养老、投房养老、换房养老等，具体事项可参见柴效武 2011 年在中国民主法制出版社出版的《未来靠啥养老》一书。

第二种翻译为"反向抵押贷款"，将 Reverse Mortgage 中的 mortgage 翻译成"抵押"是值得商榷的。国内外对"mortgage"一词翻译不一，在日本，多数学者将其译为"让渡担保"；在我国台湾地区，多数学者则译为"抵押权"；而在我国香港地区则将其译为"按揭"。从历史起源以及制度构成来说，英美法系中"mortgage"与大陆法系中的"抵押权"是有差异的。如美国的阿拉巴马、缅因、马里兰以及田纳西等采取"权利移转理论"的州，于 mortgage 生效时起，mortgager（相当于抵押权人）有权占有抵押物及收取租金。Reverse Mortgage 本质上仍是一种特殊类型的 mortgage。如将其翻译成"反向抵押贷款"势必混淆英美法系中 mortgage 与大陆法系中的抵押权概念，不足以精确表达和涵盖英美法系中 Reverse Mortgage 制度的所有内容。

---

① 李淑文，女，西南政法大学 2008 届硕士研究生，主要研究方向为金融保险等。

(二)Reverse Mortgage 的辞源考察

Reverse 在 Reverse Mortgage 中的词性为形容词,作定语修饰和限制"mortgage",本义为"相反的趋势和过程"。mortgage 由词根 mort 和后缀 gage 组成,mort 源于古拉丁语 mortum,意为"永久、永远、死";gage 在英语中意为"质押、保存"。两者合为一体,就有了"死担保、永久质押"的意思。我国古代就有"质、押、典、当、按"等担保形式,"按"在广东话中有"押"、"抵押"的意思。从字面意思上看,"按"、"押"都有压住不动的意思,即将一定的物体从其他物体中分离出来,专门为特定的债权担保,但"按"的意义主要在客家人中使用,"gage"与广东话"揭"的发音相近;英语"mortgage"一词,如用普通话念应当是"摩给济",用广东话念就成了"按揭"。所以"按揭"是英文"mortgage"的半意译半音译的粤语词汇。此外"按揭"这个词仍未作为一个法学概念,被纳入到大陆法学担保物权法体系中。无论是法学教育中担保法学的讲授,还是担保法律法规实务中,按揭并非并列于抵押、质押和留置的概念。国内语境下的按揭,通常是指商品房的抵押贷款,相比于英美法系中的 mortgage,汉语按揭中的标的仅仅限于商品房。为更好地解构美国法中"Reverse Mortgage"的制度内容,本文采用广义上的"按揭"即内容完全对应于英美法系中的"mortgage",将 Reverse Mortgage 翻译为"倒按揭"。

概念的同一是逻辑推理和学术讨论的前提和基石,否则会导致讨论内容出现"鸡同鸭讲"的交集尴尬境地。而 Reverse Mortgage 多种汉语翻译势必会引起混淆,不精确的翻译又会使 Reverse Mortgage 从字面上就遗漏某些应有的内容。通过对 mortgage 辞源的考察,本文认为 Reverse Mortgage 翻译成"反向抵押贷款"是合适的,简称为"倒按揭"。

二、Reverse Mortgage 的定义

反向抵押贷款又称为住宅产权反向抵押贷款,在不同国家和地区,受经济发展水平、文化传统、法律制度、社会习惯等因素影响,反向抵押形成不同的定义。国内学者在介绍这种制度时,根据自己研究领域及侧重点的不同,对反向抵押贷款也给予不同的解释。

(一)基本定义

反向抵押贷款是指达到一定年龄条件的老年人,将其拥有的产权房抵押给特定的金融保险机构,由该机构按照房产的价值依据一定的方式支付现金给老年人,以保障其晚年生活的一种制度。具体内涵为已经拥有完全房屋产权并符合贷款申请条件的老人,将房屋产权抵押给银行、保险等业务经办机构,经办机构则对抵押人的年龄及预期寿命,房屋现值及未来的增值折损情况,以及借款人去世时房产的价值进行综合评估后,按其房屋的评估价值减去预期折损和预支利息,并按抵押人群的平均寿命计算每期给付的金额,将房屋的价值化整为零,分摊到预期寿命年限中去,并按约定的方式支付现金给借款人,直至借款人去世,使他们在生前就可以提前得到自己住房价值的变现款。如果借款人或其继承人没有归还贷款,金融机构可以对房屋折价、变卖、拍卖,并以所得款项来偿还贷款累计本息。

分析反向抵押贷款的定义,可以得出如下值得思考的内容:

(1)反向抵押贷款是一种适合老年人的房产抵押养老保险产品,对象是拥有房屋产权的老年人,对年龄有着特定的资格规定,如美国、澳大利亚、加拿大等国家要求是 62 岁以上的老年人。只有符合年龄条件的老年人才有资格申请这类贷款。这是反向抵押贷款设计的出发点和本质特

点决定的。

(2)老年人除要求具备年龄条件外,一般还需要具有本国的国籍或永久居留权,并拥有房屋的合法处分权等条件。

(3)反向抵押贷款要求抵押人正常居住在抵押的房屋中,一旦抵押人去世或永久搬离该房屋,贷款机构就有权出售房屋,否则,即使贷款的累计额度超过了房屋的市场价值,贷款机构也不能宣告贷款业务终结,而硬性要求抵押人偿还贷款。

(4)抵押人在贷款期间可以出售或转让房屋,但是必须偿还从贷款机构获得的金额,包括利息及其他费用。

(5)反向抵押贷款是无追索权的,即贷款机构不能要求抵押人用其他资产来抵偿贷款。

(6)反向抵押贷款的支付形式多种多样,可以采用年金支付、期间支付、一次性总额支付等多种形式。

(7)住房的反向抵押要符合有关担保制度的法律要件和规则。

(8)反向抵押作为一种金融工具,目的是为了增加老年人的收入,不具有投资功能,借款人取得现金一般为提高老年人的生活水平,减轻国家、企业、个人养老的压力。

(9)只有经过特别授权并符合法定条件的机构,才能成为合格的贷款机构。

(10)反向抵押贷款是专门为老人提供住房融资,补充解决养老问题而提供的一项养老服务,并非人人都能参与的大众化金融理财工具。

根据这种状况设计的反向抵押贷款业务,将老年人的住房产权逐渐转化为有生之年支持日常生活开销的消费金额,款项的大小与合同期限、利率高低、预期住房的价值以及房主希望保留的房屋产权份额等有关。合同期满后房产将归属金融保险机构所有。当然,房主也可保留部分房产权益,以应对未来的不确定支出,以便在自己身故后,仍会有一定的遗产传留给子女。反向抵押贷款业务因其与众不同的现金流特点,特别适合退休老人的养老需求。

(二)美国式定义

在以美国为代表的一些国家,反向抵押贷款是在传统抵押贷款的基础上发展起来的。按照美国《联邦银行法》的有关规定,反向抵押贷款是指"不动产抵押保全的贷款"。"该贷款的抵押物只能是不动产,而不能是有价证券或其他的财产所有权,也不能是租赁财产。其中的"不动产"必须是个人家庭常住的,且为抵押人独立拥有或多个抵押人共同拥有的房产。这个"贷款"是在贷款期限内分期等额或不等额支付给借款人。申请反向抵押贷款的申请人,在居住期间不需要归还贷款,只是在到期之后以出售房屋所得款项来偿还贷款,且最高的还款额以房屋价值为限。

美国模式的反向抵押贷款以传统抵押贷款为基础,其产品的管理、定价及风险控制、权利义务的分配等,需要严格按照传统抵押贷款的规则制定、安排,以便于调控和降低风险。贷款运作实践中,因其支付方式灵活、品种丰富、管理规范、信用度高等特点,有着广阔的发展空间。

(三)英国式定义

在以英国为代表的一些国家,人们认为反向抵押贷款的核心是一种"抵押房产、领取年金"的寿险产品,开展反向抵押业务的金融机构限定为人寿保险公司,对反向抵押严格按照寿险产品的性质,适用寿险的相关规定。这是以产权独立的房产为保险标的,以低收入老年人为投保人,将其房产转化为保险年金或其他保险收入的形式。其操作程序为拥有房产的投保人通过与保险公司签订合同,将房产抵押给保险公司,自己可以终身拥有该房屋的使用权,保险公司按月向投保人支付养老金,待投保人死亡后,保险公司出售该房屋来偿还本息。养老金的计算是按房屋的评估价值减去预期折损和预期利息,并按平均寿命计算,分摊到投保人的预期寿命年限中去。反向抵押贷款将投保人的房屋价值"化整为零",使他们生前就可以提前得到自己房屋的价款,并保留对房屋的居住权,就像保险公司通过分期付款的方式向投保人买房。这种以寿险年金方式开展的反向抵押贷款只限于保险公司参与,与美国模式相比较,资金来源不够广泛,风险分散能力不够强,发展空间较小。

(四)小结

笔者认为,上述几类定义有共同之处,反向抵押贷款的具体实践形式多种多样,并呈现出不同国家及地区之间互相借鉴吸收的趋势。在理论上,学者们给出的不同定义,只是从不同视角阐释了反向抵押贷款的共同内涵。

第一,从范畴上看,无论是美国模式,还是英国模式,反向抵押贷款都是一种综合性的金融产品。

第二,从主体上看,一方是拥有房产但需要养老资金的老年人,另一方是可以提供融资服务,需要拓展业务以获得利润的金融机构。

第三,从内容上看,是老年人以房屋做抵押向金融机构借款,以充分利用房屋的交换价值,同时继续保留房屋的居住权直到死亡,以充分实现房屋的使用价值。

第四,还款方式上看,一是在房屋出售、房主永久搬离或借款人死亡后,用货币偿还借款;二是以出售房屋所得款项为还款来源。

综上所述,笔者认为,可以归结反向抵押贷款的定义为:反向抵押贷款是指老年人以其拥有产权的房屋做抵押,向金融机构借款,同时保留房屋的居住权,所借款项在房屋出售、房主永久搬离或借款人死亡时以出售房屋所得款项偿还的一种金融产品。

三、反向抵押贷款的不同认识

对反向抵押贷款的认知,可以从不同角度加以说明。天津工业大学的张子强在其硕士论文《我国住房反向抵押法律制度研究》中,也对此作出一定的探讨。

(一)反向抵押贷款是指不动产抵押保全的贷款

按照美国《银行法》的有关规定,作为反向抵押的不动产,必须是有一人固定居住的家庭独立拥有的房产或多个抵押人共同拥有的房产。反向抵押贷款的标的只能是房屋等不动产,而不能是有价证券或其他财产,更不能是租赁财产。申请反向抵押贷款的老人,拥有法律保护的居住权直至去世,在居住期间一般不需要还贷,只需要在到期或死亡后以抵押不动产的变现价值来偿还,且贷款机构必须受法律强行规定的"无追索权"条款的限制。

反向抵押贷款是一种特殊的融资机制,是以拥有住房的老年居民为放款对象,以房产作抵押,在居住期间无需偿还,在借款人死亡、出售住房或永久搬出住房时到期,以出售住房所得资金归还贷款本金、利息和各种费用。这种贷款可以是一次性或者在一定时间内按月发放,也可以在一定信用额度内根据借款者的需要自由支付,贷款可用于日常开支、房屋修缮和医疗保健等,没有限制。该贷款开办的目的是解决社会养老资源缺乏的问题,是利用个人生命周期和住房寿命周期的差异,把老人去世后住房仍有的余值提前予以贴现,用以弥补养老期间的收入来源,以期使老人拥有的财富不仅是货币,也包括住房财富,能够在整个一生中得到合理配置,使一生的总效用达到最大化。

(二)反向抵押贷款是一种房产养老寿险产品

反向抵押贷款又称为房产养老寿险[①]，是一种房屋价值贷款，即房屋的所有权人以自有房屋为抵押，向保险公司取得贷款。保险公司对房屋的价值评估后，用评估价值减去预期利率费率和可能发生的折旧和损失，来获得该房屋的净值；再按照大数定理计算出该老年人的存活年限，将该房屋的净值分期摊销到投保人预期存活寿命的年限中，然后由保险公司按月或按年支付养老金给投保人，供其作为日常生活之用，从而起到解决养老资源短缺、提高养老水平的作用。

反向抵押贷款业务借助于金融保险这一构思精巧的工具，将房产价值与养老有机地结合在一起，是将老年人在未来去世后仍存在的住房价值，全部或部分地提前转换为持续、稳定的现金收入。这种保险品种的特点是保险公司分期贷款，最后一次性收回。贷款本金和利息总额随时间延长、分期放贷而增长，债务人负债增加，自有资产不断减少。贷款额可以是一次性取得，也可以是按月或在一定信用额度内根据借款人需要自由支付。反向抵押贷款业务在居住年限或者说老年人生存期间无需支付任何利息和偿还本金，直到作为投保人的住房所有权人死亡或者永久搬离，以住房本身或住房出售的收入来偿还贷款本息，且最高还款数额一般只以住房价值为限，归还贷款后如有剩余部分再由其子女继承。

(三)反向抵押贷款是一种针对老人的特别财务安排

反向抵押贷款是一种针对老年人的特殊财务安排，通过这种财务安排从其拥有的物业上转化现金用于养老。这些款项在业主去世后，或业主本身主动终止反向抵押贷款合约时才需要偿还。这种财务安排的实质是通过增加房屋资产的流动性，减弱甚至消除家庭生命周期与住房生命周期的差异，使老年人可以在自己的生命周期内充分享受到整个住房生命周期的收益权。

(四)反向抵押贷款是一种住房"期货化"的形式

有学者认为，反向抵押贷款是一种住房"期货化"的形式。即符合法律规定条件的老年人将拥有自主产权的住房作为"期货"，预售给开办反向抵押贷款的金融机构，该机构按约定的方式支付现金给老人，老人对该"期货化"的住房拥有合法的居住权，去世后该房产自然归属于该金融机构。从住宅金融角度看，老年住房的"期货化"属于目前流行的抵押贷款的反向过程，是老年人用自己拥有产权的住房向金融机构融资。

王琨(2005)认为反向抵押贷的市场发展依赖于三个条件：发展成熟的金融机构是该期货的购买者；遵循市场发展规律的房地产经营者是老年房产的最终消化者；大规模拥有住宅的老年人是最重要的基础。我国目前已经具备了上述条件。

四、反向抵押贷款的基本特征

反向抵押贷款作为一种新型的金融产品，与传统的抵押贷款有紧密联系，也有较大区别，其特征有如下几点。

---

① 由于开办机构的不同而名称不同。如果由银行来运作，就是反向抵押贷款；如由保险公司开办这项业务，则称为房产养老寿险更为合适，这里应当从名称上将两者区别开来。

（一）抵押的特殊性

反向抵押贷款中的"抵押"是为了担保债务的履行，在债务人的特定物——住房上设定的，具有担保性质的一种权利，具有抵押的一般特点，即物权性和价值性，前者具体包括物权的法定性、优先性、支配性、排他性和追及性等；后者则包括变价受偿性和物上代位性和担保性，包括从属性和不可分性。

反向抵押贷款的"抵押"，又具有一般抵押不具备的许多特点，是一种特殊抵押。此种特殊抵押又不同于特殊抵押的现有分类，包括法定抵押、动产抵押、权利抵押、证券抵押、共同抵押、财团抵押和浮动抵押等，都明显不同于反向抵押贷款的"抵押"，这一"抵押"的特殊性表现为：

第一，抵押期限的不确定性。反向抵押贷款的抵押期限是不确定的，是由借款人的余存寿命决定的，而一般抵押贷款的期限是可以确定的。

第二，担保债权具有特殊性。具体体现在反向抵押贷款中的抵押担保的债权额度，一般是预估的，但以实现抵押权时房屋的现实价值为限，这和一般抵押担保的债权额度有较大不同。一般抵押贷款中，若债权总额超过限定额，超过部分化为无担保的一般债权；而在反向抵押贷款业务中，依各国通例，超过住房价值的部分受"无追索权"条款的限制，债权人无权要求以债务人其他财产归还，因而带有风险投资的性质。

综上所述，反向抵押贷款中"抵押"的法律性质仍为担保物权中的抵押权，明显不同于一般抵押，亦不同于现行物权法、担保法上的任何特殊抵押，是一种新型抵押担保方式。

（二）借款人的特定性

反向抵押贷款不同于传统抵押贷款，借款人具有特定性。一般是拥有房屋产权、年龄达到最低要求的老年人，才有资格申请反向抵押贷款。对借款人年龄的限制，主要基于贷款机构对贷款风险的考虑。美国和加拿大都规定借款人年龄不得小于62岁，性别不限，房屋可以是共有的，但所有共有人的年龄至少都要达到62岁。新加坡规定借款人的年龄为60岁以上。澳大利亚的反向抵押贷款借款人，必须符合的条件是"澳大利亚居民且已年届62岁或以上并拥有自己的房产，贷款的目的是个人晚年生活使用，基于个人使用目的的再贷款除外"。

（三）带有政策属性的抵押贷款

被称为"房子富人、现金穷人"（house rich, cash poor）的老年人口，随着老龄化时代的到来大量出现，为提高这部分老年人的收入和生活水平，减轻国家、企业、个人养老压力的反向抵押贷款就应运而生。反向抵押贷款对借款人资质的规定，既是基于该产品的设计初衷，是对社会养老资金不足的有益补充，具有一定的政策属性；又是出于对贷款机构风险控制的考虑，向特定年龄的居民放款可以缩短贷款期限，整体减少贷款风险。

（四）无追索权的抵押贷款

反向抵押贷款到期时贷款累计本息总额可能低于或高于房屋出售的价格。对前者，出售房屋所得款项在归还贷款总额后的剩余部分，应当归还借款人或其继承人；对后者，出售房屋所得款项不足以归还贷款本金和利息总额的，贷款机构所能收回贷款的最大限额为既定的房产价值，没有权利要求借款人或其继承人归还剩余贷款，即不能向其追索贷款余额，这就是"无追索权"。

自1989年以来，被美国联邦住房管理局保险的反向抵押贷款项目都拥有无追索权的特性。申请借款人的资质需要得到政府的认可，如最终老人故世或迁出拍卖房产时，贷款总额超过了房产价值使得贷款受损时，由政府负责赔偿。这意味着贷款总额不能超过房屋售价，贷款机构也不能对借款人除房屋以外的其他资产求偿。换句话说，即使借款人所借本金加利息已超过资产变现的价值，需要偿还贷款机构的金额也仅仅以房屋价值为限。这正是金融机构必须承担的风险。

(五)所有权的存续性

反向抵押贷款的借款人在整个贷款期间仍然拥有房屋的所有权和居住使用权。借款人可以把房屋遗留给自己的继承人，但继承人继承房屋是以其归还全部贷款本息为前提条件；借款人也负有履行房屋所有人的义务，如缴纳财产税、保险费以及负责修缮和维护房屋的费用等。贷款机构取得的是房屋的抵押权而非房屋本身，提供贷款的目的是确保贷款本金和利息的收回，而非占有房屋，这是与传统住房抵押贷款保持一致的。

(六)居住权的保有性

借款人在签订反向抵押贷款合约之后，在其生存期仍拥有该房屋的居住权，直到最终死亡为止。这就是说老人参与反向抵押贷款业务后，在以夫妻共有房屋申请贷款的情况下，直到最后一个借款人死亡、出售房屋或永久搬离房屋为止，并不影响其对住房的正常使用和晚年的正常生活。反向抵押贷款的居住权保有特征，是与其解决老年群体养老资金不足的属性分不开的，该贷款利用其放款和还款的特殊方式，在解决社会老年群体养老资金不足的同时，又保障了其正常居住权。

(七)还款方式的特殊性

反向抵押贷款的偿还方式，较之传统的抵押贷款有较大区别，是在借款人去世或永久搬离该房屋时，贷款机构将抵押的房屋出售或变卖所得款项偿还贷款的全部本息。出售房屋所得价款在扣除交易费用后偿还全部贷款本息如有剩余，剩余部分仍归由借款人或其继承人所有，如售房价款不足以清偿贷款本息，贷款机构也无追索权。

(八)贷款的风险性

人们认为房地产本身的自然特点和经济特性，决定了这类反向抵押贷款的风险性很少，实际上它并不能完全排除各类风险的发生。比如，房地产价值增值的长期性，并不能替代某一特定时期、特定地域房地产价值波动的非确定性。反向抵押贷款最终是用房屋还贷，相较而言，住房价值波动带来的还贷风险就显得更多一些。若正好是在住房价值最高时向银行申请取得贷款，并在整个贷款期内都是按照较高额度来取得款项，最终需要用住房本身来归还贷款本息时，却发现住房的价值已经大大缩水，这项贷款的回收就会遇到大问题。但如是在住房价值较低时向银行申请取得贷款，最终贷款到期归还本息时，却又发现该住房的价值仍会保持相当的坚挺，甚至还有相当程度的上涨。贷款银行可以保证安全收贷，借款人也能无任何遗憾地离去，不致为负债无法偿还而抱憾。巴塞尔国家金融会议把抵押房地产的风险系数确定为50%，是有相当道理的。

(九)贷款的现实性

反向抵押贷款行为的实施中，每期从银行取得贷款是现实存在，金融机构必须每期确切无疑地拿出"真金白银"来放债；而还贷则是"未来"才会发生，现在对未来，就是以确定对不确定，"未来"的状况如何，"现在"并不能给予充分的保证，这就必须对未来事项打上一个折扣系数才可。

（十）贷款的凭物性

住房反向抵押贷款同一般抵押贷款的不同之处，在于其还贷对象主要不是货币，而是住宅实体。这就需要在住宅实物资产与货币资产之间建立一个等式，住宅资产的最终价值是多少，可变现的净值又有多大等，是否同取得贷款的累计本息相当，以保障该笔贷款能得到足够的偿还。更重要的是，这一住宅能否在房地产市场上顺利脱手，完全实现价值。俗语云，"炒股炒成股东，炒房炒成房东"，显然是很受忌讳的。

金融保险业要跻身于房地产投资市场，才能找到自己的最大一块"利润增长点"，迅速扩充业务范围，提升业绩。但房地产的固定性、长期性，又同金融保险业信奉的流动性发生违背。投资于房地产是希望在此中做大蛋糕，实现盈利，而非将自己牢牢套于其中不得翻身。

发达国家的实践证明，在养老资源和养老保障体系存在较大缺欠的现实状况下，反向抵押贷款是一种强有力的以房养老金融工具，可以为我国解决养老资金的难题提供很好的思路。

五、反向抵押贷款沿革及发展趋势

（一）反向抵押贷款的起源

针对处于"拥有房产却短缺现金"境遇的老年人，西方国家产生了一种叫反向抵押贷款的借贷方案。有记录的历史表明，400 多年前，在欧洲就已经出现了类似于反向抵押贷款的合同安排：投资者购买老人的住房，并允许他们有生之年免费租住。20 世纪 20 年代末的世界经济危机即"大萧条"时期，一种被称为房产价值反转继承（home-equity reversion）的金融工具在英格兰被创造出来。这个工具可以视为现代倒按揭产品的萌芽，在市场上也出现了专门为老年房主和投资人牵线搭桥的中介公司。

20 世纪 50 年代，home-equity reversion 的产品概念传入美国。第一笔反向抵押贷款是在 1961 年，波特兰大 Nelson Haynes of Savings & Loan 向一个高中足球队教练的遗孀 Nellie Young 发放的。早期的反向抵押贷款一般由小型贷款机构和地方政府共同发起并承办。

20 世纪 70 年代，一些研究机构和学者开展了反向抵押贷款的相关研究，陈永彬教授在洛杉矶主持了调查研究计划"住房年金计划"；1978 年，威斯康辛州老人中心资助 Ken Scholen 教授做了"反向抵押贷款项目研究"。

1979 年 5 月在威斯康辛州的麦迪逊举行的全美房产抵押会议（the first national conference on home equity）之后，反向抵押贷款这种金融工具开始逐步推广起来。

1981 年，美国成立了独立的非营利性组织——房产价值转换国家中心（the National Centre for Home Equity Conversion，NCHEC），其主要职责是向老年消费者进行反向抵押贷款产品知识的宣传和教育。

（二）美国反向抵押贷款的历史沿革

1980 年，反向抵押贷款开始引入美国，最早的此类商品计划由美国小型贷款公司和州政府发起，地方政府的目的则是为着维护自己的利益，借款人得到的贷款金额只能用来支付房屋税和用做房屋修缮的费用。

1984 年，一家私人保险公司 Prudential-Bache 与美国房屋协会（American Homestead）正式签

署推广反向抵押贷款的合作协议,同时也成为新泽西州第一家反向抵押贷款私人提供商。在1988 年以前,反向抵押贷款的观念还没有得到广泛推广,直到美国联邦政府推出由住房与城市发展部开办的(the Department of Housing and Urban Development,HUD)HECM 计划。

1987 年,根据全国住房法案(National Housing Act),国会设立了房产价值转换抵押贷款(Home Equity Conversion Mortgage,HECM)公共保险的示范项目,由联邦住房管理局(Federal Housing Administration,FHA)提供。FHA 为经其批准认可的贷款机构发放的贷款提供担保,有效消除了贷款风险。

Fannie Mae 是政府发起设立的一个机构,在联邦政府的监管下运行。Fannie Mae 于 1989 年开始购买所有合格的 HECM 贷款,为反向抵押贷款的流通构建了一个二级市场。之后,反向抵押贷款在美国获得了快速发展。目前全美有 120 多家贷款机构提供 HECM 贷款,一些政府部门和非营利组织如美国退休人员联合会(American Association of Retired Person,AARP)和美国住房和城市发展部为退休房主提供免费的咨询服务。

1991 年该示范项目开始时,美国国会授权开办了 2500 份提供贷款保险的 HECM 合同;1992 年,国会把示范期限扩展到 1995 年,贷款保险合同的份额扩大了 10 倍;1998 年 10 月,国会通过议案把 HECM 作为一个永久性贷款项目,贷款保险合同限额扩大到 150000 份。FHA 担保的反向抵押贷款,直到 1992 年中期才发展到 2000 份左右。而私营的反向抵押贷款从 1990 年至 1992 年增加到 9000 份。截至 1995 年 11 月,全美反向抵押贷款总数为 13000 份左右。

在 20 世纪 90 年代早期,反向抵押贷款市场获得了一些大型金融机构的支持与参与,包括Union Labor Life Insurance Company（ULLICO）、Transamerica Home First 以及 Household Senior Services。由于市场上反向抵押贷款发展速度与规模没有达到这些私营机构的预期,Transamerica 和 Household 两家公司取消了自己的倒按揭贷款项目。

1995 年,Fannie Mae 公司推出了自己的反向抵押贷款产品 Home-Keeper,这是对公众参与反向抵押贷款行业的又一大促进。Home-Keeper 在首次推出后就吸引了超过 80000 人次的咨询,极大地促进了美国反向抵押贷款业务的拓展。20 世纪 90 年代期间,一些大的金融机构通过改进产品设计以及相互之间的兼并联合,重塑了美国反向抵押贷款行业的市场结构。

1996 年,ULLICO 成立了一个新的部门 Financial Freedom Senior Funding Corporation,并重新设计了自己的产品以细分投资者。1999 年,Financial Freedom 通过 Lehman Brothers 投资银行融资兼并了 Transamerica Home First,这是美国反向抵押贷款市场上一次非常重要的整合。

1999 年 8 月,雷曼兄弟公司把从 Financial Freedom 购买的反向抵押贷款资产包进行了证券化,标准普尔对该项资产组合进行了评级。反向抵押贷款产品证券化的出现,为本贷款市场发展与产品创新开辟了新的资本来源。反向抵押贷款行业的进一步整合发生于 2000 年,Financial Freedom 被 Lehman Brothers 的一个部门合并,并开始购买 Unity Mortgage Corporation 公司的反向抵押贷款业务。2001 年 8 月,Financial Freedom 成为雷曼兄弟公司的一个分支机构,开始购买 Senior Home Owners Financial Service 公司的反向抵押贷款批发业务。

根据 FHA 的最新数据,在 2006 年的会计年度内,共售出 76351 份 HECMs,比上一会计年度的 43131 份增长了 77%。随后,美国的反向抵押贷款的总份额更是达到 60 多万份,市场发育得最为成熟完善,其成功经验被其他国家纷纷效仿。

六、反向抵押贷款与一般抵押贷款的比较研究

(一)反向抵押贷款与一般抵押贷款的比较

一般抵押贷款(俗称"按揭")是我国 20 世纪末期才兴起的一种个人住房贷款方式。该制度是 1997 年从我国香港地区引进过来,而香港地区的这一制度又主要承继了英国的相关制度。鉴于英美法系和我国所属的大陆法系存在的诸多差异,我国内地现在普遍实行的按揭制度,是根据中国国情加以适当的改进,并不断发展完善而来。

一般抵押贷款主要有两种类型,一是预售商品房按揭;二是成品楼按揭。一般抵押贷款的操作实质,主要是住房购买者以转移所购房屋所有权做担保,由银行代替购房者向售房机构偿付除首付款以外的房屋价款,再由购房者在一定时间内向银行连本带息地分期偿还该笔款项。在贷款还清之前,银行拥有住房的所有权,而购房者则只拥有居住使用权。若购房者不能按期足额还款,银行可以从住房变卖所得的价款中取得补偿费。

从金融学的角度而言,反向抵押贷款实际上同一般抵押贷款一样,也是一种融资方式。一般抵押贷款制度与反向抵押贷款制度有许多相同点,两者都属于资金融通方式,标的物都是住房,都是以住房的所有权直接转移作为贷款不能偿还的担保,都体现了一种金融机构与自然人之间的债权债务关系等等。然而一般抵押贷款与反向抵押贷款还是有着很大区别。有人询问,如果用一般抵押贷款作为老年人的融资方式来养老,或者说在目前已经存在一般抵押贷款的情况下,还有必要引进反向抵押贷款这种人们不熟悉的融资方式吗?

(二)反向抵押贷款与一般抵押贷款的区别

反向抵押贷款是一种新型融资形式,不同于一般抵押贷款,也不能被一般抵押贷款所取代。两者的区别表现在:

1. 贷款目的不同。反向抵押贷款设立的初衷和本质目的是提高老年人的生活质量;一般抵押贷款则是为了购买房屋乃至其他各种目而申请融资,但必须具有足以偿还借款的能力。

2. 贷款主体资格不同。一般抵押贷款对借款人的资格审查手续很严格,包括借款人的家庭收入、支出、负债情况的详细金额和用途,借款人的学历情况,社会保险账号及所负担的其他债务情况等,再根据审查结果来确定是否借款以及借款金额的大小,但在年龄上没有太多限制。反向抵押贷款对借款人没有这么严格的限制,只要达到一定年龄,拥有住房的老年房主,一般情况下都可以向贷款开办机构提出申请并获得贷款。

3. 贷款业务属性不同。一般抵押贷款是一种简单的融资行为,体现了借贷双方的一种纯粹的债权债务关系,完全可以遵循市场机制运作。反向抵押贷款则因涉及养老问题,是对年老而又贫弱的老人的生活资助和所拥有房产价值的特别安排,是一种养老的新途径,又体现了一种政策行为和公益性质。两种业务的属性不同,遵循的指导思想及具体的制度规定等也有差异。

4. 贷款数额确定标准不同。一般抵押贷款的数额主要是依据房屋的现有价值计算界定,是一个确定值。借款人只需要偿还房屋现值加上该现值在贷款期间内产生的利息。反向抵押贷款的数额,则是在贷款期限届满时房屋的价值加上整个贷款期间内产生的利息,这个数额是根据多种因素预计和推算出来的,涉及老年房主办理反向抵押贷款时的年龄、预计寿命年限、房屋价值评估、房价走向、利率水平以及国家土地政策等系列因素,具有很大的不确定性。

5.贷款期限确定方式不同。一般抵押贷款期限通常根据房屋价值及借款人的收入情况确定,期限固定又可以加以调整,一般是10~20年。反向抵押贷款的期限可以约定固定期限,如10年或20年等,但大多情形下都是以老年房主或其配偶的剩余寿命年限而定,因每个人的情形而异,期限很不固定。另外,在国外反向抵押贷款模式中,如果房主转让对反向抵押贷款房屋的所有权,或该房屋不再是房主的主要居所,或房主离开房屋连续达到12个月以上,或者房主因违约而使合同目的不能达到时,反向抵押贷款合同将自动终止,而不受合同期限的限制,贷款机构有权要求房主立即偿还借款本金和利息。

6.贷款担保方式不同。一般抵押贷款的担保方式包括以所购房屋抵押加开发商担保,或者单独以所购房屋抵押担保等;而反向抵押贷款的担保财产,仅以房主的自有房屋担保,并且是不可追索的,不会牵连到房主的其他财产或继承人的财产。

7.贷款担保物不同。反向抵押贷款的担保物只能是房屋,且当事人可以约定到期后房屋归贷款机构所有;一般抵押贷款的担保物不限于房屋,且当事人不能约定贷款到期后抵押物归抵押权人所有之类的条款,只能以抵押物折价或拍卖、变价所得价款偿还,不足部分由债务人补足。

8.借款用途不同。一般抵押借款的用途主要用于购买住房,一般不允许用于其他用途;而反向抵押贷款原则上用于养老,也可以由借款人自由处置用于晚年生活的其他方面,贷款机构对此没有任何特别限制。

9.贷款运作的现金流向相反,房屋最后归属也不同。一般抵押贷款主要是借款期开始时,银行将合同规定的款项一次性贷放给借款人,房屋的所有权暂时归属银行。在约定的借款期限内,由借款人按月偿还定额的现金(俗称"月供")给银行。到借款期末,若借款人全部偿清借款本金及利息,则房屋的所有权转归借款人。否则,由银行拍卖房屋所得价款弥补借款。这就是说,借款人在借款初期现金流入最大且债务最重,随着月供慢慢积累,债务是越来越少,直到最后完全清偿并取得房屋的所有权。反向抵押贷款的现金流向则正好相反,由于在借款期内不用作任何偿还,借款人所拥有的现金随着时间的推移越来越多,到借款期末达到最大。此时住房归贷款机构所有。用一句话来总结,一般抵押贷款是用贷款取得房屋所有权,是用钱换房来居住生活;反向抵押贷款则是以房屋所有权来取得贷款,是用房换钱来养老。

10.贷款运作风险趋势有差别。一般抵押贷款随着时间的推移而逐渐收回,对银行而言,按揭风险随着贷款期间的推移越来越小;而在反向抵押贷款的期限内,贷款不断发放出去并越累积越多,对贷款机构而言,风险随着反向抵押贷款期间的持续而越来越大。

(三)一般抵押贷款与反向抵押贷款的共性

反向抵押贷款制度与一般抵押贷款制度虽然有诸多区别,但在法律性质上都属于让与担保,主要标的物都是房产,两者有着不可分割的联系。可以借鉴我国已经较为成熟和完善的一般抵押贷款制度的研究方法,来研究反向抵押贷款这一全新制度,使我们的研究更具有方向性。

在一般抵押贷款行为中,抵押物是对债务人已发生债务于未来偿还的担保,贷款机构有要求担保的权利,借款人有提供担保并偿还借款的义务。既然是一种被动的债务负担,对借款人的要求就要相对严格一些。而反向抵押贷款则是老年房主为了提高未来的生活质量而主动向金融机构购买的一种金融产品,它以自有房屋作为对尚未发生的债务提供担保。从这一角度来说,反向抵押贷款又类似于最高额抵押,即是指为担保债务贷款的负担要比一般的抵押贷款小得多,借款人不需要为定期还款而焦虑,符合老年人厌恶风险的心理,也符合老年人提高晚年生活水平的要求。

所有的反向抵押贷款设计,均有其共同特性,包括住房产权、贷款预付、贷款成本融资、贷款结算、支付和欠债限度等。

（1）借款人保留住房所有权，借款者并不拥有住房，借款人依旧有责任支付房产税、保险费和保养房屋。借款人死亡后，借款人的受益人必须付清欠款。

（2）贷款预付额取定于房屋价值、房主年龄和贷款成本（所需申办费用、利率）。年龄越大，预估尚有寿命越短，贷款额度越大；房屋价值越高，贷款额度越大。房屋所在的地段和位置会影响到房价总额和涨跌趋向，从而影响到贷款额。

（3）贷款费用一般也可用于融资，即为贷款发生的成本费（如开办费、关闭费、保险费等），其部分或全部都可以在贷款支付时作为额外预付，在贷款签约时附加在贷款中。

（4）因借款人不断获得贷款预付并支付因贷款预付而产生的利息，欠款数量在整个贷款期间逐步升高，直到整个反向抵押贷款过程结束。

（5）大多数反向抵押借款人仍以已抵押住房为居住场所，在借款人（包括其配偶）离世后，出售住房，或借款人永久性迁出时，全部贷款预付就会变成应付欠款。

（6）美、澳有非追索贷款（美），或非负资产贷款（澳），限制借款人应付欠款的责任，这是一项对借款人保护的重要措施，意即借款人总欠债额不能超过贷款变成应付欠款时的房产价值，即使贷款增长后超过了房产价值，借款人的欠款总额也仅仅限制为住房的实际价值，受益人和继承人不需要支付超过房产价值的欠款部分。

（7）债务履行上，债务人或第三人对一定期间里将要连续发生的债权提供担保财产，债务人不履行到期债务或发生当事人约定的实现抵押权的情形，抵押权人有权在最高债权额限度内，就该财产优先受偿。

综上所述，一般抵押贷款和反向抵押贷款是金融机构针对不同客户群体的两种产品，并非简单重复，更不能互相替代。

七、反向抵押贷款与遗赠扶养协议的比较

（一）遗赠扶养协议的提出

在我国的民间社会，长期以来有一种切合国情的养老制度设计——遗赠扶养。这是指遗赠人与扶养人签订的关于遗赠人的财产（主要是房产）在其死后按协议规定转移给扶养人所有，扶养人承担对遗赠人生养死葬的义务。遗赠扶养协议，是指遗赠人与受扶养人之间接受扶养，受扶养人将财产遗赠给扶养人的协议。我国《继承法》第31条规定："公民可以与扶养人签订遗赠扶养协议。按照协议，扶养人承担该公民生养死葬的义务，享有受遗赠的权利。公民可以与集体所有制组织签订遗赠扶养协议。按照协议，集体所有制组织承担该公民生养死葬的义务，享有受遗赠的权利。"

（二）反向抵押贷款和遗赠扶养协议的联系

反向抵押贷款和遗赠扶养协议一样，都是双方的民事行为，是诺成性、要式的民事行为，亦是双务、有偿的行为。两者的实现有其阶段性，反向抵押贷款从抵押生效时日起，商业银行、保险机构或具有政府背景的公益性机构开始承担支付现金的义务，而其抵押权直至借款人死亡、出售房屋或永久性搬出房屋时，才能实现；遗赠扶养的协议，从协议生效时起扶养人开始履行其扶养受扶养人的义务，关于遗赠的内容只能于受扶养人死亡后实现。

　　扶养人不认真履行扶养义务时,受扶养人有请求解除遗赠扶养协议的权利。受扶养人没有解除遗赠扶养协议的,对不尽扶养义务或者以非法手段谋取遗赠人财产的扶养人,经遗赠人的亲属或有关单位的请求,人民法院可以解除扶养人的受遗赠权;对不认真履行扶养义务,致使受扶养人经常处于生活匮乏境地的扶养人,人民法院也可以酌情对扶养人受遗赠的财产数额予以限制。

　　从传统上看,遗赠扶养协议更容易为老年人接受,但从自主性和稳定性来看,反向抵押贷款要强于遗赠扶养协议。反向抵押贷款之后,可以使老年人在有生之年持续稳定地领取一笔数额相对固定的现金,再根据自己的需要自主安排开支。而遗赠扶养协议生效后,受扶养人对在遗赠扶养协议中指定遗赠给扶养人的财产,丧失处分权,扶养人是否履行扶养义务,具有很大的不确定性。因此,反向抵押贷款有替代遗赠扶养协议的可能性。

(三)遗赠扶养协议与反向抵押贷款制度的差别

　　1.主体的差别。遗赠扶养协议的被扶养人为自然人,扶养人可以是自然人或集体组织。扶养协议中的被扶养人一方,多为无子女或虽有子女但无法尽赡养义务的孤寡老人,扶养人为法定继承人以外的其他自然人或集体组织。而反向抵押贷款的借款人是有年龄限制(通常是62周岁以上)的老年人,贷款机构为以营利为目的的具有法人地位的公司。

　　2.设定法律行为的不同。遗赠扶养协议是一个双务合同。而反向抵押贷款由基础性的借款合同和担保合同组成。遗赠扶养协议具有一定的优先执行效力,根据我国《继承法》的规定,遗赠扶养协议优先于遗赠。然而遗赠扶养协议是债权,并不优先于担保物权所担保的债权。

　　3.当事人主要权利和义务的区别。遗赠扶养协议中,扶养人对受扶养人承担生养死葬的义务,并在受扶养人死后有权按照协议取得受扶养人约定的遗赠财产。反向抵押贷款中,贷款机构按反向抵押贷款合同中约定的方式以货币的形式对借款人履行给付义务。贷款的偿还是以出卖借款人的抵押房产而实现的。遗赠扶养协议中的扶养人取得财产的范围是由协议所约定的,可以是受扶养人的动产或不动产。当扶养人对受扶养人承担生养死葬支出的费用低于协议所遗赠的财产时,扶养人不需要向受扶养人的继承人返还差价。而反向抵押贷款中,标的物为借款人所拥有的房产,并且反向抵押贷款是无追索权贷款。因此,出售房产所得在归还贷款后还有剩余,贷款机构顺利回收贷款,剩余部分归借款人或其继承人所有。

　　综上所述,反向抵押贷款是一种全新的金融产品,更是一种突破传统养老理念樊篱的具有社会意义的以房养老,完全不同于我国既有的抵押贷款等资金融通方式。虽然反向抵押贷款在一定程度上受到中国传统文化根深蒂固的制约,但随着改革开放和社会主义市场经济制度改革的深化,人们的思想和行为方式也受到了潜移默化的影响,大众文化对反向抵押贷款的兼容性将会大大增强,在我国有着广阔的发展空间和市场前景。当然,要使这种市场前景变为现实,还需要有学术界的充分的理论研究,需要有国家政策法律的配套出台实施,更需要相关业务部门的大力开拓。比较研究其他国家的开办模式并总结规律,将各国成功的经验经过再消化和吸收,引入我国的贷款模式中来,将大大节约我国的研发和实施成本。

反向抵押贷款引论[①]

住房是大部分美国人拥有的最重要的财产,从原则上讲,房产可以用来支持老年人退休后的养老消费。反向抵押贷款是在老年人不卖掉住房的情况下,利用住房价值进行消费的一种融资机制。然而迄今为止,这种贷款的市场却是非常之小,远远少于有房产老人的 1%。本文对反向抵押贷款的发展状况进行回顾,并从中寻找反向抵押贷款缺乏吸引力的原因。

一、什么是反向抵押贷款

在传统的贷款条件下,个人借钱买房并分期付款给贷款机构;在反向抵押贷款模式下,房产所有者将自己已拥有产权的住房抵押出去,并从贷款机构手中收取一定的金钱。跟普通房产抵押贷款不一样,反向抵押贷款在主人死亡、搬迁或卖掉住房之前,不会到期,也不需要支付贷款本金和利息。当这些事情发生时,借款人要对偿还贷款的金额负起责任。用当前普遍可以接受的观点来看,贷款机构不会把住房作为还款的对象,即住房不能用来偿还贷款,贷款只能用任何可能的货币资金偿还,包括用出售住房得到金钱来归还贷款累计本息。

住房价值转换抵押贷款(Home Equity Coversion Mortgage,HECM)是目前市场上出现的最重要的反向抵押贷款。这是 1987 年《国家住房法案》(National Housing Act)制度颁布后开始出现的。当时,美国议会授权"住房与城市发展部"(the Department of Housing and Urban Development,HUD)制定了一部试验性计划,并在整个 1991 年发放 2500 份反向抵押贷款。在以后的 10 年里,议会大大扩充了该计划项目。到 1998 年时,反向抵押贷款已成为一项永久性法案,并将贷款的数量增加至 15 万份。

反向抵押贷款业务适用于以下人群:62 岁及 62 岁以上的房产所有者,他们拥有产权住房或者可以在整个贷款过程中偿还以前尚未清偿的购房负债。贷款的额度确定主要取决于住房价值、期望的平均贷款利率及借款人年龄三个方面。

住房价值是直接影响贷款额度的重要因素——住房价值越高,贷款额度越大。对住房价值转换抵押贷款来说,在计算贷款额度时,它对住房估算的价值不能超过联邦房产管理局的限制,这一限制的额度基于不同地域,可以从 132000 美元到 239250 美元不等。因此,那些房产价值高于联邦房产管理局上限的房主,就会被排斥在反向抵押贷款的范围之外。

在整个贷款过程中,在决定总贷款额度时,利息支付必须作为偿还贷款的一部分累加计算进去。与之相对应的是,对任何一项给定的房产,较低的贷款利率意味着利息支付在整个贷款中占有的比例较小,借款人可以借此取得较高的贷款额度。

较短的贷款期限意味着较低的利息,利息支付随着时间的延续而增加。对老年人来说,年纪越大,所能获得贷款的时期就越短,每期贷款额度就越大。对某个住房价值已经确定的借款人来

[①] 本文系浙江大学经济学院研究生岑惠于 2004 年 8 月根据美国反向抵押贷款相关资料综合翻译。

说,贷款额度随着年龄和利率而发生变化。

借款人可以用以下方式取得反向抵押贷款:固定时间领取、信用卡领取、邮寄至家里或以上几种方法的综合。这些款项的领取方法中,信用卡方式最为流行(约 2/3 的人使用这种方法),另一种流行的方法是固定期限和信用卡领取相结合。信用卡领取有个好处,就是未使用的钱可以留在账户里获取利息,其利息率和支付的贷款利率保持一致,这种方法极为流行。

为了保护借款人和贷款机构双方的合法利益,需要有一系列的约束措施:(1)不能逼迫借款人卖掉住房来归还贷款累计本息;(2)不管借款人的居住时间有多长,借款人所担负的债务仅仅局限于住房本身的价值;(3)如果贷款机构破产,则由美国住房和城市发展部代为支付应付款项。

对贷款机构来说,最大的风险在于所贷款项可能超过抵押住房的到期变现净价值,主要有三个原因:(1)如果借款人选择终身贷款,他的寿命可能很长,住在住房的时间也随之拉长,从而导致贷款额度之和大于住房价值;(2)如果实行的是浮动汇率,则利率的上升会加大贷款额度,这会使贷款额之和再一次大于住房价值;(3)当贷款到期时,住房实际价值可能比估算价值要低。在反向抵押贷款业务中,FHA 的贷款保险将这三个风险都列入保护范围,FHA 是由借款人的保险费支付来取得资金的。

在 1997 年以前,开办住房反向抵押贷款业务的贷款机构增长迅速,到了 1999 年,鉴于很多金融机构发现反向抵押贷款并不能获利,贷款机构的数量从 195 个下降到大约 174 个。尽管美国国会授权住房和城市发展部发行 15 万份贷款,但直到 2001 年 5 月,也只发行了 5 万份。

除了联邦房产管理局发行的住房反向抵押贷款(HCEM)外,美国还出现了两种新的反向抵押贷款产品。第一,1995 年,Fannie Mae 发行了一种称为“住房持有”(Home Keeper)的反向抵押贷款。该贷款的优点之一在于其借入额的上限较高,没有提供在特定的时间以何种方式领取贷款的方法,没有对不使用信用卡的人提高贷款利率的限制。第二,雷曼高级基金公司发行了一种自由基金的反向抵押贷款,该贷款提供的最大贷款额为 70 万美元,目标人群是那些比较富裕的房产所有者。这两家公司发行的贷款和“住房反向抵押贷款”发行的大约 5 万份相加,大约有 6 万份,小于美国 1450 万拥有住房产权老人家庭潜在市场的 1‰(至 2018 年,新开办反向抵押贷款业务的增速,已经跳跃到每年 74% 的高增长率,美国的反向抵押贷款业务的发行总份额已经达到了 100 多万份——笔者注)。

二、向后贷款

私有房主一度比较看好通过反向抵押贷款来重新募集养老资金,缘由是目前执行的贷款利率仍然较低(典型的 30 年贷款利率为 6%)。更激起人们的好奇和兴趣的是——或许会引起一点点惊慌——大量机构开办反向抵押贷款业务。反向抵押贷款可以满足年龄达到 62 岁及以上的私有住房户主从他们的住房资产净值中获取现金,同时一分钱也不用偿还一直到迁居或死亡。一些贷款机构保证老人终生都可以在每个月份得到一笔固定的付款(相当于养老年金)。

大家关心的是:尽管在健康的经济社会环境下,反向抵押贷款是一个很好的金融养老的保障措施,但它也会成为一件不必要的“紧身衣”。很多老年人因退休账目收益支出下降而受到损害,他们到处寻找维持生活标准水平的新融资方式。同时,贷款机构更加有进取性地营销反向抵押贷款业务,国家也将此作为解决养老保障问题的良方。

反向抵押贷款的借款人或其父母,必须了解有关的贷款要素。反向抵押贷款的支付有三种形式:只要借款人或其配偶还居住在该抵押住房里,就可以每个月获取年金支付,也可以选择一次付清款额或信用贷款的最高限额。借款人可以三者结合来挑选这些选项。

老年人不需要以信用或收入作为申请该贷款的必要条件。借款人能得到的贷款数量,在很大程度上取决于住房的价值和自己的年龄。借款人的年龄越大,所能获得钱财的数额就越多,但贷款限额往往在乡下区域 155000 美元到大城市区域 281000 美元的范围内变化。举个例子,考虑一对 77 岁的老年夫妇,有一套价值为 25 万美元的房子。以平均寿命为基础,他们有资格拿到一笔一次付清的反向抵押贷款的款额,或价值为 175600 美元的信用贷款的最高限额,或者每月一次的年金付款,并使累计金额在他们的期望寿命内达到此总数,当然是在扣除贷款成本的前提下(在此案例中,他们将得到每个月 1069 美元的净值)。

私有住房户主的寿命如果长于预期寿命,参与反向抵押贷款业务就有机会"斗败"银行。那些在 20 世纪 50 年代创造了以年金选项来计算反向抵押贷款的贷款机构最受欢迎。按 AARP 的住房资产净值专家 Ken Scholen 的话来说,取而代之的是,现有 2/3 的人接受最高限额的信用贷款。这种贷款方式是老年人需要多少金钱就申请多少贷款,剩余的部分再积存起来。最高限额贷款中未使用的部分,还将随着通货膨胀的增长而增长。

当私有房主迁出或去世时,需要偿还银行的数额为所有支付的贷款总和加上累计的利息,以及任何在贷款中需负担的费用。

三、为什么反向抵押贷款不能更加流行——借款人的障碍?

反向抵押贷款对那些生活贫困但拥有房产的人来说,有着较大的吸引力。但大多数美国人对这项金融创新产品并不很热心。一个明显的解释是,人们想把他们的房产留给后代。事实上,研究人员发现,多数老年人想把住房作为遗产留给后代,倾向于长期持有自己的房产。通常,住房是遗产中最重要的财产。问题的关键在于住房作为遗产是否应该提倡,对老年人来说又是否值得这样做。

在事先并不知道住房价值的情况下,要让贷款累计本息的价值正好等于到期抵押房产的价值,是不太可能的。确实,其他各类事件也可以解释反向抵押贷款市场不大的原因。还存在着一些因素,使房产所有者不喜欢反向抵押贷款,这些因素包括贷款成本上升、较低的借款额度限制、未来的医疗支出、老年人对债务的恐惧等。

反向抵押贷款的交易成本较高是很明显的。借款人要支付初始费用、抵押保险费用和决算费用。如果需要终身支付服务费用,这些费用将从借款人的贷款额度中扣除。1999 年,对一个中等额度的反向抵押贷款的借款人来说,这些费用之和高达 1 万美元。与之相对应的是,一个中等额度的借款人所能从住房中借到的钱,大概从 52500 美元到 63000 美元(假设利率为 7%~9%),贷款成本将高达 20%。

贷款额度的较多限制,也会降低大众对反向抵押贷款的需求。部分原因在于,较低的贷款额度反映了未来的利率将会上升,所以初始贷款的数额将相对较小。但在某些案例中,诸多住房所有者不申请抵押贷款并非房产的价值评估问题,而是因为受到 FHA 对房产评估价值上限的制约。FHA 的目标在于优先满足那些中低收入借款人的融资需要。这一状况限制了部分老年客户进入反向抵押贷款市场。

有些人认为,反向抵押贷款不够流行,是因为未来的医疗护理费用不够确定。如果他们过早地将住房抵押出去,就无法应对未来可能出现的重大疾病,还会造成日后住房搬迁上的困难。也有人认为反向抵押贷款是有好处的,如采用信用卡支付的方式,房主就可以储存一些钱以备疾病突然到来时,能够预防不测。

除了以上讨论的原因外,大部分老年人都不希望背负任何债务。这些人一生都为了偿付买房的费用而努力工作,不希望在年老时再背上沉重的债务。更进一步的是,正如某些贷款机构所说的,关于反向抵押贷款的中介信息,大都是谈论其潜在成本,而非潜在收益。有些老年人甚至认为,参与了反向抵押贷款就等于把家"出卖"了。

尽管有政府的强力保护措施,很多贷款机构仍不愿意开拓这个市场。如果需求旺盛的话,有一些不利因素可以很容易地得到解决。但也有一些不利因素使得贷款机构对此望而却步。

反向抵押贷款的一个困难之处,在于所获得的收益小于以前贷款方式的收益。HUD 有效地限制了贷款机构所能得到的费用。直到最近,HUD 也只允许贷款机构收取 1800 美元的初始费用。直到 2000 年,HUD 才开始允许贷款机构收取 2000 美元的费用,或者为最大贷款额度的 2%。老年人大都非常细心,通常付不起任何附加费用。住房反向抵押贷款的办理还涉及很多法律条文,也很耗费时间。

有个问题在于,住宅反向抵押贷款的申请者大都是一些贫穷的老人,老年人拥有的房产大多年久失修。尽管合同写明住房破旧者不可以获取贷款,但贷款机构不想对这些"容易受伤"的老年人表示拒绝,特别是当他们生病急需用钱的时候。

当住房反向抵押贷款开始实施时,各种各样的法律条文阻碍了本贷款的实施,尽管很多法律障碍随着时间而减少,仍存在太多的法律不确定性。在某些州里,如果贷款机构破产,其后果究竟如何仍无法律做明晰界定。

四、反向抵押贷款——步步靠近借款人

"反向抵押贷款是我的救命恩人。它提供了很多钱用来日常支付,我也从未陷于失去住房的困境中,否则我不得不把住房给卖了。"——露西尔(反向抵押贷款的客户)

住宅有着许多功能——给借款人安全、独立、隐私和一些记忆。现在又因为反向抵押贷款,住宅还成了借款人所需钱财的来源。反向抵押贷款能解决借款人的财务需求,并确保借款人能随心所欲地选择要住多久就住多久。自从 1989 年以来,Wendover 一直在美国的科罗拉多州提供反向抵押贷款服务。他认为,借款人通过反向抵押贷款不需要付款却能创造额外的收入。不过借款人必须是 62 岁及以上才够资格,收入上则没有规定任何限制条件。

我们之前还从没有像现在这样能如此这般广泛地参与住房贷款抵押计划,既能保留住房的所有权,又可以同时获取收入,也不需要每月偿还贷款,当借款人不再占有该住房时,借款人或其继承人仍能获取剩余的净资产值。这是解决那些"住宅富人、现金穷人"养老问题的好方法。

搜寻反向抵押贷款业务时,借款人应该注意的一些事:抵押贷款有很多品种,每个提供这类产品的贷款机构,必须使用同一利率,大家需要搜寻最便宜的贷款成本而非搜索最低贷款利率。借款人或许想询问贷款业务将在哪里办理。有些贷款机构需要把相关文件寄到州外,从而会花费更长的时间来完成。同时也会询问谁是服务者。很多时候,贷款机构是在他们完成以后才出售贷款。

目前提供联邦住房管理局(FHA)和金融自由基金的反向抵押贷款产品。每个贷款项目都有着不同的利益和选择,以便借款人能挑选最适合自己的贷款品种,确保未来的财务状况不成问题。

从总体上来讲,反向抵押贷款市场难以扩大,主要是由于种种障碍出现在房产所有者面前,

从而缩小了需求。但一旦对贷款的需求扩大,贷款机构的很多问题就可以得到较好的解决。如较高的需求可以使贷款机构降低成本,并促使他们创造出一些新的金融工具,来越过当前的法律条款和税收的障碍。然而,较高的需求目前尚难以实现。另一个方面看,对住房反向抵押贷款的需求,会因为人们认为住房是财富的主要代表,或者要将住房留给后代而减少。

反向抵押贷款产品市场需求的研究

柴效武

摘要：反向抵押贷款的业务开办，需要基于科学的理论基础和方法论，众多专家学者都对此作出了深入细致的研究，提出了许多很好的思想见解。通过各种外文文献的梳理及对国内部分学者观点的归纳，笔者力图对这些已有的思想见解给予较为系统而简洁的阐述，综合说明反向抵押贷款的内涵、特点和意义，详细论证反向抵押贷款在我国的可行性，并把重点放在反向抵押贷款的风险分析、模型精算和实证分析上，提出了操作方案并进行了模型模拟。

一、前言

自 20 世纪 80 年代起，美国、加拿大、澳大利亚、日本、新加坡等国家，相继推行了反向抵押贷款业务，并取得了一定的经济效益和社会效益。同时，学术界也展开了一系列的理论研究和实证分析，取得了较多的研究成果。这些研究成果归纳起来，主要体现在反向抵押贷款产品的市场需求与社会效用、产品定价及影响要素、风险防范管理与控制等方面。

国内是在 21 世纪初期才开始引进反向抵押贷款的概念，展开相关的探讨。2003 年，经新闻媒体对反向抵押贷款的宣传报道后，社会各界人士反应强烈。此后，中国保监会、国家建设部组织了对反向抵押贷款的相关研究，一些人大代表、政协委员向国家有关方面提出了建议开办反向抵押贷款业务的提案，呼声相当高。2008 年 11 月成立的中国幸福人寿保险公司，为筹备开发具体的寿险养老产品，成立了相应的研究小组，从运作制度、产品设计等方面对开办反向抵押贷款业务做了一定的研究。

（一）国外对住房反向抵押贷款养老的研究现状

国外对以房养老众多的研究中，具有代表性意义的作品是由 Jack M. Guttentag 的 *Creating new financial instruments for the aged*（1975）以及 Yung-Ping Chen 教授的"住房年金计划"（1970），两位学者的研究为住房反向抵押贷款养老模式在美国的顺利开展提供了现实可行的理论意义。进入 20 世纪 80 年代后，随着住房反向抵押贷款业务的推广和普及，西方学者在这方面的研究更为深入。以下是关于该产品社会需求的学术研究。

住房反向抵押贷款养老的需求方面，持支持和反对态度的各执一词。Weinrobe（1987）利用数据研究表明，大多数美国老年人没有以房养老的需求，除非在收入很低、无子女照顾且房产残值符合反向抵押贷款要求等特殊情形下。对住房反向抵押贷款持悲观态度的是 Feinstein、Jonathan 和 Daniel McFadden（1989），他们认为，在预期寿命、房产残值估价、金融市场波动等不确定因素的存在下，老年人往往不会轻易尝试这种创新的养老模式。同样地，Venti 和 Wise（1990）的研究也支持上述观点，理由是反向抵押贷款作为一种投资产品，其收益率表现并不大好，且该业务又与遗产传承相矛盾，不是一种很明智的选择。Mitchell 和 James Moore（1998）利用健康和退休检查数据（HRS）发现，最低收入人群与最高收入群体的房产价值之比是 4：7，但在净金融性资产方面,最低收入人群仅为最高收入人群的 1/55。可见,低收入人群对该种养老模式更有需求。此外,Jacobs(1956)、Simons(1994)等学者对住房反向抵押贷款的实施效果进行了研究,结论表明在符合反向抵押贷款条件的贫困老年人中,有相当一些可通过该业务摆脱贫困。还有一些学者对住房反向抵押贷款业务的享受条件作出特别研究,Sally Merrill、Finkel Meryl 和 Nandinee Kutty(1994)的研究认为,参与住房反向抵押贷款业务的人群,最适宜的条件是年收入不足 3 万美元、年龄满足在 70 岁及以上,房屋残值在 10 万~20 万美元。

在不同国家的实施前景上,Mitogen 和 Piggott(2004)首先针对日本市场的研究结果表明,反向抵押贷款在日本发展的首要条件是政策层面的扶持,为了能让业务顺利开展需要对房地产市场和资本市场作出一些调整。此外,该研究也表明由于日本与中国在生活习惯、投资理念等方面的相似性,日本实施反向抵押贷款的经验会对中国有更重要的借鉴意义。George Liondis(2005)针对澳大利亚市场的研究结论,对住房反向抵押贷款业务在澳大利亚的开展持乐观态度,并且认为该业务规模将会逐步扩大,该调查发现澳大利亚的老年人由于养老金不足而导致生活满意度低。Gireesh(2009)针对印度市场进行了研究和评估,认为印度老年人缺乏健全的公共社会保障体系,他得出的结论是,该养老产品在印度将会很受欢迎。该学者还预测到 2010 年底,该业务的市场规模将会达到 5000 亿美元,且至 2016 年,将有 2800 万例成功的案子。从目前进展来看,显然是过于乐观了。

(二)国内对住房反向抵押贷款需求的研究现状

相对于西方国家,我国对于住房反向抵押贷款的研究起步相对较晚。在反向抵押贷款业务操作方面,孟晓苏(2002)提出引入反向抵押贷款寿险业务的观点,说明了保险机构可能在反向抵押贷款模式中发挥的作用,分析了贷款运作模式中可能会遇到的风险与障碍,以及推行这种新型房产养老寿险模式可能带来的积极效应与消极效应,并提出应对对策等,最终建议我国保险公司积极推出该新型房产养老寿险产品。

在反向抵押贷款实施意义方面,张凌燕、赵京彦(2003)通过介绍当前我国老年人的住房情况,论述了我国推行反向住房抵押贷款的意义和可行性,认为该贷款作为一种经济手段,不仅可以在西方经济发达国家顺利实施,在中国市场经济条件下,此种手段解决老年人短期生活困难和改善生活条件同样具有很强的意义和作用。柴效武、余中国(2004)认为,反向抵押贷款可以促进借款人的消费,拉动内需,也可以减轻子女的养老负担。肖隽子、王晓鸣(2005)分析了老年人的心理需求及消费需求同反向抵押贷款的关系,认为住宅作为老年人一生收入财富的最大积蓄,通过反向抵押贷款可成为保障老年人生活质量的稳定资金来源和补充渠道。唐修娟(2007)认为反向抵押贷款对缓解社会的养老压力、保持社会的稳定、增加消费、促进国民经济的增长等,都有着十分重要的意义。

在反向抵押贷款实施阻碍方面,提出了相应的解决方法。李玉米(2005)对国内实施住房反向抵押贷款所可能出现的价格风险、市场风险、道德风险等问题作出了论述,并提出了相应的解决方法。崔少敏(2006)对国内实施住房反向抵押贷款的障碍作出了分析,如经济市场环境、政府监管力度、传统观念等。鲁晓明(2006)认为住房反向抵押贷款发展的基础是成熟的房地产业和发达的社会服务业,我国现期市场上投机行为的盛行和服务业发展的滞后,都不利于住房反向抵押贷款业务的实施。范子文(2008)对住房反向抵押贷款的相关理论基础作出了论述,认为推动我国以房养老事业的发展,首先应做好理论上的充分准备。范子文、张冉(2009)基于北京市的调查数据,通过建立多元选择模型,分析了影响住房反向抵押贷款需求的因素及其原因。

(三)研究过程尚存在的缺憾和不足

1. 在数据资料方面,国内对反向抵押贷款的研究较为有限,本文的诸多资料来自于外文文献以及美国、新加坡等国家的官方网站,力求较为系统地对反向抵押贷款有一个完整的阐述,但在模型分析和风险预测方面,缺少房产租金的历史数据,无法作出更为接近实际的判断,只能对部分数据进行模拟和假设,对相关的研究造成了缺憾。

2. 在问卷调查方面,问卷设计方面仍然不够完善,有些信息由于各种原因无法真实获取,给相关的实证研究带来了困难。尤其是研究经费的极端匮乏,无法开展大规模的市场调研,也就无法依据科学的方法取得大量真实的资料数据。

3. 在数理模型方面,本文对反向抵押贷款的研究主要是运用不动产、投资学和保险精算的相关模型,鉴于学科背景构成较为单一,在模型选取、模型运算和模型解释方面仍然存在着许多不足,导致问题分析深度的一定欠缺。

鉴于历史数据不足及笔者研究水平所限,对反向抵押贷款的探索还不够全面深入,尤其是运用伦理学、社会学、法学等多学科研究分析尚显不足,需要有来自各个方面的专家学者,运用多学科知识在未来的理性研究与工作实践中投入更多的时间和精力,关注各国反向抵押贷款业务的最新进展,从而提出具有更强操作性的方案,逐步完善反向抵押贷款产品和业务的构成体系。

二、反向抵押贷款开展的意义

以房养老和反向抵押贷款在中国的推出,极大地促进了社会整体效用的提高,具有重大的社会价值和实践意义,大家对此作出了众多的研究,这里试就研究成果作一综述。

(一)老年人通过参与反向抵押贷款得到的年金,可以显著地提高自己晚年的生活水平

根据 Perston(1996)的估算,包括美国在内的世界上许多国家,正在经历一场人口结构的剧烈变化。医疗护理设施的改进、医药水平的提高,使人们比以前活得更长。据推算,到 2050 年老年人的总数,将占到世界总人口的 24%。届时如何解决养老问题,就成为前所未有的严峻问题。

Venti 和 Wise(1991)分析美国四个年龄组别,包括年龄 55～64 岁、65～74 岁、75～84 岁、85 岁以上的借款人,若使用反向抵押贷款可增加的当期所得幅度。而其中年龄最老、所得最低的 85 岁以上的老年夫妇,可增加所得 35%;85 岁以上的单身借款人,所得增加幅度几乎达到 50%。

Venti 和 Wise(1991)还对反向抵押贷款的潜在市场需求进行了研究,通过 SIPP(Survey of Income and Program Participation)数据分析,详细阐述了老年人的资产构成,其结论是大部分老年人主要以养老金为生,住房是老年人唯一可以用来增加消费的个人资产,如果采用年金式反向抵押贷款,估计可以增加老年人收入的 10%。研究成果还认为,约 160 万位收入不到贫困线 1/2 的老年妇女能够通过反向抵押大幅提高收入。

Gibbs(1992)的研究结果表明,对低收入家庭来说,通过反向抵押贷款每月获得收入占总收入的很大比例,对老年人养老生活质量的提高非常有益。他认为老年人通过反向抵押贷款,使得个人住房资产变现流动,可以帮助老年人筹措长期护理生活费用。Sally R. Merrill、Meryl Finkel 和 Nandinee K. Kutty(1994)的研究表明,对低收入家庭来说,通过年金式反向抵押贷款可以使老年人每月的收入提高 20%～25%。

Rasmussen、Megbolugbe 和 Morgan(1996)采用与 Venti 和 Wise 类似的研究方法,认为年收

入小于 30000 美元的 69 岁以上老年人,通过反向抵押贷款至少可以提高收入的 25％,单身女性通过选择反向抵押贷款,可以把贫穷率从 19.5％降低到 5.5％。Kutty(1998)指出使用房屋净值释出贷款产品,可能使美国 29％的贫穷的住房拥有者能够跳跃于贫困线之上,摆脱贫穷之列。

Rasmussen、Megbolugbe 和 Morgan(1997)探索了投资动机对取得反向抵押贷款的重要性,还指出通过反向抵押贷款,将更好地为长期医疗保险、事业中的人力资源投资、孩子的上大学费用等固定支出筹措资金。反向抵押贷款使房产价值更容易转换为现金,因此可以使户主在筹集大额花费支出时更为灵活。能拥有信贷额度或一次性支付的选择权,对增加这种灵活性是很有必要的。他们还指出对某些借款人来说,有限期支付比终身支付更适合融资的需要。

也有人提出相反的意见,如 Hancock(1998)探讨反向抵押贷款对英国拥有住房的老年人的净所得会带来怎样的冲击,结论是在某些年纪很大的人群中,使用反向抵押贷款后所得增加的幅率,其实并不很明显。

(二)银行保险金融机构可通过开展反向抵押贷款业务增加业务收入

Szymanoski(1994),Thomas Davidoff 和 Gerd Welke(2004)通过模拟方法研究,得出结论:对贷款机构而言,虽然可能面临逆向选择和道德风险,但与其他贷款业务的平均利润率相比,反向抵押贷款业务仍具有较高的利润率。由于借款人的实际寿命小于预期寿命,贷款机构实际上会比预期更早地收回抵押房产,出售房产的收入几乎超过了机构支付贷款的本息之和。

笔者(2004)曾经对反向抵押贷款的影响做了比较全面、定性的概括。它在宏观经济运行方面能完善养老保险机制,减轻社会保障部门的传统养老资金来源的压力;能够为保险公司提高抗风险能力,加强资产质量,应对中国加入 WTO 后国外大保险公司提出的挑战,提供了一种强有力的手段。

反向抵押贷款在微观经济方面可以减轻子女的养老负担,是对儿子养老和票子养老的有效补充。家庭结构变化导致家庭赡养功能弱化,实行计划生育政策后,我国家庭结构发生了很大的变化,呈现小型化、核心化的发展态势,"4-2-1"的家庭结构越来越多,家庭养老资源难以应付家庭老年成员的养老保障需求。

孟晓苏(2002)指出由于我国多年实行的低收入政策,绝大多数老年人没有形成多少储蓄,退休后只能靠退休金生活,而国家与社会所能提供的退休金很为有限,加之我国多年来寿险业务不够发达,想靠寿险来保障老年人的晚年生活,并没有历史上的保险费投入作为基础。但近几年实行的公房出售,却使得这些老年居民用较少的钱财买下较大价值的房产。这笔固定资产如果能用活,完全可以弥补前两项的历史缺憾,几乎是在我国大部分老年居民中建立寿险保障的有效途径。反向抵押贷款的保险项目一旦设立,将使拥有私人房产并愿意投保的老年居民享受到过去难以想象的寿险服务。

笔者(2007)认为,随着人口老龄化的加速到来,我国的社会保障体系将面临巨大的压力,单纯依靠现有的社保制度和传统的家庭养老,越来越难以适应银发浪潮的冲击。开展住房反向抵押贷款,用房产的余值养老,是我国人口老龄化背景下社保的有力补充。开展反向抵押贷款不但可以弥补养老金不足的问题,增加老年收入,拓宽养老途径,减轻社会保障的压力,还可以促进老年消费的增长,促进保险公司等金融机构的金融创新,有利于保障社会弱势群体的生活安定,保障经济社会的稳定,对我国正在建设的和谐社会有着无比积极的意义。因此,我国应在借鉴国外经验和模式的基础之上,发展适合我国国情的住房反向抵押贷款。

李顺(2006)认为,开展反向抵押贷款寿险服务,能有效增加老年居民收入水平和支付能力,使得他们在人生收入的低谷期将积蓄在房产上的财富分期使用,有效补偿老年生活。从未来中国实行遗产税制度的角度,开展反向抵押贷款寿险服务能够合理避税。对保险机构来说,能改善保险资产结构,把保险公司同房地产业务相结合,拓展了业务空间,扩大了赢利的范围,是社保的有力补充。特别是有专家认为开展反向抵押贷款还能减少潜在的贪污腐败行为。

尽管开展反向抵押贷款能带来巨大的社会经济效应,但在中国开办仍存在不少问题,如资产变现问题、手续复杂涉及面大等,实行住房的反向抵押会发生许多费用,但中国目前并未明确规定每项费用的标准和承担者。若要开办反向抵押业务,必须采取有针对性和可行性的对策如建立成本分摊机制、建立监督机构、尽快完善相关政策法规、充分考虑地区差异、专业房产评估机构的参与等方面,真正让老年人和金融机构都能从反向抵押贷款中得到各自的利益,对我国开展本贷款业务具有一定的借鉴意义。

魏华林和何士宏(2007)指出,企业补充养老保险的发展受制于诸多因素,如受企业发展的市场环境欠公平、企业补充养老保险的税收优惠没有得到有效确立、全国基本养老保险制度不统一、资本市场还没有发育成熟、劳动者收入分配格局失衡以及企业社会责任缺失等多种制约因素的影响,而且上述因素并非短期内可以改变。大量事实表明,老年人口是贫困率较高的群体,在我国,在职劳动力的很大部分收入要花费在教育、医疗和住房上,大部分在职劳动力都没有能力为自己的晚年生活做好充足的储蓄准备。此外,老年群体是疾病的高发群体,很多老年人常常"因病返贫"。同时,加上人口流动的加剧,越来越多的子女成人后选择自立门户,空巢老人家庭的比例也越来越高。根据区位学理论,人们的空间距离反映并影响着相互间的社会距离,居住的聚散将直接影响到家庭的赡养功能,老年人单独居住的趋势有利于发展反向抵押贷款业务。这是我国开办本贷款养老保险的客观要求。

张凌燕、赵京彦(2004)认为我国近几年来的住房制度改革,使得越来越多的居民拥有了住房,住房条件大大改善,为反向抵押贷款的开展提供了物质准备。如果折成现金计算,住房已经成为我国居民家庭的重要财富,但在我国现有的金融制度与规定下,房屋这种"僵化的资产"不可能被激活而赢利。反向抵押贷款将个人房产引入保险领域和老年保障体系,其积极意义就在于为保险公司开拓一种新的保险业务,住房市场的稳定和持续发展,使得此项业务比其他险种更利于保险资产的改善和优化,老人将拥有房屋这种僵化的资产激活,能够改善生活条件,使其晚年生活得到保障,同时,反向抵押贷款还减轻了社会负担。房屋被赋予居住和养老储蓄的双重功能后,将带动房地产消费的进一步拓展,还能激活老年人消费市场。

赖晓永(2004)指出传统的家庭养老模式固然可以对老年人的养老起到一定作用,然而随着空巢化和"四二一"家庭结构的大幅增多,家庭养老面临着巨大的压力。引入反向抵押贷款,将对我国目前的养老保障制度、思想观念、金融保险市场、资本市场甚至房地产市场等相关领域都会产生积极意义。

(三)丰富相关理论的研究

通过开展反向抵押贷款的研究,首先可以丰富房地产金融等相关理论。反向抵押贷款是一种交叉金融产品,涉及房地产、金融保险、制度经济学、社会学的一些理论与思想方法。开展反向抵押贷款的研究,不仅是对这些理论的重新组合与运用,而且可以深化与丰富这些相关理论。

通过开展反向抵押贷款的研究,还扩大了生命周期理论、资源优化配置理论在家庭理财中的适用范围。从理论上说,家庭理财是以家庭为单位,以人的一生为周期,研究资源优化配置的理论与方法。以往对家庭资源的优化配置,主要考虑金融资源,从研究时段来说,也主要是针对某个阶段的金融资源配置与优化利用。在引入生命周期思想基础上开展的反向抵押贷款研究,把家庭资源优化配置的范围从金融资源扩充到不动产资源,把研究周期从人的某个阶段延展到整个人生,从而大大拓宽了资源优化配置理论的适用性。

(四)促进我国的金融创新

开展反向抵押贷款业务,将促进我国的金融创新。我国现行的抵押贷款产品包括抵押贷款、质押贷款等,都属于正向抵押贷款,还缺乏反向的抵押贷款产品。开展反向抵押贷款的研究,开发与设计符合我国国情的住房资产转换工具,对创新住房与养老金融的发展模式,丰富我国的金融信贷产品,使之系列化、规模化,具有重要意义。

开展反向抵押贷款业务,将改变人们传统的思维定式,促进生活方式的变革。通过发展反向抵押贷款,人们利用住房蕴涵的价值养老,有助于减少人们对晚年生活的后顾之忧,促进即期消费,从而有可能把过高的银行存款比例降下来,拉动国民经济实现新的增长。

以房养老办法还有助于减弱孩子对父母的依赖性,增强子女的独立性,进而提高整个中华民族的竞争力,有助于弥补社会保障体系的缺陷和不足,改善老年人的晚年生活,促进社会稳定与和谐社会的构建。

开展反向抵押贷款业务的研究,开发新的金融工具,不仅有助于提高房产的流动性,活跃二手房市场,促进房地产的健康发展,还能给金融机构带来新的业务,培育新的经济增长点,拓展盈利空间,最终实现多赢的局面。

三、反向抵押贷款的市场容量研究

从 20 世纪 90 年代起,美国开始对住房反向抵押贷款的市场容量组织了大量深入的研究,形成了一批研究成果。这些研究成果表明,美国开展反向抵押贷款很有必要性,且经济上合理可行。在实际调研的基础上,一些学者通过测定反向抵押贷款支付数据,计算对某个特定老年群体收入影响的显著性,或者房产价值与收入之间的差额,来预测住房反向抵押贷款产品潜在的市场需求。

在美国反向抵押贷款产品选择的研究中,不同的学者往往采取各类市场的细分变量。不同老年群体希望在市场上找到与其价值评判标准及支付能力相符合的产品。这是贷款方进行市场细分的必要条件。而市场上贷款方供应能力的差异,不同产品或服务供应的替代竞争压力,都促使贷款方必须寻找不同的目标客户群,通过差异化营销活动而在竞争中取胜,这是市场细分的充分条件。由于供求双方的博弈,市场细分越演越烈。

Case 和 Schnare(1994)仔细考察了反向抵押贷款借款人的特征,包括产品选择的决定因素,使用了一个包含大约 2500 个贷款的样本集。他们运用一个关于年龄、家庭组成成分、房产价值、房产的地理位置以及其他特征的函数,来计算每个借款人选择每种支付方式的可能性。他们发现:(1)低龄老人比较倾向于选择终身支付;(2)收入与产品选择之间并没有很紧密的关系;(3)单身男人没有单身女人或夫妻那样倾向于选择信贷额度的方式;(4)来自乡村的借款人比城市或郊区的借款人更倾向于选择信贷额度。

McCarthy 等(2002)和 Creighton 等(2005),提出可能提升反向抵押贷款成长率的办法。在美国的 670 万个家庭和澳洲的 130 万个家庭,代表了各自反向抵押贷款市场的潜力。Mitchell 和 Piggott(2004)提出 60 岁以上人口的自有住宅率最高。今日美国的反向抵押贷款市场规模虽小,但成长率惊人,在 2001—2004 年间,反向抵押贷款增长率达到 500%。其中一个可能的解释是,美国政府提供的房屋净值转换贷款,刺激了该市场的快速成长。

Merrill、Finkel 和 Kutty(1994)通过 AHS(American Housing Survey)数据估计反向抵押贷款市场的潜力,超过 120 万名老年人拥有房子的完全产权,且可以从反向抵押贷款业务中获益。他们归纳了愿意参与反向抵押贷款业务的老年群体,其特点是:(1)年龄在 70 岁以上;(2)年收入少于 30000 美元;(3)房屋资产净值在 10 万~20 万美元;(4)至少在该房子中居住了 10 年以上。这类家庭约有 80 万个。这可以被解释为反向抵押贷款潜在需求的更低界线。

Weinrobe(1987)指出屋主的年龄和房屋净值,与是否使用反向抵押贷款呈现正相关性。意即屋主年龄愈大,愈易于使用反向抵押贷款;拥有房屋净值愈多的屋主,愈易于参与反向抵押贷款业务。

Rasmussen、Megbolugbe 和 Morgan(1995)利用 1990 年人口和住房统计局公共使用微型数据样本,估计了反向抵押产品的潜在需求。他们估计,约有 58.4 万位处于贫困中的老年妇女,其房子净值在 4000 美元以上。老年人申请反向抵押贷款主要是有两方面的原因:(1)年龄增长导致现金资产开始减少;(2)拥有资产需要作出多样化配置。对许多家庭来说,反向抵押引致的年金量虽不大,但却增加了流动性财富。

Kutty(1998)随后明确把研究重点放在贫困人口上,目标为住房价值转换抵押贷款对贫困老年人口施加的影响,该抵押产品是贫困户主可以得到的,尽管该计划没有通过收入审查来限定老人的贷款资格,但其设计目标是为了补偿低收入户主。通过实证研究,他调查了通过反向抵押使老年人贫困状况改善的范围,这一业务运营利用了老年贫困人员的高住房拥有率和他们在不同年龄层次的心理倾向变化,不需要政府大量开支。这些研究使我们对反向抵押贷款的前景预期非常乐观。

Mayer 和 Simons(1994)使用 1990 年收入和分享程序,调查发现有 600 多万老年人拥有高质量的房产,通过反向抵押贷款能够增加他们每月的收入。对大多数家庭来说,虽然反向抵押贷款支付的额度较少,只有每月收入的一定百分比,但是,对处于贫困线以上的将近 1500 万老年人来说,反向抵押贷款可以增加他们的收入。他们指出大多数反向抵押贷款借款人选用信贷支付,是因为老年人几乎没有流动资产。他们提出应当一次性付清贷款,此笔款项可以维护他们的房子、卫生保健和汽车免受金融危机的冲击,这对多数老年人来说,是非常有价值的。他们使用从 SPIP 得到的数据阐明,如果全部支付信用贷款额度,能够为多数老年私有住房拥有者增加 1 倍或更多的流动资产。

四、反向抵押贷款市场现状研究

Andrew Caplin(2000)运用反向抵押贷款市场和分享升值抵押贷款市场的案例进行研究,发现两个市场的发展现状远远没有达到理想的规模。在需求和供给方面造成市场低迷的原因是,需求方面在于该市场会给消费者带来较高的交易成本和风险;供给方面则在于该贷款市场的发展需要不断创设新的合同条款,但任何提供该贷款产品的企业,都很难从该市场的产品创新中获得可观的利润,一旦某个公司创设出新的条款,就可以很方便地被其他公司所模仿。

Thomas P. Boehm(1994)认为,反向抵押贷款市场初期增长相对缓慢的原因,在于潜在贷款机构和老年住房持有者对该产品不很熟悉,贷款合约设计未能做到标准化,以及缺乏相应的保险机制等。Michael Ehrhardt(1999)还建立了价值评估模型,对反向抵押贷款进行定量分析,指出固定利率模式的反向抵押贷款具有很高的利率风险,不利于金融机构的经营套利。

Rui Yao 和 Haorld H. Zhang(2004)检测了投资者希望通过租房或买房来获得居住权的最优

动态组合决策,认为对大多数美国人来说,住房资产是他们最重要的资产。基于 2001 年的 SCF
(Survey of Consumer Finances)数据,得出大约 2/3 的美国家庭拥有自己产权的住房,且其价值平
均占到家庭总资产的 55%。76% 的 75 岁以上的户主都拥有住房,其平均资产为 92500 美元,而
他们的平均总资产为 151400 美元,住房资产占到家庭总资产的 61.1%。根据 PSID(Panel
Studies of Income Dynamics)的数据表明,1954—2001 年,美国 35 岁以上户主的住房资产与净资
产的比值大约是 2 倍多一些。75 岁以上的人,住房资产只占到家庭净资产的 63%,同时,住房资
产在家庭资产组合中的比重比过去要大得多。

部分学者通过论证反向抵押贷款对借款人收入状况的改善程度,来说明该产品运作的可行
性,对此的研究一直存在较大的争议。Venti 和 Wise(1991)最先对反向抵押贷款的潜在市场给
予学术性研究,认为多数美国人通过住房资产的形式储存个人资产。他们通过 SIPP 数据分析老
年人的资产组成,结论为大部分老年人以固定养老金为生,唯一可用于增加消费的资产就是
住房。

Stucki 和 Barbara R.(2006)指出要普及反向抵押贷款业务,必须向财务咨询与潜在老年申
请者宣传介绍业务,增进他们对反向抵押贷款业务的理解。在对反向抵押贷款的潜在市场调查
的过程中,发现只有少部分住房持有者会选择采用住房资产来支付长期医疗保险费用,同时存在
保险费用增长过快的风险。对于制约反向抵押贷款市场扩张障碍的研究中,指出该贷款产品本
身就存在着诸多缺陷,如借款费用高,贷款额度有限,以及老年住房持有者对贷款业务缺乏了解
或存在误解等。故此,他们建议在现有政策的基础上,如果政府对反向抵押贷款采取一些适当的
激励措施,如降低贷款费用,对身体状况不好的老年住房持有者提供更大比例的贷款额度等,可
能会带来较大改观。

值得一提的是,学者姚远(2001)在其《中国家庭养老研究述评》一文中,对近几年来我国学术
界对家庭养老的研究作了比较完整的概括和对比分析。特别是在金融危机爆发后,吴念鲁、高
远、崔善花、钟伟等(2007)等众多学者对美国次级贷款对反向抵押贷款业务的影响作了深刻
分析。

限制反向抵押贷款市场发展的因素也有很多:高额费用、贷款规模过小、低的销售激励、受健
康问题的不利影响(如果老人因健康问题长期未居住在该抵押的房子里,贷款就会宣告到期)、名
声不好或其他心理的不利因素,另外还有制度、法律、会计等障碍。

五、反向抵押贷款市场发展缓慢的缘由研究

从各国开展反向抵押贷款的情况来看,Mayer C. J. 和 Simons(1994),Merrill(1994),
Nandinee K. Kutty(1998)认为,反向抵押贷款业务开办的前 10 年里,发展较为缓慢,市场需求不
足,市场规模偏小。Richard Reed 和 Karen M. Gibler(2003),Mitchell 和 Piggot(2003),Thomas
Davidoff 和 Gerd Welke(2005),Stucki 和 Barbara R.(2006)认为反向抵押贷款是一项具有很大市
场潜力的金融产品,但在过去的十几年里,该贷款的市场规模一直偏小。Donald L. Redfoot、Ken
Scholen 和 S. Kathi Brown(2007)的调查结果显示,截至 2007 年 10 月,美国选择反向抵押贷款产
品的人数只占符合条件总人数的 1%,远远低于最悲观的估计。许多学者对反向抵押贷款市场
发展缓慢问题进行了研究,认为主要原因有以下三点。

(一)高额的交易费用

Mayer C. J. 和 Simons(1994),Caplin(2002),Donald L. Redfoot、Ken Scholen 和 S. Kathi

Brown(2007)的研究成果认为,反向抵押贷款业务发展缓慢的主要原因,是市场尚未达到规模效应,贷款交易费用很高,达到抵押房产评估价值的10%,客户认为参与本项业务在扣除各项交易费用后所得甚少,并不合算,高额的交易费用阻碍了反向抵押贷款市场的良性发展。

(二)浓郁的遗产动机

Mayer C. J. 和 Simons(1994)的实证研究发现,美国家庭资产的80%是继承遗产而来,以此论证了遗产动机是阻碍反向抵押贷款业务开办的重要因素之一。Sheiner 和 Weil(1992)的研究表明,有42%的老年人基于遗产动机,希望将个人房产作为遗产留给后人。Michael D. Hurd (1990,2001)建立了遗产动机模型,并运用存在遗产动机时的数据来检验,发现如果当某人的寿命不确定时,不论老年人是否有子女,都会减少住房资产。同时,Caplin(2002)也指出美国在参与反向抵押贷款业务中,有75%的借款人没有子女。尽管学术界对遗产传承的动机有不同的观点,但基本上都认同遗产动机是影响反向抵押贷款业务拓展的关键因素之一。

Laitntr 和 Juster(1996)的研究认为,在一定范围内,对子女未来收入有较低预期的父母,倾向于留下较多的遗产,这与利它主义的推论相吻合。这一倾向在多个子女的家庭中表现得最为明显,在单个子女的家庭中则几乎不存在。

在 Bernheim 等人(1985)的经典论文中,LRHS(The Longitudinal Retirement History Survey)的数据,被用来检验他们提出的战略性遗产动机交换模型的预测。他们发现,子女访问和关心父母的次数,与父母可留作遗产的财富数量成正比。Bernheim 等人认为,多子女家庭中,父母可留作遗产的财富越多,对子女的吸引力就越大,父母可以通过遗产对子女进行有效的威胁,不孝敬的子女将得不到父母留下的遗产。而单子女家庭因为缺乏竞争,财富与关心程度之间没有明显的正比关系,这与交换模型的预测是相吻合的,就此推论若用一般的语言来说明,就是在独生子女家庭中,父母百年后所遗留财产都自然而然地归由该独生子女继承,没有其他人员和独生子女争夺家庭遗产,故该独生子女并不需要对父母的财富表示更多的关注。而多生子女的家庭中,做儿女的则需要经常在父母身边表示自己的孝敬之心,以便在遗产分配中可多得到部分财产。而父母可遗留给儿女的遗产数量的多寡,同子女在父母面前表现孝心的程度也有较大的正相关。父母可遗留给儿女的遗产数量愈多,质量愈好,儿女向父母献爱心、孝敬心就表现地愈大,反之亦然。

伦理传统和税收政策也会对反向抵押贷款产生一定的影响。在欧美流行的反向抵押贷款养老,与其高额的遗产税有很大关系。中国的传统伦理道德隐含着克己为人的思想,父母一切为了孩子,子女全力孝敬父母。如果没有反向抵押贷款的税收减免优惠,短期内又不可能开征遗产税,可以想象,老人们很难选择用反向抵押住宅的方式来养老。

(三)机构开办业务的动力不足

反向抵押贷款业务面临较大的逆向选择、道德风险和流动性风险。Miceli 和 Simans(1994),Mayer 和 Simons(1994),Shiller 和 Weiss(1999)、Caplin 等(2002)认为,逆向选择和道德风险主要体现在:一是预期寿命较长的人会更多地参与反向抵押贷款,从而导致机构举办该项业务无利可图;二是相对未参加反向抵押贷款的老年人而言,借款人参加本贷款业务后会失去维护保养住房的积极性。

Donald L. Redfoot、Ken Scholen 和 S. Kathi Brown(2007)认为,老年人的住房只有在其生命结束后才可变现,这种情况会使得金融机构开办该业务的资金流动性不足,不利于金融保险机构大力推进该项业务。美国住房和城市发展部 HUD 提出要积极发展反向抵押贷款二级市场,为反向抵押贷款的一级市场筹措资金。HUD 提出可以通过两种方式解决这一问题,一是联邦抵押协会购买反向抵押贷款;二是利用资产证券化提高贷款机构资产的流动性。

六、以房养老模式潜在需求的研究文献

国外相当部分的经济行为研究大都注重于定量分析的层面,他们采用实证分析的方法讨论各种经济变量、社会变量、家庭特征变量对反向抵押贷款产品的影响。比如以老年房产相对收入提高的显著性或房价和收入差额的扩大为标准,探讨反向抵押贷款产品的潜在需求等。

Henry Bartel、Michael Daly 和 Peter Wrage(1980)认为,参与反向抵押贷款业务的老年人的最低年龄应为 69 岁。Wong 和 Garcia(1998)重点分析了美国加利福尼亚州的反向抵押贷款产品市场,他们的研究发现根据 1998 年加利福尼亚州的住房拥有率,有 60% 的老年人符合反向抵押贷款产品所规定的申请资格。他们指出反向抵押贷款产品可以使老年房主在居住期内不失去房屋居住权的前提下,免税利用房屋价值,而且对申请者没有收入或财富的限制,借款人需要偿还的借款额不会高于房屋的价值。同时,随着人们在家居住时间的延长,反向抵押贷款产品有着很大的潜在市场,未来时代里,老年居民对家庭保健和房屋维修资金的需求将会大幅增加。

Kee-Lee Chou、Nelson W. S. Chow 和 Iris Chi(2006)在"Willingness to consider applying for reverse mortgage in Hong Kong Chinese middle-aged homeowners"一文中,阐述了香港的老龄化趋势,并对香港反向抵押贷款业务的运作情况作了全面的调查分析,结果显示随机调查的 629 个调查者中,有 56.4% 的调查者表示不愿意考虑反向抵押贷款,32.6% 的调查者表示不肯定,只有 11% 的人认为他们可能会选择反向抵押贷款。运用对数回归模型表明子女和拥有股票、债券或者基金与参加反向抵押贷款的意愿成正相关关系,而金融资产的数量与该意愿呈现负相关性。该文还指出,在未来几年,香港老年人家庭的经济状况有恶化的趋势,综合考虑其他影响因素,愿意接受反向抵押贷款的老年人会增多。

根据一项健康和退休的研究结果,2000 年,美国共有 2750 万户老年家庭(至少有一人为 62 岁或以上),其中 2110 万户(78%)拥有所居住房屋的完全产权,这部分家庭拥有的住房净资产超过 2 万亿美元。NCOA 再通过资格筛选及合理性筛选,推断出共有 1320 万户家庭有可能是 HECMs 计划的潜在客户,按照单位家庭房屋净资产 14.4 万美元(中位数 10.5 万美元),最大贷款市场预估为 9530 亿美元。

David W. Rasmussen、Isaac F. Megbolugbe 和 Barbara A. Morgan(1995,1997)认为反向抵押贷款作为一种资产管理工具,可以用来作为额外的支出融资、代际资产转移、购买长期护理保险并用于维持高消费等。还指出大约有 300 万年收入低于 3 万美元的老年人,通过反向抵押贷款可以使收入提高 25%,对提高低收入人群的消费水平具有显著作用。对房主来说,房产比其他任何流动性财产都更有价值。同时反向抵押贷款不只是针对单身、贫穷的高龄老人,还可以面向其他各种类型的人员。

Nandinee K. Kutty(1991)预测,有 621820 户老年贫困家庭可通过反向抵押贷款使自己达到贫困线以上,该数字占老年贫困房屋拥有者的 28%,占老年贫困家庭的 18%。拥有房产价值达到或超过 6 万美元的老年贫困家庭中,有半数以上的家庭可以通过反向抵押贷款摆脱贫困。拥有住房(无论是租房还是具有住房产权)的老年人口的贫困比例,将从 17% 下降到 14%,而当年美国贫困人口的比重将从 12.4% 下降到 10%。

国内学者经过大量的研究,普遍认为开展反向抵押贷款业务在中国已经具备可行性。首先,

从反向抵押贷款的需求方面来看,柴效武(2003)、王琨(2005)、李时华(2007)等人的研究结果表明:随着我国老年人口绝对数的增加、住房自有率的提高,潜在市场规模巨大。在反向抵押贷款的供给方面,柴效武(2007),刘嘉伟、项银涛(2005)对银行保险金融机构开展反向抵押贷款业务的可行性进行研究,认为开展反向抵押贷款业务是增加金融机构收益的有效途径。

柴效武(2008)研究指出,我国已具备反向抵押贷款的运行环境,开展反向抵押贷款的条件已具备并具有极强的可行性,应尽快提到议事日程上来。孟晓苏(2006),张仕廉、刘亚丽(2007)等在研究中,也提出了我国推行反向抵押贷款过程中可能存在的主要障碍,有传统文化观念束缚、土地制度约束、二手房市场发展滞后、中介机构业务运作不规范、房地产市场缺乏权威数据和政府支持不力等。

七、反向抵押贷款支付方式研究

反向抵押贷款可以选择多种支付方式,主要有以下几种:终身支付年金(只要该房子仍是借款人的第一居住地);有限期的支付;信贷额度支付;终身支付和信贷额度方式相结合;有限期支付和信贷额度方式相结合。

反向抵押贷款参与人倾向于选择何种支付类型,Mayer 和 Simons(1994)认为大部分住房反向抵押贷款的借款人选择了信贷额度这种支付方式,原因是许多老年户主只有很少流动性财富,为了抵御房屋、医疗或交通事故等对经济的冲击,一次性支付对老年人来说非常重要。他们运用从收入与反向抵押贷款参与情况(SIPP)调查中得来的数据证明,一次性支付而得来的信贷额度,将使老龄户主的流动资产增加 200%。

Kutty (1994)运用理论与实证分析得出,大部分老年人对最高信用额度这种支付方式最为看好,如果普通消费者认为年金方案与反向抵押贷款是无差异的,通过积极的市场策略会使消费者认为最高信用额度方案将使折现现金流增加,对于老年房产持有者而言,如果小额增加收入流,由此增加的福利是非常小的。如对支出的波动提供多种形式的保险,其作用效果将会非常巨大。

Michael C. Fractionation(1999)研究了反向抵押贷款产品选择的决定因素,指出该贷款能为老年人提供巨大效益,是将反向抵押贷款产品实现结构化,使其满足老年人的需求。同时,研究成果指出支出波动不可避免,与老年房产持有者的福利相关性较强,增进了对反向抵押贷款市场的理解,如采用最高信用额度这种支付方式,可用较低的成本抵抗支出波动引起的负面作用。

Merrill 和 Finkel(1992)认为对低收入的户主来说,年金占收入的比例是最大的,房屋估价在 10 万美元以下的户主每年能收到的年金额太少,而那些估价超过 20 万美元的房产则表明他们的主人拥有其他金融资产,而不必将住房净值变现。

Weinrobe (1985)指出,Buffalo 反向抵押贷款项目的大部分房产持有者,选择一次性支付方式而非年金支付方式,虽然一次性支付方式的贷款期望值要小一些。

国外的研究成果表明,在不同的前提条件下,反向抵押贷款的参与人会选择的贷款支付类型有所不同,经过分析不难发现,在有效提高老年人退休后可支配收入的流动性,有效提高晚年生活质量方面,年金支付模式明显更胜一筹,贷款产品定价也将选择年金支付模式计算。

家庭和社区对反向抵押贷款需求的影响

Kenneth Allen Knapp

反向抵押贷款是指在借款人搬离、出售该住房或者死亡时才需要偿还的贷款,主要适用于62 岁及以上的老年户主。本文以 HECM 这种反向抵押贷款为例,探讨家庭和社区因素是否会对反向抵押贷款的需求产生影响。许多学者都对反向抵押贷款的潜在需求进行了研究,本文将对该贷款实际需求的影响因素及其与潜在需求的关系进行探讨。

本文选择了美国 26 个大都市中的县域作为研究对象,以年轻人和老年人搬离该县域的比例来衡量人们对家庭与社区的依恋程度,其他变量还包括宗教信仰、出生于现居住地的人的比例和受教育程度等。不同县域的 HECM 市场情况,是由该地区的 HECM 咨询者和贷款机构提供的。

AARP 指出,65～74 岁的老人中有 92%、75 岁及以上的老人中有 95% 的人愿意在现有住房中养老(AARP,2000a:24—25)。由生命周期理论可以得知,为了在一生中实现均衡消费,人们在一定年龄后将会逐渐把包括住房在内的家庭财富消耗掉,但遗产动机将会对其产生影响。在那些家庭纽带不是很强的地方,遗留遗产的愿望相对来说会弱一些。这些地方的老人更可能按照生命周期理论指出的那样,在自己死亡前将所有的财富统统消耗掉,除非他们不打算在这个社区继续居住下去。一般说来,孩子与父母居住得越远,家庭的纽带就越弱,父母为其遗留遗产的愿望就越低。而在那些对社区的情感依恋较低的地方,老年人对反向抵押贷款的兴趣也会减弱。因此,对家庭和社区的依恋程度,均会影响对反向抵押贷款的需求。

表 1 是一个矩阵,代表 A、B、C、D 四个城市,"Y"代表的是年轻人搬离该县域的比例低,"y"代表的是年轻人搬离该县域的比例高;"O"代表的是老年人搬离该县域的比例低,"o"代表的是老年人搬离该县域的比例高。比较得知,B(O,y)的反向抵押贷款的需求将高于 A(O,Y),这是因为 A(O,Y)中的 O 和 Y 表明年轻人和老年人搬离该县域的比例均很低,而 B(O,y)中的 O 和 y则表示虽然老年人搬离该县域的比例低,但年轻人搬离该县域的比例高,A 城市的父母遗留遗产给后代的愿望更高,因此对反向抵押贷款的兴趣比 B 城市低。由同样的道理分析可得,B(O,y)的反向抵押贷款的需求要高于 C(o,Y)和 D(o,y),而 A(O,Y)的反向抵押贷款的需求也要高于 C(o,Y)。

表 1

A (O,Y)	B (O,y)
C (o,Y)	D (o,y)

本文的目的是检验与 B 城市类似的城市对反向抵押贷款的需求是否最高。因此,年轻人和老年人搬离该县域的比例,必须结合起来考虑。

首先我们列出影响反向抵押贷款实际需求的因素,然后运用普通最小二乘估计方法(OLS)进行回归。

以下是影响反向抵押贷款实际需求的因素：

1. HECM9000：1990—2000 年间该县域反向抵押贷款的实际开办数量，除以其潜在需求数量，再乘以 1000，即 1000 名潜在需求者中实际申办反向抵押贷款的人数。潜在需求等于该县域中 70 岁及以上且住房资产超过 3 万美元的老年人数。

2. Y_OUT：1985 年 25～39 岁的年轻人在 1990 年前搬离该县域的比例。

3. OLD_OUT：1985 年 60～79 岁的老年人在 1990 年前搬离该县域的比例。

4. 宗教：属于某一宗教团体的人的比例（1990 年数据）。宗教往往有"家庭应该一起祷告并居住在一起"的要求，也是影响因素之一。

5. 出生地：出生于现居住地的人的比例（1990 年数据）。若该比例较高，则说明家庭中几代同堂的可能性较大。

6. 白人：白人在美国人中所占的比例高达 85.50%（1996 年数据）。白人的寿命往往比非白人的寿命长，HECM 对白人来说显得更加划算。

7. 教育：25 岁及以上从大学毕业的人的比例（1990 年数据）。一般来说，受教育程度越高，越能很好地分析金融工具的成本和收益，理解复杂的金融工具。

表 2　最终数据

变量	中位数	标准差	最小值	最大值
HECM9000	11.44	12.25	0.37	65.11
Y_OUT	14.86	5.54	5.47	31.38
OLD_OUT	6.10	2.42	1.82	14.61
宗教	54.92	13.73	25.90	84.60
出生地	64.27	16.50	18.70	90.02
白人	85.50	14.21	33.90	99.50
教育	20.94	8.52	6.70	44.00

表 3　回归结果

变量	Y_OUT	OLD_OUT	宗教	出生地	白人	教育
系数估计值	0.666**	−1.106**	0.030	−0.097	0.221*	0.359*

注：** 显著水平为 0.05；* 显著水平为 0.01

回归结果表明：

1. 种族构成对反向抵押贷款的需求存在影响，即白人在人口中所占的比例越大，对反向抵押贷款的需求也就越大。

2. 城市人口的受教育程度对实际需求也有很大影响，受教育程度越高，越能接受反向抵押贷款这种复杂的贷款产品。

3. 对家庭和社区的情感依恋程度，对反向抵押贷款的实际需求有着重要影响，这说明遗产动机确实会影响老年户主面临反向抵押贷款时所作出的选择。变量 Y_OUT 与贷款的实际需求正相关，OLD_OUT 与贷款的实际需求负相关。总的来说，年轻人搬离的比例越高，代表年轻人对家庭和社区的情感依恋越弱，这会增加对反向抵押贷款的需求。相反，若老人搬离旧居的比例很高，则表明老人对该社区不太依恋，这会降低对反向抵押贷款的需求。若年轻人搬离该县域的比例增加 1％,则该县域 HECM 的出售量就会增加 0.767％;若老年人搬离该县域的比例增加 1％,则该县域 HECM 的出售量就会降低 1.29％。出生于现居住地的人的比例越高,对反向抵押贷款的需求就越低。

　　这次研究的结果表明有些家庭确实有将住房作为遗产的动机,因此当金融机构选择在某城市提供反向抵押贷款产品时,必须对该市场中人们对家庭和社区的依恋程度进行调查,从而对反向抵押贷款产品在该市场的生存能力,作出更有效的评估。

反向抵押贷款与老年房产持有者的贷款决策选择
——理论和实证分析

Michael C. Fratantoni

对老年房主来说,反向抵押贷款具有很大的潜在收益。但存在的一个重要问题,就是如何开发出合适的金融产品,使其能很好地满足老年人养老的需要。本文通过研究晚年支出对老年人财富带来的冲击,来解释这个市场的某些特征。诸如 LOC 之类的产品,可以让老年人以较低的成本来抵抗这些冲击,同时仍然可以居住在他们的房子里。本文试图建立的模型表明:如果老年人主要关心的问题,是晚年生活不可避免的费用开销对生活水平带来的影响。本文主要尝试解释影响选择反向抵押贷款的各项因素。理论和实证研究发现,大多数老年人因为可以一次性拿到大笔资金而偏好 LOC 式贷款产品。理论结果是根据多项式回归给出的,回归的数据来源于 HECM,实证分析的结论支持了理论模型所得到的预测结果。

一、绪论

这个研究是为了解释反向抵押贷款产品选择的决定性因素。反向抵押贷款蕴含着能给老龄人口带来的巨大好处,如何更好地开发这些金融产品以使其满足老年人群的需求,是十分重要的。

反向抵押贷款使老年户主在继续拥有房产居住使用权的同时,还能利用他们拥有住房资产的净值为自己的养老生活服务。对于那些没有其他方法来获得房产净值的老人而言,这可能是降低晚年贫困的有效方法。尽管这其中潜在着巨大的福利,但到目前为止消费者对此的兴趣却显得很小。对这种产品潜在市场大小的估计虽然有较大不同,但都比目前已拥有市场的规模要大得多。其原因究竟是因为老人对反向抵押贷款的普遍持有抵制情绪,还是因为现有金融产品所面临的具体困难,目前还不大清晰。在这种情况下,明晰到底是哪种反向抵押贷款对老龄人口中的各个特定群体最为有利,是重要的。我们期望的是,这种产品将会增加老年户主的现有福利,并帮助他们建立流动资产基础来缓冲未来额外开销所带来的冲击。

反向抵押贷款通常被描述为每年支付年金给户主,只要他还居住在该住所内(Kutty,1996)。但美国住房与城市发展部开发的反向抵押贷款设计的情况,却向我们展示了另外一幅景象。这种贷款有五种不同的支付方式:(1)终身支付年金(只要该房子仍是借款人的第一居住地);(2)有限期的支付;(3)信贷额度;(4)终身支付和信贷额度方式相结合;(5)有限期支付和信贷额度方式相结合。

有趣的是,多数借款老人选择了信贷额度方案。一些研究者指出,对大部分借款人而言,反向抵押贷款的每年年金支付额太小。如果他们选择信贷额度这种方式,这些借款人就能立即得到相当于他们房产价值的大笔金钱。反向抵押贷款的典型借款人是"住房富人,现金穷人"的老龄户主,这些人达不到一般性抵押贷款要求的收入条件,不具备申请普通房产抵押贷款的资格。信贷额度将可能使他们得到更多,他们能立即拥有一大笔金钱而非在长期生活中每年只能获得一小部分金钱。

本文由四部分组成:第一部分是对住房反向抵押贷款和关于该项贷款的一系列已有研究的评论;第二部分探讨建立在借款人期望效用最大化基础上的关于反向抵押贷款产品选择的随机动态模型;第三部分是来自住房反向抵押贷款业务开办数据库的统计数据资料,这个数据库包括了发生在 1993 与 1997 年间并由联邦国家抵押贷款协会(Fannie Mae)购买的大约 17000 份的住房反向抵押贷款;最后一部分是运用住房反向抵押贷款数据库建立的贷款产品选择的逻辑回归估计,这些结论与模拟模型所得出的结论非常匹配。

二、住房反向抵押贷款概述和文献综述

(一)概述

由联邦住房管理委员会(FHA)向其核准的贷款机构提供抵押保险。反向抵押贷款只限于房子的价值,当借款人死亡、搬离或出售房屋时偿付贷款。借款人必须是年龄 62 岁或 62 岁以上,拥有住房的完全产权(或附属权),在签协议之前要求进行相关知识的咨询,满足美国住房与城市发展部对单个家庭的最低房屋标准。对每一种住房反向抵押贷款支付方式,贷款额度的大小基于主要的限制因素,这是关于较年轻借款人的年龄、利率的平均期望值、合适的房产估价的一个函数。本贷款的业务运作中,贷款机构不得强迫借款人出售或搬离他们的房屋,即使累计贷款的余额已经超出了房屋的现值。

(二)文献综述

美国房地产和城市经济学协会 1994 年发布的夏季刊号,在老人房产融资栏目中详细论述了住房反向抵押贷款。许多关于反向抵押贷款的研究,大都集中在潜在市场和在实施过程中的技术或财务困难方面。

利率的平均期望值是在当期的长期利率基础上对未来短期利率的预测。合适的房产估价是房产估计价值和联邦住房管理委员会对单个家庭房产核准贷款额的较小值,并随地理位置的变化而不同。1995 年 1 月,这个限额是在 67500 美元和 124875 美元之间。到了 1999 年 4 月,这个幅度上升为从 115200 美元到 208800 美元(阿拉斯加岛、关岛、夏威夷和维尔京群岛为 313200 美元)。

Mayer 和 Simons(1994)运用关于收入与反向抵押贷款参与情况(SIPP,1990)的调查得出,超过 600 万的老年户主拥有高价值水平的房产,能够采用反向抵押贷款的方式来增加他们的月收入。对大部分家庭来说,虽然通过反向抵押贷款的方式,每月收到的现金额只占他们月收入的一小部分,但却可以使大约 1500 万老年人脱离贫困线。原因是许多老年户主完全拥有自己的房产——一笔数额巨大尚未使用的住房资产。

许多老龄户主只有很少或者是根本没有任何劳动收入,没有获得传统住房贷款或信贷额度的资格。Mayer 和 Simons 指出大部分住房反向抵押贷款的借款人选择了信贷额度这种支付方式。他们把这归因于许多老年房产持有者几乎没有什么流动财富。他们表明为了抵御房屋、医疗或交通事故等对经济运行的冲击,一次性支付对老年人来说非常重要。他们运用从收入与反向抵押贷款参与情况(SIPP)的调查中得来的数据证明,一次性支付得来的信贷额度,将会使老龄户主的流动资产增加 200%。Merrill、Finkel 和 Kutty (1994)表明,对低收入户主来说,年金占收

入的比例是最大的。他们认为房屋估价在 10 万美元以下的户主每年能收到的年金额太小了,而那些估价超过 20 万美元的房产,则表明他们的主人拥有其他资产,不必将住房净值变现才能度过晚年生活。

Weinrobe (1985)指出,反向抵押贷款项目的大部分房产持有者选择一次性支付方式,而不是年金支付方式,虽然一次性支付方式的贷款期望值要小。

Lase 和 Schnare (1994)仔细考察了住房反向抵押贷款借款人的特征,包括产品选择的决定因素,使用了一个包含大约 2500 个贷款的样本集。他们运用关于年龄、家庭结构、房产价值、房产的地理位置以及其他特征的函数,来计算每个借款人选择每种支付方式的可能性。他们发现:(1)年轻的借款人比较倾向于选择终身支付;(2)收入与产品选择之间并没有很紧密的关系;(3)单身男人没有单身女人或夫妻那样倾向于选择信贷额度方式;(4)乡村借款人比城市或郊区的借款人更倾向于选择信贷额度。

Rasmussen、Megbolugbe 和 Morgan (1995)分析了反向抵押贷款潜在市场的大小。他们指出有两个动机驱使人们取得反向抵押贷款:随着年老的过程逐步拥有财富(生命周期动机)和使非流动房屋资产多样化(资产管理动机)。他们还指出对于很多家庭来说,年金的数额虽然不大,但却可以大大增加流动财富。

Rasmussen、Megbolugbe 和 Morgan (1997)探索了投资动机对取得反向抵押贷款的重要性,指出通过反向抵押贷款将更好地为长期医疗保险、中年人力资源投资和孩子的大学费用等固定支出筹措资金。反向抵押贷款使房产价值更容易转换为现金,可以使户主在筹集大额花费支出时更为灵活。拥有信贷额度或者一次性支付的选择权,对增加这种灵活性是很有必要的。他们还指出对一些借款人来说,有限期支付比终身支付更适合融资的需要。

(三)理论模型

这部分内容运用随机动态程序编制技术,来构建一个关于反向抵押贷款借款人的产品选择的理论模型。老年人有时考虑的重点并非普通消费者经常考虑的所谓最优化问题。非老年消费者有一个不确定的劳动收入来最优化他们的消费支出。与此相反的是,老年人只有固定的收入但却面对各类大额的不确定开销。在某种程度上来说,无法预测的医疗费或其他紧急情况下的大额开销会给他们经济上带来强烈冲击。一些老人可能会选择信贷额度这种支付方式,相对于定期或终身支付方式而言,能使他们更好地面对无法预测的紧急事件。

在这个模型中,买方选择效用现值最大化的产品。假设只有两种反向抵押贷款产品:信贷额度(LOC)和终身年金支付(AP)。当前进一步假设买方一直住到去世,没有留下遗产的动机,没有寿命长短的不确定性(假设该借款人一直活到 90 岁)。在贷款开始时,借款人有相当大的房产价值,并根据下面的预算约束达到终生效用的期望现值最大化。

$$TMaxE_0 \ R \ b \ i \ zU(C_i) \tag{1}$$

$$isubject\ to\ X_t \ ` \ 1 \ 4(X_t \ 1C_t \ 1pM_t)(1r)Y_e \tag{2}$$

E_0 代表贷款开始时的期望因子,b 是折扣,X 是手头的现金,C 是不紧急的消费支出,Y_e 是收入的固定水平,r 是利率,p 是一个介于 0 和 1 之间的变量。可能性为 p 时,p 值取 1;可能性为 $1\sim p$ 时,p 值取 0。额外支出与 Y_e,M_4 c Y_e 成正比例,在时间上相互独立。一个更普通的与所有权和风险资产选择相关问题的例子,可以在 Fratantoni(1998)上找到:

$$C_t^{-p} = \beta(1+r)E_t(c_{t-1}^{-1})^{-p} \tag{3}$$

当前消费的边际效用等于未来消费适当贴现而来的预期边际效用,这里并不存在寿命不确定性和遗赠财富的动机,他们将在生命的最后阶段消费掉所有资产,$C_1 = X_1$,于是有:

$$C_{T-1}^{-p} = \beta(1+r)E_{T-1}(X_T)^{-p} \tag{4}$$

将式子(1)代入

$$C_{T-1}^{-p} = \beta(1+r)E_{T-1}l(X_{T-1} - l_T - \pi M_{T-1})(1+r) + \bar{Y}X^{-p} \tag{5}$$

这一预期值可被改写为：

$$C_{T-1}^{-p} = \beta(1+r)\{P(lX_{T-1} - C_{T-1} - M_{T-1})(1+r) + \bar{Y})^{-p} + (1-p)$$
$$\cdot (lX_{T-1} - C_{T-1})(Hr) + \bar{Y})^{-p}\} \tag{6}$$

给定各个参数值和以上列出的各项假设，这一算式被数值的形式解出以得到在 T-1 期的最优消费支出。类似的是，各期的算式都可以用递归量式以关于现金收入及参数值的具体函数形式解得，转回至反向抵押贷款的开端时期。至此，将解得最优消费规则。

接下来一步是构建模型解释反向抵押贷款如何在以上论述的问题中发挥作用。到目前为止，家庭对房产净值还没有扮演好任何角色，给定反向抵押贷款将使房产净值降为零的假设，同时忽略掉任何会造成贷款机构支付计算影响的住房价格或利息率不确定性的情况下，年金支付对(AP)及起始阶段的房产净值最高信用额度(LOC)的贴现值等于到期的住房销售净值，并随着年龄及房产净值的增加而增加。一个选择年金支付的借款人将面临如下的问题：

$$C_{T-1}^{-p} = \beta(1+p)\{p(lX_{T-1} - l_{T-1} - M_{T-1})(1+r) + \bar{Y} + AP)^{-p} + (1-p)$$
$$\cdot (lX_{T-1}C_{T-1})(1+r) + \bar{Y} + AP)^{-p}) \tag{7}$$

通过这种金融产品，借款人的当前收入流总是可以由 AP 的存在而得到增加，通过最高信用额度，借款人可以从抵押贷款设置至借款人去世的期间内任何时点提取资金。Case 和 Schmare (1994)指出，在他们的研究中 94% 的被调查人至少有一次提取。在这项研究中，给定的简化假设是借款人，在其贷款的结清时期，他们将一次性提取所有的信用限额，在这个模型中，第一期的现金将等于最初现金加上借款人可获得的最高信用额度，即 LOC 等于本金的累计额。由此得到老年人在该时点上的消费支出是如何进行选择的。

$$C_{T-1}^{-p} = \beta(1-r)\{p \cdot lCX'_{T-1} - C_{T-1} - M_{T-1})(1+r) + \bar{Y})^{-p}$$
$$+ (1-p)(lX'_{T-1} - C_{t-1})(1+r) + \bar{Y})^{-p}\} \tag{8}$$

当然，房产持有者可以选择第 3 个选项，即"不做任何选择"，也就是不去获取任何反向抵押贷款，在给定房产持有者并无其他途径从其房产所有中获取收益的假设下，这一选择将永远劣于选择前面所述的任何一种反向抵押贷款项目，这里并不打算对此进行更规范化的描述。

给定这些消费和贷款准则后，设置了 1000 个有差异的数据用于模拟，这里将于任何一期面临一定概率的支出波动，并适当地设定一个非意外的支出。通过使用这些数据，各个时期的预期效用都可以计算得到，且各期效用贴现值的加总也由此得出。借款人会选择带来最大预期效用的反向抵押贷款产品。

这些模拟计算的结果包括选择年金支付所得的贴现值：$E_0(AP)$ 和选择最高信用额度所得的预期值 $E_0(LOC)$，其参数分别是年龄(age)=75，收入(income)=15000 美元，房产净值为 10 万美元(最终)，结清时的现金额为 0，主观贴现率是 0.05，风险规避参数为 4，利息率为 8%，并且每一时期相当于一半收入额的意外支出将以 8% 的概率出现。

图 1 显示了从模拟所得的两种不同产品下的消费额，现金的平均值(mediom patlls)。对于 AP 产品，在整个反向抵押期间，收到现金额都稍大于消费额，而对于 LOC 产品，在第一年现金要大于消费额，因为最高信用额度被立即提取。但在以后的时间内，支付的现金额逐渐减少，在借款人生活的最后一年，对于每一个产品，消费额将等于现金额。因为给定基期参数(base parameter)值 $E_0 APF = -0.00064$，$E_0 UDC = -0.0005$，得 $\Phi = E_0(LOC) - E_0(AP) = 0.000132$。如果 Φ 是正值则借款人将选择最高信用额度；如果 Φ 为负值，借款人则选择年金支付。于是在

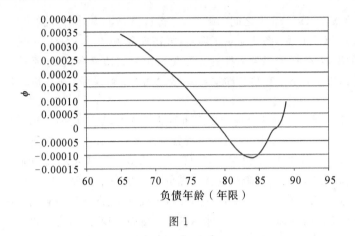

图 1

目前给定的基期参数(base parameter)下,借款人将选择 LOC 产品。

　　图 1 表明在大部分取值区间,Φ 与年龄是负相关关系,但随着年龄接近 90 岁,Φ 与年龄又稍呈现出正相关的增长关系。图 2 至图 4,显示了其他条件不变,给定一定范围的 Φ 值与不同参数取值之间的敏感关系。在图 2 中描述了 Φ 值与收入的关系,模型预测结果指出,随着收入的增加,借款人倾向于选择最高信用限额的支付方案,但是在收入取值于 0～4 万美元之间,Φ 值为负。

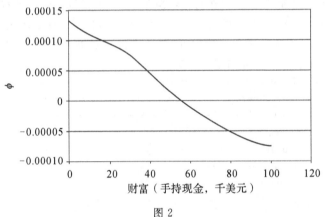

图 2

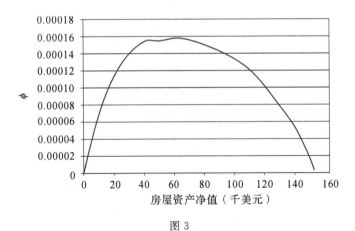

图 3

　　模型还显示年龄在 79～85 岁之间的借款人，将选择年金支付的贷款产品，而年龄在这一区间之外的则会选择 LOC 产品，图 2 显示了财富（最初现金额）与 Φ 之间的预测关系。这一关系呈单调递减，其中的模型显示，当借款人拥有 5 万美元作为流动资金，在结算期这两种反向抵押产品将是无差异的。图 3 显示了在房产净值与 Φ 值之间的有趣关系，先是 Φ 增加，而后 Φ 值下降，呈二次关系。

　　预测结果指出，拥有 5 万～6 万美元房产净值的借款人，最有可能选择最高信贷限额的贷款方案，而拥有更多或更少房产净值的借款人，则较少倾向于选择这一贷款计划。Φ 随着支出波动的概率 p 值增加而调整增加，一个预期会有频繁的支出波动的借款人，更倾向于采用最高信贷限额的产品。同样，借款人的风险规避对贷款产品的选择也非常重要。风险规避者更倾向于选择年金支付，而非最高信贷限额。一个在贷款的开始阶段，便立即将可得到的最高信用额度全部提取的借款人的消费支出将立即增高，于是他拥有一笔更高的现金，这意味着与其他拥有年金支付的借款人相比，这些人在生命结束阶段将只能有更低的消费支出。年金支付的反向抵押贷款支付方案，给出一条较平缓的消费曲线，将更受风险规避水平较高者的偏爱。

　　一个最终的敏感性决定是否年龄的不确定性，将从本质上影响以上结论，为了进行这一检验，我们引入一个由年龄决定的贴现率，这一贴现率是一个常贴现因子，是与年龄相关联的死亡概率的乘积。靠后的几年，将需要用贴现率进行贴现。伴随着这一增加的年龄关联的贴现率的引入，另一项分析得以展开。图 4 显示了给定的一组寿命不确定下，Φ 与年龄的关系。将图 4 与图 1 作一比较，就可以发现两者之间（在两种情况下）本质上保持一致。没有引入寿命不确定性的模型预测，年龄在 79～85 岁之间的借款人会选择年金支付，而在此区间之外的借款人，将会选择最高信用额度支付。引入年龄的不确定性，年金支付受到年龄在 81～87 岁之间的借款人偏爱，而在这一区间之外将选择最高信用额度支付。

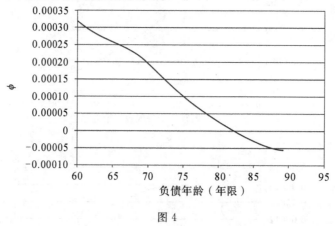

图 4

　　比较其他变量和参数，会发现引入寿命的不确定性，并没有从本质上改变之前给出的结论，尽管在量上会有一些小小的变动。

三、反向抵押贷款研究的若干事项

(一)模拟产出:基本参数值

借款人的风险规避水平,是产品选择的重要因素。一个相对来说属于风险规避型的借款人更可能选择定期支付或终身支付方案,而非信贷额度方式。把信贷额度中的钱在贷款期初就全额取出来的借款人,会增加他的消费支出,因为他手头的现金更多;这就意味着与那些运用年金支付方式的人相比,他在生命的末期时只能拥有较低水平的消费。年金支付方式带来的是更平缓的消费路径,这是风险规避程度更高的借款人所偏好的。

最后是测量寿命的不确定性是否将改变测量结果的性质。为此,我们引进一个与年龄相关的折扣率。这个折扣率是一个常量,表示与年龄相关的死亡率的可能性,以后的年份以一个更高的折扣率来折算。

(二)f 与收入的关系

Hubbard、Skinner 和 Zeldes (1995)运用这个新添加的与年龄相关的折扣率得到死亡率的可能性,我们可以进行另一个分析。在寿命不确定的前提下,f 与年龄之间的关系是紧密的,这一前提并没有改变 f 与收入之间关系的性质。无寿命不确定性假设的模型预测,年龄介于 79～85 岁之间的借款人将选择年金支付方式,而这个年龄段以外的借款人将选择信贷额度方式(LOC)。由寿命不确定性假设的模型则预测,年龄介于 81～87 岁之间的借款人偏好年金支付方式,而这个年龄段以外的借款人则选择信贷额度方式(LOC)。其他参量和变量的比较也表明,是否加入寿命不确定性这个假设前提,并不会改变 f 与收入之间关系的性质,虽然在数字上会有一些差异。

(三)数字与统计数据资料

这部分将讨论在实证分析中用到的例子。这个数据库包括在 1993 年和 1997 年之间发生并由 Fannie Mae 购买的大约 17000 笔住房反向抵押贷款。本样本中得出的统计概要数据,以及该样本与 Lase 和 Schnare (1994)样本之间的比较。虽然本样本中包括更多的贷款案例,但有关其他家庭特性的信息非常有限。解释变量包括借款人年龄、家庭收入、房子的评估价值、卧室的数量、房子的使用年限以及抵押的类型和起始日期。借款人分为三种类型:单身女性、单身男性和夫妻(包括有不止一个借款人的任何家庭也都归纳在夫妻这一类别)。对夫妻来说,前面提到的年龄是指最年轻的那个借款人的年龄。

第一个纵列中所列出的总样本结果显示,借款人大都生活在一个相对较老、中等大小的房间里。老年人必须承担搬家带来的心理和经济上的负担,因此我们认为他们倾向于生活在旧房间里。最近刚搬家的老年家庭有机会调整他们的住房支出,如果他们为了节约,从而卖掉原住房并购入低价值的新住房,则他们可能已经部分收回他们的房产价值。分析显示,选择信贷额度的借款人更年轻,有更高的收入,且房子估计价值较低。选择信贷额度与有限期的支付或者终身支付方式相结合的借款人一般年龄较大,收入较低,房子较旧且估值更高。只选择有限期的支付或终身支付的借款人的房屋估价最高,但其他变量均位于信贷限额借款人和信贷限额与有限期的支付或终身支付方式相结合的借款人之间。这些估计中的每一个都有相对较大的标准偏差,这些差别在统计上并不重要。

(四)f 与财富的关系

本文使用的这个样本与 Lase 和 Schnare(1994)研究中所使用的样本有几处差别。这个样本的平均年龄为 75 岁,平均名义收入为 11160 美元;而在 Lase 和 Schnare 的研究中,平均年龄是 76.7 岁,平均名义收入为 7572 美元。平均收入方面的变化是重要的,这表明反向抵押贷款正变得对贫困线以上的老年家庭更有吸引力。在本样本中,房产的平均估价要大一些,并且房产平均要比 Case 和 Schnare 研究中的房产要老。我的样本中单身女性的比重较大,单身男性比重较小,夫妻占的比重差不多。在本文的样本中,63.8% 的反向抵押借款人选择信贷限额计划,22.3% 的借款人选择信贷额度与有限期的支付或者终身支付相结合的方式,13.9% 选择有限期的支付或者终身支付的方式。对贷款持续的期限来说,55.1% 的借款人选择了有限期的支付方式,44.9% 的借款人选择了终身支付方式。住房反向抵押贷款(HECM)的借款人必须完全地、无任何负担地拥有房产,或者对 HECM 中的抵押资产拥有附属权。实际上,大多数美国老年户主没有抵押他们的房产。表 3 中来自 1995 美国住房调查的资料证明了这一点,其列举的房屋产权拥有率和年龄段持有的抵押资产,年龄位于 61~70 岁与 71~80 岁这两个年龄段的房屋产权拥有率超过 80%,81 岁及以上年龄段的人的房产所有权拥有率约为 70%,这些年龄段的人大部分都没有将房产抵押。实际上,81 岁以上的老年人 91.8% 没有将他们的房产办理反向抵押贷款。这表明反向抵押贷款的潜在市场是十分大的。现在还不清楚房产未能变现的原因究竟是因为他们不能这样做,还是因为他们不想这样做(Venti 和 Wise,1990)。

四、反向抵押贷款运作的数据和概略统计

这一部分讨论本文实证分析中运用的样本。这一样本数由约 17000 组 HECM 贷款组成,该时间位于 1993 年至 1997 年之间,并且这些借款人都是由 Fannie Mae 机构经营。Fannie Mae 是唯一的一家 HECM 的二级市场的购入商,这就代表了相当部分的反向抵押贷款的数量。尽管笔者的样本中包含更多组的贷款数据,但这一样本仍然仅拥有比较有限的有关房产持有者家庭的信息。其中解释变量包括:借款人年龄,家庭收入、借款人类型、房产估价、卧房数目、房屋年龄及反向抵押的设立时间。涉及借款人的有如下三种类型:单身男士、单身女士以及夫妇。这里的夫妇包括任何拥有至少一位参与反向抵押贷款业务的家庭,夫妇年龄将以其中最年轻者统计。

由得到的全部样本按表 1 第一纵栏显示的结果表示,一个平均水平的借款人拥有大小适中的房产,且房屋相对较老旧,老年人在心理和家庭财务支出上相对较难承受房屋搬迁的负担,他们倾向于居住老房子的事实是可以预想的。

最近搬迁的老年家庭有机会调整他们的住房消费,并有可能从他们的住房中退出不再居住。如果他们将这些房产低价卖出,相比之下,选择最高信用额度的借款人的平均年龄更低,拥有收入额度更高,拥有房产估价较低。选择最高信贷额度与年金组合产品的借款人,总的来说年龄更高,且拥有较低的收入,房产更老旧但估价更高。选择年金支付的借款人则在三者中拥有最高的房产估价,但其他参数变量值都介于最高信用额度支付和混合产品借款人之间,然而,每一组估计值都相对地拥有较大的标准差,故而所有这些差别并不具有统计意义上的显著性。

取得反向抵押贷款的老年家庭到底能在多大程度上代表所有的老年家庭呢? 或者,换句话

说,决定取得反向抵押贷款,而非什么都不做(如以非流动资产的形式保持他们的住房财富)的老年家庭是否有何特别之处呢?最好是用只有一个子集的人取得反向抵押贷款的老年房主的数据集合来回答这个问题。可以用以下两个步骤:首先,确定一个家庭会去取得反向抵押贷款的可能性;其次,确定他们将选择哪一种反向抵押贷款产品。令人遗憾的是,这样的数据集合现在还不存在,主要是因为只有非常少的家庭拥有反向抵押贷款。因此在我的经验结果里包含一个选择偏好,这个偏好的影响有多大是不清楚的。我们可以认为只有那些期望日子过得更好的借款人才会使用这种产品,但是这类选择偏好不只是在反向抵押贷款这种形式下才存在。任何事件对样本代表性的估计时存在的困难,都需要未来在拥有更多数据的基础上进一步研究来解决。

五、反向抵押贷款运作的实证模型

在这一部分里,将通过考察来自逻辑回归的结果来确定每个变量对产品和贷款支付期间选择的影响,并且将模拟模型的预测与经验的结果相比较。

(一)反向抵押产品选择中的决定因素

一个多变量逻辑框架用于实证估计反向抵押贷款的决定性因素,如果这些产品比其他产品更受偏爱,这一估计方法是最有效的。如果这一事实存在,即最高信用额度具有收缩性,并因此受到所有人的偏爱,则是更为适合。这里假设由于存在转移成本提取最高信用额度和获取年金支付,相比选择年金将导致更少的支付。

以下情况亦是可能的,即估计出一个计量逻辑模型,首先选定产品种类,然后在此选择的基础上确定产品的条件及支付期间。然而,对期间的选择只适用于那些选择了年金支付的借款人,这将独立地引向对这些选择进行构建模型的决定过程。

为了以经验为根据来估计产品选择的决定因素,将使用一种多元的逻辑结构。当人们对每种产品的偏好差异都不是很明显时,这种估计方法最好。如果信贷限额计划是最灵活的产品,从而每人都更喜欢这种方式时,那么,正规偏差值这种估计方法将会更好。我作出假设,因为交易费用而使得与选择年金支付方式相比较,信贷限额与年金支付相结合的方式产生的贷款限额要小一点。在产品已经选定的条件下,支付期间的选择可能采用一个嵌套的逻辑模型。但支付持续期间的选择,只在选择的是年金支付这个条件下才成立,我们需要独立模拟这些选择。

借款人将被分别列入三种反向抵押产品中,以便简化整个估计过程,三种反向抵押产品分别为:最高信用额度、年金式和年金与最高信用额度的组合。解释变量包括借款人中较年轻者的年龄,家庭收入、房产估价、设立年份、贷款类型、借款人估算成本及房产所在的人口调查区域,模拟模型预测了收入和最高信用额度选择的相互关系及房产净值,年龄分别与最高信用额度的二次关系,其余变量在估计中以模拟未受控制的因素造成的变动。特别是,贷款估算手续费用记录了模拟过程中难以纳入考虑的交易费用。"设定年份"的变量是重要的,如果随着市场业务的开办或 HECM 的保险标准发生变动,或者办理交易费用有所改变,反向抵押贷款将会被更广泛地接受。假如男性、女性及夫妇借款人对未来收入有不同的预期,或者这些变量的不确定性对不同类型的借款人有较大差异,那么考虑借款人类型带来的影响将是重要的。同样,地理区位差异带来的作用也是很可能的。

表 1 展示了由三种名义变量作出的估计结果。在这些回归过程中,解释变量是分类的,且会呈现出"最高信用额度""年金支付"和"组合形式"三种指标数值。第一个指标包含年龄、估价、收

入及三个变量、结算手续费用及设立年份。在第二组指标中增加了借款人类型的变量,而在第三组指标中则增加了区位名义变量。这张表包括参数估计、单一参数和分解参数的分项。

表 1　产品选择的估价因素模型

类别	模型 1			模型 2			模型 3		
	单一参数	分解参数的 X 分项	参数估计	单一参数	分解参数的 X 分项	参数估计	单一参数	分解参数的 X 分项	参数估计
结算手续费用	19.61	177.38	0.0001	19.67	178.24	0.0001	19.62	176.68	0.0001
年龄	−0.41	120.34	0.0001	−0.41	120.08	0.0001	−0.41	118.97	0.0001
年龄的开方	0.00	92.99	0.0001	0.00	92.77	0.0001	0.00	91.94	0.0001
收入/1000	0.02	101.98	0.0001	0.02	82.31	0.0001	0.02	69.99	0.0001
收入/1000 的开方	0.00	32.68	0.0001	0.00	29.49	0.0001	0.00	23.75	0.0001
估价/1000	−0.01	94.65	0.0001	−0.01	94.70	0.0001	−0.01	71.05	0.0001
估价/1000 的开方	0.00	46.82	0.0001	0.00	46.88	0.0001	0.00	35.58	0.0001
设立年份									
1993	—	140.94	0.0001	—	140.11	0.0001	—	141.53	0.0001
1994	−0.69	102.02	0.0001	−0.69	101.54	0.0001	−0.69	100.69	0.0001
1995	−0.51	62.32	0.0001	−0.51	61.81	0.0001	−0.51	61.88	0.0001
1996	−0.28	19.00	0.0001	−0.28	18.86	0.0001	−0.27	17.42	0.0001
1997	−0.29	21.01	0.0001	−0.29	20.91	0.0001	−0.28	20.45	0.0001
借款人类型									
单身女性				—	2.86	0.2389	—	3.25	0.1969
夫妇				−0.07	1.69	0.193	−0.08	1.89	0.169
单身男性				−0.08	2.83	0.0923	−0.09	3.22	0.0726
区域									
中西部							—	76.80	0.0001
东北部							−0.11	5.70	0.0169
南部							−0.24	35.69	0.0001
西部							0.16	10.97	0.0009
贷款借款手续费	0.00	26.77	0.0001	0.00	26.63	0.0001	0.00	26.37	0.0001
联合截矩	1.33	—	0.0001	1.33	—	0.0001	1.33		0.0001
Log likelihood	−15008.81			−15007.37			−14968.82		

注:设立年份、借款人类型、区域等分类变量,分解参数的分项以及参数估计等,在各类变量分类中都给出了,忽略了一些类型是为了考虑参考群体,如1997年设立、单身男性和来自西方等类型。"联合截矩"这一变量是用于解释第三项选择,即最高信用额度与年龄支付的组合的可能性。

在每一分类中未包含的变量组成一个排除组。"联合截矩"这一变量是用于解释第三项选择,即最高信用额度与年龄支付组合的可能性。每一个决定了各解释变量在影响借款人选择最高信用额度时的可能性所起到的作用,显示房产的估价是在产品选择中最重要的因素,其后依次是设立年份、年龄、收入。第二组数值显示即使是在 1% 的置信水平上,借款人类型的影响并不显著,尽管女性借款人的个别参数在此水平上是显著的。第三组数值显示以区位变量的分类,有着显著属性。

表 2 显示了各种分类情况下,借款人选择三种产品各自的概率水平,其中各个概率的加总等于 100%。这个表显示了几个有趣的结果。首先,低龄借款老人比较高龄借款老人更倾向于选择最高信用限额。这一结论与模拟模型做出的结论是一致的;其次,与模拟模型得出结论不相符的是,实证分析表明,具有较高收入的借款人,更倾向于选择最高信用额度的支付方案;最后,持有较低房产估价的房产持有者,更倾向于选择最高信用额度。这一结论与模拟模型的所得是一致的。

表 2 借款人选择三种产品各自的概率水平

类别	模型 1			模型 2			模型 3		
	信用贷款最高额度	联合度	收入	信用贷款最高额度	联合度	收入	信用贷款最高额度	联合度	收入
年龄层									
70 岁以下	0.767	0.156	0.077	0.767	0.156	0.076	0.767	0.156	0.076
71~80 岁	0.634	0.229	0.137	0.634	0.229	0.137	0.634	0.229	0.137
81 岁以上	0.525	0.275	0.200	0.525	0.275	0.200	0.526	0.274	0.200
收入									
0~15000 美元	0.620	0.232	0.148	0.620	0.232	0.148	0.620	0.232	0.148
15001 美元以上	0.694	0.195	0.111	0.694	0.195	0.110	0.694	0.196	0.110
房产鉴定价值									
0~60000 美元	0.703	0.193	0.104	0.703	0.193	0.104	0.706	0.192	0.102
60001 美元以上	0.635	0.225	0.141	0.635	0.225	0.141	0.635	0.225	0.141
借款人类型									
单身女性	0.617	0.234	0.150	0.614	0.235	0.151	0.614	0.235	0.151
夫妇	0.692	0.196	0.111	0.692	0.197	0.111	0.692	0.197	0.111
单身男性	0.637	0.224	0.139	0.652	0.217	0.131	0.652	0.216	0.131
区域									
中西部	0.662	0.213	0.126	0.662	0.213	0.126	0.653	0.218	0.129
东北部	0.614	0.234	0.152	0.614	0.234	0.152	0.572	0.253	0.175
南部	0.663	0.212	0.125	0.663	0.212	0.125	0.702	0.193	0.105
西部	0.641	0.222	0.138	0.641	0.221	0.138	0.656	0.215	0.129

表 2 表示因借款人类型的不同而导致产品选择不同的可能性差别不大。与单身的女性相比较,夫妇和单身男性更可能选择一个信贷限额计划,但差别不大。实际上,同时考虑地区情况和借款人类型的模型 3 表明地区的差异比借款人类型的差异,对产品选择的影响更大。来自南方的借款人更可能选择信贷限额计划方案,而来自东北的借款人比来自其他地区的借款人,更可能选择支付结合的方式或者有限期支付或终身支付的方式。

以上结论,大体与前述模拟模型关于年龄、房产净值所得出的预测结果是一致的。但对家庭收入的结论存在相左之处。分析也令人惊异地显示,设置年份和区位是比借款人类型更重要的决定因素。无法在模拟模型中解释这些变量的影响,可以理解为何之前有关收入的结论与实证分析的结果存在着差异。

(二)支付期间选择的决定因素

尽管本文中模拟模型仅仅给出了有关反向抵押贷款产品选择的预测,但在这部分里,我们将用相同的解释变量来估计支付期间选择的决定因素。在得到年金支付的借款人中,55.1%的人选择有限期支付方式,而不是终身支付方式。

表3显示了对期间和终身年金选择进行双变量逻辑模型的参数估计。在这一回归分析中,同样对被解释变量做出分类,且可能呈现期间和终身年金两个数值。对三个数值加以估计的第一指标,只包括年龄、收入、房屋估价三者,贷款估算费用和设立年份诸变量,第二个指标增加了借款人类型变量,第三个指标则增加了区位名义变量;每一个指标确定各解释变量对借款人在选择支付期间的概率作用。按不同的分类,X-spuare值显示房屋估价、设置年份和年龄在支付期间选择中最重要的因素。收入和借款人类型也具有重要意义,但相对较弱;第三个指标显示,区位是决定借款人期间选择的重要决定因素,且这一变量的加入使得房产估价的重要性下降。

表3　使用权的期限与付款的参数估计

类别	模型1			模型2			模型3		
	单一参数	分解参数的X分项	参数估计	单一参数	分解参数的X分项	参数估计	单一参数	分解参数的X分项	参数估计
结算手续费用	11.63	21.66	0.0001	11.71	21.96	0.0001	11.06	18.66	0.0001
年龄	−0.25	15.16	0.0001	−0.24	14.91	0.0001	−0.23	12.35	0.0004
年龄的开方	0.00	12.25	0.0005	0.00	12.12	0.0005	0.00	9.60	0.0019
收入/1000	0.02	9.40	0.0022	0.01	4.87	0.0273	0.01	0.85	0.3572
收入/1000的开方	0.00	0.05	0.8163	0.00	0.01	0.9425	0.00	0.58	0.4476
估价/1000	−0.01	33.07	0.0001	−0.01	33.59	0.0001	0.00	13.40	0.0003
估价/1000的开方	0.00	21.60	0.0001	0.00	21.90	0.0001	0.00	12.11	0.0005
设立年份									
1993		30.89	0.0001		31.36	0.0001		24.37	0.0001
1994	0.33	9.31	0.0023	0.33	9.42	0.0021	0.30	7.65	0.0057
1995	0.49	20.37	0.0001	0.49	20.56	0.0001	0.44	15.55	0.0001
1996	0.28	6.69	0.0097	0.29	6.78	0.0092	0.26	5.26	0.0219
1997	0.55	22.50	0.0001	0.55	22.94	0.0001	0.51	18.46	0.0001
借款人类型									
单身女性					7.18	0.0276		11.63	0.0030
夫妇				−0.21	6.52	0.0107	−0.26	9.29	0.0023
单身男性				−0.11	1.41	0.2349	−0.10	1.04	0.3088
区域									
中西部								276.27	0.0001
东北部							−0.55	46.14	0.0001
南部							−0.39	22.72	0.0001

续表

类别	模型 1			模型 2			模型 3		
	单一参数	分解参数的 X 分项	参数估计	单一参数	分解参数的 X 分项	参数估计	单一参数	分解参数的 X 分项	参数估计
西部							0.83	71.41	0.0001
贷款借款手续费	0.00	34.07	0.0001	0.00	33.54	0.0001	0.00	18.51	0.0001
Log likelihood	−4210.73			−4207.12			−4053.62		

注:分类变数(设立年份、借款人类型、区域),分解参数的 X 分项以及参数估计在各类变量的分类中一开始就给出了。忽略考虑一些类型是为了表现参考群体,如考虑了1997年设立、单身男性和来自西方等类型,忽略了其他类型。

表 4 显示了各分类下的平均概率估计值,在这张表中,以"1"减去已给出的概率值,即得到一个借款人选择终身年金的概率值。表 4 主要给出了以下结论:年龄较轻和拥有较少房产净值者更倾向于选择期间年金支付,这些结论较为直观。年龄较轻和拥有较少房产净值的借款人,将只获得数额较小的终身年金,通过"期间年金"方式一次性得到的数额比较大,可增加他们总的收益。

表 4　估计的平均期限付款选择概率

类别	模型 1	模型 2	模型 3
年龄层			
70 或 70 岁以下	0.637	0.637	0.638
71 到 80 岁	0.556	0.556	0.556
81 岁以上	0.504	0.504	0.503
收入			
0～15000 美元	0.543	0.542	0.543
15001 美元以上	0.579	0.581	0.577
房产鉴定价值			
0～60000 美元	0.660	0.660	0.674
60001 美元以上	0.544	0.544	0.543
借款人类型			
单身女性	0.540	0.530	0.530
夫妇	0.582	0.589	0.589
单身男性	0.548	0.587	0.587
区域			
中西部	0.589	0.589	0.785
东北部	0.522	0.522	0.482
南部	0.582	0.581	0.611
西部	0.544	0.544	0.461

六、结论

本项研究试图解释决定反向抵押贷款产品选择的因素,反向抵押贷款可以为老年人群提供巨大的益处,将反向抵押贷款产品结构化以满足老年人的需要是非常重要的。本文通过研究显示不可避免的支出波动,对老年房产持有者福利的影响的重要性,增进了对反向抵押市场的理解,如最高信用额度之类的反向抵押产品,允许老年房产持有者在保持其住房的同时,以较低的成本来抵消这些支出波动带来的负效用,本文从理论探讨和实证分析得出的结论,指出较大部分老年房产持有者,偏好最高信用额度这一反向抵押产品。

从本项研究中,可以引出商业的、政策目的的和实践上的指引。在商业方面,本项研究对贷款机构以市场策略上的建议:如果当前消费者中普遍存在的观念是年金方案与反向抵押贷款是无差异的,则一个积极的市场策略是使消费者认识到最高信用额度将使最初的现金量增加。在政策目的方面,本研究认为,一笔小额的现金流增加,对老年房产持有者只能产生较小的福利增加,对支出波动提供多种形式的保险,将会起到巨大的作用。

对这一课题的进一步研究,可以沿着两个方向进行,随着大量新数据变得容易获得,进一步的实证研究可以更深一步地理解潜在的选择性偏差对结论的影响。后续的理论和模拟研究,可以更逼真地建立模型对老年人收入和支出的描述,最后得出结论是反向抵押贷款在其他领域中的应用将会是卓有成效的。

注释:

这个研究是为了解释反向抵押贷款产品选择的决定因素。反向抵押贷款潜在着能给老龄人口带来的巨大好处,但如何更好地构建这些产品以使其满足这组人群的需要是很重要的。本文通过对额外消费支出对老年家庭福利重要性的描述,使读者加强对这一市场的了解。

(1)此处所指"预期平均利息率"是指基于当前长期利息率对未来短期利息率的预测,此处"修正的财产价值"是指房产估价与 FHA 单一家庭住房贷款限额中的最小值。其中 FHA 贷款限额在各地区是存在差别的。1995 年 1 月,这一限额的取值区间是 67500 美元至 124825 美元,而至 1999 年,这一区间增至 115200 美元至 208800 美元(阿拉斯加、关岛、夏威夷和维京群岛为313200 美元)。

(2)关于房产持有和风险资产选择的更为标准的案例,可在 Franfantoin(1998)的文章中找到。本文中运用的解决方法类似于该篇文章。

(3)社会安全保障支付包括生活成本调整指数,这一调整意味着给定的实际收入而非名义收入,但这并不改变文中所论及的主要观点。本文的解决方法与其他论文的解决方法相似。社会保障包括生活成本调节器,这意味着真实收入而非名义收入是固定的,但这并不会改变其核心特征。

(4)值得注意的是借款人的货币支出并未获得任何效用,这些意外支出可能由一些具有较高的负效用事件引起。任何由此引起的效用(如住院等)将由该事件带来的负效用(加生病)得以抵消。

(5)此处所引的死亡率,由 Hubbard Sinner Eddies(1995)的论文中获得。

(6)在这多变量、legit 模型的方程式中,概率由以下方法计算而得:

$P($年金支付$)=F(XP)P($解合方案$)=F($联合截矩$+XP)-F(XP)$;

$P($最高信用额度$)=1-P($年金支付$)-P($组合方案$)$

美国人是否为养老准备了足够的储蓄

Venti. S Keenan

养老保险基金不仅来自于社会保障金和个人养老金,同时也依靠家庭储蓄资金。然而,大众传媒报道经常提醒:美国人并没有足够的储蓄金来养老,这些提醒的准确性有多少呢?本文提供了证据,即美国人是否有足够的储蓄金来保证晚年养老。它以争论开篇,即普遍的理财建议暗示多少员工需要储蓄,接着研究了美国人是否认为自己已经为养老准备了足够的退休金。然后描述了一些经济学研究,认为家庭储蓄已足够了,最后部分得出结论,即现在如何储蓄足够的资金和对未来养老的展望。

一、养老储蓄需要什么普遍的理财建议

普遍的理财观点认为,家庭应该保留 65%～85% 的退休前收入以备养老。指标低于 100% 是因为退休后家庭可以用较少的收入来维持同样的生活水平,原因主要有以下几个:

1.为养老而储蓄的需要停止了,或者是大体上减少了;

2.因为不再获得工资,收入相应下降,个人所得税也在下降,社会保障金得到更多的有利补偿,65% 部分可以免除额外的个人收入税;

3.与工作相关的花费比如通信和服装费用会下降;

4.随着儿女独立了,离开了家庭,家庭规模缩小了;

5.住宅方面的开支将比以前减少,家庭最终将还清住房抵押贷款;

6.退休后,家庭可以消费他们的房产,而不仅仅是工资,即使没有大量的收入和储蓄,一些家庭仍然能够达到可接受的收入替代率。

对一些家庭来说,社会保障金和养老金足够维持退休后的生活。然而,大多数家庭仍然需要其他渠道的收入,特别是少于一半的家庭有养老金。由此,退休后人们有权选择兼职工作取得第2 份收入。AARP 最近所做的研究成果显示:"婴儿潮"时代出生的 80% 的人说,退休后他们计划做兼职。目前,仍在工作的老年人很少,最近的数据显示大约有 1/3 的男性和 1/5 的女性在 65岁时仍在工作(Burtless 和 Quinn,2001)。1998 年,年龄在 65 岁至 69 岁的家庭中,工作所得占据家庭收入的 1/3(SSA,2000)。如 AARP 调查显示,未来的退休收入中将有明显的一部分是从工作中获得的。住宅成为大多数家庭中一项很重要的净收益来源,至少它能为退休后的人们提供所需要的资金。另外,遗产也将成为某些家庭退休后的收入来源。基于以上原因,这些家庭无需储蓄便已有足够的收入来养老。然而,大多数家庭仍然需要储蓄积累来补充退休金。

二、人们是否认为他们的储蓄已足够

一个简便易行的方法,可以知道人们是否为养老做好了准备,那就是问卷调查。RCS 做了关

于养老准备工作的观点和态度。表1是这次调查的结论,初看之下令人鼓舞。2001年63％的美国人自信地认为他们已经为养老准备了足够的金钱;71％的员工已经开始为养老储蓄了。RCS进一步的研究揭示了其中的原因。养老计划中一个重要的步骤,就是决定需要多少养老储蓄金。2001年,46％的员工至少已经尝试为养老准备储蓄金,这一比例比前年下降了,但是比1996年提高了29％。虽然整体形势是令人鼓舞的,或许这要归因于人们对理财教育的重视,超过一半的员工已经决定他们将要储蓄多少资金。

　　一个令人沮丧的迹象,是60％被调查的员工感到他们为养老进行的储蓄落伍了,只有5％的员工认为他们是超前的。近几年来,已经或打算为养老而储蓄的人们逐年增多,但是在2000年和2001年间却呈现下降趋势,这可能反映了最近经济状况的不稳定和股票市场的下降趋势。退休后的自信和计划是紧密相连的。那些已经做好了养老计划的员工更有自信,也会有足够的钱使退休生活过得更舒适。然而,很难明确地解释这两者之间的联系。也许是储蓄使人们需要退休计划,或是退休计划促使人们储蓄更多。另一种可能是退休计划使员工确信他们的养老金准备是充足的。

表1　2001年养老信心调查

很少或有少许信心认为他们储蓄已足够使退休后的生活过得舒适的员工	百分比
所有员工	63％
尝试去估算他们退休所需的员工数	75％
还没尝试去估算他们退休所需的员工数	55％
尝试去估算退休所需的员工	46％
感到为养老而作的储蓄落后于计划的员工	32％
所有员工	60％
尝试去估算退休所需的员工	46％
还没尝试去估算他们退休所需的员工数	71％

资料来源:雇员救济研究机构(2001年)

三、经济研究得出了什么结论

　　虽然公众意见能帮助评估养老金的准备状态,但是精确评价养老储蓄金需要更多的客观依据。大量的研究得出了关于家庭储蓄金和其他财富的数据,并得出了不一致的结论。

(一)关于养老财产的价值评估

　　评估养老储蓄金充足与否的一种方法,就是把家庭退休前的收入与那些可以转变为养老金的财产进行比较。1992年,健康与退休研究收集了具体、翔实的资料(年龄在51～61岁之间的美国人),并且为这类分析提供了理想的数据来源。另一个研究成果是运用HRS的数据,来证实如果他们退休后想维持与退休前相同的消费水平,在1992年至退休这段时间,有多少人需要储蓄。这项研究发现,为了达到这个目标,中产阶级必须在1992年至62岁退休这段时间内,每年储蓄全年收入的16％。如果退休时间推迟,从62～65岁,中产阶级需要储蓄全年收入的7％。这些研究成果显示:大多数即将接近退休的家庭如果没有持续或额外的储蓄,他们将在退休后无法维持目前的消费水平。

然而,这项研究结论并不适用于那些很少或几乎没有储蓄的人群,原因如下:(1)HRS 中大多数的家庭仍在工作,不可能积聚大量的退休金,除非即将退休;(2)分析假设一个家庭目前的收入反映了一生收入的平均值。假如 1992 年的薪酬有临时性增长,那么用现有收入作为基准将夸大储蓄的需要;(3)即使那些中产阶级在 1992 年至退休这段时间内的储蓄为零,而非总收入的16%,替代率也不会下降很多;(4)最后,研究忽视了其他可能的因素,包括退休后的兼职和遗产的继承。

(二)最佳储蓄的模拟模型

有一种评估退休储蓄是否充足的方法,就是把储蓄目标和日常家庭储蓄计划相比较。一个经常应用的测量方法就是 Baby Boomer 退休指数。这种方法基于家庭规模大小、教育程度、收入、年龄、社会保障金、养老补贴和其他因素。根据这个指数,Baby Boomer 的退休储蓄平均只有1/3 能维持退休前的生活水平。表 2 将介绍这个指数是如何构建的:

表 2   退休养老储蓄可供选择的方式   (单位:%)

类型	退休需要	社会保证金	养老补贴	其他财产	全部退休资源	全部资源指数
A	100	61	30	3	94	94
B	100	61	0	33	94	94
C	95	61	30	3	94	99

资料来源:Engen,Gale 和 Uccello(1999)

很多研究成果显示那些即将退休的美国人,需要额外的储蓄来维持退休后的生活水平,以便与目前的生活水平相当,但是这些研究也许夸大了家庭没有足够退休储蓄的程度,他们往往忽视了以下几点:把财富——收入的储蓄目标人为最小化,而非作为可分配的一部分,目前收入并不一定反映终生平均收入的状况,忽视了房产这一不动产,忽视了退休后的其他收入来源,如兼职收入和遗产,忽视了退休前的持续储蓄。

(三)评估储蓄充足的一个新模型

新的模拟模型避免了前面模型中的许多缺陷(Engen,Gale,Uccello,1999),这个模型中最关键的创新就是认识到每年的收入是涨落不定的,而且这些涨落不定在评估和解释退休储蓄是否充足中具有极其重要的暗示作用。Engen,Gale,Uccello 运用这一模型得出结论,来评估 1992 年HRS 中将近退休的已婚夫妇的储蓄是否充足。

表 3   1992 年 HRS 研究中家庭的分配目标和实际财富——收入比率

财产测量	百分位数				
	5th	25th	中间	75th	95th
目标	0.96	2.28	3.49	5.03	7.78
实际	0.17	1.65	3.59	7.29	19.50

资料来源:Engen,Gale,Uccello(1999)

表 4 表明那些超过中等财富——收入比率的家庭在不同情况下的财富分配。当财富包括占据半数的住房不动产时,52%的家庭超过了中等模拟的财富——收入比率。根据退休后消费需

要来改变假设,也将影响家庭是否储蓄充足。

表4　敏感性分析

基本情况	51.9
财产测量的变化:排除所有房产	43.4
包括所有房产	60.5
排除商业财富	48.3
40%在股票市场中下跌	49.6
30%在社会保障金中减少	46.9
65岁时退休	57.0
消费需要的变化	51.9
20%在模拟需要中增长	45.1
10%在幸存比率中增长	42.3

资料来源:Engen,Gale,Uccello(1999)

四、结论

　　退休生活的幸福,一半依赖于有足够的家庭储蓄。虽然许多研究表明那些即将退休的美国家庭应有额外的储蓄,以此来保证退休后可以维持与目前相同的生活水平,但是这些研究也许夸大了储蓄不足的程度。当财富——收入目标被用于评估储蓄是否充足时,他们通常被解释成很小的需求,忽视了目前的收入状况并不能精确地反映终身的平均收入水平。当所有这些因素都纳入考虑范围中,初步的证据表明绝大多数的家庭储蓄足够养老,有些家庭是低的财富——收入比率,所以储蓄不足。

　　随着时间的推移,美国人是否有充足的储蓄将变得越来越重要。长时期的金融失调导致未来社会保障金受益的下降。从限定的救济金计划中替换私人养老金补贴,也会导致养老补贴收入的下降。结果,未来的退休者将更多地依赖家庭储蓄来度过退休后的岁月。因此,继续指导家庭储蓄的行为来评估是否已达到未来的退休生活需要,是十分重要的。

反向抵押贷款运作方案设计

柴效武

摘要：借鉴国外基本做法的基础上，本文设计了符合我国国情的反向抵押贷款运作流程和方案，包括产品运作的整体框架、具体程序、按揭贷款交易操作过程和实施过程设计等。

一、反向抵押贷款的基本做法

目前，市场经济发达国家开办反向抵押贷款业务的基本做法是：

（一）银行、保险等机构的互相合作

不同国家反向抵押贷款的业务开办机构不尽相同。加拿大唯一的反向抵押贷款产品 CHIP 是由私人的专业公司提供的；新加坡则是由保险公司——职总英康保险公司推出的，政府是否提供尚在讨论之中；而美国则是由政府和私人金融机构同时提供，但政府提供的产品占到市场的绝大部分，贷款的运行机构也较多。以上几个国家虽然设计和提供反向抵押贷款产品的机构不同，有盈利性的，有非盈利性的，但其业务的销售和管理，往往依赖于银行或保险公司等众多的机构网络，需要专业的房贷机构、保险公司和银行等金融机构的互相合作。

（二）借款者拥有私人房产并参加相关保险

本项业务借款人的对象局限于老年人，且借款者必须拥有私人房产并要求参加相关保险。

加拿大对借款人的资格要求为年龄在 62 岁及以上，若拥有的房产类型为单幢房产、城镇房产、复式房屋、公寓，租赁房产、共同拥有的房产和大面积的土地，则没有申请借款的资格。

新加坡规定借款人的资格为：必须是职总英康的寿险保户；年龄在 50 岁及以上者；目前未被判入"穷籍"，也没有牵涉任何法律诉讼程序及案件起诉者；新加坡公民或永久居民；拥有私人房产的产权期限 70 年以上；申请者必须在贷款期间购买抵押保险，并在贷款期间内维持保单有效；在贷款期间必须购买职总英康的人寿保险以及屋宇保险，并在贷款期内维持保险持续有效。

在美国，借款人必须拥有住房并以该住房作为自己的永久住所并长期居住；是 62 岁以上的老年人；房屋可以是共有的，但所有共有人的年龄均须至少达到 62 岁，且其中至少有一人将该房屋作为永久性住所；此外该房屋必须仅为一户家庭居住，而非同他人共同居住。

（三）贷款额度与借款人年龄、当前利率等高度相关

贷款发放的额度与借款人年龄、当前利率等高度相关，发放方式有较大的灵活性。在贷款额度上，加拿大规定：借款人可以获得其房产评估价值 10％～40％ 的贷款额度，具体数量由借款人的年龄、性别、婚姻状况、房产类型和地段，以及评估时的现行利率而定，最低为 14500 美元，最高为 50 万美元。美国至少为 154896 美元，最多为 280749 美元，贷款限额主要根据房产所在的不同地区确定，并在每年根据实际情形予以调整。

在贷款发放方式上,加拿大是一次性给付申请人;美国则有分期支付、一次性支付和信用支付,或是三种方式的结合。信用支付即借款人可在贷款交易成立后的任何时刻,在信用额度的范围内一次或多次提款,但每次提款时必须提前通知贷款机构。利息按实际支取的金额计算,未支取部分不支付利息。信用支付方式最吸引人之处在于,除非借款人在交易结束后立即支取全部额度,额度内未支取的部分可随房屋价值的升值而同比例增加,每月调整,借款人可因此享受房屋增值的收益,增值速度就是贷款合同中约定的利率。这一制度设计对缺乏收入的老年借款人来说,是非常有吸引力的。

(四)自由选择还款方式,最大限度地维护借款人或其继承人的利益

鉴于反向抵押贷款运作的目的,是在保证老年人继续居住在自己房屋内的前提下,以该房屋做抵押取得现金来养老。在借款人没有构成违约的情况下,只要还在该房屋内居住,就没有还款的义务,但借款人有义务保证房屋的实体完好,以保障清偿贷款机构的债权有现实的基础。在贷款偿还方式上,最常见也最符合以房养老目的的,就是借款人死亡后,以该住房资产还款。

借款人也可以选择其他还款方式。如加拿大允许借款人出售自己的房产来偿还贷款,如果在获得贷款的3年内就要偿还全部款项,清结该项业务,则要视同违约,支付额外的款项赔偿给业务开办机构。美国允许借款人或其继承人直接以现金方式偿还全部贷款本息。此时,还款的义务仅限于供抵押住房部分的价值,包括此后房屋的增值,借款人仅就所抵押的房屋变卖后所获得的价款,扣除相关的交易费用后偿还贷款。

二、反向抵押贷款运作流程和资金流向

反向抵押贷款的正常运作,离不开相应制度模式的建立和完善,不同贷款产品的具体操作程序可能不同,但总体框架是一致的。

(一)反向抵押贷款的运作流程

我国反向抵押贷款的运作流程和具体操作步骤拟设计如下:

1.专业咨询。住房拥有者(借款人)在贷款之前向政府部门或有一定资质的独立中介咨询机构进行咨询,充分了解反向抵押贷款的优缺点、适应人群、产品特征、借贷双方的权利和义务等内容,同时结合自己的实际情况,与家人协商,在此基础上决定是否参与反向抵押贷款业务,并选择适合自身需要的贷款产品。

2.申请贷款。有意愿且符合条件的借款人向业务开办机构提出申请,递交对自有住房实施反向抵押贷款的申请书。

3.委托审查。贷款开办机构对借款人提交的申请书做详细的书面审查,审核内容包括申请人的年龄、身体状况及申请人的诚信、房产等情况,审核完毕后形成书面审核报告,初审合格后予以受理。

4.申请人资信和抵押房产评估。委托独立、合法、权威的中介机构接受贷款机构的委托,按照法定的程序和内容对申请人的资信、抵押房产的价值及其他情形,分别给予全面详尽的审查,最后作出综合评估报告。中介机构将公正合理地综合评估报告信息反馈给业务开办机构。

5.根据书面审核报告,贷款机构接受符合条件的申请人的贷款申请,在双方自愿的情况下,签订反向抵押贷款合约。

6.申请担保。业务开办机构按照评估报告,决定是否接受申请人的申请。对于符合条件的申请人,贷款机构接受申请,并向政府相关部门申请提出相应的担保。

7.审核并提供担保。政府相关部门对贷款机构提供的相应文件进行审查,符合贷款制度规定的由机构提供担保,并将这一信息反馈给贷款机构。

8.签订贷款合同。借款人与贷款机构在双方自愿平等的条件下签订反向抵押贷款合同,合同中必须明确借贷双方的权利与责任、确定贷款额度以及发放原则、贷款偿还、合同终止等条款。

9.向保险公司投保。贷款机构受住房拥有者委托向保险公司投保,包括以住房拥有者为对象的人身保险和住房为对象的财产保险。

10.合同生效。在贷款期间,贷款机构按照合同约定的支付方式,向借款者定期或不定期地提供现金支付或信用支付,住房净资产的权益逐渐转移到贷款机构。

11.房屋交易。贷款到期后,或者按合同约定借款人死亡之后,开办机构在房地产二级市场上出售房产或以其他方式处置房产,从所得收益扣除相关费用后的净余额中偿还贷款本金和累计利息。或者将证券化的反向抵押贷款资产交由二级市场出售给有意向的投资者,提前收回资金。

12.房屋产权完全转移到贷款机构手中用于偿还贷款本息,由贷款机构根据具体情况来决定如何处置房屋。借款人可以通过偿还全部贷款本息的方式继续拥有该房屋的产权。

(二)运作模式的资金流向

1.开办机构通过融资等方式使社会闲置资金进入反向抵押贷款业务开办的资金市场。

2.开办机构根据贷款合同规定,通过年金支付、一次性总额支付或信用额度支付等方式向房屋拥有者(借款人)按时发放贷款。

3.开办机构向保险公司支付保费,以确保反向抵押贷款业务的顺利进行。

4.开办机构出售或出租贷款到期时取得的房屋,回收资金,或在证券市场上出售贷款债权资产,提前收回资金。

(三)反向抵押贷款业务开办注意事项

反向抵押贷款在我国还没有具体实施,要保证该业务健康开办,政府必须出台制定相关的法律法规作为保障。反向抵押贷款的实施涉及银行、保险、资产评估、社会养老保障等诸多方面,远比传统的抵押贷款复杂得多。从一开始就要立法规范和修订相关的政策、法规。如资产评估环节应根据国家已颁布的《城市房地产管理法》等法律,按照规范化、程序化、法制化相统一的原则,尽快研究制定符合我国国情的《房地产评估管理条例》。

反向抵押贷款具有减轻社会保障压力的功能,加之借款人大都是收入较低的老年人,对此国家应给予贷款机构和借款人各种政策优惠,提高金融机构和老年住房所有者的参与积极性,大力扶持反向抵押贷款业务的开办,健全对借款人的利益保障机制。如适当减免金融机构开办此业务的营业税、增值税、企业所得税和金融机构在二手房市场上处理抵押住房的房地产交易税等。办理反向抵押贷款的老年住房所有者可以享受财政贴息,借款人每月从金融机构取得的养老金,应当给予一定额度内免税的优惠。

三、反向抵押贷款产品运作的具体程序

(一)反向抵押贷款产品运作的具体机构

首先,要选定提供反向抵押贷款的业务开办机构。在我国,可由国家授权通过审核的商业银行和保险公司开办反向抵押贷款,具体的贷款产品设计则由商业银行和保险公司在充分调查市场需求的基础上完成,根据老年群体的具体经济状况和需求,开发与之相适应的金融产品,满足不同借款人的各类需求。

其次,要设置反向抵押贷款的咨询顾问机构,由该部门向借款人提供客观、公正、及时的贷款信息。该部门也有义务宣传反向抵押贷款,让更多的人了解并接受这项业务。这类咨询机构必须独立于提供反向抵押贷款产品的金融机构,以有利于消费者充分认识了解该贷款产品,避免因信息不对称而影响借款人的利益。笔者以为,应在国家老龄委下辖特设机构,或者其他有资质的社会中介组织,成立向消费者提供反向抵押贷款业务咨询。借款人在申请反向抵押贷款时,必须先行就相关事项向咨询部门咨询,充分了解该业务后才能申请该贷款。

再次,当相关机构审核发现老年人符合反向抵押贷款要求,并且该老人也打算参与该项贷款业务,就进入下一步的申请过程,包括填写资产负债表和现金流量表等一系列的表格,明确选择贷款支付方式、财务目标评估、支出计划和筹资计划、季节性的房屋维修等。填写表格虽然只是反向抵押贷款过程的起始,却对整个贷款过程起到至关重要的作用。该表格给出了申请人的很多信息,这些信息对整个贷款程序的设计和风险的确定,乃至贷款产品的定价和具体操作等,起到了举足轻重的作用。

最后,有专门的监督机构监督反向抵押贷款的实施过程,确保整个过程的规范化、透明化、合理化,维护借款人的切身利益。鉴于反向抵押贷款的特殊养老功能,笔者建议这个监督部门可设在保监会。

(二)贷款业务的运作过程

反向抵押贷款的运作分为一级市场和二级市场,各机构在该业务中的角色分工以及该产品在市场的流转过程如下。

1. 拥有独立住房产权的老人向相关咨询公司咨询反向抵押贷款业务,向授权开办该业务的贷款机构申请相关贷款。

2. 贷款机构根据保险公司提供的寿险数据和相关定价模型,评估借款人的经济状况,确定其预期寿命,并通过相关房产价值评估公司对抵押房产进行价值评估,确定支付年金,降低贷款机构由于信息不对称引起的寿命风险,并由保险公司对抵押品的损毁等情形作出相应担保。

3. 贷款双方就相关细节签订贷款协议,由担保与监督机构"兜底"贷款数额,规避借款人的支付风险,为向老年人支付养老金提供相应资金保障。

4. 贷款机构将已经贷放的反向抵押贷款,通过特设机构进行资产组合,并经由相关信用评级机构对贷款进行评估,实现贷款资产证券化,并经证券承销商出售证券,在二级市场上实现流通、买卖,并由政府监督二级市场的正常、稳定运行。

5. 投资者在二级市场上买卖反向抵押贷款证券,获得盈利,投资者的资金通过二级市场流入贷款机构,贷款机构实现固定资产向货币资产的转化,降低流动性风险,减少借款人无法获得年金支付的可能性。

6.反向抵押贷款到期后,投资者将所持债券卖给中间机构,相关机构通过在二手房市场上销售住宅收回投出资金,相关购房者购买抵押住宅。

四、我国反向抵押贷款实施方案设计

(一)试点阶段

借鉴国际经验,结合我国目前的实际情况,反向抵押贷款的推行应坚持"循序渐进、分步实施、先试点再推广"的原则,在论证必要性的基础上进行一定规模的试点。目前我国可选择在北京、上海、广州、深圳等房地产市场比较活跃的地区,率先进行反向抵押贷款试点,以为将来全面开展反向抵押贷款创造条件打好基础,在实施操作中发现问题,积累经验,并将出现的问题及时反馈,使政府、金融机构等市场主体能及时采取措施,调整和改进,增强防范风险和运作能力。

反向抵押贷款在我国的实施是一个新生事物,参与者涉及借款人、商业银行、担保保险机构、房地产中介机构、资产评估机构等多方主体,有必要以商业银行为中心对反向抵押贷款实施方案进行合理设计,以保证运作顺利。反向抵押贷款的运作流程,同时也反映出贷款市场各个参与主体之间的完整关系。在上述制度安排中,商业银行在反向抵押贷款市场的运行,基本上可以分为如下三个阶段:

第一阶段:这一阶段的运作与商业银行和住房储蓄机构发放住房抵押贷款没有大的区别,首先由借款人提出申请,商业银行审查资格合格后,经由资产评估公司对拟抵押住房的价值评估,为商业银行决定贷款额度大小提供参考,老年人用借款向保险机构投保,保险市场为抵押贷款提供安全保障。保险机构不仅转移了金融机构的风险,也有利于房产的保值增值,促成商业银行尽可能多地取得房产产权。

第二阶段:根据资产评估机构对房产的市场评估价值,以及保险机构对住房的保险价值和借款人的年龄、支付方式等因素,确定按年或按月支付现金给借款者。

第三阶段:借款人辞世或永久搬出房屋后,商业银行把房屋交由房地产中介机构在二级市场进行出租、销售或拍卖。

(二)全面推行阶段

经过一段时间的试点,总结成功经验,便于解决完善操作中出现的问题,为制定相关法规加以规范奠定基础。同时学习先进经验,发挥后发优势,在试点成功、运作条件趋于成熟的基础上进入全面推行阶段,逐步向全国推广。

随着反向抵押贷款规模的进一步扩大并稳步增长,贷款风险控制能力进一步增强,也随着商业银行的运作试点,结合国外的发展实践,可考虑逐步由各个商业银行共同参与开办反向抵押贷款业务。商业银行开展业务应由市场决定,可由四大国有商业银行及其他股份制银行开办本贷款业务。这就可以充分利用发放住房抵押贷款掌握的相关信息、经验、客户、规模等资源,也有利于商业银行增加新的业绩和利润来源。这就要求国家放松分业监管,促进住房金融市场进一步发展的大好局面。

五、反向抵押贷款的市场划分

反向抵押贷款的运作需要众多机构和投资人的相互合作,该业务的成功运作,除了反向抵押贷款业务市场本身外,还需要证券市场、保险市场和二手房交易市场的共同稳定发展,以促成其实现。同时,本贷款业务所具有的社会职能,使其与社会福利事业不可分割。因此,本贷款业务的运作应采用政府支持,银行和保险公司协同运作的"市场主体、福利兼营"的模式。

反向抵押贷款运作中,各市场之间加强相互合作。贷款机构和借款人在签订借贷合约之前,都需要选择一定的咨询机构对贷款合约进行定价评估;保险市场上大量的保费收入为贷款业务开办提供了资金支持,其寿险经验为贷款机构的定价模型提供了相应数据;贷款机构在借贷期结束后可通过二手房市场回收贷款本息,或通过资产证券化的方式在二级市场上出售贷款合约收回资金。

整个贷款运作过程由贷款机构、保险公司、证券公司、中介公司和政府部门相互合作完成,巨额保险金和银行储蓄金经由贷款机构在反向抵押贷款市场上顺利流转,有利于实现规模效益,提高金融机构监督业务的效率,降低相关成本,提高相关业务的规范性。银证保投一体化的运行过程,将有利于金融业的整改和发展,有利于改进社会保障系统,转变经济增长方式,加快金融业发展的步伐。

总而言之,反向抵押贷款将住房中期目标与养老保障的长期目标结合在一起,既可以通过住房按揭贷款解决住房的购买问题,到老年时又可以通过倒按揭的方式融资,利用住房解决生活费用紧张的问题。这对普通劳动者而言,公积金和养老保险组成的"个人账户",不再是紧紧攥在政府手中只能用于老年基本生活保障的死钱,而是在中青年阶段就可以用于住房投资等目的的活钱。

六、反向抵押贷款的市场准入[①]

(一)贷款机构的市场准入条件

《商业银行法》应当对贷款机构即商业银行进入反向抵押贷款市场具备的条件作出规定,保证其有从事反向抵押贷款业务的资产、规模和信誉。在我国推出反向抵押贷款业务的初期,可以规定从事该业务的贷款机构必须经政府授权,且履行相应的登记备案手续,保障借款人的利益,降低市场风险,引导反向抵押贷款实现经济效益、社会效益的双重目标。针对保险机构在反向抵押贷款开展中的作用,应当在《保险法》中对市场准入条件加以严格规定,规定内容包括资产的要求、专业技术人员的要求和政府授权的具体标准及程序等。

(二)贷款机构的市场准入程序

反向抵押贷款市场的准入方面,应当对贷款主体进入市场开办反向抵押贷款相关业务的程序作出规定。除履行一般的市场准入程序即工商登记管理外,还应该履行从事反向抵押贷款的

---

① 本部分主要来源于李淑文"反向抵押贷款法律问题研究"(西南政法大学硕士学位论文,2008 年 4 月)。

特殊程序,如向特定的政府部门备案,或由特定的政府部门进行相应的资质审查。这些市场准入的具体程序,应当像美国一样在反向抵押贷款的专门立法中予以明确规定。

(三)反向抵押贷款准入的限制

无论是参与反向抵押贷款养老的老年人或贷款机构,都有业务准入的限制。从老年人方面来讲,反向抵押贷款是保障有房者的养老问题,只能是拥有独立房产的老年人才有资格参与此种养老模式。而且这些房产必须是可做抵押的,城市现有部分已步入老年的人员尚未买到属于自己的商品房,居住在经济适用房或出租房里,因为没有或只有部分住房产权,就不可能用来抵押取得贷款。从国外的经验来看,住房还要有一定的最低价值限制。加拿大规定可以获得房产评估价值的贷款额度,美国的贷款额度根据当年最新调整。如果老年人的住房价值过低、过旧,房屋的面积过小,一般不宜参与反向抵押贷款养老业务,即使参与也很不合算。种种条件限制下,反向抵押贷款养老只适合部分在城市拥有可抵押房产,且房产价值不低的老人。

反向抵押贷款养老的执行时间长,所需资金多,风险较大,社会影响广,对开办机构有资金、规模和实力等市场准入的限制。同时国内目前的混业经营禁令,也阻碍了贷款机构的准入,由商业银行、保险公司等推出反向抵押贷款,仍然面临着法律规范上的障碍。

(四)中介机构的市场准入条件

中介机构主要是为反向抵押贷款业务提供住房价值评估、法律咨询等服务。对这类中介机构的市场准入条件进行规定,可以使反向抵押贷款的运作更加公正、合理。国家应当对反向抵押贷款中介机构的相关资质进行规范,保障它们的评估结果、评估过程更加可靠,减少借贷双方的风险。具体条件应当制定《房地产评估管理条例》,以及在反向抵押贷款的专门立法中予以规定。

(五)反向抵押贷款自身发展的局限性

基于以上分析,反向抵押贷款作为一种新型养老模式,在我国的起步和实验阶段,仍然有诸多问题需要探讨。随着老年人自我意识的不断增强,以及金融机构对反向抵押贷款养老的积极关注,我国反向抵押贷款养老的市场有了一定的业务开办基础。在此背景下,政府应该借鉴国外业务开办的经验,结合我国的实际情形,出台相关政策规范和鼓励反向抵押贷款业务的开办,确保反向抵押贷款养老的安全运作,切实实现养老保障的多元化功能。

七、反向抵押贷款的市场退出[①]

(一)贷款机构退出的原因

贷款机构退出的原因有如下方面:一是贷款机构被政府主管机关责令撤销而退出。对贷款机构违法经营、经营管理不善等若不予撤销,将会严重危害金融秩序、损害公众利益,政府主管部门应责令其撤销。因被责令撤销而退出市场,实际上是行政处罚的结果。二是因机构破产而退出。我国的《破产法》及《民事诉讼法》的破产程序中,对破产的标准和条件都表述为"企业因经营管理不善造成严重亏损,不能清偿到期债务的"。这些规定过于原则,实践中可操作性较差,应针

---

① 李淑文,西南政法大学硕士学位论文"反向抵押贷款法律问题研究"(2008年4月)。

对业务开办中贷款机构的退出,制定具体的退出条件和标准。

(二)反向抵押贷款的市场退出程序

目前,根据我国现行的法律和行政法规,对高风险金融机构的处置办法,首先是对有问题的贷款机构实施救助、收购或兼并、接管或停业整顿,最后才是实施被动的退出措施。总体而言,要严格遵循法定的退出程序,谨慎看待反向抵押贷款中贷款机构的退出,最大程度地保障借款人的合法利益,减弱不良贷款机构退出对市场和社会秩序的负面影响。如专门规定经营反向抵押贷款的贷款机构,除合并、分立外不得解散。又如,贷款机构被依法撤销或依法被宣告破产的,所持有的反向抵押贷款合同及权利义务,必须转移给其他贷款经办业务机构,不能同其他贷款机构达成转让协议的,由政府监管部门指定经营反向抵押贷款业务的机构接收,但不得影响借款人的利益。还可以考虑建立类似商业银行存款保险等制度。

(三)反向抵押贷款的市场退出制度

竞争是市场经济社会的必然要求,竞争的结果必然是优胜劣汰。反向抵押贷款市场作为金融市场的重要组成部分,应当做到有"进"有"出"。建立完善的市场退出制度,实现金融机构在市场上的平稳退出,对提高金融市场的配置效率,维护金融业和社会稳定具有重要意义。

业务主办机构如欲退出反向抵押贷款业务,分为主动退出和被动退出两种情形。前者是指贷款机构自身经营状况良好,但有意放弃反向抵押贷款业务;后者是指贷款机构由于资质、能力下降,不再具备开办反向抵押贷款的条件或经营管理不善而面临兼并、破产、关闭、撤销等,而不得不退出贷款市场。贷款机构主动退出业务,只要处理得当,可以控制相关风险和负面影响,即对其业务按债权转让或合同规则妥善处理即可。这里主要讨论反向抵押贷款中贷款机构的被动退出问题。

贷款机构的被动退出则比较特殊,贷款机构对借款人享有的是有担保的债权,但这种债权的实现受反向抵押贷款合同的限制,在退出时不一定能得到实现,更不能强制借款人提前偿还贷款。贷款机构应当在合同期间持续支付贷款给借款人,否则就会构成违约,同时也对借款人的晚年生活造成影响。必须在立法中明确贷款机构退出机制,如贷款机构宣告退出本项业务,需要事先做好一切账目的清理工作,对预后的事项做好妥善安排,借款老人的权益必须得到有力保护,

(四)确定退出的程序

鉴于反向抵押贷款的特殊性,对借款人的退出应当采取特别措施。如贷款机构被依法撤销或被依法宣告破产的,其持有的反向抵押贷款合同及权利,必须转移给其他经营贷款业务的机构,不能同其他贷款机构达成转让协议的,由监管部门指定经营反向抵押业务的贷款机构接收,但不得影响借款人的利益。在确定不良贷款机构的退出程序中,特别要突出清算程序的作用,以最大程度的保障反向抵押借款人的利益,减小不良贷款机构的退出对市场和社会秩序的影响。

(五)金融机构退出的法律依据

我国现行的关于金融机构退出的法律依据,主要有《公司法》、《商业银行法》、《保险法》、《企业破产法》、《防范和处置金融机构支付风险暂行办法》、《金融机构撤销条例》等法律法规。但在反向抵押贷款业务的处置中,贷款机构的退出有其特殊性。一方面,贷款机构退出时对借款人享有的是有担保的债权,但这种债权的实现受反向抵押贷款合同的限制,在退出时不一定能够得到实现,更不能强制借款人提前偿还贷款累计本息;另一方面,贷款机构应当在合同期间持续地支

付贷款给借款人,否则就会对借款人的生活造成影响,构成违约。因此,必须在《商业银行法》及反向抵押贷款的专门立法中,对贷款机构的退出制度作出详细规定。

总之,在建立我国反向抵押贷款市场退出制度的过程中,应当在借鉴国外贷款机构市场退出制度相关规定的基础上,结合我国的金融现实,对市场退出条件、程序及后果等问题予以明确规定。

应当说明,反向抵押贷款作为一种结构特别复杂、内涵相当深远、联系面十分广泛、影响力度很大的新型金融产品,并不能仅仅视为一种普通的金融产品,更不能视为和普通住房抵押贷款同等看待的一般性住房贷款,而是蕴含了"以房养老"的全新理念,有着深刻内涵和复杂背景。这一金融产品的推出,也非寻常金融产品的推出那样简单。据了解,早在2004年,某保险公司号称已推出我国第一份反向抵押贷款的产品,但经仔细观察与深入了解,该产品章程只是某硕士毕业生在对国外各种反向抵押贷款的章程的简单理解与修改、融会后的产物,结果明显地是漏洞百出,完全不合国情,其实质形成与表现也过分简单。

反向抵押贷款业务的具体运作流程设计

柴效武

本文介绍了国家担保的反向抵押贷款、市场化的反向抵押贷款和证券化的反向抵押贷款三种反向抵押贷款的运作模式与相应的流程设计。

一、反向抵押贷款业务的具体运作流程

保险公司开办反向抵押贷款业务，大致可以分为申请与审批，保险合同执行和合同终止、贷款回收三个阶段。

(一)申请与审批阶段

1.拥有住房自主产权的老年人，在政府认可的机构进行以房养老模式的信息咨询，明确参与反向抵押贷款业务之后的权利和义务责任，在审视自身条件后向保险公司提出参与反向抵押贷款业务的申请。

2.保险公司进入业务的前期调查，即资格审查，主要包括对老年人的住房状况、身心健康和资信状况、家庭成员是否赞同等项调查。

3.调查工作转入房产评估阶段，老年人在选择何种反向抵押贷款模式的基础上，结合已有的以房养老计划资料，根据评估结果进行精算，制定出合理的养老金费率，并设计出相应的寿险合同。

4.保险公司初步审查合格后，正式受理申请业务。委托房地产评估机构对住房进行客观评估，在满足双方各自的条件下正式签订合约，保险机构为双方办理保险，保证借款人能根据合约获得相应的权利。本业务以政府为最终担保人，在债务累计支付总额超过住房资产后发生亏损时，保证保险公司的利益不会受到相应伤害。

(二)保险合同执行阶段

1.正式合约生效后，反向抵押贷款计划开始执行，住房产权仍属于老年人，老年人按照合约要求维护好住房，保险公司按照合同约定的方式通过银行支付给借款人做养老金。

2.保险公司将大量进入执行阶段的养老金合同进行汇总和分析，在众多的样本下运用精算技术分析可能发生的风险和执行期间，将其分类打包，成为一个个对应住房产权的资产组合。

3.保险公司向商业银行或资信可靠有承办此业务资格的其他金融机构，出售此资产组合，可向保险公司和担保机构寻求对此债务的保险或担保，并支付后者一定的费用。

(三)合同终止、贷款回收阶段

1.老年人死亡、永久搬离、出售住房时，合约宣告到期，将住房产权和使用支配权转移给保险公司，偿还贷款累计本息。

2.保险公司将房产转入二手房拍卖市场出售套现，或租赁市场取得租金收入，收回成本，取得利润；或招标将部分房地产拆旧建新、更新改造等激活其间蕴含的价值，将所得资金划入银行账户。

3.在整个反向抵押贷款业务一级市场的运作中，政府有关机构定期监督管理正在执行中的反向抵押贷款计划，对此作出妥善管理和维护，做好市场培育、政策扶持、税费减免、监督审查、信息咨询、保险款项发放，以及在必要时提供资金支持等工作。

4.在房产寿险业务证券化条件成熟后，保险公司将住房资产证券化后卖给（或委托给）从事房产寿险业务的特殊目的载体（Special Purpose Vehicle，SPV），即专门的资产证券化金融机构，取得出售反向抵押贷款业务的资金。

5.SPV对贷款库中的房产寿险资产重新包装组合，经过政府或私人机构的担保和信用加强，并经过信用评估后发行房产寿险证券，再经中介机构即承销商将这些房产寿险贷款证券出售给投资者，从最终投资者处获得销售资金。

（四）反向抵押贷款运作的一级市场和二级市场介绍

反向抵押贷款市场的运作流程包括一级市场和二级市场，一级市场是反向抵押贷款的发起场所，二级市场是反向抵押贷款资产的证券化，为一级市场筹措资金。详见图1所示。

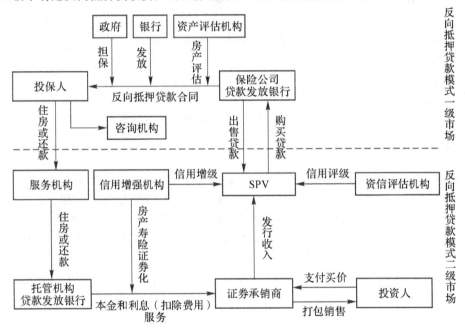

图1　反向抵押贷款业务一级市场和二级市场运作模式

二、反向抵押贷款运作过程中的支付模型

（一）支付方式的一般情形

从支付方式来看，反向抵押贷款业务分为一次性支付、终身年金支付、最高信用额度支付等

多种方式(见表1)。其中一次性支付和年金式支付是两种主要形式,其他类型的支付方式可以看成是这两种形式的自由组合。这一部分主要介绍一次趸领模型和基于保险精算方法的年金支付产品的定价,即终身年金模型。最高信用额度是指投保人与保险机构订立反向抵押贷款合同,在投保人寿命存活期限内确定出总的养老金支付额度,在投保人有需要的时候可以随时支取。

表1　各种支付方式选择

支付方式	支付期限	支付特征	理想程度
一次性支付	一次性	一次性大笔领取	不够理想
终身支付	终身	每月固定	最理想
最高信用额度	终身	随时领取	较为理想

(二)假设

本模型采用2000—2003年中国人寿保险业经验生命表,以 x 岁的借款人为例。

x:年龄为 x 岁的借款人,并假设在其生日当天投保

r:无风险投资回报率　　　　　　g:房屋资产投资风险回报率

m:反向抵押贷款风险利率　　HEQ:房屋资产现值

$_{t|}q_x$: x 岁的借款人在反向抵押贷款合同开始后第 t 年内死亡的概率

T:借款人的最大平均余命。即借款人生存至生命表中人可能生存的最大年龄所经过的年度。我国现有的经验生命表中最大年龄为105岁

α:费用占房产现值的比例　　β:房屋的年折旧率

LS:一次趸领金额　　　　　　PMT:年金领取金额,年金在期初领取

$_tp_x$: x 岁的借款人在反向抵押贷款合同开始后第 t 年内存活的概率

(三)一次趸领模型

一次性支付又称一次趸领,是指投保人与保险公司签订寿险合同后,保险公司将养老金总额一次性交付给投保人,之后不再发放养老金,待投保人去世后,寿险合同结束,保险公司将住房收回拍卖变现。一次趸领(Lump Sum,LS)模型是最简单的定价模型。根据期望收支平衡的原理,保险公司在未来可能发生收支的现值要求为零,即借款人一次性得到的金额应与其住房未来价值的现值相等。

本文参考了 Olivia S. Mitchell 和 John Piggott(2004)提出的趸领计算公式,在此基础上借鉴邹小芃教授(李雅珍、邹小芃,2005)所做的修改,考虑初始费用和房屋的折旧问题。另外,假设贷款归还日为死亡发生后的第一个生日。采用以下公式计算趸领金额:

$$LS = \sum_{t=0}^{T} HEQ \times (1-\alpha) \times (1-\beta)^t \times \left(\frac{1+r+g}{1+r+m}\right)^t \times _{t|}q_x \tag{1}$$

(四)终生年金模型

终生年金是指借贷双方签订反向抵押贷款合同后,保险公司按照合同约定的时间间隔,将一定数额的养老金支付给投保人,直至投保人死亡或出售、搬离该住房为止。在一般情况下,时间间隔为月,如时间间隔为一年,则该产品为按年支付的终生年金。假设反向抵押贷款合同签订后,保险公司每年支付给投保人一笔数额相等的年金,直到投保人去世为止。在完全竞争的市场中,这些年金的现值应该等于一次性支付的金额。

$$\sum_{t=0}^{T} \frac{PMT}{(1+r)^t} \times {}_t p_x = LS \tag{2}$$

令 a_x 表示 x 岁投保人在投保日及之后的每个保单周年日领取 1 元,直至其死亡为止的精算现值,精算学上称为首付终身生存年金的精算现值,则

$$a_x = \sum_{t=0}^{T} \frac{1}{(1+r)^t} {}_t p_x \tag{3}$$

所以,终身年金形式支付的贷款可以表示为:

$$PMT = \frac{LS}{a_x} = \frac{LS}{\sum_{t=0}^{T} \frac{1}{(1+r)^t} {}_t p_x} \tag{4}$$

(五) 模型合理性讨论

从定价公式可以看出,无论是一次趸领模型中的一次性领取的贷款额 LS,还是终生年金模型中每期的支付额 PMT,都和房产的初始价值 HEQ 呈正比。反向抵押贷款业务中,保险公司用现金形式支付养老金,回收的是投保人的房产,即用房产来偿还债务。通常现值较大的房产在将来也具有较高的价值,因此合同到期时用于偿还的金额越多,保险公司愿意借出的金额就越大。房屋资产投资风险回报率 g 和支付额是成正比的,其经济含义也是类似的。房产升值的潜力越大,寿险合同终止时,房产价值就越高,投保人能够获得的养老金也就越多。折旧率 β 与支付额成反向关系的原因,与上述分析的原理恰恰相反,折旧率高意味着房产贬值得快,到期时抵押住房余剩的价值就越少。

反向抵押贷款的风险利率 m,与养老金总额呈反比,是较好理解的。m 较大意味着养老金的贷放成本高,发放养老金总额会相应减少;费用 α 与养老金总额呈反比,养老金总额中用于该项业务费用支出的比例越高,投保人能得到的养老金额度就会相应越少。

无风险利率 r 对产品定价的影响较为复杂。考虑一次性趸领的情况,当 $g > m$ 时,r 增加会使公式中含有 r 的项减小,减小支付额;r 变小会使公式中含有 r 的项目变大,从而使支付额增加。当 $g < m$ 时,情况则相反。当 $g = m$ 时,r 的变化不会引起支付额的变化。我国最近几年的经济社会状况快速发展,大量农村人口涌入城市,都使得房价上升较快,可以认为 $g > m$ 的条件是能够满足的。

对于终身年金模型,r 的变化还会引起终身生存年金的精算现值 a_x 的变化,r 的变化对 a_x 的影响大于对 LS 的影响。r 的增加会导致 a_x 较快地增加。通常情况下,r 的增加会导致年金支付额的减少。式(1)和(3)表示的反向抵押贷款合同的定价模型,对寿命风险、利率变动、房产价值波动、折旧和业务费用等主要因素进行了考虑,虽然仍有一些因素无法加入模型对此作出较为精准的估计,但该模型的形式较为简单,分析使用起来较为方便,也是其他多种相关模型的基础。

三、国家担保的反向抵押贷款运作流程

(一) 前提条件

拥有住房自主产权的老年人,在政府认可的机构进行反向抵押贷款的信息咨询,明白发起反向抵押贷款之后的权利和义务,在审视自身条件后向反向抵押贷款发放机构提出申请。贷款发放机构初步审查合格后,正式受理申请业务,委托房地产评估机构对住房进行客观评估,在满足

双方各自的条件下正式签订合约,保险机构为双方办理相应保险,保证借款人能根据合约获得相应的权利,也保证向贷款机构支付债务的总额超过住房资产的部分。

正式合约生效后,抵押住房的所有权仍属于老年人,老年人按照合约要求维护好住房,贷款发放机构同样按要求支付贷款给借款人。在整个反向抵押贷款一级市场的运作中,政府等有关机构发挥市场培育、政策扶持、税费减免、监督审查、信息咨询、保险监管,以及在必要时提供资金支持、"亏损兜底"等作用。

本项业务受到较大的局限,出路只有一条,就是各个相关部门联合起来,通过建立利益共享机制,实现优势互补、风险共担,达到"多赢"的目的。

(二)基本运行流程

国家担保的住宅反向抵押贷款的运作流程见图 2 所示。

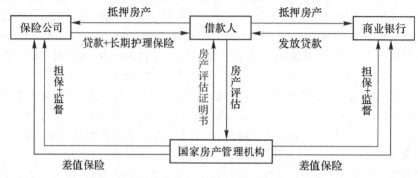

图 2   国家担保的住宅反向抵押贷款运作流程

(1)借款人到房产管理机构对自己拥有的房产进行评估,取得房产评估证明书。

(2)借款人持房产评估证明书去贷款机构申请办理住宅反向抵押贷款业务。

(3)贷款机构根据国家的有关规定对借款人的住宅等有关事项进行审核,决定是否贷款给借款人。如批准申请,贷款机构按合同约定,定期支付或一次性支付给借款人。借款人仍然可以居住在该抵押房屋内,直到最终死亡或永久性搬离。

(4)贷款结束时,房屋产权归贷款机构所有,国家住房管理机构为贷款机构提供担保,贷款机构支付一定的差价保险费。

(5)贷款机构可分为商业银行和保险公司,根据借款人的需要选择适合自己的产品。商业银行的主要贷款对象是拥有住房并打算自行养老的贫困老人,保险公司的主要贷款对象是拥有住房的孤寡老人。

(三)运行优势

首先,该模式由国家设立专门的房屋管理机构,对房产价值进行评估,为贷款机构进行担保。这样,房产管理机构就在住宅反向抵押贷款的运作中起到了国家中介的作用,联系借款人和贷款机构两个方面,便于为住宅反向抵押贷款的推行有效把关。这种做法可以降低风险,协调并兼顾双方的权益,使得借贷双方都没有后顾之忧,调动参与各方的积极性。

其次,在该贷款模式中,由贷款机构向国家房屋管理机构支付差价保险费,而非由借款人支付。住宅反向抵押贷款推出的目的,是盘活固定资产,补充社会养老保障体系,针对的是拥有住房的贫困老人,是带有一定福利性质的金融产品。如果借款人既要支付高额的贷款利息,又要支付保险费用,无疑会使很多老人望而却步。

再次,国家房屋管理机构为贷款机构保险,保障的是整个住宅反向抵押贷款业务双方的利益。同时它也是房屋的评估机构,可以降低信息不对称带来的风险。借款人多是高龄老人,对金融知识了解不多,办理方式便捷与否都是比较重要的。

最后,该模式还为借款人提供了针对不同借款人需要的多种模式,比如,为拥有住房的孤寡老人提供包含长期护理保险的住宅反向抵押贷款产品,能够更具体地满足借款人的需要,降低借款成本,丰富住宅反向抵押贷款产品。

政府在整个贷款过程中扮演着十分重要的作用,贷前咨询、房产评估、贷款机构的审核、监管等方面,都会带来繁重的业务工作量。笔者认为,在我国现今各方面的条件还不是很成熟的情况下,尽可能地发挥国家的主导作用是必须的。

四、市场化的住宅反向抵押贷款模式

(一)前提条件

国家为贷款机构提供担保,制定住宅反向抵押贷款的相关标准。贷款机构向担保机构缴纳差价保险费。金融市场繁荣稳定,相关制度体系较为完善,操作工具丰富多彩,政府允许反向抵押贷款进入二级市场。

借款人是年龄达到 62 岁及以上,完全拥有房屋产权,并打算参加住宅反向抵押贷款的老年人。

贷款机构即住宅反向抵押贷款的开办机构,是通过国家相关部门审核允许经营住宅反向抵押贷款业务的,有一定资金实力的金融机构,如商业银行、保险公司等。

国家成立专门的房屋管理机构和权威评估机构,负责对房屋价值的专业评估,以保证住宅反向抵押贷款房产评估的公正性,避免房产纠纷和贷款机构自行评估而产生的"霸王条款",负责住宅反向抵押贷款的监管,并提供差值保险。

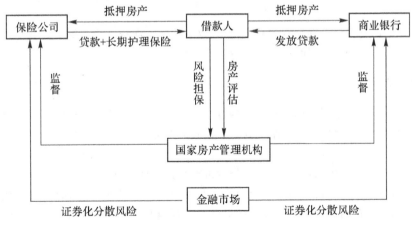

图 3 市场化的住宅反向抵押贷款运作模式

(二)金融市场

国家房产管理机构为借款人提供房产评估和风险担保。借款人将房产抵押给贷款机构,取得贷款或长期贷款护理保险,需要交纳一定的费用。允许贷款机构将住宅反向抵押贷款证券化进入二级金融市场流通,充分利用金融工具分散风险。

(三)优势和缺点

首先,开放住宅反向抵押贷款的二级金融市场,国家房产管理机构仅为借款人承担风险,贷款机构的风险通过金融市场来分散。其次,国家房产管理机构仍然承担房产评估、市场监管的责任,但不再对贷款机构提供风险担保,逐步实现市场化。国家管理机构为借款人承担风险,此模式受金融市场影响较大,一旦发生金融危机,贷款机构可能遭遇各类危机甚至破产。有了国家机构为借款人提供担保,借款人不用为此担心,有利于社会的稳定与和谐。国家房产管理机构对贷款机构拥有监督管理权,维护住宅反向抵押贷款市场秩序。

这种模式也有自身的缺点,即贷款机构对金融市场的依赖性较大。金融市场的繁荣稳定是该模式运行的关键性因素。金融市场繁荣时,贷款机构能获得比较多的利润,但当经济萧条或金融市场出现大动荡的时候,贷款机构可能遭受沉重的打击,甚至破产,如美国次贷危机引起的金融危机、房地产萧条,直接导致了房地美、房利美两大巨头的破产。

五、证券化的住宅反向抵押贷款运作模式

(一)前提条件

国家房产管理机构已经发展成为提供房屋评估、房屋托管、房屋证券化等业务的巨量房产管理的机构。同时制订住宅反向抵押贷款程序,监管整个市场,并为贷款机构提供差值保险。

国家制定住宅反向抵押贷款的相关标准。贷款机构都是通过国家相关部门审核允许经营住宅反向抵押贷款业务的金融机构。

借款人为拥有完全的房产产权,并有意愿参与住宅反向抵押贷款的年满62岁及以上的老年人。

贷款机构即住宅反向抵押贷款的开办机构,仅为住宅反向抵押贷款提供贷款给付,可设定为有一定资金实力的金融机构,如商业银行、保险公司等。

(二)金融市场

借款人将房屋托管给国家房产管理机构,房产管理机构在评估房屋价值后接收委托房屋,并出具相应价值单位的住宅信托凭证给借款人。此信托凭证即是房屋证券化凭证,在证券交易所交易流通,由于规模庞大,且是公开交易,这些信托凭证价格相对稳定,个别房屋或地区的房价波动,不会严重影响凭证的价格,从而降低了贷款机构因为抵押物价值波动造成的风险。借款人将房屋托管给国家房产管理机构后,所得到的凭证即代表一种权利,包括赎回房产的权利和获取房产收益的权利,收益包括国家房产管理机构对受托的所有房屋的租赁收益和售卖收益。借款人可以搬离该住宅,也可以继续在被托管的房屋居住,但是必须支付租金。

借款人将住宅信托凭证抵押给贷款机构,贷款机构根据凭证的价值向借款人发放贷款,同时向国家担保人缴纳差值保险费,并接受监管。贷款结束时,贷款机构可以直接将住宅信托凭证在金融市场出售,借款人也可以在证券市场将住宅信托凭证出售,然后用得到的钱财搬迁到养老基地、老年公寓或其他养老机构居住。

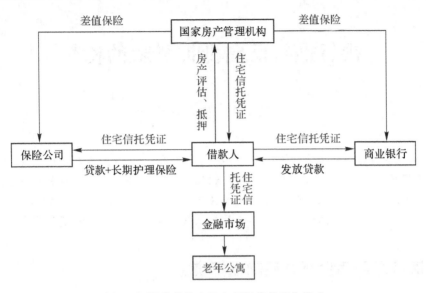

图 4 证券化的住宅反向抵押贷款运作模式

(三)优势和缺点

首先,相比美国反向抵押贷款,该模式最大的优势就是引入公估机构和证券化工具,在很大的程度上降低了贷款机构的风险;其次,该凭证在证券市场上的流通降低了贷款清算成本;再次,差值保险的投保人为贷款机构而非借款人,这就可以避免借款人因为高昂的初始费用或因程序繁复而打击需求;最后,借款人拿到住宅信托凭证后,就能拥有更多选择的自由,促进老年人公寓和相关养老功能产业得到较快发展。

本模式需要依赖于成熟和活跃的金融市场,证券化工具的实施是对现有金融行为的突破,需要金融政策和法规的配套,本系统建立需要的时间和人力成本较高。公估机构的住宅经营管理功能也是个全新课题,相应的管理技能和人才都需要时间积累。

银行推行反向抵押贷款的构想

陶　昱[①]　柴效武

摘要：本文在借鉴国外反向抵押贷款运作模式的基础上，结合国内基本环境，提出国内银行开展反向抵押贷款业务应采取逐步深入，参与范围逐步扩大的策略。在业务推出阶段，由于市场等方面的不确定性，参与方仅为银行与老年人双方。随着业务的发展与成熟，逐步引入政府部门、保险公司，并对政府部门和保险公司参与反向抵押贷款业务的状况等，提出了自己的构想。

一、银行是否适合开办反向抵押贷款

目前，国内对于反向抵押贷款的研究仅仅处于理论研讨和舆论宣传阶段。其中，学术界对发展住宅反向抵押贷款的模式有如下三种主流观点。这里予以一定的说明。

（一）商业银行开办业务

第一种观点认为商业银行有多年经营个人房屋贷款的经验，对开发与房地产有关的金融产品经验丰富，且资金充裕，适合经营该业务。对商业银行开展反向抵押贷款业务的讨论，柴效武(2006)认为，优势在于银行资金比较充裕，财力雄厚，个人储蓄存款中用于购买住房、准备养老的资金也占有较高比例。而且中国的房地产贷款业务一直是由商业银行操作，对国内房地产市场的情况非常了解，对开发与房地产相关的金融产品、房地产的估价及资产转让等有着较为丰富的经验。与此同时，商业银行拥有大量资金，足以启动反向抵押贷款业务的大规模运作。而对于商业银行业务运作的不足，是银行缺乏这种涉及面广、内容复杂的大型金融产品的开发经验，包括对借款人寿命的预期、对养老金市场的敏感、贷款产品的定价。在产品运行周期上，反向抵押贷款往往长达十数年乃至数十年，而银行目前开办的业务多为1年之内的短期贷款，或者1至3年的中短期贷款，5至10年以上的长期贷款业务很少涉及。因此，反向抵押贷款与目前国内银行开办业务的借贷双方持续期不匹配。而反向抵押贷款由于其业务特性，会大大降低资产的流动性，不确定性较高，该不确定性体现在房屋交付的期限、房屋未来的价值与信息不对称上，这都会降低银行的资产质量。

支持前种观点的学者中，王晓骅、黄儒靖(2008)指出当前国内各个商业银行并没有针对老年人市场开发某些特定、细分的理财产品，而国内个人理财产品的主要购买消费力量则是老年人。近年来，各个商业银行为了加大金融创新，占领市场份额，都在积极投入个人理财产品业务领域。有了这些经验积累，在开发针对老年人的特定金融产品时，银行拥有开发针对老年人市场理财产品的能力与销售渠道，不需要投入过多的人力与财力。同时，对于反向抵押贷款之类的金融产品，在开发时应将其目标人群重点定位为年龄在60至75岁之间，有稳定收入来源的城市居民。同时，中国人口老龄化程度的地区分布，与各地区的经济发展水平基本保持一致，沿海地域经济

[①]　陶昱，女，浙江大学经济学院硕士，主要研究方向为金融保险等。

发达,老龄化程度也远远高于内地不发达地区。未来银行在开办此项业务时,可以先在沿海等经济发达地区先集中推广,然后再逐步向中西部地区梯度推进。

范子文(2007)认为在住房反向抵押贷款业务的运作中,要以商业银行为主。原因有四:首先,银行在普通居民尤其是老年人的心目中的信誉较高,而保险公司在这点上远远不如银行;其次,商业银行的网点众多,分布广泛,容易实现规模效益,业务扩展成本低;再次,银行资金雄厚,但国内投资渠道狭窄,有寻求新的投资渠道的需求;最后,商业银行在售后服务上具有优势。在保持商业银行主导地位的前提下,可以联合保险公司、房地产中介机构等,开发设计出符合中国国情的反向抵押贷款产品。

游娜(2007)认为应由商业银行开拓并推行反向抵押贷款这项新兴业务,在日益激烈的市场竞争中,商业银行之间的竞争也在日益加剧,竞争状况主要集中在如何争取更多的市场份额,争夺客户,扩大业务活动的范围。目前,商业银行的利润主要来自于存贷利差,开办反向抵押贷款业务恰好可以帮助商业银行抢占市场,扩大贷款规模,获取更多的存贷利差收入。

(二)保险公司开办业务

第二种观点认为人寿保险公司的长期资产占有率较高,资产结构配置更为合理,且寿险公司具有精算技术力量及丰富的理赔经验,具有经营养老金的业务优势,更适合经营该业务。也有学者认为不应由商业银行来开办此项业务。张凌燕、赵京彦(2003)认为反向抵押贷款业务比其他保险险种更有利于保险资产的改善和优化,而且该业务的收益是长远且持续的,应由保险公司操作更为合适。孟晓苏(2002)同样认为应学习英法等欧洲国家,建立"反向抵押贷款"寿险服务,并由保险公司来运作该业务,这一险种比较适合中国国情,且以现阶段条件完全可以引入实施,同时还设想出可以根据中国的传统观念和家庭情况,制订一套允许"赎回"的方案,以不损害保险公司的利益为前提,为投保人留出一条可以退出的通道。与此同时,冯嘉亮(2005)提出可以将反向抵押贷款作为一种保险产品,是寿险服务的延伸和寿险业务的衍生。

杨明(2007)认为保险业为主或"银保合作"模式较其他模式更符合中国国情,而从国内金融业设置的角度来看,保险业在推行该业务上,拥有其他金融业无可替代的优势,如保险公司具有保险精算的技术、养老金业务操作技能和理赔经验。"银保合作"模式中,保险公司自身资产配置的长期、抗风险和不确定性等特点,商业银行资金充足,与寿险公司合作,利用其制度设计、产品定价等方面的能力,比商业银行或保险公司单独开办业务都更具有优势。但在这种模式下,商业银行所承担的风险相对较高,同时还要考虑机构之间的利益分配,以便调动机构经营的积极性。

(三)特设机构开办业务

有学者认为应设立特设机构来专营反向抵押贷款业务,章凌云、柴效武(2008)通过借鉴国外成功的操作经验,依据国内现行的法律环境,结合银行业、信托业与证券业等严格分业经营,监管机构分业设定的原则,设想可以成立一个独立于商业银行的机构专门从事与房地产金融相关的业务。该机构主要制定反向抵押贷款的条款,监督反向抵押贷款的运作,以及对反向抵押贷款提供保险等。

吴会江、柴效武(2004)提出应采取政策推动银行开展反向抵押贷款业务,包括政府出台优惠政策来介入反向抵押贷款业务,对相关机构实施监管,或作为市场主体参与;加强消费者教育,普及深化相关知识,对申请人群实施强制性独立咨询,消除老年住房持有者的信息劣势;针对不同层次的老年人细分反向抵押贷款市场,开发具有针对性的多层次产品;制定反向抵押贷款保险制度,建立并完善二级市场,鼓励促进相关金融机构参与该业务等。

这些观点的具体探讨尚比较笼统,仅仅停留在学术研究阶段,操作性较差,尚未明确各个机构如何联合,采用怎样的运行模式,各自发挥怎样的作用,承担怎样的风险与责任,更没有说明对这些机构如何统筹管理、加强监督、防范风险,从而使这些观点的操作性尚较差,需要经过实践的检验。

(四)三种反向抵押贷款运作主体简介

反向抵押贷款运作机构的选择,有一定的灵活性,可以是商业银行,也可以是保险公司,还可以是其他特设机构,或者是将政府、银行、保险公司、房地产等中介或社会保障机构结合起来共同经营该项业务,实现优势互补、风险共担。现对三种不同的贷款运作主体和运作机制介绍如下:

其一,设立专门的业务特设机构,这样有利于反向抵押贷款的顺利运行,且该特设机构的设置应具有一定的财政属性;在制度设计上,除了要考虑金融保险行业的一般特性,还应注意养老保障功能的发挥;在对顾客的选择上,应进行个人信用评估;特设机构的资金来源渠道可以选择向银行申请房屋抵押贷款,或者来自于寿险公司每年收取的养老金投保。

其二,由保险公司运作反向抵押贷款,即推行"房产养老寿险"业务,为每年收到的大量养老寿险收入寻找到一个较好的投资渠道,同时还可以借助于"大数法则",将以房养老者的预期寿命与实际寿命之间的差异予以有效消化。

其三,由商业银行作为开办主体,其最大问题就是如何筹措持续稳定的大笔资金,来维持该业务的资金长期流出,为了降低支付风险,银行有必要对反向抵押贷款实施资产化证券化。在信用分工机制中,银行等金融机构应建立住房抵押贷款担保和保险体系,以实现商业银行绝大多数风险的转移,并使住房抵押贷款合同标准化、规范化,住房抵押贷款担保制度化、法制化。

根据我们对国外住宅反向抵押贷款的经验借鉴,加之对我国现实情况的分析总结,笔者认为,除了运作机构的选择外,对于国内机构如何具体开展反向抵押贷款业务,建议在引进反向抵押贷款制度时可以分三个阶段实施:第一,试验阶段,即单一目的的"房屋转换计划";第二,政策性试点,即公积金中心提供,住宅置业担保的反向抵押贷款;第三,商业性推广,即政策性和商业性组合的反向抵押贷款。

综上所述,住宅反向抵押贷款的推行是一种必然趋势,但前景并非一片坦途。目前国内部分学者虽然主张通过反向抵押贷款来解决日益严峻的养老问题,但对相关运作机制的研究,特别是由谁来运作,如何运作,还处于初级阶段,有待更深入的比较和探讨。

二、研究思路与创新

(一)研究思路与方法

本文大致分为六部分,内容大致介绍如下:

第一部分为前言,以国内日益严峻的人口老龄化作为研究背景,首先分析本课题研究的目的和意义,然后对目前国内外反向抵押贷款模式的研究成果进行归纳列举,最后概括本文的研究思路、方法及创新点与难点。

第二部分是国外反向抵押贷款业务运作机制的介绍,主要结合银行的具体操作进行分析。

第三部分是对国内商业银行推行反向抵押贷款的条件进行分析,首先比较分析反向抵押贷款与正向抵押贷款,指出两种贷款在形式、内容、运作机制、目的等各个方面都有哪些异同点;其次是从现状出发,分析国内银行推行反向抵押贷款的优势与劣势;再次,是比较国内商业银行与国外发达国家商业银行在反向抵押贷款涉及方面的不同,为国内商业银行实施反向抵押贷款提供可借鉴的经验;最后,探讨国内商业银行推进反向抵押贷款业务过程中可能遇到的障碍,以及如何消除这些障碍等。

第四部分首先构建了完全竞争市场中具有完全且完美信息条件的反向抵押放贷银行与老年房主之间的信贷博弈模型,接着构建了完全竞争市场中具有道德风险情况下的放贷银行与老年房主之间的信贷博弈模型,最后将完全竞争市场转变为寡头垄断竞争市场。通过分析得出,在道德风险存在或反向抵押贷款市场是寡头垄断竞争时,银行对反向抵押贷款的定价会高于市场完全竞争、信息完全且完美条件下的定价,且老年房主获得的预期效用要小于市场完全竞争、信息完全且完美条件下可获得的预期效用。

第五部分为国内银行推行反向抵押贷款业务的构想,为本文的核心部分。在借鉴国外反向抵押贷款运作模式的基础上,结合国内基本环境,提出银行开展反向抵押贷款业务,应当采取逐步深入,参与范围逐步扩大的策略。在业务推出阶段,由于市场等方面的不确定性,参与方仅为银行与老年人双方。随着业务的发展与成熟,逐步引入政府部门和保险公司,最后引入反向抵押贷款二级市场,实现贷款资产的证券化。

第六部分是结论和展望,给出本文研究内容的结论,并指出本文的研究缺陷与今后进一步的研究方向。

本文的重点在于对国内银行推行反向抵押贷款业务的运作构想,构想的基本目的是设计出一套适用于国内银行推行反向抵押贷款业务的运作模式。为此,除借鉴国际经验外,还应使其尽量符合国内的经济社会大环境,具有实际可操作性。

(二)论文的创新点与难点

本文的创新点主要在于:

第一,考虑到目前国内商业银行以开办普通抵押贷款为己任,对反向抵押贷款与普通抵押贷款在形式、内容、运作机制、目的等异同点进行了比较分析。同时,还具体指出了国内商业银行与欧美发达国家商业银行在反向抵押贷款相关方面的不同点,为设计反向抵押贷款的运作流程打下较好的基础。

第二,假设完全竞争的反向抵押贷款市场中,分别存在着信息完全且完美与道德风险两种情形,对两种情形下的放贷银行和老年房主的信贷博弈构建了模型,并分析得出道德风险条件下老年房主获得的预期效用,要小于信息完全且完美条件下可获得的预期效用。而后又将完全竞争市场转变为寡头垄断竞争市场,同样得到在此条件下老年房主获得的预期效用要小于信息完全且完美条件下可获得的预期效用。提出政府要对反向抵押贷款市场实施干预,以维护借款人的利益。

第三,构筑国内银行开办反向抵押贷款业务应当遵循的模式。在借鉴国外机构金融机构运作模式的基础上,结合国内实情,提出国内银行在运作开展反向抵押贷款的过程中,参与范围应逐步扩大,从参与者为银行与老年人双方,逐步引入政府、保险机构,以及在市场允许的条件下实现反向抵押贷款资产证券化。整个推行过程是循序渐进的,与产品和市场的发展水平同步。

本文的难点是对国内商业银行推行反向抵押贷款业务提出构想。目前国内关于反向抵押贷款的研究都还只是纸上谈兵,实际业务并没有真正实施,业务运作状况的不确定性较大。同时,国内有关法律规定银行不得直接从事房地产投资业务,金融业间分业经营十分明确而严格,这对银行开展该业务是重大阻碍。其次,反向抵押贷款各个参与方间的博弈分析,也是问题研究的难点。博弈分析的目的,主要是为了分析政府部门对参与各方可能的利益与损失的矫正作用,由于此项业务尚未开展,没有实际数据,所有的数据都只能参照国外的经验并作出若干假设,可能与国内的真实情况有一些偏差。

三、国内商业银行推行反向抵押贷款的优势与劣势

(一)优势

商业银行资金充裕,足以支持启动反向抵押贷款业务。但反向抵押贷款的现金流与一般抵押贷款业务不同,运作机构在整个贷款期间里,都必须向客户提供持续的现金支出,唯有在贷款结束时,才能通过获得反向抵押贷款合同约定的房产份额,通过出售抵押房产来获得现金流入。这种模式的现金流向,与普通抵押贷款的现金流向完全相反,这就给机构的业务运作带来了巨大的资金压力。但商业银行拥有资金众多,融资便利,可以通过吸收储蓄存款,尤其是中老年人的养老储蓄存款来缓解资金压力,这和一般贷款的资金来源并无太大区别。商业银行还可以通过资产证券化的形式,提高反向抵押贷款资产的流动性,使业务开办的交易成本变得较低。

商业银行的网点众多,分布广泛,可有效降低反向抵押贷款的推广成本。商业银行长期从事房地产的一般贷款业务,积累了与房地产估价、转让相关的大量经验,了解国内的房地产市场运营状况,可以为将来通过房产中介等机构处置房地产,降低贷款回收成本提供便利。更重要的是银行还可以借此将住房抵押贷款业务与反向抵押贷款业务连接一体融会进行,为居民的住房提供生命周期全过程的金融服务。

美国的反向抵押贷款业务主要通过社区银行推广,社区银行主要为社区内居民服务,了解所在社区的基本情况,包括房价、老年屋主的经济情况与健康状况等,这些都有利于银行对抵押房产和相应的贷款产品作出合理定价。贴近社区开办业务时,也有利于银行与老年屋主的面对面交流,及时解决客户的疑问,为客户提供优质服务,促进反向抵押贷款的普及。

(二)劣势

反向抵押贷款的不确定性较大,且其独特的现金流模式,会降低银行的资产质量,增大业务运作的风险。目前国内商业银行的业务追求稳定、安全,一般贷款业务的利率、期限都是明确的,而且贷款机构普遍的资质和信用度较高,即使对客户的信用度存在一些质疑,也都设置了相应的抵押担保,总体安全性较高。

国内商业银行的资金放贷多用于确定性业务。反向抵押贷款业务和制度要素设定,却存在着较多的不确定性,主要是贷款期限不确定,虽然也有固定期限的贷款模式,但大多以借款人的实际存活寿命为贷款期限,这一点与保险公司的寿险业务相似。加之,反向抵押贷款的资金回收,以房产未来的变现价值为准,但因房地产价值波动较大,难以作出准确预期,银行未来可回收的资金具有极大的不确定性。与普通抵押贷款业务相比,银行风险随着贷款到期时间的临近而逐渐减小;反向抵押贷款业务则相反,银行风险却随着时间的推移不断增大。一旦房价出现大幅贬值,就会给银行带来大量坏账损失。

商业银行从事这种贷款期限较长的个人住房反向抵押贷款,会大大减少拥有资产的流动性。银行经营必须符合的"安全性、流动性和收益性"三大原则中,流动性最为重要,失去流动性,商业银行的资产质量将会受到严重影响,并会引发贷款被迫转让、投资证券被迫出售等事项。为此,

反向抵押贷款明显不符合稳定、安全、流动的宗旨。银行在整个金融体系中处于核心地位,这又会给整个金融体系的运营造成巨大冲击,不利于金融系统的稳定。

(三)优劣势比较

目前,在已经开办反向抵押贷款业务的国家中,业务营运机构有商业银行、保险公司以及其他金融机构或非金融保险机构。美国此项业务的营运主体虽然是银行,但仍有部分保险公司和非金融机构如一般性企业公司也参与了反向抵押贷款业务的营运[①]。就市场份额而言,银行发行的贷款数量占了绝大多数,而其他机构所占的比例较小,银行处于主导地位。在新加坡则是由保险公司以保险产品的模式推出此项业务。

如果在国内开展反向抵押贷款业务,不妨选择商业银行作为开办此项业务的营运机构。目前,国内商业银行业务单一,仍以信贷业务为主,投资渠道狭窄,防御风险能力较弱。商业银行开办此项业务,可以开拓新的金融衍生品,扩大业务经营的范围,促进自身业务向多元化拓展,实现银行资金的多元利用。从长期看,国内房地产业一直保持着较好的发展趋势,虽然短期内可能存在一定的房价波动,但与反向抵押贷款业务一般为10多年的业务周期相比,短期的价格波动对整体房价随经济水平发展与价格指数升高而提升的影响不大。反向抵押贷款的业务周期较长,效益相当于个人中长期贷款,贷款利率较高,对银行来说,收益率应是较为可观的。

中国工商银行信贷管理部的刘嘉伟和项银涛撰文《我国商业银行推出住房反向抵押贷款业务存在的障碍》,对阻碍我国的银行机构开办反向抵押贷款业务的因素作了分析。商业银行开办住房反向抵押贷款的目的之一,就在于满足银行资金的流动性要求,解决商业银行目前普遍存在的"短存长贷"问题。商业银行将借款人的房产迅速变现,就可弥补短存长贷引发的商业银行资金流动性风险。

四、参与方——银行与老年人

(一)初级阶段运作流程设想

反向抵押贷款业务初始开办期间,尚处于经验积累的试验性阶段,相应的参与部门不必过多,仅仅包括反向抵押贷款运作机构与老年消费者,即国内商业银行与老年房主。而保险机构等其他金融部门因该产品未来的不确定性,尚处于观望阶段:

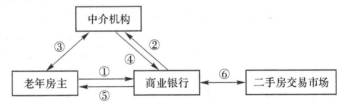

图1　国内反向抵押贷款业务开办初期运作流程设想

---

① 需要说明,美国的银行尤其是大的银团,奉行的都是混业经营的原则,银行业务、保险业务、投资业务无法作出简明区分,银行业务中也包含了较多的保险、投资事项。我国的金融保险业尚实行严格的分业经营制度,无法将中国的银行和美国的银行做简单类比。

如图 1 所示,商业银行开办反向抵押贷款业务的初期,本业务的参与者主要是商业银行与老年房主,中介机构为中立的第三方,仅提供资产评估服务,银行可以通过二手房交易市场处置抵押房产,回收贷款本息。具体运作流程如下:

①老年房主即贷款申请者以自有房产作为抵押向商业银行申请反向抵押贷款,一般来说,参与本业务的老人的年龄应当超过 62～65 岁;

②商业银行收到老年房主的贷款申请后,委托中介机构对申请者的抵押房产进行资产评估,并对相关事项组织详细审查;

③中介机构接受委托对老年房主的抵押房产进行资产评估以及对相关事项进行详细审查,完成评估调查报告,中介评估费用应由借款人承担,或从贷款金额中扣除;

④商业银行收到中介机构出具的评估调查报告,并根据报告与其他相关信息,对住房的价值、增值潜能以及折损和老年人的预期存活年限等情况进行综合评估,决定是否向老年房主发放反向抵押贷款;

⑤商业银行决定接受向老年房主发放反向抵押贷款的申请,与之签署贷款协议,并在合同约定的期间内向借款人支付贷款金;

⑥反向抵押贷款合约终止,房屋的产权收归商业银行,商业银行通过二手房交易市场处置抵押房产,回收贷款本息并结算业务开办的盈亏。

其中还需要注意的是,商业银行必须对贷款额度、利率、期限、还贷期限、还贷方式及违约处理等相关事项,事先作出明确而清晰的规定,且贷款的数额也应每隔一定时间根据市场利率、房价波动、老年人预期寿命等情形的变换等重新予以估价。

(二)试点城市和客户选择

反向抵押贷款业务运作需要成熟的金融环境、先进的消费理念、完善的法律环境、稳定成熟的房地产市场的支持。本贷款业务开办的初期,商业银行对客户与试点城市的选择应当持谨慎态度。

在选择客户上,应当以无不良信用记录、房产位于城市且价值稳定、收入水平处于中等以上,拥有房产价值处于中等水平以上的老年房主作为目标客户。究其原因有三点:

1. 在业务起步的试验性阶段,银行没有相关的操作经验,未来的不确定性极高、风险较大,应注意选择历史信用记录度高的老年客户,降低违约风险带来的违约成本。

2. 这部分老人的收入水平较高,对晚年阶段的生活水平要求也较高,退休期间的收入(包括基本养老金、储蓄与其他收入)不能满足对高生活水平需求的可能性也较大,且这部分群体的消费观念也比其他老年人开放,更易接受以房养老的新理念,转变成真实的客户。

3. 这些老年人的房屋价值较高,能提供足够的抵押担保,且未来变现容易,变现成本低,使用价值也较高,银行对房价未来的价值变动能作出较合理且准确的估计,为未来收回资金、实现盈利提供保证。

在选择试点城市上,该城市应当同时具备如下条件:

(1)房地产二级市场发展程度较高,房地产评估等中介机构发育较为成熟;

(2)房地产市场预期良好,房价水平较高,且不会出现大起大落现象;

(3)居民投资消费生活的理念先进,思想活跃,乐意接受各类新生事物;

(4)金融保险机构的运作质量好,经营活力强;

(5)相关法律法规环境较为完善成熟,监管机构执行力较强,政府支持本项业务的开办,并能给予一定的优惠措施等。

(三)抵押房产的产权处置

反向抵押贷款与一般住房抵押贷款不同,后者的运作不论是业务开办初期,或是贷款还清的业务结束之时,都不需要转移被抵押物的所有权,而反向抵押贷款在合同约定的期限终结时,可能会转移被抵押物的所有权来清偿贷款本息,之前老年房主仍拥有抵押房产的所有权与用益权。因此,在签订贷款合约时,必须注明贷款的担保方式及细节说明,以免合同到期时发生房屋的产权纠纷。

这种担保方式是抵押和让与担保相结合,在合约约定的期限内,担保方式为抵押,即客户拥有房屋的所有权与用益权,如客户违约,银行作为债权人仅能在作为债务人的客户原所有权之上设定限制物权,如债务人不能清偿债务,银行才能享有以抵押物价值优先受偿的权利。合约约定到期后,担保方式则转变为让与担保,原先的抵押担保方式失效。让与担保是一种债务人或第三人以移转担保物的权利,担保债务履行的非典型担保方式。此时银行取得了房屋价值的产权,便可以通过处置该房产回收资金并获得盈利。

(四)贷款限额的限定

关于贷款限额的限定,以美国为例,各类反向抵押贷款业务都对贷款数额设置了最高限额,如美国业务开办规模最大的反向抵押贷款 HECM,就是针对房屋价值较低的借款人设计的,贷款最大数额从 160176 美元至 290319 美元不等,具体数额依借款人所在地贷款的最高额度限制而定。房利美开办的住房保留计划的最高贷款额度略高于 HECM,为 333700 美元,雷曼兄弟自由基金计划最高为 70 万美元。房屋价值超过贷款数额的部分,仍归借款人所有。借款人还可以与贷款发放机构约定共同享有住房未来增值的收益,借款人至少应保留住房资产 25%～30% 作为偿还贷款的保证。如果借款人或其继承人想保有房屋的产权,还可以采用其他手段用货币偿还到期贷款的累计本息。

从这些措施可以看出,美国的反向抵押贷款制度,在一定程度上保留了借款人的财产分享权。借鉴这一点,国内机构在推出此项业务时,考虑到客户子女对遗产的继承心理,以及降低风险等考虑,反向抵押贷款的合约金额一般不是房屋评估价值的全额,应以房屋未来评估价值的一定比例为标准,并对总贷款额度设置一个最高限额,客户对剩余部分的住房权益仍然享有继承权,即合约到期后,银行按合约处置房产,以约定的比例从房屋处置收入中回收资金,剩余资金则由合约指定的人员一般为客户子女继承。如果继承人仍然希望继承房产,则应以合同到期时的房屋价值按照事先约定的比例偿还贷款,给予客户多种还款的选择。这种贷款比例的约定既可以较快地扩大市场参与度,提高老年人参与反向抵押贷款业务的积极性;又可以在数量上减少银行资金的流出,减轻资金流的压力,降低银行自己处置房产等业务运作的风险。

国内对住房数量的需求很大,近年来房价虽有一定的上下波动,但一直保持着较为持续的快速上升趋势。银行和老年客户从自身利益出发,对于未来的房价走势往往存在不同的意见,这就会影响到各方对抵押房产未来评估价值的确定能否达成一致。在此,可以参考引入对赌协议①。

参考对赌协议,可以在合约中约定"如未来房价上涨幅度超过预先估计的某一比例,则银行给予客户一定额度的补偿,以弥补房价大幅上涨给客户带来的损失;同理,如果未来房价下跌幅

① 对赌协议在投资事件中运用较多,就是收购方(包括投资方)与出让方(包括融资方)在达成并购(或融资)协议时,对未来不确定的情况的出现作出特殊约定。如约定的条件出现,投资方可以行使一种权利;如约定的条件不出现,则由融资方行使这种权利。

度超过预先估计的某一比例,则银行从客户处获得一定额度的补偿,即从未来房产处置收入中,超出合同原先约定的担保比例,获得部分超额资金"。从整体上看,这种补偿协议约定能给参与双方都带来一定的利益保障,但对银行利益的保护要高于对客户利益的保护,从而提高此项业务的收益性,减少相应的风险,增强银行资产的安全性。当然,反向抵押贷款合约中的对赌协议,必须将对赌协议生效的条件作出具体规定,包括房价波动到如何程度,补贴的基准及具体比例,可借鉴税率等采用多种计算方式。

(五)约定支付方式

在约定支付方式上,银行应提供多种贷款支付方式,供不同的老年客户选择,以满足不同需求,吸引更多的客户。除传统的定期支付年金方式外,还可以考虑合约签订后一次性全额支付,或设定一个最高信用额度,使老年客户在合约期间可以随意支取,但总支取上限为最高信用额度,这种支付方式易吸引部分收入稳定,但不足以应付非预期大额资金支出需求的老年人。

表 1　目前国外反向抵押贷款的支付方式

支付方式	支付说明	支付期限	特点	适宜人群
最高信用额度支付	借款人与贷款机构将抵押住房价值在考虑相应贴现后,根据需要设定最高给付限额,低于这个金额时,借款人可以随时领取,不限次数,直至全部金额领取完毕	终身	具有较强的灵活性,使借款人可以随时应对不时之需	收入较充足,但不足以应付非预期大额资金支出需求的老年房主
一次性全额支付	贷款合约签订后或其他约定的时间,贷款机构一次性将所有的应付款项全部付给借款人	一次性	一次性大额提取,借款人可以使用这笔资金购买终身养老金,解决未来的养老问题。款项提取越早,借款人支付利息费越高,未来赎回房屋产权的难度较大	有特殊需求的老年房主
终身固定年金支付	采用固定按月支付年金的方式,贷款机构每月向借款人支付年金,直至借款者去世	终身	可保障房产价值在借款人身前得到较好且均衡利用。但老年人在各时期的消费状况并不完全相同,难以满足意外资金支出需求	老年人拥有一笔存款可满足意外开支,养老期间收入稳定但不充裕
规定合同期限支付	贷款机构在一定期限内按月分期向借款者支付,贷款期限一般为10～15年,但不超过借款人的生存寿命,贷款到期时房屋所有权转移至贷款机构偿还累计本息	固定期限	客户寿命无法精确预期,如到期时客户仍然存活且无力偿还贷款,则要面临"扫地出门"的境遇,引发道德危机	目前已基本淘汰,很少使用这种支付方式
定期年金支付	与规定合同期限不同,在规定期间内,无论借款人是否去世,都要支付年金直至约定期届满	固定期限	借款人领取和贷款机构支付的金额都是确定的	使用较少

支付方式	支付说明	支付期限	特点	适宜人群
混合方式支付	信用额度支付与年金支付方式进行组合,满足借款人财务需要	终身	灵活性较大,能满足非预期资金支出需求,但每期向借款人支付的年金金额降低	养老期间收入偏低且存款较少的老年房主

(六)确定贷款利率

从理论上说,合理的抵押贷款利率,既能保证银行获得应有的利润,又能吸引拥有房产且有较大资金需求的客户,尤其是对生活质量有较高要求而收入来源有限的老年人。目前国内商业银行的存贷利率,是中央银行统一制定的指导利率,而反向抵押贷款利率的确定涉及房地产市场走势、人均预期寿命等因素,并非这种指导利率政策可以较好解决的。确定贷款利率时,若利率制定偏向消费者,银行的风险会加大;若偏向银行,消费者就会觉得参与本项业务很不合算,产品的吸引力降低。为此,确定合理的贷款利率,是开办反向抵押贷款业务需要注意的。

在试验阶段确定贷款利率时,可考虑采用相对固定利率。这个利率可以在国内长期贷款利率的基础上,增加房价波动等风险因素来确定基本利率。同时约定在合同期间可以根据每年市场的波动情况做适当调整,即采用基本利率并适当浮动的模式。当然,还有必要限制利率的上下限调整幅度,限制月度或年度的变动幅度和总变动幅度等,以防止机构随意调整贷款利率而损害借款人的利益。美国 HECM 的贷款利率,是根据一年期短期国库债券利率调整;年度调整利率每年最高上浮 2%,总共不超过 5%;月度调整利率总共上浮不超过 10%。Home Keeper 则采用浮动利率机制,根据二级市场一月期 CD 指数调整,上限为 12%。Financial Freedom Plan 的贷款利率,是根据房屋价值的一定比例在到期日计算确定的。

随着业务水平逐步提高,商业银行可以推出更多的利息计算方式供借款人选择。对银行而言,固定利率风险相对较高,如采用固定利率则应选择较高的利率定价。对厌恶高利息费用的老年房主,则有浮动利率,以及固定利率加浮动利率的综合方案供其选择。

五、反向抵押贷款需要符合的条件

(一)老年人需要符合的条件

第一,只有老年人才有资格申请办理反向抵押贷款业务,年轻人和中年人是没有资格的。这是由这种贷款业务开办的目的所决定,即它是专为老年人准备解决养老问题服务的,而非人人都可参与的大众化的金融理财工具。

第二,即使是老年人,也不是人人都可参与,只有拥有所居住房屋的产权才能申请办理反向抵押贷款。虽然反向抵押贷款不同于传统的抵押贷款,但本质上也是一种抵押贷款,房产是其物质基础,只有拿出自己拥有产权的房产作抵押,才能获得反向抵押贷款要求提供的现金流。

第三,拥有房产的老人不能直接把房产出售给反向抵押贷款机构以获得现金流,而是先把房产抵押给贷款机构获得现金流,老年人仍然拥有房屋的所有权和使用权,贷款机构在老年人去世或搬出该住房后才取得对该房屋的所有权。

第四,反向抵押贷款是一种金融工具,但它的功能既不是投资,也不是偿债,而是取得现金流来弥补老年人生活之需。反向抵押贷款的本质是以房屋融通资金,并以此为核心,拉动养老、保险、房地产等社会多项活动,是多方受益的模式。实践证明,反向抵押贷款是一种在发达国家发育成熟的商业行为,能使借款人、银行、保险公司及相关机构都从中获利,从而达到多赢的目的。

(二)贷款机构需要具备的条件

纵观目前国际上反向抵押贷款体系成功运作的经验,可以确知本模式要取得成功,必须具备以下基本条件:

首先,参加反向抵押贷款体系的老人对被抵押的住房拥有清晰完整的产权,这是以房养老模式能够成功运行的前提条件。

其次,要有完善的房地产市场,包括一级市场和二级市场。住房等不动产只有在市场上流通才会产生收益,经营住房反向抵押贷款的机构必须能将其购入的住房资源在市场上交易后,才能获得收益,以支撑反向抵押贷款模式的后续运营。

再次,成熟健全的金融体系,包括金融机构、金融服务机构和金融法律体系等。纵观美国以房养老体系的运营经验可知,住房等金融资产的证券化是支撑该体系正常运转的重要环节。在这个环节中,资产价值评估机构、信用增级机构、会计师事务所等金融服务机构发挥着举足轻重的作用。在这一环节中,任何一个机构出现问题都将会导致整个反向抵押贷款体系的崩溃。为此,完善的法律法规和金融监管手段,对反向抵押贷款以房养老体系的健康运营,发挥着不可或缺的作用。

再者,国家财税政策扶持和税收优惠,对加快住房养老保障体系的建立是必要的。反向抵押贷款模式的成功运营,是基于对参加该体系的老人的健康状况和寿命的准确估计、对房产价值的准确估计,而在该过程中存在信息不对称、逆向选择和道德风险,通常会使得反向抵押贷款只能停留在美好的幻想阶段,这时政府若提供相应的保险和政策优惠,将会大大促进该体系的发展。而且,反向抵押贷款以房养老体系存在着巨大的正外部性,即使不是由有政府背景的公益机构来运营,政府也应该对运营主体的经营风险进行一定的补偿。

最后,传统价值观念的变迁,对于推进反向抵押贷款体系的建立也是必要的。中国的传统文化中深深植入了"养儿防老"和"代际财富传承"的观念,这一观念与以房养老的观念存在一定的对立和冲突。反向抵押贷款的运作更加强调代际间的独立性,需要情感和财富的一定程度的相对剥离。

六、正确界定反向抵押贷款的主体

(一)确定借款人的资格

借款人资格的确定,关系到哪些人群能够申请反向抵押贷款,主要是对反向抵押借款人年龄的要求。从各国反向抵押贷款运作的实践来看,可申请反向抵押人群的年龄,是根据人口的平均寿命与退休年龄两个因素来确定的。我国在设定反向抵押的年龄时,也应综合考虑这两个因素,笔者认为,我国反向抵押贷款借款人以男女方 62 岁或 65 岁为宜。这时,老年人的晚年寿命平均尚有 10 多年,对金融机构来说,贷款期间相对较短,风险也比较容易控制。而且这个阶段的老人因丧失了劳动能力,没有其他收入来源,甚至生活都难以自理,相比较而言,对反向抵押贷款的依赖最强。

(二)界定夫妇双方中最后生存者的年龄

反向抵押贷款业务还有一个特点,就是银行收回房屋的正常时间,由夫妇双方中最后生存者的年龄决定,根据保险精算的经验,夫妻双方最后生存者年龄的预期,不仅要高于男方寿命预期,而且要高于较长寿的女方的寿命预期。根据国外一些国家的经验,我国最后生存者年限应以高于女性寿命两岁来确定比较合理,也就是从 60 岁开始参与业务,预期存活余命为 81 岁,如从 70 岁开始参与业务,预期存活余命可以达到 84 岁。

我们还要考虑的一个因素,是前面提到的道德风险因素。一般来说健康长寿者更倾向于购买反向抵押贷款,他们的预期寿命还会更延长一些,我们估计平均再增加 2 岁比较合理,也就是 60 岁开始参与业务,预期寿命可以到 83 岁,如从 70 岁开始参与业务,可以预期存活余命在 86 岁。合起来,如果以男性计算,60 岁获得贷款,我们可以预计收回期为 23 年以后,如果是 70 岁,则为 16 年以后。至于医疗技术进步可能造成的人类寿命延长,由于现阶段完全不可预测,我们建议在反向抵押贷款合同中可规定一个专门条款,当人均寿命平均提高到若干岁时,对贷款银行开办的该项业务行使利益保护。

(三)房价及波动状况的确定

我们再看看房价及波动状况的确定。理论上讲房价应该由人们的收入和货币的币值决定,实际上决定房价的因素很复杂。国际上一般通行的方法,是将居民一套中等面积的合理房价确定为年收入的 3 到 6 倍,这本身就是一个很大的浮动区间,考虑到中国人口密度大的现实,我们认为确定在收入的 6 倍比较合理。这也是一种留有余地的估算,实际上我国目前许多城市房价早已超过收入的 6 倍,甚至超出了 10 多倍。同时,国人也有一种特殊的购置家业的偏好(世界上几乎所有华人生活较多的地方,购买住房的热情都会高得多,房价也都要相应贵一些),所以,中国城市的实际房价一般来说都会大于 6 倍,将房价确定为收入的 6 倍是合理可行的,不宜再低。原因是在国内目前房价较高的情况下,若将房价估计过低很难获得借款人的认可,这与年龄估计对借款人的影响是不同的,年龄估计高一些,借款人一般不会产生抵触情绪。

确定了房价与收入的合理比值后,下一个问题就是收入本身的预测,考虑到中国是一个不断向前发展,而且发展速度很快的国家,不像发达国家经济已经比较稳定,这种预测是一个较大的难题。

(四)确定贷款机构的资质

我国金融业分业经营、分业监管的现状,决定了只能选择商业银行作为反向抵押贷款的业务开办机构。同时为避免贷款机构损害老年人利益或银行业健康运转的情况发生,对商业银行从事反向抵押业务应实行准入制度。商业银行的业务范围虽然包括发放贷款,但反向抵押贷款毕竟有着不同于一般房地产抵押贷款的特殊性,贷款设立的目的,决定了并非所有的商业银行都能从事反向抵押业务,而且作为一项新的业务,必须得到监管机构的特别批准,监管机构对从事反向抵押的商业银行实行准入政策,应设置一定的准入条件,提出贷款机构的最低资本要求,明晰贷款机构的信用情况和抗风险能力。通过准入制度,将未来可能危害借款人利益或反向抵押健康运转的机构和人员拒之门外。

(五)合理确定反向抵押房屋的范围

从本质上来说,反向抵押贷款业务可抵押的房屋,应与担保法及房地产法所要求的抵押物范围基本保持一致。根据《城市房地产管理法》的规定,允许设立抵押的房屋,必须是抵押人已经取得了合法处分权的房屋,具体到反向抵押贷款而言,可抵押的房屋必须是老年人拥有所有权的房屋。同时基于担保法及物权法均规定耕地、宅基地、自留地、自留山等集体所有的土地使用权,均不得办理抵押,根据"房地一体化原则",建于集体土地包括农村宅基地之上的房产,也是不能参与反向抵押的。因此,反向抵押应以在国有土地使用权上建造的房产为限,划拨取得土地使用权的还必须按规定上交其中的土地收益。

除夫妻共有财产外,共有房产原则上不能用来作为担保,即使是夫妻双方共有的房产,在设定反向抵押时,夫妻双方作为抵押人也都必须符合反向抵押的年龄要求。反向抵押的期限是到借款人抵押人死亡时止,随着社会观念的开放,夫妻双方年龄差距较大的情况也不少见,如果夫妻一方死亡时,另一方尚远未达到反向抵押的年龄要求,无疑会极大地加剧贷款机构的风险,导致反向抵押贷款业务结束时,贷款本金及利息超过房屋本身价值的概率增大。

房屋除了满足上述条件外,必须是借款人实际居住的住房,不能是商业、办公类用房,借款人必须能提供房屋的产权证书。

对银行来说,可以允许老人的子女在老人死后选择是否把该房产赎回,子女只要把这些年银行支付给老人的贷款总额和利息偿还给银行,该房子仍旧归由子女继承。这样做的好处是:在父母晚年时,儿女一般还处于中青年时期,他们有买房和子女教育的压力,很难再挤出更多的钱来赡养老人。而等到购房贷款还清,子女教育完成以后,他们的储蓄积累就会迅速上升,完全有能力将父母的房子赎回,实现自己的继承权,满足怀念老人住宅的需要。

(六)特设机构抉择

反向抵押贷款模式下,特设机构的选择是一件大事情。倘若是由一般的企业公司开办这一业务,极有可能出现较大的风险。比如,企业公司在同老年人签订贷款协议后,即取得了该住房的产权,并可凭借此项产权向银行取得相当数额的抵押贷款,假如该公司将抵押取得的款项全部席卷而逃,势必会给抵押住房的老人和贷款银行造成难以处理的极大损失。这种种事项都是很可能发生的。或者该公司将贷款取得的款项,用于其他投资营运事项,当出现经营亏损时,欠银行的贷款显然无法归还。如贷款银行凭借手中拥有的房屋产权证书,来逼迫老年人迁出住房,以拍卖还贷时,势必又会造成严重的社会性问题无法解决。所以,由一般性的企业公司来担当特设机构,是极不合适的。

根据发达国家开办反向抵押贷款的经验,政府一般都会对开办反向抵押贷款业务的特设机构提供一定的流动性保障,以保证反向抵押贷款业务的顺利推出。美国推出的 HECM 计划,因为有联邦住房管理局(FHA)的担保,以及政府对收购 HECM 贷款的机构现金流的保证,一直保持着良好的发展势头。而加拿大、新加坡等国因没有政府的担保,反向抵押贷款业务开办得并不十分顺利,参与的人数不多,业务发展十分缓慢。借款人担心当贷款总额超过抵押住房期末价值时,会被贷款机构拿走住房而流离失所;而特设机构又会因担心反向抵押贷款中的各种风险,如利率风险、长寿风险等,削弱了开办业务的积极性。

从现实的国情出发,反向抵押贷款在我国必须采取政府主导与市场相结合的模式。如果完全交由特设机构运作,可能会产生加拿大、新加坡那样的情形,参与人数不多,特设机构不积极,致使反向抵押贷款无法发挥应有的作用。如果完全由政府运作也是不现实的,毕竟反向抵押贷款是一项复杂的金融产品,需要专业机构的人力和智力的支持。所以在我国,反向抵押贷款的运作必须由政府牵头进行监管、指导,并提供相应的担保,同时由特设机构进行具体的产品设计、销售和管理。

七、国内外商业银行推行反向抵押贷款业务的比较

反向抵押贷款是金融业发展到一定阶段才能开办的业务,除银行以外,还涉及许多其他金融行业。国内商业银行发展迅速,但与国外商业银行相比还有许多差异,其中一些差异与反向抵押贷款业务相关,包括经营制度、主要业务、发展趋势等。

(一)经营制度

在商业银行的经营制度上,美国等欧美发达国家是"混业经营、混业监管",美国的混业经营范围广泛,已经涉及与资金融通相关的所有子行业,包括保险业以及信托业。各个金融机构只需要直接申领各金融业务牌照,即可经营相关业务,甚至可以提供金融创新业务,这都与反向抵押贷款业务的开办与运作密不可分。而国内金融业现阶段实行的仍然是较为严格的"分业经营、分业监管"制度,这是经济金融环境背景的不同。国内目前的《证券法》和相关《银行法》等法规,都明确提出"证券业和银行业、信托业、保险业分业经营、分业管理。证券公司和银行、信托、保险业务机构分别设立"。这种行业间的门槛设置,直接增加了未来国内商业银行推行反向抵押贷款的运作成本。而且,严格的分业经营制度会抑制国内商业银行金融创新能力的提升,导致目前国内商业银行对新兴金融衍生工具及其他金融产品的研发能力差,短时间内难以找到一种适合本国国情的反向抵押贷款的具体运作模式。

反向抵押贷款的运行往往会涉及除银行业以外的其他金融行业,如采用分业监管,其监管难度较大,不同的监管机构由于地位平等,机构之间的合作协调性差,效率低下,难以实现高效的监管力。国外发达国家的商业银行实施混业监管制度,一般都设立由专业部门对银行业务进行管理,并在相关部门之间建立信息交流平台,实现信息与资源的共享,从而确保反向抵押贷款业务相关部门之间的信息沟通与协调。

(二)主要业务

国内商业银行的主要经营业务是存贷款业务,国外则以中间业务为主。虽然美国的反向抵押贷款属于存贷款业务,但和中间业务联系紧密,如资产证券化就是一种中间业务。发达的中间业务水平,为开办反向抵押贷款业务积累了足够的运作经验。

自 20 世纪 80 年代以来,美国以及其他西方发达国家的商业银行的中间业务发展迅速,无论是业务总量还是利润贡献等,都超出了传统的存贷款业务。同时,经营范围也在不断扩大,以便可以获取更多的利润。"以美国的商业银行为例,中间业务的经营范围包括了传统的银行业务、信托业务、投资银行业务、共同基金业务和保险业务,使商业银行真正成为金融超级市场。"[①]在美国仅由商业银行一家就可以提供与反向抵押贷款业务相关的全部服务,免除了不同机构间的合作成本。

国内商业银行的中间业务起步较晚,最近几年来发展较快,无论是业务规模还是活动范围都有所扩大,总体而言,仍处于缓慢谨慎的初中级阶段。与国外商业银行,特别是美国商业银行的中间业务发展水平相比,国内商业银行的中间业务存在着两大问题:

其一,国内商业银行中间业务收益占总收益的比重过低,约为 10%,远远低于美国约为 45%

---

① 王芳,孙英隽,华灯峰. 中外资银行中间业务竞争力比较分析[J]. 商业时代,2009(30):82-83.

的水平;

其二,国内商业银行的中间业务产品品种偏少,涵盖范围狭窄,一般集中于结算、汇兑、代收代付以及信用卡、信用证、押汇等传统产品,咨询服务、投资融资以及衍生金融工具等高技术含量、高附加值的中间业务则发展不足。

鉴于反向抵押贷款的业务十分复杂,风险较高,关联面众多,离不开其他金融业务的支撑,特别是业务后期抵押房产的处置与资金回收,这就需要运作机构拥有高度发达的中间业务操作经验。目前,国内商业银行中间业务的发展水平,难以较好地支持反向抵押贷款业务的运作。

(三)发展趋势

在业务发展趋势上,国外商业银行已进入"客户体验"阶段,能为客户提供个性化、多样化、多渠道的一站式金融服务,以满足客户的需求为核心,提供灵活多变的金融产品以满足客户需求,对客户更具有吸引力。国内的商业银行还主要是提供标准化的银行产品。在推广反向抵押贷款业务上,国外商业银行能设计出更符合借款人需求的产品,为借款人提供包括支付方式、合约期限、还款计息方式等多种选择,因此产品吸引力极强。而国内商业银行受行业制度制约,金融产品的灵活性普遍不强,缺乏相关产品开发设计的丰富经验,产品设计能力相对偏弱。

八、商业银行推行业务的障碍与消除

(一)制度障碍

虽然在银行严格分业经营的制度背景下,反向抵押贷款业务仍然可以实施,但运作成本较高,风险性较大,给国内商业银行开展本贷款业务增加了众多的制度阻碍。鉴于该业务的复杂性,商业银行如要推出此项业务,应该与保险公司、信托公司等其他金融机构合作,以降低风险,提高资产的安全性。由于严格分业经营的大背景,国内商业银行不得投资于证券、信托与保险三大金融领域。这种"分业经营、分业监管"的做法,不仅极大地限制了机构投资者各自的发展空间,同时将商业银行的业务限制在一个较为狭窄的范围内。

虽然近几年来,国内的金融活动日益自由化,银行、保险、证券、信托等不同的金融子行业相互融合的趋势愈加明显。但受美国次贷危机的影响,对金融分业经营的制度规定,在一定程度上可以通过抑制风险的传递来降低金融市场风险,因此,分业经营是符合国内目前金融业行业情况的,中短期内要将分业经营转变为混业经营是不可能的。国内商业银行必然要与保险公司、证券公司、信托公司等联手合作开办反向抵押贷款业务。

(二)技术障碍

反向抵押贷款内容复杂,涉及面广,业务人员应该是掌握银行、证券、保险等相关金融知识,了解国内外金融形势,且实践经验丰富的高素质、复合型人才。这类人才是国内商业银行最感缺乏,且在人才培养与储备上严重不足的,形成了较大的技术障碍。反向抵押贷款运作离不开寿命风险,这需要具有相关经验的寿险精算师,这种技术人员虽然比较紧缺,但仍可以通过与保险公司合作,或从其他公司引进人才解决,并不构成最大的技术障碍。

反向抵押贷款业务需要极为庞大且持久的资金支持。以美国的商业银行为例,一般是对已发放的反向抵押贷款实行资产证券化,在快速回笼资金的同时,又分散了部分风险,虽然此举在房产泡沫和金融危机急剧扩张的作用下,引发了次贷危机,但如能对各类风险严格控制,仍然可以采纳利用。近多年来,国内不少商业银行已实验性地逐步开办了资产证券化业务,但仍然处于起步阶段。缺乏具有丰富经验的专业人员,对未来实现反向抵押贷款资产证券化构成技术障碍。

反向抵押贷款涉及证券、房地产、资产评估和财务会计等方面的知识,需要宽基础的多面手加入这项业务的开办过程中来,特别在业务开办的初期,人才的培养和直接引进都是非常必要的。反向抵押贷款业务在国内是尚未开拓的新领域,发展空间巨大但又存在人才、法律制度和金融市场的多重制约,应当设立具有针对性的金融人才库,不断加强对人才的培养和管理。同时,邀请国外具有丰富经验的专家直接进入贷款业务的管理工作,定期开展内部人员培训,通过长时间的人才培养,才能从根本上解决技术人才短缺这一技术障碍。

(三)风险障碍

反向抵押贷款涉及的风险因素复杂多样,包括长寿风险、利率风险与房价波动风险等,银行缺乏相关产品开发的经验。国内银行实行严格的分业经营,没有涉足寿业务,也没有寿命预期方面的处理经验与储备人才。反向抵押贷款业务的运作期较长,往往持续达 10 多年以上,对这种远期的利率与房价的预测,难度大、风险高。且国内银行的贷款利率制度相对固定,由央行统一制定,银行在制定贷款利率上并无自主权,缺乏利率预测的经验。

除上述风险以外,还有房屋维护风险、道德风险及逆向选择风险等。反向抵押贷款业务中,商业银行无法获得房屋在贷款期限内的所有权和处置权,将会面临的不确定性是:(1)房屋交付的期限,银行必须根据该房屋交付期限来计算每月应付给屋主的款项;(2)房屋未来的价值,以及由此而带来的逆向选择风险,屋主可能对房屋造成的损害不承担与此价值匹配的责任;(3)信息不对称问题,由于房屋已经有一定的使用年限,与银行办理分期付款买方业务不同的是,银行与屋主在此时已经站在对该房屋的信息掌握程度不同的平台上。

九、引入保险公司提供担保

(一)向保险公司投保的原因

随着反向抵押贷款业务的逐渐成熟,考虑到部分反向抵押贷款产品不可能享受政府的支持,或者能享受的政策优惠较少,未来不确定性风险较大,综合未来风险与收益预计的基础上,可以向保险公司购买以抵押房产为对象的财产保险,以提高银行资产的安全性。当然,也可以向保险公司购买以老年房主为对象的人身保险,以防止银行破产而无力继续支付贷款年金,给借款人造成损失的后果。这种保险可以确保借款人在贷款银行破产后,仍旧可以从保险公司获得资金偿付,资金偿付额度以投保额度为准。

与一般住房抵押贷款相比,反向抵押贷款的客户是老年人,未来还款完全依靠抵押房产,待合约到期或借款人去世,银行将通过处置变卖抵押房产回收贷款本息,而一般性住房抵押贷款除依赖抵押房产外,主要依靠借款人用每期的收入还债。因此,对风险性较高的反向抵押贷款业务,银行的开办态度是十分谨慎的。如保险公司能为这项业务提供相应的保险,既可以提升银行开办此项业务的积极性,也能提高国内保险公司资金的配置效率。

图 2 表示商业银行向保险公司投保,投保内容包括以老年房主为对象的人身保险和以住房为对象的财产保险,以及其他与反向抵押贷款运营相关的各种保险。

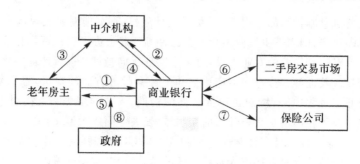

图 2   引入保险公司后的反向抵押贷款业务运作流程图

(二)银行与保险公司合作开展反向抵押贷款业务

如商业银行和保险公司能协商一致,可以采用银保合作的方式开办反向抵押贷款业务。在银保合作中,保险机构与商业银行共同作为开办营运机构主体,但应由商业银行占据主导地位。采用银保合作模式,与单纯向保险公司投保相比,保险公司扮演的角色更有利于反向抵押贷款业务的营运,究其原因有三:

(1)扩大了业务的销售网络,除银行的销售渠道外,还增加了保险公司的销售渠道,反向抵押贷款业务的推广性增强。

(2)设计反向抵押贷款产品时,要考虑到申请人的预期寿命,即长寿风险。保险公司对此拥有丰富的相关经验,更有优势。银保合作既可以发挥商业银行资金充足的优势,又可以发挥保险保障和风险承担的优势。

(3)保险公司除办理以老年房主为对象的人身保险和以住房为对象的财产保险,对借款人和银行提供担保获得保险业务收入外,还可以与商业银行协商按一定比例分享未来房产的增值收入。虽然相关法律政策规定国内银行资金不得直接参与房地产投资,但保险资金却可以根据新颁布的《保险法》参与不动产投资,故此,银行可以通过银保合作的方式突破这一政策障碍。

(三)保险公司开展反向抵押贷款业务的作用

具体地说,保险公司的作用主要有如下五项:

(1)承担申请人的人身保险和房屋的财产保险,这与传统的住房分期抵押贷款是一致的。

(2)承担反向抵押贷款保证保险,它类似于美国联邦政府对 HECM 产品的抵押担保,也即在贷款到期时,如贷款本息超过房屋本身的价值,再由保险公司赔付,这将大大减少贷款机构的风险。

(3)充分发挥保险公司精算人才的优势,对反向抵押贷款的产品进行设计。

(4)借鉴国外的反向抵押贷款产品,但必须结合我国的实际重新设计。这就需要商业银行会同寿险公司,在充分调研的基础上,会同寿险公司共同开发符合我国市场需求的本土化产品。

(5)反向抵押贷款业务活动周期长,售后服务的任务很重,需要发挥商业银行的优势和特点。从长远来看,谁的售后服务做得好,谁就能赢得市场。

十、各类相关金融机构的优缺点分析

贷款机构的确立是推出反向抵押贷款业务的前提,但并非所有的机构都适于开办这项业务。

这里不妨先分析一下目前我国各类相关金融机构的优缺点。

(一)商业银行是发展反向抵押贷款的主力军

商业银行的资金比较充裕,个人储蓄存款中用于购买住房、准备养老的资金也占有较高比重。传统的房地产贷款业务是由银行开办的,银行对开发与房地产有关的金融产品有比较丰富的经验。因此,银行办理反向抵押贷款业务可谓相得益彰。但银行的储蓄存款以活期和短期固定存款为多,与反向抵押贷款的周期不匹配,存在着"短存长贷"现象,会影响银行资金的流动性。不过,如果有保险业的介入,实现银保联手,就可以有效地克服上述不足,实现分散风险、合作共赢的目的。

我国当前没有一家银行开展反向抵押贷款业务,主要原因在于:反向抵押贷款本身的风险制约。如前所述,尽管以住户资产作抵押,还款有一定保证,但反向抵押贷款风险仍然较大。只有在保险业的介入下,分散贷款回收风险,这种新型的房地产融资方式才能受到金融机构欢迎;只有政府部门强力推动,银行与保险部门携手合作,才可能进行。

(二)保险公司是发展反向抵押贷款的有生力量

单从资产的流动性和安全性来看,保险公司最适合开办反向抵押贷款业务,尤其是其中的寿险公司。一是寿险公司已积累了大量的保险金,且负债期限较长。截至2017年年底,我国保险业集聚的总资产已达10多万亿元,而且它的支付具有长期性,一般发生在10年之后,这与反向抵押贷款产品的期限匹配较好;二是反向抵押贷款在产品设计时需要考虑借款人的预期寿命,进行产品精算和定价,这正是保险公司的优势所在;三是寿险公司专门从事养老金保险的缴费与理赔业务,积累了丰富的理赔经验,这是发展反向抵押贷款业务所必需的。但从目前的政策来看,保险公司尚不具备金融信贷的功能。

保险公司根据生命表进行相关测算,估计每年给付的养老费用;由银行部门负责贷款的审查、发放、回收等事宜;由房地产部门发现目标客户,联合保险部门进行谈判,通过拍卖出售将收回的住房变现,回笼资金等。这就既可以发挥上述几家金融机构的优势,又可以使外部矛盾内部化,还可以隔离风险,达到多赢目的。

(三)社会保障机构是反向抵押贷款的参与者

建立强有力的社会保障体系,增加新的养老资金筹措渠道。支持养老事业,本来就是社会保障机构的基本工作。但社保机构发展反向抵押贷款业务,则受风险控制、投资渠道的限制较多,且这一业务的开办涉及许多具体工作,如购售房交易、资产评估、旧房拍卖等,这些工作并非社会保障机构的强项。因此,社会保障机构在这里最多只是一个配角,而非主力军。

(四)一般企业公司不适合开办这一业务

反向抵押贷款的协议执行时间长、资金多、关系复杂,协议执行中风险较大、社会影响广,因而对开办机构有规模、实力等市场准入方面的要求。一般企业单位因资金规模有限,生命周期不确定,客户信任度低,并不适合办理反向抵押贷款业务。

(五)政府机构参与反向抵押贷款业务,应当有着积极价值

政府机构介入反向抵押贷款后,业务运作流程如图3所示,较图2增加了政府等类似公共权力机构,其主要职责是协调和监管反向抵押贷款市场,特别是商业银行的放款行为,制定业务相

关法律政策以规范反向抵押贷款市场行为,同时给予老年房主和放贷机构适当的税费减免。

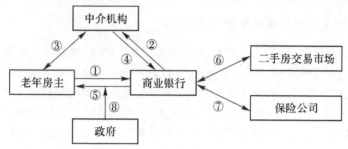

图 3　政府介入后的反向抵押贷款业务运作流程图

十一、总结与展望

(一)本文总结

本文在反向抵押贷款运作方面已有文献的基础上,进行了较为全面系统的总结与分析,归纳了反向抵押贷款与正向抵押贷款的异同点,以及国内商业银行开办反向抵押贷款业务的优势与劣势,并与美国的商业银行就反向抵押贷款相关方面进行比较,指出其差异之处。同时,还对商业银行和借款人老年房主之间进行了较为简单的预期效用博弈分析。本文的最终目的,是对国内商业银行如何开办反向抵押贷款业务作出构想,指出国内商业银行开办此项业务应当循序渐进,贷款的推进过程应与市场发展水平相适应。

反向抵押贷款与一般住房抵押贷款不同,贷款运作的不确定性更大,风险程度更高,除了作为营运机构的商业银行本身,还需要保险公司、证券公司的逐步参与及政府的相应政策支持。特别是政府对反向抵押贷款能否顺利运作,降低相关成本并逐步推广等,起到至关重要的作用。反向抵押贷款业务具有很强的社会福利性,在一定程度上可以解决政府养老的财政赤字问题,并极大地带动中老年居民的消费与投资,因此,政府对反向抵押贷款业务,应给予适当的政策优惠推动快速发展。就开办机构主体而言,银行还可以考虑与保险公司合作,银行居主导地位的模式,利用保险公司在产品设计上的优势,弥补自身的不足。

(二)论文不足及需要进一步研究的方向

以房养老目前尚是一个全新理念,商业银行开办反向抵押贷款业务,在我国更是一个全新话题,尚未纳入议事日程,需要探讨的内容很多。鉴于笔者学识有限,更重要的是本项业务尚未在我国得到相应的开展,学术界对此课题的全面深入研究还不很成熟,本文还存在着如下不足,需要在今后的进一步研究中深刻揭示:

(1)本文提出商业银行开办反向抵押贷款业务的运作方案,但其可行性尚需要在今后的实践中做进一步的讨论和验证。

(2)本文对反向抵押贷款的运行环境没有做进一步的研究与探讨,研究层次不够深入,基本还处于定性方面,应该具体分析各个环境影响因素如何作用于商业银行反向抵押贷款业务的开办与运作,并采用实证分析来验证各环境影响因素的分析与判断。

贫困老年房主从反向抵押贷款中获益的人口统计考察

Barbara A. Morgan

摘要：本文研究了美国贫困老年房主人口统计的情况,这些老年房主利用反向抵押贷款提高他们的经济地位,为了计算出从反向抵押贷款中的获益程度,本文参考了房屋价值转换抵押的工作计划和1991年美国人口的统计数据。从人口统计的情况来看,人们从反向抵押贷款中的获益,依据年龄、住房拥有情况、种族、区域和地点的不同而有所不同。人口统计显示,那些处于贫困状况但却能从参与反向抵押贷款业务获益的房主,主要是由离婚、寡居或分居的妇女所组成。一个关于反向抵押贷款潜在收益决定因素的分析模型的结果,表明拥有房子的从未结婚的男子、离婚的、寡居的、分居的妇女,在东北和南方的市郊和那些未接受公共资助的人所获得的收益,普遍要高一些。

一、引言

美国和许多其他国家一样,正经历着一场人口状况的剧烈变化,人口老龄化的趋势预计将越来越强,老年人在美国人口中的比重不断增长。在20世纪初,老年人口仅占4%,到了1991年占12.67%。据推算到2050年,老年人将占总人口的24%。卫生设备的改进,护理水平的改善,医药水平的提高,使美国人比以前的时代活得更长(Preston,1996)。

尽管有社会养老保障的存在,但老年人贫困仍然是一个大问题。贫困使很多老年人处于温饱的边缘(Burt,1993;Burt和Clark,1993),无力承担充足的医疗及其他开支,虽然由于居民收入的普遍提高及社会保障的作用发挥,老年人贫困问题有明显的改善,但1991年美国仍有380万老年人处于贫困状态(美国人口统计局,1993.6)。与此同时,整体人口的贫困率从12.6%上升到14.2%,女性老年人贫困率比男性高。社会人口中老年人比例的提高,给社会和国家经济机构带来了巨大的负担,工作人员必须为扶养老年人发生支出。然而,老年人中却有很多拥有可观财产者,遭到政策制定人员的质疑(Weicher,1989)。

社会保障是老年人收入的主要来源,特别是那些贫困老年人。社会保障负担的不断增加,将使家庭通过社会保障来赡养自己变得越来越困难。政治因素的考量中,赤字减少和预算平衡是重要项目,使老年人获益的公共支出增加的转移支付计划,并不十分可行。在这种情况下,发现一些其他方法来补偿贫困老年人的收入,使他们能支付健康护理、住房维护和财产税支出,就是至关重要的。

Kutty(1998)调查了通过反向抵押贷款使老年人贫困状况改善的状况,这一贫困解决办法运用了老年贫困人员的高住房拥有率和他们在不同年龄的心理倾向,从而不需要借助政府的大量支出。

许多研究者改变了关于老年人贫困状况的官方估计,他们是基于以下的贫困定义:贫困包括拥有房子的净租金价值,各种收益如老人医疗保险制度和食物券的价值。本文利用官方的贫困定义来确认处于贫困中的户主,许多户主在官方定义下是贫困的,但在综合收入定义下,包括他们房子的净租金收入,则不能归入贫困一类。据统计,当房子的净租金收入被计入收入时,老年人的贫困率下降了大约 3 个百分点(Hurd,1990)。这里要求那些能从反向抵押贷款业务中获得潜在收益的家庭拥有高价值的房子,然后才能获得丰富的净租金收入。反向抵押贷款计划不是转移支付计划,收入来源是由户主的房子直接产生的。老年家庭富有房子而缺乏现金的特征,对用这一计划使家庭脱离贫困是至关重要的。因此,本文重点讨论官方定义的贫困程度的改善,而非包括租金收入在内的贫困概念。

二、文献综述

关于贫困人群参与反向抵押贷款状况的有影响的文献很少,Mayer 和 Simons(1994)参考一项反向抵押贷款产品,使用收入和计划参与的调查数据,该产品相似于由"横贯美国房子第一计划"提供的反向抵押贷款产品。他们对 140 万可能通过反向抵押贷款把生活条件提高到贫困线以上的老年人作出估计,然而他们的估计与其他论文的数据并不一致,似乎是高估了,该文未把重点放在贫困的改善方面,也不包括能通过反向抵押贷款摆脱贫困的那些人的人口统计方面的描述和分析。

Speare(1992),使用 1984 年的收入和计划参与调查数据(SIPP),考察了通过反向抵押贷款改善贫困的范围。他估计,通过反向抵押贷款,大约有 20%的老年贫困者可以摆脱贫困,这一结论和 Kutty 的结论非常一致(1998a)。

Kutty(1998a)明确地把重点放在贫困人口上,该文参考住房价值转换抵押(HECM),贫困户主事实上是可以得到该抵押产品的,尽管该计划没有通过收入限制来审查贷款资格,但 HECM 具体目标是补偿贫穷的和低收入户主。Kutty(1998a)指出,在 1991 年,有 621820 个房主或 736460 名老年人如果参加了反向抵押贷款能摆脱贫困,那一年的老年贫困率就可以从 12.4%下降到 10%。

Morgan、Megbolugbe 和 Rasmussen(1996)使用了 1990 年人口和住房统计局的公共使用微型数据样本(PUMS),同时参考 HECM 得出结论,在约 160 万收入不到贫困线 1/2 的老年妇女能通过反向抵押贷款提高他们的收入。他们估计,约有 58.4 万处于贫困中的老年妇女,她们的房子价值在 40000 美元或更多。如 65.3 万处于贫困中的老年妇女通过反向抵押贷款能提高她们的经济地位,超过贫困线 20 个百分点。

确认反向抵押贷款的受益者和估计这些获益者范围的文献是全新的。Merrill、Finkel 和 Kutty(1994),Mayer 和 Simons(1994a 和 1994b),Rasmussen、Megbolugbe 和 Morgan(1995)关于这方面的研究文献很重要,基于 1989 年的美国住房调查数据,Merrill、Finkel 和 Kutty(1994)估计,超过 120 万老年房主完全拥有房子的产权,且能从反向抵押贷款业务获益。他们解剖了一个老年群体,年龄在 70 岁以上,年收入少于 3 万美元,房屋资产净值在 10 万~20 万美元,至少在该房子住了 10 年以上的约有 80 万个家庭,这可以被解释为反向抵押贷款潜在需求的更低界线。Rasmussen、Megbolugbe 和 Morgan(1995)估计,潜在需求来自于 6700 万个家庭,他们年纪大于 69 岁,拥有住房资产价值超过 3 万,并且是拥有完全产权。尽管潜在需求的估计看起来不一致,但这项不一致是由于构成"主要人群"这一假设的不一致所造成的。事实上,在这些研究中,仍有大量的一致性。Rasmussen、Megbolugbe 和 Morgan(使用 PUMS,1989)把住房资产价值的门槛提高到 6 万美元或更多时,家庭数量达到 370 万,这和 Merrill、Finkel 和 Kutty(1993)(使用 AHS,1989)的数字比较,他们认为 300 万家庭能使他们的收入提高 25 个百分点。

本文将重点放在那些能通过反向抵押贷款提高他们的经济地位的贫困户主。笔者研究了他们的经济地位能被提高的程度,以及不同群体这一变量的分布。同时估计了一个可能的模型,该模型是关于反向抵押贷款潜在收益的决定因素的。结果表明,许多人口统计变量能帮助预测这些潜在收益。

本文是对关于反向抵押贷款和改善贫困状态研究文献的一大贡献。本文不像其他研究那样使用假想产品,而是使用近期的数据来模拟一项反向抵押贷款产品,该产品现在在美国是可获得的,是关于房屋价值、收入的相对范围且以低收入家庭为目标的。本文重点放在贫困户主和测量每个户主能从反向抵押贷款中获益的程度,人口的统计情况通过年龄、性别、房屋拥有情况、种族、区域和地点来构划。从反向抵押贷款中获得经济利益的人口统计的决定因素的一个可能的模型,被人们具体化并加以估计,这是将反向抵押贷款的重点专门放在人口统计方面和贫困家庭方面的首次研究,也包括了基于人口统计特征的预测反向抵押贷款潜在收益的分析模型的第一次具体化和估计。

三、反向抵押贷款

(一)反向抵押贷款的概念

反向抵押贷款是基于借款人拥有房产价值转换用于支持养老金的贷款,这一贷款不需要每月偿还,当借款人停止将该房子作为主要住房时就应偿还,他可能是搬家(比如去疗养院),或出售该房子,或死亡。如果贷款到期不能偿还,贷款机构就可以获取该房子。借款人不需要将其他财产和该项贷款联系在一起。在反向抵押贷款的情况下,借款人(户主)增加了他们的债务,同时减少了房子的实际价值。一个借款人能以各种可选择的方式接受现金,有以下几种方式:一次付清;在确定时期内分月获得支付款;在借款人尚存活世上,把房子作为主要住房的时期内,按月获得支付款(也被叫作保存期计划);在不同时期可以拟定不同计划使信用贷款最大化;或者以上三种方式兼有。

在所有的支付方式下,只要房子是借款人的,或者仍然是他的主要住所,他就能继续住在该房子里。反向抵押贷款不同于"房屋公允价值贷款",因为后者要求借款人每月偿还贷款本息,且借款人必须有较高的收入才有资格借款。在反向抵押贷款情况下,借款人不需要固定的收入来源,来作为贷款的资格保证,因为贷款机构将房屋价值作为还款来源。

(二)反向抵押贷款行业

在供给方面,该行业由出售 HECM 反向抵押贷款产品和其他反向抵押贷款产品的金融机构组成,HECM 在行业中非常流行,自从 1989 年第一份 HECM 贷款开始,已有超过 32000 份的 HECMs 被出售。其中,有 7877 份是 1998 财政年度出售的。HECM 由联邦住房部提供保险,除外的其他反向抵押贷款在私人部门出售,公共部门反向抵押贷款仅仅服务于诸如支付财产税和房屋修砌之类的具体目的,据估计在 1991 年约有 143000 项(联邦房屋等值转换中心,1998)。该行业最近的发展是产生了一种新的叫做房利美开发的住房保留计划的反向抵押贷款。

HECM 是 1987 年由国会提出的,由于它的成功运营和保险精算的公正,1998 年 10 月,它被转化为一项永久性贷款计划。同时,HECM 贷款在给定时期内允许未付的数额提高到 15 万美元,同时,允许贷款的最大数额也提高了。现在的范围是在低消费区的 109032 美元和高消费区的 197621 美元之间。

四、反向抵押贷款作为改善贫困工具的适宜性

在美国,即使是贫困老年人也拥有高的房屋拥有率,因此,反向抵押贷款作为改善贫穷老人贫困状况的工具是合适的。1991 年,美国老年贫困者的房屋拥有率是 60.9％,有 210 万套房屋是由老年贫困者掌握并完全拥有产权(美国统计局,1993)。

老年贫困户主的低收入和高房屋价值的经济状况,使他们处于"房产富人,现金穷人"的状态,老年贫困房主的平均房屋价值是 49000 美元,有超过 100 万的由老年贫困者拥有的房屋单位价值超过 5 万美元(美国统计局,1993a)。基于 1991 年的美国房屋调查,据估计,由老年贫困者拥有的整个房屋储备的价值大约有 1350 亿美元,正是老年房主"房产富人,现金穷人"的特殊贫困特征,使得反向抵押贷款成为可改善他们贫困状况的有效手段。

除了"房产富人,现金穷人"外,老年贫困户主很可能强烈地依恋他们现有的房子,很想在这套老房子里老死。美国退休人员联合会 1989 年做了一项关于老年人的调查,报告说,86％的 75 岁或更大年龄的房主说,他们的最大愿望是能在老房子里度过一生。然而这一调查并未限制在那些贫困人员中间,这似乎表明贫困老年人对他们现有房子的强烈依恋。依据美国参议院年龄特别委员会在 1987 年的调查,老年人倾向于呆在他成年后住得最长久的地方。根据美国国会 1991 年的调查,120 万贫困老年户主(报告案例的 59％)在他们现有的住宅已经居住达 20 年以上,这说明,贫困老年人对房屋的依恋程度很高。

五、一个反向抵押贷款选择行为模型

笔者建立了一个反向抵押贷款的行为模型,在老年户主的效用最大化的模型框架中被具体化。在该模型中,一个老年户主期望从现在开始到预计死亡这段时间的效用能够实现最大化,需要服从一条预算约束。

假设:

1. 模型中所有老年户主完全拥有房屋的产权,或在开始阶段几乎完全拥有产权;

2. 房主可在下面介绍的三种可供选择的方式中进行选择;

3. 房主在开始阶段从三种方式中选择一种,并和该选择保持紧密关联。

在这一模型中,一个老年户主将使他在三种方式下的预期效用最大化,然后选择其中最大水平的那种方式。效用函数包含房子的数量,其他传统物品的数量,意欲遗赠的住房财富和非住房财富,长期占有房子的熟悉感。在该模型中,这些都是能增加效用的物品。笔者作了传统假设,即效用函数的第一引致物是积极的,第二引致物则是消极的,这适用于边际效用递减的一般规律。

房主的预算约束是熟悉的"收入等于支出",收入可能包括现有的收入(工资、退休金、社会保障收入,以及除反向抵押贷款收入或出售房屋而得的年薪外的投资收益),反向抵押贷款获得的支付款和年薪收入;支出是对其他传统物品的消费,只有在现有房屋出售时,才有住房支出,因为假定所有的房子是完全拥有产权的,且无持续的如还贷、维修住宅等房屋支出。支出也可能是在未来能带来收益的投资物品。

六、房主面临三种可供选择的方式

（一）房主面临三种可供选择的方式

1.房主出售现有房屋，投资于年薪收入

在这种方式下，房屋财产的遗赠消费和长期占有房屋的熟悉感是零，房主可能仍然选择最优房屋消费及其他物品消费，以及非房屋财富的消费。在这一方式下，房主的收入包括现期收入和年薪收入，假定自有房屋被出售，房主将有租房支出。

2.房主获得一项反向抵押贷款

该方式假定获得反向抵押贷款的保有权计划，比如，房主每月将永远获得机构支付的房贷收入。在这种情况下，房主的房屋财富遗赠意欲是零，这是基于以下假设，即房主在死亡之时不必偿还反向抵押贷款，或仅在出售房屋时偿还。房主确实消费了一定数量的长期占有房屋而来的熟悉感和一定数量的房屋，其他再无可选变量。这些消费伴随着这一方式，可选变量是其他传统物品的消费和意欲的非房屋财富的遗赠。

在这一方式下，房主的收入是现期收入加上反向抵押贷款获得的支付款。

3.房主仍然住在现有房子中，既不出售房子，也不获得反向抵押贷款

在这种情况下，房主继续居住在自己的房子里，意欲房屋财富遗赠和长期占有一定数量的房屋而获得熟悉感。可供选择的消费变量是：其他传统物品，意欲的非房屋财富遗赠。房主的收入仅仅是现期的收入。

（二）房主面临三种可供选择方式的讨论

基于上述三种方式，很明显，在其他事项相同的情况下，当户主有强烈的房屋财富遗赠偏好时，他更可能选择第三种方式。其他事项相同的情况下，一个很明显的状况是，对长期占有房屋而产生熟悉感有强烈偏好的户主不太可能选择方式1。这些同等状况的户主，如果需要增加其财富时，则更可能选择方式2。很明显，根据家庭的特征能预测反向抵押贷款的选择：

（1）没有或很少遗赠房屋财富的动机；

（2）对现有房屋有着强烈的依恋感；

（3）低收入不能满足晚年需求，需要扩大收入。

一些户主参与了反向抵押贷款，另一些户主则没有参与，在这种状况下，老年房主的随机样本的相关数据是不易获得的。即使这样的数据是能获得的，也可能被认为反向抵押贷款的市场尚且很小，不完全的信息将使这些数据不适合用来分析反向抵押贷款的选择。然而，在美国住房和城市发展部关于HECM的评价报告中，获得HECM反向抵押贷款的老年户主的总人数统计资料是可以获得的，读者可以结合统计资料从本人的理论框架中得到证实。

（1）关于第一结论，报告表明，超过3/4的HECM借款人无孩子，平均只有0.59个孩子，然而，老年房主总体的统计资料在评价报告中没有信息资料，相信其平均数会更高一些。

（2）关于第二个结论，我们可以假设随着占有者的年龄增长，对现有房子的依恋或对长期占有房子的熟悉感也会增加，老年人察觉到搬迁住所的高费用，不仅包括搬迁的交易费用，而且包括在年老时离开熟悉的家，独居于社区的服务费用（Venti和Wise,1989）。年纪越大，这些服务费用就越高。同时，年纪越大，随着身体机能的减弱，承受搬迁风险的身体条件也变得越差

(Kutty,1998b)。

我们可以这样预测,老年户主的年纪越大,越可能选择反向抵押贷款方式2,假定他们对长期占有房屋的熟悉感的偏好是合理的。HECM评价报告显示借款人的平均年龄是76岁,而老年房主总体平均年龄是73岁。

我们可以假设,那些单独居住者比和其他人一起居住者,晚年生活中缺乏共同的伴侣,那些独居者对长期占有房屋有熟悉感的偏好更为强烈,房子和住址的重要性相对而言更大一些。基于以上假设,我们可以得出结论,独居者同时是低收入者时,更易选择反向抵押贷款方式2,这一结论可以从HECM评价资料得到支持:71.9%的HECM借款人独居,而老年户主总体人群中独居者只有36.3%。女性HECM借款人有59.5%独居,而总体人群中独居女性只有28.6%,男性HECM借款人中有12.4%的人独居,而总体人群中只有7.7%。

(3)第三个结论由HECM评价统计资料而来,借款人的平均年收入是10368美元,这比老年房主总体18446美元的收入要低得多。

另一个关于收入的发现是社会保障收入,在HECM借款人收入中所占的比重,要比老年房主总体高得多。这说明老年人群不仅总体收入高,而且收入来源较多,不需要完全依赖住房反向抵押来获得收入。这一非直接证据为以上构划出的关于预测反向抵押贷款选择的理论框架提供了一定的支持。

如上所述,由于缺乏反向抵押贷款的相关资料及本市场的狭小,要对老年房主选择的行为模型作出经验估计是困难的。然而,基于1991年全美范围的美国房屋调查数据,同时参考HECM的工作计划,本文确认了贫困户主的含义,以及HECM能提高他们经济地位的程度。

(三)相关结果的讨论

HECM反向抵押贷款是参考美国住房调查和HECM工作单位计划而为老年人服务的产品,有关老年户主的年龄、收入、经济状况、房屋价值、房屋拥有类型、人种和地理区域等,这些数据都可以从1991年的美国房屋调查中获得。全国性的美国房屋调查是两年一次,根据人口调查定义,老年户主被定义为必须超过65岁,HECM工作单计划可以通过住房和城市发展部获得,这一工作单计划目前由联邦房屋管理局批准的HECM贷款使用。在参考HECM过程中,户主的年龄被作为一个年龄变量,对于已婚夫妇,使用青年配偶的年龄,以期和HECM计划的特征以及HECM领导者的实际做法保持一致。移动住房被排除在模型之外,目前移动住房尚无资格参与HECM计划贷款。1998年10月国家房屋价值转换中心的立法,使HECM成为永久性计划,同时使那些拥有两层、三层、四层住房以及共管房屋者有资格参加HECM计划,但不包括移动房屋。

笔者参考HECM反向抵押贷款的保有权计划,虽然这一计划到目前为止还不是HECM借款人的主要接受方式,原因是只要该房子是借款人的主要住宅,就需要在保有权计划下一直计算支付费用,借款人的年收入不断增加,有必要提醒的是在保有权计划下总的支付数和HECM反向抵押贷款的其他计划是一样的,每种计划在终止的时候,其预期支付价值的现值都是相等的(美国住房和城市发展部,1992)。

在现有法规下,如果现金在一个较短的时期内花掉,在财富价值测量的计划下,通过反向抵押贷款接受的现金并不影响借款人在公共计划中受益的资格。因此,无须对房主的现有收入作出调整,我们假定计算月支付时的利率为10%,1992年,HECM计划平均预期利率为9.63%(美国住房和城市发展部,1992)。

从每月的支付款中可计算出每年的支付款,为了算出获得反向抵押贷款后家庭的总收入,需要把每年的收入加总。在本文中，从反向抵押贷款中的收益是这样计算的：当家庭参与反向抵押贷款业务后，收入的增加以贫困收入的百分比计量。如一个独居老年家庭的年收入是 3266 美元，该收入是贫困收入的 50%（1991 年独居老人家庭的贫困线标准是 6532 美元）。如反向抵押贷款每年能给家庭提供 1633 美元，家庭收入就达到了贫困线的 75%，上升了 25 个百分点。这样，基于贫困收入百分线的增量是 25%，所有贫困老年户主的潜在收益都被计算在内了。

七、反向抵押贷款的潜在收益在不同统计人群中的分布

在本文中，处于贫困中的老年户主从反向抵押贷款中获得的潜在收益的程度都被计量，统计人群的潜在收益分布也都核查了，统计人群是根据房主的类型、性别、年龄、人种、区域及地点来划分的。

1991 年，美国住房调查（AHS）数据显示，有 2136170 个老年户主处于贫困之中，Kutty（1998a）揭示有 621820 个老年户主能通过反向抵押贷款摆脱贫困。通过反向抵押贷款，有 23% 的贫困老年户主能增加收入的 40%。可以看出，反向抵押贷款的收益集中在女性房主中，女性房主从反向抵押贷款中获得的收益是 57%，男性则少于 50%。

笔者根据以下统计人群的特征，检验了反向抵押贷款的收益分布。

（一）年龄

从相关资料可以看出，65～70 岁的低龄老人最不可能从参与反向抵押贷款业务中获益，他们中约有 55% 未能从中获益，其中一个原因是 HECM 贷款根据较年轻配偶的年龄来计算反向抵押贷款的支付款。有 70% 的低龄老年人群未能获得反向抵押贷款的收益，可能是他们的配偶更年轻，以至还不属于老年人群，因此无资格参加 HECM 业务。另一方面，这一年龄的离婚、寡居或分居的女性中有 56% 从反向抵押贷款中获益，这一低龄老年人群获得的收益要比高龄老年人群的获益要少，没有人员的获益能超过贫困收入的 100%。潜在原因是因为反向抵押贷款的付款额度随着借款人年龄的增加而增加，低龄老年人群获得的支付款最少。

在获益超过贫困收入 100% 的人中，48% 是 85～90 岁的老年人，25% 是 90 岁以上的高龄老人。这表明，年纪越大越能从反向抵押贷款中获益，大约有 57% 的 70～85 岁人群和 85～90 岁人群从反向抵押贷款中受益。虽然，超过 90 岁的人群的潜在收入比例要小一些（50%），但他们获得丰富的收益——所有人都获得 40% 以上的收入增长。

（二）房屋拥有类型

有调查显示，56% 的离婚寡居、分居贫困妇女和 66% 的从未结婚的贫困女性，可以从参与反向抵押贷款中获益。她们的分享比例随着潜在收益的规模加大而急剧增加，这一群体占贫困收入增长 41%～100% 人群的 69%，占贫困收入增长 100% 以上人群的 82%，是唯一一收入超过贫困收入 120% 的群体。然而，由于离婚、寡居、分居女性在人口中的绝对数量，她们在收入增长的各类人群中都占有主要位置。一个有趣的值得注意的现象是，从未结婚的男性人群占较高收入人群（40%～100%，或超过 100%）的比例较大，有配偶的家庭的收入和其他人群相比，普遍较低。其中一个原因是计算反向抵押贷款收益时，用的是较年轻配偶的年龄。此外，有配偶的家庭一般较年轻，配偶的死亡要到年纪较大时才发生。然而，有 50% 的最年轻人群（65～70 岁）是有配偶的，只有 22% 的 85～90 岁人群有配偶，有配偶家庭从反向抵押贷款中获得的收益较低。

反向抵押贷款:有房者退休后的补充收入

Scholes Douglas

摘要:很大部分老年人通常拥有可观的住房资产,却只有很少的现金收入。反向抵押贷款是用房子作为抵押来获得未来收入流,是一种动用房产储蓄的办法,使得这些老人将他们的部分房产转换为稳定的现金流并保留居住权。不像传统的抵押贷款,需要用未来的收入作为抵押来获得房产,因此需要清算好住房财产。

引　言

很多有房子的老年人退休后,面临着以下困境:如果想继续居住在他们花了大部分生活费和太多的精力才拥有的房子,就必须接受这样的事实:他们将面临退休收入不足的困境,而在去世后又需要把巨额遗产交给继承者。或者他们可以卖掉房子,搬到租来的住所,这是大部分人情愿做的,也会从房产出售中得到一笔高收入。然而,未来生活的不确定性,使得他们不愿意出售自己的房子。只要他们能保留对住房的所有权并继续居住,这是一种"免费租用"的服务。如果他们卖掉房子,所得收入在他们去世之前就可能消耗殆尽。

反向抵押贷款的好处,是把个人房产这一固定资产转换为稳定的现金流,又不用放弃对住房的居住权。这是传统抵押贷款的反向操作,个人可以在之后的整个生命周期里每个月得到一笔钱,而非一次性拿到一大笔钱。

反向抵押贷款有两种方法,一种是直接贷款,它随着时间的推移每个月支付一笔钱并加总作为房产的滞留权;另一种方法是反向年金抵押贷款,它是在贷款后每年按规定支付年金。如果一个人没有把房产所有权放在优先位置,而注重能保障老年生活的稳定现金流,他会选择不同于一般住房抵押贷款的住房价值转换的反向抵押贷款。

一、住房转换抵押贷款

住房反向抵押贷款和拆分房产计划,是出售房子得到一笔费用并在此过程中获得年金。需要特别注意的是,这一计划需要房产延期出售,这样,房产的主人就不再拥有该房产,尽管他能继续居住直到死亡,但要一开始就支付确定的租金。

这一思想是加拿大新斯科舍省在 1979 年提出来的,目的是针对退休后拥有住房的老年人,通过把房产这一固定资产转换为每月的稳定收入来增加他们的养老金。在他们死亡之后,房产将被用于出售来补偿已经支付给他们的养老金,出售对象的第一选择人是死者的直系家属。这个计划需要一些政府机构或社会团体来支持或实施。潜在的风险是使得贷款计划足够合理以保证市场需求。

这一项目在英国已实行很多年了,英国住房反向抵押贷款有限责任公司是一家私人企业,它一次性买入个人房产,支付方式是固定的担保年金和在世时的占有权。房产的市场价格由于个人或夫妇的生命预期而打个折扣,年金则一直支付至最后一个人的死亡为止,这个时候房产才真正属于该公司。年金则在扣除了每个月1块钱的名义租金后每个月提前支付。合同要求领取年金者对房产购买保险以确保抵押房产的质量和价格。69岁以上的老人才有资格享受这一贷款项目,年纪小的话每年的年金受益是不划算的。

根据这个基本程序而衍生出来的贷款项目,允许年金受益者在其房产中保留部分资产,年金给付则减去相应数目,这种衍生品使得个人从房产中得到一些潜在增值。

基于住房反向抵押贷款的一种更人性化的衍生品,在法国已经实施多年,由于法国财政部的支持,该项目得到广泛实施。大约有40万的法国老年人依靠Viager系统从住房中得到年金收入,不仅来自于他们的房子或小农场,还来自于他们的公寓甚至游艇。

法国的Viager系统正像它所称谓的,是两个经济实体之间有法律保护的交易,包括对资产价值复杂的谈判协商,还要考虑所有者的年龄、健康情况和将来可能的买主等。事实上,老年人卖掉他们房产的价格要减去一定的佣金。这一体系不仅和财产保护法律有关,还包括在法国税收收入管理中。

与英国的成功实践不同,法国该项目实践不成功的原因主要有两个:一是初始开办,由于个性化的特点,买方没有合理的风险分散机制,造成大肆投机;二是缺乏有效的房地产二级市场,买方必须居住在同一个环境中。在一个变化的社会中,这种住房反向抵押贷款或资产分散管理,对个人来说不是一种有吸引力的投资。这些问题的解决方法,是像英国那样,建立更具有经营性的机构和社会性的市场。

二、住房保留抵押贷款

住房保留抵押贷款是一种严格意义上的贷款工具,没有给任何发行机构以任何所有权,这就不像出售部分或所有的房产,这种贷款的实施是将房子作为一种安全保障。房产所有者周期性地得到一笔钱,年限是一段固定时间或整个生命周期,房价一般不超过房产目前市场价格的75%,这种抵押贷款是根据将来某个时间段来确定支付的。

加拿大第一个提供该贷款产品的公司,即加拿大城市信用担保公司在多伦多进行了一次关于"独立收入抵押贷款"的市场调查。公司每年支付给个人一定的金额,并扣除相应的利息。为了包括所有成本,初始费用是500美元,之后每年是100美元。举例来说,为了每年得到大约3000美元的净收入,房产拥有者将在10年后偿还6万美元的贷款。

由于是净贷款,不需要缴纳所得税,更因为个人可以继续得到各种形式的政府补助或退休人员的收入补贴,一般不会出现问题。在这种特殊的贷款项目下,没有对收入的要求,也没有年龄的限制。某种程度来说,因为房主能在任何时候取消该项合同,个人风险是可以忽略不计的。尽管风险不存在,但合同规定需要支付和市场利率相关的浮动利率。

在最后期限的10年里,个人可以有很多选择,如果房产的价值足够高时,可以再延长一个周期,或者将该贷款转换为普通贷款,贷款额由贷款机构或其家属偿还。另外,个人还可以市场价格卖掉房产来偿还贷款,以便继续保留对住房的所有权。如果夫妻双方有一人死亡,则住房的所有选择权都交给其配偶处置。

就像目前的加拿大正在实施的那样,反向抵押贷款的主要缺陷,是它只在一个时期内有效。在现行法律体系下,只有人寿保险公司才能提供人寿合同。这一限制可能会导致老年人拥有

75％的房产,在一定时间全部耗尽,固定收入也会随之急剧下降。在这种时候,强迫老年人搬出住所可能造成对社会公众的强烈负面影响。另外一个原因是在国家财政特定的支持下,反向抵押贷款的年金会被大量储存,尽管这是一个复杂的财务事项。

三、反向年金抵押贷款

和反向抵押贷款相似,反向年金抵押贷款(RAM)也是一种纯粹的贷款融资工具。住户得到该笔贷款后,是用来购买年金的,本金的支付延迟到所有者的死亡为止,或者提前卖掉房产。周期性的年金支付需要扣除抵押贷款的利息。

举例来说,某位 75 岁的英国老太太拥有一套价值 5 万美元的房子,她贷款 4 万美元(80％)作为她的年金来保障晚年生活,每年的总年金是 4136 美元,如果她是个纳税者,根据年金利息率 33％,她每年需要纳税 148 美元。另一方面,她仍然从抵押贷款利息的受益税收减免中获得利益 792 美元,加入每年净收入,在支付了 2400 美元的贷款利息(6％)后,她每年的净收入是 2380 美元。如果需要纳税时,每年的净收入将减少 1736 美元。

表 1　英国一个拥有 5 万美元房产的 75 岁老太太的反向抵押贷款年金(单位:美元)

总年金	4136
减去:33％所得税	148
净年金	3988
减去:6％贷款利息	2400
实际年金收入	1588
加上:贷款利息税收减免	792
潜在年金收入	2380
非纳税者收入	1736

在英国现行体制下,RAM 对房产拥有者的吸引力,决定于抵押贷款利息的税收偿还,如果没有其他税收方面的收入,年金数目会少出很多。在上述例子中结合个人的年龄考虑,这样一座房子的价值是相当可观的,个人面临的所得税率越高,抵押贷款利息税退还得越多,最后得到的年金也就越高。

基于 RAM 方案的衍生品包括在基本年金支付之前先支付一笔钱;或者在支付前 5 年的年金之后重新评估房产,并相应调整年金;也可以安排浮动年金,每年的年金支付可以随着某些因素的变化而逐渐上升,如预期未来几年内医疗支出、家庭护理支出等会有所上升时,领年金者会希望每年增加年金支付 5％或 10％。

四、反向抵押贷款和反向年金抵押贷款

反向抵押贷款(RM)和反向年金抵押贷款(RAM),两者尽管在实施机构、法律和管理要素等有较大不同,但在概念上没有差别,前者只在一个严格固定的期限内才属可行。加拿大有个案

例：只有人寿保险公司能参与经营人寿保险业务，信托公司则不可以。还有，前者要在一个等于个人生命预期的固定时期内运作，还可以不确定地更新，年金支付也相应改变（如减少），以保证房产不会在预期生命之前被破坏。在这样的安排下，个人的实际生命如果超过了预期寿命，则房产一样会遭到清算。

反向抵押贷款和反向年金抵押贷款两者的风险都有存在。在前者体制下，个人面临着生命超过合同规定时期的可能，在 RAM 的情况下，个人风险是其生命不够长。风险的产生是因为年金支付是按照领年金者的生命预期来确定的，预期生命越长，周期性支付的金额就越少。尽管如此，如果一个人预期支付 15 年而实际上在 6 个月之后就死亡，则剩下的 14.5 年的金额将归公司而不属于其子女。人寿保险公司之所以被授权开展这种业务，是因为它能承受个人实际生命超过预期的风险，保险公司的风险是综合的。总的来说，其风险小于个人及其继承者。

RAM 的另一个问题是它的收入构成，如年金利息收入通常被认为是税收收入，这种利息收入也会减去政府对老年人的支持。然而，从概念上讲，年金的利息组成是作为对抵押贷款利息的补偿，政府的收入支持项目并没有考虑相关的抵押贷款利息支付。在加拿大，如果是为了支持年金收入，抵押贷款的利息是不扣税的，如果抵押贷款扣税的话，会使得 RAM 只有对特定的年龄—性别—房产组合的人才具有吸引力。正如目前英国所实行的那样，这种优点也延伸到 RM。反向抵押贷款和反向年金抵押贷款中优先选择哪一个，要取决于谁承受更大的风险，还有业务主办机构的限制。

五、反向年金抵押贷款收益的影响因素

在 RAM 下的收益，容易受到个人的年龄和性别的影响，还受到是否单身或结婚，是否将和另外一个人一起作为一方而订立合同（比如兄弟姐妹）的影响，现有房产的市场价值和现行利率、边际税率等。具体情况参见表 2 和表 4。

首先要考虑性别—年龄—单身/已婚这样的情形，如果一个老太太是在 70 岁购买 RAM 而非 65 岁购买，她的"潜在年收入"将是后者的 2 倍，是 1279 美元而非 667 美元。如果她推迟到 75 岁再购买的话，则可以达到 2048 美元。男性老人的情况则好一点，因为他的生命预期比女性大致会少 5 年，如一个 70 岁的老太太得到的年金将相当于 65 岁男性得到的年金。然而，如果一对老年夫妇一起购买 RAM，他们的收益则将持续到两人中最后一人死亡为止，年金的支付也会相应减少。例如，一个 65 岁的老太太和她 70 岁的丈夫一起购买 RAM，而非单独购买，则年金收入将从 667 美元减少到 371 美元，这就说明了为什么在英国很少有最低年龄的要求，尤其是对夫妇而言。

表 2（同表 3）显示了实际的、潜在的和非纳税者的三种年收入。三种情况下抵押贷款减免的利息税是最大的一笔年收入，这个结论也同样适用于 RM。在加拿大，年金收入是要缴税的，但抵押贷款的利息收入是可以减免税的，相关的收入正是"实际年金收入"，边际税率越高则本数据就越小。如果个人不用缴税，则表示为"非纳税者收入"。在英国和美国，从 RAM 产品中抵押贷款的利息税减免，将占到总的年收入的最大部分。边际税收越高，"潜在年金收入"就越高（见表 3）。事实上，在 RAM 抵押贷款利息减免的情况下，边际税收越高，年龄越低，则个人的收入大致相等于每年的年金收入。

表 2 根据不同性别、婚姻状况和年龄的抵押贷款年金收益情况(单位:美元)

项目	女性			男性			夫妇(最后死亡者)		
	65(17,5)	70(13,8)	75(10,6)	65(13,7)	70(10,9)	75(8,5)	65(20,0)	70(16,5)	75(13,3)
总年金	3694	4303	5072	4303	5072	5881	3400	3818	4303
减:所得税	147	145	144	145	144	144	150	146	145
净年金	3547	4195	4928	4159	4928	5737	3251	3671	4159
减:贷款利息	3200	3200	3200	3200	3200	3200	3200	3200	3200
实际年金收入	347	959	1728	959	1728	2537	51	471	959
加:贷款利息税收减免	320	320	320	320	320	320	320	320	320
潜在年金收入	667	1279	2048	1279	2048	2857	371	791	1279
非纳税者收入	494	1103	1872	1103	1872	2681	200	618	1103

表 3 根据不同税率 75 岁老太太抵押贷款年金收益(单位:美元)

项目	年金收入		
	10%税率	20%税率	30%税率
总年金	5072	5072	5072
减去:所得税	144	287	431
净年金	4928	4785	4641
减去:贷款利息	3200	3200	3200
实际年金收入	1728	1585	1441
加上:贷款利息税收减免	320	640	960
潜在年金收入	2048	2225	2401
非纳税者收入	1872	1872	1872

利率的差异对 RAM 的净收入影响,是一个重要因素,从表 4 可以看出,在高利率下所有类型的年收入都发生了较大而明确的减少。第二个影响因素是高通胀迫使名义利率也在提高,房产所有者的名义收入和实际收入都将会减少。最后,在周期性通货膨胀的趋势下,有效期将会减少,人寿保险也越来越不愿意承诺超过 10 年的固定年金利息,除非他们能在同时期得到相应的投资补偿。当然,如果 RAM 考虑了浮动利率,则这个不确定的收入减少,会挫伤房产拥有者对 RAM 的兴趣。

表 4 根据不同利率 75 岁老太太抵押贷款年金收益(单位:美元)

项目	年金收入(根据不同年金/贷款利率)		
	6/8%	8/10%	10/12%
总年金	5072	5603	5159
减去:所得税(10%)	144	197	252
净年金	4928	5406	5906

项目	年金收入（根据不同年金/贷款利率）		
	6/8%	8/10%	10/12%
减去：贷款利息	3200	4000	4800
实际年金收入	1728	1406	1106
加上：贷款利息税收减免（10%）	320	400	480
潜在年金收入	2048	1806	1586
非纳税者收入	1872	1603	1359

六、通货膨胀的影响

通货膨胀不仅迫使利率上升，还减少了潜在的 RAM 收益，通货膨胀还提高了房地产价值，房地产的市场价格将会因此更高，并补偿了部分因利率上升带来的损失。更重要的是，房产价值的较高评估能被领取年金者要求提高年金支付。

见表 5 和表 6，假设每年房产的增值是 8%，其中有 3% 的真实增值和 5% 的通货膨胀，或者没有增值而是 8% 的通货膨胀，在 5 年之后，5 万美元房子的市场价格将是 73466 美元。在 80% 的 RAM 抵押贷款之下，该笔贷款将是 58773 美元，而实际上的承诺贷款是 4 万美元，差额 18773 被称为"新"的或者额外的 RAM 贷款。表 2 显示，RAM 收益是根据房子的初始价值来算的。表 5 显示在相同的假设下，额外的 RAM 收益是 18773 美元，但个人的年龄将增加 5 岁。表 6 显示总的 RAM 收益将从第 6 年开始到死亡为止。

表 5　根据不同性别、年龄、房产增值的反向抵押贷款收益情况

项目	女性			男性			夫妇（最后死亡者）		
	70(13,8)	75(10,6)	80(7,9)	75(9,10)	75(8,5)	80(6,4)	70(16,5)	75(13,3)	80(10,6)
总年金(6%)	2020	2300	3023	2380	2760	3363	1792	2020	2380
减：所得税(10%)	68	67	68	67	67	68	69	68	67
净年金	1952	2313	2956	2313	2963	3295	1723	1952	2313
减：贷款利息(8%)	1502	1502	1502	1502	1502	1502	1502	1502	1502
实际年金收入	450	811	1454	811	1191	1793	221	450	811
加：贷款利息税收减免(10%)	150	150	150	150	150	150	150	150	150
潜在年金收入	600	961	1604	961	1341	1943	371	600	961
非纳税者收入	518	878	1521	878	1258	1861	290	518	878

表6   根据不同性别、年龄、房产增值和反向抵押贷款递延收益的情况

	女性			男性			夫妇(最后死亡者)		
	65(17,5)	70(13,8)	75(10,6)	65(13,7)	70(10,9)	75(8,5)	65(20,0)	70(16,5)	75(13,3)
	70(13,8)	75(10,6)	80(7,9)	70(10,9)	75(8,5)	80(6,4)	70(16,5)	75(13,3)	80(10,60)
总年金	5714	6683	8095	6683	7832	9244	5192	5838	6683
减去:所得税	215	212	212	212	211	212	219	214	212
净年金	5499	6472	7884	6472	7621	9032	4974	5623	6472
减去:贷款利息	4702	4702	4702	4702	4702	4702	4702	4702	4702
实际年金收入	797	1770	3182	1770	2919	4330	272	921	1770
加:利息税收减免	470	470	470	470	470	470	470	470	470
潜在年金收入	1267	2240	3652	2240	3389	4800	472	1391	2240
非纳税者收入	1012	1981	3393	1981	3130	4542	490	1136	1981

有趣的是,上述案例中个人收入的增加额很高,很多情况下将近2倍,这一结论强调了年龄因素对RAM收益的影响,上述案例中年龄增值5岁,预期寿命则相应减少5年。

RAM收益可以根据利率增加、房产价值的重新评估、或相关成本的变动而频繁调整。

总的来说,可以通过提高房产价值或成本来提高年金收益,目前加拿大在RM下也有这种可能性,因为加拿大每年都有房产价值评估以改变对房产者的年金支付,评估的总成本是每年100美元。在RAM案例中,可以通过通货膨胀来提高年金,因为生命预期一直是在减少的,也就变成了一种浮动年金,与预期通货膨胀率相关的收益增加。

七、结论

反向年金抵押贷款及其相关衍生品业务,看起来是非常有利的。

1.它将弥补金融市场的不完整性,老年人可以继续保留房产而接受较低的退休收入,或卖掉拥有的房产而得到较高的退休收入,并重新租入住房。这种新的金融工具使得拥有房产的老年人调整其原本可能留给子女的遗产数量。另外,由于现在房子逐渐变成一种可以分割的资产,对住房的需求将会越来越多。

2.如果老人拥有房产,能满足低收入者的养老需要,低收入者拥有的财富往往会被房产"锁定",房产与收入的比例过高。

3.当在一个特定时期内,不要求更换新住所的老人占据较大比例的时候,它能为抵押贷款资金提供需求。

4.在通货膨胀时期,房产价格增长会抵制物价的快速增长,尤其在RAM周期性的增加以保证对房产价格的固定比例。这一优点不适用于住房反向抵押贷款,该项贷款包括延期出售,老年人除房子外很少再拥有任何资产。

各种类型的反向抵押贷款和住房反向抵押贷款计划,并非没有遭到过批评意见。有人建议说这些项目将导致老人在大城市的过度居住。尽管如此,这种情况和年轻单身或年轻夫妇运用传统抵押贷款购买房子是一样的。

有一些批评说,这些项目鼓励老年人呆在他们经济能力不能负担的房子里,结果使他们的房子处于荒废状态,应该让他们出售住房并居住在他们经济状况能承受的地方。这种说法通常忽

视了有些人会选择留在原来的住所而不管他们的收入，收入的不足在一定程度上使他们不能住在原来的地方。在这种情况下，反向抵押贷款项目能增加他们的退休收入，这样，他们就能负担得起居住的成本。而且，面对急剧上升的生活成本和相应而来的财务拮据，让他们搬出住宅，这在一定程度上听起来是荒谬的。通过反向抵押贷款，能够使老年人在家里安详度过晚年，更不用说通过未来资产的增加来居住在原来的房子，是个人自己的喜爱。

住房反向抵押贷款中，如在 RM 和 RAM 中选择一个最好方案的话，要取决于是否保留财产所有权，是否能承受大部分风险，还有业务开办机构、法律和管理制度等的限制。通常来说，这些工具总会有市场需求，而且由此而产生的衍生品也会越来越多，以满足市场上各种各样的需求。

银行推行反向抵押贷款的博弈分析

陶　昱

摘要：本文首先论证了完全竞争市场中，具有完全且完美信息条件的反向抵押贷款业务运作中，放贷银行与老年房主之间的信贷博弈模型；接着构建了完全竞争市场中，具有道德风险情况下的放贷银行与老年房主之间的信贷博弈模型；最后将完全竞争市场转变为寡头垄断竞争市场，讨论银行和老年房主各自的效用。

一、反向抵押贷款的博弈分析

反向抵押贷款是商业银行面向拥有私人房产的老年人开办的，通过提前转换其拥有的房产价值以补充养老金收入的信贷方式。具体来说，就是商业银行与参加贷款的老年房主签订一份信贷合同，合同约定银行在借款人的存活期内按照抵押房产的评估价值和利率，以年金的方式将贷款资金定期支付给借款人，待借款人去世后再将抵押房产变现偿还银行贷款本息。

对银行而言，本项业务运作要考虑贷款利率制定的标准高低，以吸引更多的老年房主参加业务，从而获得更多的贷款利息收入；对老年房主而言，则要考虑是否参与这项贷款业务以及参与后在消费支出方面的资金分配状况，特别在医疗健康等方面可以延长寿命，增加消费支出，从而在整体上提高养老期间的生活质量水平。

我们可以将银行和老年房主之间的借贷行为，看作是一个放贷银行确定贷款利率，老年房主选择是否贷款以及贷款后资金分配的博弈问题。在反向抵押贷款的博弈过程中，任意一方的行为选择都要以对方未来行为的各种可能为依据而作出决策，这个决策又依赖于双方所掌握的信息是否全面和对称上。老年房主掌握的信息如身心健康状况、房产使用状况等，大多具有私人性，贷款银行则对这些私人信息掌握有限，却又掌握了诸多老年人不大具备的国家经济社会政策、房价走势、利率调整等信息资料，这就导致双方的信息拥有往往是不对称的。

通过分析得出，在存在道德风险或反向抵押贷款市场是寡头垄断竞争时，银行对反向抵押贷款的定价会高于市场完全竞争、信息完全且完美条件下的定价，得到在此条件下老年房主获得的预期效用，要小于市场完全竞争、信息完全且完美条件下可获得的预期效用。

二、银行和客户之间的完全信息静态博弈模型假设与构建

(一)假设提出

银行和客户之间的完全信息静态博弈，是一种理想状态下的博弈分析，为构建相关模型，首先作出如下前提假设：

(1)反向抵押贷款市场上的信息是完全且完美的，市场消费行为仅由银行与客户双方的行为

确定。评估机构作为中立的第三方，其评估结果是公平合理的，并不影响银行和客户的行为决策，银行和客户对这个评估结果是信任并完全接受。

（2）银行和客户是风险中立者，完全掌握对等的信息，要求的回报相当于其面对的风险，这就意味着双方的效用函数具有以下特征：期望效用等于预期收益的效用。

（3）贷款合同是不可以追偿的。即合约终止时，即使抵押房产价值不足以偿还所有贷款金额，银行也不得就未偿还金额向借款人追偿。

（4）不存在贷款合同违约问题。即借款人在整个贷款期间，严格遵守合约约定的各项协议，贷款期限结束时，银行可以通过处置抵押房产获得本息收入。

（5）反向抵押贷款市场是完全竞争的，许多商业银行乐于提供此项业务，老年房主可以自主选择合适的贷款机构进行反向抵押贷款业务。

（二）案例说明

假设某老年房主利用自有房产申请一笔反向抵押贷款，以补充自己养老期间的消费开支，将贷款金额进行归一化处理，假设这笔贷款给所有参与此业务的老年房主带来的平均收益为 $R(a)$，且 $R(a) > 1$，其中 $a \in [0,1]$ 表示老年房主在健康医疗等类似方面的消费支出水平，如借款人在健康医疗方面的消费支出越多，其寿命可能越长。

假设贷款期限以借款人的实际寿命为准，则借款人寿命越长，可获得贷款的期限也越长。但借款人不能把资金全部用于健康医疗开支，基本生存与生活质量提升也需要消费支出，这些消费支出会影响借款人的贷款预期效用 $R(a)$。因此 $R(a)$ 由两部分收益组成，一是健康医疗方面的平均收益 $M(a)$，二是不与延长寿命有关的其他消费支出的预期效用 $O(1-a)$，这类支出包括维持基本生活，提高生活质量，娱乐旅游等，这些消费支出会影响借款人的贷款预期效用 $R(a)$。因此，借款人必须合理安排健康医疗消费支出水平 a，使得 $M(a)$ 与 $O(1-a)$ 加总之和得以最大，即贷款预期效用 $R(a)$ 最大。

$M(a)$ 满足以下条件：$M'(a) > 0, M''(a) < 0$，其所包含的经济含义是健康医疗消费支出的预期效用随着健康医疗消费支出水平 a 的增加而增加，但支出的边际效用是递减的。同理，$O(1-a)$ 也应满足条件：$O'(1-a) > 0, O''(1-a) < 0$，其所包含的经济含义是非健康医疗消费支出的预期效用 $O(1-a)$，随着 $(1-a)$ 的增加而增加，但支出的边际效用则是递减的，即随着健康医疗消费支出水平 a 的增加 $O(1-a)$ 在减小，且支出的边际效用是递增的。

$R(a) = M(a) + O(1-a)$，$R(a)$ 在 a 上先是增函数，超过某一临界点 a_r 后则呈减函数，即在某一临界点 a_r 之前，$R'(a) > 0$，并满足 $R''(a) < 0$，在某一临界点 a_r 之后，$R'(a) < 0$，并满足 $R''(a) > 0$，其所包含的经济含义是：在健康医疗消费支出的某一临界点 a_r 之前，贷款消费的预期效用随着健康医疗消费支出水平的增加而增加，但支出的边际效用则是递减；相反，在健康医疗消费支出的某一临界点 a_r 之后，由于健康医疗方面的消费支出发生过多，从而抑制了非健康医疗消费支出，贷款消费的预期效用会随着该支出的增加而减少，而且支出的边际效用是递增的。这里假设 $R(a) = -1/2\alpha a^2 + \beta a + \gamma$，且 $\alpha、\beta、\gamma > 0$，通过检验可以得出该假设满足上述要求。

另外，老年房主为了延长寿命维护身心健康，会在医疗健康方面增加消费开支，产生健康成本 $H(a)$，并满足 $H'(a) > 0, H''(a) > 0$，其所含的经济含义是：老年房主为了提高健康程度，会增加医疗护理方面的消费支出，且支出的边际成本是递增的。同理，老年房主为了提高与延长寿命维护身心健康不相关的其他方面效用，会在非健康医疗消费方面进行开支，产生其他成本 $Q(1-a)$，并满足 $Q'(1-a) > 0, Q''(1-a) > 0$，其所含的经济含义是：老年房主为了提高其他方面的效用，就会增加其他方面的消费支出，且支出的边际成本是递增的，同时减少医疗健康方面的消费支出,且支出的边际成本是递减的。

鉴于总成本 $C(a)=H(a)+Q(1-a)$,$C(a)$ 在 a 上先是减函数,超过某一临界点 a_c 后即变换为增函数,即在某一临界点 a_c 之前,$C'(a)<0$,并满足 $C''(a)>0$,在某一临界点 a_c 之后,$C'(a)>0$,并满足 $C''(a)<0$,其所包含的经济含义是:在健康医疗消费支出的某一临界点 a_c 之前,贷款消费的总成本随着健康医疗消费支出的增加而减少,但是支出的边际成本是递增的;相反地,在健康医疗消费支出的某一临界点 a_c 之后,贷款消费的总成本随着健康医疗消费支出水平的增加而增加,且支出的边际成本是递减的。可以假设 $C(a)=1/2ia^2+ja+k$,且 i、j、$k>0$,通过检验可以得出该假设满足上述要求。

(三)借贷双方收益分析

假设房主的平均寿命预期为 N,借款人实际寿命大于 N 的概率为 $P(a)$,其中 $P(a)$ 是 a 的递增函数,表示老年房主在健康医疗方面的支出越多,其寿命就有可能越长。同时,这里假设 $P(a)=a$,即当老年房主实际寿命大于平均预期寿命的概率,等于其在医疗健康相关方面的支出水平。

假设银行反向抵押贷款的利率指数为 r,r 为贷款利率加 1,且 $r<R(a)$。借款人的抵押房产价值为 W,合约终止时银行有权处置该房产用于清偿贷款本息。

当借款人实际寿命大于预期寿命 N 时,借款人实际上并没有支付贷款利息,银行也没有获得利息收入,借贷双方各种可能的收益回报可表示为如表1:

表1 借贷双方收益分析

收益值	借款人(老年房主)	商业银行
当借款人实际寿命大于 N 时,此概率为 $P(a)$	$R(a)-C(a)-W$	0
当借款人实际寿命小于等于 N 时,此概率为 $[1-P(a)]$	$R(a)-r-C(a)-W$	r

因此,老年房主的预期效用:

$$Eu(r,a)=a[R(a)-C(a)-W]+(1-a)[R(a)-r-C(a)-W]$$
$$=R(a)-C(a)-W-(1-a)r$$
$$=-1/2(\alpha+i)a^2+(\beta-j)a+(\gamma-k-W)-(1-a)r \qquad (1)$$

对放贷银行而言,其预期收益可以表示为:

$$Ev(r,a)=P(a)\times 0+[1-P(a)]\times r=(1-a)\times r \qquad (2)$$

对借款者老年房主而言,选择参加反向抵押贷款后,只要达到不参加这项贷款时的效用水平,即预期效用高于或等于保留收益,说明参与这项业务是合算的。否则,老年房主将不会参加此项业务。同样,对银行而言,反向抵押贷款业务利率的预期收益,要高于或等于其保留收益,否则,银行将不会开办此项业务。这两个条件就是参与约束条件。假设老年房主和银行的保留收益分别为 v_0 和 u_0,v_0 代表老年房主不参与这项贷款业务时所实现的最大预期效用,u_0 代表银行不开办这项贷款业务时所实现的最大预期收益。

三、完全信息条件下的静态博弈模型与均衡分析

这里谈到的完全信息,是指在描述某种经济现象或博弈现象时,对所有参与者来说都能了解到其他市场参与者的一切信息,每个博弈者都能知道其他博弈者的策略和报酬,即信息是完全对

称的。完全信息是一个有效率的完全竞争市场存在的必需前提。在某种意义上，也是"经济人（理性人）假设"的必需条件。如果一个博弈是处于不完全信息的环境下，这些博弈者将不可能预测出他们的行动对其他博弈者会有怎样的效果（即使假定其他博弈者都是理性的）。

在完全信息条件下，老年房主没有私人信息，贷款银行能够观察借款人在健康医疗相关的成本支出 a 来确定贷款利率。反过来，老年房主也可以根据放贷银行确定的利率，选择是否参加反向抵押贷款业务以及参加该业务后在健康医疗方面的支出水平。而后，放贷银行和老年房主进入下一轮博弈。

从公式（1）和（2）可以知道，对放贷银行而言，希望确定的贷款利率是越高越好，但也不能定得太高。反向抵押贷款市场是完全竞争的，如利率定得太高，就不能吸引老年房主踊跃申请贷款，导致银行丧失了获利机会。同样，对参加贷款的老年房主而言，他们希望在医疗健康方面的支出越小越好，但也不能太低，否则就可能降低老年房主的生存质量乃至寿命。如借款人在医疗健康方面支出过多，又会削减其他方面的开支，导致借款人生活质量水平降低，贷款总效用是减少的。同时还可能导致银行面临实际寿命高于预期寿命而需要承担零收益的风险，其结果就是银行将不予放贷。

为此，借贷双方都将调整并选择各自的利率和健康消费支出程度，在选择确定的过程中，借贷一方会针对另一方所确定的行动调整自己的选择，作出相应的反馈，另一方又根据这个反馈调整自己的行为，形成一个不断循环的反馈与被反馈的过程。最终结果就是，借贷双方都会选择一个较合适的利率和健康医疗消费支出水平，实现借贷双方的共赢。且在这个最终状态下，借贷的任意一方都没有独自改变已确定选择的动机，这个最终状态就是博弈均衡。换而言之，反向抵押贷款博弈均衡就是指银行和老年房主通过签署抵押贷款协议确定一个明确的利率指数 r 和健康医疗支出水平 a，并在这个利率指数与健康医疗支出水平下，借贷双方实现的预期效用都不低于各自的保留收益。

由于存在参与约束条件，即借贷双方各自可以获得的预期效用不得低于其保留收益，用 PC_b 和 PC_o 来分别表示银行和老年房主的参与约束条件，则能最大化老年房主期望效用的一组贷款利率指数 r 和健康医疗消费支出水平的 a，应符合以下参与约束条件：

$$(PC_b):(1-a)\times r\geqslant v_0 \tag{3}$$

$$(PC_o):-1/2(\alpha+i)a^2+(\beta-j)a+(\gamma-k-W)-(1-a)r\geqslant u_0 \tag{4}$$

老年房主的目标函数就是选择适当的利率和健康医疗消费支出水平，使得预期效用公式（1）达到最大。也就是说，达到博弈均衡时的最适当利率和健康医疗消费支出水平组合(r_1,a_1)应同时满足以下条件：

（i）$(1-a_1)\times r_1\geqslant v_0$

（ii）$R(a_1)-C(a_1)-W-(1-a_1)r_1\geqslant u_0$，

即$-1/2(\alpha+i)a_1^2+(\beta-j)a_1+(\gamma-k-W)-(1-a_1)r_1\geqslant u_0$

（iii）不存在另外一组(r,a)使得银行的预期收益大于或等于v_0，且老年房主更偏好于它。

从理论上看，对于既定的贷款银行保留收益 v_0 来说，只要借款人即老年房主的保留效用 u_0 足够小，就存在一个博弈均衡解(r_1,a_1)满足上述三个条件。从函数图上看，博弈均衡解(r_1,a_1)应该是贷款银行的保留收益线$(1-a)\times r=v_0$，与老年房主的等效用曲线 $R(a)-C(a)-W-(1-a)r=u_0$ 的切点。

因此，在求解博弈均衡点时，老年房主的预期效用是在满足贷款银行参与约束条件取等式$(1-a)\times r=v_0$ 时的最大效用，从中可以解出 $r=v_0/(1-a)$，并将其代入目标函数 $Eu(r,a)=R(a)-C(a)-W-(1-a)r$，得：$Eu(r,a)=R(a)-C(a)-W-v_0$

老年房主选择最优健康医疗消费支出水平的一阶条件为：$R'(a)=C'(a)$，说明老年房主参加贷款的预期边际收益，等于总贷款消费的边际成本，实现了完全信息条件下的帕累托效率。可以计算得出，在此完全信息条件下的反向抵押贷款博弈有均衡解：

$$\begin{cases} r_1 = \dfrac{(\alpha+i)v_0}{\alpha-\beta+i+j} \\ a_1 = \dfrac{\beta-j}{\alpha+i} \end{cases}$$

此时，参加反向抵押贷款的老年房主获得的最大预期效用为：

$$Eu(r_1,a_1)=\frac{(\beta-j)^2}{2(\alpha+i)^2}+(\gamma+k-W)-v_0 \geqslant u_0 \tag{5}$$

同时，贷款银行的预期收益等于其保留收益，超额利润为零。银行只要观察到参加贷款的老年房主在医疗健康方面的消费支出水平为 a_1，就会同意签订贷款利息指数为 r_1 的反向抵押贷款合同。即老年房主在医疗健康方面的消费支出水平大于 a_1 时，银行就不会给予贷款，因为此时银行超额利润为负（净利润为负）。同样，老年房主只有在银行提供的贷款利息指数不高于 r_1 时，才会参加反向抵押贷款业务，否则不会申请这项贷款。

四、道德风险条件下银行和客户之间的博弈分析

道德风险是基于信息不对称而出现的一种现象，在反向抵押贷款中，放贷银行无法直接观察到老年房主的消费支出水平，即银行无法直接获悉老年房主在健康医疗方面的消费支出水平，这就可能导致借款人在贷款后在健康医疗方面增大消费开支，使得借款人的实际寿命超过银行预期的寿命。借款人的目的是在通过反向抵押贷款补充养老金，并通过合理分配资金的使用，主要健康医疗与其他方面消费开支水平的分配，从而实现贷款资金效用最大化。

银行从反向抵押贷款中所获得的收益，取决于借款人实际寿命是否超出预期寿命，即借款人在健康医疗方面的消费支出水平。这里假设房产价值并不影响贷款利率的确定，即不存在房价波动风险，房屋评估价值是准确且可以实现的，仅考虑放贷银行无法直接观察到老年房主消费支出分配水平这种信息的缺陷。因此，如参加贷款的老年房主在健康医疗方面的支出水平高于银行的预期，会导致该借款人的实际寿命超出银行用于确定贷款利率的预期寿命，则银行将面临无利息收入的风险。此时就会产生道德风险问题，银行必须考虑提供老年房主另一组健康消费支出水平 a_2 和贷款利息指数 r_2 的组合供其选择。此时的博弈均衡组合，需要增加一个激励相容的约束条件（ICC），即银行确定贷款利率指数为 r_2 后，老年房主更偏好于选择健康消费支出水平为 a_2 的资金分配方式，这一选择也是银行期望的，此时反向抵押贷款的最佳组合 (r_2,a_2) 应满足如下激励相容约束条件：

$$ICC: Eu(r_2,a_2)=R(a_2)-C(a_2)-W-(1-a_2)r_2 > Eu(r_2,a)$$
$$=R(a)-C(a)-W-(1-a)r_2 \tag{6}$$

上式（6）对于健康医疗消费支出水平 a 而言，最大化条件 (r_2,a_2) 应满足其一阶条件 $R'(a_2)-C'(a_2)+r_2=0$，即：$-(\alpha+i)a_2+\beta-j+r_2=0$

从中解出 a_2，得到：

$$a_2=(\beta-j+r_2)/(\alpha+i) \tag{7}$$

将（7）式与（5）式进行比较，可以得出 $a_2>a_1$。这意味着存在道德风险时，老年房主在健康医疗方面的消费支出水平，将高于完全信息条件下的均衡健康医疗消费支出水平。对放贷银行而

言,可获得的超额收益仍然为零$[(1-a_2)\times r_2=v_0]$,即净利润为零,所以$r_2>r_1$,即银行将提供高于完全信息条件下的贷款利率指数。

$$-1/2(\alpha+i)\,a_2^2+(\beta-j)a_2+(\gamma-k-W)-(1-a_2)r_2$$

在有解的情况下,可以解出此时反向抵押贷款信贷博弈均衡解为:

$$\begin{cases} r_2=\dfrac{\alpha-\beta+i+j+\sqrt{(\alpha+i-\beta+j)^2-4v_0(\alpha+i)}}{2} \\[2mm] a_2=\dfrac{\beta-j+r_2}{\alpha+i} \end{cases}$$

$$Eu(r_2,a_2)=\frac{(\beta-j)^2}{2(\alpha+i)^2}-\frac{r_2^2}{2(\alpha+i)}+(\gamma+k-W)-v_0\geqslant u_0$$

此时,参加反向抵押贷款的老年房主获得的最大预期效用$Eu(r_2,a_2)<Eu(r_1,a_1)$,即道德风险条件下老年房主获得的预期效用,要小于完全信息条件下的预期效用,但只要该预期效用不低于保留效用u_0,就会实现博弈均衡,此时的最优均衡解是(r_2,a_2)。

五、寡头垄断市场下银行与客户的福利分析

若反向抵押贷款的市场不是完全竞争的,而是存在寡头垄断,则不同的放贷银行之间可以相互协调,在遵循利润最大化的前提下,制定反向抵押贷款的通行价格,即贷款利率指数r。假设此时的最优均衡解是(r_3,a_3),由于反向抵押贷款市场是寡头垄断的,银行此时的定价r_3高于完全竞争市场下的定价r_1,可选择提高价格来获得超额利润,即$(1-a_3)\times r_3>v_0$。

贷款银行确定贷款利率指数为r_3后,老年房主更偏好于选择健康消费支出水平为a_3的资金分配方式,而且这个选择也是银行期望的,此时反向抵押贷款的最佳组合(r_3,a_3)应满足如下激励相容约束条件:

$$ICC:Eu(r_3,a_3)=R(a_3)-C(a_3)-W-(1-a_3)r_3>Eu(r_3,a)=R(a)-C(a)-W$$
$$-(1-a)r_3,\forall a\in[0,1] \tag{8}$$

上式(8)对于健康医疗消费支出水平a而言的最大化条件是(r_3,a_3),应满足一阶条件$R'(a_3)-C'(a_3)+r_3=0$,即:$-(\alpha+i)a_3+\beta-j+r_3=0$

从中解出a_3,得到:$a_3=(\beta-j+r_3)/(\alpha+i)$

由于$r_3>r_1$,所以$a_3>a_1$。

此时,银行实现的预期收益

$$Eu(r_3,a_3)=\frac{(\alpha-\beta+i+j)r_3-r_3^2}{\alpha+i}>v_0$$

借款人老年房主的预期效用$Eu(r_3,a_3)=R(a_3)-C(a_3)-W-(1-a_3)r_3\geqslant u_0$,

$$Eu(r_3,a_3)=\frac{(\beta-j)^2}{2(\alpha+i)^2}-\frac{r_3^2}{2(\alpha+i)}+(\gamma+k-W)-Ev(r_3,a_3)\geqslant u_0$$

寡头垄断竞争条件下,老年房主获得的最大预期效用$Eu(r_3,a_3)<Eu(r_1,a_1)$,要小于完全信息条件下的预期效用,但只要该预期效用不低于保留效用u_0,老年房主仍会参与反向抵押贷款,并实现博弈均衡,此时的最优均衡解是(r_3,a_3)。

通过以上分析可以得出:道德风险的存在会增大银行的经营风险,为此在反向抵押贷款产品定价时,银行会提高贷款利息指数,否则不会开办反向抵押贷款业务。相对于完全竞争状况的借款人,提高贷款利息指数,是不可能实现最高预期效用的,老年房主必须重新安排自己的消费支

出，此时获得的贷款预期效用，也会低于完全竞争市场所能实现的贷款预期效用。因此，在道德风险状况下，老年房主的贷款预期效用也受到较大的损害。同理，在寡头垄断市场下，银行可以通过垄断地位提高贷款利息指数，因此寡头垄断的市场格局也会损害借款人老年房主的期望效用。对于上述情况，政府应采取政策降低反向抵押贷款市场的信息不对称，并采取措施打破反向抵押贷款市场的垄断格局，使反向抵押贷款市场向完全竞争市场格局发展。

像反向抵押贷款这种高级复杂的以房养老方式，涉及众多部门和单位的共同协调和配合才得以完成，涉及国家相关的政策法规的转变，还需要金融保险部门制订相应的条款章程和产品设计，才能予以实施。目前，这些工作尚未做到，相应的平台尚未建立，故此，要认真实施起来，尚是较早之事，某些新闻媒介曾竞相报道说中国保监会将于 2004 年 10 月下旬在中国推出反向抵押贷款这一金融产品，日后又多次传出这一消息。结果说明这只是新闻媒介的一种炒作而已。

本文虽然对反向抵押贷款市场中商业银行与老年房主之间的行为选择，进行了博弈分析，但仅仅假设了三种前提：完全竞争市场中信息完美且完全、完全竞争市场中存在道德风险以及寡头垄断市场三种情况，忽略了逆向选择、房价波动风险与利率风险等其他风险，且对长寿风险的设定较为简单，忽略了借款人各自的健康状况有异等其他情况。鉴于本项业务目前尚未在我国开办，故此无法采集到相应的数据，在定量分析上有所缺失。

保险公司开办反向抵押贷款业务的运作模式设计

何赛飞　柴效武

摘要：近年来，倡导开办反向抵押贷款业务成为社会的热点话题。本文阐述了反向抵押贷款业务开办的意义、保险公司开办反向抵押贷款业务、相关部门协作及保险公司在运作过程中可能遇到的障碍，诸如现金流问题、资产负债匹配问题等，并对反向抵押贷款保险模式作了概括。

本文的讨论是期望保险公司成为反向抵押贷款业务的主办机构，保险公司开办此项业务，通常称为房产养老寿险应当更为贴切。该模式是以一定年龄的老年房主为投保人，以投保人拥有房产的部分或全部产权为标的，将所持有的房产以反向抵押的方式向保险公司办理房产养老寿险，再由保险公司通过一定的支付方式，按期向投保人支付养老金，到了一定期限或在投保人死亡、卖房或永久性搬出被抵押的住房时，才出售抵押物来筹集资金偿还本金和利息。

一、反向抵押贷款业务开办的重大意义

我国是在经济不发达、人口基数大、未富先老的条件下急速进入老龄化社会的，与国外发达国家相比，我国的养老负担更加沉重，社会保障体系不完善，养老金短缺，保险公司自身面临着诸多困境等现实问题，都加剧了这一局面。为了缓解养老保障的压力，亟需寻找一种新的养老办法。在借鉴国内外以房养老模式的基础上，保险公司发展反向抵押贷款业务，把凝固在住房上的资产提前盘活变现，作为老年人自我养老的有效途径，就是一个不错的选择。

（一）反向抵押贷款的一般情形

以房养老的概念在国外其实早已提出，并有了较为成熟的操作模式。研究层面包括金融保险、计量经济、金融工程、保险精算、税收、产权、福利、养老保障、风险防范、产品定价乃至婚姻家庭、伦理道德、法律法规等各个方面，涉及范围甚广，研究理论与方法逐渐成熟，为这一业务的顺利推行奠定了雄厚的理论基础。

反向抵押贷款模式是指以产权独立的房产为标的，以中低收入的老年人为对象，将其手中持有的房产以抵押的形式向保险公司办理反向抵押贷款，再由保险公司通过年金支付的形式，每月向投保人支付养老金的保险品种。借助于保险这一构思精巧的新型金融理财工具，将房产价值与养老保障有机地结合在一起，发挥解决养老资源短缺，提高养老水平的效用。它的出现将会促进养老资金来源渠道的多元化，同时有利于保险公司增加新的金融保险工具，拓展业务服务领域，开辟新的收益来源。

笔者认为，反向抵押贷款作为一种新型养老模式，必须与现有保险机制紧密结合，又对现有保险机制有较大的突破，再加上政府的大力支持，才能真正开展起来。但要期望借此完全替代养老保险和儿子养老，来保障老人安度晚年，也缺乏现实性和可能性，事实上也完全没必要实现这种替代。保险公司开办反向抵押贷款业务的具体流程操作，保险合同条款设计，反向抵押贷款业

务的风险防范,反向抵押贷款业务的正式开展等,都是日后研究的重点。

(二)推出反向抵押贷款模式,为保险资金多元化投资提供一条有效途径

1.开辟反向抵押贷款业务,使保险公司有机会把普通的保险业务同房屋的长期经营结合起来,为巨额保险资金寻找一条安全有效的新出路,使自身进入一个空间广阔且长期盈利丰厚的经营领域。实行反向抵押贷款服务,可以使保险公司大大扩充资本金,提高资产质量,增加新的业绩和利润的增长点,培养自身抗风险的能力,以应对国外大保险公司的挑战。

2.反向抵押贷款业务将养老保险与购房、售房很好地结合起来,可以将保险公司和社会保障机构每年收取的巨额保险资金、社会保障基金、住房基金在合理投资中,寻找安全、受益稳定可靠的多元化的投资出路,实现保险资金"从养老中来,到养老中去"的新型循环机制,且能产生巨大的经济效益和社会效应。

3.保险公司目前的资产已达到数万亿元之多,投保期限长达数十年之久,对这部分资产的管理,应当找到相匹配的长时期投资和资产负债结构的新模式。尤其是新修订的《保险法》,特别允准保险业界可以投资不动产,为保险业开展反向抵押贷款业务,主动进入养老领域和老年房产市场开辟了绿灯。开办反向抵押贷款业务,有益于拓宽保险资金的运用渠道,提高保险公司的风险管理水平。

4.反向抵押贷款业务是对传统保险业务的拓宽与加深,它将促使老年人大量购买相关保险产品,将自身的房产资源和自己的人生搞活,并借此形成大批量的新型养老寿险产品。它将促成保险公司为保户提供超值的养老服务,为众多老年人的晚年生活提供必需的物质钱财和居住养老的高质量生活方式。

5.从未来中国实行遗产税制度的角度讲,开办反向抵押贷款业务能合理避税。从保险机构的角度着手,能改善保险公司的资产结构,把保险公司同房地产业务相联系,拓宽了业务空间,扩大了赢利的范围。

二、国内相关研究文献综述

(一)反向抵押贷款的一般评述

柴效武(2008)在"反向抵押贷款还是房产养老寿险"一文中分析了由保险公司而非银行等其他金融机构来开办反向抵押贷款的原因,并指出目前国内只有保险公司才能提供需要精算技术支持的反向抵押贷款业务。我国实行严格的金融分业经营原则,会使银行推行此项业务埋下风险隐患,而且反向抵押贷款产品的运营,是一个长达十几年甚至几十年的过程,风险控制技术要求较高,保险公司在这些方面比银行拥有更多的经验。具体而言,就是在反向抵押贷款业务的推出中,保险公司唱主角,银行、国家养老保障部门充分合作,相互配合。反向抵押贷款涉及有关保险事宜,需要广大保险机构的参与和介入,以锁定各类风险,利用保险机制来分散、转移风险。同时也需要政府的直接参与,由政府出面组建政策性保险机构和担保机构,并给开办反向抵押贷款业务的金融机构提供优惠政策。他认为,住房抵押贷款养老保险模式是财险与寿险的有机结合,是确定性业务和不确定性业务的结合,是房产资源与货币金融资源相互融会、形态转换的结合,绝非是一种单一产品,而是一个产品系列。

袁欣(2007)认为中国的京沪大城市满足开办反向抵押贷款业务的三大条件,即"拥有健全的

贷款保险制度、健全而统一的法律保障体系、完善高效的房产合约流通市场,即房产证券化程度较高",这些都是针对金融机构开办反向抵押贷款业务面临的风险问题来说的。袁欣还指出:"保险公司在养老金业务上具有相当的经验和技术优势。反向抵押贷款的发放,在很大部分上是以养老金的方式进行的。在美国,1999 年受理的反向抵押贷款业务,采用这种方式的有 2/3。"保险公司高效的营销体系也会节省大量的业务开办成本,从而说明保险公司是开办反向抵押贷款业务最好的金融机构,但在中国开办房产抵押贷款业务的是商业银行,保险公司在这个方面缺乏开发与房产相关金融产品的经验。袁欣最后提出可行建议,先让保险公司和商业银行共同开办反向抵押贷款业务,等到保险公司熟悉业务后,再独立开发反向抵押贷款市场。这为中国保险公司开办反向抵押贷款业务拓宽了思路,提供了一种可借鉴的业务发展模式,具有很强的实际意义。

　　笔者从我国保险公司目前面临的困境出发,论述其开展反向抵押贷款业务的重大意义,借此论证保险公司是我国开办以房养老模式最理想的机构,并概述国内外的房产养老模式以供保险公司参考。通过对美国、加拿大的房产养老模式进行阐述,进而介绍我国具有借鉴意义的以房养老现行模式,同时简要说明了保险公司如今开办此项业务所面临的各种风险的困扰。

(二)保险公司开展反向抵押贷款业务必要性和可行性的文献综述

　　柴效武(2004)认为我国的保险公司面临保险资金出路狭窄、投资收益低下等问题,且保险资金大多投资于银行存款,面临巨大的利率风险,无法满足保险资金保值增值的要求。因此,保险公司迫切需要开拓新的投融资渠道来提高投资收益,而反向抵押贷款是一种创新型的金融工具,能满足保险公司多元化经营和提高投资收益的要求。柴效武还对反向抵押贷款在微观经济上的影响进行了全面比较与定性,认为:"反向抵押贷款为保险公司提高了抗风险能力,加强了资产质量,应对中国加入 WTO 后国外大保险公司提出的挑战提供了一种强有力的手段。"

　　魏华林和何士宏(2007)认为,实行计划生育之后,我国家庭结构开始呈现小型化、核心化态势,"四二一"家庭结构越来越多,养老资源不能应付家庭老年成员的养老需求。再加上人口流动的加剧,越来越多的子女在结婚后选择自立门户,空巢老年家庭的比例越来越高,但老年人单独居住的趋势,反而有利于反向抵押贷款业务的开展。

　　欧丰霞(2007)认为,开办反向抵押贷款业务,用房产的余值来养老,是我国人口老龄化背景下,对社会养老保障、对儿子养老和票子养老的有效补充。开办反向抵押贷款业务不仅能够促进老年消费的增长,活跃房地产市场的发展,促进保险公司的金融创新,而且有利于保障社会弱势群体,维护社会稳定,对我国建设和谐社会有着重大意义。因此,我国的保险公司应在借鉴国外经验和模式的基础上,综合考虑各种因素,发展适合我国国情的反向抵押贷款业务。

　　冯嘉亮(2005)分析了保险公司开办反向抵押贷款业务的"三得"与"三思",认为反向抵押贷款保险是寿险服务的延伸和寿险业务的衍生,同时增加了理财品种,扩宽了理财渠道。

　　赖晓永(2004)认为,开办反向抵押贷款业务可以"培育其衍生市场如贷款保险市场的形成和发展,有助于全方位、多层次地推动我国金融市场和房产市场的持续繁荣和进步"。

(三)保险公司开办反向抵押贷款业务的文献综述

　　冯嘉亮(2005)认为,反向抵押贷款不同于其他的寿险产品,在保险条款、销售方式以及抵押物的处置上,应特别谨慎对待。在保险合同的养老金领取方式中最适宜按月、分期递增支付养老金,直至被保险人身故;保险公司应该以直销的方式进行销售,养老年金的给付应适当调整避免风险;订立反向抵押贷款保险合同前的抵押物的估价工作,既要做到使抵押所担保的债权不超出其抵押物的实际价值,又要充分体现抵押物的价值,以及审核各种资料的合法有效性,保险公司应最大限度地做到"公平";在反向抵押贷款合同履行的过程中,保险公司需要考虑抵押物的维护与管理,如何避免受损降低价值等,投保人申请退保时的处理,以及国家的存款利率调整后房价的波动预测等一系列工作。但该论文未能考虑到保险公司在涉及房地产业务的限制,保险公司在抵押房屋的价值评估和价值预测、抵押房屋的管理与维护和收回房屋后的处理与销售等方面存在困难等。这些都为保险公司开办反向抵押贷款业务提供了参考。

朱劲松和陈欣(2008)认为住房反向抵押贷款的开始年份,应在借款人 60~70 岁开始,并且针对道德风险,保险公司可在反向抵押寿险合同中规定某一特别条款,即当人均寿命平均提高到一定岁数时,对贷款公司要行使保护。在房价的确定方面,考虑到中国人口多、密度大等特点,居民一套中等面积的合理房价,应确定为收入的 6 倍,且人均收入与 GDP 呈现同比例增长。朱劲松认为:"反向抵押贷款合同不应采取借款人去世,保险公司无条件收回住房的方式,这对借款人的继承人可能很不公平。应该将选择权留给借款人,可以将住房留给保险公司,也可以选择处理住房来偿还贷款本息。"

魏华林等(2008)认为,开展反向抵押贷款业务,政府管理部门的作用十分关键,要做好市场培育、政策扶持、税费减免、监督审查、信息咨询及在必要时提供资金支持等方面的工作。但此文仅从理论层次上对反向抵押贷款运作模式进行设计,并未深层次地探讨具体的开办方式及相关的产品定价和风险防范问题,这是此文所欠缺的地方,应当加以改进。

邹小芃和张晶(2006)在"寿险公司提供反向抵押贷款的精算问题研究"一文中,分别设计了单生命和双生命的反向抵押贷款精算模型。对模型运行结果的评估表明:在保证寿险公司效益的前提下,该产品采用趸领或年金方式领取的金额,对需方具有较大的吸引力,即反向抵押贷款产品会提高老年人的生活质量,促进消费。

曹小琳和杨琦(2008)在"住房反向抵押贷款的流程设计及风险防范"一文中,设计了反向抵押贷款业务的运作流程,并分为申请、评算、发放、回收四个阶段。申请阶段由银行主导,确定对象为 65 岁以上(含 65 岁)的老年人,并对申请者进行审核。评估阶段先由保险公司预测投保人的寿命期来确定贷款期限,再由评估机构评估房产价值来确定贷款的发放额度,最终由银行按照合同规定,采用分期支付或信用支付的方式来发放贷款。最后的回收阶段银行可能盈余也可能亏损,要加入中介机构如保险公司等来减轻银行的经营成本,降低贷款回收风险,确保贷款的顺利回收。

(四)保险公司开办反向抵押贷款业务运作模式的研究文献

孟晓苏(2002)认为,反向抵押贷款模式最适合中国国情的支付方式,应该是寿险年金支付,而保险公司在养老金业务中具有较多的经验和技术优势。

李雅珍和邹小芃(2005)指出金融业务创新的关键,是产品的定价问题,只有解决好这一技术性难点才能确保成功。他们认为"反向抵押贷款的定价分为两个方面:一是寿险公司根据成本—收益关系及市场需求,拟定贷款—房产价值比例;二是在给定期限、借款人年龄、利率等条件下,确定某反向抵押能够得到的贷款数额,再根据不同的贷款领取方式,确定每期可以得到的贷款数量。老年家庭用自有房产作抵押,能够申请到的贷款数量一般取决于三个因素:房产价值、贷款利率和借款人年龄。在贷款限额内,一处房产能获得的贷款数量与该房产的价值呈正向关系,与贷款利率及借款人的年龄是反向关系。除这三大决定因素以外,贷款期间的通货膨胀率、房产增值率的确定,对贷款数额的确定也有影响"。反向抵押贷款养老保险模式除了利率风险、寿命风险和房产价值风险这三大风险外,还有传统文化障碍带来的业务认同风险和政策性风险,并从我国推行反向抵押贷款业务的供给和需求分析,来论证我国寿险公司开办反向抵押贷款业务的可行性,所设计的定价模型也有一定的借鉴意义,然而此文只提出初步设想,并未指出寿险公司开展反向抵押业务的操作流程,这是此文的一大缺陷。

魏华林和何士宏(2007)对美国、加拿大以及新加坡三国已开办的反向抵押贷款业务比较分析,从而探索出适合我国的保险机构开展反向抵押贷款的运作模式,并设计了操作流程,这为今后保险公司开展反向抵押贷款业务奠定了扎实的基础,尤其是新加坡的反向抵押贷款是由保险公司推出的,且必须抵押保障保险、人寿保险及屋宇保险等,这更符合中国的实际,值得着重借鉴。

邹小芃和张晶(2006)在"寿险公司提供反向抵押贷款的精算问题研究"一文中,指出在我国运作反向抵押贷款必须采用政府主导与市场结合的模式。根据部分发达国家的经验,商业银行和保险公司均可能成为合格的供给主体,但若要在近期内推出这一产品,保险公司在寿命预期、产品设计、资金运用等方面均存在着更为突出的优势,是配合政府从事反向抵押贷款运作的比较理想的金融机构。

曹小琳和杨琦(2008)在"住房反向抵押贷款的流程设计及风险防范"一文中认为,政府是市场的引导监管者,起主导作用;银行和保险公司是政府意图的执行者和业务的推行者。针对长寿风险,可由规模化经营来分散风险,即由借款人长寿所导致的损失,可由寿命短的借款人所产生的收益来抵消。此文将反向抵押贷款的理论探讨转化为实践操作,为中国择机推行此业务提供建议和理论支持,但只是进行了粗略分析,并没有深入展开,并且由银行来主导住房抵押贷款业务这个模式不符合中国现在的实际,对定价方面的模型设计也只提到了影响养老年金的各个因素,没有实际的准确模型。

综上所述,国外对反向抵押贷款的研究已经进入实际操作阶段,并且业务的开办已经很成熟。国内越来越多的学者积极主张用此金融工具来缓解我国日益增大的养老压力,但目前对推出该项业务仅限于理论研究阶段,如只限于对反向抵押贷款的必要性和可行性研究,以及贷款产品定价、市场前景等,即使涉及操作流程,也没有具体展开,且没有完整的流程设计和定价方面的论述,实践运作中,尚无任何机构正式开展此项业务。

三、保险公司开办反向抵押贷款业务

(一)保险公司开办反向抵押贷款业务的优势

保险的功能是削弱来自自然的和社会的诸多风险的威胁,保证被保险对象在遭受保险事故而发生经济损失时,投保人或受益人能借此获得一定的经济补偿。同时,保险也能够分担从事反向抵押贷款业务的商业银行的经营风险,推动本业务的稳健发展。

从表面上看,如此做法似乎可以使保险资金更为安全,但却无法有效分散各类风险,无法从根本上保证资金的安全。随着我国保险市场的发展,保险公司迫切需要拓宽保险资金的投资渠道,提高投资效益,创新保险业务,使保险产品多元化,以利于保险资金的保值增值和分散风险。反向抵押贷款业务运行周期长且不固定,比按揭贷款风险有更大的不确定性,更有必要引入保险业务分散商业银行的风险,这样既有利于保障反向抵押贷款双方当事人的合法权益,也有利于我国金融行业的发展和稳定。

(二)保险公司是开办房产养老业务的理想机构

根据我国的实际情况,无论从资金来源、销售渠道,还是从风险管理经验和精算技术等多方面考虑,保险公司具有其他机构不可比拟的综合优势,保险公司特别是其中的寿险公司是从事反向抵押贷款运作的理想机构,主要原因如下:

1.保险公司是支有生力量,寿险公司是开办养老保险缴纳与赔付业务的专业机构,积累了丰富的理赔经验。养老保险是寿险业的传统业务领域,集中体现了寿险的产业特点和专业优势。保险精算队伍在寿命预期和产品定价等方面有无可比拟的专业优势,经办此类业务是比较适合的。保险公司本身就开办有养老保险业务,并借此积聚了大量长期的资金。我国已经加入了WTO组织,政府各项经济金融政策的管制处于松动之中。

2.寿险业务大都是5年乃至30年的长期限,同反向抵押贷款业务要求的长期限是非常吻合的,就此而言,保险公司经办反向抵押贷款业务比银行更为合适。人寿保险和养老保险资金一般具有数额巨大、运转周期较长的特点,是运营反向抵押贷款业务的有利条件,也比较适合于周转期长的房地产业务。

3.寿险公司拥有遍布全国的现成分支机构,具有强大的营销体系,营销团队人员有一定的基础,且保险公司人员的业务素质高,学习开辟新业务较为容易,知识、业务迁移的成本低。

4.就产品而言,我国的寿险公司目前虽然新产品开发较多,但差异性不大,结构不合理,特别是养老保险、医疗保险领域存在较大的市场空缺。反向抵押贷款产品在设计时需要考虑借款人的预期寿命,保险公司在产品设计上可能具有更大的优势,推展此项业务,可以为寿险行业的产品创新提供新的方向。

5.保险公司拥有雄厚的资金基础,尤其是其中的寿险公司更是积累了大量的保险金。截至2017年底,我国保险业集聚的总资产已经突破10余万亿元,而且它的支付一般都发生在10年之后,这与反向抵押贷款的长期限有较好的匹配。反向抵押贷款作为一种创新型金融工具,能满足保险公司多元化经营和提高投资收益的要求。

6.一般情况下,反向抵押贷款业务到期后的贷款累计本息总额会小于到期抵押房屋的价值,对保险公司来说,无疑是一个很好的商业保险项目。推进保险业尤其是寿险业与房地产业的结合,将是有效提高保险资金投资效益的方式之一。我国已经发展得较为成熟的房地产按揭保险,就是保险业与房地产结合的很好范例。我国的房地产市场目前蓬勃发展,进入迅速成长的快车道,正是保险公司介入的最佳时期,也能为自己进入房地产资本市场提供一种新方式。

在最初的几年,这项业务不会给保险公司带来多少盈利,经理人的业绩表现不会明显。不过在这个阶段,贷款支出也较少,且投保人的房屋资产和未付贷款都在保险公司的账上,对保险公司来说是利大于弊。只要不急功近利,这项业务会成为保险公司新的利润增长点。

(三)摆脱保险公司面临的困境

我国《保险法》第105条规定:"保险公司的资金运用必须稳健,遵循安全性原则,并保证资产的保值增值。保险公司的资金运用,限于在银行存款、买卖政府债券、金融债券和国务院规定的其他资金运用形式。保险公司的资金不得用于设立证券经营机构,不得用于设立保险业以外的企业。"基于此项法律规定,我国严格分业经营的政策限制和资本市场不够完善的现实,使得大部分保险公司面临的一个共同问题,就是保险资金投资渠道过于狭窄,投资收益低下,大量保险资金闲置,没有很好地发挥保险资金保值增值的作用。保险资金的利用率在国外基本上能达到90%,在我国连50%都不到,大量保险资金只能以低利率存储于收益低下的银行,利率的多次下调,使得这种投资结构远远不能满足保险资金保值增值的要求,资金收益率则创下了近年来的新低。其中缘由既有严格分业经营的政策限制,也与金融危机、股市低迷、基金效益全面下滑有关。故此,寿险公司迫切需要进入反向抵押贷款等消费信贷市场,为寿险资金投资开辟新渠道,提高投资收益,降低损失,保证资金给付的可靠性。

据统计,目前我国的商业保险公司及社会保障机构等,都积累了巨额的养老保险资金,且资产流动性很好,可以有效保证开展反向抵押贷款业务的资金供给。寿险资金投资渠道的多元化是必然趋势,也是当务之急。因此迫切需要开拓新的投资渠道来提高投资收益,保证保险资金的保值增值和赔付的可靠性。保险公司顺利运营的重大事项,就是为这部分资金寻找安全可靠、收益稳定的投资渠道,它直接影响到保险公司的盈亏,影响到保险公司为保户提供更好的财产和价值保障。

(四)寿险公司开展贷款业务困难的化解

自从 20 世纪末存贷款利率多次下调之后,目前的保险资产结构显然不很理想,资金运作固然很安全,但利息收益也很低,远远不能满足保险资金保值增值的要求,存在着较大的利率风险。从住房反向抵押贷款产品的性质来看,还包含了客户长寿风险、流动性风险、市场风险、道德风险等。其中市场风险(房地产价格波动风险)属于系统风险。从国外经验来看,一般通过建立共同保险基金、政府担保,或者通过资产证券化来实现风险的转移或共担,无论是由银行或是保险公司承当产品的提供商都无法担当这一重任,必须由政府提供政策支持,建立保险基金或实现保险资产证券化等来最终消除该风险,这是目前我国推出住房反向抵押贷款的最大障碍。

开展反向抵押贷款业务中,年龄预测、利率预测及未来房价预测三方面的不确定性因素,是保险公司开展反向抵押贷款业务的主要障碍。保险业在甄别利率风险、客户长寿风险并剔除该风险的影响,具有寿险精算的技术优势。而道德风险、逆向选择风险则需要建立激励约束机制。我们利用相关模型根据这三大不确定因素进行估计,并从谨慎原则出发,围绕这三大因素研究分析保险公司开办反向抵押贷款的可行性,并得出"保险公司开展反向抵押贷款是可行的"结论。而遇到的若干困难和障碍,则可以通过如下途径加以化解:

1.美国反向抵押贷款市场的风险承担、分散机制,在产品推出初期以低息或无息贷款形式提供一定的启动资金,在本贷款产品推出后,由政府或指定的专门机构对寿险公司的现金流进行担保。同时,对开展反向抵押贷款的寿险公司给予一定的税收优惠,鼓励其开展业务。允许寿险公司本身或其他金融机构从事反向抵押贷款证券化业务,也是解决现金流问题的途径之一。

2.监管机构对反向抵押贷款产品的资产负债管理提供较为完整的操作规范,加强监管制度建设,严格监管执法,为开办反向抵押贷款业务营造公平有序的市场环境。

3.政府建立房地产质量、交易和公允价值市场数据库,为贷款机构提供指导性意见;保险公司加强与有资格的中介机构如房地产评估机构的合作。

四、部门协作共同开办反向抵押贷款业务

反向抵押贷款业务涉及贷款的发放,抵押房屋的评估、维护与销售,需要保险公司与银行、房地产部门充分合作。各关联方在合作中担负的责任大致如下:

(一)商业银行

我国商业银行长期经营住房按揭贷款业务,人寿保险公司长期经营养老金业务,虽然有很多不完善的地方,却为住宅反向抵押贷款的引入和实施提供了一定的技术支持。在住宅反向抵押贷款的实施过程中,大数定理和生命表的使用以及贷款的逐月发放,都是关键的技术环节,而我

国的人寿保险公司在长期经营中积累了较为详细的各地区的人口死亡数据,能够较为准确地针对反向抵押贷款业务的特点,对贷款的发放进行合理的规划,并利用经营网点多、联系面广的优势,为需求方提供迅捷、满意的服务。在我国反向抵押贷款模式的研究过程中,应充分考虑人寿保险公司可能发挥的重要作用,将其作为连接供需双方的平台,纳入到整个贷款运作体系中。

我国的房地产贷款业务一直是由商业银行进行操作的,商业银行对国内房地产市场的情况非常了解,对房地产的估价及资产转让等方面有着丰富的经验,能够满足反向抵押贷款的启动预算,还可通过反向抵押贷款证券化的形式提高贷款资产的流动性,使业务开展的交易成本变得较低。但商业银行开展反向抵押贷款业务也存在明显的不足,就是产品开发经验欠缺,包括对借款人寿命的预期、对养老金市场的敏感、对产品的定价等方面的欠缺,这些正是寿险公司的强项。

(二)养老保障机构

养老保障机构一般是一种非营利机构,而非单纯以利润最大化为目的的企业。养老保障机构主要负责的工作,是接受有意申请反向抵押贷款的老年人的咨询和服务工作。通过这些咨询活动获得老年人的相关信息,以确定他(她)们资质是否合格,这就需要设定相关的资格审查表,主要内容包括年龄,是否具有房屋产权,反向抵押品的房产是否作为主要居住场所等。老年人一般对反向抵押贷款并非很了解,养老保障机构在开展此项业务时,必须向老年人解释清楚,如发现该贷款品种并非最适合该老人的晚年养老,也必须如实转告。

作为整个以房养老制度安排核心的养老保障机构,应该在其中起到协调和控制、连接整个反向抵押贷款整个操作过程中各个机构的作用,它将整个过程分成几部分,由不同机构负责各自擅长的部分,形成优势互补,承担各自的风险,分享相关利益。

(三)保险机构

反向抵押涉及贷款的发放,抵押房屋的评价、维护与销售等,保险部门主要负责整个住房抵押贷款中风险的规避,包括信息不对称和逆向选择风险等。保险机构有长期开办寿险服务的经验,因而最适合承担这项工作,依照保险死亡表,虽然对单个保险人的生命预测会有误差,不过根据大数定理,整个非系统误差会消失。但这里有一个问题应该引起大家的注意,就是与参加人寿保险的人会对自己的生命健康放松警惕。相反的是,老年人在参加反向抵押贷款等以房养老方式后,可能会因为心情的放松和经济压力的减轻,而超过一般人均预期寿命,因而在生命表的基础上加上两岁左右比较合理。

保险公司开办业务中与银行、社保部门进行充分的合作,主要承担两方面的职能:一是利用保险精算优势,策划住房反向抵押贷款业务的程序,设计住房反向抵押贷款产品;二是开展住房反向抵押贷款担保保险业务,化解贷款到期时贷款本息超过房屋变现价值的风险。

(四)特设机构

结合我国现行的法律环境,可以考虑的一种可行方案,即成立一个独立于商业银行的专业化机构专门从事与住房金融相关的业务,主要制定反向抵押贷款条款,监督贷款业务的运行并提供保险等。业务运作机制在充分考虑养老的特性并融入政策福利性因素后,完全依靠市场机制运作。其贷款由授权机构(包括银行、保险、社保基金等)发放,住房评估、交易等都由房地产专业机构运作,这样不仅可以有效地隔离资产风险,保护贷款机构和借款人的利益,还可以通过设定科学的贷款标准,规范贷款一级市场,为以后建立流通性强的贷款二级市场——贷款资产证券化做好基础工作。

开展反向抵押贷款并将贷款资产证券化,将为保险机构收取的大量保险资金找到很好的投资渠道,由于有抵押房产做担保,这些证券化产生的金融资产信用等级较高,投资收益也较为丰厚,较当下很多保险资金单纯存入商业银行仅得到存款利息而言,明显是回报更为丰厚。

(五)中国住房反向抵押贷款的金融模式

借鉴国外开展反向抵押贷款的经验,中国住房反向抵押贷款可以采用以保险业为主或"银保合作"模式。在以保险业为主的模式下,主要做法是:保险公司将已经拥有房屋产权的老年投保人的房屋产权抵押,利用精算法计算每月可获得的金额,直到借款人亡故,保险公司将已抵押的房屋收回,进行销售、拍卖或出租。

在"银保合作"模式下,有两种具体的操作办法。方法一:以保险公司为主设计年金产品,银行用贷款购买这种产品,保险公司负责向客户定期发放年金;方法二:借款人首先将住宅抵押给银行,银行跟借款人商定反向抵押贷款的期限(可定为10年),然后,每月向借款人发放养老款,同时银行每月向保险公司支付一定的保金投保用于购买延期年金。如果到期借款人还健在,其后的月付款由保险公司支付;如借款人去世,银行将房产回收,然后通过房产中介机构进行处置。

以保险业为主的主要优点,可以使得保险公司的精算技术力量、经营养老金的业务优势、丰富的理赔经验以及保险资产的配置特点得到充分发挥。同时应该注意到,开办此业务需要在一个相当长的时期内提供大量的资金,而没有任何的现金流入,加上该业务具有的非赢利属性,如果没有政府相关政策的支持,保险公司独自开办此业务,将面临较大的资金压力及盈利压力。在"银保合作"模式下,结合寿险公司在产品设计和定价方面的优势,使得该模式比仅仅由保险公司或商业银行单独开展业务具有明显优势。在银行提供大量启动资金的情况下,面临的风险状况要比保险公司高,这有助于减轻保险公司的资金压力,但要注意贷款制度设计中合理考虑利益的分配,调动两家机构的积极性。同时,由于"银保合作"模式涉及银行和保险两家金融机构,协调好两家的合作关系至关重要。由于中国实行严格分业监管体制,对反向抵押贷款业务的监管就变得更为复杂,对监管机构提出了更高的要求。尽管在"银保合作"模式下,能够结合两家金融机构各自的优点,但两家机构是否有意愿共同合作开展反向抵押贷款业务尚不清楚,该模式的顺利实施离不开国家政策的大力支持。

反向抵押贷款以房养老业务的开办,作为金融保险机构而言,固然要将风险的防范放在首位,并在具体章程条款的制订、业务的实际运行中坚决贯彻;作为一种社会效应远远大于金融保险本身效应的金融产品,金融保险机构更应当将社会的责任,为社会公众谋求福利放在重要位置上加以认识。只有如此,才能最终推动金融保险机构的强大并长久不衰。

住宅反向抵押贷款的制度设计,需要各方专业人士的共同磋商来完成。在当今金融市场鼓励创新的大环境下,国外各种成熟金融产品的借鉴和引入,已经成为一种大趋势,在充分考虑防范金融风险的前提下,有步骤地进行反向抵押贷款中国运作模式的研究,对繁荣我国的金融市场,为百姓提供更多的金融服务大有益处。

五、业务运作过程中遇到的障碍

保险公司开办反向抵押贷款业务,可能会遇到的障碍有如下方面:

(一)现金流问题

反向抵押贷款业务特有的现金流形式,意味着保险公司要在前期持续付出大量的现金,经过很长时间才能等到期满获得偿还,届时还要通过变现性较差的房屋资产的出售才得以变现。作为一般的保险公司,很难承受如此长期的现金流出,且对当期职业经理人的业绩与盈利指标考核等,都会表现出较多的负面影响,从而招致股东的巨大压力。因此,在没有政府等相关机构提供现金流保障或其他支持手段的情况下,保险公司很难有热情积极开拓这一产品。

(二)资产负债匹配的问题

保险行业本身就是集聚众多风险于一起并加以有效防范的机构,若保险资金的运作出现有较大风险时,全社会的风险管理体系都会产生连锁反应。其中,资产负债匹配工作是保险风险控制的重点。在反向抵押贷款模式特殊的交易形式下,按浮动利率计算的负债是不确定的,房屋资产价值由于系统性和个体风险更难以预计,使得保险资产和负债的久期很难匹配,从而给保险公司的偿付能力带来巨大威胁。

(三)业务不熟悉问题

我国的保险公司几乎从未涉足过房地产市场,对该市场的投资和运作缺乏经验,难以对房屋资产作出合理评价。这里可以提出的解决措施是,保险公司将有关房地产价值评估、资产证券化、房产出售的内容外包给房地产企业相关机构操作。从目前行业发展的大趋势——产业细分化来说,是非常合理和必要的。

(四)资产流动性问题

从资产资本定价模型的角度来看,保险公司参与这一事项,将老年人凝固的房产价值搞活了,却将自己本来可以随时流动的资金凝固了,缺乏了流动性,将使保险公司面临保费支付的风险。从保险公司来说,要增加风险就必须提高风险溢价,增加保费的内涵报酬率,使得保险成本上升;从投保人来看,由于保险公司未来的支付风险增加,他们会纷纷退出财险和寿险业务,寻找其他保障和保险途径。

(五)对一般寿险业务可能发生的干扰

保险公司开办反向抵押贷款业务后,可以预期正常的人寿保险收入将会减少。从市场上筹集的保费收入骤减,由于缺乏足够的人群参与寿险和财险业务,保险公司抵制道德风险和逆向选择风险的能力会大大减弱,必要回报率会减低;没有开办反向抵押贷款业务的保险公司的必要报酬率,则会相对较高,而且没有未来的保费支付风险,这就会使那些大数定理受到损害的保险公司放弃该项目。从以上分析来看,保险公司的参与并不能化解反向抵押贷款事项的支付风险,只能提供团队和技术支持,资金来源还要另想办法。

六、反向抵押贷款保险模式构架

具体到保险制度的设计上,本文认为可以适当借鉴我国已经运用得较为成熟的按揭保险模式,并结合反向抵押贷款自身的特点加以改进和创新。

(一)现行按揭贷款的保险模式

中国人民银行颁布的《个人住房贷款管理办法》第 25 条规定:"以房产作为抵押的,借款人需要在合同签订前办理房屋保险或委托贷款机构代办有关保险手续。抵押期内,保险单由贷款机构保管。"第26条规定:"抵押期内,借款人不得以任何理由中断或撤销保险;在保险期内,如发生保险责任以外的因借款人过错的毁损,由借款人负全部责任。"因此,保险在按揭实践中是强制性的。

按揭保险主要有两种形式:一种形式是财产保险,投保人是按揭贷款的借款人,也就是购房人,按揭银行是实际上的受益人。一旦作为抵押物的房屋因为意外事故或其他原因出现毁损灭失时,银行可以从保险赔偿中优先受偿。这种保险法律关系和优先受偿权可以在按揭贷款合同中予以明确。但保险的金额和费率一般较高,使得保险公司与投保人的负担都很重。

按揭保险的另一种形式是在开办财产保险的同时,由政府牵头成立专门的担保公司,为购房人向银行提供履约保证保险,为银行债权的按期实现提供保障,降低银行的风险。这种保险方式介入了政府的力量,具有一定的公益性质,因而收费也相对较低。这种保证保险既减轻了购房者的负担,也为银行贷款的及时受偿提供了保障,银行和购房者都更易于接受。

(二)借鉴按揭保险模式构建反向抵押贷款保险

按揭保险的两种模式,已经被实践证明是可行而且是有效的,反向抵押贷款保险可以借鉴这两种模式来建立自己的保险制度,除了财产保险和保证保险外,针对反向抵押贷款还可以设计一种人寿保险。

1. 财产保险

与按揭贷款类似,反向抵押贷款可能出现因为自然灾害或意外事件而导致房屋毁损灭失的风险,防范举措之一是用房屋作为保险标的建立财产保险。投保人和第一受益人是老年房主,保险费用由老年房主缴纳,或者可以从银行支付给房主的反向抵押款项中扣除。银行则作为第二受益人,一旦房屋毁损灭失,反向抵押贷款合同的目的将无法实现,属于法定合同的解除条件。此时,老年房主和银行都享有保险金请求权,但两者请求权的范围不同。银行的请求权仅及于房屋毁损灭失前支付给老年房主的贷款本金和利息,保险金中余下的部分则属于老年房主的请求权范围。保险公司不按照约定支付保险金的话,银行作为机构受益人具有较自然受益人更大的谈判和求偿能力。

2. 保证保险

反向抵押贷款保证保险的标的,应当是贷款合同双方当事人的履约行为。除抵押物财产保险外,更有效的办法是在开办以上商业保险的同时,成立政府住房抵押贷款担保公司对购房人的贷款予以保证,降低银行的风险,以保证按期实现债权。由于购房人向商业保险公司购买保险费,将大大增加借款成本或其无力购买,此时,由政府住房抵押贷款担保公司为购房人的借款向银行提供保证,无疑是极好的解决办法。政府住房抵押贷款担保公司的保证较其他主体的保证更有可信度,易于被银行接受,同时,收费标准也相对较低,有利于更多的老人参与住房融资消费。

2000年5月11日,国家建设部、中国人民银行颁布了《住房置业担保管理试行办法》,对主要由政府牵头设立的住房置业担保公司的设立,以及住房置业担保的办理等作出了规定,标志着我国住房置业贷款担保体系的进一步完善。

《保险法》中规定的受益人属于人身保险范畴,财产保险合同是不存在受益人的,本文认为在反向抵押贷款财产保险中应当设定受益人的概念。反向抵押贷款保险业务,不仅在理论上,在实践中的开展也是可以预期的。中国保监会有关负责人在2003年6月接受媒体采访时曾经明确表示:"将住房通过向保险公司反向抵押获取养老金,是国际上解决老年人养老问题的一种方式。

目前中国的保险公司尚未开发此类寿险产品,但保监会正在与有关部委协调,组织有关保险公司研究此类寿险产品。"

保险公司既要向贷款银行提供交付抵押房产的保证保险,也要向房主提供银行按期足额付款的保证保险。保险事故也应当是两种:一是房主在反向抵押贷款合同期限届满前违约,诸如在房屋上再次设定抵押或其他担保方式,并产生优先于银行债权的新权利的话,将导致银行无法取得或无法按时取得房屋所有权,则应当视为保险事故的发生,由保险公司弥补金融机构无法按期取得房屋所有权的损失;二是银行在反向抵押贷款期间,应当按照约定的付款方式按时足额付款,可以给银行一个履约的宽限期,如超过宽限期后仍然不予支付,应视为违约,由保险公司来支付房主应得的款额。

3. 人寿保险

这种保险方式主要是为了防范房主的长寿风险而设立的。反向抵押贷款业务开办初期,银行在对房屋的未来价值予以厘定时,老年房主的余寿长短是主要决定因素之一。老年房主的寿命年限,一般是根据现有的科学技术水平和人们的平均寿命预测得来的。随着世界医学水平的进步和人们物质生活水平的普遍提高,人类的平均寿命在不断延长,我国也不例外。如反向抵押贷款达到预计期限后,办理了反向抵押房屋的最后一位老年房主仍然没有去世的话,银行将无法实现取得房屋所有权的权利,而且还必须继续支付费用,直到房主去世。这就会给银行带来很大损失。因此,在反向抵押贷款中引入人寿保险,由保险公司与银行共同分担长寿风险是十分必要的。

这种保险的具体运作方式是:老年房主的实际寿命如长于预计寿命的话,视为保险事故的发生,由保险公司向老年房主支付,而银行不再负有付款的义务。银行此时可以取得房屋产权,但仍然要等到房主去世后才能处置。如果老年房主的实际寿命短于预计寿命的话,则保险公司应按人寿保险的保险金厘算方法按一定比例返还给房主的继承人,这种情况就相当于老年房主又购买了一份商业养老保险。

具体贷款业务运作中,为减少业务推广的阻力,可以考虑采取过渡方案。对于保险公司来说,反向抵押贷款相当于一种趸缴保费的人寿保险,只是保费缴纳是在期末而非期初,在这个期间,保险公司向投保人支付养老金,等到借款人死亡后一次性收回保费。为了吸引更多的老人选择这项业务,保险公司可以参考目前人寿保险中比较常用的一种年金领取方式,叫做"保证给付10年终身生存年金",如果被保险人未满10年身故,其受益人继续领取未满10年部分的年金,如被保险人10年后仍然生存,则继续给付年金直至身故。这就可以消除部分老人担心自己寿命短于预期寿命而导致的财产损失的顾虑。

反向抵押贷款业务的实现,需要银行、保险公司和证券市场的相互合作,虽然金融业由分业经营走向混业经营具有极强的现实意义,但银保证投一体化的运作进程,依然受到国家分业经营政策的限制。政府对反向抵押贷款业务的支持,无疑是至关重要的。目前,该业务的实现,主要受到国家政策和土地使用年限的限制。除此之外,还应设立特定的业务担保和监管机构,如由政府担纲的特设机构,能够保证该业务的正常运行,监督市场运作机制,为贷款机构的支付作担保,保障双方交易的公平公正和反向抵押贷款市场的稳定发展。如美国的反向抵押贷款业务中,联邦住房管理局保证贷款的回收额超过住房价值,并负责贷款意外受损时的赔偿。同时,政府部门限定贷款机构开办该业务的资格,对贷款申请人的经济生活情况作出评估,保证反向抵押贷款市场的繁荣稳定。

美国反向抵押贷款业务开办与政府支持

柴效武

国外的实践表明,政府对住房反向抵押贷款支持的力度越大,相关政策越为有效优惠,以房养老事业发展就会越好越快。在我国金融市场和信用体系等尚不完善的背景下,政府支持在住房反向抵押养老模式推行中的作用举足轻重。

一、美国反向抵押贷款的介绍

为应对人口结构的严重老化,老年金融市场应有相应创新,许多国家已有类似反向抵押贷款的金融产品出现,英国的这项业务拓展较早,而美国虽说发展较晚却较为完备快捷,政策支持力度也最大最为完善,故这里以美国为例作出介绍。

(一)美国反向抵押贷款简介

反向抵押贷款本质上是让拥有房子但流动性资产不足的老年人,在不搬家的情形下,提前运用房子的净值,作为财务来源的一种金融产品。反向抵押贷款在欧美等国的开办已经有一段历史,同时也有不同名称,它又可称作房屋净值转换抵押贷款,是让老年屋主将其房屋作为抵押品,向银行或者保险公司抵押房屋的净值并转换成现金的一种方式。从老年屋主的角度来看,其主要优点是房子抵押给贷款公司后,仍然可以不用搬出住屋直到自己死亡为止。反向抵押贷款所得到的借款金额,不仅要依据借款者的性别、年龄,还有预估住房价值、房价升值率、利率等。

通过反向抵押业务可以得到的贷款额度,取决于借款人年龄、住屋的鉴定值、当期利率和所住地区所规定的限额等。而所得到的贷款金额可以用于任何用途,包含支付每月的生活费、房屋修缮费用、医疗健康诊断费用、旅游费用等,甚至是偿还既有的贷款。然而,必须符合贷款资格,贷入一笔足以偿还所有贷款的金额。

对借款人来说,最在意的便是如何偿还贷款金额,而反向抵押贷款的还款方式也是它的引人之处。还款日期设在借款人去世或永久搬离住宅之际,包含三种情形:一是余存配偶的死亡,二是卖掉房子,三是永久搬出其住宅。除了能保障借款者一直居住在住所内,同时偿还的金额保证绝不会超过房屋的价值。当房屋的销售所得超过贷款余额时,此部分收益仍归于借款人所有。反向抵押贷款除了让退休后所得增加,可获得更好的生活条件,又可以住在自己的住宅内安享晚年,且又不必为如何偿还贷款金额而苦恼。这对老年人来说,似乎是除了保险之外的一种不错的金融产品选择。

(二)美国反向抵押贷款种类

HECM 是唯一受到美国联邦政府保障的反向抵押贷款,由住房与城市发展部在 1989 年推出,目前归由其下属部门——联邦住房管理局管辖,占到美国目前反向抵押贷款市场的九成。

1. Deferred payment loans(DPLs)

通常给付贷款金额多为一次给足式金额,且多用来支付房屋税、房子修缮费,或是改建房屋成为适宜老人居住处所的费用(Hersh,2001)。此项金融产品多由州政府提供给低收入户;有些州政府则限定只提供给肢障人士或老年人。此项商品的开办费或终止费等很低甚至没有,即使此项产品已经终止,房屋所有人在某一特定居住期间所产生的贷款金额,也不会被追究。而州政府提供此项商品的计划,则通过房屋税和一般税收入补助。房屋所有人可于任何时间偿还 DPLs 本息,然而偿还的最后期限必定在房屋被出售或借款人死亡之后。

2. Home Keeper

1995 年,Fannie Mae 设计并发行"住房保留"(Home Keeper)贷款。通常由私人公司、银行或抵押贷款公司所提供,特别是针对较昂贵的房屋,但不限定其所得收入高低且年龄在 62 岁以上的房屋所有人。贷款所得可用于任何目的,不限定特定用途。由于此类贷款不受联邦政府的保障,故贷款机构需要向借款人收取一笔保险费用,用以防范贷款余额超过房屋处分价值的风险。然而时到今日,仍然是只有很少的私人机构提供这项金融产品,故只有少数几个州才能提供。其中最知名的便是位于加州的财务自由老年基金公司,由雷曼兄弟支持设立。而此类商品所需的费用成本,较联邦政府保障的 HECM 要高。

Fannie Mae 开办此类金融产品的结构和 HECM 类似,两者都受到联邦政府的保障,不同之处在于 Home Keeper 有较高的贷款额度。除此之外,Fannie Mae 仍旧是反向抵押贷款市场的最大投资人,除了买入 HECM 贷款外,还买入自己推出的 Home Keeper 产品。

3. Home Equity Conversion Mortgage (HECM)

这是受美国联邦政府保障的贷款产品,主要提供给年龄在 62 岁以上,且不限定其所得收入高低的房屋所有人,而且贷款所得一样可用于任何用途。此类产品可由银行或抵押贷款公司买卖,而其最大贷款额度称为"203-b limit",是由法律所规定,且每年有调升的迹象。此类产品的贷款金额给付方式有多种,包含一次给足式、信用额度式、每月固定年金式,或由以上方式组合而成的复合型给付方式。

HECM 的贷款机构,受到隶属于 HUD 的联邦住房管理局的保障,保障其免于面临贷款余额超过房子处分价值的风险。HECM 必须在房屋出售或借款人死亡后偿还;而在某些特殊情况下,如借款人搬家、不支付房屋税或不好好维持房屋的完整性,贷款机构可要求先偿还贷款余额。

4. 财务自由(Financial Freedom)贷款

私营公司老年人财务自由基金公司还提供"财务自由"(Financial Freedom)、标准现金账户与零点现金账户(the Zero Point Cash Account)。

表 1　美国反向抵押贷款三种类别之间的区别

贷款类型 / 贷款特征	联邦住房管理局提供的保险计划	贷款机构保险计划	非保险计划
贷款机构	联邦住房管理局授权的商业银行或者其他金融机构	Fannie Mae	Financial Freedom Senior Funding Corporation
机构性质	政府主导	公共主导	私营
贷款限额	271050～625000 美元,限额根据房产所在州的具体标准来确定	最高贷款额为 333700 美元,限额根据房产所在州具体标准确定	725000 美元

贷款特征＼贷款类型	联邦住房管理局提供的保险计划	贷款机构保险计划	非保险计划
支付方式	一次性支付、定期支付、信用限额（客户可选择时间不定期领取或偿还）或三者组合，信用限额吸引人且受借款人欢迎	一次性支付、信用限额或两者的组合	一次大额支付、购买年金或开放式最高信用限额，未用额度每年增长5％
发起费用	多样化，通过反向抵押贷款融资的最高额度为1800美元	房屋价值的2％，或最高贷款额度2％加1％贴息	不超过房产评估价值的2％
适用人群	住房价值较低的借款人	住房价值中等的借款人	拥有较高价值房产的借款人
保险情况	由住房与城市发展部承担保险机制的设计、管理	无	无
二级市场	Fannie Mae购买合格的贷款	Fannie Mae购买合格的贷款	贷款资产证券化

资料来源：www.reversemortgage.org

（三）美国反向抵押贷款的市场潜力

当婴儿潮世代（1946—1964）逐渐演变成为老年世代时，代表着人口的年龄结构面临着一波重大的变动。根据2002年美国人口统计局的数据，美国65岁以上的老年屋主已达到2000万人，之后10年预估会达到2500万人。虽然这些老年人已积累了足以维持退休生活的财富，但大多数老年人仍然要借由许多退休金融工具，才能获得足够而稳定的财务来源以支付晚年生活费用。

20世纪80年代到21世纪初的30年里，美国的住宅市场持续稳定成长，反映了战后婴儿潮成长之后对房市增长的需求，而且每年的房价升值率约有6.5％之高，老年屋主所拥有的房屋净值有着较大比重。根据Fannie Mae's Senior Products Group的调查，美国老年屋主中有60％（1200万人）年龄在65～70岁。而AARP估计约有85％的老年屋主仍希望继续住在原来的房屋内，这代表着反向抵押贷款市场约有2万亿美元的巨大潜力。人口年龄结构的变动，再加上老年屋主自有住宅率的提高，形成对反向抵押贷款市场未来需求的基础。

（四）美国反向抵押贷款的风险和资金来源

鉴于反向抵押贷款产品的特性，借款者可能会面临贷款机构破产而不再提供年金的风险。选择不同的贷款金额方式，也可能带来不同的风险程度，如选择line of credit和fixed monthly payments方式的借款人，会在面临贷款机构破产时比选择lump sum方式冒更大的风险。而金融商品提供给消费者的保障，亦让贷款机构面临许多风险。当借款者存活的期间愈久，贷款金额超过房屋销售价格的机率愈大，再加上无追索权的保障，意味着只有对抵押标的的房产有追索权，即使贷款金额超过了房屋销售的价格，也不能向借款人追讨差额补偿。然而，若反向抵押贷款选择以HECM的方式发行，则意味着除受到联邦政府的保障外，同时产生的贷款也将由Fannie Mae收购，借款者不会有收不到年金的风险。虽然私人发行的反向抵押贷款不受联邦政府的保障，但藉由贷款金额证券化的方式，可达到分散风险的效果。

发行反向抵押贷款所需要的资金来源,可以通过资产证券化的方式筹得,如 HECM 和 Home Keeper 便是以证券化的方式,再卖给投资人 Fannie Mae。近几年资产证券化已作为取得资金来源的一种方式,如同之前提到的财务自由老年金融公司,已将反向抵押贷款资产包装成31700 万美元的资产包对外发行。

反向抵押贷款作为一种金融和养老保障工具的创新,是一种非常好的、用以减轻老年人贫困程度的新办法。这一独特融资机制起源于荷兰,之后,在 20 世纪七八十年代,这一概念引入到美国,成为我们熟知的反向抵押贷款,并被加拿大、英国、法国、日本、澳大利亚、新加坡等国借鉴和引进。自此之后,美国市场在此类商品的设计和发展上,便一直居于全球领导者的地位。目前,中国台湾和香港等地正在积极探索开展此项业务的意义及可能性。在法国还有通过房屋中介操作的近似商品,被称为"viage"。

二、反向抵押贷款的实施条件

(一)投保人自身条件

房屋反向抵押贷款养老方式尤其适合有独立产权住房、没有直接继承人、中低收入水平的城市老人。参与房屋反向抵押贷款养老的老人应当具备一定条件:拥有完全产权的独立住房,经济状况适中,地处城市或城郊。

(二)完善的房地产市场

在美国由联邦全国抵押协会、联邦住房贷款抵押公司共同组成房地产二级市场,与联邦住房管理局和联邦储蓄等政府机构提供的担保体系,共同保证以房养老模式的低风险和高回报。加强房地产市场的流动性,是这种模式在美国盛行的重要原因之一。

(三)保险公司的配合

保险公司作为市场经济条件下新兴的金融机构,作为以房养老模式中重要的经济主体,可以充分发挥自身独特的优势,深化改革、创新经营,将保险资金用于配合住房养老保险,实现新的投资渠道,提高经济效益。

(四)政策和法规环境的保障

以房养老模式的实施涉及资产评估、保险公司、社会养老保障等诸多主体,运行机制和具体操作复杂繁琐,需要制定出相关政策和法律法规来约束市场秩序。一个国家法规环境的状况,直接关系到以房养老模式的正常运行。

反向抵押贷款是经济社会发展到一定阶段的产物,是应对人口老龄化的有效途径,反向抵押贷款在我国的推行指日可待。随着反向抵押贷款业务量的增长,可允许和鼓励现有保险公司涉足此项业务。住房保险业务的质量和效益在各项保险产品中居于前列,其不良资产率远远低于其他品种,收益率也居于前列,为保险业大大拓宽了发展空间。同时,随着中国加入世界贸易组织,对增强国内保险业与国外保险公司的竞争、抗衡能力,占领市场份额,都具有重大的现实意义。

三、美国政府在反向抵押贷款市场中的角色和功用发挥

（一）美国政府在反向抵押贷款市场中的角色

反向抵押贷款在美国政府文件中有清晰的描述,1987 年,国家住房供给行为标题 II 第 255 节中,对 HECMs 贷款计划实施的目的有三:

(1)允许住房资产转换成流动资产,满足中老年以上私有住房拥有者的特殊需要;

(2)通过抵押市场鼓励和增加转换住房资产为流动资金的部分;

(3)确定住房资产转换需求的程度和住房转换抵押贷款的类型,以更好地满足中年以上私有住房拥有者的需求。[①]

在美国,反向抵押贷款由综合银行业和贷款行为组织监管。1994 年,克林顿总统签署《关于 Riggle1994 地区开发行为》的法律。此法律为反向抵押贷款事务提出特别的需求,目的是确保借款人充分知晓关于反向抵押贷款的成本和风险。善意真实成本(TALC)的揭示开始作为必要程序之一,以便于借款人比较不同的反向抵押运作程序的差异。

HUD 还组织并授权咨询机构为借款人提供中立的信息和咨询辅导,辅导的目的是确保借款人充分掌握反向抵押贷款业务的利弊,此项咨询也是 HECMs 必要程序之一。

在 HECMs 计划下,国家住房供给行为 203(b)区域定义,用于反向抵押贷款的住房价值的限制。此限制在美国不同的州和县是不同的,至少每年调整一次,旨在防止反向抵押贷款提供者恶意竞争造成的过度贷款。

联邦住房管理局(FHA)在 HECMs 计划中起到了保险人的作用,FHA 批准银行、抵押贷款公司和其他私人贷款机构开办反向抵押贷款业务。FHA 通过收取抵押贷款保险费,当欠款额超出房屋资产价值时,承担这部分风险。FHA 也保证借款人的利益,在贷款机构不能正常履行责任时,继续承担款项给付的责任。HECMs 计划开始至今,FHA 作为保险人确实履行了责任,发生保险赔付的比例很低,运行非常健康。

联邦国家抵押贷款协会通常称为房利美,是一家私人管理的股份制公司,并且是由美国国会特许的为中低收入美国人提供廉价抵押贷款基金的公司,因此又负有公共事务责任,被视为一家半官方机构。房利美不直接贷款给借款人,而是从二级市场中 3000 多家核准的贷款机构收购贷款资产。通过出售贷款给房利美或者将抵押贷款证券化,使得贷款机构回笼资金,为更多的公众提供新的抵押贷款。

（二）美国政府在反向抵押贷款中的作用

美国政府及国会在反向抵押贷款的运作中发挥了关键作用,正如美国《国家住房法》反向抵押的政策目标有二:一是为满足部分老年人口的特殊需要,增加贫困老人的收入,允许把不易变现的住房价值转化为可提供当前消费的流动性资产或收入;二是确定反向抵押贷款需求的规模,改进产品设计,更好地满足老年人群的需求。

在实践中,美国政策的着力点在于:

第一,完善法律法规,优化发展环境。在反向抵押贷款业务开展初期,并没有专门的法规来

---

① Chan Wai-Sum,2002,为保障退休发展反向抵押贷款的海外经验,香港大学。

规范贷款运作,一般受银行和借款通用法案的监管。美国总统克林顿签署了《瑞格尔社会发展及监管改良法》文件,该法案规定贷款机构必须向借款人如实批露借款的费用和风险,并将全部借款费用以平均年率的形式表示,以方便借款人对不同贷款机构提供的反向抵押贷款进行比较,其后美国通过一系列法案对反向抵押贷款的运作进行监管。

第二,风险控制。自推出反向抵押贷款到 20 世纪 80 年代的中期,该业务发展的速度并不快,主要原因之一就是借款人和贷款机构都承受着较大的市场风险。为解决这一问题,美国政府推出了新贷款计划,由联邦政府为借贷双方提供担保。无论是贷款机构破产时,还是当借款人的住房资不抵债时,双方的利益主要是本金都能得到保障,从而消除了借贷双方的后顾之忧,促进了反向抵押贷款的健康发展。

(三)美国政府支持反向抵押贷款中的运作

完善的消费者保护机制,促进着反向抵押贷款业务的顺利进行。政府指定机构发行的 HECMs 贷款,有了联邦政府担保以及出售给 Fannie Mae,消费者就不怕领不到贷款。HECMs 还提供了其他消费者保护措施。Fannie Mae 开办的 Home Keeper 产品,由于发行机构强大的资金实力以及政府背景毫无后顾之忧。同时,联邦政府和 Fannie Mae 的担保,使得 HECMs 和 Home Keeper 发行机构避免了因政策风险带来的损失。美国国会关于市场监控等法律法规的规定,使得市场运作更加透明,这都促进了反向抵押贷款的进行。

以美国为例,20 世纪 60 年代反向抵押贷款最初是由私人公司推出的,之后相当长一段时期内,发展缓慢。1987 年,在美国国会授权下,推出了房产价值转换抵押贷款计划。该计划由美国住房与城市发展部(HUD)和联邦住房管理局(FHA)为借贷双方提供保险,从而降低了市场风险。1994 年 9 月 23 日,为加强反向抵押贷款的监管而订立的专门条例,经美国总统克林顿签署生效。正是由于政府及国会的支持,美国的反向抵押贷款开办得最为成功,效果也最好。

(四)美国政府的介入手段借鉴

参考美国反向抵押贷款市场的相关政策,其针对 HECM 反向抵押贷款产品作出两项保证:

(1)反向抵押贷款属于"不可追偿"贷款,无论老年人寿命有多长,借款人的债务都以房屋总价值作为上限。为此,在任何情况下,老年人都不会被迫出售房屋来偿还账务,或者用抵押住房以外的其他财产来偿还债务。

(2)如果贷款机构不能继续支付老年人住房年金,将由政府担保机构负责继续支付。

从这两点可以看出美国政府对反向抵押贷款业务所提供的担保,其实是一种福利性担保,来弥补美国社会保障制度的不足。这种担保不但可以大大提高运作机构抵抗风险的能力,也可以保证老年房主申请反向抵押贷款的积极性。当然,这种担保仅仅针对 HECM 反向抵押贷款产品,这种产品是针对收入水平处于中等及中等以下的老年人开办,社会福利效应较大。而对收入较高的老年人开办的反向抵押贷款产品,如雷曼公司开办的自由基金反向抵押贷款,则不能享受政府担保,但与 HECM 反向抵押贷款一样,在咨询、资格审核与资产评估等方面,都有明确、强制的政策条例规定。

政府支持在反向抵押推行中的作用举足轻重,主要体现在项目发展初期的引导示范,提供相关的项目咨询,积极开展政策宣传工作,促进从潜在需求向现实需求的转变;制定税收减免等优惠政策,并通过保险或担保等,降低市场风险;通过出台有关法律法规,制定详实的实施计划,从而为反向抵押贷款产品的交易行为创造一个健康发展的外部环境。

四、政府部门介入反向抵押贷款的原因

具体来说,政府介入反向抵押贷款的原因,具体分为以下两点。

(一)实施监督,确保公正

政府介入反向抵押贷款业务,可以对该贷款市场加强监督,维护信贷的公平交易与公平竞争,防止出现市场垄断,避免市场秩序失灵,以及类似于美国房利美、雷曼与次贷危机等类似事件的发生。

反向抵押贷款作为一种针对老年人的住房金融产品,只有在一个公平有序的信贷秩序下,才能提高资源配置的效率并促进贷款市场的正常运转。通常认为信贷交易是基于借贷双方自愿达成的,但这并不意味着这种信贷交易就一定要具备公平性与公正性。由于借贷双方市场力量的不对称,强势一方有可能采取某些欺诈手段增加自身的利益,弱势一方则会对此产品产生不信任感,从而阻碍信贷市场的正常健康发展。与此同时,在不公平竞争的市场背景下,利率等资金配置信号会受到扭曲,资金流动受到阻碍,贷款机构不一定要靠经营管理优势才能战胜竞争对手。所以,反向抵押贷款市场竞争的公平性程度越高,就越有利于本贷款产品作用的发挥。

反向抵押贷款业务具有进入成本高昂、规模经营等特性,可能会导致行业垄断,同时引发客户利益受损、资源浪费、服务质量下降、效率低下等损害市场的行为。为确保反向抵押贷款市场的公平与公正,政府有责任制定相关政策,并采取具体措施防止垄断,增强反向抵押贷款市场的竞争性。同时鉴于美国次贷危机的相关经验,政府应对反向抵押贷款的相关指标作出明确规定,如各期贷款发放总量、反向抵押贷款资产证券化相关指标等,以防止房产泡沫与金融泡沫共同作用引发新的金融危机。

反向抵押贷款预期成本的不确定,使得借款方的参与积极性不高,而由政府或保险公司对市场上符合要求的贷款机构提供担保,在贷款机构无力向借款人支付贷款时,由政府或保险公司继续向老人支付贷款,确保老人的合法权益不受或少受损害。在没有政府担保的加拿大、新加坡等国家,反向抵押贷款业务的开展并不顺利,改善老年人口贫穷状况的社会效应,也由于参与人口的有限而不甚明显。反之在美国,由于政府的担保,近年来一直保持很好的发展势头。可见,政府加强对借款人的利益保障机制的建设,消除借款人在选择反向抵押贷款时的后顾之忧,是本贷款业务得以健康发展的要件之一。

(二)消除信息不对称现象

政府作为公共权力机构,可以在一定程度上解决反向抵押贷款市场中的信息不对称现象。反向抵押贷款市场上,信息不对称不可避免,贷款业务双方都可能会利用信息不对称,通过损害另一方的利益给自己带来额外收益。政府具有其他组织和机构不具有的立法权、行政权与司法权,有着制定游戏规则所必需的普遍适用性、合法强制力与高度权威性[1],此时,只有政府才能较好地解决这个问题。

推出反向抵押贷款,需要必要的社会客观环境与相应条件的配合。我国的现实国情决定反向抵押贷款必须有政府机关的适度参与,还不宜完全交由市场运作。市场的自发演变是缓慢的,

---

① 曾国安著:《住房金融:理论、实务与政策》,中国金融出版社 2004 年版。

政府的参与和推动能够促进相关制度环境的早日完善。为此,政府可以通过制定相关政策条例、实行监督等措施,在一定程度上解决反向抵押贷款市场中的信息不对称问题。具体措施包括对业务开办机构进行必要的资格审查、要求运作机构对反向抵押贷款业务作出相关信息披露、对房产价值评估的标准以及其他相关事项作出具体规定等。

五、政府在反向抵押贷款业务开办中担负角色

我国反向抵押贷款的发展,离不开政府的参与和支持,政府在本业务开办中应当担负的角色主要体现在以下方面。

(一)市场监管者

政府必须加强对市场主体贷款机构和中介机构的监管,并对政府支持的反向抵押贷款提供担保,减弱借贷双方的风险,降低借贷双方的交易成本,促进反向抵押贷款市场的健康发展。老年人一般都缺乏足够的金融知识,无法对房产养老计划作出全面、准确的判断,很容易在信息不对称的情况下被误导。为此,政府必须加强对市场主体,包括保险公司和房产价值评估机构等中介机构的监管,明确保险公司必须披露的信息,包括利率、费用等;对中介机构通过认证和监控,确保服务质量;加大对有关法津法规的执行力度,对执行情况进行有效评估,对不当的行为及时纠正;及时受理消费者的投诉,并作出快速反应。政府应对反向抵押贷款合同的执行情况以及中介机构和开办机构的合谋行为进行监督,使得反向抵押贷款市场更为规范有序。

(二)政策与法律法规制定者

政府要制定、完善相关法律法规,为反向抵押贷款服务提供相应的优惠政策。建立反向抵押贷款机构和中介机构的市场准入制度,明确反向抵押贷款咨询和市场推广人员的资格标准等。政府应当为反向抵押贷款业务提供政策优惠,包括对贷款收入和保险公司的房产养老保险收入给予税收优惠,对房屋拥有者获取的贷款予以税收豁免。要制定并完善相关的法律法规。

(三)信息咨询者

在推出反向抵押贷款业务之初,政府应扮演中介咨询者的角色,以确保咨询服务主体的中立性、咨询过程的规范性,让投保人获得客观、公正、准确的相关信息。在这方面,政府拥有一般贷款机构无法比拟的信誉优势。通过宣传和贷款的独立咨询活动,改变老年人的信息劣势。在美国,除了政府的前期宣传,还有各种非营利机构和社会团体从事反向抵押贷款的咨询工作。中国社会目前尚未建立起完善的信用体系,咨询机构的独立性和公允性难以保证,这无疑使得政府成为这一职能的最佳担当者。

(四)额外风险担保者

额外风险担保主要体现在两个方面:

1.在正常情况下,对一些政府支持的反向抵押贷款产品,政府应给予担保。主要是建立贷款业务风险的分散机制,保护保险公司和借款人的合法利益。由政府提供反向抵押贷款业务的保险,承担房屋价值低于贷款余额的差额部分,可解除保险公司对房价波动引起巨额损失的忧虑,提高老年人参与此项业务的积极性。

2. 政府要发挥中央银行的作用,在特殊情况下给予必要的救助。当保险公司出现资金短缺时,可以向政府的央行申请专项再贷款;当保险公司因挤兑而出现流动性困难时,央行应给予援助;当保险公司破产时,央行可直接接管相关业务,或责令接收机构负责继续开办该相关业务(赖晓永,2004)。

我国的社会主义市场经济发育还不成熟,信用体系尚不健全,法律制度环境也不够完善,把这项涉及众多老年人群切身利益的系统完全交由市场运作,不可避免地会出现这样那样的问题。反向抵押贷款的目的是为"房子富人,现金穷人"的退休老人提供一条自我养老的补充途径。如果由于产品设计不当,或者不法机构借此侵害老年人的经济利益,发生各种各样的经济纠纷的话,就得不偿失了。英国在这方面有着深刻的教训。

六、政府在住房反向抵押贷款中的作用

国家大力支持并配合出台相关的政策,是反向抵押贷款业务顺利实施的必要保证,它要求政府在贷款运作过程中实施必要的干预。为老年退休人员提供必要的保障,本来就是政府的职责所在。政府对反向抵押贷款的干预,主要是甄选合格的贷款机构、建立风险规避机制、设立保险基金、二级市场的培育等事宜,为反向抵押贷款的运行提供一个良好的制度环境。

(一)加强宣传,正确引导

刘倩和雷振斌撰写"反向抵押贷款的推行与法律的社会控制"一文,指出反向抵押贷款的社会属性和经济属性,符合政府的政策取向,在贷款业务发展的过程中,政府的支持、宣传和保障必不可少。反向抵押贷款是一个全新的金融产品,需要进行产品的宣传推广,对消费者进行产品教育,培训咨询人员以及对借款人进行免费的贷款申请前咨询。这些都是私人机构不愿意承担,也无力承担的。政府在住房反向抵押贷款相关知识的宣传、计划推广和潜在借款人的培育等方面,都可以也应该积极提供相关的服务,推动住房反向抵押贷款的发展。

政府对反向抵押贷款的宣传工作是必不可少的,政府应当加强对此项业务的宣传力度,舆论引导改变养老传统和习惯,致力于消费者教育。随着时代的进步和老龄化危机的到来,传统的伦理观念必然会渐渐发生变化,中国会逐步与国际接轨,反向抵押贷款的市场必将有所扩大。政府大力宣传这项新产品,让更多的潜在消费者了解该产品,大力培养能接受这一新消费理念的顾客,通过示范效应吸引更多的老年人积极参与。

住房反向抵押贷款能否顺利推开,不仅需要借款人对本金融产品的了解,而且需要借款人转变消费观念,需要广大市民和社会舆论的支持。长期以来,我国一直崇尚勤俭持家和俭省节约的消费理念,反对任何形式的超前消费。对老人来说,将自己居住了多年的房产抵押出去,提前消费,而非把它留给后代,会担心受到社会舆论的谴责。对子女来说,会因无法继承遗产而反对父辈接受这一服务。要加大宣传的力度,把握正确的舆论导向,以促进全社会消费观念的转变。受传统遗赠习惯的影响,把住房提前消费缺乏舆论支持,观念的转变有一个过程。

人们对反向抵押贷款以房养老的认识有一个过程时滞,政府的介入有助于增强居民的信心。以房养老是一个全新的理念,涉及人们思想观念更新、生活方式转变、遗产继承方式改革和养老方式的变化,人们对它从认识到接受有一个过程。如果政府从一开始就介入,相当于对这一产品的信用增级,可显著增强民众的信心。另外,为保证公正性,在该项业务推出的初始阶段,需要进行大力宣传推广。美国反向抵押贷款的发展经历了政府参与从无到有的过程,这正是政府日益明确在以房养老中的重要责任的过程。

（二）中介机构的参与

房地产评估机构、会计师事务所、律师事务所、精算师事务所等中介机构的广泛参与，能有效地起到对市场的外部监督作用，确保此业务的公平和合法。反向抵押贷款具有减轻社会保障压力的功能，加之反向抵押贷款的借款者大多是经济收入较低的老年人，对此国家应给予贷款机构和借款人各种政策优惠和法律保障，提高金融机构和老年住房所有者的参与积极性。

（三）提供住房反向抵押贷款的配套服务

在推出住房反向抵押贷款之初，政府应当发挥自身的优势，提供与住房反向抵押贷款有关的咨询信息，并保证咨询内容的有效性、咨询过程的规范性，让借款人获得客观、公正、准确的信息。政府通过购买贷款机构发放的合格产品，为住房反向抵押贷款产品的交易建立必要的二级市场。可通过建立类似于美国联邦抵押联合会之类的机构，来担当此事。

建立以商业银行为主体，保险公司和社保机构为补充，房地产中介机构参与其中的住宅反向抵押贷款的业务服务综合体系。住房反向抵押贷款是一个复杂的金融产品，国外发展住房反向抵押贷款的机构各异。我国实行分业经营，由银行、保险、信托、社保等机构单独开展此项业务，各有其优缺点。

（四）完善监管，防范风险

反向抵押贷款业务涉及老年人退休后的福利，是关系国计民生的大事，且由于涉及的部门众多，监管责任重大。监管的主要内容包括：在达成以房养老协议后，老人在有生之年只享有住房的居住权，由于产权不完整，老人缺乏对住房这一实物有效保管的动机，甚至有可能出现某些败德情形，如对房屋进行破坏性的装修或不予任何装修等，损害了金融机构的利益；其次，反向抵押贷款业务操作中涉及部门较多，必然存在服务效率低下，风险较高，甚至可能因部门之间的"共谋"而损害借款人利益的问题，这就需要监管部门的有效监管并提高监管力度。

借鉴美国房产价值转换抵押贷款计划的经验，正常情况下，对政府支持的住房反向抵押贷款产品，政府应当建立保险基金予以担保，分散住房反向抵押贷款的各种风险，保护贷款机构和借款人的合法利益。政府为住房反向抵押贷款提供担保，承担房屋出售时房屋价值低于贷款本息的部分，可解除贷款机构对房价波动引起巨额损失的忧虑，提高贷款机构参与的积极性。在特殊情况下，政府利用其资金优势对于有暂时性困难的贷款机构予以援助。如对反向抵押贷款的业务机构实行再贷款，解决其资金流动困难的问题。

七、政府机构的介入

商业银行以追求盈利为宗旨，符合盈利目标的客户人群在所有老年人群中占比较低，这就导致部分有抵押贷款需求的客户，因不符合商业银行对客户的筛选要求，而丧失参加贷款业务的资格。这时候，往往需要政府部门介入反向抵押贷款业务并给予适当的政策支持，使得更多的老年人可以参与这项业务。介入的形式包括实行财政贴息、给业务开办银行一定的风险补偿金、对业务收入实行减免税等。具体的操作实施可以借鉴目前的国家助学贷款。

应当说明，享受政策优惠的客户并非针对所有的老年房主，优惠政策应向收入水平处于中等或中等偏下的老年房主倾斜,以提高银行开办反向抵押贷款业务的积极性。这部分客户的房产价值普遍不高,或者未来变现回收资金存在困难,盈利前景不稳定等,且这部分人群收入水平偏低,所享受的养老政策存在的缺陷较多,对反向抵押贷款的需求,较高收入水平的老年房主更要强烈一些。如没有政策倾斜,则银行在目标客户的选择上,会自动把这部分人群排除在外。如对这部分客户在相关政策上提供适当优惠,会提升银行的盈利空间,并提高这部分客户参与反向抵押贷款的积极性。还可以考虑对反向抵押贷款业务提供部分担保,保证银行破产后,老年房主仍能继续获得应得的贷款资金。

反向抵押贷款业务是社会养老保障制度的重要补充,政府应积极支持该业务的开办与发展。明确反向抵押贷款业务的监管机制,对其信贷额度作出年度预算,防止贷款无限扩大,控制信贷规模,维护银行的资产安全。由于国内目前养老保险制度的缺陷,未来的财政支出中,国家基本养老费用支出必定会占据较高的份额。实施反向抵押贷款业务后,可以解决一大部分人的养老问题,减少财政养老的负担,所以,财政在反向抵押贷款中给予一定的补贴,算起总账还是很合算的。如此做法,可以确保反向抵押贷款的业务市场广泛存在,其规模足以吸引商业银行等金融机构开办此项业务。

由于国情不同,与国外有些发达国家相比,我国现阶段发展反向抵押贷款尚存在一些困难和障碍,如土地为国家所有,住房土地使用权 70 年的限制,贷款利率还未能完全市场化,难以找到用于对冲利率风险的金融衍生工具,以规避未来的利率风险。抵押房屋的处置还缺乏法律依据,房地产评估和其他中介机构执业不规范,在居民中缺乏公信力。需要对老年人的收入、住房面积进行调查,对市场需求进行广泛而深入的分析研究,尤其要对我国目前面临的特殊矛盾进行调研,找出解决办法。

八、反向抵押贷款的税收问题

(一)反向抵押贷款业务应否纳税

老年住户将自己的住房抵押给银行,以反向抵押的形式取得现金流入,并于未来用该抵押的住房归还贷款本息。对这一事项应当如何评价,是将其视为一种房产出售,再用销售收入养度晚年,还是将其简单视为一种抵押贷款与房产还贷?若是前者,房主就应当为其行为缴纳税费,若系后者则并不能构成缴纳税款的理由。住户们每期从银行获得的现金流入,只是一种贷款融资,不应纳税,而后期直接用房产归还贷款本息,从某种角度而言,又可以将其首先视为将住房在市场上出售,再用售房收入还贷。就此而言,又有着充分的理由向国家纳税。

我们认为,考虑到反向抵押贷款的最终目标,是为了实现以房养老,是老年人为自己的晚年生活幸福,灵活调度拥有的财力资源,以加固养老的物质保障。这一做法的结果固然是为着老年人自己,而非为着社会与他人,但却在客观上减轻了政府和社会在养老问题上的义务和责任,具有积极的社会效应。假如老年人不是这样做,而只是要求政府的救济与补贴,政府也很难给予全力解决。就此而言,对此类以房养老行为,给予税收优惠和减免具有积极意义,是完全合理可行的。

从另一个角度而言,倘若老年人以房养老的行为,是选择了偏重于寿险色彩的"房产养老寿险",而非是偏重于金融色彩的反向抵押贷款。前者作为一种寿险行为,依照惯例并不包括在税收范围,所以,反向抵押贷款的纳税事项,就此而言也是不成立的。

(二)反向抵押贷款的税费优惠

税收是政府进行社会管理的重要手段,是有效调节国民收入和社会资源再分配的工具。国外的住房反向抵押贷款大都享受着税收优惠,税收优惠力度越大,贷款机构开展反向抵押贷款的积极性越大,就会吸引更多的机构开办此项业务并引入竞争机制。

有专家指出如果实施反向抵押贷款业务,能否对提供开展此项业务的银行豁免房产增值部分的所得税,以后可能实施的物业税究竟是否包括土地出让金,以及房产土地70年使用期权到期后的延续等问题。老年人还了一二十年贷款后拥有了住房产权,如再向银行申请20年的反向抵押贷款,等银行拥有住房产权后,土地使用权也就寥寥无几了,如没有明确的延续政策,银行愿意开办此类业务吗?反向抵押贷款的金融机构收益是预期的,但老人过世后,金融机构对房产的再评估转让、变卖或拍卖等,都需要通过一定的环节处置,到时实际的收益是否理想,都是金融机构的一大难题。

国家应在相关交易税费上给予一定的减免,同时对于银行从该项业务中获得的利润收入与老年房主获得的贷款收入,给予免除所得税的优惠,也可以考虑参考国家助学贷款给予财政贴息,免除相关交易税费以降低交易成本,提高老年房主参与业务的积极性。同时,由于反向抵押贷款风险较高,盈利不确定性较大,所以,对业务开办机构从中获取的盈利应给予适当的所得税减免或采用财政贴息等优惠,提高银行开办此项业务的积极性。对于老年房主获得的贷款资金收入,其性质等同于养老金,应与普通养老金一样享受免税政策。

合资购房养老也是以房养老的一种特殊形式,是老年人欲改善晚年居住环境,在资金不足时联合金融机构共同出资购买养老房,最终待老年人身故后再将该住房完全归由合资机构予以支配。这种行为同住房购进相关却同住房出售无关。故购进住房时应当交纳的税费自然不能免除,但依理应由合资双方共同承担税费的缴纳。

可以实施的具体措施,如政府应当对开办反向抵押贷款的商业银行、保险公司等给予一些政策性的优惠,适当减免金融机构开办此业务的营业税、增值税、土地增值税、企业所得税和金融机构在二手房市场上处理抵押住房时的房地产交易税等,以减少它们的经营压力,支持反向抵押贷款业务的开展。办理反向抵押贷款的老年住房所有者可以享受财政贴息,借款人每月从金融机构取得的养老金,也应当给予一定额度内免税的优惠。

如老年人在将自有住房出售给保险机构时,是否考虑到养老保障的根本目的,将得到的款项给予完全的税费减免;保险公司向老年投保人按月支付养老金时,能否给予相当的手续费减免;对保险部门从事这项业务的营业额和盈利额,是否给予完全免税优惠,都是非常必要。再如住宅附着土地的使用权上,国家宪法规定城镇土地归国家所有,个人家庭只拥有住宅附着土地70年的使用权,那么当土地使用期限超过法定70年的期限时,土地的价值增值并由此而引致的房价增值,在一定程度上是反向抵押贷款机制赖以存在运行的基本前提,是否会因这笔增值完全地交付于国家而变得一文不值,种种事项都需要政府给予相应的明确与支持优惠。

此外,目前在我国开展反向抵押贷款业务还存在一定的政策风险和制度障碍。例如,现行税法尚未明确是否将借款人申请反向抵押贷款获得的现金流入计入个人所得税的应税项目,是否对提供反向抵押贷款的特设机构给予企业所得税和经营税的优惠;反向抵押贷款是否会影响借款人申请最低生活保障等。这些风险和障碍对反向抵押贷款而言,都是暂时的,并没有构成实质性的冲突。尤其是当政府部门倾向于鼓励老年人申请反向抵押贷款作为养老保障的补充时,政府只需要对现行的法律法规进行修订即可,如对税法进行改革,增加涉及反向抵押贷款的内容条款;指导相关部门建立房屋质量、房屋交易和房屋公允价值的市场数据库;出台相应的法律法规,对反向抵押贷款的业务开办机构实施监管等。

（三）物业税的征纳

物业税是一种向房地产业主征收的财产税。物业税改革的基本框架,是将现行的房产税、城市房地产税、土地增值税及土地出让金等税费合并,转化为统一收取的物业税。简而言之,征收物业税就是把买房时需要缴纳的税,放到买房之后按年缴纳。实行物业税后,可产生如下功用:

1.居高不下的土地出让金,加剧了房地产开发投资的风险,这一风险最终将加剧金融部门的风险。开征物业税后,即可大幅挤出土地出让金的泡沫,进而减弱房地产投资开发的风险,最终使金融系统摆脱房地产泡沫的冲击,提高防范房地产金融风险的能力。

2.将购买房屋时需要缴纳的物业税推迟到日后长期居住房屋时分年缴纳,会令房屋成本迅速下降,据测算,在购买新房这一环节上,消费者至少可以减少20％乃至更多的购房成本。尤其是地段好、环境优美的地域,土地出让金很高,改征物业税后,可减少的购房成本就更多。这将会降低目前国内居高不下的房价,降低购房门槛,增强老百姓改善住房的机会和能力。

3.开征物业税,能进一步规范并有效均衡甚至增加国家税收。我国现行开征的房产税,仅仅是针对经营性的房屋,不仅征收面过窄,且易导致部分纳税人的税负加重。物业税的开征,能够有效均衡各方的税收,且能大大拓宽税收开征面,增加国税征收。

4.能够有效打击房地产市场的炒楼风,加大炒楼者的投资成本。在购成本大幅下降、使用成本大幅上涨的情况下,炒楼的一次性购买成本固然是降低了,但购买住房后就需要每年缴纳一笔价值不菲的物业税,这对那些同时购买数套房屋同时又使住房闲置的炒楼者而言,就需要考虑每年缴纳税费的增长了。

5.能有效调节社会贫富差距。物业税是针对住房价值的一定比例征收,居住别墅、豪宅者课以重税,居住劣房、经济适用房者减少甚至减免税费,是调节社会贫富差距、维护社会稳定的有效举措。

6.能够为政府带来一笔持续且稳定增长的财政收入,保障地方政府的税源。目前开征土地出让金,政府固然可以一次性获取整笔的巨额收入(许多地区的土地出让金收入已经相当于或超出同期的财政收入),但却会使后续收入的来源,随着土地的持续出让而渐渐枯竭。人们就经常发出疑问,当我们将土地这一现有最大的国有资产也吃干用净时,那么,政府的财力又何以为继呢?

7.征收物业税将使资产评估业务得以大幅增长。物业税是依据物业于每年度的实际评估价值为计税依据。每项房地产只有先作出价值评估后,才可能据以向国家缴税。这将促使资产计价评估、咨询等中介机构得到较大的发展。

九、加强立法,规范市场

我国发展住房反向抵押贷款,离不开政府的干预,在我国相关立法中,关于政府的作用,应当考虑从以下几个方面制定和完善住房反向抵押贷款的政策和法规。

1.制定住房反向抵押贷款主体的相关法律制度。明确住房反向抵押贷款的借款人、贷款机构和参与机构应当具有的资格、权利义务,并建立相关的登记制度,使贷款市场主体得以规范,从而揭示本项贷款的市场风险,为政府对住房反向抵押贷款市场主体的后续管理提供条件。

2.制定住房反向抵押贷款市场运行过程的相关法律制度,明确各个运行机构开展贷款的市场准人、市场退出的程序,从包括操作程序、业务监管等方面进行规范。

3.完善与住房反向抵押贷款相关的辅助配套法规。如房地产评估的法律法规、与住房反向抵押贷款相关的保险事项的法律法规等。

4.由政府设立专门机构对金融保险机构进行资格审定,通过资格审定的贷款机构才可能向老年住房所有者提供该金融产品。

5.由政府或保险公司对市场上符合要求的贷款机构提供担保,在贷款机构无力向借款人支付款项时,由保险公司继续向老人支付贷款,确保老人的合法权益不受损害。在贷款总额超过贷款到期时住房价值且贷款机构无力支付的情况下,其差额由政府或保险公司提供。

6.反向抵押贷款运作比较复杂,并非每个普通百姓都能完全理解,就需要政府直接设立或指定相应的咨询服务机构,为因信息不对称而处于弱势地位的老年住房所有者提供全方位的贷前咨询,帮助老人挑选适合的贷款产品。只有借款人完全知晓贷款对自己的影响和各项收费是否必要的情况下,才能签订贷款合同。

反向抵押贷款为老年人提供了一项养老保障的新途径,使得养老危机解除的路径多了一项新的选择,可以部分地解决老年人的养老保障问题,但政府并不能因此推卸理应承担的责任。财政是社会保障制度的经济基础和最重要的支撑力量,这是一个世界性的共识。无论是社会保障体系健全到被称为"从摇篮到坟墓"的北欧国家,还是社会保障体系最完备的瑞典,用于与社会保障有关的费用在国家财政支出总额中的比重至少都达到1/3左右。因而,一个有责任的政府,一个服务型的政府,一个法治的政府,在通过法律实现对反向抵押贷款制度的社会控制的同时,还应该在社会保障制度的其他方面有积极的作为。

反向抵押贷款业务关联方博弈与校正

柴效武　　何赛飞

摘要:在借鉴国内外反向抵押贷款金融产品的基础上,考虑我国现阶段的综合情况,一种符合中国现实状况的以房养老模式得以横空出世。保险公司开办反向抵押贷款业务,既能解决保险公司面临的资本经营窘境,又能解决我国严峻的养老保障问题。本文首先论述保险公司参与反向抵押贷款业务的基本要素,接着对各关联方的关系进行博弈,首先是保险公司与老年人之间的利益博弈,然后是政府对业务的介入,阐述政府对保险公司和老年人利益关系博弈的矫正。

目前国内学术界对反向抵押贷款问题的研究,大多尚处于分析层面,实际可行的应对措施较为缺乏。日本、美国等发达国家进入老龄化社会的时间长,社会保障制度比较健全,借鉴发达国家成熟的养老经验,开发适合我国国情的反向抵押贷款产品,就是一条比较现实可行的途径。

一、反向抵押贷款业务关联方的一般介绍

保险公司开办反向抵押贷款业务能否顺利推行,在于参与各方能否各司其职,充分发挥各自的作用,到位而不缺位、不越位。因此,对各参与机构的准确定位是非常必要的。

(一)保险公司

保险公司是开办反向抵押贷款业务的主办机构,可以独立操办,也可以与银行、房产评估机构等形成业务运作的联盟。目前某些保险公司已经在研发反向抵押贷款的养老产品。鉴于开设本业务的风险较大,因此决策层不是直接批准某一家已有的保险公司经营此种养老模式,而是新增一家金融保险机构开办本项业务,这样涉及反向抵押贷款的资金不是金融保险业的存量资金,而是新增资金。一旦房地产市场发生波动,即便造成巨大的风险,可能波及的也只是这一家,而不会导致对整个金融保险业存量资金的威胁,比较安全。

目前,包括幸福人寿、中国人寿、平安保险、太平洋、太平保险公司在内的多家保险公司,都有意酝酿推动住房反向抵押贷款养老模式,至少是初步有了这方面的意向。

(二)老年人

反向抵押贷款业务的参与人必须为老年人,从目前各国来看年龄限制上稍有不同,大多数国家如美国要求是 62 岁以上,有些国家如新加坡要求是 60 岁以上的老人。将参与者的范围限制在老年人群中,是反向抵押贷款业务的基本要求,也是由本贷款业务的性质决定的。

除了达到一定年龄标准的老人这一基本要求外,参与人还需要满足其他方面的一些资格要求:一是老人必须拥有独立产权的房产,或者与配偶一起共有的房产,房屋产权不独立或出现其他情形时,就不能申请反向抵押贷款业务;二是参与人的房产没有抵押于其他用途,老人对房产没有债务或只有少量债务。

(三)商业银行

商业银行拥有大量的资金,财力雄厚,能够满足反向抵押贷款模式的启动预算,且银行本身就开办有住房抵押贷款业务,可借此实现业务的临近转移,并用资产证券化的形式提高住房贷款资产的流动性。

银行还可以为保险公司开办养老寿险业务提供诸多便利,使该项业务开办的交易成本变得更低。商业银行参与反向抵押贷款业务的具体办法较多,如保险公司在商业银行开立反向抵押贷款业务专用账户,商业银行按照反向抵押贷款合同约定的形式支付确定金额给投保人。

(四)政府部门

原国家建设部与中国保监会,于2003年向国务院提交《关于开办"反向抵押贷款"有关问题的报告》,并得到国务院领导的认同。目前,建设部和保监会制定了详细的工作计划,成立了反向抵押贷款课题组,在国内部分城市进行实地调查,了解市场需求,作出进一步的评估,提出必需的法律和制度保障措施。

在某些城市和地方,以房养老已经成为政协会议上的重要议题。广东省政协九届五次会议上,深圳市罗湖区政协副主席林万泉发言认为,推出反向抵押贷款是拓宽养老保障的有效途径,广东省可以在严密论证、多方协作的基础上率先在全国推出。同时在重庆,有政协委员提议在重庆地区内,由地方政府牵头成立一家专门机构,并通过财政拨出启动基金,合乎条件的申请者在签订契约后,可以按时拿到"根据住房抵押的估值按一定条件折合成"的养老金,同时申请者的房产按照证券或期货的形式,向专门的投资者出售,当养老受益期限结束后,按契约出售住房。这都说明政府对反向抵押贷款养老模式开始引起关注。而在上海,具有政府背景的住房公积金中心已经将以房养老付诸实践,从政府作为业务供给方的层面迈出了一大步,其经验值得借鉴和推广。

某些政府部门可以通过此种养老模式,把回收到的房子用于廉租房和经济适用房,增加住房保障的房源,综合融会地减轻政府在住房和养老保障方面的双重负担,这样的廉租房和经济适用房一般都处于市区,融合于普通的商品房中,不会形成富人和穷人区。除住房公积金管理中心之外,社会保障机构也可以参与这一养老模式,社保基金具备开展此项业务的资金实力,而支持养老事业,本来就是社会保障机构的基本工作。

在社会大环境还不完备的情况下,笔者建议可以先由政府、银行、保险联合推出房产寿险养老模式。各部门的联合更增加了老年人对此养老模式的信任度,同时也会弥补各自在推行中遇到的相对劣势。所谓联合经营,就是由政府、银行、保险各自发挥自身的优势,协同参与到此种养老模式之中,根据各自的职责分割利润和承担风险。

(五)咨询机构

以房养老的参与人往往是老年人,缺乏相关的专业知识,特别是在以房养老等与金融密切相关的养老方式上,往往更加迷茫,这就需要有一些专门从事咨询服务的中介机构出现。房产公司对房产行业了解深入,很多人直接从事房地产融资研究或是与银行业务实现对接,这有利于房产公司将部分业务转移至这个全新的咨询业务上,同时也为自身的发展开辟新的利润空间。

可借鉴美国以房养老模式推行的经验——要求所有的贷款投保人都要接受贷款前的咨询服务,包括从住房与城市发展部批准的中介机构获得咨询服务,如"房利美"的家庭之路电话咨询等。贷款咨询的出发点,是为了让潜在借款人获得关于反向抵押贷款优缺点的公正、中立的信息,确知是否符合他们的需要。

鉴于反向抵押贷款业务的复杂性,独立的咨询服务将在投保者的决策中扮演着重要角色。许多因反向抵押贷款引起的诉讼纠纷,大都是因事前没有进行独立的咨询所致。然而业务开办者提供的咨询服务,会引起利益冲突的问题。即使保险公司提供的咨询服务满足了贷款计划的要求,投保人也应寻求一些中立的咨询机构。我国需要大力发展独立咨询机构,监督、规范中介市场,促进反向抵押贷款模式的健康发展。

(六)房产评估机构

住房价值评估直接关系着贷款双方的权益,老年人能得到多少贷款,很大程度上是由房产的价值所决定。在"无追索权"的特殊条款下,住房资产评估的准确性尤为重要,相关评估机构必须是独立、合法、权威的房产评估机构。老人在决定选择产品,递交贷款申请后,评估机构将对其情况作出详细的调查和审核,以确定这些老人拥有房产价值的真实情况,并将这些资料反映给保险公司。

房产价值的评估涉及很多专业性较强的工作,且受到土地和建筑物的内外在因素的双重影响,工作过程的复杂性和专业性不言而喻,需要由专门的房产评估机构来运作。再者,保险公司也需要对投保人的房产价值情况作出专业的评估,以确保自己的利益不受损失(李笑,2007)。

(七)医疗机构

老年人的健康状况和预期余命的高低,在反向抵押贷款业务中款项给付额度计算中至关重要,需要权威的医疗机构参与其中,对老年人的健康提供详细的报告,对健康状况引起给付额度的变动予以较好的评判。

(八)中介机构

保险公司开办反向抵押贷款业务,需要有各种中介机构的广泛参与。这些中介机构包括资产评估师、理财规划师、律师、注册会计师、法律公证师乃至信息、咨询服务等部门。目前,我国的中介服务机构虽然有大量长足的进展,但距离总的要求还差得太远。中介机构的任务,主要是对参与反向抵押贷款业务的各个相关人员作诚信评定,为房地产开发经营与消费供求市场提供专业化的评估、交易、代理、经纪及咨询、维护等服务及善后事项。

同发达国家相比,我国的中介机构还处于自有资金少、科技含量低、服务质量不高、市场占有率小的阶段。20世纪以来,有美国"21世纪不动产"等公司进入中国,主要采用特许加盟模式,推行全面的房地产交易、保险、评估、信托等一站式服务。房地产中介服务运用丰富的信息资源,多样化的服务手段,为客户提供合理、便捷的交易及咨询服务,丰富和扩大了住房市场。

(九)房地产企业

房地产企业的主要责任是:在老年人在世期间,协助保险公司进行资产证券化的二级市场运作;在老年人过世后,协助保险公司对房产重建再售或直接进入二手房市场统一出售或出租,目的是帮助保险公司尽快回笼资金,将房产转换为现金。

房地产企业是住房交易市场的重要组成部分和管理服务机构,为反向抵押贷款业务提供专业化服务。在贷款合约结束时,需要妥善处置抵押进来的大批房屋,这些房屋相对新房具有交易规模小、地点不集中、交易成本大、不符合专业分工的特点。若是依靠专业性金融保险机构来运作,显然非其长项,出力不讨好,成本也显得太高,房地产企业正好来发挥作用。故本业务的成功运作,需要有房地产企业的强力配合。

房地产企业对房产及房产金融行业了解深入,很多人员直接从事房地产金融研究或与银行业务实现对接,这有利于房地产公司将部分业务转移至反向抵押贷款这个全新的中介咨询方面,同时也为自身的利润开辟新的空间。但其中涉及各种法律、金融事务的处理,则非这类机构的长处,房地产企业将有限的资金投入长期限的反向抵押贷款业务,也非明智之举。

(十)其他:律师服务所、经纪人等

反向抵押贷业务除了上述参与者外,还包括其他相关方,如律师服务所、经纪人等。其模式框架如图1所示。

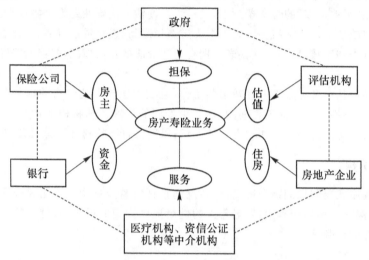

图1　反向抵押贷款模式机构联盟框架

二、保险公司与老年房主间的利益博弈

(一)关联方博弈的一般情形

反向抵押贷款模式推行中,涉及关联方利益均衡的种种问题。一般而言,任何事项的操作,尤其是其中较为复杂、关联方涉及较多事项的操作,都必须考虑相关制度或利益均衡机制建立的问题。并通过这种制度、机制的建立,使得各关联方都能在这一事项操作中共同获益,从而具有积极运作该事项的动力。否则,如在该行为中只是一方受益,他方完全不可能获益,反而还要身受其害,这种行为就会因受损方缺乏动力而无法成行,或只是被迫来做,其行为和规模势必不会很好,也很难达到理想的结局。反向抵押贷款业务运作对相关联方利益均衡机制的建立,正好涉及这一内容。

(二)老年房主在博弈中的弱势地位

若将反向抵押贷款作为一项纯粹的商业业务,完全由保险公司和老年投保人就相关条款予以协商制定,并为导致最好结局的出现,使两者之间达到一种双赢的博弈结果,当然是最好的情况。从缔结商业契约关系来看,老年投保人与保险公司在经济地位上应当是权利平等,双方有权

就具体条款的制订与顺利实施等,公平合理地发表自己的意见和要求,最终导致互动共赢的新局面出现。但实际情形并非如此。本贷款产品乃至任何金融产品的具体条款制订实施中,老年投保人很难就此自由发表意见,并使自己的意见和要求在产品条款的研发制订中起到一定分量,一切条款制订与解释的权利多在于保险公司而非老年投保人身上。导致的结果是,极可能在条款制订并非完善,或现实生活的复杂性远远超过寿险合同规定所能包容的限度时,保险公司将会作出种种对自己有利而对借款人不利的解释。

老年投保人作为单个的个人,天然地处于弱势群体的地位,无法同保险公司做一一对等的独立谈判,这是很明显的。重要的问题是:保险公司和老年投保人两者在合同签订中所处的地位,即该合同能否签订对其经济生活的影响,是大不相同的。保险公司并不急于每一笔业务都能达成协议,即使达成协议,也只是众多业务中又增添了普通的一笔而已。而对老年投保人而言,这一寿险协议的能否成交,关系到自己晚年生活的能否顺利,养老用费能否得到有效筹措等大问题,心目中的分量就大不相同。当保险公司感觉每份合同的签订,不能为自己带来应有的利益流入,反而可能是一大堆麻烦时,对参与此项业务的积极性不会很高。假如,政府对此项业务开办的相关文件中,规定了偏向老年投保人而不利于保险公司的政策时,或者保险公司不愿意这样做但迫于政府的压力又不得不开办这一业务时,情形的预期就更可能如此。

(三)保险公司与老年房主的利益博弈

保险公司在订立反向抵押贷款的合同条款时,应当遵循的指导思想之一是"以人为本",即以老年客户的利益为本,这就需要考虑自身所站的立场。一般而言,保险公司对相关制度条款的制订中,肯定要最大限度地保护自身利益,但在这种状况下,老年房主的利益应当由谁维护呢? 保险公司在注重自身利益的同时,是否对老年房主的利益也给予充分认识并有效维护。这一点如何加以体现,就必须给予重点考虑。尤其是像反向抵押贷款这种还附有浓郁的养老、福利色彩的金融产品,更不能同一般金融产品相提并论。

保险公司开办各项业务,不仅要从国家经济金融政策的维护出发,以维护国家的整体利益为本,履行金融机构应当对社会国家承担的重大责任和使命;要从维护保险机构自身的制度规定出发,以维护金融保险机构自身的利益为本,实现自身利益的最大化,需要考虑该项业务的开办对保险机构是否安全可靠,是否能从中获取相应的经济利益;还更需要从居民家庭、老年房主的利益维护和最大化出发,以老年房主的利益为本,一切为了老年房主,为了一切老年房主。保险公司制订各项金融政策与具体实施细则时,应当站在老年房主的立场做换位思考,诸如"我将来也会是一个老年房主,遇到这种事项应当怎么办?"保险公司开办此项业务时,需要首先考虑老年房主的需要是什么,是否能激起老年房主积极参与该项业务的热情,为激发老年房主的积极性,金融保险机构又应采取哪些措施等。

保险公司为老年房主开办的各种金融服务项目,该老年房主可以接受这个机构提供的服务,也可以"用脚投票",接受其他机构的更为优质的服务。居民虽然不能改变保险公司制订的各项政策法规和制度规定,甚至也无法按照正常渠道向机构提出自己的建议和主张。在自己的利益遭受损失时,甚至要按照一般的程序提出申诉要求也会遇到种种障碍。此时他们唯一可采取的办法就是拔腿走人,"用脚投票",在选择业务开办机构方面是完全掌握主动权的。因此,保险公司有关居民个人的制度、规章的制订,不光要考虑国家金融政策、宏观调控的要求,考虑金融部门自身利益增进的需要,符合金融活动本身的客观规律;同时,还应该符合广大储户个人家庭的根本利益和要求,受到广大居民户的认同与支持。否则,该项政策的颁布与实施的实际效用就不可能得到有效发挥。

(四)保险公司与老年房主的利益协调

在某种程度而言,反向抵押贷款业务开办后,业务开办机构和抵押房产的老年人双方都能在其中各取所需,是可以做到双赢的。保险公司借此开发了新的金融衍生产品,开拓了业务活动的范围,提升了业绩利润的增长点。老年人从中得到的收益就更大,本来自己死亡后还遗留的房产,已同自己毫无关系,谁也不可能将这笔死亡后的财产在自己生前仍然给予很好的运用,并充分发挥出应有价值,但参与反向抵押贷款业务就能很好地做到这一点。

但从另一个角度来讲,在既定的利益条件下,抵押房产的老年人和保险公司之间又只能是零和博弈的关系。如抵押房产到期的市场总价值是既定的,每期应当支付的款项是可以据此计算的,老年人若在其中占据份额过多,保险公司在其中可享有部分就显得过少,甚至是"赔本赚吆喝",这是机构不愿意看到的。保险公司毕竟是一个营利性公司,而非慈善组织,这是很清楚的。保险公司若因开办业务而亏损累累,从而不愿意再染指这一事项,对期望借此养老的老年人也是极为不利。但如机构开办这一业务的初衷,单单考虑利用房价增值效应为自己"大捞特捞"一把,这种指导思想下的状况就更为糟糕。

如美国反向抵押贷款业务初期开办时,市场上某些机构和不良律师、中介组织,还期望借此机遇来骗取老年人的房产,将一切利率与费率都订得很高。老年人一算账,一套住宅价值高达上百万美元,抵押后经过各种费用、利息的抵扣后,实际拿到手的资金不足房产总值的1/3。算账后的结果是不敢再参与这一业务,这又使得机构的"如意算盘"落了空,业务开办后长时期里几乎是门可罗雀,关注者众,参与者寥寥无几。直到21世纪初期,政府的贴息优惠,机构经营亏损后的"兜底",整体利率水平的下调,再加反向抵押贷款本身的巨大利益所在和相关机构的大量宣传,社会公众价值观念的演变,这一业务逐渐深入人心,才终于使该贷款产品开办得红红火火。

反向抵押贷款合同的相关制度条款的制定中,有关付费标准、期限、方式的制订,房地产价值的评估等,必须考虑公平合理,并尽量照顾老年人的合法权益不受侵犯。若保险公司的业务制度制订中,只考虑自身的利益,而不顾及老年人的应有权益,这一业务也很难健康顺利地开办下去。否则老年人为此要经常而普遍发生悔约行为时,保险公司也无法将此业务坚持到底,这对大家诚然都会造成相当的损失。

(五)保险公司与老年房主的关系处置

应当如何认识保险公司和老年房主的利益关系,双方是互动双赢,还是你多我少的完全对立机制? 保险公司注重老年房主利益维护时,是否就会立即损害自身的利益? 如果本项业务得不到老年房主的拥护并积极参与,特设机构的利益也无法得到相应的实现。老年房主对该业务的拥护与否和参与程度的高低,关键还在于推出该业务将对老年房主带来利益的有无和多少。本贷款业务的推出,对国家社会、对参与者个人都是大为有利,对保险公司自身也带来相当的好处,同时也会产生一定的风险需要给予防范。如果保险公司考虑自身的风险及防范过当,而为此采取举措又严重失当,是不利于市场的培育和完善的。

具体到反向抵押贷款险种的推出上,老年房主的利益追求同保险公司的利益追求是不相同的。老年房主最需要关切的是,能否在自己的有生之年里将住房资产尽量转化为持续、稳定、可靠乃至延续终生的现金流入,以满足养老期间对现金资产的需要。当然,如何将住房资产得以变换为较多的现金资产,即效益性,老年房主也是需要的,但并非最为需要。保险公司开办这一业务的直接目的,固然有扶助养老事业开展,对老年人动用房产资源实现养老目标提供必要的金融支持,但最为关心的还是自身资产的效益和安全,即是否能从本业务的开办中,取得较为可观的经济收益,同时又不至于为此经受过高的风险。

为此,保险公司开办反向抵押贷款业务的条款制订中,老年人的实际存活余命过长,即超出了预期寿命后仍然健康长寿地生存着,而快速增长的复利效应,导致每一期间从保险公司领取的贷款本息数又是在持续增长,远远超出其抵押房屋的实际价值时,保险公司开办这一业务的结局是显而易见的,明显要发生严重亏损。保险公司在制订条款时,是否允许这一现象的出现,还是为确保自己的利益不受侵害和风险防范,将此种现象杜绝于门外,或在发生这一事项时将抵押人"扫地出门",将该抵押房产用于偿付贷款本金和累积利息。须知,这类"扫地出门"现象的发生,即使是只出现一例,也会引起社会的轩然大波,引来种种道德危机的非议。当孤苦无依的老年人被"扫地出门",会否发生某种悲观厌世、自杀等不应该发生的事项,这是相关政策的制定时应当给予特别关注的。

反向抵押贷款业务的开办确实是利国利民,社会效益突出,但众多的保险公司面对其中可能发生的种种状况无不要慎之又慎。若是坚决开办此项业务,且由公司给予亏损性经营,这项业务的生命力必然不会长久。保险公司的利益无从实现,工作中也不会有较强的动力和热情,这同样会是社会的一大损失,更使众多希望参与本业务的老年人失望,社会养老保障事业也将因此减少一大强有力的支撑。但若保险公司开办了此项业务,却在条款的制订及实施中尽量将所有的风险推与老年投保人,把所有的收益收归自己,老年投保人会感觉到参与这一业务很不合算,或误以为保险公司想方设法用低价套取自己的房产,也难以买账。面对这一难题,就必须在相应的制度设计中,将它设想为一种政策性金融业务,并由国家财政予以较好的支持。

三、政府政策对关联方部门利益的矫正

反向抵押贷款业务的推行中,供方保险公司和需方老年投保人两者之间的关系应如何确定,政府又应当在其中担负何种功用,是至为关键的。政府、房产商、老年房主与保险公司四个部门间的利益矫正,如何才能得以实现? 单单依靠各部门自身的力量是无法给予矫正的,必须有国家的介入才可以达到。

(一)政府与房产商的利益矫正

众所周知,反向抵押贷款模式推出后,可预想房地产交易将得到最大限度的激活,房地产资源得到最大的融会并重新组合,房地产部门也因此得到最大的利益,而又不需要承担任何经营风险和损失。房地产部门的利益增进,又因此而带动了相关的国民经济各个行业部门的快速发展,对国民经济持续快速的增长起到巨大的推动效用。房地产行业对国家财政收入增长,居民居住生活质量提升,全面建设小康社会,都发挥了至关重要的功用。由此可见,房地产业界的收益,在相当程度上又表现为整个国家、社会、公众的收益,这种增长是有益的。为促成这种经济增长,国家出台相关扶持政策,应当是很需要,也是十分有益的。

至于说,像许多人士担心的那样,反向抵押贷款模式推出后,将会使对住房的需求远远大于供应,使得房价大幅飙升,从而使更多的居民买不起房子。这种现象有可能存在,却并非设想的那样严重。反向抵押贷款模式的推出,是一个需要长时期运作的事项,即使对房价的拉动会发生某些刺激效应,也需要在一个长时期内才能出现,绝非如此迅速而快捷。当然,这是另外一个话题,同这里谈到的内容还是有相当距离的。

(二)政府与保险公司的利益矫正

保险公司积极开拓反向抵押贷款金融产品,大举进入养老保障领域,对房产养老这项工作的开展来说是必须的。但因此导致的高风险、低收益现象,又应如何予以矫正? 只能是通过国家相关政策如房地产政策、金融保险政策的激励与扶持,如财政贴息、经营亏损后的国家"兜底",对老人参与反向抵押贷款行为的税费优惠减免等。国家通过这些政策的激励与支持,最终会影响到保险公司的利益分配,使保险公司的经营风险减弱,不确定性大幅降低,收益加大,由最初的不合算、不乐意参与到最终的积极参与业务运营中来。事实上,当初住房按揭贷款产品在我国的推出,金融业界也有一个顾虑重重、从不适应到逐步适应的过程,直到今天几乎成为银行最好的信贷产品。反向抵押贷款业务的推出,也将会遵循同样的发展路径,道路是曲折的,前途是光明的。

(三)政府与老年房主的利益矫正

反向抵押贷款业务的推出,将会对政府的相关政策产生积极影响。这一业务运行的完备与否,关键要素之一还在于国家有关房地产和养老保障的政策法规是否配套,相关政策对此是持支持态度还是阻碍作用。比如,面对如上谈到的老年房主和保险公司的两难境地难以完全消除的状况,单靠双方自身的努力,似乎还不能完全解决这一问题。此时考虑政府机构的介入,相应的政策优惠就不可避免,如对本保险业务给予相应补贴,既给予老年房主一定优惠,又不致对保险公司的利益造成过多的伤害。只是应当说明的是,此时的政府机构的介入,并非只是作为一个指手划脚、监督干预的令人厌恶的角色出现,而是作为主动给予业务开办机构——保险公司以众多政策优惠、税费减免的令人喜欢的角色表现。

政府为了维护投保人——老年房主的利益,促使其能够较踊跃地参与反向抵押贷款业务,即用自己的房产来保障自己的晚年生活,往往会给予老年房主相应的优惠政策,对保险公司以相当限制,如贷款利率不超过利率上限,保险业务实施中收取费用不应超过某一限额等。政府的用意清晰而明确,意图也很明显。但政府的这些限制性举措,又会对保险公司开办这一业务带来众多消极影响。保险公司可能因开办此项业务不合算、限制条件过严等,而纷纷打消开办此项业务的积极性,不再愿意参与此事。如果政府给予保险公司众多优惠举措,以刺激保险公司开办业务的积极性,同时,又不会对老年房主参与此项业务以某些挫伤,正是消除此两难境地的最佳举措。

反向抵押贷款模式的推出和国家相关政策的变更,是相互推动促进的过程。这一模式的推出,必将推动我国现有的土地制度(如土地使用期限 70 年)的重大变革和相关税收优惠政策的相应调整。这些政策的改革,也必将会促进反向抵押贷款业务的进一步规范和向全社会的推广。

四、反向抵押贷款业务开办各关联方的博弈

需要询问的是,我国的金融保险机构能否尽早推出反向抵押贷款或房产养老寿险等类似产品呢? 答案是不容乐观的。我国的国有银行或是国有保险公司,目前的基本状况是加大金融保险监管,是监管有余,创新不足。众多小银行、小保险公司是"心有余而力不足",虽有热切参与的积极性,但也只是参与,绝难有奋臂高呼的气魄和实力。另外,金融保险机构开办此项业务,占用资金极多,时期极长,要冒风险极大,而所可获取的收益却并不容过分乐观。故此,即就是说国家坚决要求金融保险机构开办此项业务,并给予种种政策优惠之时,众多金融保险机构也不见得有太多的积极性参与此项业务,这是很清楚的。目前正在大力推行的国家助学贷款,正是一个鲜明

的例证。

反向抵押贷款业务推出后,将涉及众多的业务部门和关联方,如金融保险机构、养老保障部门、房地产开发商、老年居民个人和政府部门。这些部门中除了金融保险机构外,都可以从这一业务的推进中得到众多的好处,养老保障部门可借此摆脱或缓解养老这一重负,或者说是众多的老年人自养自老,以房养老,原本由养老保障部门担负的重任,现在由老年人自行解决了。养老保障部门为这一业务的推出,所需要承担的成本为何呢?可以说等于零,有极大好处,却并不必要为享有的这一好处支付任何代价。

房地产开发商从反向抵押贷款中可得到的收益是鲜而易见的,它大举激活了房地产交易市场,原本不准备购买住房的老年人,现在也纷纷加入购房大军,用货币购房,以房养老,这就明显地比原来那种"以货币养老"的做法明智、高效得多。再如,在住房的价值评估、维护、保养、修理乃至更新改造等,在本业务推出后,都将比原来有极大的促进,住宅的流转率、利用率及维护率等,都将有较大提高。这自然都加大了房地产开发商的业务量和含金量。房地产开发商应当为这一业务的剧增花费的代价为何呢?也可以说等于零。

老年居民可以从反向抵押贷款业务的开办中得到最直接的收益,如将自己死亡后可能遗留房产的巨大价值提前到晚年退休生活中享用,就是最大收益。老年人为此也需要承担一定的风险,如业务开办机构可能会因资力无法源源不断地接济,使此项业务的持续开办下去出现中断。此种事项属于业务开办机构的违约,在业务停办之前,它要对参与业务的老年住户事先作出妥善安排。作为老年住户来说,住房仍旧归由自己居住,而抵押房款又是每期都能收到,该项业务的停办只是机构的损失,对该住户而言并非一种损失,这是很清楚的。假如是住户每期向对方支付款项以购买某种未到手的货物,款项未完全支付完毕,该笔货物就完全无法到手,那么在付款中途的资金接济不上,因而放弃了对该货物的购买,或者连已经支付的款项也难以完全收回时,才是真正的损失。

借款人从本项业务中还需要承担的义务,如需要对已经反向抵押过的住宅仍要同自有住宅一样精心维护保养(甚至在某种情况下为精心维护保养,使之免受损失才是。如系自有住宅,无论是否精心维护与保养,受损强烈与否,都是完全同外界无关的自己的事体。而将该住房反向抵押或现售给金融保险机构后,就必须额外地多承担一份责任,接受业务开办机构的监督检查,否则自己的应得利益,就会因为此而遭受相当的损失);如需要在贷款到期或约定合同到期时,用房产或用其他可接受的方式归还贷款本息。这些都是应尽的义务。

老年住户在参与反向抵押贷款业务中得到了最大的收益,而其实际需要承担的代价则是很小的,风险变化很低,所以参与这一业务是很合算的。

这时很可能出现的一种事项是,业务开办机构尽一切可能提高"行市",扩充收费项目,提高费用标准,将自己应当承担的风险都尽量向老年客户的身上转嫁。这种信息的不对称所导致的对客户权益的损害,是难以同机构对簿公堂,以争取自己合法权益的。老年客户所可能采取的办法就是"用脚投票",敬而远之。而这种状况又正好同机构的初衷不谋而合。比如,国家助学贷款的开办,尽管有财政50%的贴息和国家的信用担保,所发生的坏账损失也最终由财政核销,但各个商业银行对此的态度仍是积极性不高,要设置各种"高门槛",将需要申贷的学生队伍尽量压缩再压缩,贷款标准严格再严格,各种申办的手续是繁杂再繁杂,最终搞得"鬼都不愿意上门",这事也就自然而然地销声匿迹。商业银行开办的高利率、免税的教育储蓄业务,也同样如此。事实上,助学贷款相比较反向抵押贷款,就其事项的繁杂程度和导致风险而言,只能是"小巫见大巫",远不可同日而语。这可见,反向抵押贷款、房产养老寿险等为代表的以房养老模式,在我国的真正推出并真正发挥起极大的效用,还只能是任重道远,近日不可预期之事。

当然，如果按照如上所作出的种种分析，在反向抵押贷款、以房养老业务开办的众多关联部门中，养老保障部门、房地产开发商等几个部门，是只享收益而不必承担任何风险，付出任何代价。而金融保险部门则是以极大的极为长期的资金投入，冒着极为重大的风险，最终并不可能获取太高的收益。这种情况显然是很不公平的。这就需要国家站在最高仲裁者的立场上，对此利益格局以相应的调整才可。

反向抵押贷款运营的关联方及博弈行为

王　铮[①]

摘要：反向抵押贷款的运作中，突出的特点是内容复杂，关联面众多，揭示并探究各个相关联方其间的相互关系，对本贷款业务的良好运作至关重要。本文谨对反向抵押贷款运作中需要涉及的各种关联方的相互关系，即其间的博弈行为作较为深入的探讨。

一、反向抵押贷款运营的组织

（一）运营市场

1. 一级市场

政府开立特设机构专门设计并推出反向抵押贷款。符合规定的老年人向贷款咨询机构提出咨询，咨询机构对老人作出反向抵押贷款业务前期教育和咨询，根据老年人实际情况提出建议。老年人以居住房屋产权向特设机构申请反向抵押贷款。根据评估机构评估的房产价值，以及医院检测的健康状况，特设机构判断申请人是否具备申请资格，贷款额度是多少。经特设机构和申请者双方协商签订合同。申请人抵押房产，特设机构以协定方式向申请人发放贷款，同时转而向政府部门申请担保该反向抵押贷款。如符合条件时政府部门同意担保，那么之后出现的贷款支付问题，就应当由担保部门负责。如发放贷款总额超过了房屋最终的处置价值，超出部分则由担保部门承担，或者同时开办长寿保险业务来消除此类风险。

2. 二级市场

特设机构根据自身发展的需要，尤其是资产负债表的要求，确定资产证券化的具体目标，如所需融资的规模等，然后清理、估算和考核已有的抵押资产，选择一定数量的信贷资产，将选定贷款从原资产负债表中剥离，并根据不同的贷款质量、利率和期限，组成一组资产包，出售给资产证券化金融机构。资产证券化机构在筹集资金购得反向抵押贷款资产后，将该项资产在二级市场上进行证券化操作，特设机构需要进行反向抵押贷款证券的结构设计，聘请专门的机构对证券进行评级和信用风险的评估。之后特设机构与券商达成承销协议，在二级市场上将证券出售给投资人，实现资金的正常循环周转。

（二）运营市场关联方

1. **政府相关部门**：这些部门是政府的代表，接受政府委托，主导反向抵押贷款的推广发展。政府相关部门不能直接在市场上发售产品，只能指定一个特设机构代为发行。为了市场业务运营的顺利，该部门会向合适的产品提供担保，以减少机构和老年消费者双方的风险，增加产品的吸引力。

---

①　王铮，男，浙江大学经济学院2006届硕士研究生，主要研究方向为金融投资等。

2. 专业咨询机构：专业咨询机构应该由政府指定的公益性机构担任，比如独立社会团体、高校机构等，为处于信息弱势地位的老年人提供全方位的贷前咨询。该公益性机构欲谋担当此项角色，也应通过专门的资格考试和资质认证工作。

3. 房产评估机构：房产评估机构要就抵押房产的价值作出客观评估，为反向抵押贷款的产品定价做参考。抵押房产的价值评估要在贷款的整个期间进行多次。

4. 老年消费者：老年人是本贷款业务的直接参与者，要将自己拥有的房屋产权做抵押，换得资金来改善晚年的生活水平。

5. 资产证券化金融机构：这个机构在美国叫做 SPV，是专门从事抵押贷款资产证券化业务的金融机构。该机构购买反向抵押贷款之后，将所有的贷款资产都集中在一起，重新包装组合。然后由特设机构作信用增强和信用评级之后，再经过承销商将这些反向抵押贷款证券出售给投资者，获得销售资金。

6. 信用增强机构：这是通过信用增级手段实现反向抵押贷款证券产品信用增强的机构。由政府或其他机构担保的贷款组合的评级都不尽如人意，以致对投资者不具备很强的吸引力。为了改善发行条件，特设机构需要相关担保机构对其证券化产品进行担保，也可以和投资银行签订投资担保协议，用金融衍生产品的风险防范效用来降低信用风险，以期提高证券产品的信用等级。

7. 信用评级机构：信用评级机构是依法设立的从事信用评级业务的社会中介机构，即金融市场上一个重要的服务性中介机构，它是由专门的经济、法律、财务专家组成的对证券发行人和证券信用进行等级评定的组织。

8. 证券承销商：证券承销商是依照规定有权包销或代销有价证券的证券经营机构，是证券一级市场上发行人与投资者之间的媒介。其作用是受发行人的委托，寻找潜在的投资公众，并通过广泛的公关活动，将潜在的投资人引导成为真正的投资者，从而使发行人募集到所需要的资金。

9. 医院：医院就老年人的身体健康情况作出客观评估，为反向抵押贷款的产品定价作出参考。身体健康与寿命有一定的关系，而寿命的长短又同老人每期可以拿到的贷款金额有密切关系。

如上组织在反向抵押贷款业务运作中的相互关系，可见图 1 所示：

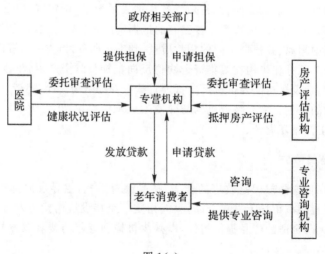

图 1(a)

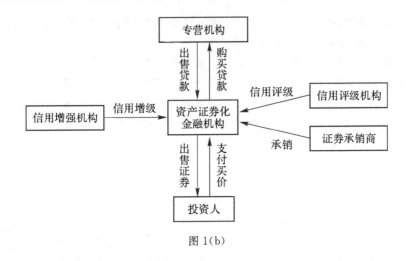

图1（b）

二、反向抵押贷款博弈主体介绍

（一）政府

反向抵押贷款业务开办的成功与否,包括了机构自身运营机制的推陈出新,不断完善,并逐渐细分市场,还包括各个关联方的相互配合和努力,共同将这项业务做大做好。但还有一个不能忽略的重要因素,就是政府的力量。政府对这一产品的政策支持力度大,或者说该产品的开办完全符合了政府的政策取向,将会使业务开展的道路变得顺利许多。政府作为市场既定规则的制定者,肩负着为全社会创造最大福利的重任。反向抵押贷款金融产品对老龄化社会解决养老问题的重大贡献,在理论和实证方面都得到了充分的印证。大力发展反向抵押贷款市场,合理控制产品自身的风险,对国家在养老保障领域的财力负担也是一大减轻。

政府在博弈过程中制定市场规则,限制和引导其他博弈方的决策,从而实现自己的目标。整个行为博弈中,政府的地位与其他博弈方是不相等的,可以凌驾于其他各方之上,其他各方只能在政府制定的规则范围内,寻求自身利益的最大化的博弈决策。需要注意的是,政府制定的规则并非恒久不变的。在反向抵押贷款的发展过程中,各种制度、法规的推出,可以说都是滞后的,即使政策法规能够及时推出,也有相当的滞后效应,而且任何政策的初始推出,都是不够完善的,有待于实际运作中的逐步完善。美国联邦政府和各州政府作为社会管理者与必要设施与服务的提供者,在反向抵押贷款业务的发展壮大过程中起到了重要作用。它们通过颁布和实施法律、减免税、财政补贴、提供担保和公共教育培训、提供咨询服务等,极大地影响了贷款机构和消费者的行为。

（二）贷款机构

贷款机构通过发行反向抵押贷款,在自主经营、规则许可的前提下,设计反向抵押贷款产品条款,追求自身的利润最大化。机构通过开办反向抵押贷款业务,依据收到的抵押房产权,贷出老人所需要的款项,以期在未来贷款到期时,收回抵押房产,进一步处理以收回本息,赚取利润。

机构运作本业务的目标,是要在反向抵押贷款这一市场中开拓业务,并取得良好的经济效益和社会效益。在既定的政策环境下,设计出满足政策规定并适合老年消费者需求的产品。消费者需求满足的程度越高,成本就越大。如何在规定的情况下合理利用政策优惠,又在产品成本和收益中找到最佳组合,是贷款机构必然要考虑的。

贷款机构为了保证实现利润,必须在开发产品时充分考虑产品需求群体的反应,并根据该群体的反应为本产品作出定位,制定具体细则和产品定价等。一般只能根据平均余命制定年限标准,并根据独立医疗机构的健康检查结果来确定具体项目的数值。同时要求保险机构对本贷款产品给予特别担保,付出一定的代价。在机构和消费者的博弈中,贷款机构处于信息的相对劣势地位,比如申请者的健康情况等。

(三)银行与保险公司

反向抵押贷款的出台可以允许多种机构开办,如银行、保险公司、社会保障机构等。保险公司尤其是寿险公司专门开办养老保险的缴费与赔偿业务,该产品在设计时需要考虑借款人的预期寿命,因此在产品设计上可能具有更大的优势,经办此类业务应是较合适的;但此项业务还涉及贷款发放,抵押房屋价值评估、维护与销售等,需要保险公司与银行、房地产部门的充分合作。

银行的资金比较充裕,个人储蓄存款中用于购买住房、准备养老的资金也占有较高比例。而且,传统的房地产贷款业务都是由银行开办,银行对开发与房地产有关的金融产品有着较丰富的经验,参与这一业务可称相得益彰。但是,这一产品的运行周期长,不确定因素多,面对无限制周期贷款、抵押资产的变化、利率的不稳定、预付款的风险及房屋的维修不当等因素影响,存在着很大的市场风险。只有在保险业的大力介入下,才能分散贷款回收风险。银行也必须和保险公司合作,才能使这一新型金融产品得到稳步健康发展。

(四)反向抵押贷款消费者

作为贷款机构的参与方,老年消费者与贷款机构同样在发生相应的博弈。简单来说,如机构设计的产品符合自己的需求,价格合理,他们就乐意购买该产品,反之则拒绝参与这一业务。他们希望用最低的代价获得最大的效用,因而会在业务申请过程中尽可能地使自己看起来身体差一些,余命不会太长,而且所抵押房产的价值较高,从而使得整个贷款期间每期可以拿到手的资金多一些。为达此目的,甚至会串通不良房产评级机构和医疗机构共同合谋。

(五)社会保障机构

社会保障机构也可开办反向抵押贷款业务,建立强有力的社会保障体系,增加新的养老资金的筹措渠道。但这一业务的具体开办,如房产交易、资产评估、拍卖收回款项等一系列的工作,并非社会保障机构的强项,所以,社会保障机构最多只能是一个配角而非主力军。

三、配套机制建立

反向抵押贷款业务的推出,离不开房地产价值评估、信息咨询、法律公证等中介机构的参与。国家要完善房地产法律制度,大力发展服务业,包括房地产预测评估、人寿监控预测等。发达国家推行反向抵押贷款有发达的社会服务业作为支撑,这是反向抵押贷款大多只存在于发达国家的重要原因。我国需要加快相关配套体系的建设,其主要有:

1. 房产价值评估。在反向抵押贷款合同签订前和执行过程中,需要对住房价值进行评估。正确、合理、公正的评估结果,是确保借贷双方利益的前提和基础。为从制度上保证公正性,尽可能避免借贷双方的纠纷,理想的方法是选择与借贷双方都无直接利益关系的第三方,也即专业的房地产评估中介机构来承担此项评估业务。

2.信息咨询。借款人在作出反向抵押贷款决策之前,需要及时获得客观、公正的业务信息。从国外的实践看,许多反向抵押贷款的纠纷,都是由于申请人事前没有作独立的咨询,对反向抵押贷款的知识和信息了解不多,甚至被误导所造成的。因此,为保证信息咨询的公正性,应借鉴美国的经验,由政府牵头组建若干独立于借款人的中立的信息咨询机构,并把"已接受咨询"作为申请反向抵押贷款的条件之一。

3.房屋维修、房产交易。反向抵押贷款的贷款期限较长,短则几年,长则十几年甚至几十年。在这么长的时间内,为保证住房的正常使用功能,需要对住房进行维护,这需要房地产公司的参与。在贷款周期结束时,有很大一部分反向抵押贷款合约需要将房产变现,这就需要通过房地产二级市场交易实现。

4.法律公证。房产属于高价值的大宗物品,在个人财富中所占比重很大。签订反向抵押贷款合约时,借款人一定要慎之又慎。除按要求履行程序外,稳妥的办法之一就是得到会计师事务所、律师事务所的介入与帮助。这样不仅可以得到更详细的信息,而且可以防止交易中的欺诈行为。

5.健全担保市场。在反向抵押贷款运作中,需要有完善的抵押担保体系的支持。以美国为例,美国分别成立了联邦住房管理局和退伍军人管理局,两大机构专门致力为中低收入居民和退伍军人提供抵押贷款担保,当借款人无力偿还债务时,联邦政府将承担全部未清偿的债务。美国国会组建了联邦全国抵押协会,为经过保证的住房抵押贷款做二级市场的担保。此外,还有一些私营保险机构可以作为保险市场的有力补充,私营保险不只是局限于中低收入者,也可以是颇具支付能力的富豪阶层。

开办相关的保险业务,可以分担房屋价值等贷款风险,但在我国本业务尚未开办,成熟度较低,不可避免地会存在某些"害群之马",在出具专业意见时会违背职业操守,给贷款机构带来损失。

四、政府、住户和房产商的博弈

(一)住房置换下的住户和房产商的博弈

推出"反向抵押贷款＋住房置换"的新型养老模式时,住户不必出资或很少出资即可实现顺利换住新住宅、安度晚年的目标,并从中得到最大的收益。而新入住房屋的价值小于原房屋的价值时,还可从中获取一定数量的现金,用于日常生活开销。这正是以房养老理念下"大房换小房"的具体实施。如住户的经济状况甚佳,只是对现有住房颇不满意时,正可借此机会顺利实现自己"旧换新、小换大"的梦想,且梦想实现的成本并非过高。

但这一模式的推出,对房产商的资金调度、筹措、运营则相当不利,住户对原有旧房产的权利将会完全转移到房产商的手中,房产商能否通过自身的营运,将其间蕴含的权益得到最大限度地收回,并拿到某种超额收益,并将其中蕴含的风险降到最低?房产商既然通过大规模的房产开发,并将其通过各种方式顺利营销出去,就可以攫取到一笔可观的收益,期间的风险小、收益大,为什么要花费偌大的时间和精力,并垫付巨额资金,做如此吃力而难有收益的事情?倘若房产的营销真正遇到了大难题,房产商手头资金颇感充裕,且在旧房产的出租营运等方面有较强的实力和运作经验时,也不妨运用这种模式。

本模式的运作仅涉及住户和房产商两家,住户的收益最大,且最为简捷省事(很难指望再由60岁以上的老年人,为"换旧图新"的房产置换去应对各种繁杂的手续程序,房产商统一承担这一业务,对老年住户是一大福音)。住户花费的代价最小或者还可以收到若干现金流入,即可依照自己的心愿顺利实现房产置换、安度晚年的目的。房产商的收益则表现在:一是新住宅开发销售中应当蕴含的利润;二是老住宅资产评估时,一般为保守起见,会有意识地适度压低旧房产的价格,但不可能压得很低;三是房产商出租出售营运旧房产中,种种收益减除费用成本后的差额,即盈利。

房产商的风险为:一是新房产开发建造中的巨额资金投入,并未能因这种特殊的房产置换而得到相应的现金流入,甚至两者间的差额表现得很大。房产商是否有足量的资金应对这一局面,这是最大的风险;二是经营风险,旧房产运作中,会因大势把握不准,房产出租不易、闲置,租金过低,或变现不易受损等,遭遇各种风险。专业机构因专业化规模经营等特点,应当比个人运营房产有着更高的收益,但也会由此凝聚众多的风险。比如股市交易中的基金管理公司,相较一般股民,并未显示出太大的营运和效益优势。

(二)政府与住户之间的博弈分析

按社会契约论的解说,政府是国家和民众(公民)之间达成社会契约的产物。政府是国家政治共同体的代表,同时又是公众的代言人和公共利益的代表。政府提供的产品包括公共品、准公共品和市场品,前二者属于公共产品供给的内容。反向抵押贷款的正常运营,对政府的相关政策实施会产生积极影响,使得政府多了一项解决养老保障难题的好方法。当然,反向抵押贷款产品介于公共物品和非公共物品之间,而这项新业务的推出则是一项商业行为。政府作为全体公民福利的代表,既不能对之完全放手不管,也不能指手划脚地直接干预,只能通过相应的房地产和养老保障政策法规的推行实施间接调控。

住户之所以愿意接受反向抵押贷款,是因为可借以为自己的晚年生活带来更多的现金流入。假设某消费者本身的养老金收入较少,使用反向抵押贷款产品之后,养老金收入大幅增加,显然是合算的。当然住户将自己的房产抵押出去会造成一些效用损失,如遗产传承的部分减少,现金流的风险增加,固定资产折现造成的总资产损失等。但消费者仍然有利可图。

反向抵押贷款运作的风险较大,金融机构开办此项业务感觉很不合算时,会纷纷提高贷款业务开办的门槛,或减小业务开办的范围,这对消费者是很不利的。这时如政府能通过某些政策优惠措施,使得机构举办该项业务有利可图,产品的市场需求就可以得到更强有力的保证。反之,则市场无法正常持续地发展下去。

五、政府和反向抵押贷款机构之间的博弈

政府和反向抵押贷款机构之间的博弈,使得反向抵押贷款的发展历程大致分为两个阶段,划分标准就是政府是否决定支持反向抵押贷款的推广运营。在反向抵押贷款发展的不同阶段,政府和贷款机构的博弈情况不同,可能是"囚徒博弈",也可能是"斗鸡博弈"。具体的影响因素就是社会经济情况,民生状况和产品的适用度等。在这些条件的约束下,政府和机构都希望在博弈中尽可能获得最大收益。

第一阶段是从1961年第一份反向抵押贷款方案诞生到1980年。这一阶段,反向抵押贷款

市场基本上处于萌芽状态,除理论研究外,几乎没有实质性的进展。

在这个阶段,政府和贷款机构处于一个"囚徒困境",支付矩阵如下:

		贷款机构	
		接受	拒绝
政府	接受	3,3	−4,7
	拒绝	7,−4	0,0

囚徒困境是非合作博弈,只存在一个纳什均衡,即双方都拒绝,结果是显然的,双方都无法在开办此业务中获取利益。但是,如果双方密切合作,都选择接受时,双方的收益将明显大大改善。囚徒困境是在反向抵押贷款发展初期出现的。究其原因,一是那个阶段美国的老龄化问题还不是十分严重,政府也完全有财力应付养老保障事宜,没有将该产品纳入养老保障体系的打算;二是反向抵押贷款初期运营的成本巨大,结构复杂,市场前景难料,一般机构没有足够的财力和魄力来推行这一产品,只能望"贷款"兴叹;三是反向抵押贷款正处于萌芽期,产品结构设计不完善,风险很大,出现了某些诈骗行为,而且完全是私营机构在市场推行,社会公众对其的信任度不高。于是,政府和贷款机构双方都选择了拒绝参与。

第二个阶段是1980年以后。这时,美国的老龄化问题愈益突出,且有继续拓展的趋势。政府为了解决日益严重的老龄化问题,决定推广这一养老金融产品。1981年,政府成立了独立的非营利性组织——国家住房价值转换中心,专门向老年消费者进行反向抵押贷款产品知识的宣传和教育。政府还指定HUD设计反向抵押贷款产品——HECMs,在试运营一段时间后,正式发行这一产品,并指定机构为该产品提供担保,增强产品信用等级,帮助其发展。

政府的目标是提高社会福利水平,减轻养老支出压力,而贷款机构通过发行合适的养老金融产品,为自己获取了利润。政府通过舆论宣传、咨询服务并为产品提供担保,维护机构的资产流动性等方式,来调整双方的利益,为反向抵押贷款的推广降低成本,增加了可行性。

模型分析:

这里假设贷款机构的利益函数为:$M = H \times (P - C) + E_0$。

式中,M为贷款机构发行反向抵押贷款所得到的利润;H为产品发行量;P为抵押房产的现值;C为成本现值;E_0为政府担保等有利措施。

政府作为民众利益的代表,其目标是社会福利的最大化。反向抵押贷款切实解决了部分自有房产老年人的养老问题,提高了老年人的老年生活水平,也确实减少了政府的财政支出。

政府的目标函数可以表示为:$N = H \times (T - P_1) + E$

式中,N为政府在反向抵押贷款的推广中获得的收益;H为贷款发行量;T为从贷款机构处得到的税收等收入;P_1为政府为产品顺利发行所做的支出;E为社会福利的增加量或养老支出的减少额。

我们用θ代表金融业的平均利润,于是:

如果$H \times (P - C) + E_0 \geqslant \theta$,贷款机构愿意发行该产品;

如果$H \times (T - P_1) + E > 0$,政府会通过各种渠道帮助贷款机构发行该产品;

多位学者测算过反向抵押贷款的潜在市场,政府和机构大致可以计算积极推广这一产品对各自的利益和成本。我们假定政府支持反向抵押贷款推广所做的工作成本为一种负担,如政府需要对政策进行适当修改完善,进行舆论宣传等,那么政府有两种选择,要么支持(接受),要么不支持(拒绝)。机构也有两种同样的选择,要么发行合理的贷款产品,积极推销本贷款理念(接受)；要么尽量发行社会难以接受的制度不合理、定价偏高的产品(拒绝)。

这时候的政府和机构处于一种"斗鸡博弈"状态，相关的支付矩阵如下：

		机 构	
		接受	拒绝
政府	接受	5,5	2,8
	拒绝	8,2	−3,−3

从上面的博弈矩阵可以看到，双方都有接受或拒绝两个策略。假使政府和机构都选择拒绝，这项产品就无法推广了，双方都会有 3 个单位的机会成本损失，政府无法节省养老支出，提升老年人的养老质量，也损失了相关税收，而机构则损失了发行产品的业绩和收益。在一方拒绝的情况下，另一方单独接受也能获得高于社会平均利润率的利益(利润大于 0)。如果双方都选择接受，都能获得 4 个单位的收益，这大于都不负担情况下的收益。这是一个典型的"斗鸡博弈"，其中含有两个纳什均衡(5,5)、(8,2)。当一方选择拒绝的情况下，另一方的最优策略就是选择接受。

第二阶段又可以作进一步分析，这里建立一个三阶段的动态博弈模型，来分析政府和反向抵押贷款机构之间在每个阶段的博弈关系。政府指定的联邦政府住房管理局(HUD)等，这是承担政策性业务的非营利性组织。根据 Shleifer 和 Vishny(1994)的模型，假设承担政策性业务的非营利性组织除了可能产生利润和税费外，还能为政府带来额外的社会或政治收益，如养老金支出的减少、养老生活质量的较大提高等。

这里作出进一步的推理，非营利性组织承担政策性业务后，政府虽然能得到额外的利益，但也必须承担一定的风险。政策性业务会使组织成本加大，由此造成亏损的可能性大幅增加。政府在组织出现亏损的情况下，要判断亏损是否是暂时性现象。如果是暂时的，则应继续支持，维持其正常运营。在重复博弈的框架下，双方之间的博弈可以重复进行。政府和企业两者间存在长期合作关系，都需要从长期角度来考虑当期行为对未来收益的影响。

这里引用罗兰(2002)给出的一个简化模型，并进行一定程度的修改。政府指定自己的机构设立相关产品，并进行公司化运营。显然政府需要以各种方式来支持这一产品，但该项目能否最终盈利，政府并不十分清楚，只能凭调研大致确定该项目的好坏概率。

这里假设项目盈利(好项目)的可能性是 $p(0<p<1)$，那么不盈利(坏项目)的概率就是 $1-p$。如果这是一个好项目，政府获得的税收和额外收益等为 $R_g(R_g>1)$ 单位，企业获得的收益为 B_g 单位，政府继续提供支持，博弈结束。如果这是一个坏项目，该项目无法一次设定完善，政府需要决定是否再提供支持，这里量化为 1 单位；若不提供，项目将被清偿，政府所得为 $L(L<1)$。若选择继续支持，项目最终可以成功，而政府可以得到的税收和额外利润是 R_p 单位，企业可以得到的收益为 B_p 单位。这里有 $R_p<R_g$，因为时间延长导致了一部分损失；$B_p>B_g$，如果坏项目能持续获得政府的支持，机构就会因为坏项目周期较长而从中获得更多的收益，这种收益包括正常收益以及隐性收益；$R_p-1>L$，如果政府继续支持这个项目，继续支持获得的总收益相比之清偿足够高时，政府有动力继续支持。

这里构建一个博弈树，见图 2。

这里引入政策性业务的概念，对本文提出的模型予以改进。Shleifer 和 Vishny(1994)，林毅夫(1997)认为国有企业普遍承担着两方面的政策性负担：战略性政策负担和社会性政策负担。前者是指在传统的赶超战略的影响下，投资于我国不具备比较优势的资本密集型产业或产业区

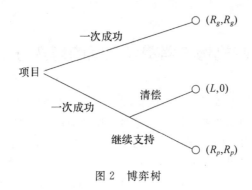

图 2　博弈树

段所形成的负担；后者则是指由于国有企业承担过多的冗员和人工福利等社会性职能而形成的负担。

政府指定 HUD 来设计 HECMs 产品，一开始只是一个试验项目，并没有提供永久性贷款的风险担保。这可以视为 HUD 承受的一个政策性负担。假设政策性负担会使得政府在正常的税收和利润外得到额外收益，也会因此增加企业的成本和风险。政府在额外收益高于额外成本的情况下，是很有动力推动这个承担政策性负担的项目的。本文做一个简单的数据处理，用 R 表示承担政策性负担的机构带来的额外收益和额外成本之差。

显然，机构承担政策性负担后，在外部市场的生存能力就会减弱，竞争力下降，风险增加，并有可能改变管理者的行为。这种不利影响体现为项目存在着无法一次完成甚至有可能失败的风险，并要求政府继续提供支持。我们假定管理者工作负责努力，那么一次成功的概率为 $\theta(0<\theta<1)$，政府得到 R_g 单位的税收等收益。而由于存在政策性负担，政府可以得到 R 单位的额外收益，总收益为 R_g+R 单位，机构获得的收益为 B_g-e 单位，e 是机构担负成本。

然而，即便在正常情况下，由于政策性负担增加了机构的运营风险，存在 $1-\theta$ 的可能性无法一次成功，成为失败项目。这里 θ 衡量了市场竞争等因素，且与市场竞争激励程度成反比。这时候，政府需要决定是否提供继续支持。如果项目失败，政府获得清偿收益 $L(L<1)$；如果继续支持，延期项目可以给政府带来 R_p 单位的税收等收益，$R_P<R_g$。加上额外收益 R，则总收益为 R_P+R。

这个模型的关键是政府是否支持政策性负担的项目，也即政府是否支持 HUD 推行 HECMs，并将该产品转为正式产品。如果政府投资没有政策性负担的项目，可以稳定获得 R_g 单位收益；而换成政策性负担的项目，有 θ 的可能性一次成功，政府获得 R_g+R 单位收益；有 $1-\theta$ 的可能性无法一次成功。

美国 HECMs 反向抵押贷款的发行量，占到全美国反向抵押贷款发行总量的 90%。这里以 HECMs 的发展历程为例，分为三个阶段。第一阶段，政府为了解决日益严峻的老龄化导致的养老难题，决定推动反向抵押贷款的发展，于是指定 HUD 设计一种合适的反向抵押贷款产品；第二阶段，HUD 接受政府指派，决定如何设计并推行该产品。由于不是自身主观的需求，而是一种政治任务，即承担了政策性负担，HUD 会首先考虑自己推行该业务的成本和收益而作出决策，这就难免要过多地考虑自身的利益，而忽略老人以房养老的利益，从而使得政府以房养老的目标难以实现；第三阶段，由于政府和机构之间的利益博弈，会出现两种结果：一是反向抵押贷款市场顺利发展，政府不仅得到了税收，且获得了额外收益，即养老问题的解决；二是推行不顺利，政府就需要作出决策，是否继续要求 HUD 推行该产品，并提供适当支持。博弈的最终结果是，业务推行不顺利，政府继续加大对该业务的政策支持力度，从而使得机构有了开办贷款业务的积极性，最终取得了很好的结果。

六、反向抵押贷款机构与消费者之间的博弈分析

这是反向抵押贷款市场中供需之间的博弈,是本项业务能够顺利推出的关键,并决定着市场这一"看不见的手"如何推动本业务的发展。金融保险机构在订立有关反向抵押贷款的条款时,必定会首先考虑自身的利益,从最大限度地保护自身利益的角度入手。但若机构仅仅一味注重自身利益,也是不够的,需要同时为消费者的利益最大化考虑,激发他们的消费热情。消费者在参与博弈及决策是否参与这一业务时,首先要从维护自身的利益出发,检测参与这项业务的合算与否。他们虽然不能改变国家和机构制订的各项政策法规、制度规定,甚至是无法按正常渠道向机构提出自己的建议和主张。但他们可以选择接受这个产品,也可以"用脚投票",选择不接受或采用其他产品。另外,消费者为了获得更多的利益,也会随意粉饰自身的健康情况,拉高房价,或图谋"一女二嫁"以骗取更高的贷款额。这就需要机构对此进行有效的监管,防范损失。

机构发行适合公众需求又价格合理的产品,而公众又有积极利用这一产品提高自身晚年生活品质的迫切愿望,此时,反向抵押贷款的市场会得到蓬勃发展,供求双方都会因此而获益。机构通过发行产品赚取利润,公众则合理地将不动产转换为现金流,增加养老效用,达成共赢局面。但若其中的一方选择不合作(即机构推出的产品很不合理或公众过多地考虑自身的利益而拒绝该产品),整个市场的交易氛围将会变得很差。市场的损害最终会导致博弈双方的利益损失,机构无法通过发行该产品获得应有利益,消费者也不能凭借房产获得养老所需要的资金。

理智的机构和消费者之间博弈的最终结果,应该是出售合适产品和积极接受这一产品。当然,该贷款产品对公众需求的契合度大小,它的价格与消费者的预期数值是否相符,也是重要的决定因素。这是另外一个重要话题,这里不予讨论。

接下来用信号传递博弈模型进一步分析,并讨论分离均衡实现的条件和混合均衡产生的可能:

博弈的两个参与方是反向抵押贷款机构与借款人,借款人有两种类型:

$\theta = H$,表示借款人的健康程度较高;

$\theta = L$,表示借款人的健康程度较低,$H > L$。

θ 的概率分布为:$p\{\theta = H\} = q, p\{\theta = L\} = 1 - q$。

假设反向抵押贷款市场是完全竞争性的,贷款机构和借款人的期望利润为0。

在完全信息下,贷款机构发放给 $\theta = H$ 型借款人的每期贷款额度为 $\omega(H) = t/H$,而发放给 $\theta = L$ 型借款人的每期贷款额度为 $\omega(L) = t/L$。这里的 $\omega(\theta) \equiv t/\theta$ 表示随着 θ 的增加,$\omega(\theta)$ 相应减少,t 是一个常数。$\omega(\theta) \equiv t/\theta$ 可以给出两个局中人的帕雷托最优分配的数值。

当 θ 是借款人的私人类型时,借款人本人拥有信息优势。这时候,贷款机构只能以某种方式 $\omega = tq/H + (1-q)t/L = t/L + (t/H - t/L)q$ 发放贷款。这时候,$\theta = L$ 的借款人因既得利益遭受了损失,就有可能退出本贷款市场,这是因业务开办双方掌握信息不对称而导致的逆向选择问题。

为了解决这个问题,现引用柴效武、张海敏、朱杰(2007)有关"健康评价证明"的观点,设"健康评介书"为 $h, h \in [0,1]$。此"健康评价证明"即为信号,由贷款机构指定医院为申请贷款的老年人检查身体后开具,作为评价老年人健康状况的重要指标。此评价证明可以是一种正确传递老年人健康状况的信号,也可能是一种信号扭曲。

借款人以"健康评价证明"为信号报送给贷款机构,以使贷款机构能较好地区别两类不同健

康程度的借款人。我们可用信号博弈模型来分析这个问题。模型假设的状况是：一是健康评价证明作为信号，使分析大大简化，但无法对借款人的综合情况作出准确评价；二是 θ 型的借款人，健康程度为 $h, h \in [0,1]$，健康程度为 θ 的借款人在选择水平为 h 的"健康评价证明"时所需花费的成本为 $C(\theta, h)$。这里假设借款人都是理性人，他们希望自己的"健康评价证明"水平较差，以使得自己可以在每个贷款期间获得更高的贷款额度和利益。所以 $C(H, h) > C(L, h)$。这一假设使得"健康评价证明"具备了信号的作用，设 $C(\theta, h) = \theta h$。但这样做的结果必然大大损害了业务开办机构的利益。

七、关联方的利益均衡

以房养老中各个相关联方存在着利益均衡的问题，这一均衡机制应当如何建立，就是需要考虑的重点。应当说明，任何事项的操作，尤其是其中较为复杂，关联方涉及较多事项的操作，都必需考虑相关制度、机制的建立问题。通过这种制度、机制的建立，使得各关联方都能在这一事项操作中获益，从而具有着积极乐意操作该事项的动力。否则，如在该行为中只是一方受益，他方完全不可能获益，反而还要在其中遭受相当的损失，这种行为就会因缺乏受损方而减弱操作的动力而无法成行，或只是被迫来做，其行为的规模也必然会变得很小。

比如，反向抵押贷款业务的具体开办，涉及对抵押房屋的价值评估及对申请老人可存活寿命的预期。基于自身担当职能的有限性及为了该业务的公平，这两方面业务的实施不可能由贷款银行自己操纵。房屋价值的评估要求助于特定的资产评估机构；对老年人寿命的预期则是由老人的身体健康状况而定，又还需要医疗机构来测算。这种外部操作机构的存在，难免会产生某种"合谋"或"寻租"行为，出现某种弄虚作假现象。

银行要开展这一业务，一般会同某特定房产评估机构和医疗机构达成合作意向。但这种合作意向会否给其他房产评估机构和医疗机构造成业务垄断之嫌疑，给被评估人造成双方"合谋"之错觉呢？很可能发生的。大家会认为，该房产评估机构会取得这一业务的独占权，会有意识地压低房价，以帮助贷款机构减弱经营风险；而该医疗机构会为取得这一业务的独占权，有意识地高估被检查人的身体状况。这时，被评估者的利益就会受到双重的损害，每期可以到手的房款大大减少。但如房产评估机构和医疗机构并非由贷款银行人为圈定，而是由借款人自行寻找时，此时又会产生种种弊病。如各家房产评估机构和医疗机构为争取多拉业务，会有意识地迎合借款人的需要，随意抬高房价又有意低估借款人的身体状况。这种现象将会导致借款人每期可得到房款的额度增加，从而损害了贷款银行的利益。这种种事项都是很有可能出现的，尤其在我国目前的状况下更会如此。面对这种两难境地，很难寻找到切实可行的解决方案。考虑到我国目前的房价因处在快速上涨的通道中，人们的健康状况、生活水平、医疗发达程度等，也都处在快速发展的通道之中，变数很多，从而存在着较大的不确定性。故此，要找出让大家都很满意的结果并非易事。

以房养老行为的模式，相关利益均衡机制的建立，正涉及这一内容。以房养老的问题复杂，相关联方颇多，包括国家、以房养老者、购房特设机构、社会中介力量等。其中以房养老人员、购房特设机构应当是直接从事交易的双方，国家则需要在其中担负重要的指导、管理、协调、监督功用，并采用各种有效的激励手段和经济保障，来促使这一事项的顺利实现。社会中介力量则在中间起到一定的参与、推动力量，使这一事项的实现得以顺利成行。为达到各相关利益方的利益均衡，使得各方都有相当的动力参与此事项操作，相应的利益均衡机制的建立就必须提上议事日程。

　　相关均衡机制的建立,包括谁来建立,如何建立,制度如何设计,利益如何分配,风险怎样分担,各关联方应当尽到何种权利,义务和责任等事项,尤其是在具体的房价评估、款项支付、支付期及支付额度的确定,尤其是其中所含有的极大风险和收益应当如何分离与分担等,都是很为重要的内容,也是本模式能否得到顺利建立并运行的关键。

　　相关利益机制确立包括两方面内容:一是有关法规制度的建立,以规定各关联方的应享有的权利和应承担的义务和责任,并对可能出现的收益和可能发生的风险,在各利益关联方之间做合理的分配;二是有关数据的测算,主要指技术的可行性,住房的价值能否通过一定的机制得到变现与套现,以完成养老保障功用发挥的重任,并在数据测算、模型建立中,对各方的利益、风险、成本以计量、计价的计算,合理性地推论。

反向抵押贷款运作环境及在我国发展前景的探讨

奚　臻　杨　洁　刘军民

摘　要　人口与资源、环境、经济和社会的协调发展和可持续发展,是实现和谐社会基本的特征之一。我国已经进入老龄化社会,解决好社会养老问题对建构和谐社会具有重要意义。以房养老和实现以房养老的主要金融工具——反向抵押贷款,就是解决养老保障问题的重要举措之一。

一、反向抵押贷款应用环境分析

任何一项成功的创新,都需要掌握和充分理解未来实施的环境,从而判断该事物在这个环境中是否具有生命力。反向抵押贷款产品的实施基础,就是中国的经济社会、人口的大环境。

(一)住房分配制度改革是反向抵押贷款的必要条件

反向抵押贷款的实施要件之一是房屋,一般都要求借款人拥有房屋的全部产权。随着住房分配制度的改革,目前城镇的住房私有化率已经达到很高的水平,房地产市场化程度也非常高,为实施反向抵押贷款业务创造了必要的条件。

我国是一个社会主义国家,很长一段时间里,住房是作为由政府提供的一种福利,居民只需支付很少的租金就可以取得居住的权利,但并不拥有对住房的产权。然而,这种住房分配模式渐渐暴露出供给与需求之间的尖锐矛盾,到了难以为继的局面。从1979年中国开始经济体制改革以来,针对矛盾重重的住房问题,政府推行了住房制度改革。1998年,宏伟的住房改革计划启动,废除了原有的福利分房制度并推动中国的住房投资,改革的主要成果包括:第一,通过大幅折价销售,1998—2003年的5年间,约有50%的政府产权公房低价转让到城镇公众的手中。这笔额外的收入不仅使得城镇居民的收入在5年间净增了22%,而且改变了城镇居民的资产结构。第二,城镇居民中拥有自己住房的比率,在2000—2003年间上涨了将近一倍,很多大城市达到了89%之多,远远高于美国和其他工业化国家约50%～65%的平均水平。

中国公房的存量在2002年大约有30亿平方米,占城镇住房总面积的64%,其中90%已经销售出去。按照屈宏斌于2003年作出的预计,市场价值超过3.2万亿元人民币的住房产权已经从政府手中用很优惠的价格出售给了公众。在出售公房的同时,推行住房商品化,在商品住房销售中,个人购房的比例达到95%以上。居民私有住房的比例已经达到了80%以上,房屋产权价值已取代银行存款成为居民最主要的资产形式,私有住房占城镇居民家庭财富的比例达到半数乃至更多。城镇居民财富的快速积累,推动了中国城镇消费总量的高速增长。

住房制度改革和全面市场化以后,房地产市场建立和繁荣,物业价值大幅提升,开启了积蓄已久的居民对房屋需求的闸门,各地房价均有较大程度的上涨,北京、上海、深圳等城市年均涨幅达到两位数。住房二级市场也跟随快速发展,存量住房交易日趋活跃,房地产中介和物业管理迅速发展,服务内容不断增加,房地产市场服务体系基本建立,为反向抵押贷款业务在我国的开办,实现以房养老提供了极大的可能。

(二)城市化为反向抵押贷款提供了广阔的市场

改革开放以来,中国经济发生了翻天覆地的变化。城市化是中国经济社会发展最重大的事项之一,我国的城市化水平得到了极大的提高。2011年,我国城镇人口比重为51%,首次超出了农村人口,预计2020年的城镇人口比重可能超过60%。中国城市化快速发展的特征,就是农村人口将源源不断涌入城市,城市人口大量增长,这就意味着对城市房屋的需求在未来很长一段时间内都不会减少,房屋的价值将会一直保持稳步乃至快速增值的态势。

反向抵押贷款的抵押条件之一,是房屋即抵押物必须是有市场价值。而要确定房屋的市场价值,就目前的情况而言,只有城市的房屋具有流通性和租赁价值,市场价值是可以评估的,且建造城市房屋都必须符合相关部门制定的标准,质量可以得到应有的保证。因此,现阶段反向抵押贷款的实施更适合在城市进行。城市化为反向抵押贷款业务的推出提供了广阔空间。

(三)老年人居住条件普遍较好,为反向抵押贷款提供了可能

老年人的数量,特别是老年人有无可自主随意处置的住房,是推广反向抵押贷款的基础条件。虽然,在我国目前,老年人主要与其子女、亲属生活在一起,享受天伦之乐。但是,随着社会经济的发展,特别是在市场经济条件下,由于工作变动频繁、人口流动加速、物质生活水平提高以及精神生活追求增长等因素的转变,导致我国传统的大家庭在向小家庭快速转变,老年人单独居住的数量正在不断增加。这就是通常说的"空巢家庭"。

空巢家庭的增加,表明我国60岁以上的老年人大都拥有了自己独有的固定居所,居住条件普遍有了提高。同时,因住房制度改革和商品化的推行,老年人可以单独处置住房,这就为开办反向抵押贷款业务提供了可能。总的来说,实施反向抵押贷款的金融与法律环境已经基本具备。

我们经过长时间对该领域的关注,希望能够通过组织相关行业专业人员进行专项研究,前瞻性地了解反向抵押贷款模式对建立和健全社会保障体系,及其对业务所涉及的金融、保险、房地产相关产业的积极影响。结合中国的国情,提出反向抵押贷款的模式创新,将老年人现有资源或财富进行整合、理财和有效管理,加上社会保障体系已有的养老金,解决老龄人口的衣食住行等系列问题,提高其晚年生活质量。

二、反向抵押贷款业务在中国推广的可行性介绍

(一)高通胀压力下"龟兔赛跑"的必胜秘笈

有一个很有意思的说法,通货膨胀与工资增长的速度就好比是"龟兔赛跑",在这场比赛中,通货膨胀就是兔子,这只兔子拥有不打瞌睡不休息,而且一直加速度的可怕特质,而乌龟怎么爬也爬不动,怎么追也追不上,这就是工资。我们从不同角度来观察通货膨胀。有一个媒体发文,说面对如此高的通胀率,我们的养老怎么办?《理财周报》的一篇文章,说如果按照退休以后只吃盒饭来计算,过去每个盒饭是三五元钱,现在一般盒饭的市价已超越15元,按照这种通胀率,假设4%的话,30年后的盒饭每盒都要涨到40元左右。一日两餐都是盒饭,加上早餐一天下来每个人约需100元。晚年生活仅仅20年的盒饭钱每个人就要六七十万元,夫妻双方就需要更多,当然这只是最低标准,实际生活还远不止这些,医疗费、娱乐费的状况和标准更高。

根据国家住房与建设部有关数据显示,91%的城市老人已经拥有了自己独立产权的住房,独

居和空巢的现象令这些老人的平均住房面积达到 70 平方米。而目前高居不下的房价，又是每个平民百姓最揪心的痛楚，在"有房有车"的魔咒驱使下，大部分工薪族宁愿省吃俭用埋头苦干，也甘为一套房当"房奴"，为自己的孩子当"孩奴"。既然住房得之如此不易，何不在若干年后靠住房生财来颐养天年？反向抵押贷款业务的开办，让这场"龟兔赛跑"出现了新的转机，用房子的价值来弥补养老金与通胀之间的差距，想必有较高的优越性。

（二）中国目前的老龄化现状分析

根据相关统计，我国 2011 年年底 60 岁以上的老年人已到达 1.89 亿，占全国人口的 12.7%，其中 80 周岁及以上的高龄老人 2000 万，占 12.4%。中国的老龄化问题明显具有"未富先老"的特征，造就了大批"房产富翁，现金穷人"。2000 年，中国 65 岁以上老人占人口结构比重为 6.8%，与世界平均水平完全一样，而延伸至 2009 年，该比例已经达到 8.3%，显著超过世界平均水平的 7.5%。飞速的老龄化和飞涨的物价，让依靠本身就微薄的养老金生活的老人更是雪上加霜。我们正在面临一个人口红利逐渐消失，慢慢老龄化的中国，而未来的 40 年，可能会出现两个纳税人供养四个领取养老金的人和一个无经济自立能力的孩子，即所谓的"四二一"家庭模式，将给青年夫妻带来莫大的生活负担。更严重的问题是，目前我国城乡空巢家庭超过 50%，部分大中城市已达到 70%；农村留守老人约 4000 万，占农村老年人口的 37%，城乡家庭的养老环境和必要条件明显缺失。

用住房蕴含的价值变现来筹措老年人的生活费、医疗费和护理费等，这一独特的融资机制在很多国家都得到广泛认可。反向抵押贷款是"以房养老"理念在国外实施的一种重要模式。我国由于地区差异较大，各个地区情况各有不同，以房养老的实施，对于不发达地区可能还不适合；对中等发达地区意义较大；对社会保障较完善、经济较发达的大城市来说，则可以作为显著提高养老质量的重要途径。

（三）商品房的特征分析

商品化住房兼具消费性和资本性，住房商品市场也具有多个层次。在一级市场上，住房商品供给者和需求者按市场法则等价交易。如只是为了满足起码的个人生活空间的需要，大家购买房屋只是一种和普通商品没有两样的消费品，但如将购买的房屋用于出租或在二级市场转让以获益，住房就表现出资本品的特征。住房作为资本品的基本特征，就是其所有权和使用权在让渡时可以分割。传统的住房制度下，住房仅仅作为消费性资料，只是满足人们生存和舒适居住的需要。这种情况下人们只要求正常使用权即可，对住房是否具有完全产权并不很关心。这两种权利的效力就等同于完全的所有权。今天的住房已作为一种重要的资本品活跃在市场经济的舞台上，成为资本品的前提之一是住房成为所有权资本。

现实生活中，住房的双重属性往往不能截然分开。居民在其工作期间购置房产，目的是为了居住；年老时则可以通过出租、转让房产或其他形式获得收益。这正是"以房养老"得以实现的前提。住房制度的改革，对住房的产权归属作出了明确规定，购房者拥有了完全意义的住房产权，包括住房所有权和由此派生的支配、处置、收益等权利。这就使居民的"以房养老"具有了法律上的可行性。

就我国而言，反向抵押贷款还是新生事物，但此项业务的开展具有十分重要的意义。它不仅是我国养老保障体系的有益补充，对房地产市场的资源优化配置，提高老年人的生活质量，都不无裨益。更重要的是，反向抵押贷款能够增加我国金融机构的业务种类，为其提供新的投资渠道，获取更多的利润空间。

三、我国发展反向抵押贷款的金融环境

(一)我国的居民储蓄存款余额数额庞大

我国的居民储蓄存款余额连年递增,数额庞大。居民储蓄存款的用途,根据大量的调查数据结果显示,"为子女的抚养和教育做准备"、"攒钱买房"和"筹集将来的养老费用"这三项始终位于前列,而且以养老保障为目的的储蓄,在整个储蓄中所占比重正在逐步上升,目前已经仅次于子女抚养和教育这一项。所以,如果将"攒钱买房"和"筹集将来的养老费用"两项资金准备融会一起,先用钱买房,再用房养老,那么我国的储蓄额就会大幅度减少,从而达到扩大内需,促进国民经济增长的目的。

(二)居民对金融新产品的推出有了更好的接受能力

鉴于居民个人的金融理财意识明显增强,对金融新产品的推出有了更好的接受能力,房屋反向抵押贷款模式有可能得到广泛的认可。对房屋反向抵押的借款人来说,他可以照常居住在自己的房屋里面,同时还可能通过房屋反向抵押贷款增加收入,提高养老消费水平,这显然是一种较好的养老方式。虽然在一定程度上,这一养老方式受到中国几千年来形成的根深蒂固的传统文化制约,但随着改革开放的进一步深入和社会主义市场经济制度的完善,我国居民的思想意识和行为方式正在悄然发生着巨大的变化,大众对各种金融新产品的推出都有了较好的接受能力,房屋反向抵押贷款的市场前景值得期待。

(三)融资渠道逐渐畅通,筹资业务大幅增长

为促成反向抵押贷款的正常运行,大规模发展该业务,我们需要为有关业务的开办机构筹措规模大、时间长且来源稳定的资金流,为反向抵押贷款方式提供长期运行的"血液"。近几年来,我国融资渠道畅通,银行存款、外汇储备、保险费收入等持续大幅增长,社会闲置资金量急剧加大,且增长稳定,具备了为反向抵押贷款模式提供运行资金的能力。

(四)金融机构创新意识强烈

我国金融机构创新能力不断增强,抵御风险的能力也在逐渐加强,这都使得房屋反向抵押贷款作为一种新兴的金融产品,有可能促成房地产市场、保险市场和资本市场联合运营的新模式。房屋反向抵押贷款服务对象的合理定位,运行制度的全面设计,再加上国家有关金融、税收相关政策的充分保证,在理论上能够使这种养老模式的运行成为可能。反向抵押贷款的制度设计需要各方专业人士的共同努力来完成。在当今金融市场鼓励创新的大环境下,各种国外成熟金融产品的借鉴和引入已经成为一种大趋势,在充分考虑金融风险防范的前提下,合理地、有步骤地进行房屋反向抵押贷款中国模式的研究,对繁荣我国的金融市场,为百姓提供更多的金融服务,是大有裨益的。

(五)我国金融市场体系已经初步建立

当前,我国金融市场发展状况很好,金融市场体系已经初步建立,证券期货市场、货币市场和银行间外汇市场基本完善;金融市场参与主体日益多元化,不仅包括商业银行、社会保障基金、信

托公司、保险公司和证券公司,还引入了合格的境外投资者,对发展我国的金融市场发挥了重要作用。金融市场产品逐步多样化,不仅包括国债、金融债券、中央银行票据、公司股本和债务性债券,而且在证券和银行业产品方面不断推陈出新。跨市场的金融创新产品不断出现,如货币市场基金的出现,银行信贷资产证券化的发展等。我国金融市场不断完善,金融工具不断创新,抵御风险的能力也在逐渐加强,这都使得住宅反向抵押贷款这种金融产品,以集房地产市场、保险市场和资本市场于一身的联合运营机构的出现,不失为一种可能。

(六)金融保险市场不断发展

我国金融市场体系初步建立,包括住房抵押贷款市场在内的各类金融市场初步建立。金融市场参与主体日益多元化,包括商业银行、社会保障基金、信托公司和证券公司、保险公司以及企业和个人等众多的投资者或融资者,都对我国金融市场的发展起了重要作用。除四大国有商业银行和交通、中信等若干家股份制银行外,还有数量众多的城市商业银行和信用合作银行,小额贷款公司、村镇银行目前也在大量出现。

同时,我国保险业也在飞速发展,保险市场主体数量稳步增加,截至 2013 年年底,全国已经拥有保险公司 100 多家。保险公司组织形式呈现出多元化格局,保险公司体制改革继续推进,上市保险公司的法人治理结构得到重视与改善,保险公司内部控制机制正在向规范健全方向转变,保险公司经营的竞争力与可持续发展已提到议事日程。我国保险业在不断发展的进程中,日益呈现出市场化、专业化、国际化、规范化的特点,正步入一个全新的发展阶段。

(七)金融机构正在进行多渠道的业务拓展

目前,我国各商业银行和非银行金融机构正在进行多渠道的业务拓展,反向抵押贷款模式的实施过程中,有可能得到政府部门的支持和担保,使得这一融资模式的风险性大大减小,有利于保证银行的稳健经营,降低不良贷款率,从而得到各大银行的积极参与。同时,这一模式作为补充养老的重要内容,无疑会得到社会各界的广泛关注,便于承接这一业务的银行和有关金融机构树立服务社会的良好品牌,对银行其他业务的顺利开展也有促进作用。银行可以利用贷款资产证券化的方式加快资金的回笼速度,提高资金的使用率,从而更为有效地降低风险,为更多的住宅反向抵押贷款需求者提供良好的服务。住宅反向抵押贷款在减轻社会保障体系压力的同时,会促进银行以及非银行金融机构的业务向多元化方向转变,使得金融机构将社会责任和盈利目标紧密地结合在一起。

(八)金融保险机构拥有闲置资金需要寻找安全稳定的投资渠道

随着我国商业银行的储蓄存款和保险公司的保险费收入大幅度增长,社会闲置资金规模急剧扩大,必须要通过金融创新为闲置资金寻找出路,提高资金利用率。发展反向抵押贷款则是金融机构拓展业务范围,充分利用闲置资金的有效途径。推行住宅反向抵押贷款,将养老保障与购房售房相结合,可以为各商业银行的大量存款余额、中央银行的大量外汇储备寻找到一条安全性高、收益稳定的投资渠道。在各种投资方式中,房屋这种不动产的投资显然更为稳定可靠。而银行、保险公司等金融机构拥有众多的分支机构和完整的服务网络,为反向抵押贷款的开展提供了市场和技术支持。

(九)房地产市场的高速发展

近几年来,我国房地产价格涨幅持续走高,远高于其他各类物价指数的涨幅。房价的过快上涨,隐含了潜在的金融风险。央行调整了个人住房贷款政策,通过提高贷款利率等方式,对住房需求进行宏观调控。鉴于央行要求各商业银行紧缩开发信贷的资金供应,同时又对售卖土地使用权市场的过热状况进行整顿,所以市场普遍预期房屋供应将缩减,供需矛盾更加突出,从而削弱了央行房贷新政策的效果。在这一大背景下,推出反向抵押贷款业务,可以活跃房地产二级市场,增加二手住房的上市供应量,有效缓解当前房地产市场的供需矛盾,抑制房价上涨,促进房地产市场健康稳定发展。

(十)开征遗产税已成定势的情况下,反向抵押贷款可以成为一种合理的避税手段

关于遗产税的征收一直存在着争议,但经过国家相关法律部门长时间的调查和研究,相关法案的起草和实施都已经有步骤地开展起来。在不久的将来,关于遗产税征收的具体办法,必将成为国家加强宏观调控的又一有力手段。遗产税政策的起草小组日前表示,初步把我国遗产税的起征点定在 80 万元,北京、上海、深圳等城市的很多居民,仅房产这一项资产的价值就已高出此限。反向抵押贷款中国模式的实施,将作为国家补充养老的一个具体办法,这笔贷款收入必将被视为免税收入的一部分。居民利用这一融资模式对遗产税进行合理的规避,不失为一种可选择的有效办法。

四、反向抵押贷款产品在中国的应用前景

(一)假设

参照美国和境外其他国家的发展经验,笔者提出以下这些假设需要在调研中予以验证,重新估算中国的市场应用规模。

假设 1:中国的空巢贫困老人是初期的市场主体;

假设 2:空巢老人中,独居(丧偶)女性为市场主体;

假设 3:产品接受趋势,中国与美国一致;

假设 4:一定时期后,贫困老人不再是唯一的市场主体,产品开始用于满足一些非贫困老年人的其他非基本需求;

假设 5:政府在业务开办初期就深入参与这项贷款产品,并且是市场的标准制定者和监管者,也是最后的担保人。

根据上述假设,如果反向抵押贷款在中国的发展情况,类似于美国反向抵押贷款的发展过程,即美国 HECMs 的数据显示,在 2004 年,即经过 15 年的市场培育和发展,美国反向抵押贷款当年合计为 60 亿美元,占全美国符合资格的老年人房屋净资产总值的 0.3%,在此我们称之为释放率。如果国内能尽快推出此项产品,并经过 15 年的市场培育期,也能达到 0.3% 的释放率,到 2020 年,其市场规模将达到 113 亿～237 亿元人民币之间。从中远期而言,可以同样参照美国 NCOA 的预测,即最终将有近半数的老年家庭使用这一产品来获取养老补充资金,那么,经过 45 年的发展,到 2050 年中国反向抵押贷款市场的规模将达到 4.2 万亿至 18.8 万亿元之间。需要说明的是,这个预测值的可信度,取决于美国 NCOA 预测的准确程度。事实上,我国对以房养老的必要性和迫切性远远超出了美国,反向抵押贷款业务推出后的实际效应,也将会远远超出美国的发展速度。1998 年开始推出的住房按揭抵押贷款,截至 2009 年贷款余额已经达到 5 万多亿元,这一发展速度就是一大明证。

(二)预测

反向抵押贷款这个事物在中国的应用前景如何,我们根据所得到的数据及一些假设作出了预测。根据人口预测、人均面积预测和平均价格的预测假设,我们估算 2050 年城市老年人房屋资产价值可抵押价值低值为 18.6 万亿元(不考虑人均面积增长和房屋升值因素),高值为 37.6 万亿元(同时考虑人均面积增长及房屋升值因素)。届时,贫困老年人的房屋可抵押价值也将达到 2685 亿至 1.18 万亿元之间。以上预测都是以 65 岁以上老人数量为基础,如果考虑到 60~64 岁之间的老人,住房价值的总量将会更大。

这部分财富虽然有很高的价值,而且是居民资产中最主要的组成部分,但其流动性很差,对老年人收入的补充作用无法实现。如果有工具可以使这部分资产的流动性提高,即有效释放部分房屋资产的价值,将对老年人贫困状况的改善起到积极作用,这种积极作用将体现在经济上和心理方面。

(三)发现

通过上述预测,笔者发现:

1. 中国城市老年人群的房屋资产价值将在今后 30~50 年间会有高速增长,其中一个重要因素是老龄人口的快速膨胀;

2. 老年人的房屋价值可以视为反向抵押贷款产品的最大理论规模,或者说是一个资金池,这个规模虽大,但和应用规模的大小没有可比性;

3. 如果把绝对贫困人口作为反向抵押贷款产品的目标市场,市场规模将受到较大限制;

4. 如果参照美国的发展历程来预测中国的市场,这个预测值在中短期内并不乐观,规模相对较小,可以发挥的效果也不如预期,但中长期预期的市场规模则是巨大的。

上述论述属于此次研究参与人员的看法,同样的数据在不同人员来看会得出不同的结论。笔者认为,数据仅仅是一种市场可行性的参考,就这点而言,可以视为一个有利可图的市场,容纳众多参与者共同发展这个市场,但初期会因为规模太小而造成风险集中。这些数字的商业价值并非最为重要,重要的是这个产品对整个社会经济和人民生活,乃至对人们的理财观念和生活方式变革的极大影响。

五、个人对我国发展住房反向抵押贷款的前景预测

(一)从社会各界对住房反向抵押贷款态度来预测

关于住房反向抵押贷款在中国是否可行、前景如何,各家有不同的观点。有人持肯定的、支持的、赞同的观点,有人持否定的、反对的观点。有些人认为"以房养老"不适合中国国情,因为首先会遇到的是公众的观念障碍。国人的传统是"但存寸地,留予子孙耕"[①]。老人将自己的房产抵押出去而无法留给子女,这样的现实,国人恐怕一下子难以接受。在当前经济还不怎么发

---

① "但存寸地,留予子孙耕"的概念是重要的,但大家对这一观念的解读则有较大差距。按照笔者的理解,则是我们应当为子女留下可以供给其长期耕种的田地,而非父母为儿女生产出大量现成的食物,使得子女任何事情都不需要做,就可以安享现成。

达、贫富差距还比较大的情况下,许多老百姓辛苦一辈子也难以攒下一套房子,到老了,却又不得不将房子抵押给银行,以贷款养老,这怎么都让人感觉银行似乎在"抢钱"。有评论者指出,以房养老折射出的是中低收入群体深深的无奈,也有很多人认为在老龄化现象日益突出、独生子女负担加重的中国社会,采用反向抵押的逆按揭方式实现以房养老,无疑是未来年轻人减轻养老负担的一种很好方式。

总之,现阶段最主要的是以各种方式将以房养老的新概念深入人心,让人们明确了解这一新模式的好处,将对反向抵押贷款的潜在需求转为有效需求。打破人民群众的传统观念,我国实行以房养老的前景光明。

(二)从我国的特殊国情来预测住房反向抵押贷款前景

我国目前面临着人口老龄化、未富先老和养老保障制度不健全等多重困境,独生子女政策及随之而来的"四二一家庭"、家庭空巢化的大量出现,单纯依靠现有社保制度和传统的家庭养老难以应对即将到来的老龄化危机。在这种情况下,大力借鉴国外开展反向抵押贷款的经验,把它作为一种新的养老模式于适当时机在我国推出,对缓解我国养老保障的压力具有重要意义。这一新型贷款模式的开办,还将对激发老年人房地产市场的兴起,刺激国民经济增长;对增加新的金融保险产品、养老资源与房地产资源的融会贯通;对家庭两代人间的关系协调、自立自强等产生极为深远的影响。我国是一个人口众多的国家,且农村人口占主导,房屋传承观念深入人心,发展反向抵押贷款需要较长的时间才能使其成熟化,但其发展前景则是值得期待的。

(三)发展前景

肯定会有人提出疑问,指出美国的模式并非完美的学习和模仿对象,中国的实际情况也与美国有着很多不同。事实的确如此。美国有着全世界最为发达和活跃的金融市场,住房抵押贷款证券化市场也很成熟,美国的民众对于信用消费和债务的熟悉和接受程度,也是所有国家中最高的,美国民众年老后仍然会追求生活质量的维持与提高。相应地说,中国的金融市场正处在摸索与修正的阶段,住房抵押贷款的资产证券化尚在研究和试点,信用消费和债务对于中国老百姓来说是刚刚开始认识和接受,对老年人来说更是陌生,中国的老年人一生艰苦,对生活质量从来就只是心中想想,更多的人宁愿生活质量下降,也不愿意用房子来换取养老资金。这都对市场发展及推广带来某些负面因素。当然,也有一些正面东西和上述负面因素相互抵消,主要表现为:

首先,中国老年人贫困的未来趋势不容乐观甚至非常棘手,特别是现在40岁左右的中年人在他们变老之后,社会保障和家庭赡养机制都会面临巨大的挑战,相对于保障体制较健全的美国,更迫切需要多渠道的养老资金补充。

其次,中国的金融市场虽然不成熟,但发展迅速,服务网点众多,服务成本小于美国,这对反向抵押贷款产品的定价十分有利,从而能刺激较多的需求。

再次,中国的上行下效式的行政执行效率较高,政府的态度对反向抵押贷款的推动有决定性作用。

最后,中国可以借鉴美国反向抵押贷款的发展经验,避免走弯路,结合中国国情设计出更有效率的反向抵押贷款产品。

因此,笔者认为,综合上述的正面与负面因素,中国在10到15年内反向抵押贷款市场和美国的发展情况类似的推断是可以成立的。事实上,现阶段在缺乏调研数据支持的情况下,这种预测方法也许是唯一可行的。

六、结论

(一)反向抵押贷款作为社会养老保障的补充,有市场需求,积极意义明显

在中国社会老龄化迅速发展的大趋势下,开展反向抵押贷款不仅非常必要,而且具有良好的市场开发前景。它不仅可以提供保障老年人生活的新经济来源,明显改善老年人的生活消费能力,还能有效减轻社会、企业和家庭日益沉重的巨大养老压力,合理引导社会的养老价值观和生活方式,还能促进房地产市场的繁荣,加快二手房的流通,社会经济效益十分显著。

(二)应用环境基本支持,部分法规法律尚需明确

反向抵押贷款在我国尚处于探索阶段,当前研究重点有:我国反向抵押贷款的法律基础,与养老社会保障和房地产抵押市场的有机对接,反向抵押贷款的参与平台和运行机制,风险识别与保险控制途径,相关配套政策和促进措施等。

(三)加快制度创新与集成创新,开展多领域合作,才能取得成功

反向抵押贷款并不完全是一个保险产品,更准确地说,它是一种金融保险制度和工具的创新,作为一个大金融产品,它还涉及政府担保、房产评估、抵押贷款、房屋维护、房屋拍卖转让、贬值保险、长期看护险等众多领域,需要相关部门通力协作。建议及早进行相关政策法规的研究与制订。

(四)需要进一步研究和试点,探索符合中国国情的模式

虽然许多国家都开办了反向抵押贷款业务,但由于各国政治、经济、法律以及文化心理不同,差异也是明显的。我们可以借鉴成功国家的经验和做法,但不能生搬硬套,应该组织地方政府、金融机构、研究单位和项目承担企业,共同开展项目试点和成果推广,建立具有中国特色的反向抵押贷款体系,并实现可持续发展。鉴于我国地区经济发展不平衡,建议根据经济社会发展水平和老龄化的状况,先在北京、上海等城市进行试点,总结经验,然后分步向其他城市推进,积极稳妥地探索住房与养老保险相结合,建立安居养老的保险体系。

老年贫困与反向抵押贷款业务的开办

奚　臻　杨　洁　刘军民

摘要：反向抵押贷款是专门为城市中"住房富人，现金穷人"的老年人开办的，城市贫困老年人是住房反向抵押贷款的主要受益者。那么，反向抵押贷款业务开办的状况如何，与城市中老年人的状况，就有着十分密切的关系。我们研究反向抵押贷款以房养老的市场需求状况，首先就应当对贫困老年人的状况作出较为深入的研究。

不论反向抵押贷款是属于完全市场化的金融产品，还是属于政府要一定程度参与的政策性金融产品，首先都需要寻找到客户的需求，并确定有多少客户有这个需求，然后再通过研发相应的金融产品来满足这种需求。我们认为主要有两类老年人会需要住房反向抵押贷款产品，第一类是需要现金满足基本生活需求的老年人，即城市贫困老年人；第二类是没有基本生活问题的担忧，但有提高生活品质强烈需求的老年人。

一、城市老年人贫困情况描述

中国的贫困问题，一直以来被认为最严重、最典型的是农村的贫困人口问题，而近 10 年来城市的"新贫困"问题，也变得愈益显著起来。20 世纪 90 年代后期开始，我国城乡居民收入的差距逐渐扩大，失业和下岗职工大量增加，社会保障体系建立的滞后和运行障碍等，都不同程度地加剧了城市的贫困问题。

贫困的定义有多个版本，如果用领取城市居民最低生活保障金作为贫困线标准，即多数人认为的一个较低的标准，根据中国民政部门的统计，全国共有城市居民最低生活保障对象 2205 万人。如果根据绝对贫困的定义，即"难以维持该地区的最低生活水平、需要得到社会救助"，这2205 万人口也可以称为城市绝对贫困人口。根据 2004 年民政事业统计年报快报，全国 2200 多万城市居民最低生活保障对象中，退休人员占 72.58 万人，占比为 3.3%。还有部分"无生活来源、无劳动能力、无法定赡养人或扶养人"的老年人，即"三无老人"。

孙陆军、张恺悌对不同地区的低保贫困线做了 10% 的敏感性测试，测试结果表明，在城市低保线临界点的附近聚集着一些处在贫困线边缘的老年人。上海、河南和甘肃在低保线上浮 10%的情况下，贫困率将增加 50%，福建将增加 100%。[①] 这一测试结果得到了上海民政局老年工作处的认同，他们认为，在低保线以上有很大一批人收入很低但又不够领取低保金的最低标准，贫困情况也很严重。

许多学者和研究机构对中国的城市老年贫困人口进行了估算，但因使用标准不同，结果差异很大。于学军利用 2000 年的一个城乡老年人口一次性抽样调查数据进行的测算，得出数据见表1，与民政部颁布的数据相差甚大。

---

① 孙陆军，张恺悌.中国城市老年人的贫困问题[J].中国老龄科研中心,2003.

表1 贫困老人预测数

方　法	恩格尔系数法	基本生活标准	主观感觉
测算贫困老人人口数（万人）	1327.5	1264	931.5

资料来源：于学军，2003[①]

王德文和张恺悌利用同一份抽样调查数据，并通过对比不同指标经过调整后，最后以老年人对自己的经济状况评价为指标，得出的测算结果为：全国的老年贫困人口数量为921～1168万人（60岁及以上），其中城市老年贫困人口为185万～246万人，城市老年贫困发生率为4.2%～5.5%。这个预测较为折中，是比较能接受的。王德文和张恺悌还讨论了贫困人口可能的分布情况，参照他们的思路，根据"五普"数据分析，如果把13.4%的城市老年就业人口和城市老年非就业人口中领取退休金、基本生活费和依靠财产性收入与保险的部分（合计占老年人口比例为51.7%），简单排除在贫困人口之外，那么，绝大部分老年贫困人口就分布在家庭供养和其他没有具体生活来源的老年人口中，两项比例约占城市老年人口的35%。[②]

二、城市老年贫困人口的特征

孙陆军、张恺悌利用2000年"中国老年人口状况一次性抽样调查"数据，对城市贫困老年人的人口特征与居住状况进行了分析，得出的结论是：

1. 性别差异非常明显，女性明显多于男性，女性老年人占了77.4%，男性为22.6%。贫困发生率女性比男性高4个百分点，人数接近男性的4倍，年龄越高越容易出现贫困，见表2。

表2 按性别分类的老年人贫困率 （单位：%）

	60～64岁	65～69岁	70～74岁	75～79岁	80岁及以上	合计
男	1.0	1.3	1.5	3.0	4.5	1.6
女	3.1	4.8	7.9	7.4	11.6	5.8
合计	2.0	3.0	4.5	5.3	8.7	3.6

2. 贫困老年人中丧偶老人所占比例最大，为69%，丧偶对老年人的贫困有很大影响，见表3。

表3 老年人婚姻状况与贫困率 （单位：%）

婚姻状况	有偶同住	有偶分居	丧偶	离婚	未婚	合计
非贫困	67.6	1.4	30	0.8	0.2	100
贫困	28.5	1.3	69	0.6	0.6	100

3. 独居老人中贫困的比例为非贫困的2倍多，达到23.1%，其他居住状况的贫困与非贫困差异不大，因此，独居老人最易发生贫困情况，见表4。

---

① 于学军.老年人口贫困问题研究[M].北京：中国标准出版社，2003.
② 王德文，张恺悌.中国老年人口的生活状况与贫困发生率估计[J].中国人口科学，2005.

表 4   老年人居住状况与贫困率   （单位：%）

居住方式	独居	一代户	二代户	三代户	四代户	其他	合计
非贫困	9.1	31.4	15.9	35.6	0.5	7.4	100
贫困	23.1	9.0	17.1	44.2	—	6.5	100

4. 没有资格领取退休金的老年人贫困发生率较高，这类人群占到全部贫困老人的 65.3%。

5. 城市贫困与非贫困老年人在储蓄方面差别显著，前者储蓄率为 23.1%，后者为 46.1%，前者人均储蓄为 1598 元，后者为 9670 元。

三、城市老年人贫困的成因

城市老年贫困群体的形成有其社会和经济等因素，刘丽等对此进行了分析，综合刘丽的观点，笔者认为，城市老年人贫困的原因主要表现在以下方面。

（一）老年群体的自身因素

第一，女性寿命要高于男性，这一生理现象导致老年人口的性别比例失衡，高龄女性多，这部分女性的经济独立度较低，对男性的经济依赖依然存在。

第二，现在的老年人大都出生于 20 世纪 40 年代或更早，受教育程度低，专业特长差，退休养老金收入少，退休后难以找到新的收入来源。

第三，身体素质差，体弱多病比例高，医疗费用开支大。从老年人发病的概率角度讲，老年人是疾病的高发人群，65 岁以上老年人两周患病率是青壮年的 4.5 倍，60 岁以上老年人在余生中有 2/3 的时间处于带病状态。同时，医疗费用逐年大幅上涨，且随着医疗制度改革，个人自付的比例也在增加，进一步加重了疾病给老年人造成的经济压力。

医疗费的上涨幅度，超过了城乡居民收入的增幅和承受能力，综合医院每一诊疗人次的医疗费，由 1990 年的 10.9 元上涨至 2002 年的 99.6 元，上涨了 8.1 倍，同期单次的平均住院医疗费由 473 元上涨至 3598 元，上涨了 6.6 倍。1990 年，中国家庭用于医疗的费用中仅有 36% 需要自己付费，到 2002 年，家庭负担的医疗费用达到 58%。老年人的健康状况随着年龄的增加而变化，重病者比例随年龄增长而递增，因病致贫的可能性随年龄增加而增加。国家劳动和社会保障部社会保险研究所的关志强所做的一项研究显示，60% 以上医疗卫生费用来自百姓个人，百姓一年的收入难以支付一次住院费用。一旦疾病降临，很多家庭会因此陷入贫困。贫困人口中接近三成是因病致贫的。[1]

（二）社会因素

第一，养儿防老的观念发生改变，赡养老人已经被视为额外负担。家庭赡养的传统养老体系开始转变，成员之间物质生产的联系日益消失，家庭规模日益缩小，每一就业者的负担人数却在增加，年轻人用于事业、工作的时间增多，无暇照顾老人，就业的压力使赡养老人的能力下降，私人转移支付变得很不可靠。

---

[1]   关志强. 2005 中国医疗机构改革·首届医院品牌与发展论坛发言稿,2005

第二，家庭的养育中心由"养老"向"育小"转移，家庭的消费倾向"贴小"多于"贴老"。有限的钱财被较大幅度地用于抚养幼小子女，而非赡养年迈老人。这一点在我国是严重而又普遍地大量存在。固然可以将此视为老年人对于家庭后继有人、兴旺发达而甘愿作出的一种牺牲，但又确确实实地影响到老年人的物质生活。比如，老人贫困问题中，如果中年父母和老父母都是一样的贫困，自然无太多的话好讲，但现实社会中又存在着太多的儿女花天酒地、西装革履，而老父母寄人篱下、朝不保夕的现象。

第三，男长女幼的传统婚姻观念，女性高于男性的寿命，导致老年女性丧偶率增长。一般而言，男女的婚龄差上，往往是男大于女，20多岁的年轻人初始结婚时婚龄差大约在2～3岁；30多岁的人士结婚时，婚龄差则往往达到5～6岁；男士到了40多岁、50多岁再婚时，新娘子则往往要比男士小10岁左右。而女性的寿命一般又是长于男子，如日本的人均寿命号称世界第一，男性和女性的人均寿命分别为77.2岁和83.8岁（1997年数据），差异明显。两大因素合并在一起，就使得男性老人过世后，女性老人还有较长的寿命。

（三）经济因素

第一，养老保障体系的覆盖面仍然不够，无资格领取退休金的老年人贫困发生率明显偏高，是贫困的显著原因。我国公布的公共养老体系在城镇职工中的覆盖率为55%，在所有老年人口中的覆盖率仅仅为15%。大多数人员被排除在外，比如在改革养老金制度时没有工作的人员，或在改革后没有达到一定工作年限的人员均不能领取养老保险金；一些过去从事长期劳务工作的人员，一些被赡养的退休人员家属也不能获得养老金；同时还将一些个体私营企业人员、自由职业人员排除在外，这些人的老年生活难以得到可靠的经济来源。

第二，计划经济时代的高就业、低分配政策，导致老人缺乏积蓄储备。我国长期以来实行高就业、低工资、高福利、低分配的"两高两低"分配制度，职工的平均工资一直停留在较低水平上，金融储蓄的积累率低，储蓄养老的作用小，养老物质储备不够。中国有庞大的储蓄存款，达到GDP的75%，老年人中却鲜有能指望个人财富来弥补养老金缺口的，家庭储蓄仅是总储蓄的一小部分，而且相当部分已用于购买房屋。金融资产占家庭资产总值的比例较小。据20世纪90年代中期的一项调查，在55岁以上的老人家庭中，仅有23%的家庭拥有的金融资产超过年收入，仅有5.4%的家庭拥有金融资产超过年收入的两倍，这个数目不足以支撑平均超过20年的退休生活。[①]

第三，养老金长期替代率不高，离退休金的增长滞后于物价的上涨。现阶段养老金的工资替代率达到80%，有些地区甚至高于100%，处于偏高水平，同时退休年龄偏轻，导致我国社保基金支出压力巨大，与经济发展水平不适应，养老金工资替代率需要有下降的空间。虽然替代率偏高，但是早期退休人员因为退休金基数低，退休金调整的幅度跟不上物价的上涨，退休金的实际购买力缩水，老年人长期替代率水平低。

第四，老年人劳动参与率低，无能力参与激烈的就业竞争，劳动收入作为养老收入补充的作用明显不够。

---

① 高山宪之（2002），"Pension Reform in the PRC：Incentives，Governance，and Policy Options"，亚洲发展银行学院五周年研讨会，东京，2002

四、未来影响城市老年贫困的因素

(一)老龄化的中国——从年轻型国家迅速转化到老年型国家

急剧增长的老龄化趋势,迫使中国要继续保持经济的高速增长,并且必须快于老龄化的速度。35 年前,中国也许是当时世界上最年轻的国家,当时中国的中青年人(15～60 岁)是老年人口的 8 倍,现在这个数字是 5 倍,35 年后这个数字将降低到 2 倍。这个数字代表着老年赡养比率,代表着社会赡养老人的能力。2040 年,中国老人总数将达到 4.24 亿,占当时总人口的 38%。[1]据测算,当老龄化高峰来临的时候,养老金的支出预计将达到在职职工工资的 44%,远远超过国际社会普遍认可的 20%～23% 的警戒线。如此巨大的压力下,如果不尽快增加社保基金的积累量,不采取以房养老、基地养老等新型养老方式,我国的社会保障体制将面临灾难性后果。

国有企业大量精简职工的现象,正把中国的养老金体系送入难以承受的地步。1989 年到 2003 年,这一系统的现有供款职工和退休职工之比的赡养率,从 5.4 降到了 3.0。2003 年,辽宁省的赡养率为 2.4 : 1,上海市为 1.8 : 1,虽然据预测中国总人口赡养比率到 2050 年之后才能低至这一水平。即便如此,仍有数百万已经被裁员的国有企业职工仍被计为缴费职工,恶化的情况可能会被低估。

人口的迅速老化,将试探国家养老保障能力的底线,看它能否为老人提供合理的生活标准,而年轻一代又不至于为此背上沉重的负担。老龄化浪潮所带来的负担,必然会部分地体现在政府预算和雇员的工资单上,他们承受着日益增长的养老和医疗保险支出的压力。[2]

中国的社会保险制度的总缴款率可能达到工资的一半,几乎相当于欧洲最慷慨的福利国家。[3]高缴费率导致基本养老保险系统的高逃避率,令中央政府的财政赤字不断增加。对新加入者来说,他们现在必须缴纳工资的 24%,但从被承诺的福利标准看,可能仅需要缴纳一部分,甚至一半,就足以支付将来的福利了。[4]

下一个十年里,我国的人口形势还算有利,在目前中国严格的人口政策下出生的独生子女一代长大成人时,就业人口开始减缓增加,这会舒缓中国的劳动力过剩,尽管老年人口增加,但增加数却不及新生婴孩的增加数目。2015 年起,中国庞大的战后婴儿潮一代将会开始他们的老年生活,形势将急转直下。

(二)从劳动力过剩到劳动力短缺

按照国家人口与计划生育委员会提供的目前生育率 1.8 的平均数(2.06 为可以维持人口数长期稳定的生育率),即平均每名城乡妇女一生要生育 1.8 个孩子,联合国预测中国的就业人口将在 2015 年前后达到高峰,然后开始下降。到 2040 年,假如目前的人口变化趋势不变的话,就业年龄人口将比目前减少 10%,到 2050 年,会比今天减少 18%。[5] (Mattew,2002)而中国人口统

① 联合国. World Population Prospects:The 2002 Revision,2 Volumes,联合国人口署,2003.

② Jackson Richard & Howe Neil. 银发中国,中国养老政策的人口和经济分析. CSIS 战略与国际研究中心,2004.

③ 经济合作与发展组织. China in the World Economy:The Domestic Policy Challenges. 2002. 大塚正修和日本经济研究中心. Impacts of China's Social Security Reform. 2002.

④ 经济合作与发展组织. China in the World Economy:The Domestic Policy Challenges. 2002.

⑤ Mattew Forney. "Workers Wasteland," Time International. 2002-6-17.

计公布的生育率为 1.3,这个数字被公认为偏低,其中忽略了父母怕违反计划生育政策,少报或不报新生婴儿的因素。联合国通过生育率为 1.35 的假设,在此"低变量"预测中,中国老龄人口的比例,到 2040 年将攀升至 32%,到 2050 年,中国将失去现有就业年龄人口的 35%。

(三)家庭结构和男女比例失衡

中国严格执行的计划生育政策,使生育率被人为地快速降低,实行计划生育政策 30 多年来,我国总计少出生人口达到 4 个多亿。随着计划生育第一批独生子女进入了婚育年龄,城市中的 4-2-1 家庭现象开始变得十分普遍,即 4 个老人,2 个父母,1 个孩子。随之而来的"小皇帝"现象,虽然说明这"2"和"1"的生活是幸福无比,但当他们的父母变老时,就会发现他们行孝道的负担实在太过沉重。

除了经济上的赡养,这种家庭结构对行为上的赡养也造成了实际影响,4-2-1 式的家庭结构注定有一对老年夫妇不可能与成年孩子同住一起,空巢老人的增加首先是传统孝道的退步,同时造成住房资源和其他资源的的浪费,大大增加了养老成本。

中国的传统文化中,尽管儿子在名义上承担着赡养年迈父母的责任,但按照"男主外,女主内"的习俗,实际上是媳妇在照料公公婆婆。按照中国目前 118 对 110 的男女性别比例,这一不均衡是全球最高的,也是实行独生子女政策一个意想不到的后果。局部地区已变得很严重的"新娘短缺",将转变为全国性的"媳妇短缺"。[①] 老年人的赡养将不可能完全由家庭承担。

(四)人口高龄化对社会化养老设施的压力

中国 60~79 岁之间的老人,在 2000—2050 年间几乎要增长 3 倍,与此同时,80 岁以上的老人数目将增加 8 倍。[②]这一趋势中最令人不安的是,随着年龄的增长,失能老人的比例也在快速增长。在 65~69 岁的中国老年人中,仅有 5% 的老年人从事一样或多样基本的"日常活动",如穿衣做饭等较为困难;而年龄在 80~84 岁的高龄老人,这一比例会达到 20%;至于 90~94 岁的高龄老人,这一比例更高达 40%。[③]这就是说,对每一个成年子女来说,不仅会有更多的老人要照料,而且这些老人会随着寿命延长变得衰老病弱。这对中国家庭是一个极大考验。80 岁以上的老年人中,不足 1% 是在养老院养老,相比之下,这一比例在美国是 20%。如家庭养老的有效性迅速降低,一大批新的赡养高龄老人的基础设施就必须尽快建立起来。到 2050 年,中国将有 9800 万人年龄超过 80 岁,比今天全世界高龄老人的总和都要多。[④]

(五)转制成本高昂形成政府负债

令人不安的是,中国社会保障制度新的统账制度建立时,已退休老职工的退休金和在职职工在旧制度下已经积累起来的养老金权益,造成了巨大的政府负债,这部分转制成本据估算达到 15700 亿至 19000 亿元。[⑤]理论上这笔负债应该由政府偿还,但现在的做法是期望以统账制度下社会统筹部分的供款来偿付这部分成本,即要求目前在职职工既要负担上一代人的退休金支出,又要对自己的养老金负责,一代人要养两代人。而实际的执行情况也表明社会统筹账户的资金

---

① 经济合作与发展组织. China in the World Economy:The Domestic Policy Challenges. 2002.
② Jackson Richard & Howe Neil. 银发中国,中国养老政策的人口和经济分析. CSIS 战略与国际研究中心,2004.
③ 曾毅,王正联. "Dynamics of Family and Elderly Living Arrangements in China:New Lessons form the 2000 Census", The China Review, Ⅲ:2 (Fall 2003).
④ 经济合作与发展组织. China in the World Economy:The Domestic Policy Challenges. 2002.
⑤ 李珍. 社会保障制度转型成本问题研究——以智利为比较对象[J]. 改革,1997(2).

远远不足以支付退休金。2004 年全年基本养老保险基金总收入为 4258 亿元,比上年增长 15.7%,其中征缴收入 3585 亿元,增长 17.8%。各级财政补贴基本养老保险基金 614 亿元,其中中央财政 522 亿元,地方财政 92 亿元。全年基金总支出 3502 亿元,比上年增长 12.2%。年末基本养老保险基金累计结存 2975 亿元。[①]

从劳动保障部的数据中可以了解到,年实际征缴数与实际支出数基本相抵,如没有财政补贴,个人账户的缴费几乎全部被用于统筹支出,财政补贴在一定程度上起到了做实个人账户的作用,但是 641 亿元的补贴只应该占当年个人账户应计金额的一半不到,即仍有 800 多亿元的个人账户亏空。如此延续,个人账户的亏空将越来越大,对财政的压力也越来越大。曾有专家预计个人账户的亏空已经达到了 8000 亿元之多,这并不是夸张。如此延续下去,只能是刮肉补疮,旧账未清,新债不绝。从 1997 年开始的统账制度,到 2004 年的基金累计结存不足 3000 亿元,还不够 2004 年一年的养老金支出,社会保障体系的健康堪忧,风险隐患不可忽视。

五、总结

中国从改革开放前经济较为落后的国家在短短 20 多年间发展成为一个世界经济体量前列的国家,人民的物质生活水平迅速提高,但在其进一步发展的征途上也遇到了不少阻碍,城市老年人贫困是其中之一,而且是必须克服的大问题。

造成城市老年人贫困有历史和现实原因,未来可预见的种种因素,都会让这个问题更加严重,并将使社会保障体系受到严峻的挑战,将使中国的传统孝道受到严峻挑战,将使国家社会保障与支付能力受到严峻挑战。

我们认为,现在的城市老人比 20 多年后的城市老人要相对幸运一些,现阶段的退休金替代率较高,赡养率水平也较为健康。但现在 40 岁左右的中年人在进入退休年龄后,他们将面临的是危机重重的社会基本养老体系所导致的低退休金替代率,以及老龄化和计划生育制度双重因素造成的低赡养率水平。他们这一代,即现在这批正在替政府偿还养老金历史负债辛苦工作的壮年一代,在他们老了以后,将会继续承受养老金不足之苦,子女赡养能力匮乏之累。他们的生活质量将在退休后受到较大的影响,这就不得不在目前阶段,就为之做好种种经济物质上的准备。

反向抵押贷款不应该是也不会是解决城市贫困老年人的主要手段,但作为一项有效的金融保险养老的工具,在必要时确实可以发挥补充养老金,增添新的养老资源的效用,为家庭和社会缓解养老的压力。就此而言,是值得我们下大力气研究的。

---

① 劳动保障部.2004 年度劳动和社会保障事业发展统计公报.2005.

美国反向抵押贷款成功经验及对我国的启示

柴效武

摘要:美国是反向抵押贷款业务发展最为成熟的国家,对美国反向抵押贷款的成功运作经验作深入的审视和探讨,很为必要。这对我国本项贷款业务的开办等,有着很好的借鉴价值。本文对此给予深入、全面的探讨。

一、美国反向抵押贷款简介

年龄达到 62 岁以上且拥有住房产权的老年人,如果感到目前的退休收入无法满足生活需求时,就可以把房产抵押给美联邦住房管理局(FHA)、联邦全国抵押协会(FNMA)或相关的金融机构,通过反向抵押贷款项目获得额外的收入,使得退休生活能更加富足,在医疗、健康和休闲等方面实现更高需求。

(一)房产价值转换抵押贷款(HECM)

目前,美国主要有三种反向抵押贷款产品,其中两种产品是政府机构和公共公司开发设计,另外一种产品是一家私营机构设计并提供的。

为促进反向抵押贷款市场的发展,1987 年美国国会授权美国房屋和城市发展部(HUD)发起的一项反向抵押贷款保险论证项目(Home Equity Conversion Mortgage, HECM)。由 HUD 及属下的 FHA 运作,HUD 负责设计、修改 HECM 计划,FHA 负责运营(如审批、收取保费、管理保险基金等)。但 HUD 及 FHA 都不是 HECM 的贷款机构,HECM 合约是由银行、抵押贷款公司或其他私人机构操办的。HECM 占到全部市场的 90%～95%,是美国最重要也最受欢迎的反向抵押贷款,在每个州都能申请到这种产品。HECM 又是唯一一个由联邦政府承保的反向抵押贷款计划,联邦政府通过联邦住房管理局承保借款人不履行义务的风险。

HECM 申请人必须满足以下条件才具有资格:(1)申请人必须达到 62 岁或更高;(2)申请人所拥有的房产必须为单幢房产,且为 1976 年 6 月以后自建的房产、公寓,共有住房、移动住房一般不具有申请资格;(3)住房至少已建成使用 1 年以上,其价值必须达到 HECM 规定的最低财产要求;(4)申请人已向 HUD 核准的咨询机构咨询了解 HECM 计划的详细内容。

HECM 一般由银行或保险公司提供,有时需要抵押贷款经纪人的参与。HECM 要求申请人在办理之前必须先向房地产顾问进行咨询,另外两种反向抵押贷款计划则没有这一要求。HUD 会提供一份经过认证的咨询机构名单,以便申请人与之联系。银行、保险公司和经纪人赚取的是前期费用,且银行保留继续服务的权利。几乎所有的反向抵押贷款合约和将来收回款项的权利,都将转售给联邦抵押贷款协会(Fannie Mae),这是一个营利性的抵押贷款组织,其债券受联邦政府的默示担保,也积极参与 HECM 改良的运作。作为交换,FHA 在反向抵押贷款终结时收取房产价值的 2% 作为保险费用,且其余各年的保费等于当年借款额的 0.5%。联邦政府的抵押贷款保险既保证借款人获得连续的借款,也保证借款人不会支付高于房产价值的还款额。

成立 HECM 计划有三个目的：(1)让有需要的老年业主从住房资产中释放出可用的资金；(2)鼓励反向抵押贷款市场将住房固定资产转换成流动资产；(3)寻找最适合的老年借款人的反向抵押贷款模式。

(二)住房持有者贷款(Home Keeper)

Home Keeper 计划由 Fannie Mae 自己设计并于 1995 年初发行，在反向抵押贷款市场上的重要性仅次于 HECM。这项计划与 HECM 相近，不同的是贷款领取方式较少，借款人只能选择按月领取、一定限额内自由领取或两者的组合。Home Keeper 贷款与大部分 HECM 贷款一样，采用按月浮动利率的方式计息。本项贷款的一个主要优点，是不受 HECM 借款最大数额的限制，拥有较高价值房产的住户可借此得到更高数额的资金。Home Keeper 还允许借款人在房产未来升值时享受房产增值的部分好处，增加借款的数额。对同时符合 HECM 和 Home Keeper 贷款条件的借款人来说，由于 HECM 的贷款条件更为优惠，一般倾向于选择 HECM，而具有较高房产价值的借款人倾向于选择 Home Keeper 贷款。与 HECM 相比，目前 Home Keeper 的贷款规模还较小。

(三)私营市场产品

该产品由私人性质的保险公司、银行和信贷公司向拥有较高价值房产的 62 岁以上老人提供，对申请人的收入和借款使用目的没有任何限制。国家再保险不承保这一反向抵押贷款方案，贷款机构只能向借款人收取部分风险保费，以承担借款总额超过房屋净值的风险。其中最著名的当数由隶属雷曼兄弟银行旗下的"财务自由"老年基金公司(Financial Freedom Senior Funding Corp.)，它设计推出的高额反向抵押贷款，即财务自由计划，只在美国 21 个州销售，专门为净值超过 40 万美元的房屋提供反向抵押贷款。

综上所述，美国反向抵押贷款市场主要分成三个层次，FHA 的 HECM 计划，适合住房资产较低的借款人；Fannie Mae 的 Home Keeper 计划，适合住房价值一般的借款人；Financial Freedom 的计划，则为住房价值昂贵的借款人设置。美国反向抵押贷款市场基本上是由政府主导，HUD 及属下 FHA 为 HECM 提供联邦保险，Fannie Mae 发放 Home Keeper 合约。这些都是官方或半官方机构。另外，美国国会自 1987 年以来一直关注、支持反向抵押贷款市场运作，专门拨款作为反向抵押贷款的推广、教育及咨询等工作，并要求 HUD 必须定期向其汇报 HECM 计划的运营情况。在法律法规方面，美国房屋法例中也阐明了政府的反向抵押贷款政策。

二、美国现行反向抵押贷款运作机制

(一)申请反向抵押贷款的条件

(1)明文规定只有一定年龄以上之民众，即只有老年人才有资格申请办理这种贷款，年轻人则依法不具备贷款资格。

(2)即使是老年人，也不是人人都可参与，只有拥有所居住房屋的产权才能申请办理反向抵押贷款。

(3)反向抵押贷款通常必须是第一抵押，即它必须拥有被抵押房屋的第一债务请求权。借款人必须首先偿还房产上的现有债务，才能申请到反向抵押贷款。实务上可与银行事前协商，举新债还旧债,先从反向抵押贷款中取得部分借款来还清旧债。

(4)为保障抵押房产老年人的合法权益,需要先签订契约,拥有房产的老人并不能把房产出售给金融机构获得现金,而是先把房产抵押给金融机构,然后每月获得固定收入,老年人仍然拥有房屋的所有权和使用权,只有在老年人去世或搬出该住房后,机构才能取得该房屋的所有权。

(二)四大保证

开办反向抵押贷款的金融机构,对借款人承诺居住、支付、偿还请求及无追索权四大保证:

(1)居住保证:即无论贷款金额的最后累积额度是多少,都要保证老年人可以住在自己的房屋里直到去世或搬出为止。这是申请反向抵押贷款的首要前提,也是反向抵押贷款与普通抵押贷款的不同之处。

(2)支付保证:即只要借款人活着并住在自己的房屋里,金融机构必须连续不断地每月向其支付年金。如果借款人选择一次性领取借款,或选择定期领取年金等方案时,则属例外。

(3)偿还请求保证:即只有当约定的借款人去世或者房产被出售时才能请求偿还借款。

(4)无追索权保证:即金融机构保证,除被抵押房屋之外,没有向借款人的其他任何资产请求偿还的权利,也保证不向借款人的继承人请求偿还反向抵押贷款。

(三)申请反向抵押贷款金额

在美国反向抵押贷款金额之计算,主要考虑期初申请评估之借款费用,借款金额的衡量,及最后债务金额上限的认定。

1. 借款费用(Financing Fee):反向抵押贷款的借款费用大致可以分为三类:一是初始费用(Origination Fee),包括咨询费用和房屋评估费用,一般以房产初始评估价值的一个百分比来计算;二是贷款利息(Interest),占借款费用的绝大部分,因风险较高,反向抵押贷款的利率会比一般抵押贷款的利率稍高一点;三是终结费用(Closing Costs),包括房产处置费用和结算费用,一般以房产处理价值的一个百分比计算。这些费用都要从借款人的房产评估价值中扣除,借款人最后得到的是扣除所有借款费用后的房产净值。

2. 借款金额(Loan Amounts):在除去借款费用后,借款金额由借款者的年龄、贷款利率和房屋的评估价值决定。根据保险精算的一般原理,我们不难确知,借款人年龄越大、贷款利率越低,抵押房屋的评估价值越高,可以获得贷款的金额就越大。此外,还会依据所选择反向抵押贷款产品的类型及支付方式不同有所差异。

3. 债务额度(Debt Limit):借款人获得反向抵押贷款之后,所承担的反向抵押贷款债务额度,等于得到的借款加上借款费用。

4. 犹豫期撤销(Cancellation):与一般的商品一样,反向抵押贷款也有一个犹豫期。借款人在成功办理反向抵押贷款之后的规定时间(一般为三个工作日)内可以以任何理由撤销它。

(四)反向抵押贷款的领取方式

借款人取得反向抵押贷款之后,可以根据自己的需要选择贷款领取方式。美国的反向抵押贷款领取非常灵活,一般有以下五种领取方式。

1. 一次性全额领取(a Lump Sum):借贷双方聘请独立的第三方对房屋价值进行评估,确定一个公允价值,扣除借款费用和利息,借款人一次性领取全部借款金额。除非有特殊需要,借款人一般不会选择这种领取方式,越早领完借款,意味着将来需要归还的利息越多。

2. 信用额度领取(a Line of Credit):这是最受欢迎的一种领取方式。所谓信用额度指借款人根据需要与金融机构商定一个最高支付额度,借款人可以随时领取低于这个金额的款项,既可以只领取一次(一次性全额领取可以看作信用额度领取方式的一个特例),也可以多次领取,直到全部借款金额被领取完毕。信用额度领取方式广受欢迎的原因,在于其灵活性,尤其具有可以应对不时之需的功能。

3.定期年金领取(Fixed Term Annuity):定期年金领取是指借贷双方确定房屋净值后,商定一个年金领取期间,在该期间内,金融机构保证无论借款人是否生存,都要支付年金至约定期满。这种领取方式相当于借款人用房屋净值向金融机构购买了一个定期年金,借款人领取金额和金融机构支付金额都是确定的,相当于房屋净值的贴现值。

4.终身年金领取(Tenure Annuity):相当于借款人用房屋净值向金融机构购买了一个终身年金,采取养老金的领取方式。这种领取方式下,由于领取期间等于借款人的剩余寿命期间,借款人活的时间越长,领取的金额就越多,活的时间越短,领取的金额就越少。终身年金领取方式下,借款人领取的借款总额可能大于、等于或小于房屋净值。

5.混合方式领取(a Combination of a Line of Creditand Annuity):是指把信用额度和年金领取方式进行组合,满足借款人的多种财务需要。比如,先确定一个信用额度,用剩余的金额再购买一个定期年金或者终身年金。混合领取方式也很受借款人的欢迎。

三、美国反向抵押贷款供给的特点

美国反向抵押贷款供给品种丰富,服务方式灵活。具体表现在如下方面。

(一)供给主体多元化

反向抵押贷款无资金用途的限制,贷款通常由抵押公司或银行提供。由于 HECM 通常比其他类别的反向抵押贷款提供更大的优惠政策和来自国家的担保,占到整个市场的 95%,成为最有影响的反向抵押贷款品种。当然 HECM 也有最大贷款额度的限制:用于计算贷款额的房屋价值不能超过 FHA 的保险限制。根据地区不同,目前最大贷款额在 172632 美元(农村地区)到 312896 美元(大城市)之间。除 HECM 外,一些州或地方政府提供低廉的仅用于特定目的的反向抵押贷款产品,如用于房屋维修或支付财产税等。一些私人公司也获准提供可用于任意用途的反向抵押贷款,其贷款资金完全来自私人公司,通常是所有反向抵押贷款业务中成本费用最为昂贵的。

(二)贷款支付方式多样

借款人可以选择在一段固定时间内或有生之年分期等额地获得款项;也可以采用一次性支付的办法;或确定一个信贷额度,在信贷额度内随意支取;甚至是以上几种方式的某种组合。信贷额度方式使用最广泛,HECM 的借款者大都采用此种方式;其次是信贷额度与固定时间内分期等额支付相结合的方式。对 HECM,信贷额度中未使用的额度将按与贷款利率相同的利率随着时间而增长。选择这种方式的借款者,随着时间延长可获得一个增长的贷款额。

(三)利率种类灵活

反向抵押贷款利率有年度调整和每月调整两种,都会随着一年期财政部债券和利率的波动而调整。不同的是年度调整利率为每年调整一次,每月调整利率则随着当期财政部债券利率的波动每月相应变动相同的幅度。两种利率中每月调整利率通常更低。如 2005 年 1 月 6 日，一年期财政部债券利率为 2.77%，HECM 的年度调整利率为 5.87%；而每月调整的利率为 4.27%，低于年度的调整利率 1.6 个百分点。

采用每月调整的利率有两个明显好处：其一，由于每月调整的利率更低，借款人可以获得更多的贷款额度。以 2005 年 1 月 6 日为例，一个 75 岁的单身借款者拥有 20 万美元的房屋价值申请 HECM，如果采用年度调整利率可获得 10.21 万美元信用额度，采用月调整利率则可以获得 12.65 万美元额度。其二，当利率降低时贷款利率将比年度调整利率更快下调。使用年度调整利率的最大好处，是当财政部债券利率升高时，贷款利率不会立即调整。究竟选择哪种利率取决于贷款机构对未来利率的预期。

(四)政策法规优惠

反向抵押贷款在美国实施得比较顺利，关键因素在于国家房地产和养老保障的政策法规相配套起到了支持作用。鉴于反向抵押贷款的参与者都是老年人，房产抵押所得一般也是用于养老，或补充其退休期间的收入不足，其性质等同于退休金。退休金一般是免税的，政府对借款人通过反向抵押贷款获得的抵押收入也给予免税政策。

四、美国反向抵押贷款运作的成功经验

美国反向抵押贷款运作的成功经验，包括如下方面。

(一)美国政府的大力支持

美国政府以及国会的支持，对住宅反向抵押贷款业务的拓展起着至关重要的作用。在法律法规方面，逐渐形成一个重在保护老年借款人的法规环境，极大地促进住宅反向抵押贷款的健康发展。"国家住房法案"(*The National Housing Act*)的第二章 255 节，表明了美国发展住宅反向抵押贷款的基本政策目标：①允许老年人把不易变现的房产转化为可供当前消费的流动性资金或收入，以满足老年人的养老生活之需；②支持、鼓励私营公司参与住宅反向抵押贷款业务，通过竞争为住宅反向抵押贷款市场注入新的活力；③确定住宅反向抵押贷款市场的规模，改进产品设计，以便更好地满足老年人的需求(柴效武，2004)。

此外，美国国会还提供资金，用于老年人申请反向抵押贷款业务前的宣传、咨询、教育和市场开发等。为能让借款人充分认识了解住宅反向抵押贷款，每个申请人都被强制要求做贷前咨询，目的是让借款人充分了解住宅反向抵押贷款的益处和弊端，以及对他们的生活状况和财务状况的影响。提供咨询的机构必须是经房屋和城市发展部(HUD)批准认可的机构，一般为咨询公司或老年服务代理机构，这些机构必须独立于住宅反向抵押贷款的提供者，以确保借款人得到公正的信息，切实保障借款人的利益。

(二)金融制度权责明晰

金融机构可享受房产升值的收益，并承担相应的贬值风险。在美国，反向抵押贷款的利息高于一般抵押贷款，金融机构在房主过世并将住房处理后，除获得本金和利息偿还外，还将享受到房产升值的那部分权益。但如房主的寿命比预期寿命要长，或者说房产升值的状况不如预期，金融机构实际回收的贷款利息就会减少，此时金融机构就应承担相应的损失。法律法规有如下规

定,一旦借款人与金融机构订立了有效合同并开始执行,不管借款人的实际寿命有多长,金融机构都要按月付款,但如借款人的实际寿命短于预期寿命,金融机构有权收回房产并进行销售、拍卖或出租。

(三)第三方担保参与

联邦住房管理局(Federal Housing Administration,FHA)和退伍军人管理局(Veterans Administration,VA)积极为广大借款人提供担保,有力地增强金融机构开办业务的信心,促成了反向抵押贷款业务在美国的较好开展。

(四)存款保险制度

实行存款保险制度,吸引资金流入住宅反向抵押市场。由专门从事住宅金融保险业务的公司——联邦储蓄保险公司,为金融机构提供存款保险,保证居民储蓄的安全,有力吸引了资金向住宅反向抵押贷款市场的流动,保证了资金的来源。

(五)借款人保护性条款

《联邦真实贷款法案》极大地保护了反向抵押贷款中借款人的合法利益。此法案规定贷款机构有义务告知借款人关于贷款计划的期限和成本等事项,使借款人在签约前能充分理解贷款计划的内容。在其他信息中,贷款机构必须告知借款人年利率和支付期限。在浮动利率计划中,贷款机构还必须提供关于浮动利率特点的额外信息。

(六)品种多样化

设计反向抵押贷款制度时,要尽可能地实现多元化,并体现在支付方式、计息方式、合同周期、产权抵押比例与方式等条款细则的多种选择上。不同借款人的需求是有差异的,如采用标准化的无差异贷款合约,不可能满足所有借款人的需求。但非标准化又会阻碍反向抵押贷款制度的普及,因此,反向抵押贷款合约的标准化,应体现为具有可选择性的条款细节的标准化,既满足了借款人的不同需求,又降低了贷款合同的操作难度。

鉴于借款人在年龄结构、房屋价值、贷款用途、收入水平及风险承受能力等方面存在较大的差异,这就决定了住宅反向抵押贷款产品的设计,要能满足不同借款人的不同需求,才能有更广阔的市场。美国反向抵押贷款的三种主要产品,正是针对拥有不同房屋价值的借款人而设计的,联邦住房管理局保险计划主要适用于房屋价值较低的老年人,贷款机构保险计划和非保险计划则分别适用于拥有中档和高档住房的老年人。

(七)高度发达的住宅融资体系

美国拥有世界上最发达的住房金融市场,抵押信贷是住房金融业最重要的一部分,美国居民购买住房的资金主要来源于金融机构提供的贷款。高度发达的住宅金融体制,是反向抵押贷款在美国得以顺利推行的基础,具体特点包括:①有高度发达、高效运转的资本市场和货币市场;②建立了全国性的住房二级抵押市场经营系统;③建立了完善的住房抵押贷款的保险和担保机制;④多种形式的房地产信用活动,形成了房地产金融市场的网络;⑤政府的参与和干预,制定了相关的法律法规,为反向抵押贷款的发展创造了良好的法律环境等。

(八)强化政策监管水平

联邦监管部门采取多种措施消除反向抵押贷款市场的障碍,但在该业务的发展初期仍然出现了一些减缓市场发展的欺诈事件。欺诈者以谈论 HECM 信贷额度作为幌子,以最大贷款额来诱惑部分老人从私人保险公司购买年金。事实上老人购买年金并不需要中介。欺诈者意在从业务中提取可观的佣金。被广泛知晓的骗术,的确给一些老人造成一定的经济损失。目前,相当部分老人只在极其需要现金时才申请反向抵押贷款融资,是市场发展迟缓的重要原因。

(九)积极防范各类风险

反向抵押贷款中的贷款机构和借款人所面临的风险都较高,这会抑制市场双方参与此项业务的积极性。应规定反向抵押贷款的借贷双方必须购买相应的保险,但此保险可以不是全额保险,投保额度可以由借贷双方自行确定。

政府具有极高的公信力与权威性,若由政府提供担保是最理想的,它会大大降低借款人对反向抵押贷款产品的质疑,提高借贷双方参与业务的积极性,促进反向抵押贷款产品的推广与发展。从历史上看,美国联邦政府介入 HECM 反向抵押贷款业务,并为此提供政府担保后,HECM 的年发行量就开始逐年上升,从 1990 年的 157 份上升至 2007 年的 107368 份。虽然这种做法会增加政府的财政压力,但与未来老年人口不断激增而引发的基本养老财政压力相比,政府为提供担保所需要的财政支出,并不超出财政的承受能力。

五、美国反向抵押贷款存在的问题及对我国的启示

(一)美国反向抵押贷款存在的问题

随着美国老年人口的不断增多,房屋价值的持续升高,反向抵押贷款业务理应在美国有着广阔的市场需求,但这个市场并没有像预期中的那样快速增长,主要还在于有效市场需求不足,具体原因有以下几点:

1.反向抵押贷款过程涉及一系列的保险、评估、贷款利息、服务费等,费用项目多,成本高,对大多数老人来说,过高的交易费用在很大程度上让老年人的利益受损,从而影响了老年人参与业务的积极性。

2.为了防范金融风险,确保贷款机构的利益,反向抵押贷款一般都设有最高限定额度,限额让借款人可以获得的贷款减少,使得拥有高价值住房的老年人难以参与本项业务,这对反向抵押贷款业务的开展有一定的消极作用。

3.受传统观念的影响,许多老年人还是愿意把房产留给下一代;在一些老年人的心目中,出让房产价值一般被认为是最后的求助,反向抵押贷款与贫困潦倒联系在一起,只有在生活陷入困境走投无路时,才会申请反向抵押贷款。这些观念也是影响反向抵押贷款有效需求不足的原因。

(二)美国反向抵押贷款对我国的启示

1.政策支持,银行、保险公司及企业三方密切合作。就中国目前情况而言,反向抵押贷款的推出应该走“银保企合作”的路线。具体操作办法是:借款者首先将住宅抵押给银行,银行跟借款人商定反向抵押贷款的期限(可定为 12 年或 15 年),并按月向借款人发放贷款,同时银行每月向保险公司支付一定的保险金。如果达到期限,借款人还健在,其后的月付款由保险公司支付;如借款人去世,或房产出售,银行可将房产以合理的价格销售给房地产经纪公司,再由房地产经纪公司对外销售。银行、保险公司、房地产经纪公司的选择及其业务规则,在合同签订时就固定

下来。

银行作为放贷机构,可以有效利用自己较高的信誉度、雄厚的资金实力和金融业务的熟练性;保险公司作为风险控制者,可以发挥其保险精算和风险控制的优势;房地产经纪公司作为标的资产的处理者,可以发挥其房地产交易的专长。这种模式有效规避了反向抵押贷款的人寿、销售风险,同时发挥了"银保企"三者各自的优势,节约了社会资源,使三者共同分享反向抵押贷款的收益,是一种适合中国现状的操作模式。

2.大力培养金融专业人才。反向抵押贷款是一项结构复杂的金融产品,具体做法非常繁杂,牵涉房地产评估、利率确定、人的寿命预期等多项因素。将房产价值平均分配到老人每月的养老金中,更是一个难以解决的大问题。美国正是得益于其庞大的金融人才储备,才将复杂的反向抵押贷款原理转变为适合民众需要的金融养老产品。

我国的金融业还不够发达,不具备欧美公司的精算实力,金融市场的功能尚不完善,波动大、投资渠道窄、产品种类不足、新产品开发能力较弱,这样的市场无法为反向抵押贷款的推广提供规避风险和筹集资金等金融服务。这种业务在国内开展还具有较大的技术难度,负责倒按揭业务的银行或保险公司需要大量的调研和调查工作。只有构建一个完善的金融体系,才能帮助机构,特别是私营机构控制风险,筹集资金,刺激其参与意愿,为市场注入更多活力。

金融人才的培养要重视。中国的金融市场最缺的就是人才,没有专业人才的智力支持,反向抵押贷款在中国的长远发展就只能是空谈。我国应该邀请拥有丰富经验的专家开展国内人才培训,甚至是直接进入贷款机构从事管理工作。目前国内的银行和保险公司还需要大量的保险精算人才,尽快培养一批高水平的精算师实属必要。同时,以高校和金融机构的科研中心为主体,培养金融工程学、数学、保险学、统计学、资产评估和社会学等相关学科的人才。

3.完善房地产管理机制,培育成熟房产交易市场,有效降低市场风险。经验表明,美国倒按揭产品的较快普及,与房地产市场的稳定发展有很大关系,同时期房价估算变动不大,倒按揭的折旧预测也较为容易。而21世纪以来美国房地产价格的大幅上涨,既引发了反向抵押贷款业务量的翻番增长,又带来潜在的次贷危机并最终于2008年全面爆发,导致房价大幅缩水,利率大幅下调,反向抵押贷款的业务发展也引来较多的调整。

相比之下,我国大部分地区的房价波动大,估值和预测相当困难。如果房价继续猛涨,势必引发很多纠纷,甚至会出现大面积违约的局面。房产变现的难度也使得倒按揭危机四伏。欧美的租赁、中介和出售市场非常成熟,房产的变现相当容易,我国的房产流通市场还很不健全,存在"有价无市"的现象。保险公司手中的房产,如无法随时变现,就会积累成巨大风险。因此,进一步加大对房地产市场的管理整治力度,规范房产交易行为,对"以房养老"的顺利推行将起到积极的推动作用。

4.推广国家性养老补充计划,成立政策性住房银行。实施倒按揭需要政府在养老保障方面承担更多的责任,最好的方式是由政府作为担保人,成立专门开办反向抵押贷款业务的政策性银行,降低商业金融机构在倒按揭过程中的风险,从而降低贷款利率,如果倒按揭产品的贷款利率与住房公积金贷款利率持平或更低,将有助于以房养老模式的推行。

5.加大媒体宣传,逐步改变传统观念。反向抵押贷款对国人的传统伦理道德观是一个大挑战,在推出之前运用舆论手段广泛宣传非常关键。美国运营反向抵押贷款的萌芽期,就因为公众对该产品存在种种误解而难以开展。1981年成立的国家房产价值转换中心的主旨,就是宣传反向抵押贷款并进行国民理财教育,取得了良好的效果。

国人根深蒂固的观念,可能是反向抵押贷款在中国推行的一大障碍,但随着时代的发展,人们的观念也在与时俱进。不过分拘泥于传统,转变思想,发掘身边的养老资源,才是解决老龄化问题的合理途径。媒体应该积极发挥自身的舆论宣传优势,辅助国家进行国民教育,使得反向抵押贷款的好处深入人心。

我国可以借鉴美国的方法,成立相关机构专门宣传营销反向抵押贷款,包括反向抵押贷款的运作理念、房屋所有权的归属、各类产品之间的区别等相关内容,使公众更加快速准确地理解和接受该金融产品。同时,国家还需要进行国民理财教育,逐步扭转国人的一些传统观念,倡导现代养老观念。

6.加强行业中介服务。中介机构主要包括信息咨询、资产评估、法律公正等机构。中介机构的广泛参与能起到对市场的外部监督作用,确保反向抵押贷款业务的公平合法。例如,咨询机构主要为借款人提供专业信息咨询,使其在全面认识反向抵押贷款的基础上,选择最适合自身情况的产品;独立合法的资产评估机构负责确定抵押住房的价值,对抵押房屋作出公正合理的综合评估。

不管借款人打算选择何种贷款,在申请反向抵押贷款前都必须接受免费的咨询服务才能拥有申请资格。咨询服务由 HUD 批准的非营利的代理机构提供。HUD 正在努力改善反向抵押贷款的咨询服务。在 2002—2004 年,反向抵押贷款教育计划开展了全国范围 HECM 业务的咨询检查,目前只允许其中服务最好的咨询代理机构提供网络咨询服务。这些咨询代理必须遵照咨询服务的相关政策和程序,使用贷款分析软件规范化地提供信息。

中介机构是该计划运作的可靠因素,因其需要房屋中介机构提供评估、买卖、租赁等市场化操作所需要的完善、公正的服务。近几年来,特别是中国入世以来,通过市场化的资产重组与规范,一些实力雄厚、运作规范的房地产中介机构已占据了自己的市场份额,稳固了地位、人才储备与管理经验,服务层次都有了相当的积累,并与国际接轨,完全可以承担相关消费的中介服务。从经济角度讲,上述计划的实施也给房地产中介服务打开了空间,拓展了广阔的市场,它们是受益者,也必然是积极参与者。

7.加强信用制度建设。在反向抵押贷款养老模式中,房地产价格的客观评估尤为重要,它将确定借款人获得的贷款数目。政府主管部门必须依法行政,通过制订规划、研究政策、加强监管、发布信息等形式,进行间接调控,把部分职能交由房产中介组织或行业协会管理。同时,要重视广大群众和新闻媒体对房产中介机构信用环境的监督作用。加强对房产中介机构从业人员的职业道德教育和法制教育,提高自身的素质,牢固树立自律意识。

建立健全房产中介机构信用档案,及时掌握房产中介机构及其从业人员执业情况和违法违规情况,实施对不良信用房产中介机构及从业人员的教育、警示和处罚。在信用制度的建设中,还需要政府先加强自身信用建设,强化政府的最高信用形象,为商业信用和个人信用的培养奠定基础。

8.政府大力扶持,银行积极推广。老年人创新养老方式,需要各方面的支持,政府的政策扶持是问题的关键。只有政府出台相应的政策措施,鼓励相关机构开办此项业务,才能推动经济困难的老年人积极参与,银行也才能对符合条件的老年人大力开办反向抵押贷款养老业务。不仅能有效解决部分经济困难老年人的养老问题,也能给开办这项业务的银行带来良好的经营收益,此举是利国利民实现多赢的创新举措,相信能得到广泛的社会支持和积极响应。

9.积极创新,打破养老瓶颈。目前我国的养老制度比较单一。在城市,有正式工作的可以享受养老保险,退休后可以领取养老保险金,但没有固定工作的人很少享有养老保险。现在不少人口从农村迁居到城镇,把毕生的积蓄都用在买房子上,可到老了没有了养老的钱,最终还需要靠儿女养活,看儿女的脸色吃饭。在广大的农村更是如此,年轻时拼命挣钱,为儿子盖房娶媳妇,可到老了无人照管,甚至被迫喝毒药、上吊寻死的悲剧时有发生。之所以出现这种现象,关键还是养老问题没有得到很好的解决。实践证明,解决社会养老问题,单靠国家、子女不行,必须创新机制,利用老人自己积累的财富,走出符合我国家庭实际的养老新路子。

美国反向抵押贷款需求影响因素的实证分析

蔡步琳

摘要：本文实证分析了国内外经济形势，在此基础上对我国开办反向抵押贷款业务提出借鉴，并通过预测，提出相关理论框架和实证结论等。

一、前　言

（一）研究背景

21世纪是人口老龄化的时代，我国是较早进入老龄社会的发展中国家之一。老龄化趋势的急剧发展势必引发大量潜在的经济、社会问题，其中养老保障问题尤为突出。我国长期实施计划生育政策，四二一家庭和空巢化家庭已在城市大量涌现；而社会保障体系跟不上经济社会快速发展的步伐，辐射范围狭窄，无法解决全社会的养老问题。这使得现行养老保障制度和传统的家庭养老模式，已难以应对日益严重的老龄化危机，探索适合我国国情的新型养老模式势在必行。

反向抵押贷款是建立在一系列相关理论和实践的基础之上的。通过搜集和整理文献，笔者发现学者们对反向抵押贷款业务开办的必要性、可行性及实施过程中涉及的风险、法规和政策建议等，都进行了较为具体的探讨，理论上也有了较多的积累。但我国对反向抵押贷款的研究尚处于起步探索阶段，尚未形成一整套完整的理论体系，即便是对国外经验的借鉴方面也显得较为有限，给本文的写作带来诸多困难。对引入反向抵押贷款业务的进一步的计量分析评价等，则显得比较单薄，内容阐述不够深刻，难以令人十分信服。本文借助政策分析工具、不动产模型、投资学模型、精算模型和社会学分析方法，尽可能以一个多维视角对反向抵押贷款加以论述。

（二）研究目的和方法

据国家统计局统计，2017年末，我国60岁以上老年人已超越2.3亿，占据总人口的比例为16%，表明中国的老龄化程度逐步加深，现有的社会保障体系面临着严峻的挑战。反向抵押贷款作为一种创新的养老模式，在美国、加拿大等国已经取得较好的效果。因此，对以HECM为代表的美国反向抵押贷款的需求及其波动进行梳理，从不同角度深入分析金融危机对反向抵押贷款业务开展的影响，对分析我国引入该项业务的必要性和风险防范的政策选择等，具有很大的借鉴意义和实践价值。该领域的研究对响应国家"加快完善社会保障体系"的号召，建设公平、公正的社会主义和谐社会，具有重要的现实意义。

21世纪最严重的金融危机席卷全球，给各行业都带来重大影响，其中首当其冲的就是金融和房地产行业，也势必会影响反向抵押贷款业务的顺利开展。本文以此为目的和切入点，分别运用金融经济学、制度经济学、老年经济学、老年心理学等多学科的理论知识，采用规范研究和实证研究相结合的方法，简要回顾我国社会养老保障体系的改革历程，指出现行养老保障体系的不足，结合对美国、日本、新加坡反向抵押贷款业务开展状况的比较分析，得出我国有必要开办此项业务的结论。最后在实证阐述和国内外形势分析的基础上,对我国引入反向抵押贷款业务提出政策建议,并给予一定的趋势预测。

(三)本文的创新

本文的主要创新点,大致可以概括为以下几个方面。

1.背景创新。选择金融危机对反向抵押贷款运作的影响作为研究课题,具有鲜明的时代特色:

(1)2007年,由美国住房次级抵押贷款引起的金融危机,对全球的各个领域都产生了深远的影响,房地产行业尤其难逃厄运。而反向抵押贷款的开办建立在房地产价值增值保值的基础之上,探讨反向抵押贷款受金融危机的影响,就成为目前美国经济金融研究的一大热点。我国对此课题的研究目前还处于空白阶段,笔者以此为主题,进行尝试性的挖掘和研究。

(2)当前我国的养老保障制度弊端甚多,国内众多学者多年以前就致力于将反向抵押贷款养老模式移植于我国本土,并有了较多的研究成果积累。2009年全国"两会"再次提出要"加快完善社会保障体系",国家对养老保障体系的改革日趋重视。深入研究美国的反向抵押贷款,有助于加深我们对该制度的了解,从而有助于我国的养老保障制度改革。

2.分析角度的创新。国内对我国引入反向抵押贷款必要性的研究甚多,分析角度也颇多,但深层次研究和分析还不够,笔者在前人研究成果的基础上,从新的视角对反向抵押贷款业务在中国开办的必要性,进行尝试性的分析。这对综合运用知识和技能解决实际问题的能力提出较高要求。

3.方法创新。笔者搜集整理反向抵押贷款领域里的国内文献并进行实证分析,不外乎各类风险防范和产品定价,在反向抵押贷款的需求上作出了一定的研究,将利率、房地产和HECM分别做计量分析的国内外文献还较少。笔者尝试用计量手段就金融危机对HECM的影响予以分析,以期在这上面有个小小突破。

(四)本文的不足

1.反向抵押贷款在美国的发展历史虽然不短,但直到最近10多年里才真正开始立法执行,具备完整数据记录的时间相应较短,致使笔者在计量分析方面所能采集到的样本数额有限,缺乏数据的充分性,将在一定程度上影响实验结果的说服力。

2.缺乏中国方面的数据。反向抵押贷款在美国发展得最为完善,还建立了反向抵押贷款的官方网站和其他相关网站,是美国学者研究这一课题的主要数据来源,为学术研究提供了极大的便利。中国目前仅仅采取了在经济发达地方试验的方式,还不具备提供所需要研究数据的能力。本文对我国反向抵押贷款的分析,也只能限于理论分析的范围之内。

3.实证分析方法选择。影响反向抵押贷款业务运行的最主要因素是贷款利率、抵押房产价格和老人预期寿命,除外还有诸如政策法规、遗产继承等许多不可量化因素。

二、美国住房反向抵押贷款定量化分析

以房养老的思想很早以前就有萌芽,反向抵押贷款自20世纪70年代诞生以来,作为一种养老金融工具在发达国家普遍存在,成为养老保障体系的重要补充。该贷款模式在美国发展得最全面、最成熟,成为众多学者关注的焦点,有必要对该项业务在美国的开展近况作出较为详细地

介绍。

　　美国第一笔类反向抵押贷款发生在 1961 年,而第一笔正式的反向抵押贷款直到 1977 年才产生(Scholen,1998)。到 1988 年为止,此类贷款总计也只有 1000 多笔,大都是由官方或非营利机构组织运行。1989 年至今,美国已开展了 50 多万笔 HECMs 业务。2002 年,HECMs 的数量首次超过 10000 份,2003 财政年度(2002 年 10 月 1 日至 2003 年 9 月 30 日)全美共发放房产价值转换抵押贷款 18084 份,比上一财政年度增加了 39%(NRMLA,2004),用于计算贷款数额的平均利率首次降到 6.5%,并且一直沿用到 2007 财政年度。美国住房与城市发展部(HUD)于 2008 年 12 月公布的数据显示,尽管发生了严重的金融危机,2008 年经联邦政府担保的 HECMs 仍然高达 115176 份,而 2007 年这个数字是 107367 份。

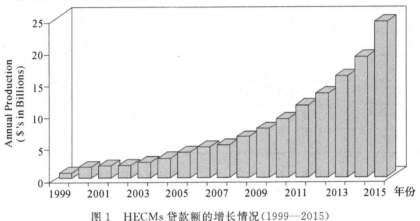

图 1　HECMs 贷款额的增长情况(1999—2015)

资料来源:美国住房管理局,2006

　　从 1990 年以来,各个财政年度开办反向抵押贷款的状况,可以大致如表 1 所示:

表 1　每财政年度 HECM 总承保案例数(2009 年 2 月 20 日数据)

财政年度	承保例数(份)	平均利率(%)	平均房产价值(万美元)	平均最大索偿额(万美元)	平均初始本金限制(万美元)	平均借款者年龄(岁)	借款人性别		
							单身男性(%)	单身女性(%)	夫妇(%)
1990	157	9.8	108.7	84.2	39.0	76.7	57.3	16.6	26.1
1991	389	9.3	126.4	97.5	43.5	76.5	56.0	13.9	30.1
1992	1019	8.9	124.7	97.4	48.6	76.6	57.7	15.0	27.3
1993	1964	7.6	119.7	97.9	52.6	75.7	55.0	14.3	30.7
1994	3365	7.6	124.9	103.8	58.0	75.2	54.8	14.5	30.8
1995	4166	8.6	124.8	105.4	54.3	76.0	56.5	13.5	30.0
1996	3596	6.8	117.2	103.3	57.3	75.9	56.4	12.5	31.1
1997	5208	8.1	117.5	105.2	58.0	75.9	56.6	13.2	30.2
1998	7895	7.4	118.7	107.0	64.3	75.7	56.0	14.1	29.9
1999	7923	6.5	131.9	117.8	81.6	75.3	54.8	14.5	30.7

续表

财政年度	承保例数（份）	平均利率（%）	平均房产价值（万美元）	平均最大索偿额（万美元）	平均初始本金限制（万美元）	平均借款者年龄（岁）	借款人性别		
							单身男性（%）	单身女性（%）	夫妇（%）
2000	6637	7.3	141.7	124.6	78.6	76.0	56.8	13.0	30.2
2001	7789	6.7	167.1	140.6	97.4	75.5	54.4	13.6	31.9
2002	13049	6.4	178.0	151.3	110.0	75.1	51.3	14.0	34.7
2003	18084	5.4	197.6	165.9	131.3	74.3	48.6	14.2	37.2
2004	37790	5.8	219.4	182.2	133.9	74.3	48.6	15.2	36.2
2005	43081	5.7	254.9	206.0	144.4	73.8	46.0	16.1	37.9
2006	76282	6.0	289.7	235.6	158.9	73.8	44.5	16.7	38.8
2007	107367	6.0	261.9	229.3	155.7	73.5	44.6	18.2	37.2
2008	115176	5.5	243.1	218.8	155.1	73.1	44.8	18.4	36.8
总计	460937								

2008 年，美国反向抵押贷款机构对 HECMs 的产品结构等作出进一步的改善，具体来说有以下四方面：

（1）更高的贷款限额，从原来的 352790 美元增加至 625500 美元，且贷款用途不限，这使得更多的高价值房屋适用于 HECMs。

（2）合作申请贷款。贷款费用降低，该费用包括付给贷款机构的发行费，付给 FHA 的保险费和结算费。

（3）更严格的消费者保护条款。HECMs 允许消费者一次性付清保险费，保证他们通过住房的反向抵押能按时足额拿到款项。

（4）房屋购买。自 2009 年 1 月起，HECMs 贷款可以用于购买新房屋，这对于希望改住小型房屋或干脆搬进养老机构的老年住房拥有者来说，是较有吸引力的。

这些产品规则的完善，使得该项目更大程度地满足了消费者的需求，对老年房屋拥有者的吸引力骤增。

Fannie Mae 开办证券化住房反向抵押贷款资产和按揭投资两大业务，是目前美国反向抵押贷款二级市场上唯一的收购者，为反向抵押贷款的流通构建了一个有效市场。然而，随着 2007 年美国次级贷款危机的爆发，美国的金融行业和房地产行业陷入了前所未有的阴霾之中。股市宠儿——新世纪金融于 2007 年 2 月 13 日发出盈利警告，紧接着美国最大的次级房贷公司 Countrywide Financial Corp. 开始减少放贷以求自保，之后的 Accredited Home Kaders 又出现流动性困难，美国房地产信托公司（American Home Mortgage）也于 8 月 6 日申请破产保护。与此同时，承销商也遭受重大损失。美国投资行雷曼兄弟和贝尔斯登是美国住房抵押债券最大的两家承销商，因卷入危机较深，股价连续低走。贝尔斯登（Bear Stenns）旗下的次级房贷投资基金亏损达 90%，几乎血本无归。雷曼兄弟经不起次贷风暴的冲击，不得不在 2008 年申请美国政府的破产保护。美国国内的各类房贷机构在这一次贷危机下，大都难逃厄运（详见表 2）。

表 2　美国主要房贷机构损失情况估计表（截至 2007 年 12 月）

公司名称	业务性质	经济影响	2007 年股价变化
贝尔斯登	投资银行业务	作为美国住房抵押券的最大承销商之一，截至 2007 年 11 月底，旗下的次级房贷投资基金亏损达 90％。资产账面价值减值 19 亿美元，最近季度亏损 8.54 亿美元，为公司 84 年历史首度亏损，需要新增资金。	−45.32％
全国金融集团	美国最大的刺激住房按揭贷款公司	房价下跌，违约率上升，贷款损失不断扩大，流动资金紧张。	−78.26％
联邦住房贷款抵押公司	美国第二大住房按揭金融公司	违约的借款家庭上升，房价持续低迷，最近季度净亏 20 亿美元，需要新增资金。	−48.16％
联邦全国抵押协会	美国第一大住房按揭金融公司	违约的借款家庭上升，房价持续低迷，最近季度净亏 13.9 亿多美元。	−31.14％

资料来源：王应贵.美国次级房贷及其抵押债券危机的成因分析[J].华东经济管理,2008,22(9).

　　联邦国民抵押贷款协会和雷曼兄弟分别为美国住房反向抵押贷款市场提供住房保留（Home Keeper）计划和财务自由（Financial Freedom）计划，两大产品在美国反向抵押贷款金融界的地位不言而喻。如今，两者都遭受到次贷危机的摧毁，损失惨重，但对其开办的反向抵押贷款业务的影响却较为有限。

三、数据库 SIPP 的说明[①]

　　这里运用 Beta Ferrett 数据软件，搜集和分析了 2004 年美国 SIPP（收入与项目参与调查研究）的相关数据，对美国住房反向抵押贷款 HECMs 的需求进行梳理，对比了金融危机后预期寿命的变化对美国反向抵押贷款需求造成的影响或预期影响；进一步对房产价格、利率和三个变量做 ADF 单位根检验，再对两对 18 个变量分别作出 ADF 单位根检验、Johansen 协整检验和 Granger 因果检验，将分析结果简化，带有一定的主观性，可信度有待进一步考量，实证分析了金融危机对美国反向抵押贷款需求的影响。

　　在有关反向抵押贷款运作的基础数据采集方面，美国有一套比较完善的数据采集途径，人口普查数据由美国人口普查局提供，数据基于以下几种主要来源：收入和项目的参与调查（Survey of Income & Program Participation，SIPP）、人口 10 年调查、当前人口调查和即期就业统计。SIPP 是跨部门提供纵截面数据的调查研究，主要目的是提供有关美国个人和家庭户收入和项目参与的准确和综合信息，以及关于收入和项目参与的决定因素。在季度或月度的基础上，SIPP 提供了现金收入和非现金收入的具体信息，也搜集了关于税收、资产、负债以及参与政府转移项目的数据，为美国政府评估联邦、州和地方项目的绩效提供了参考依据。

　　SIPP 的调查对象，是从平民化非机构性人口中抽取出来的家庭户中，年龄在 15 岁及以上的个体。对这些个体及和他们住在一起的其他人，SIPP 进行了为期 32 个月，每 4 个月访问一次的调查。为简化调查流程，在 4 个月的参考期内平均分配工作量，美国统计局将所有样本随机分成 4 个旋转组。每个组在各自的月份里单独接受巡回调查，4 个组构成了一个周期（包括所有样本

　　[①]　本部分内容笔者翻译自 Surver of Income and Program Participation User's Guide(2006)。

在内)。被访问者接受访问时，需提供前 3 个月的必要信息，一次访谈的参考期是 4 个月。1984 年的调查在 1983 年的 10 月份开始，样本为 19878 个家庭户。第二次抽样即 1985 年的调查于 1985 年 2 月份开始。随后的调查都于每个年度的 2 月份开始，并且样本数逐年增加，到 1996 年的样本数至少达到 37000 份。

表 3 SIPP 的调查：旋转组、波（W）和参考月

参考月	旋转组 1	2	3	4	参考月	旋转组 1	2	3	4
Dec-95	W11				Dec-97	W71			
Jan-96	W12	W11			Jan-98	W72	W71		
Feb-96	W13	W12	W11		Feb-98	W73	W72	W71	
Mar-96	W14	W13	W12	W11	Mar-98	W74	W73	W72	W71
Apr-96	W21	W14	W13	W12	Apr-98	W81	W74	W73	W72
May-96	W22	W21	W14	W13	May-98	W82	W81	W74	W73
Jun-96	W23	W22	W21	W14	Jun-98	W83	W82	W81	W74
Jul-96	W24	W23	W22	W21	Jul-98	W84	W83	W82	W81
Aug-96	W31	W24	W23	W22	Aug-98	W91	W84	W83	W82
Sep-96	W32	W31	W24	W23	Sep-98	W92	W91	W84	W83
Oct-96	W33	W32	W31	W24	Oct-98	W93	W92	W91	W84
Nov-96	W34	W33	W32	W31	Nov-98	W94	W93	W92	W91
Dec-96	W41	W34	W33	W32	Dec-98	W10 1	W94	W93	W92
Jan-97	W42	W41	W34	W33	Jan-99	W10 2	W10 1	W94	W93
Feb-97	W43	W42	W41	W34	Feb-99	W10 3	W10 2	W10 1	W94
Mar-97	W44	W43	W42	W41	Mar-99	W10 4	W10 3	W10 2	W10 1
Apr-97	W51	W44	W43	W42	Apr-99	W11 1	W10 4	W10 3	W10 2
May-97	W52	W51	W44	W43	May-99	W11 2	W11 1	W10 4	W10 3
Jun-97	W53	W52	W51	W44	Jun-99	W11 3	W11 2	W11 1	W10 4
Jul-97	W54	W53	W52	W51	Jul-99	W11 4	W11 3	W11 2	W11 1
Aug-97	W61	W54	W53	W52	Aug-99	W12 1	W11 4	W11 3	W11 2
Sep-97	W62	W61	W54	W53	Sep-99	W12 2	W12 1	W11 4	W11 3
Oct-97	W63	W62	W61	W54	Oct-99	W12 3	W12 2	W12 1	W11 4
Nov-97	W64	W63	W62	W61	Nov-99	W12 4	W12 3	W12 2	W12 1
Dec-97		W64	W63	W62	Dec-99		W12 4	W12 3	W12 2
Jan-98			W64	W63	Jan-00			W12 4	W12 3
Feb-98				W64	Feb-00				W12 4

SIPP 的调查内容可以分成两大类型：

(1)核心问题。这是每次访问中都会涉及的人口统计问题，如劳动参与、项目参与、劳动所得和非劳动所得的数额和种类、所有资产及私人健康保险等。这部分问题每个月统计一次，少数问题 4 个月统计一次。

(2)专题模块。针对具体问题的深入信息，通常从属于核心问题，广泛涉及社会性、经济性和个人历史，如个人资产、负债、上学率、婚姻史、生育记录、残疾和工作经历等。该模块经常调查过去发生的事情，注重搜集特征相对比较稳定的数据。

本文研究利用美国 SIPP 官方网站上提供的 Beta Data Ferrett 软件，对所搜集到的数据进行统计和处理。每个 SIPP 调查的时间跨度为 4 年，2004 年的 SIPP 调查将延续到 2009 年①。

2006 年，美国对反向抵押贷款客户的调查报告显示，83% 的借款者认为反向抵押贷款已经完全或几乎满足了他们的全部财务需求，12% 认为部分满足了财务需求，只有 2% 的人认为完全不能满足他们的需求，另外 2% 的人未做回答。详见表 4。

表 4　借款者的财务需求满足度(样本数＝946)

满足度	完全	大部分	部分	根本不	不知道
比例(%)	58	25	12	2	2

资料来源：笔者译自国家反向抵押贷款客户 2006 年 AARP 报告

可以看出，金融危机前，美国民众对房地产行业和金融行业十分看好，对反向抵押贷款的支持度较高。

据美国住房反向抵押贷款机构协会(National Reverse Mortgage Lender's Association)公布的数据显示，2003 年 10 月至 2004 年 2 月，全美共发放 HECMs 贷款 12848 份，比上年度同期增加了 112%，仅 2004 年 2 月一个月就新增 4148 份贷款，比上年同期增加了 273%。美国住房和城市发展部(HUD)于 2008 年 12 月公布的数据显示，尽管房地产行业受到金融危机的重创，2008 年 HECMs 仍保持较快增长，且同期增长率为 6.4%。这似乎表明本次金融危机并未对美国反向抵押贷款业务产生破坏性影响，我们有必要对此作出验证性分析。

影响反向抵押贷款需求的因素，主要有房产价值、利率和预期寿命三个，其中房产价值和利率的影响较大。在下面的文章中，笔者将以此为切入点，对比分析金融危机前后这三个因素的变化情况及对美国反向抵押贷款需求造成的现实或预期影响；进一步而言，笔者在后面将分别对房产价格、利率两个自变量和 HECMs 因变量作出 ADF 单位根检验，再对两对 18 个变量做 Johansen 协整检验和 Granger 因果检验，实证性分析金融危机对美国反向抵押贷款需求的影响。

四、预期寿命的变化对反向抵押贷款的影响分析

从保险精算的角度来看，平均预期寿命是指 0 岁年龄组人口的平均生存年数。根据有关部门统计，我国人口平均寿命目前已经提高到 72～73 岁。平均余命也称为生命期望值，是指某年龄人员余命的平均值。即某年龄开始到死亡为止的平均存活年限。比如从 60 岁开始到死亡为

---

① 目前只能搜集到 2004 年 SIPP 调查的部分数据，缺失的数据是笔者从美国官方网站(www.reversemortgage.org)上外国学者发表的文章、评论等搜集得来，具有较强的可信度。笔者还参考了《美国国家反向抵押贷款 2006AARP 研究报告》，部分数据来源于此。

止,人口平均存活年限为 18.39 年,那么 60 岁人口的平均余命就是 18.39 年。平均余命的概念和数值是社会养老保险测算的重要依据。[①]

反向抵押贷款通常被认为是为"房产富人、现金穷人"的老年人准备的,因贷款额与年龄直接相关,老年人年纪越大,剩余寿命越短,每期可拿到的养老金越多,获得的效益越高,反之则反是。但是研究发现,近年来借款者的特征发生了很大的变化。借款户年龄更小,而且更倾向于有配偶,拥有价值很高的房产。在 HECM 刚开始操办的前 3 年,借款者在业务到期时的平均年龄是76.6 岁;到 2000 年,平均年龄降到 76 岁;2007 年降到 73.5 岁;2008 年又降到 73.1 岁。根据AARP 统计的年龄,2006 年应该是 75 岁,而没有参与反向抵押贷款项目的老年人口平均年龄是73 岁。需要说明的是,由于 AARP 反映的是调查时刻老年人的年龄,而 1999 年 HUD 调查统计的数据则反映的是老年人在业务结束时的年龄。由此可知,两者的调查结果是吻合的,即参加反向抵押贷款老年人的实际寿命正在逐渐减小,也就是说有越来越多的低龄老人参加了反向抵押贷款,在平均预期寿命不变的情况下,老年人的平均余命延长了。

表 5   年龄分布比较表(2006 年)   (单位:%)

年龄	1999 年借款者 (HUD 数据)	2006 年借款者 (AARP 调查,$n=946$)	2006 年非借款者 (AARP 调查,$n=563$)
62~64	6	4	8
65~69	17	16	20
70~74	28	24	24
75~79	24	27	25
80~84	14	18	14
85+	11	9	7
拒绝	NA	2	3

资料来源:AARP 报告,2006

笔者认为,近年来参加反向抵押贷款业务的老年人,之所以平均年龄减小,可能存在以下三个原因:

1.越来越多的低龄老人开始接受反向抵押贷款以房养老的思想。根据生命周期、流动性资产等相关理论,反向抵押贷款归根到底类似于一种保险制度,是社会保障制度的有效补充,又是一种金融理财手段。随着美国经济的持续衰退,更多的老年人开始"未雨绸缪",为自己的晚年早做规划,低龄老人接受新知识的能力更强一点,对反向抵押贷款的认识也可能更深刻一些。

2.美国"婴儿潮"时代出生的人,目前年龄已经逐渐达到办理反向抵押贷款的要求,这代人比上一代的老年人数量多,对反向抵押贷款的排斥心理小,办理该业务的意愿更大。

3.高龄老人办理业务已经到期,办理有 HECMs 业务的中龄老人,随着期限的临近,也会逐渐退出反向抵押贷款市场,使得当前参加该业务的老年人平均年龄相对比较小。

很显然,老年人的平均余命愈长,机构面临包括道德风险、利率风险、房价贬值风险等各种风险的可能性愈大,承办 HECMs 业务的机构将越少,反向抵押贷款业务的供应量就越少;对老年人而言,在年轻时代就可以为自己的晚年做好经济安排,并且由于 HECMs 业务由联邦住房管理局担保,他们作为借款者面临的风险要小得多。因此,参加反向抵押贷款业务的人越多,对反向

---

① 平均预期寿命和平均余命定义摘来自劳动和社会保障部网站。

抵押贷款的需求增多。

在供给和需求的双方都发生变化的情况下,由于双方位移量的差异,平衡时的业务量与原来相比,就存在着数量比原来大、比原来小或者和原来一样三种可能性。

笔者对预期寿命做 ADF 单位根的检验,发现预期寿命是不平稳序列,不适宜和 HECM 一起做协整试验,因此,预期寿命不用来做实证分析。

五、利率对反向抵押贷款影响的实证分析

反向抵押贷款的顶级模型和它的领取方式直接相关,但不管采取哪种领取方式,都要用到精算学原理,建立精算模型。假设借款者一次性领取全部贷款(LS),他能得到的精算公允金额的公式为:

$$LS = \sum_{t=1}^{\omega-x-1} HEQ \times \left(\frac{1+\partial}{1+i}\right)^t \times p_x$$

其中:∂ 为房产价值平均增长率;i 为抵押贷款名义利率;HEQ 为借款开始时的房产净值;p_x 为 x 岁的人活过 t 年的概率;ω 为生命表上最大生存年龄。

利率越低,名义利率 i 就越小,机构可以支付给借款者的数额就越大;反之,利率越高,借款者所支付的利率成本越大,办理反向抵押贷款的动机就越小。表 6 显示了近年来美国利率的调整情况。

表 6   2002—2008 年美国联邦基准利率调整情况

变动时间	变动基点	变动后利率(%)	变动时间	变动基点	变动后利率(%)
2002-11-06	−50	1.25	2005-11-12	25	4.00
2003-06-25	−25	1.00	2005-12-13	25	4.25
2004-06-30	25	1.25	2006-02-01	25	4.50
2004-08-10	25	1.50	2006-03-28	25	4.75
2004-09-21	25	1.75	2006-05-10	25	5.00
2004-11-10	25	2.00	2006-06-29	25	5.25
2004-12-14	25	2.25	2007-09-18	−50	4.75
2005-02-02	25	2.50	2007-10-31	−25	4.50
2005-03-22	25	2.75	2007-12-11	−25	4.25
2005-05-03	25	3.00	2008-01-22	−75	3.50
2005-07-01	25	3.25	2008-01-30	−50	3.00
2005-08-10	25	3.50	2008-03-18	−75	2.25
2005-09-21	25	3.75	2008-04-30	−25	2.00

资料来源:笔者根据美国统计局资料整理

2002—2003 年,美国出现了较为严重的经济衰退。为刺激经济,增加投资,扩大消费需求,美联储大幅降低了基准利率,按加权平均计算基准利率分别为 1.67% 和 1.13%,实际利率分别为 0.07% 和 −1.17%。受经济衰退、购买能力下降的影响,美国房价相对较低,房屋具有一定的

投资价值,由此衍生出大量的次贷产品,美国的虚拟经济开始出现了极大繁荣,房价迅速攀升,老年人对美国经济的前景十分看好,反向抵押贷款的参与率也在大量增加。2002年,HECMs的数量首次超过10000份,2003财政年度(2002年10月1日到2003年9月30日),全美共发放房产价值转换抵押贷款18097份,比上一财政年度增加了39%(NRMLA,2004)。

2006—2007年,美国的基准利率分别为4.97%和5.02%,分别比2003年提高了3.84个百分点和3.89个百分点,实际利率分别提高到1.77%和2.22%,比2003年提高了2.94个百分点和3.39个百分点。利率的大幅提高提升了买房者的成本,也抑制了市场需求,加剧了房价的下跌,次贷危机不可避免地发生了。次贷危机爆发后,为了增加市场的流动性,政府屡次动用货币政策和手段,为房地产行业注入大量资金,同时于2008年12月17日将联邦利率下调至0～0.25%的目标区间内,为有史以来的最低水平。该政策大幅度降低了反向抵押贷款业务的贷款成本,在很大程度上抵消了房价缩水的负面影响,对开展反向抵押贷款业务是一大利好。

为了探究利率调整对HECMs的影响,笔者选用来自2008年U.S. Housing Market Conditions报告和2006年AARP报告中的数据(见附录),对平均利率和HECMs分别进行ADF的单位根检验,Johansen协整检验和Granger因果检验。

(1)平均利率和HECMs序列平稳的ADF检验(见表7)

表7   平均利率和HECMs序列平稳性检验结果

变量	检验形式	一阶差分			检验形式	水平值		
		ADF	统计量	临界值		ADF	统计量	临界值
	(C,T,K)	-4.38	1%	5%	(C,T,K)	-1.93	1%	5%
Hrate	$C,0,1$	3.24	-3.96	-3.08	$C,0,1$	6.93	-3.92	-3.06
ECMs	$C,T,1$	-3.96	-3.08		$C,T,1$	-3.92	-3.06	

注:本表中的rate指经过调整的用于计算HECMs的利率,HECMs指房产价值可转换抵押贷款;ADF检验结果采用Eview3.1软件计算所得,检验形式中的C、T、K分别表示单位根检验方程中是否包括常数项、时间趋势和滞后期数。

通过检验结果很容易看出在5%的置信度下,平均利率和HECMs的一阶差分序列ADF的绝对值,均大于临界值的绝对值,它们的一阶差分序列是平稳序列,现进行Johansen检验。

(2)平均利率和HECMs的Johansen协整检验(见表8)

表8   平均利率和HECMs的Johansen协整结果

似然比统计量	5%临界值	1%临界值	原假设
28.50018	15.41*	20.04**	None
1.83283	3.76	6.65	At most 1

注:表中的*和**分别表示在5%和1%显著水平下拒绝原假设,认为变量之间存在协整关系。

通过检验结果很容易看出,在1%的置信水平下,统计量值大于临界值,表明联邦基金利率与房地产平均售价之间存在着协整关系,即长期稳定的关系。两个变量之间的具体关系,可以通过Granger因果检验得到进一步体现。

两个变量之间的协整方程可以表示为:

$$HECMs = -27.448rate - 14694.07$$

平均利率(扩大100倍后)对HECMs的贡献弹性(影响系数)为-27.448。

（3）平均利率和 HECMs 的 Granger 因果检验（见表9）

表9　平均利率和 HECMs 的 Granger 检验结果

原假设	观测样本数	F-统计值	P 概率值
平均利率不是 HECMs 的 Granger 原因	13	0.1229	0.97322
HECMs 不是平均利率的 Granger 原因		21.6916	0.04465

笔者从1到10阶滞后期数逐一检验,发现:（1）当滞后阶数小于5时,平均利率和 HECMs 互不是对方的 Granger 原因;（2）当包含5阶滞后期数时,HECMs 是平均利率的 Granger 原因,而平均利率不是 HECMs 的 Granger 原因;（3）当滞后阶数超过5时,检验没有实际意义。由此,我们可以得出的结论是:HECMs 的减少会使利率上升,反之则反是。

（4）平均调整利率和 HECMs 的关系（见图2）

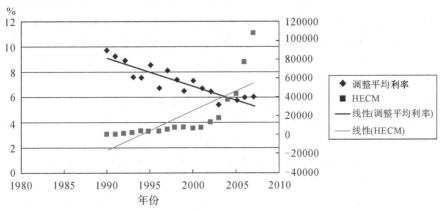

图2　平均调整利率和 HECMs 的趋势关系图

通过 Johansen 协整检验,我们发现平均利率和 HECMs 有着长期稳定的关系。图3把1990年到2007年每年的平均利率和 HECMs 业务量共计18组样本数据,通过趋势线表示出来,图中的实线表示的是平均利率的线性趋势,虚线表示的是 HECMs 的线性趋势,从1990年到2007年,平均利率波动呈下降趋势,而 HECMs 为上升趋势,双方呈现负相关关系,这与我们以上的理论分析基本保持了一致。金融危机爆发后,美国一再降息,对 HECMs 业务推动反而有一定的促进作用,从而部分地抵消了房价下跌的影响。

六、房价对反向抵押贷款影响的实证分析

房屋价格是影响反向抵押贷款开办的关键因素,直接决定了借款者可以获得借款数额的多寡。2008年,美国第一季度单个家庭住宅的销量达到569000套,比上一季度减少了13％,比2007年第一季度降低33％,待售新房屋的数量比上一年少了15％,第一季度成品房的销量与上一年同期相比降低了22％（见图3）。

自2002年以来,美国房地产平均价格波动较大,特别是次贷危机爆发后,美国房地产的泡沫破灭,平均价格一路直泄,房地产价值大幅贬值。2008年第一季度新房的平均售价是293100美元,比上一季度回落了4％,与2007年同期相比低9％;现房的平均售价为198700美元,比2007

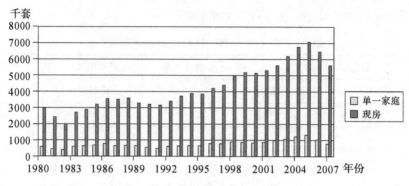

图3　美国单一家庭住宅和现房销量对比（1980—2007）

资料来源：U. S. Housing Market Conditions，2008

年同期跌了7%。

房地产贬值损害了那些有意愿参与反向抵押贷款业务的老年住户的利益，他们所能得到年金的数额将减少。反过来，老年住户的利益受损，贷款机构便可以从中获益。但是，机构在二级市场上进行房屋买卖或证券化后再交易时，由于衍生品的价值都是依附于实体价值的，房价下跌，机构的利益同样会受损。

根据有关学者的研究表明，房地产价格与利率一般呈现反向波动态势，这就是说利率下降会引起房价上涨，而房价上涨又会促使利率提高来抑制房价的过快上涨。[①] 因此，对利率对HECMs的影响做实证分析时，我们可以预测房价对HECMs呈正向发展关系。笔者为了验证猜测的正确与否，对报告中的房产平均最高价值进行ADF平稳性检验，但是无论滞后多少阶，都证明该时间序列非平稳。因此，笔者改用1990—2007年美国新的单一家庭房的年平均价格和HECMs贷款的状况，分别进行ADF单位根检验，Johansen协整检验和Granger因果检验。

（1）家庭房平均价格和HECMs序列平稳的ADF检验（见表10）

表10　家庭房平均价格和HECMs序列平稳的ADF检验结果

变量	一阶差分				水平值			
	检验形式	ADF	统计量	临界值	检验形式	ADF	统计量	临界值
	(C,T,K)		1%	5%	(C,T,K)		1%	5%
price	$C,N,1$	−6.46	−4.01	−3.1	$C,N,1$	−1.72	−3.96	−3.08
HECMs	$C,T,1$	3.24	−3.96	−3.08	$C,T,1$	6.93	−3.92	−3.06

注：本表中的price指经过调整的用于计算HECMs的价格，HECMs指房产价值可转换抵押贷款；ADF检验结果采用Eview3.1软件计算所得，检验形式中的C、T、K分别表示单位根检验方程中是否包括常数项、时间趋势和滞后期数。

通过检验结果，很容易看出在5%的置信度下，家庭住房平均价格和HECMs的一阶差分序列ADF的绝对值，均大于临界值的绝对值，它们的一阶差分序列是平稳序列，可以进行Johansen检验。

① 车峰.利率对中美房地产市场影响的比较分析.首都经济贸易大学硕士论文,2006.

（2）家庭房平均价格和 HECMs 的 Johansen 协整检验（见表 11）

表 11　家庭房平均价格和 HECMs 的 Johansen 协整检验结果

似然比统计量	5%临界值	1%临界值	原假设
40.18914	15.41	20.04	None**
12.38945	3.76	6.65	At most 1**

注：表中 * 和 ** 分别表示在 5% 和 1% 显著水平下拒绝原假设，认为变量之间存在着协整关系。

通过检验结果很容易看出，在 1% 的置信水平下，统计量值大于临界值，表明家庭房价格与 HECMs 之间存在着协整关系，即存在长期稳定的关系。两个变量之间的关系，可以具体通过下一步 Granger 因果检验体现出来。

两个变量之间的协整方程可以表示为：

$$HECMs = 0.169763 price - 36964.26$$

新的家庭住房价格对 HECMs 的贡献弹性（影响系数）为 0.169763。

（3）家庭房平均价格和 HECMs 的 Granger 因果检验（见表 12）

表 12　家庭房平均价格和 HECMs 的 Granger 因果检验

原假设	观测样本数	F-统计值	P 概率值
HECMs 不是家庭住房平均价格的 Granger 原因	15	6.02989	0.01914
家庭住房平均价格不是 HECMs 的 Granger 原因	15	0.07975	0.92393

检验结果显示，HECMs 是家庭住房平均价格的 Granger 原因。由于样本数的限制，这样的结论与通常的认识不符，有待做进一步考证。

（4）单一家庭住房平均价格和 HECMs 的关系（见图 4）

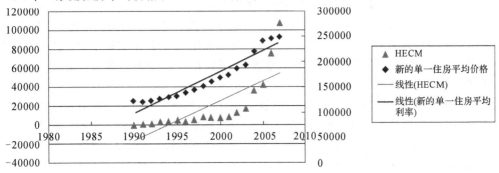

图 4　单一家庭住房平均价格和 HECMs 的趋势关系图

通过 Johansen 的协整检验，我们发现新的家庭住房平均价格和 HECMs 有着长期稳定的关系。图 4 把 1990 年到 2007 年每年的家庭住房平均价格和 HECMs 业务量共计 18 组样本数据，通过发展趋势线性地表示出来，图中的粗线表示家庭住房平均价格的线性发展趋势，细线表示的是 HECMs 的线性趋势。从 1990 年到 2007 年，家庭住房的平均价格在波动中呈现上升趋势，而 HECMs 的业务发展也呈现上升趋势，双方为正相关关系。这与我们以上的理论分析保持一致。因此，金融危机爆发后，美国房地产价格下跌幅度较大，但因新房平均价格对 HECMs 的贡献率只有 0.1698，故此对 HECMs 业务运作的消极影响不会过于明显。

从图 5 美国新的单一住宅房和现房价格对比中，我们可以发现，现房的平均价格在金融危机

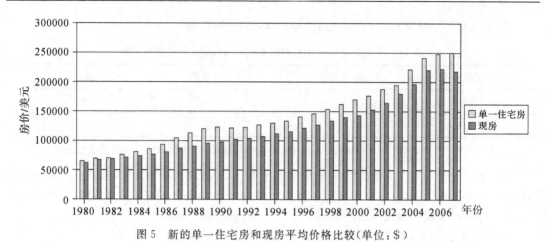

图5　新的单一住宅房和现房平均价格比较（单位：＄）

资料来源：U. S. Housing Market Conditions，2008

后确实有所下跌，新的单一住宅房的平均价格反而有所上升且有长期上升的趋势，对反向抵押贷款业务的开展而言，是潜在利好。

七、结论

综合上述分析，我们可以得出以下结论：

1. 参加反向抵押贷款老年人的平均余命逐渐延长。"婴儿潮"时代出生人口越来越接近反向抵押贷款对老年人的年龄要求，参加反向抵押贷款的老年人偏于年轻化，在老人平均预期寿命不变的情况下，机构对老年人剩余生存寿命的预算不得不延长的同时，也相应增加了年金的支付额。但对反向抵押贷款的影响需要分三种情况作具体分析。

2. 金融危机后，美国的降息政策将有利于反向抵押贷款业务。理论分析认为利率越高，对反向抵押贷款的限制越大。笔者将平均利率与 HECMs 做计量分析，从实证角度印证了这一论断的正确性，结合当前美国频频采取降息的货币政策，可以预见，反向抵押贷款业务在美国将取得进一步的发展。

3. 金融危机后，美国房地产行业的逐渐复苏将对反向抵押贷款产生积极效应。房地产是反向抵押贷款业务开办的根本价值基础，2007 年至 2008 年房价巨跌，影响了老年人的需求。经济学家 Collins 撰文指出，2007 年澳大利亚反向抵押贷款市场受到不良经济形势的影响，利率增长、房产价格不确定性更大、信用体系濒临崩溃，减缓了该业务的增长率。2008 年反向抵押贷款的增速都比较缓慢。

4. 次贷危机爆发，严重影响了美国二级资本市场，次级抵押贷款市场对贷款机构产生了很大的负面影响。随着美国政府对资本市场的大量注资（2009 年 3 月 4 日，联邦政府公布了规模高达750 亿美元的抵押贷款调整方案），加大机构的财政支持力度，反向抵押贷款的供给将增加。据加利福尼亚州一家咨询机构 Reverse Market Insight. Inc 调查显示，佛罗里达州是美国反向抵押贷款发行量最大的州，2008 年该州反向抵押贷款的发行机构为 2949 个，较前一年增长了 76.5%。

总而言之，虽然由次贷引起的金融危机对房地产行业的影响较大，但对反向抵押贷款的消极影响较小，可以带来的积极作用反而较大。

反向抵押贷款市场发展的制约因素

M. Weinrobe

反向抵押贷款市场的发展不仅取决于潜在市场的范围,还取决于制度约束条件,如私人部门反向抵押贷款合约的结构和吸引性,以及消费者的认可程度等。

一、老年人市场需求状况

这份报告研究的是 62 岁至 75 岁的低龄老人,主要研究目标是评价美国未来发展的方向以及低龄老人对美国经济发展前景的态度,并以此来分析他们对自身财务情况的观点,测量他们对自己的生活、工作、子女和社区的满意程度。理解老年人会面临的各类风险,他们对国内外及对自己所处社区的恐怖主义的担心程度。

(一)老人对国家经济和发展的关注

低龄老人深深担心美国经济和社会的发展方向,41%认为这是一个"糟糕的时代",只有 8%认为这是一个"最好的时代",有一半人(51%)认为当今时代和其他年代差不多。低龄老人对于未来经济的预期参差不齐,36%的人认为经济状况会越来越糟,33%的人认为情况将会改善,还有 31%的人认为经济情况将不会有大的改变。有 22%的低龄老人非常满意国家的情况,61%的人则极度不满意;有 17%的低龄老人极度满意国家的经济情况,但 66%的人则极度不满意。

对于经济情况的担心并非随机分布的。资产很少,尤其是没有结婚的妇女最为担心,也表现得最不满意。离婚或分居的妇女和老年人、寡妇一般较少有可投资资产,对经济和国家发展的方向较为担忧,这与其个人的经济安全有关。然而,过去几年的经济发展状况对所有的老年人都有较大影响,即使那些财务条件很好的老年人也有所担心。

尽管老年人对晚年的经济状况普遍较为担心,对个人的财务状况相对较为乐观。43%认为他们的财务状况较好,36%的人不太满意,21%的人说不上是否满意。60%老年人预期明年他们的个人财务环境会保持不变,20%的人预期财务情况将会变糟,20%的人预期将会变好。

(二)老人对目前生活的满意程度

61%的低龄老人在一定程度上非常满意现在的生活标准,20%的人则极度不满意;42%的人认为未来的财务安全是满意的,37%的人则极度不满意;52%的人是非常自信,认为他们有足够的收入来支持退休以后的生活,32%的人则不太自信。大部分老年人相信国内经济发展会影响他们的财务需求。老年人对他们个人的经济状况相对乐观。虽然对于国内形势的预期不好,但他们相信通过自己的行为,可以控制好晚年的情况。

除了社会保障收入,大部分老年人都有其他渠道增加他们的收入。我们可以预计,那些有较多资产的人有较多的收入来源,但有半数很少有投资性资产的老年人,则预计要拿出养老金作为支持。在一个通货膨胀较小,社会保障较完善的经济体中,这些额外的收入来源可以说明老年人对他们的财务情况相对乐观的原因。

　　大部分老年人拥有房产,其中71%的人其他金融资产较少。在一个房产市场表现强劲的经济体中,大部分老年人认为房产为他们提供了很好的财务保障,67%的受访者认为房产是他们的退休资产,77%的老年人有医疗保险。

表1　退休收入来源

	可投资资产		
	少于5万美元	5万～249999美元	25万美元及以上
社会保险	93%	97%	98%
养老金计划收入	46%	64%	67%
个人储蓄	35%	59%	83%
股票、债券、基金或其他计划	24%	51%	85%
401k和其他社会养老保障收入	13%	34%	58%
兼职收入	28%	33%	21%
出售房屋或商店	12%	20%	28%
遗产	5%	9%	19%
保单支付	5%	6%	9%

表2　影响财产预期因素

医疗费用	生活/住宅费用	美国经济状况	税收	投资情况	未偿还债务	家庭责任	各种健康照顾	生活质量费用	住房贷款/租房	偿还贷款	住房维护改善费用
61%	44%	41%	37%	33%	21%	16%	90%	68%	66%	60%	52%

(三)老人的满意度

　　老年人认为他们有很高的生活质量,房产和家庭给了他们很高的满意度;并认为满意度的下降和社区,尤其是其他人的道德和价值观有关。同时,低龄老人非常担心子女的未来。

　　1.子女是满意度的一个重要来源。87%的老年人有子女,其中97%的老年人至少有一个18岁以上的子女。大部分老年人和子女的关系较好,对和子女的感情关系是满意的。老年人并没有表露出对其子女财务关系的担忧。3/4的老年人有一些(32%)或非常(42%)满意子女在财务上照顾他们的努力。

　　对相当数量的老人来说,能够留给子女遗产非常重要,即使许多老年人承认遗产对子女来说并不重要。他们对能否留给后辈遗产的担心和其对经济状况的担忧,给老年人晚年生活合理的理由忧虑。和老年人生活的其他方面相反,经济和社会对老年人的满意度会产生负面影响。真正使低龄老人担忧的是,他们为其子女或孙辈提供遗产的能力,只有35%的老年人非常(10%)或有点(25%)自信能够在这方面做得很好。在那些资产不足5万美元的老年人中,只有23%认为自己可以留下遗产;资产在5万～249999美元的,比例为42%;在25万美元以上的,比例为25%。

　　2.房产作为满意度的一个来源。59%的低龄老人希望住在他们目前的房子里,27%的人希望过几年能够搬家,14%的人则不确定。在所有认为他们可能搬家的人中,减少房产成本(37%)

和搬至较小的房子(36％)是最常见的理由。只有12％的人想使用反向抵押贷款的办法出售房屋为退休后的生活筹集资金。56％的低龄老人希望搬家后能拥有新住宅的产权,只有28％的人不想拥有,16％的人则无法确定。

当我们问及影响他们对理想房屋的特征时,32％的人认为家庭非常重要,25％的人选择的是成本,20％的人选择的是设计,16％的人选择的则是环境。美国家庭的状况经常发生变动,且家庭的定义仍在公众的讨论之中。对这些老年人来说,不论家庭的形式如何,和房子都是连接在一起的,两者的价值互相促进。

3.26％的低龄老人仍然在工作,对他们中的大部分人而言,日常工作是满意度的一个来源。51％的老年人认为他们会继续被现在的雇主聘用,大部分人不想这么快退休,只有20％的人想在65岁之前退休,26％的人选择在65至69岁之间退休。一半以上的人希望70岁以后退休。这和老年人的经济状况很有关系,现在还在工作的,资产少于5万美元的人中,44％的人希望永远不要退休,而资产高于5万美元的人中,这个比例不到20％。

4.社区是满意度的一个来源。家庭和房屋都属于社区,老年人对社区的满意程度较低,部分原因可能是只有半数老人认为和社区是有一点(38％)或是非常(16％)有关系。在那些认为有联系的老年人中,朋友(70％)、家庭(45％)和教堂(41％)是他们保持联系最常用的方式。当地媒体的状况中,报纸(36％),电视(21％)和电台(8％)的作用则较小。

5.老年公民关于安全威胁的考虑。老年人和大部分美国人一样担忧恐怖主义的发生,但是并没有过分担心任何袭击会降临到他们的社区。他们担心的主要不是自己,而是这个国家。老年人对美国或自己社区的安全威胁的看法相差很大。94％的老年人认为非常有可能(57％)或者有一点(37％),是美国本土之外可能在三个月内发生恐怖袭击。相反,68％的人则认为这种袭击非常(18％)或者有一点(50％)的可能性发生在本土。只有8％的人认为这种袭击非常(1％)或者有一点(7％)可能性发生在自己的社区。大部分人认为自己经常去的地方最没有风险,而交通站或旅游点、大型购物场最不安全。相比于其他风险,恐怖袭击对老年人的影响不大。

(四)财务计划和反向抵押贷款有相当的联系

大部分老年公民很少准备财务规划,特别是由财务专家为自己制定财务规划。22％的人倾向于制定财务规划,20％的人员还没有采取任何行动制定财务规划,40％的人员为自己或家庭成员制定了财务规划,18％的人员是由理财专家制定财务规划。

那些资产高于25万美元的人中,39％的人会咨询专家的意见;资产价值在5万～249999美元的,比例为23％;低于5万美元的,比例为7％。资产价值低于5万美元的老年人中,1/3的人没有采取任何步骤来规划财务;高于5万美元的人员,比例则低于10％。

反向抵押贷款可能是一种很合适的财务计划,典型的使用者是拥有自己的房产,但资产有限的老年人,我们的调查表明采用这一选择的老年人很少。只有6位受访者采用反向抵押贷款(少于0.5％);少于4％的受访者考虑过或实际申请过反向抵押贷款;只有4％知道别人考虑过、申请过或使用了反向抵押贷款;只有31％听说过、读过或看过关于反向抵押贷款的任何资料。

二、人口和劳动力市场对反向抵押贷款的需求

单独居住的老年人的潜在市场,将会随着老年人口的增加而增加。Wiener、Illston和Hanley预测了老年人2018年的收入和资产情况。预测75～84岁房主当年收入的中位数为20873美元

（以 1993 年价格为准）。这一预测表明房产净值在老年人财务规划中的作用不太可能下降,因为 2008 年,中等家庭将只有 35981 美元金融资产,但房产价值达到 116428 美元。这部分资产非常有可能作为长期护理资金,据他们预测,护理机构和护理价格每年递增 1.5 个百分点,高于一般物价的涨幅。

随着人口生命周期的延长,受益人得到遗产的时间将大大推后,通过反向抵押贷款,接受遗产的时间将更加富有弹性。未来几年里,人们需要有更高的收入,但同时面临着较低的房价。人们一般在 15 年之后就可以拥有自己的住房产权,45 至 54 岁以及 55 至 64 岁的房主已经拥有了自己的住房产权,很有可能接受反向抵押贷款作为一种额外的财务计划工具。

因为信息社会变化较快,劳动力市场的观察者强调终身学习和多种职业的重要性。反向抵押贷款可以帮助中年人解决教育和工作技能培训的资金问题。

据 2003 年 5 月 13 日的资料,财务自由公司继续主导的反向抵押贷款市场连续四个月实现了第一,巩固了反向抵押贷款市场的领导地位。在 1 月至 4 月,财务自由公司共计办理了 3661 笔贷款,比上年同期上升了 68%。强劲的增长来自于消费者对此认识的提高,以及反向抵押贷款拓宽了老年人的财务需求,特别是老年人经济困难时期的需求。

合作关系提供给 ACB 银行一条完整的反向抵押贷款产品线,可以基于零售或批发商务关系。财务自由公司将会提供教育培训和客户支持,并帮助银行开拓市场,为公司提供从申请到清算和融资的整套贷款服务。项目的弹性允许银行选择参与贷款过程的程度。反向抵押贷款把银行与客户的力量结合起来,不仅是一个贷款交易的过程,更是一个金融计划。老年人口爆炸的时代,加入这个项目的银行将会在老年市场上更好地定位自己。

三、反向抵押贷款所受的政策制约

公共政策,如医疗改革和长期护理对反向抵押贷款的需求影响很大,对许多老年人来讲,房产仍是医疗费用的最后保障。如果健康和长期护理非常完善和普遍,房子就无需发挥非常重要的作用。

1.医疗制度改革。公共医疗支付一直在增加,未来几年可能面临赤字,同时为了减少成本,对医生和医院的投入可能减少,其他类型的护理要求就会增加,护理费用也会大幅增加。日后房产的增长速度会快于家庭收入的增长速度。由于 84 岁以上老人的收入几乎不会有增长,使用反向抵押贷款资助健康费用是一个较好方法。

2.长期护理保险。大部分老年人仍喜欢住在家里养老,而把去养老院作为"最后一着"。定期反向抵押贷款可以使他们筹措一笔资金买长期保险,并在家中享受较好的、长时间的私人护理服务。它对公共和私人护理之间的比例关系将会产生重大影响。反向抵押贷款还是一个很好的避税工具。

四、老年需求的结论

美国 62～75 岁的低龄老人是本文研究的对象,他们非常满意目前的生活质量,尽管他们中的大部分人并不富有。这种满意感来自于和成年子女的良好关系,那些结婚的人员则很满意自己的婚姻状况。这种满足感通过对家庭的依恋和归属于自己的住房产权,以及社区服务得到增加。但老年人也非常担心他们的健康情况,会像其他人那样有财务方面的担忧。虽然老年人对自己的个人生活较为满意,但他们对未来的经济状况比较悲观,同时担心子女的未来,未来的经济状况无法为其子女提供像他们这么多的机会。

FHA 保证借款人会按时支付,当应付款总额达到最大要求额的 98％时,即 FHA 贷款限额和评估值中的低者,借款人自动将贷款转移到 FHA,由其继续支付。通过贷款支付和覆盖超过初期评估价值的贷款额,FHA 最终消除了借贷双方的风险。

假定贷款规模、偿还时间和抵押物价值的不确定性,私人借款只能依赖 FHA 为贷款提供的保险。HECM 在《国家住房法令》下于 1987 年创立,开办此项业务的收益很少。收益被限定为是住房价值最大要求额的 2％,加上每年应付贷款余额的 0.5％。最大要求额是 FHA 贷款限额和住房评估值中的低者。房主可以根据当前的利率和自己的年龄借款,直到其借款上限。本金上限随着借款人年龄的增加而增加,因为到达支付的时间和不确定性都变小了。在房主离开住房之前,偿还都不会发生。这一形式说明收益远在要求之前就已经发生,因此基金对利率非常敏感。

房产价值在贷款业务开办初期就被评估,平均地说,房价的长期趋向是升值的。贷款设立后,房产价值会有所变化,贷款状况都是不能更改的。房产价格增长 3％至 4％,贷款余额增加 7％至 8％,贷款余额最终会超过房产价值。另一个关键的假设是,贷款可能在房主年龄死亡率的 1.3 倍时满期。从正常的或高于正常房价中的所得中,还要抵消部分房价贬值和较长存活期里房主带来的损失。如果房价能够快速增长,房主只能先结束以前的贷款,以全部住房成本重新开始另一个 HECM 贷款,平均的清算成本是 3826 美元加上大约 2000 美元的首期收益支付(房产价值中位数 107000 美元的 2％)。这一巨大的交易成本为 HECM 的再次融资增加了困难。

减少这一融资困难的方法,是向超过最大要求额的增值部分加收首期款的收益,也就是评估价值可以改变,除非贷款上限已经到达 FHA 的贷款上限。房主可以从他们增值的住房产权中获益,贷款机构可以收到更大规模的利息,在一个较长的时间内继续收取服务费。FHA 也可以从与较大贷款规模相联系的,更多的年度收益中获利。然而,更多的应付未付余额说明弥补要求额的抵押物价值变小了。

反向抵押贷款被视为对房主的资产组合增添了一种新的选择。首先,反向抵押贷款同样可以视为一种资产管理方式,它可以被用来为消费筹资,代际之间转移资产,购买长期护理保险;其次,检验反向抵押贷款如何为长期财务计划服务;再次,探索人口和劳动力市场的趋势,可能如何影响反向抵押贷款的市场;最后,检验了医疗保障对反向抵押贷款的影响。

在这篇文章中,我们讨论了反向抵押贷款作为财务工具的价值,我们细分了三个市场。如果这个行业不遗余力地发挥房产对于长期护理保险、债务减少、房子翻新、大学教育和持续消费的融资作用,如果被细分的市场都可以很好地得到服务,定期和生命期的反向抵押贷款都是需要的。

整个行业已经为顾客提供信息来选择各种产品。各种产品都很容易得到,财务顾问也向顾客提供各种产品优点的信息。人口和劳动力市场发展趋势将会加速这个市场的发展。最后,减小政府规模的政治趋势和升高的老年人医疗和护理成本,保证了释放住房产权来支持老年人。

翻译者:方明

美国住房市场的状况与反向抵押贷款的数量激增

Alan Gustman   Thomas Steinmeier

2008 年第一季度,随着金融危机的加剧,美国房地产市场延续了两年以来的下降趋势,状况相当糟糕。单个家庭住宅的建筑许可、开工及完工的数量都下降了,已有房屋和新建房屋的销售额也相应减少。待售房屋和新建成房屋的存量,合计已相当于将近 10 个月的供应量。多层家庭住宅的状况则有点复杂:建筑许可和开工数下降了,完工数却有增加。在过去的一年里,次贷危机依然继续,可变利率抵押贷款止赎率增长了 1 倍;而租房市场的空房率则在不断增加。总体的经济形势使得 2008 年第一季度的 GDP 增长率仅为 0.6%,其中住房部分下降了 26.7%,导致 GDP 的增长率减少了 1.2 个百分点。

一、房屋净值转换抵押贷款计划面临历史转折点

尽管过去的 10 年里,单套住宅的价值显著上升,2007 年里某些市场却出现了房价下降现象。美国联邦住房企业监督办公室发布的房价销售指数,清楚地表明了这一事实。对美国老年人来说,房屋权益已成为他们拥有财富的主要内容。然而,房屋作为一种资产,基本上是不可分割的,一幢房屋不能像一个股票组合一样,价格上涨了就卖掉。因此,通过转换住房财富来满足退休时的现金需求很难轻松完成。将房屋权益转化成现金,基本上要求房产的整体出售或以房屋的权益为担保来举借债务。

把房子卖掉可以提供养老所需要的现金,但这以搬迁到候补的房屋为代价。搬家对有些房主来说问题不大;大房换小房来缩小房屋规模,或卖掉房子后再租房居住,都是可行选择,尤其是对那些比较富裕的老年人来说。然而,研究结果表明,大部分美国老年人都宁愿住在原居住场所养老而不愿把房子卖掉。对那些低收入的老年人来说,他们在自己价格适当的房子里已经居住了很长一段时间,差不多已还清了购房抵押贷款,更不愿意把房子卖掉再重新买房或租房。

举借传统债务如第一或第二房屋净值抵押贷款或备用信贷,也能提供养老用现金,但它们要求定期还贷付息,需要晚年有足够的收入来偿还债务,对那些想就地养老的低收入老年人来说,这些备选方案就不那么理想了。如此状况下,未来的退休者怎样才能最好地使用自己的房屋权益——通常是其拥有的最大财富来为其退休养老提供资金,就被推到了理财规划的前沿。有一个越来越受欢迎的办法,就是美国住房管理局推出的房屋价值转换抵押贷款,也叫做反向抵押贷款。这种贷款是以房屋权益为担保发放的贷款,它能够在不需要卖掉房子的情况下提供养老用的大量现金,同时也不需要借款人在晚年生活中定期还款。在借款人依然将该房屋用作自己的主要居住场所时,不需要有任何的价值偿付行为,也就不需要传统的担保来证明借款人偿债的财务能力。反向抵押贷款只需要以房产权益作担保,而非借款人的还债能力为担保。

本文概述了美国住房与城市发展部的房屋价值转换抵押贷款计划的设计理念和历史。可以认为,2008 年将是房屋价值转换抵押贷款计划的历史转折点,第一季度的贷款数据已经表明了年度贷款发放数量首次超过了 10 万份。长达 10 年之久的房价上涨以及从 2000 年以来的持续

低利率,导致消费者对反向抵押贷款需求的大幅上升。另外,贷款机构对提供反向抵押贷款的兴趣,从 2006 年开始大幅上升了,该年度反向抵押贷款首次被打包成抵押贷款资产证券。

出生于 1946 年到 1964 年的"婴儿潮一代",数量庞大、理财精明,2008 年时该批成员相继达到了 62 岁(反向抵押贷款业务允许的最小申请年龄),由前述原因导致的反向抵押贷款发放数量的激增,是很及时的。

在接下来的几年里,我们应该观察"婴儿潮一代"是否会将反向抵押贷款视作获得现金来改善住房条件、支付医疗账单或日常花销的主流产品。我们很快就发现那些更富有的房屋所有者,会将反向抵押贷款用作退休时的一种资产管理方式,使得房主在需要现金的时候能够通过房屋权益转换来支付生活费用,而非清理股票组合或其他资产。

二、反向抵押贷款设计理念和历史概述

反向抵押贷款是由一个老年(通常为 62 岁或以上)房屋所有者的房屋权益为担保的第一留置权贷款。贷款通常是无追索权的——用于支撑贷款的唯一资产就是被抵押的房产。反向抵押贷款这个说法源于其款项支付的方式,正好是传统购房抵押贷款过程的相反。具体地说,在传统抵押贷款中贷款机构在最初开始时一次性支付给借款人一笔资金,接下来借款人定期还款给贷款机构并最终把贷款还清。而在反向抵押贷款业务中,运作模式则是刚好相反:贷款机构定期支付给借款人养老资金,借款人在贷款到期之前都不用偿还任何贷款本息,贷款到期之时,借款人再一次性还清全部贷款本息。大部分抵押贷款的到期期限都是不固定的,这是因为:只要借款人依旧居住在原房屋内,贷款就没有到期也不必要偿还。反向抵押贷款几乎一直是只发放给老年借款人,年轻的借款人有着更长的预期寿命,这使得无限期的偿还延迟成本变得相当高。

住房和城市发展部的房屋价值转换抵押贷款,是反向抵押贷款市场的主要产品之一。据反向抵押贷款市场检测公司的估计,2006 年以来,这一贷款产品的市场份额大致在 85% 到 95% 之间。住房和城市发展部并不给房屋价值转换抵押贷款提供相应的资金,而是为私营贷款机构提供抵押贷款保险,以使他们免受贷款未得到全额偿还的损失,从而使得私营贷款机构更乐意提供这种贷款业务。一般来说,只有当贷款到期时贷款余额超过了房屋出售的净所得,才会出现贷款不能得到全额偿还的情况。当这种情况发生时,贷款机构可向住房和城市发展部提出索赔以期得到应有的保险金。

市场上非政府担保的反向抵押贷款产品已出现多年了,当然这些产品主要是为巨额反向抵押贷款市场服务的,也就是那些价值在住房和城市发展部最大贷款限额之上的房屋。目前这个限额在各个地区有所不同,从低成本地区的 200160 美元到最高成本地区的 362790 美元。

房屋价值转换抵押贷款在 1989 年作为有限的试点项目推出,如今其保持数量已经超过了 39 万份。这些贷款中有一半以上是 2008 年 3 月之前的 24 个月中签发的,增长率急剧上升。

反向抵押贷款示范项目,最初是在 1987 年的《住房与社区发展法案》中被授权的,且一开始只允许发放 2500 份贷款项目,当然这个限额很快就被突破了。1989 年 11 月,美国住房和城市发展部承保了首份房屋价值转换抵押贷款。到 1998 年的财政年度,住房和城市发展部的拨款法案规定,房屋价值转换抵押贷款已经成为一项永久性计划。

尽管贷款机构是该抵押贷款保险的直接受益者,老年房主也因此而大大受益,有了这个保险项目以后,贷款机构就会愿意按照比没有保险时更好的条件提供贷款业务。房屋价值转换抵押贷款提供的消费者保护条款对市场拓展是有利的。这些保护条款要求潜在的 HECM 申请者获

得由住房和城市发展部批准的独立来源的咨询,以保证他们很好地理解本贷款产品,在继续反向抵押贷款申请过程之前,可以判断是否能采取诸如当地的延期贷款或补助计划等方法。对房屋价值转换抵押贷款而言,住房和城市发展部担保借款人在贷款机构破产或无法支付现金时,依然能够及时收到预付的现金,以保护借款人的利益。例如,在卡特里娜飓风事件过后,一些房屋价值转换抵押贷款机构的经营中断了,尽管没有任何一家贷款机构支付到期应预付的贷款额,住房和城市发展部还是准备好了在必要时代替支付这些预付金。

房屋价值转换抵押贷款计划允许借款人从众多的预付金方式中进行选择。借款人可以通过以下五种不同的方式获得现金:(1)贷款发放时获得一次性支付;(2)只要借款人还居住在被抵押房屋内就获得按月定期定额支付;(3)某一固定期限内较高数额的按月支付(限期支付),在这段期限之后,借款人可以继续住在原房屋内并推迟偿还;(4)备用信贷随意支付,借款人可以在最高信用额度内自己控制支取现金的数额和时间;(5)以上各种方式的组合。

另外,借款人在任何时候都可以将未使用的贷款余额从一种支付方式转换为另一种支付方式,而只需要支付一小部分手续费。住房和城市发展部相信这种支付方式的高度灵活性,对老年借款人来说是很重要的,因为他们的生活环境可能发生变化。目前为止,比较受欢迎的一种支付方式是"备用信贷、随意支付",超过 3/4 的借款人选择这种支付方式。大约有 12% 的借款人选择按月支付和额度减少的备用信贷相结合的方式。

住房和城市发展部之所以愿意向借款人提供如此灵活的现金支付方式,是因为它将所有预付现金的净现值都控制在一个叫做本金限制的限额内,并以此来控制损失的风险。这个限额在每份贷款被承保时都将被单独计算。只要当前和未来的预付金现值不超过该贷款的本金限额,对住房和城市发展部来说,预付金支取方式是没有差别的。住房和城市发展部会给贷款机构提供一个本金限额给付表,给付金额随着借款人的年龄和利率不同而不同,它可以被用来计算任何贷款的本金限额。比如,当借款人是 75 岁,利率是 7% 时,该给付系数为 0.609。如果一幢房子的价值是 10 万美元,那么该房屋的价值、借款人年龄和利率组合下的本金限额将是 6.09 万美元(10 万美元乘以 0.609)。在贷款期限内,借款人所能获得的所有现金的净现值,包括代表借款人支付的贷款费用,都不能超过 6.09 万美元。

住房和城市发展部还为房屋价值转换抵押贷款的本金限额设置了一个额外的限制,将其最大值限制为本金限额给付系数乘以贷款的最大索偿额。最大索偿额是房屋价值和住房和城市发展部规定的房产所在地贷款限额中的较低者。房屋价值在住房和城市发展部规定的贷款限额之上的房产,也可以用来申请住房反向抵押贷款,不过由于本金限额已设置了上限,拥有较高价值房产的房主,通常会选择传统的反向抵押贷款,以避免为住房和城市发展部规定的限额所限制。

表 1 阐释了 HECM 本金限额给付系数是怎样随着不同借款人年龄和利率组合而变化的。住房和城市发展部为该项计划设置了保险费率,然后使用一个精算模型来设置本金限额给付系数,使得每个年龄和利率组合都能达到均衡①。定价假设包括预期未来房价增长,由于老年房主死亡、搬出或再融资导致的贷款终止,以及利率浮动等。本金限额随着借款人年龄的增长而增长,就如标准人寿年金付款中年龄越大的人,预期剩余寿命就越短,是一样的道理。另外,本金限额给付系数在利率变大时会减少,因为在高利率环境下,必须减少支付额以抵消更高的应计利息。

---

① 本文中的"均衡"是指在住房和城市发展部的定价假设下,住房和城市发展部希望获得的保费收入减去预计将要在一份有本金限额的反向抵押贷款期限内支付的保险索偿成本等于零。其中的本金限额等于本金限额给付系数乘以没有上限的房产价值。

表 1　HECM 本金限额因素表(对于选定的年龄和利率)

Interest Rate* %	Age of Borrower at Loan Origination		
	65	75	85
7.0	0.489	0.609	0.738
8.5	0.369	0.503	0.660
10.0	0.280	0.416	0.589

需要注意的是每年房产平均价值都要高于每年最大索偿额的平均值。在 2007 财政年度,平均房产价值是 261900 美元,平均的最大索偿额是 229300 美元。之所以会有这种差异,是因为当年承保案例中有 30% 都是房产价值大于住房与城市发展部规定的当地贷款限额的情况。在这些案例中,本金额度受到了极大的限制。

三、HECM 的财务稳健性

1989 年到 1998 年间,HECM 只是一个示范项目,并且一开始并不受那些用于长期贷款担保计划的风险管理标准的限制。在其示范阶段,HECM 的财务表现是通过定期报告由国会审阅的。这些报告表示该示范项目运营良好,并从净现值的角度来说,其保费收入很可能足够用来支付未来所有的索偿额。当 1998 年 HECM 成为住房和城市发展部的一项长期项目时,先前向国会报告的要求被撤销了,HECM 开始受各种数量繁多的法律限制,必须遵守所有政府贷款担保计划的风险管理和报告的联邦会计准则。

其中有一部法律是 1990 年的《联邦信贷改革法案》,要求住房和城市发展部每年对新的 HECM 保险担保的信贷补贴率进行估计。信贷补贴率代表和新作出的贷款担保承诺的,在整个贷款持续期间的所有现金流的预估净现值,这些现金流包括保费流入以及保险索偿流出。根据该法律的要求,联邦贷款担保项目的所有补贴额,都必须在这些贷款担保承诺作出的当年被充分地预算。如果某项目的信贷补贴是正的(意味着项目成本大于收入),那么在贷款被担保之前,必须有一笔相应的联邦拨款到位,并能够全额覆盖该补贴额。如果该信贷补贴额是负的(意味着项目收入大于项目成本),则该项目能够为政府带来收入,可以被用于抵消预算中的其他支出。以贷款担保数额的某个百分比形式表示的负补贴率,意味着某个贷款担保项目能够从借款人保费收入中自行融资,并不需要借助联邦拨款来维持运营。住房管理局的标准购房抵押贷款产品就是自行融资的项目,其信贷补贴率为负。

HECM 一直维持着一个负的信贷补贴率。这种结果可能看起来和 HECM 的本金限额给付系数表的盈亏平衡设计是不相合的,这个设计暗示信贷补贴率应该是 0。实际上,由于不断更新的经济预测,以及初始定价假设中的其他变量波动,比如说贷款终止率的差异和最大索偿额低于房屋评估价值的情况,能提供额外的权益来抵消损失所占的比例,信贷补贴率是可能发生波动的。

在如今房屋销售市场走下坡路的背景下,有人也许会问,HECM 项目是否能在财务状况良好的时候继续实行? 对 HECM 来说房产价值尤为重要,这些贷款只有被抵押的房产作担保,贷款机构将没有其他任何追索权来寻求偿付。然而,在评估 HECM 项目对房价下跌的承受能力时,住房和城市发展部考虑了两个重要的方面。

第一,初始的定价模型,假设房产价值平均来说将按温和的速率增长(如 4％的名义年增长率),但在模型中该增长率是一个分布,允许房价随着时间或在不同的市场中变化很大,包括允许房产价值的名义下降。除非房产价值持续不断的下降,否则初始的定价假设将一直有效。

第二,反向抵押贷款借款人不必按月向银行偿还贷款,他们更有可能在房价复苏之前保持贷款的有效性,度过难关。住房和城市发展部已经发现 HECM 的终止,实际上主要是由住户死亡或者和年龄有关的因素驱动的,经济因素很少。住房和城市发展部依然在全面评估房价下降给HECM 带来的影响,不过该项目的运营前景依然是良好的。

四、二级抵押贷款市场的发展

2006 年以前,几乎所有的 HECM 贷款都由贷款发放机构出售给唯一的投资者——房利美集团(正式名称为美国联邦国民抵押协会),这是一个为美国住房市场带来流动性的由政府资助的机构。贷款发放机构一般不会选择将 HECM 贷款保持在自己的资产负债表里。例如,受到管制的存贷款机构会发现如果它们持有像 HECM 这种不流动的贷款资产,将很难满足投资人的要求。非存款机构的贷款发放者,如抵押贷款银行等,通常会由于组织结构的限制,无法在其投资组合里持有任何贷款。此外,反向抵押贷款的利息收入,实际上只能在贷款被偿还时才收到,这就导致其他贷款机构不乐意在其资产负债表里持有这些贷款。因此,在反向抵押贷款发展的早期,房利美集团给 HECM 市场带来的流动性,是该贷款项目获得成功的关键所在。

现在,已经有其他投资者在二级市场里同房利美集团竞争 HECM 贷款。尽管在早几年时,传统的反向抵押贷款就已经有了投资银行做担保,2006 年时,还出现了首个由私人担保的 HECM 产品(非机构担保)。2007 年间,美国政府全国抵押协会(住房和城市发展部内部的一个机构,为政府担保的住房抵押贷款提供流动性)推出了 HECM 抵押担保证券计划,把 HECM 带到了机构市场中。当年住房和城市发展部的相关政策发生了改变,允许可变利率 HECM 贷款成为伦敦银行同业拆放利率的参考之一,这将使投资者对 HECM 抵押担保证券的兴趣达到更高水平,不管它是由私营机构担保还是政府全国抵押协会担保,因为伦敦银行同业拆放利率是一个很多投资者愿意用作投资参考的利率指数。

对 HECM 产品来说,出现一个竞争的二级市场将会给初级市场带来许多好处。二级市场变得越有效率,包括 HECM 和传统产品在内的反向抵押贷款产品,就越能充分发挥其市场潜力。有效率的二级市场带来流动性的增加,将会拓宽贷款机构经营反向抵押贷款的分销渠道,并扩大投资者基数。这个趋势将会降低借款人的借款成本和产品创新成本。在现行的 HECM 规则下,一个流动的二级市场,能够孕育出 HECM 产品的创新,包括零清算费、固定利率、更低利率的贷款以及由此带来的更高的本金限额。

五、反向抵押贷款业务未来增长前景

美国反向抵押贷款的业务开办规模将会有较大增长。首先,人口统计数据表明符合反向抵押贷款条件的老年房屋所有者数量,要比已有市场量大得多。就这点而言,反向抵押贷款的需求规模将会变得很大。而且,随着婴儿潮一代的人中越来越多地达到 62 岁的最低年龄要求,合格的老年房屋所有者数量预期将会迅速增长。新一代的老年房主不仅在数量上会比先前增大,而且很可能不那么反对债务而更愿意接受反向抵押贷款以房养老。正确地说,根据 2005 年的全美住房抽样调查,有 1780 万户房主自己居住的住房是被老年人(65 岁以上)持有。这些老人中有 1480 万的潜在反向抵押贷款借款人,其中 1210 万户没有未偿还的抵押贷款,另外 270 万户的抵押贷款余额在房屋价值的 40% 以下。

要使这个估计的数字更加精确,还需要再加进那些年龄在 62 岁到 65 岁之间的房主,减去那些不可能会申请反向抵押贷款的房主,比如说配偶年龄不合要求或房子不合要求的案例。此外,哈佛大学的联合住房研究中心预计房主年龄在 60 到 69 岁之间的家庭数量,在 2005 到 2015 年间将会增加 53%。这个预计的主要依据是婴儿潮一代的人,将迎来第一波符合反向抵押贷款年龄条件的年代。随着婴儿潮时期的人年龄增大,对反向抵押贷款的需求可能会和对长期医疗护理的需求一起上升,目前后者正增长迅速。由于已经是政府部门的巨额支出,医疗护理项目的目标通常都在严格控制成本。在如今财政紧张的环境里,房屋权益可以在减少政府长期护理支出中发挥很重要的作用。

美国国家养老保障委员会报道称,越来越多的老人利用反向抵押贷款来支付长期护理的费用,到 2010 年时,这会使医疗补助金得到极大的节省,具体状况还取决于这些贷款未来的使用率。这些预计省下来的钱能提供给那些暂时不需要或者不会需要养老院医疗护理补助的借款人。这些老年人就能在各种花费更少的家庭医疗护理服务方面作出更多的选择。

2008 年,看起来确实是 HECM 计划的一个转折点:一年中的贷款发放数量超过了 10 万份,二级市场的规模继续发展,第一波婴儿潮年代的人开始符合反向抵押贷款的年龄要求,长期医疗护理的需求促进了本项业务的市场需求。接下来的几年里,对整个反向抵押贷款的市场来说,尤其是对 HECM 来说,都将是非常有活力的。

鉴于反向抵押贷款必须处于第一留置权的位置,对于还有未还清抵押贷款的房屋,房主必须先还清抵押贷款,或者使原来的贷款从属于反向抵押贷款。如果现有的抵押贷款余额不超过房屋价值的 40%,该类房主将比情况相反的房主更可能用 HECM 所得来还清原有贷款的余额(当然取决于相应的本金限额)。

需要注意的是,2008 年 HECM 的增长率已经大大放缓,可能是和二级抵押市场状况有关的贷款机构流动性受到限制,以及在某些地域市场中房价的下跌,影响了消费者的需求。2008 财政年度,HECM 的补贴率是 −1.9%。只要 HECM 的二级抵押市场反弹,房价稳定下来,这些暂时性的供给和需求异常就很可能会迅速消失。

用反向抵押贷款来支付家庭长期医疗
和护理费用的蓝图

Barbara R. Stucki[①]

一、前言

虽然近几十年来,美国一直在努力扩大家庭和社区医疗的覆盖面,但长期医疗补助计划的大部分资源仍然主要是流向养老院或疗养院的医疗服务。现有的长期医疗体系存在很多问题,而老人对长期医疗和护理的需求也将不断增加。为了满足不断增加的需求和考虑到财务方面的限制,各个州政府开始减少医疗补助计划的覆盖面,并提高了医疗补助计划的申请资格。

据估计,美国老人被锁定的住房资产超过 2 万亿美元,但大部分老人的生活却过得很拮据。在美国,大部分老人都有属于自己的住房,许多家庭都积累了高额的住房资产。老人一半以上的净资产被锁定在住房和其他不动产中。由于住房占据了大量的财富,如果老年人能将住房中积累的财富通过反向抵押贷款释放出来,国家就能更好地平衡长期医疗的公共和私人资金来源,并且能帮助老年人实现"在家养老"的愿望(有的老人可能会因为支付不起居家医疗费用,不得不搬到养老院或者疗养院,而不能满足在家养老的愿望)。用住房为"在家养老"筹集资金,就可以扩大住房反向抵押贷款的使用范围。

政府目前关于长期医疗的政策,虽然已经意识到住房中蕴含着的巨大价值,但并没有考虑到如何更好地运用它们。已经开办 15 年的住房反向抵押贷款为满足老人"在家养老"的需求提供了一条新的途径。反向抵押贷款可以让老年户主继续居住在自己住房的同时,将他们的住房资产逐渐变现。据估计,每个老年家庭平均能取得 72000 美元的反向抵押贷款,它可以帮助那些身体差的老人支付多年的家庭医疗和护理费用,或者对他们的住房实施一些改造,使得更适合老年人居住。

在许多年前就已经有用住房资产为长期医疗服务和保险费提供资金的观念了。Firman 于 1983 年就提出可以用住房资产来为长期医疗提供资金。Facobs 和 Weissert(1987)发现大部分老年人,包括那些每月收入很低的老年人,在反向抵押贷款的帮助下也都能较为宽裕地支付家庭医疗和私人医疗保险。这种理念在一些早期发表的文献中也可以找到(Benejam,1987;Gibbs,1992)。有趣的是,这些论文大都是在反向抵押贷款业务推出前就已经完稿的。近来的一些研究成果也突出了反向抵押贷款作为一种资产管理工具的重要作用(Rasmussenetal,1997)。

---

① Barbara R. Stucki 博士,美国老年人口理事会 2005 年 1 月

二、本文研究的状况

(一)一些相关措施

近几年来,大家对反向抵押贷款在长期医疗领域的作用又重新燃起了兴趣。州政府的层面已经采取了很多措施来推行这种金融工具。

1.蒙大拿州推出了一个州反向抵押贷款计划来帮助老人"在家养老"。罗得岛州和新泽西州对这种用于长期医疗的反向抵押贷款只收取较低的开办费。

2.至少有12个州——加利福尼亚州、印地安那州、密歇根州、蒙大拿州、内布拉斯加州、新泽西州、纽约州、北卡罗来纳州、俄亥俄州、罗得岛州、得克萨斯州和华盛顿特区,现在都正在倡导通过反向抵押贷款来支付长期医疗和护理费用(全国州长协会,2004)。

3.美国立法局理事会推出了"反向抵押贷款授权法",允许居民用住房资产来支付长期医疗费用。

鉴于大家对反向抵押贷款业务非常关注,迫切需要一个供政策制定者参考的关于用反向抵押贷款来支付长期医疗费用优缺点的研究。

本文分析了用反向抵押贷款来支付长期医疗服务的合理性,考察了现有产品的局限性,并提出了一些建议,如身体差的老人往往需要更多的消费者保护措施。政府可以提供一些行政管理、法律规定和申明等激励措施,以此来帮助更好地推行反向抵押贷款产品。

(二)本文的研究目的和方法

1.估计反向抵押贷款潜在市场的大小,以及老年人选择这种金融工具的可能性;

2.确定阻碍反向抵押贷款用于长期医疗的主要障碍,并指出解决这些障碍的可行方法;

3.政府应该扮演什么角色?

4.列出对政府政策和产品开发的一些建议。

本文的研究使用了定量和定性分析相结合的方法,用到的数据库包括 2000 年健康和退休研究(HRS 2000)的数据,2001 年美国住房调查数据等。我们将老人分成三个不同的群体,经济上不太稳定的老年家庭、富裕家庭和那些界于两者之间的家庭,分析他们对这个金融工具潜在需求的不同。对消费者进行的调研以及和专家的讨论提供了很多帮助。该研究是由 45 位来自不同领域的专家组成的,这些领域包括长期医疗、贷款、经济学、公共政策、住房和保险等。

(三)本文的研究层面

本文的研究主要集中于以下三个方面:

1.通过数据库来估计不同老年群体对反向抵押贷款的需求大小,以及个人和国家能从反向抵押贷款中筹集到多少资金;

2.对老年房主和他们的成年子女的电话采访,帮助我们得出两代人对这个金融工具所持态度的巨大差异;

3.运用微观模拟模型来估计通过反向抵押贷款来支付长期医疗和护理费用,能使公共医疗补助计划节省多少资金。

三、反向抵押贷款业务开办的状况

本文分析中所用的贷款利率是由 2004 年 2 月 2 日的一年期国债指数（4％）再加上贷款机构 1.5％的利润率计算出来的。

到目前为止，只有不到 1％的老年户主申请了反向抵押贷款。通过调查，我们发现在"是否愿意申请反向抵押贷款来支付长期医疗费用"这个问题上，回答"非常可能"的有 4％，回答"可能"的有 9％，回答"至少存在可能性"的有 25％。

电话采访的对象是年龄在 62 岁及以上的老人以及 62 岁及以上老人的成年子女（这些子女的年龄界于 36～60 岁之间）。我们主要采访的是年收入比较低（不足 2 万美元）和收入中等（2 万～4 万美元）的老年户主。

现有市场上有三种反向抵押贷款产品：

1. HECM（住房反向抵押贷款，具体内容说明略去），在反向抵押贷款市场上占据着 90％左右的份额，本研究主要以 HECM 产品为研究对象。

2. HKM（特殊的住房抵押贷款，具体内容说明略去）。

3. 现金账户反向抵押贷款。这是面向那些住房资产超过 40 万美元的老年户主，没有关于住房资产价值的上限规定，可以吸引那些住房价值比较昂贵的老年户主。

HECM 从 1989 年开办以来，只有 10 万名老年户主参加了这种贷款（Weicher，2004）。许多关于借款人的信息都来自于他们的申请表格。这些申请人的特点有：

1. 借款人的平均年龄由 2000 年的 76 岁变为 2004 年的 74 岁，平均年龄在下降。

2. 2004 年大约一半（48％）的借款人是单身女性，这个比例已经下降了，2000 年时该比例为 57％。

3. 夫妻参加 HECM 的比例从 2001 年的 30％增加到了 2004 年的 36％。相对富有的老年人参加反向抵押贷款的比例也在逐渐增加，他们的反向抵押贷款主要用做度假或其他休闲活动。根据 HUD 的最新数据，HECM 借款人的平均住房价值已从 2000 年的 142000 美元增长到 2004 年的 214000 美元（Weicher，2004）。一些理财师开始将反向抵押贷款作为一项资产管理工具向客户推荐。

2000 年的一个关于 HECM 的调查（Roddaetal，2000）表明：2000 年 86％的 HECM 借款人是非西班牙裔白人，9％是非西班牙裔的非裔美国人。参加 HECM 的老年人的结构与美国老年人的平均结构差不多。2000 年借款人大多有自己的子女。

目前的反向抵押贷款主要是面向贫穷的单身老人，但它忽略了其他一些潜在的市场，如中等收入的老人在身体健康状况不太好时，可能会需要有其他收入来源来支付家庭医疗服务费用。另一个潜在的市场是那些相对较年轻且收入较高的老年户主，他们可能希望用住房资产来购买长期医疗保险。如果扩大反向抵押贷款在长期医疗领域的运用，将会大大扩展反向抵押贷款业务的市场。

对反向抵押贷款的一些创新可能会更好地帮助那些健康状况较差的老年人，因为他们的预期存活年限要相对短一些。创新包括不收取或者只收取较低数额的反向抵押贷款的开办费。举例来说，一个身体很差的老人参加了反向抵押贷款，每月收到 1 万美元，但一年之后他就因为病情恶化不得不住进疗养院，在这种情况下，他参与的反向抵押贷款业务也就到期了，在贷款业务存续的这一年中，该老人总共支付了高达 12000 美元的费用（包括 6500 美元的开办费和这一期间的服务费)。

四、相关的资料数据

以下图表用的数据主要来源于 2000 年美国健康与退休研究数据库。

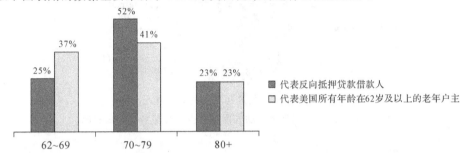

图 1　反向抵押贷款借款人年龄分布情况(与所有 62 岁及以上的老年户主相比较)

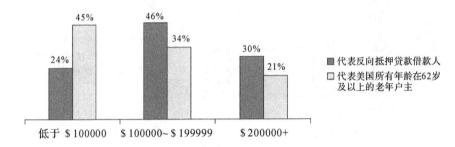

图 2　反向抵押贷款借款人的住房资产价值(与所有 62 岁及以上的老年户主相比较)

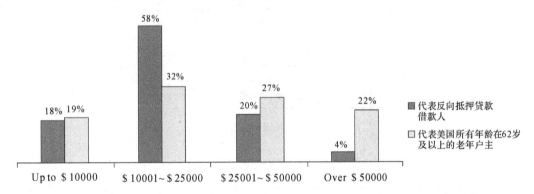

图 3　反向抵押贷款借款人的家庭年收入分布(与所有 62 岁及以上的老年户主相比较)

ADL——他们缺乏自我照顾的能力,如洗澡、穿衣、吃饭、上厕所等存在困难;

IADL——他们缺乏独立居住的能力,如准备一日三餐、用钱、使用电话、购物、散步,做简单家务等存在困难;

Functional limit——他们存在身体功能性方面的障碍,如爬楼梯、搬东西等存在困难,时刻需要有人在其身边为其提供帮助。

反向抵押贷款的潜在市场的大小,可以从用于购买长期医疗和护理费用的状况加以描述。根据健康和退休数据库,2000 年美国有 2750 万老年家庭中至少有一名年龄在 62 岁或 62 岁以上

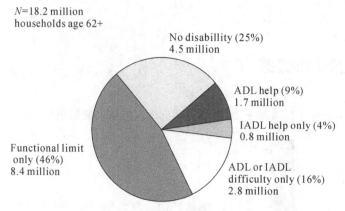

图 4　62 岁及以上的老年户主的健康状况分布

注：根据老年人完成日常活动的困难程度来界定身体健康状况

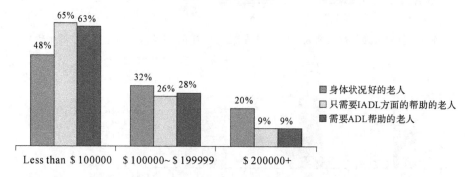

图 5　62 岁及以上的老年户主的住房资产价值分布（按健康状况好坏分类）

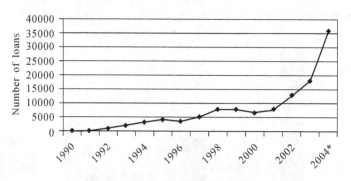

图 6　HECM 每年的开办数量

的老人。这其中又有 78％，即 2110 万老年家庭拥有自己的住房。大约 74％的家庭完全拥有住房产权，即他们的住房不含有任何的未清偿贷款。但在这 2110 万拥有自己住房的老年家庭中，只有 71％即 1500 万家庭达到了反向抵押贷款的申请资格。鉴于家庭和社区医疗和护理费用非常昂贵，我们认为只有那些预期至少能得到 2 万美元反向抵押贷款的家庭才会申请这一业务。

黑色代表的是不会申请反向抵押贷款的老年家庭，约计 48％；

白色代表的是可能会申请反向抵押贷款，但预期贷款额低于 2 万美元的老年家庭，约计 7％；

深灰色代表的是可能会申请反向抵押贷款且预期贷款额将高于 2 万美元的老年家庭，约计 22％；

浅灰色区域代表的是那些没有属于自己的住房的老年家庭，约计 22％。

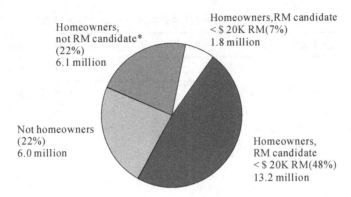

图 7　可能会为购买长期医疗和护理而申请反向抵押贷款的老年家庭

　　从这个表中我们可以看出来,只有48%即1320万老年家庭可能会为购买长期医疗和护理而申请反向抵押贷款,这些家庭住房资产的平均价值为144000美元(住房价值的中位数为105000美元)。如果这些家庭都申请 HECM 贷款,他们总共能得到9530亿美元的住房反向抵押贷款。

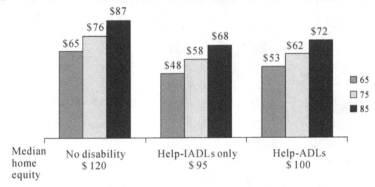

图 8　预计能获得的 HECM 贷款额,按年龄和身体健康状况的不同来分类(单位:千美元)

注:浅灰色——家庭中借款人的最小年龄为65岁;

灰色——家庭中借款人的最小年龄为75岁;

黑色——家庭中借款人的最小年龄为85岁;

Median home equity——该组所有住房资产价值的中位数的值。

表 1　预期能得到的 HECM 贷款额(按身体健康状况的不同分类)　　　　　　单位:美元

	可能申请反向抵押贷款的家庭数	借款人中最小年龄分布的中位数	住房资产价值的中位数	预期能得到的 HECM 贷款额	每月能得到的贷款额		
					3 年	5 年	10 年
需要 ADL 帮助	1196000	76	100000	62848	1800	1100	569
需要 IADL 帮助	559000	77	95000	60208	1723	1055	553
身体健康	3401000	72	120000	72285	2070	1265	665

表 2　预期反向抵押贷款对公共医疗补助计划的影响

参加反向抵押贷款的老年家庭比例	公共医疗补助计划支出的预算值（用 2002 年美元为基数）　　单位:百万美元							
	2010 年				2020 年			
	基线	反向抵押贷款帮助支付长期医疗护理费用,医疗补助计划实际支出	预期盈余	盈余比例	基线	反向抵押贷款帮助支付长期医疗护理费用,医疗补助计划实际支出	预期盈余	盈余比例
4%	56220	52879	3342	5.94%	78014	73407	4606	5.90%
9%	56220	52630	3591	6.39%	78014	72795	5219	6.69%
25%	56220	51356	4864	8.65%	78014	71935	6079	7.79%

注:通过调查,我们发现在"是否愿意申请反向抵押贷款来支付长期医疗费用"这个问题上,回答"非常可能"的有 4%,回答"可能"的有 9%,回答"至少存在可能性"的有 25%。

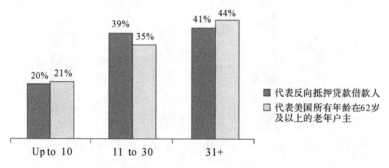

图 9　反向抵押贷款借款人在住房中已经居住的年数

询问问题	电话采访中赞成左边说法的比例	
	老人	老人的成年子女
1. 你在住房中积累了不少财富且应该利用这笔财富	46%	62%
2. 反向抵押贷款可让你继续居住在自己住房中的同时使用住房中积累的财富	43%	63%
3. 反向抵押贷款能在你需要时很方便地提供给你资金	40%	43%
4. 反向抵押贷款能为你带来可供自由支配的资金	34%	46%
5. 反向抵押贷款是用来满足长期医疗和护理需求的有效途径		

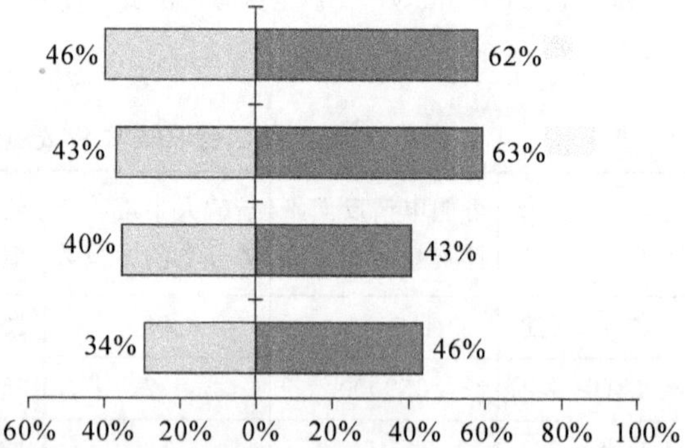

图 10　老年户主及他们的成年子女对使用住房资产的态度

从该图中我们可以看出来,老年户主的成年子女们比他们的父母更能接受反向抵押贷款,更加赞成用反向抵押贷款来为长期医疗和护理筹资。鉴于子女对老人是否参与反向抵押贷款的决策有很大影响,因此该调查表明家庭能够推进反向抵押贷款在长期医疗和护理方面的运用。

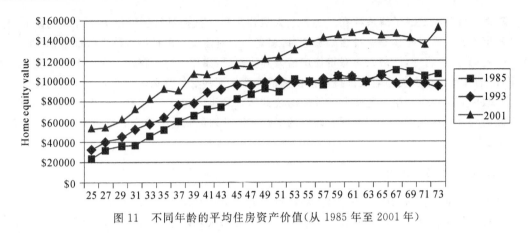

图 11　不同年龄的平均住房资产价值（从 1985 年至 2001 年）

要推广反向抵押贷款的使用，就必须对财务咨询师及反向抵押贷款的潜在申请对象进行关于反向抵押贷款业务的介绍，增进他们对该项业务的了解。

五、反向抵押贷款的功用和政府应当采取的措施

（一）反向抵押贷款能为更大范围的老年人提供额外资金帮助

1. 40 万收到公共医疗补助的家庭，可能会使用反向抵押贷款来支付公共医疗补助计划覆盖范围外的医疗护理或其他服务费用等。平均来说，这些家庭能收到大约 51229 美元的 HECM 贷款。

2. 140 万没有医疗补助的贫困家庭是反向抵押贷款的潜在申请者，他们可以采取一次支付或信用额度的方式，平均获得 55085 美元的 HECM 贷款，这些贷款可以用来支付家庭服务和医疗费用。

3. 330 万可能存在家庭医疗费用支付危机的家庭，可使用反向抵押贷款帮助他们支付这些费用。这些家庭平均可以获到 62800 美元贷款。

4. 大约 800 万富有的老年家庭可能会使用反向抵押贷款，且平均能获得大约 80130 美元的贷款。这些人可能会运用这些资金来购买长期医疗保险。

反向抵押贷款的潜在市场很大，但用住房资产来支付长期医疗保险费用也面临很多问题。我们的调查发现，只有很少一部分人会选择用住房资产支付长期医疗保险费用。借款人既要支付保险费，又要支付贷款利息，且要支付很多年，费用太高了。另外，借款人面临着在真正需要医疗照顾之前就已经把贷款资金用光的风险和保险费增长太快的风险。

（二）反向抵押贷款运作存在的障碍

现有政策的变化和反向抵押贷款产品的创新，能够改善反向抵押贷款市场的运行吗？到目前为止，对住房资产的使用还是很有限的，还存在着很多会影响反向抵押贷款市场扩张速度的障碍。如产品设计方面存在的缺陷有：

1. 借款费用很高。

2. 对贷款额度存在限制。运用大数定理计算出来的反向抵押贷款给付额度，可能并不适合身体状况很差的老年人，因为他们的预期存活年度可能很短。

3.对贷款特点缺乏了解或存在误解。老人对住房反向抵押贷款的态度方面存在的障碍,比如住房资产并没有被看作是一种金融资产,许多老年人对运用反向抵押贷款来帮助他们"在家养老"并不感兴趣。再如,许多人愿意将住房留做其他用途,如作为遗产将住房作为对将来出现"意外事件"的保护。很多美国老人都将反向抵押贷款看作那些财务特别困难的老人的选择。

4.政府政策也会产生一些障碍。政府的公共医疗资助对很多人来说相当于是"最后一根稻草",政府为他们提供了一个安全网。政府的医疗补助计划可能会阻碍人们运用自己的住房资产来养老。

(三)政府激励的作用

政府对反向抵押贷款的一些适当的激励可能会带来很大的改观,包括:

1.反向抵押贷款能帮助家庭和社区医疗护理服务需求不断增加的情况下,使长期医疗体系达到收支平衡。反向抵押贷款带来的资金可以为老年人带来更多选择的灵活性。这个金融工具将来会吸引更多的老年人,并且能激励更多的人员参与。

2.反向抵押贷款可以只使用部分住房资产,余下的住房资产依然可以作为遗产留给后代。政府对反向抵押贷款推行的激励可以鼓励身体差的老人用自己的住房资产来支付长期医疗护理费用,降低公共医疗计划的巨额开支。

3.反向抵押贷款的推行可以降低人们对公共医疗补助计划的依赖性。

4.通过反向抵押贷款,可以增加长期医疗的资金来源,更好地满足人们在家养老的愿望。政府正在考虑是否将参加反向抵押贷款作为申请公共医疗补助计划的一个前提条件。政府可以采取措施来促进反向抵押贷款的推行,政策制定者必须找出合适的方法来推行使用反向抵押贷款支付长期医疗费用。

(四)政府可以采取的行动

1.改革公共医疗计划政策和对反向抵押贷款的政府激励。州政府可以考虑运用一些州政府的收入来为那些身体差的老人或可能需要医疗资助的老人家庭支付部分或者全部反向抵押贷款的开办费用。医疗照顾和医疗资助服务中心(CMS)可以鼓励公共医疗计划的受益者运用反向抵押贷款来支付公共医疗计划覆盖范围外的家庭和社区服务费用。

2.增强对运用反向抵押贷款来支付家庭长期医疗护理费用的借款人的消费者保护。方法有:将长期医疗作为反向抵押贷款强制性咨询的一部分。政府和贷款机构等共同努力,对老年人的财务咨询师、社区的服务提供者以及消费者进行相关知识的教育,鼓励社区组织等向老人和他们的家庭介绍运用反向抵押贷款支付家庭长期医疗护理费用的方法。

3.推行能降低反向抵押贷款费用的改革。反向抵押贷款行业可以设计新的产品或对现有产品进行创新,给那些身体状况不好的老人提供更大比例的贷款额。住房与城市发展部(HUD)可以对向身体状况很差的借款人收取的贷款保险费设定一个上限。

4.其他能推进住房资产支付长期医疗保险费用的方法。如评估那些身体很差的、郊区居住或单身户主的特殊需求。

六、结论

随着人口的老龄化,国家公共医疗补助计划的压力越来越大,必须为长期医疗系统寻找到新的筹资渠道。公共医疗补助计划在许多州预算中都是第二大支出项目。在目前美国财政紧缩的环境中,反向抵押贷款可以成为医疗补助计划的一个很好补充,和政府支出一起成为长期医疗和护理项目的资金来源。将一部分住房资产变现可以给老年户主带来很多选择。再加上政府的一些适当的激励保护措施和创新的金融产品,反向抵押贷款的更广泛使用能为老年人家庭支付长期医疗带来更多的选择。用反向抵押贷款来支付长期医疗和护理费用每年可以为政府公共医疗补助计划节约33亿到50亿美元资金。

反向抵押贷款能为身体健康状况不太好的老年户主带来很多好处。只需要通过反向抵押贷款变现部分住房资产来支付长期医疗和护理费用,老人就可以实现"在家养老"的愿望,剩余的住房资产可以用来支持配偶的生活,或者支付其他生活费用,或作为遗产留给后代。同时,借款人或者他们的后代也能分享到住房升值的好处,借款人的配偶也能够得到保护,因为他们需要偿还的贷款额绝对不会超过住房的价值。

美国反向抵押贷款制度运营演变剖析及
对我国贷款业务开办启迪

王　铮　柴效武

摘要：随着我国人口老龄化问题的日趋严重，引进国外已经开办的反向抵押贷款产品实现以房养老，以缓解整个社会的养老压力，目前已经纳入议事日程。但这一产品应当如何运作，借鉴美国开办反向抵押贷款业务的现成经验，并给予适度的本土化改造，就很为需要。本文对美国反向抵押贷款的发展历程作出较为深入、全面的分析，以期对我国反向抵押贷款业务的开办及相关政策制定、产品研发等有所启迪。

一、前　言

人口出生率的降低和自然寿命的延长把中国匆忙带入老龄化社会。在白发浪潮席卷神州大地的大社会背景下，传统的养老模式显然无法满足日益增长的老龄化的需求，有限的养老资源无法填补养老对资金的庞大需求。引进反向抵押贷款这一金融工具实现以房养老，不失为解决养老问题的新思路。如今，反向抵押贷款的社会关注度已经较高，许多学者对该产品进行了研究，但从整个发展历程角度着手进行的研究则还很少看到，本文对此组织一定的分析和探讨。

（一）本文的研究思路和方法创新

在人口老龄化日趋严重的社会背景下，本文将采用理论分析和实证分析相结合的方法，从制度变迁的角度考察分析美国反向抵押贷款制度运营及其市场的成长过程，对其运营制度演变的全过程给予较为全面的理论分析和说明，并解释为何按此路径演变。接着从实证的角度，采用回归方法，选取平均利率和最高贷款额度分别代表公众需求和政府支持力度做自变量，测算两者相对于因变量反向抵押贷款发行量的系数大小，判断影响程度。之后，借鉴美国推行反向抵押贷款的经验教训，提出对中国推行反向抵押贷款的启示和推广步骤。

1.虽然社会对本文研究产品的关注度较高，众多学者对该产品做了大量的研究，在可行性分析、产品定价和风险防范等方面得出了一系列研究成果，但以整个发展历程为研究角度的几乎没有。本文将从美国反向抵押贷款运营制度演变的整个历程为分析的抓手，总结影响反向抵押贷款发展的几个重要因素。

2.本文分析了美国反向抵押贷款运营制度演变过程中的制度特征、制度缺陷等，之后运用历史数据的实证分析来印证理论分析的结果。同时在研究方法上进行了一定程度的创新，运用最新数据和实际现状来印证分析的结论，并根据分析所得的结论归纳了美国发展该产品的经验。

3.本文通过对美国反向抵押贷款运营制度的演变进程的研究，总结其中的经验教训，以期对中国推行该项产品能有所启迪，并设想了中国推行反向抵押贷款的基本程序。

4.由前文的经验教训得出对中国推广反向抵押贷款业务的启示，设想在中国发展反向抵押贷款市场的战略程序。

本文在阐述相关理论和总结前人研究成果的基础上,针对所研究的问题,对研究方法进行了创新,并在实证研究中注意了数据的时效性,使研究成果更加具有可信度。本文首先从理论和实证两个方面对美国的反向抵押贷款和制度演变的相关理论和文献进行综述,并着重关注该领域理论研究的最新拓展和方法应用,在此基础上形成论文的理论指导和实证研究方法借鉴。同时还运用实证分析的方法,采用最新数据对各项影响因素的程度进行测算,并结合现实的发展状况,用实证手段对理论分析得出的结论进行验证。

(二)研究框架

对反向抵押贷款的研究大多集中于可行性分析、产品定价和风险防范等角度,而实证研究更是被众多学者运用,具有相当程度的可信度。通过分析美国反向抵押贷款的开办状况及发展历程,对我国顺利开办这一业务以应对人口老龄化危机,是有重要意义的。

世界各国开展的反向抵押贷款业务,美国采取的措施最为得力,制度最为完善,发展最为快捷,影响最为广泛,相关的研究也最为深入。为了更深刻、全面地分析反向抵押贷款,本文将美国反向抵押贷款运营制度的整个演变过程分为四个阶段,分别对每个阶段的演变历程进行叙述并分析演变原因,尤其是对其中深层次原因的剖析。在分析过程中,尝试理清促进反向抵押贷款发展的各种因素及其相互关系,并阐述金融机构如何通过改变设计原理中的变量,解释演变的原因,并分析演变过程中各因素的影响程度,来改善反向抵押贷款的产品结构。然后,在总结美国发展反向抵押贷款的经验的基础上,分析政府、利率等因素对反向抵押贷款运营制度演变的影响程度。

二、美国反向抵押贷款的起步阶段(1989 年之前)

(一)演变过程描述

用房子养老的思想起源甚早,早在 400 多年前,地处欧洲的荷兰就已经出现了类似于反向抵押贷款以房养老的现象,其大致安排是:年轻人购买老年人的住房,并允许老年人在有生之年仍免费租住该住房,待老年人过世后再收回该住房。不过这一模式在荷兰并未很好地推广开来,产品形式较为单一。

20 世纪 20 年代末世界经济发生大危机,即“大萧条”时期,一种被称为房产价值反转继承的金融工具在英格兰被创造出来,市场上也出现了专门为老年房主牵线搭桥的中介公司。法国的民间社会也广泛流行一种被称为 vager 的准金融产品,该产品以其“以房养老”的特性得到了政府的支持,抵押品可以是房子、小农场甚至是游艇,发展状况良好。中国长期的封建社会里,针对某些空有房产而无儿女的老年人的养老问题,民间也有着遗赠扶养的大量实例,并得到国家法律的长时期的认可。这些做法的表面状况不同,但都蕴含着以房养老的思想在内。

反向抵押贷款经历了一段历史不长,但颇为曲折的发展沿革。美国的反向抵押贷款在 20 世纪 60 年代初始萌芽,真正意义上的反向抵押贷款可以追溯到 1961 年,是由美国 Deering Savings & Loan 公司的 Nelson Haynes 发放给他的中学足球教练的遗孀的一份特殊融资贷款。到了 20 世纪 70 年代,相关研究成果陆续出现,包括在美国开展反向抵押贷款的调查和研究,探讨如何根据可能大量出现的“房产富人,现金穷人”,开办该新型金融产品。如 Yung-Ping Chen 教授在洛杉矶进行的关于“住房供给的年金计划”的调查研究,Ken Scholen 教授主持的“反向抵押贷款的研究工程"及 1978 年由威斯康辛州资助的老龄人口研究等。从反向抵押贷款类似合约的出现，到 20 世纪 80 年代之前，反向抵押贷款始终停留在理论研发和思想初萌阶段，实质性的业务进展有一些，但始终处于小打小闹状态。这一阶段可以视为现代反向抵押贷款的萌芽期。

到了 20 世纪 80 年代，大量二战后出生的美国人成了"房子富人，现金穷人"的一代。由于老年客户规模的不断扩大，金融机构开办了住房反向抵押贷款业务，并设计推出多种类型的贷款产品，但发展缓慢，利率风险、生存余寿风险、相关政策法律不健全等因素，制约了反向抵押贷款项目的推广。

反向抵押贷款产品的针对点，是那些拥有房产但缺乏其他现金收入来源的老年人，但其复杂程度远远大于其他各类贷款，还款期的不确定又大大增加了贷款机构的风险。反向抵押贷款与出卖房屋相比虽然有多种优势，且拥有健康的市场和敬业的机构人员，但该产品在传统贷款机构中的发展并不理想。到 1989 年，美国联邦住房管理局推出住房转换抵押贷款，反向抵押贷款市场才开始飞速发展。

(二)制度演变原因分析

本阶段，美国的反向抵押贷款没有实质性地得到推广，原因有以下几点：

1. 当时美国的老龄化问题还不严重，联邦政府没有意识到该产品在养老层面的重要用途，也没有提供相应的金融支持，且反向抵押贷款本身结构复杂，前期所需交易成本过大。该阶段一般由小型贷款机构和地方政府机构发起并承办该项产品。市场上金融机构较多，但规模较小且力量较为薄弱。机构不仅没有能力研发产品，而且由于资金不足等容易陷入流动性困境。这些原因遏制了私营机构对此业务的开发，使得整个贷款市场的竞争不足。

2. 本阶段设计的反向抵押贷款产品的实用性不高，合约本身设计不符合市场需求，存在着一些不合理的规定。某些机构借机欺诈老年房主，有意识设计种种不合理条款，试图以较低价格哄骗老年人拥有的房产，败坏了本业务的社会形象，对反向抵押贷款业务的积极推广形成了一大阻力。某些机构为维护自己的利益，规定本项贷款只能用于缴纳财产税和房屋修缮；或固定贷款期限，到期不论老人是否在世都必须还款，没有风险担保机制，支付贷款方式单一等。这与公众对本业务的需求相差较远，吸引力不足，遏制了消费者的需求。

3. 舆论宣传不到位。反向抵押贷款是一项结构复杂、知识含量极高的金融产品，加之老年人本身知识储备少，对新生事物的接受能力弱，对反向抵押贷款业务的开办存在种种误解。比如因浓郁的遗产情结而不愿意抵押房产，误以为申请了该产品就是直接把房屋的所有权转让给机构等等。

4. 其他缺陷是：(1)缺乏与反向抵押贷款配套的保险品种，使得产品风险较大；(2)贷款二级市场的缺失，流动性不足导致贷款机构运营成本过大；(3)贷款费用过高、需求不足和私有市场缺乏竞争。

应当说明，反向抵押贷款作为一种风险极大、功用极大的以房养老的融资工具，单单依靠机构和老年房主双方的积极性，是远远不够的，必须要将政府的积极性充分调动起来才可。同时，反向抵押贷款产品属于新生事物，政府的监管工作不很到位，由于老年人数量在创纪录地增长，美国财政预算空前紧张，养老问题带给政府的压力，已行将超出财政可承受的能力范围。政府和人们都必须寻找新的养老方式，缓解双方的压力。在这种背景下，反向抵押贷款终于开始得到政府的大力支持。

三、美国反向抵押贷款的慢步发展阶段(1989—2000 年)

(一)演变过程描述

随着养老问题变得越来越严峻,联邦政府的养老保障压力越来越大。为了解决这个问题,美国政府开始插手反向抵押贷款市场,寄希望于该产品可以缓解日趋严峻的养老压力。美国政府在反向抵押贷款运作中起到了非常关键的作用。1981 年,美国专门成立了独立的非盈利性组织——国家住房资产价值转换中心(NCHEC),专门向老年消费者进行反向抵押贷款产品知识的宣传和国民理财教育。

1987 年,联邦政府颁布了《国家住房法案》。该法案第二章 255 节清楚地阐述了美国政府对于反向抵押贷款的政策,主要为了实现以下目标:一是为了能够满足部分老年人口的特殊需要,增加贫困老人的收入,允许把不易变现的住房价值转化为流动性资产或收入;二是支持、鼓励私营公司参与反向抵押贷款业务,增加贷款市场供给方面的竞争;三是确定市场需求规模,不断完善产品设计,更好地满足老年人群的需求。

根据该法案,1989 年,国会授权联邦住房和城市开发部(HUD)设计了住房价值转换抵押贷款(HECMs)。该产品是面向老年人推出的新品种,由联邦住房管理局(FHA)为该产品提供风险保证,即 FHA 为经其批准认可的贷款机构发放的贷款提供担保。当抵押房产最终出售时,累计贷款本息额度如超出住房净资产时,该程序可以保障反向抵押贷款机构有效地消除将会面临的大部分风险和损失。

美国联邦住房管理局推出住房价值转换抵押贷款,并给予较大的政策优惠后,反向抵押贷款市场开始缓步发展起来。在 HECMs 业务推出的初期,还只是个试验性项目,联邦政府实行总量控制的办法,规定本贷款的名额上限为 5 万个用户。机构运作上,任何有资质的贷款机构都可以递交申请开办这一业务,HUD 通过抽签把经营资格分发给 50 家贷款机构,允许办理此项业务,每家机构可以发放 50 笔业务,共计 2500 笔贷款业务。[①] 可申请到该贷款的人员非常有限。贷款机构的数量是由该地区老年住房拥有者的数量决定的,至此,反向抵押贷款开始受到人们的较大重视。

1989 年,联邦住房管理局、联邦全国抵押协会(FNMA)、全国反向抵押贷款机构协会(NRMLA)等机构相继成立。美国住房按揭贷款联合会(即房利美,Fannie Mae),开始将资产证券化的原理引入本贷款的资本运作,措施就是在资本市场上大量融资,并出资购买合格的HECMs 贷款,为反向抵押贷款构建了一个盘活资本的二级市场,大大增加了该产品的流动性,提高了相关行业的信誉。到 1992 年 8 月为止,房利美大约购买了 94% 的 HECMs 类贷款。

1991 年,为促进反向抵押贷款的交易,推动本业务的运作,美国国会修正法修改了相关条款,时至 1995 年,交易量从 1991 年的 389 份一举增加到 4166 份,增长了 10 倍有余。HUD 还决定允许所有有资质并经 FHA 授权的贷款机构都可以开办本项业务,于是,由公共保险承保的反向抵押贷款开始在美国大量推广。

1995 年,Fannie Mae 公司推出了自己的反向抵押贷款产品 Home Keeper,主要是为 HECM

---

① Case Bradford and Anne B. Schnare. Preliminary Evaluation of the HECMS Reverse Mortgage Program. *Journal of the American Real Estate and Urban Economics Association*, 22(2):301-346. 1994.

提供融资支持,这是对公众参与反向抵押贷款行业的一大促进。Home Keeper 推出后大受欢迎,极大地促进了美国反向抵押贷款市场的发展。随着潜在市场的不断挖掘,美国出现了私人机构发放反向抵押贷款的新品种,即由财务自由老年基金公司提供的财务独立计划。以上三种产品几乎占据了当今美国反向抵押贷款市场的全部,HUD、房利美、雷曼兄弟三个机构根据自己的标准审核批准各自产品在各州的销售商。此时,反向抵押贷款迎来了一个快速发展的时期。反向抵押贷款项目逐渐推广开来,并演变成为银行等金融机构的重要信贷业务。

在反向抵押贷款产品大肆推广的同时,美国金融市场上出现了贷款机构间的兼并趋势。20世纪 90 年代期间,一些大的金融机构通过改进产品设计及相互间的兼并联合,重塑了美国反向抵押贷款行业市场的结构。1996 年,ULLICO 成立了一个新的部门重新设计了自己的产品以细分投资者。反向抵押贷款产品证券化的出现,为本贷款的市场发展与产品创新开辟了新的资本来源。

在这一时期,反向抵押贷款的业务量有了较大幅度的扩张,但仍然大大低于市场潜在的规模。美国联邦抵押联合会估计反向抵押贷款的潜在市场为 300 万户。这正说明反向抵押贷款这一市场的潜力还是很大的。根据 Christopher J. Mayer 和 Katerina V. Simons 的估计,在美国将有 600 万人可以从反向抵押贷款项目中受益。

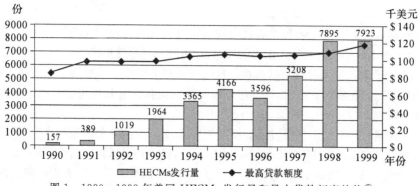

图 1　1990—1999 年美国 HECMs 发行量和最大贷款额度趋势①

(二)制度演变原因分析

本阶段的反向抵押贷款业务开办经历了一个先抑后扬的演变过程。前期,美国反向抵押贷款无法迅速推广,原因是多方面的,如贷款年限长,初期投入金额大,产品结构复杂,政府和机构都未对此产品加以应有的重视。而且,当时的美国金融市场远没有今天这么发达,二级市场不完善,资产证券化没有真正地开展起来,贷款资产缺乏流动性和持续性,又缺少相应的担保制度和辅助政策。金融机构和消费者都面临着多重性的风险,如抵押物风险、支付风险、变现风险、利率风险、政策风险等等,对开办和参与反向抵押贷款这项业务缺乏足够的积极性。

美国从 1988 年开始在全国范围推广 HECMs 计划,直至 2000 年发展都比较缓慢,到 2000 年底累计只有 5 万份业务量。1991 年开始,有一连串关于借款人状告贷款机构骗取借款人财产的诉讼。贷款机构被认定为没有正确履行如实告知贷款利率、贷款构成和相关条款等责任。即使是在有政府担保的情况下,这些诉讼及随之而来的负面报道,在很大程度上吓跑了部分潜在客户。另一方面,金融机构虽然看好这个市场,但实际行动却很迟疑。他们惧怕贷款余额最终超过房屋价值会造成经营风险,特别是在房地产市场萧条的时候。当加利福尼亚的房地产价格连续

---

① 数据来源:http://www.hud.gov

6 年以 5％的跌幅下降时，曾有一家反向抵押贷款机构不得不将其反向抵押物账面价值的 50％勾销。同时，其他金融机构还认为此项业务的利润前景不明，有的机构担心会因为单方面解除抵押权而造成声誉风险。

到了 20 世纪 90 年代后期，老年人的数量不断地创造了新纪录，养老问题带给政府的压力超出了财政可承受的能力范围，美国财政预算空前紧张。政府和人们都必须寻找新的养老方式，缓解养老保障的压力。在这种背景下，反向抵押贷款终于得到了政府的大力支持。政府及其机构直接介入反向抵押贷款市场，由其承担初期所投入的巨额资金，机构重新设计了产品，并由政府机构进行风险担保和可能情况下的"兜底"政策，消除了公众和机构的困惑，为业务开办的双方都吃了一颗"定心丸"。当贷款额度超出住房资产出售价款的话，该程序可以保障贷款机构避免损失，有效地消除了反向抵押贷款机构面临的大部分贷款风险。

反向抵押贷款迅速发展的另一个促进因素，就是宏观经济在克林顿时代快速走出了低谷，房地产业经历了十几年的繁荣。同时，该阶段的贷款利率开始下降，金融市场得到进一步的发展，带来了多种避险和筹集资金的工具，为反向抵押贷款市场带来了资产的流动性。这些变化刺激了反向抵押贷款的社会需求，使得该产品开始快速发展，对公众和机构的吸引力都很大。

四、美国反向抵押贷款的飞速发展阶段（2000—2007 年）

（一）演变过程描述

反向抵押贷款市场历经 10 多年的缓慢发展后，到了 21 世纪初，终于迎来了蓬勃发展的新时期。这段时期，美国宏观经济良好运转，通货膨胀得到了有效控制，宽松的货币政策为房地产市场注入了快速发展的动力。反向抵押贷款行业内部在进一步整合，产生了一定的规模效应，产品开发在增速，市场竞争在增加。

Financial Freedom 通过雷曼兄弟公司的投资银行融资兼并了 Transamerica Home First，以此来扩张自己的地盘，并于 1999 年 8 月把购买自 Financial Freedom 的反向抵押贷款资产包进行了证券化，标准普尔对该项资产组合进行了评级。2000 年，雷曼兄弟公司的一个部门合并了自由基金公司，并开始购买 Unity Mortgage Corporation 的反向抵押贷款产品。2001 年 8 月自由基金公司成为雷曼兄弟公司的分支机构，开始购买 Senior Homeowners Financial Service 公司的反向抵押贷款批发业务，反向抵押贷款发行机构的数量快速增长。据美国反向抵押贷款机构联合会统计，发放反向抵押贷款的金融机构数已由 1990 年的不到 200 家，发展到 2005 年的 1300 家左右，且数量还在逐年增加中。

1990 年之前，美国国内一共只发放了 3000 份反向抵押贷款，而从 2001—2003 年，三年时间仅仅 HECMs 反向抵押贷款的发行量就将近 4 万份。据美国反向抵押贷款机构联合会（the National Reverse Mortgages Lenders Association）公布的数据显示，2003 财政年度（截至 2003 年 9 月 30 日）全美共发放 HECM 贷款 18097 份，比上一财政年度增加了 39％；2003 年 10 月到 2004 年 2 月，全美共发放 HECM 贷款 12848 份，比上年度同期（6061 份）又增加了 112％，仅 2004 年 2 月一个月就新增 4148 份贷款，比上年同期（1113 份）增加了 273％，创造了月发放贷款数量的新纪录。到了 2004 年，总共有 37829 份 HECM 贷款获得批准发放，比前一年增加了 109％。2005 年，快速增长的势头继续得以保持，增加量达到 43131 份，增幅达 14％。2007 年的增长势头继续突飞猛进,增加量达到107368份,增幅近50%。① 相应地,贷款供给量也有大量增加。反向抵押贷款发放机构的数量增加了3倍,达到191家。由于HECMs发行量占美国反向抵押贷款总发行量的90%以上,以上统计数据可以近似地代表美国反向抵押贷款的发展状况。②

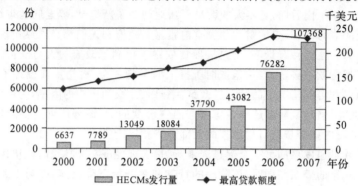

图2　2000—2007年美国HECMs发行量和最大贷款额度趋势图③

(二)制度演变原因分析

本阶段美国反向抵押贷款的市场发展迅速,造成这一局面的原因是多方面的:

1. 政府及业务主管机构对反向抵押贷款进行一段时期的试点后,对如何正确地设计和推广该产品已积累了较多的经验,对该产品和市场的推动也就更加有效。

2. 政府机构和非营利组织,如美国退休人员协会(AARP)和HUD,为老年私有住房拥有者提供免费的辅导服务,开展以房养老的理财教育,使得反向抵押贷款的基本知识、可发挥功能、参与程序及注意事项等,开始为公民所熟知。通过一段时间的舆论宣传和国民理财教育之后,反向抵押贷款产品本身的优越性逐步为人们熟悉,公众对此业务愈益认同并渐渐接受了该金融产品。

3. 该时期美国宏观经济良好运转,良好的经济基本面给金融产品的快速发展注入了强烈的信心。21世纪的最初几年,美联邦储备委员会不断下调抵押贷款的市场利率,该货币政策的实施降低了借款人的成本。同时,随着利率的走低,房地产市场不断升温,房屋的价值节节攀升,房产增值减少了到期房屋的变现风险,给予贷款机构和消费者莫大的信心,进一步推动了反向抵押贷款业务的开展。

4. 反向抵押贷款机构内部的进一步整合,所产生的规模优势使机构持续发展的能力和抗风险的能力大大增强,拥有了更多的运营资金和专业人才,有利于产品结构的不断完善和产品种类的不断增加。多样化的产品细化了顾客市场,使得消费者能依据自身的特点选出适合自己的产品,满足了多种不同的需求,同时也节约了甄别费用,反向抵押贷款对公众的吸引力进一步提升。

这一时期的房地产市场也出现了一些危险苗头,如房价上升过快,市场过热;房地产金融保险市场发展过快,大量新型金融衍生产品不断出现,尤其是借款人资格认定标准过低,几乎是无限制地放贷,次级贷款产品开始大量出现,为后来的金融危机种下了病根。

---

① 数据来源:http://www.reversemortgage.org/newsitem62.htm

② 数据来源:US Department of Housing and Urban Development,FHA Outlook:2003—2006,http://www.hud.gov.offices.hsg.comp.rpts.ooe.olmenu.cfm

③ 数据来源:http://www.hud.gov

五、金融危机下的美国反向抵押贷款发展状况(2007 年至今)

(一)演变过程描述

2007 年,美联储为了抑制日益严重的通货膨胀,多次上调了基准利率,使得住房按揭借款人的还款压力骤增。之后,随着抵押房产价值的大幅降低,借款人违约现象大量出现,金融机构纷纷倒闭,次贷危机全面爆发,且逐步演化为严重的而且是席卷全球的金融危机。美国的房地产市场一片萧条,利率下调导致贷款成本降低,机构流动性出现严重问题等,使得金融机构的业务经营面临的风险进一步扩大,且消费者对自己能否按时足量拿到贷款产生了疑惑。这种种状况让人感觉到反向抵押贷款的发展前景已不很明朗,也使中国的诸多有识之士纷纷认为反向抵押贷款业务在中国的引进与开办,已成为不合时宜之事。

事实胜于雄辩,美国住房与城市发展部于 2008 年 12 月公布的数据有力地支撑了整个反向抵押贷款市场的信心。2008 年,经联邦政府担保的 HECMs 共计 115176 份,而 2007 年这个数字是 108293 份,显示 HECMs 的发行量同比仍然增长了 6.4％[①]。基于 HECMs 在整个反向抵押贷款市场中所占的巨大份额,基本上可以代表整个反向抵押贷款市场的发展态势。据加利福尼亚州一家咨询机构 Reverse Market Insight. Inc 的调查显示,佛罗里达州是美国反向抵押贷款发行量最大的州,该机构的进一步分析表明,2008 年反向抵押贷款的发行机构为 2949 个,较前一年增长了 76.5％。

表 1　2008 年美国反向抵押贷款发行量最大的 10 个地域[②]

佛罗里达	洛杉矶	坦帕	圣安娜	巴尔的摩
9561	4126	3956	3695	3595
亚利桑那	奥兰多	里士满	费城	芝加哥
3582	3556	3493	3317	3184

反向抵押贷款的业务开办机构对 HECMs 的产品结构等做了进一步的改善,包括更高的贷款限额、合作申请贷款、更严格的消费者利益保护,允许用贷款得来的款项购买新的房屋等。具体来说:一是贷款的最高限额从原来的 352790 美元增加至 417000 美元,且贷款用途不限,使得更多的高价值房屋适用于 HECMs;二是贷款费用有较大的降低,该费用包括付给贷款机构的发行费、保险费和结算费等;三是 HECMs 允许消费者一次性付清保险费,保证他们能按时足额拿到反向抵押贷款;四是从 2009 年 1 月起,HECMs 可以用于购买新的房屋,这对于希望改住小型房屋或干脆搬进养老机构的老年住房拥有者是较有吸引力的。这些产品规则的完善,使得该项目更大程度地满足了消费者的需求,对老年房屋拥有者的吸引力骤增。据美国反向抵押贷款机构联合会(NRMLA)预测,接下来的几个月,HECMs 的发行量将会以更快的速度增加。

(二)制度演变原因分析

本阶段反向抵押贷款市场发展状况表明,金融危机对该市场发展的影响并不很大,反向抵押

---

① http://www.reverse/mortgage/adviser.com/blog/reverse-mortgages-hud-data-shows-reverse-mortgages-growing

② 数据来源:http://www.aarp.org

贷款的发展前景不会因此而黯淡。究其原因有如下几个方面：

1. 次级抵押贷款主要是金融机构向低收入、少数族群、受教育水平低、金融知识匮乏的家庭和个人发放的住房抵押贷款。一般情况下，这类人不是本贷款的目标群体。反向抵押贷款对抵押房产的资质有严格的要求，主要是一些独栋型房屋，降值空间不大。

2. 金融危机的影响时间，相对于反向抵押贷款的运转周期来讲是较短的。大多数借款人的还款期都在十几年之后，根据房地产价格波动的周期来看，届时房价会得到相应的回升，甚至有可能超过危机发生前的价格。少数贷款可能在危机影响期内到期，但对于资金实力雄厚的机构来说，影响不会很大。同时，贷款机构根据现在的房地产现状，适当调低了年金给付额，反而降低了放贷成本。当然，年金的调低额也不能过于影响借款人的需求。

3. 金融危机和全球老龄化的趋势之间是没有关联的。反向抵押贷款可以实现老龄人的自我养老，无论金融危机如何演变，这一功能都不会改变。这与政府的政策目标相符合，与老年人的需求相符合，其市场需求具有较大的刚性。

4. 金融危机使得投资受损以及房屋价值持续走弱，通过反向抵押贷款将房屋抵押换取固定额度的未来现金流，是一种变相的保值方法，这一业务保证他们定期收到定额的养老金，对老年人的吸引力加大。

5. 奥巴马政府大力挽救美国经济。政府为了给市场增加流动性，于 2008 年 12 月 17 日将联邦利率下调至 0～0.25% 的目标区间内，为有史以来的最低水平。该政策大幅度降低了反向抵押贷款业务的贷款成本，在很大程度上抵消了房价缩水带来的负面影响。2009 年 3 月 4 日，联邦政府公布了规模高达 750 亿美元的抵押贷款调整方案，有助于避免广大住房拥有者遭遇提前止赎。此举对反向抵押贷款市场也是一大利好。

反向抵押贷款运营制度的演变中，还包括产品结构和伦理规范等方面的变迁。反向抵押贷款的发展历程，是产品结构设计及相关制度法规逐步优化的过程，演变的具体事项难以把握，但演变的方向则是可以大致确定的，即越来越符合内在的规律，越来越满足公众的需求。最初的反向抵押贷款规定了贷款的用途、期限，并采用固定利率，接着出现的产品增加了借款人的终身居住权（贷款无期限），并规定机构可以分享房产增值的收益。之后，支付贷款的方式也在逐渐多样化，出现了信用额度型反向抵押贷款，而且利率也采用了可调整利率。随后政府机构设计并发行的 HECMs，进一步完善了产品结构，并在随后几年中一直进行结构微调。总之，一系列的结构制度变迁，使得反向抵押贷款对公众的吸引力越来越大。

纵观美国的以房养老发展历程，是一个金融保险机构运作经验不断丰富和相关产品不断完善的过程，又是国民伦理道德观念逐渐转变的过程。业务推行过程中的一大阻力，就是老人的遗产动机，即老人希望把房产作为遗产传给下一代，而不愿意将房屋抵押来换取养老金。随着政府和媒体的不断宣传和国民理财教育的持续开展，该产品逐步为越来越多的人所接受。人们的观念开始发生转变，因遗产动机而产生的抵触心理渐渐减弱。

六、美国反向抵押贷款发展的经验总结及对我国业务开办的启迪

美国的反向抵押贷款市场从无到有，社会需求由小到大，产品从幼稚到成熟，对这一运营制度演变历程的分析，可以归纳出美国反向抵押贷款成功推广的一些经验。

（一）美国政府制定了完善的消费者保护机制

为促进反向抵押贷款市场的顺利发展，美国政府直接或间接地参与改进产品设计，完善风险

规避机制,制定完善的法律、法规规范用以监管市场的发展,保护各方利益,并促进市场竞争,推动市场发展。政府指定机构发行的 HECMs 产品,有联邦政府的担保以及资产打包出售给 Fannie Mae,消费者就没有了这个担忧。HECMs 还提供了其他的利益保护。它是无追索权的,不允许胁迫借款人必须要出售住房来归还贷款,借款人的寿命即使活得再长,也不需要用抵押房产以外的财产来偿还贷款机构。再者,适用的利率是按年调整的,每年的"利率帽"为 2%,贷款期内的"利率帽"为 5%,以控制借款成本。而 Fannie Mae 的 Home Keeper 产品,由于发行机构强大的资金实力及政府背景而无后顾之忧。

(二)贷款机构保护体系设计得较为合理

贷款机构的风险主要是抵押房产价值低于累积贷款本息总额,也就是说由于贷款期限过长、利率上升、房产贬值等因素导致贷款数额超过房产价值。如贷款机构宣告破产,借款人就可能领不到贷款难以支持养老。联邦政府和 Fannie Mae 的担保,使得 HECMs 和 Home Keeper 发行机构避免了这部分损失。由政府机构 FHA 统一向借款人收取保险费用,对借款人与贷款机构的可能损失进行补偿,在保险基金金额不足的情况下,才由政府兜底。

美国国会自 1987 年推出 HECMs 示范项目以来,一直密切关注与监督着反向抵押贷款市场的顺利运行。国会还颁布了一些相关的法律法规用以规范反向抵押贷款的运作环境,明确界定借款人收取的贷款费用限额。HUD 定期对 HECMs 的运行状况进行评估并向国会汇报,FHA 负责对产品设计进行改进。HECMs 示范项目的目的之一是促进私营机构参与反向抵押贷款。1994 年 9 月 23 日,美国总统克林顿签署了 *Riegle Community Development Act*。根据该法案,贷款机构应向借款人真实披露全部贷款费用。无论这些费用是否被认为是费用融资,与反向抵押贷款有关的所有费用都必须向借款人披露,该规定大大增加了市场的透明度。

(三)发达完善的金融体系及庞大的金融人才储备

美国有着世界上最发达、最完善的金融体系,华尔街是世界金融人才最集聚的地方,这种状况非常有利于反向抵押贷款这一风险巨大的金融产品的发展。反向抵押贷款有着相当复杂的产品结构,一般人难以理解,但他们却可以利用自身的技术优势,不断完善该产品的结构,并运用金融工具和金融市场来有效地规避和分散风险。政府机构推出的反向抵押贷款产品,有着政府的担保,利用金融工具降低风险可以减轻政府的压力。而私营机构的产品却不具备这一条件,更需要一个发达的金融市场。借助于强大的金融市场,私营机构的产品通过证券化等技术手段,有效地分散和规避了机构和消费者双方所承受的风险,并筹集到维持运营的资金。这使得反向抵押贷款市场对私营机构的吸引力大增,有效增加了市场的竞争性。

丰富的金融人才储备对于产品开发是一种保证,他们把市场调研得出的数据资料通过保险精算、金融工程等技术手段处理,分析市场需求,设计各种可行的方案,并计算各方案的定价、风险以及推行结果等,这就可以设计出多种类型的产品,以满足不同类型的消费者的需求。

(四)舆论宣传和国民理财教育

美国反向抵押贷款成功的关键因素在于,推出 HECMs 之前首先成立了独立的非营利性组织——国家住房资产价值转换中心(NCHEC),专门向老年消费者进行反向抵押贷款产品知识的宣传和国民理财教育。不论是哪个国家的老年人,都有某种共性,如对新事物不易理解接受,而且希望把房子当作遗产留给下一代。同时,公众对于国家的信任度要高于任何私营机构,政府机构进行舆论宣传,会对公众意识的转变产生质的影响。虽然人们的思想观念不可能一下子转变,但首先转变思想的部分群体,则会愉快地接受这一产品,然后通过他们使用感受的宣传和舆论倡导双管齐下,促使该产品能较快地被更多的人所接受。

美国政府还规定了老年人在申请反向抵押贷款之前必须到特设机构进行咨询,内容包括帮助借款人熟悉反向抵押贷款的特征、收益和风险,比较各种产品,理解不同的支付方式等。该措施保证了老年人能快速而正确地理解和接受反向抵押贷款,挑选出最适合的产品,使其不会因误解而遭受损失。这些细节上的注重,不仅避免了某些不必要的纠纷,而且为反向抵押贷款赢得了良好的声誉。

我国可以借鉴美国的方法,成立相关的机构,专门宣传营销反向抵押贷款,包括反向抵押贷款的运作理念、房屋所有权的归属、各类产品之间的区别等相关内容,使公众更加快速准确地理解和接受该金融产品。同时,国家还需要进行国民理财教育,逐步扭转国人的传统观念,倡导现代养老观念。

七、反向抵押贷款推广的步骤

美国反向抵押贷款运营制度的演变历程,以及对中国推广该产品的一些启示,让我们发现了国内现行制度环境等方面尚存在的某些不足之处。中国在引进反向抵押贷款解决养老问题时,不能急于求成,而应考虑国情,参照美国发展 HECMs 的经验,逐步完善制度上的不足之处,逐步推广。建议我国引进该产品时实行"三阶段"战略。

(一)准备阶段

该阶段,应由国务院牵头,联合相关的金融保险业界、养老保障部门、住房与建设部门、学术界等,对本产品在中国引进实施的可行性等进行调研,组织产品研发和相关制度设计,最终确定产品运行方案。同时借助舆论手段,让公众切实感受到以房养老和反向抵押贷款的推出,将会对各个方面都发挥出积极功用。老人乃至社会观念的转变,对产品的顺利推出是至关重要的,而其中重要的是提倡现代养老观,改变某些已经落伍的传统伦理观念。

反向抵押贷款作为"舶来品",推广和运营中会对现有政策法规产生一些冲突,如对金融分业经营模式的冲击,分业经营限制需要作出一些调整,国家相关法律法规需要相应地修订完善甚至重建。税收政策上应给予老年人和专营机构一些优惠,同时要切实防范和控制风险,设定专业协会负责制定行业规章制度及实施监管。

(二)试点阶段

该阶段,将设计成型的反向抵押贷款率先投放到经济发达的京、沪、杭等城市进行试点运营。开始时应推出有担保的反向抵押贷款,减少运作风险,甚至可以设定额外优惠条款,如利率贴息、资产评估、简化贷款程序等,这可以打消老人的一部分顾虑,有利于进一步推广。

试点的最重要目的是起到表率作用,投石问路,而非获取盈利。要及时根据市场上的反应对产品作出进一步的完善,必要时甚至进一步改革制度体系。

(三)全面推广阶段

该阶段总结前两阶段的经验,在完善相关政策法规体系和产品结构之后,开始向全国推广,有步骤地引入其他的一些非国有机构并推出无担保的反向抵押贷款,增加市场的竞争性和产品的多样性。之后,再由专营机构主导,将反向抵押贷款出售给合适的金融机构,在二级市场上对本产品实行证券化操作,以此获得运营资金,逐步摆脱对政府资金的依赖,将反向抵押贷款由政府主导逐步过渡到市场运营。

房屋价值转换抵押贷款的终止

——推动发展中的二级市场需要的信息

Patrabansh

摘要：贷款终止是评估贷款表现的主要风险因素。反向抵押贷款合约的终止，主要是借款人的死亡或搬出被抵押房产，导致的自发性贷款偿还所决定的。因此，借款人的年龄和类型，具体来说是单身女性或单身男性或是夫妇健在等，都将会影响反向抵押贷款的终止率。相对于市场上其他反向抵押贷款产品来说，HECM 项目的一个独特之处，是它允许贷款机构在贷款余额达到住房反向抵押保险的最大索偿额时，可以将一份有效的 HECM 贷款合约移交给住房与城市发展部。从投资者的角度来说，将未到期的贷款合约办理移交相当于贷款业务终止。

引　言

本文的研究得出了按借款人年龄和类型分组的 HECM 贷款的年度生存率和风险率表格，并阐释了这种移交将给这些群体的预期终止行为产生的影响。研究成果发现这种移交行为在政策颁布六年之后开始影响到所有的借款人对应的生存率和风险率，对于更年长的借款人来说，这种影响在政策颁布后四年后就开始出现。本文也讨论和借款人年龄和类型有关的其他发现。

本文调查了美国住房与城市发展部有关反向抵押贷款保险产品的合同终止情况，该计划正式名称为房屋价值转换抵押贷款（HECM）。反向抵押贷款使房主能够将自有房屋的权益转换成流动资产。拥有自己的房子且房产是主要财富的美国老年人，可以申请住房和城市发展部担保的 HECM 贷款或非政府担保的传统反向抵押贷款。因为越来越多进入老年的人群都在寻找除利用金融资产以外的方法来维持或提升养老生活水平，反向抵押贷款的市场状况在美国和世界范围内都在迅速增长。

由于"婴儿潮"一代的人开始进入退休年龄，对 HECM 贷款的需求正不断上升，将来可能会持续上升。一个有效的二级市场能够帮助 HECM 项目充分实现其市场潜力，来满足不断增长的市场需求。可被投资者用于判断 HECM 贷款未来表现的信息，目前并不很多，但对促进二级市场的成熟发育还是很关键的。本文将通过分析住房与城市发展部 HECM 贷款终止情况的历史数据，来满足对这种信息的需求。

本文的目的是向公众和抵押贷款市场参与者（尤其是潜在的反向抵押贷款投资者）分析 16 年来关于 HECM 贷款终止时间的实际项目经验，以促进一个有效率的 HECM 贷款二级市场的发展。如此详细的 HECM 贷款终止情况，在任何别的地方都难以找到。具体来说，本文提供了关于离散时间（年度）的 HECM 贷款风险和生存率的信息，重点放在不同借款人的年龄和类型对这些比率的影响上。同时，本文阐述了 HECM 相比传统反向抵押贷款特有的移交选择权的特征，对贷款风险和老年生存率的影响。

一、HECM 产品的介绍

　　HECM 产品在 1989 年发行,已成为美国反向抵押贷款市场的主流产品。住房与城市发展部的联邦住房管理局为私营的 HECM 贷款机构提供抵押贷款保险,以保护其不受贷款未被全额偿还的损失,使贷款机构更愿意提供这些贷款。一般来说如果债务额超过了贷款到期时房产销售的净所得,贷款就会遭受到不能全额偿还的损失。这种情况下,贷款机构可以向住房与城市发展部索取保险赔偿款。

　　HECM 产品区别于传统反向抵押贷款的一个重要特征,是住房与城市发展部给予贷款机构在贷款余额增至贷款最大索偿额[①]的 98％ 或以上时,可以将贷款移交给住房与城市发展部的权利。住房与城市发展部给予这种选择权的目的,一是为了增加这些没有固定到期时间的贷款的流动性;二是给贷款机构提供未被偿还损失的全额保险[②]。当 HECM 贷款的余额达到最大索偿额的 98％ 以后,贷款机构就有可能将贷款移交给住房与城市发展部。在移交的时候,住房与城市发展部向贷款机构支付相当于贷款余额的保险赔付(以最大索偿额为上限),同时假设所有为该贷款服务的职责都将继续。鉴于几乎所有的 HECM 贷款都是按浮动利率计息的,这些移交发生的时间将随着借款人从 HECM 贷款中支取现金预付款的速率以及利率变动的路径而变化。发放给高龄借款人的贷款往往会更快地办理移交,因为他们的预期寿命较短,能够比年龄较轻的借款人获得更高额的贷款预付金,作为房产价值的一部分。

　　1989 年,当住房与城市发展部的 HECM 保险产品的初始定价模型被创建的时候,没有任何的实际项目数据可以用来估计反向抵押贷款的现金流。影响现金流的主要风险因素以及在此基础上的 HECM 保险产品定价是:(1)借款人的死亡率和自发性贷款终止,两者共同决定了贷款终止的时间和一次性的贷款偿还额;(2)利率变化,这将影响债务增加的速率;(3)未来房产价值的不确定性,这将影响其净销售所得。类似的风险因素也会影响由反向抵押贷款资产所担保证券的定价。Szymanoski (1994)注意到,由于缺少项目操作的实际数据,HECM 保险产品的定价基于和先前提到的因素有关的理论假设,而这些内容都未经过检验。就死亡率和自发性贷款终止这一因素而论,初始定价假设是,不论借款人的年龄是多少,HECM 贷款未来的终止率,都相当于该年龄对应的女性借款人死亡率的 1.3 倍。[③]

　　HECM 业务推出后,出现了影响 HECM 现金流风险的进一步研究。其中有些关于年龄比较大的借款人的死亡率,贷款风险率和房价升值的研究表明,初始的定价假设可能需要更新。DiVenti 和 Herzog (1992)使用另一种认为生存率在 25 年期间将得到改善的死亡模型来模拟 HECM 的定价和现金流状况。他们发现 HECM 项目的定价模型可能低估了借款人的生存率。不过,Szymanoski、DiVenti 和 Chow (2000)注意到住房与城市发展部并没有收集借款人死亡的全部数据。从而,在 HECM 终止的实际经验中,并未将死亡和搬出住房作出区分。这些作者还

---

　　① 最大索偿额是作为 HECM 贷款担保的房屋初始评估价值与住房管理局 203(b)项目规定的最大承保值之间的较低者。后者在每个地区是不一样的,设定标准是当地单一家庭住房中间售价的 95％,在低成本地区不得低于房利美集团和联邦住宅抵押贷款公司合规贷款限额的 48％,高成本地区不得高于合规贷款限额的 87％。因此,目前 HECM 的最大索偿额由于 203(b)项目的限制,浮动范围在 200106～362790 美元之间。

　　② 当贷款余额上升到大于住房与城市发展部会支付的最大索偿额时,贷款机构就将遭受违约风险。

　　③ HECM 的定价假设将多个借款者中的最小年龄作为借款者年龄,以及健康与人类服务部公布的 1979—1981 年的美国总人口生命表。

发现对部分借款人来说(尤其是对那些贷款发放时刚 60 出头的较年轻的借款人来说),住房与城市发展部的假设似乎低估了总的贷款终止数,因而高估了贷款生存率。Szymanoski、DiVenti 和 Chow(2000),McConaghy(2004)以及 Rodda、Lam 和 Youn(2004)构建了 HECM 终止概率的多元统计模型。①

投资界已经开始发行由反向抵押贷款资产担保的证券,包括 2006 年 8 月发行的有史以来第一次由 HECM 做担保的证券。HECM 资产证券化的发行量,未来将具有快速增长的潜力。2006 年 10 月 17 日,美国政府国民抵押贷款协会宣布正在研发由 HECM 担保的 MBS 产品。第一批由政府国民抵押贷款协会担保的证券预计会在 2007 年年底前发行。

雷曼兄弟是美国首批开拓反向抵押贷款证券的投资银行,根据他们的观点,反向抵押贷款有两个使证券化过程复杂化的独特特征:

第一,反向抵押贷款涉及两种流向的现金流,而不像在传统的住房抵押贷款中,现金只流向投资者。具体说来,住房抵押贷款中流向投资者的现金,包括预定的每月本金和利息支付,加上借款人的提前偿还。反向抵押贷款流向借款人的现金流出,包括定期年金式支付或非固定的备用信贷支取,流向投资者的现金流入则包括当贷款被一次性还清时的本金和应计利息的偿还。

第二,投资者通常倾向于持有近期收入的证券,反向抵押贷款与传统的住房抵押贷款不同,它只有在到期时才有现金流入。反向抵押贷款的证券化结构,必须能够同时满足为借款人和投资者都带来现金收入的义务。

目前,二级市场依然在探索应对反向抵押贷款资产证券化带来挑战的方法。目前已有的证券化产品,在证券信托结构中安排事先存入资金的现金账户,以在贷款终止带来的现金流入不足以履行对借款人和投资者的义务时加以弥补。另一种正在研发中的反向抵押贷款证券化的结构是,允许将作为担保品的整个反向抵押贷款分成不同部分,只允许将已经全额预付的贷款部分转化为证券产品,这样投资者就不用承担预付现金给借款人的义务。在这种可选择的证券化模型中,就不需要将资金预先存入现金账户来满足对借款人的义务了,因为证券发行者将保留向借款人预付现金的义务。未来的现金预付进行后,相应的贷款份额就能被发行机构打入下一个证券资产包了。

反向抵押贷款资产在二级市场发行是比较有效率的,在减少证券化资产成本之前,HECM产品可能没法充分实现其市场潜力。结果就是,HECM 并未能充分享受到住房抵押贷款市场实现的高流动性所带来的好处。增加的流动性能够拓宽贷款机构的 HECM 分销渠道,扩大投资者基数。这些好处也使借款成本和产品创新成本得以降低,此处的产品创新是指目前政策允许但是贷款机构并未提供的产品形式,如零清算费和固定利率的 HECM 贷款等。

要使资产支持证券拥有有效率的二级市场,就必须要有关于标的资产贷款终止或者说清偿时间的信息,以供投资者来估计这些证券化资产的持续期和产品定价。为了支持 HECM 贷款二级市场的较快发展,本文使用住房与城市发展部的 HECM 历史数据以及标准生命表的技术,以离散时间风险率和生存率表格的形式提供关于贷款终止的信息。表格展示了不同借款人的初始年龄类别和借款人类型(如单身女性、单身男性和夫妇同在等)对应的贷款年度风险率和生存率。

风险率和生存率的表格有两种表现形式,在第一套表格中,终止按传统方式定义为由于借款人搬出抵押住房或死亡导致的贷款偿还情况,包括其他原因带来的贷款偿付,比如说再融资等。第二套表格中贷款合同终止的定义,则被扩展至包括贷款机构将一份有效的贷款移交至住房与

---

① 这些文献也包括对其他反向抵押贷款风险因素的研究。如 Rodda 和 Patrabansh(2005)估计年纪比较大的房主(75 岁或更老)的房屋升值的实际速率,要比中年房主(50~74 岁)的房屋升值速率低 1%~1.2%。

城市发展部这种情形。由于借款人死亡、搬出住房或再融资导致的实际贷款终止,可能在贷款被移交之后许多年才会发生,但是这种移交在 HECM 证券中很可能被投资者当作贷款终止来处理。从投资者的角度来说,业务移交将导致贷款收益不再属于抵押贷款资产池。

本文的第二部分介绍 HECM 产品的背景知识及其二级市场的近期发展情况;第三部分描述了分析中所用到的基础数据,提供了离散时间风险模型的理论综述,并运用这一理论直接从基础数据中估计出 HECM 的风险率和生存率;最后部分讨论了由先前估计的风险率和生存率得来的主要发现。

二、HECM 背景知识

由美国住房与城市发展部担保的 HECM 贷款,已经有 16 年以上的历史了,目前已成为反向抵押贷款初级市场的主导产品。然而,这些贷款的二级市场在当前并未随同发展起来。投资界和美国国民抵押贷款协会最近试图为抵押贷款产品建立起一个二级市场,并为 HECM 产品打造专属的二级市场。本部分对传统的正向抵押贷款和反向抵押贷款的现金流类型进行了有意义的比较,同时简要介绍了 HECM 项目的历史,以及投资界对这些贷款资产证券化日益浓厚的兴趣。

(一)传统抵押贷款和反向抵押贷款的现金流

传统住房抵押贷款与反向抵押贷款现金流之间的主要差别之一,是随着时间推移的权益和债务的转换。对传统抵押贷款来说,债务在贷款刚开始的时候是最多的,随着借款人按月偿还本息以及房产的升值,借款人的债务下降,权益上升;反向抵押贷款的情形则相反,借款人的债务贷款刚开始时是最小的,贷款机构定期向借款人预付的现金,累计的利息和贷款费用等,都会随着时间的推进被计入未偿还的贷款余额,而债务上升的速率要大于房产升值的速率,所以借款人对住房的权益会下降。

图 1 和图 2 分别说明了传统抵押贷款和反向抵押贷款的权益债务模式。图 1 展示的是一个典型的 30 年固定利率抵押贷款在整个贷款期间权益和债务的变化模式。图 2 则是当借款人按照 HECM 项目中常见的模式支取预付金时,该反向抵押贷款的权益债务变化。这个典型的 HECM 现金支取模式(以保单经过年份内,每年支取的现金占初始本金限额的平均百分比来表示)见图 3。[①]

对单个反向抵押贷款来说,现金流通过贷款机构的定期支付流向借款人,支付额通常会随着时间的推进而减少。反向的现金流也即从借款人流向贷款机构或投资者,只有贷款到期时的一次性偿还。

然而,对于一个大的反向抵押贷款资产池来说,现金流模式则很不相同。如果资产池足够大时,那么在每个离散的时间段内,都应该会有一些贷款业务到期。因此,当一次性偿还超过支付给剩余借款人的累计预付额时,预期的资产池净现金流会迅速地从净流出转为净流入。图 4 利用借款人年龄为 75 岁以及现金支付模型,如图 3 所示的平均风险率来阐释 HECM 贷款资产池的预期现金流。这些来自反向抵押贷款资产池的净现金流,代表了反向抵押贷款证券会经历的现金流。如果该证券的基础资产是已经过了一年的贷款,那么一般情况下净现金流入都足以为

---

① HECM 借款者在第一年支取的现金平均来说大约是最大本金限额的 58%,接下来每年支取的现金则要小得多且是逐年递减。

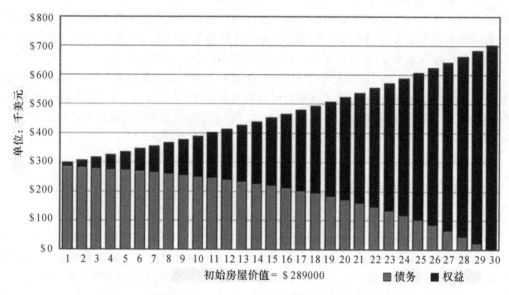

图 1　传统的 30 年期固定利率抵押贷款逐年的权益和债务

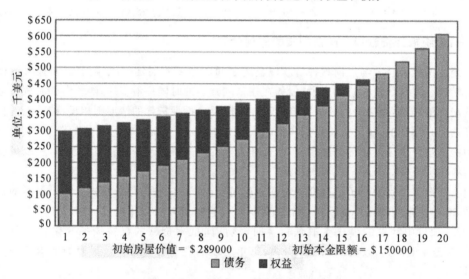

图 2　反向抵押贷款逐年的债务和权益

投资者带来收益的同时,满足向借款人预付现金的额外义务。然而,为了防止净现金流的短缺,为反向抵押贷款建立起的信托资金,通常都会包括一个现金存款账户,以确保能够履行所有的应尽义务。本文的附录说明了一个格式化的反向抵押贷款证券的结构。

(二)住房与城市发展部 HECM 项目的历史

1987 年,《住房和社会发展法案》(公法 100-242)批准了一个房屋价值转换示范项目,最初只允许发放不超过 2500 份反向抵押贷款,不过这一限额很快就增大了。第一份 HECM 贷款于 1989 年 9 月发放,是住房与城市发展部为响应该法案而设计的,目前已成为美国反向抵押贷款市场的主要产品。1998 年住房与城市发展部的拨款法案,则使 HECM 成为住房与城市发展部和住房管理局的长期贷款项目。

HECM 项目的历史,都记录在住房与城市发展部为美国国会准备的报告中。美国住房与城

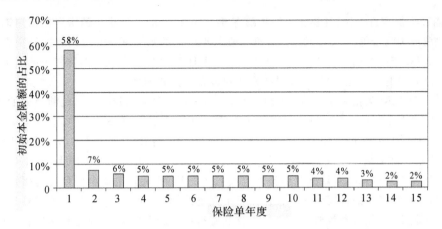

图 3 　典型的 HECM 贷款中,保单经过年份内每年向借款人支付现金占初始本金限额的比例

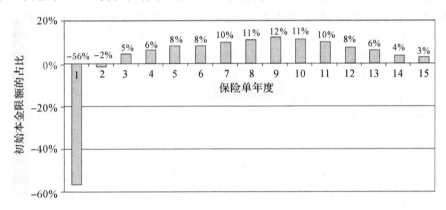

图 4 　保单经过年份内,一个 HECM 贷款池中每年流向投资者的净现金流占初始本金限额的比例

市发展部为国会准备了五份关于 HECM 计划的设计理念及历史经验的详细报告。第一份于 1990 年提交,描述了 HECM 的贷款产品特征,解释了为什么要有多种设计方案,包括反向抵押贷款定价模型的精算假设条件。第二份报告于 1992 年提交,首次解释了借款人和抵押房产、贷款机构的特征,以及一些未解决的法律和方案性问题。第三份报告于 1995 年提交,首次从精算的角度审视了该计划保险基金偿付能力的问题,并更新了 1992 年报告的一些解释。第四份报告于 2000 年提交,更新了 1995 年从精算角度对保险基金偿付能力的审视,也展示了最新可获得的关于借款人、抵押房产和贷款机构特征的揭示。这份报告中还包括了借款人对该计划满意度的反馈。第五份也是最近一份报告于 2003 年提交,由法律制定者授权检测三项政策提议的潜在效果:(1)当 HECM 借款人进行贷款再融资时,降低抵押贷款的保险费率;(2)由一个全国统一的贷款限额来取代按不同地区的住房与城市发展部贷款限额;(3)如果借款人使用 HECM 来购买长期的医疗保险,则减少保费。住房与城市发展部在 2004 年实施了再融资费率减少政策。全国统一贷款限额的提议已包含在 2007 年被国会两院通过的联邦住房管理局改革法案中,且很可能在住房法案实施时成为法律。购买长期医疗保险减少保费的提议,仍然在审阅当中。

　　住房与城市发展部的报告发现,HECM 的借款人年龄通常要高于年龄在 62 岁或以上借款人的平均年龄,且更可能是单身老年女性。根据 2000 年的报告(最后一份包含借款人和贷款详细特征的报告),HECM 借款人的中间年龄是 75 岁,而所有老年房主的中间年龄则是 72 岁。所有的 HECM 借款人中,有 56％为单身女性,而这一比例在所有老年房主中是 28％。单身男性和夫妇在 HECM 借款人中分别占 14％和 30％,在所有的老年房主中则分别占到 85％和 65％。

HECM 借款人的房产价值,往往比一般年龄在 62 岁或以上的老年房主的房产价值更高:HECM 借款人的房产中间价值为 107000 美元,而一般老年房主的则为 87000 美元。这份报告还指出,典型的 HECM 贷款初始本金限额为 54890 美元,是 HECM 贷款条款下能够贷出的最大金额,不管是贷款清算时的一次性支付额,还是年金支付或备用信贷的现值。

现有的 HECM 数据表明,自从 2000 年住房与城市发展部的报告以来,之前提到的借款人和贷款特征已经发生了改变。具体来说,在 2006 财政年度承保的那些贷款中,借款人中间年龄已经成了 74 岁;单身女性仍然是借款人的主要类型,不过其比例已经下降至 44%,单身男性比例则为 17%,夫妇同在者为 39%;平均房产价值增至 289000 美元,平均本金限额大约 159000 美元。

住房与城市发展部提交给国会的报告也表明了 HECM 贷款主要由房利美集团作为投资者购买,并在房利美集团的投资组合中是作为一个完整的贷款产品存在。尽管 HECM 贷款几乎一直都是浮动利率的,贷款发放机构还是很少将其持有在资产组合中,而是选择尽快将这些贷款出售给一个投资者。

如前所述,只要借款人还居住在被抵押的房产中,就不需要提前偿还 HECM 贷款。这个特征使得老年房主(最低年龄为 62 岁)对 HECM 产品的需求上升,这样他们在借款的同时就不用担心发生非自愿性的搬迁,或者由于无法按月偿还或在某个具体日期一次性偿还而导致的取消抵押住房的赎回权。HECM 的贷款终止只会发生在借款人死亡或自愿性搬出之后,只有那个时候贷款才宣告到期并需要偿还。[①] 在这些情况下,房产会被出售以偿还债务,包括利息等,剩余的现金通常都归属于借款人或其继承者所有。如果售房所得款不够偿付贷款本息,贷款机构(或投资者)就必须接受这一损失,一旦收到了房屋销售的净所得,就豁免该抵押贷款,然后可以向住房与城市发展部索要保险赔款,以全额补偿自己所承担的损失。

即使由于不还款的损失风险是由政府承担,私营贷款机构仍然有各种理由不将持有的反向抵押贷款反映在其资产组合中。具体说来,受到管制的贷款机构会发现如果它们持有像 HECM 这种不流动的贷款资产,将很难满足资本投资的要求。另外一些贷款机构会不愿意等待反向抵押贷款带来的利息收入,因为这份收入在贷款被还清之前并没有办法实际收到,而贷款被还清则可能要在未来的许多年之后了。尽管房利美集团作为主要投资者参与到 HECM 贷款市场,是促成 HECM 作为小众产品获得早期成功的主要因素。HECM 要想作为更加主流的贷款产品获得长期的成功,最终将需要为这些贷款建立一个更有效率的二级市场。这个有效率的二级市场确实建立起来了,流动性和税收的问题就将转移至投资机构。这些资产对他们来说,比对贷款机构有更高的价值。进一步来看,有效率的二级市场带来的流动性的增加将拓宽贷款机构的反向抵押贷款分销渠道,并扩大投资者基数。这个趋势将降低借款人的借款成本和产品创新成本。一个流动的二级市场能够孕育出的 HECM 产品创新,在现行的 HECM 规则下是可行的,包括零清算费、固定利率、更低利率的贷款以及由此带来的更高的本金限额等。[②]

---

① HECM 贷款再融资也是一种自愿性的贷款终止。这种情况下,新的贷款所得将全额偿还原贷款。实际上,借款者很少会有动机再融资 HECM 贷款,20 世纪 90 年代极少的 HECM 贷款再融资案例也证实了这一点。2004 年住房与城市发展部实施了一项政策,减少在有效期之后再融资的 HECM 贷款所需要预付的抵押贷款保险费。这项政策看起来增加了再融资案例的发生概率,当然除了政策原因之外,更可能是强劲的房价升值导致借款者再融资意愿的增强。具体来说,在 1990 财政年度到 2004 财政年度之间,我们只发现了 2256 个再融资案例,仅占全部 115472 个案例的 2%。而在 2005 财政年度和 2006 财政年度,费率减少的再融资政策的效应充分显现了出来,再融资案例数有 6338 个,使 1990 年以来总的再融资案例数达到了 8554 个,占总贷款数的 3.7%。

② 2006 年 9 月 28 日到 30 日在旧金山进行的全国反向抵押贷款机构联合会的 2006 年度会议和展览中,其教育部分的音频记录里有关于二级市场将对整个 HECM 市场产生的潜在影响的详细讨论。该音频"为反向抵押贷款发展二级市场"可见 http://media.nrmlaonline.org/2006AM/SecondaryMarket.mp3。

（三）HECM 二级市场

投资界对发展反向抵押贷款二级市场的兴趣，可以追溯到 20 世纪 90 年代末期。比如在 1999 年，雷曼兄弟将传统的反向抵押贷款作为担保资产，利用结构性资产证券公司（SASCO）提供的 31700 万美元的结构性融资，率先推出了美国第一个反向抵押贷款担保的证券化产品。那时一个公共评级机构发布标准普尔指数，公布了对反向抵押贷款支持证券的评级标准，该标准认为，从现金流的角度出发，"偿还率（由于搬出或死亡）是该证券最重要的现金流变量"。对于由 HECM 资产支持的反向抵押贷款证券来说，潜在的贷款风险率是目前最关键的现金流风险因素，HECM 抵押贷款保险降低了由利率和房产价值不确定性带来的现金流风险。

而近期，投资界对反向抵押贷款市场，包括住房管理局担保的 HECM 贷款和传统的反向抵押贷款的兴趣，已经加速增长。现在的低利率，过去五年里强势的房价，以及同时期 HECM 和传统反向抵押贷款产品发放数量的快速增长，以及越来越多的贷款机构参与到反向抵押贷款发放业务，所有这些因素都促成了反向抵押贷款证券市场，包括传统的反向抵押贷款支持和 HECM 支持的证券，具有相当大的增长前景。

2006 年 8 月，按揭权益转换资产公司发行了由 HECM 贷款池支持的 A 级票据 22100 万美元。这次发行获得了惠誉评级机构的 AAA 评级，是有史以来第一个由 HECM 贷款支持的证券。这次发行的证券化信托资金，包括了截账时合并余额为 13550 万美元的 HECM 贷款池，以及一个由现金和证券组成的 8545 万美元的现金账户，以确保借款人在贷款终止带来的现金流入短缺时依然能获得预付金。

之后的一个月，惠誉给另一个价值 59830 万美元的反向抵押贷款信托资产池进行评级，该信托是以截账日期余额为 52230 万美元的传统抵押贷款为支撑的结构融资。由于资产池里的资产不像 HECM 贷款一样有联邦保险来承担违约风险，证券结构里包含了多种风险等级（就如 1999 年 SASCO 的那次发行），较低等级的证券会吸收一些高等级证券的违约风险。正是因为这种结构能够使其得到足够的保护而不致遭遇违约风险，该证券里 A-10 到 A-1 等级的票据，都得到了惠誉的最高评级 AAA，其合并的余额为 49000 万美元。证券里 8330 万美元的等级 M-1 票据，由于所受的保护较少，评级相对较低，为 AA。另外 2500 万美元的等级 M-1 票据，因所承受的违约风险最大，故评级最低，为 A。

未来 HECM 证券化的继续进行依然具有广阔的前景。2006 年 10 月 17 日，政府国民抵押贷款协会宣布正在研发新的 HECM 证券化产品。作为住房与城市发展部的一个分支，它的使命之一是推动一个有效率的有政府担保抵押贷款二级市场的发展，以将政府担保的住房市场与全球资本市场连接起来。[①] 这些证券的第一批在 2007 年年底之前发行。

显然，HECM 的证券化有不断上升的贷款供应量作为基础。1989 年开始以来到 2006 年 9 月底，住房管理局已经承保了大约 236000 份 HECM 贷款，其中超过 74000 份发生于 2006 财政年度（2005 年 10 月 1 日到 2006 年 9 月 30 日），达到所有承保案例的将近 32%，比 2005 财政年度的 43000 份增长了 73%。截至 2006 年 9 月 30 日，超过 175000 份曾受到担保的 HECM 贷款依然处在有效的担保状态，也就是说该贷款业务依然有效，并未移交给住房与城市发展部，其平均未偿还贷款余额为 103000 美元，累计为 181 亿美元。住房管理局和政府国民抵押贷款协会都认

---

① 美国国民抵押贷款协会并不购买或出售贷款或发行抵押贷款支持证券，而是确保由私营中介机构发行并且由联邦担保的贷款支持的证券的投资者能够获得定期的本息支付。这些贷款通常是由联邦住房管理局承保或由美国退伍军人事务部担保的贷款。国民抵押贷款协会的证券受美国政府的充分承诺及信用担保。

为婴儿潮一代的人正开始进入退休期,未来 HECM 贷款的数量将持续增长,总体来说,对反向抵押贷款的需求将会快速增长。

先前提到的来自华尔街公共评级机构的反向抵押贷款评级标准,反映了市场希望更好了解 HECM 现金流的欲望。HECM 贷款的二级市场想要繁荣,势必需要影响 HECM 现金流因素的具体信息——尤其是从老人死亡、搬出和再融资导致的贷款终止时间的信息。

三、用 HECM 数据构建离散时间贷款生存率和风险率

本章讨论了住房与城市发展部的 HECM 数据,强调了住房与城市发展部项目的独有特征——移交对贷款风险率的影响。同时构建了不同借款人年龄和类型的离散时间风险率和生存率模型。在考虑贷款移交对终止情况的影响之后,风险率和生存率被重新计算。

(一)住房与城市发展部的 HECM 数据

本分析主要基于一个包含 235993 条贷款记录的数据库,这些代表了截至 2006 年 9 月 30 日,所有住房发展部认可并承保的贷款[①]。数据有两种来源:住房与城市发展部的单一家庭数据库和住房管理局的单一家庭抵押贷款资产回收技术数据库。前者的数据收集自主要项目资源系统:计算机化的房屋保险管理系统和保险会计采集系统;后者包含了移交至住房与城市发展部的 HECM 产品信息,这部分信息目前在第一种数据库中并未记录。

每一条用于分析的贷款数据记录,都包含以下信息区域:贷款发放或注资日期,借款人和共同借款人(如果有)的特征,包括出生日期和性别,贷款终止日期(如果有),贷款移交日期(如果有),以及贷款状态代码。目前所有这些数据都截至 2006 年 9 月 30 日。贷款发放时借款人的年龄通过贷款发放日期和借款人出生日期来计算。同时,如果贷款有一个共同借款人,那么两者中较年轻的借款人的出生日期将用来代表借款人的年龄。[②]

有些区域的数据缺失,导致有小部分贷款终止日期是被估计的,且有部分记录被排除在分析之外。其中有 385 份有终止状态代码的记录表明支付了保险赔偿额,但却缺失了贷款终止日期的信息,此处是从单一家庭数据库中获取保险赔偿额的支付日期来估计贷款终止日期。总共有531 条记录数据损坏,因为借款人出生日期无法用其他数据来估计,这些记录被剔除了,剩下235993 份有效记录用于分析。

表 1 和表 2 汇总了 235993 份有效记录中按照贷款发放日历年和截至 2006 年 9 月 30 日终止状态(终止或数据截尾[③])分类的贷款发放数量。表 1 中的数据中,被移交至住房与城市发展部的贷款在借款人死亡或还清贷款之前并不被视为终止。其中终止并不包括贷款被移交至住房与城市发展部的情况。

---

① 本研究并没有包括在 2006 年 9 月 30 日之前发放但是未在此之前被认可承保的案例,因为未被认可的原因未知。

② "夫妇"并不一定指结婚夫妇,这个称呼适用于所有两个共同借款者的 HECM 贷款,不论其性别。

③ "截尾"指的是贷款在研究截止日期 2006 年 9 月 30 日之前并未到期,因此该贷款实际到期时间并未被观察。其中终止并不包括贷款被移交至住房与城市发展部的情况。

表 1　截至 2006 年 9 月 30 日按照终止状态分类的 HECM 贷款案例数

贷款发放年	目前终止的贷款		数据截尾的贷款		全部	
	数量	占百分比/%	数量	占百分比/%	数量	占百分比/%
1989	11	100.0	0	0.0	11	100.0
1990	362	91.0	36	9.0	398	100.0
1991	579	88.1	78	11.9	657	100.0
1992	1597	84.5	293	15.5	1890	100.0
1993	2277	80.1	567	19.9	2844	100.0
1994	3333	81.5	757	18.5	4090	100.0
1995	3025	77.7	870	22.3	3895	100.0
1996	3626	72.7	1364	27.3	4990	100.0
1997	4197	72.2	1617	27.8	5814	100.0
1998	4299	64.1	2411	35.9	6710	100.0
1999	4682	61.5	2934	38.5	7616	100.0
2000	3665	58.3	2617	41.7	6282	100.0
2001	4507	46.0	5287	54.0	9794	100.0
2002	5161	38.0	8406	62.0	13567	100.0
2003	7214	25.3	21249	74.7	28463	100.0
2004	5971	16.0	31389	84.0	37360	100.0
2005	2415	4.2	54886	95.8	57301	100.0
2006	166	0.4	44145	99.6	44311	100.0
总计	57087	24.2	178906	75.8	235993	100.0

表 2　截至 2006 年 9 月 30 日按照终止状态分类的 HECM 贷款案例数

贷款发放年	目前终止的贷款		数据截尾的贷款		全部	
	数量	占百分比/%	数量	占百分比/%	数量	占百分比/%
1989	11	100.0	0	0.0	11	100.0
1990	389	97.7	9	2.3	398	100.0
1991	649	98.8	8	1.2	657	100.0
1992	1833	97.0	57	3.0	1890	100.0
1993	2733	96.1	111	3.9	2844	100.0
1994	3761	92.0	329	8.0	4090	100.0
1995	3493	89.7	402	10.3	3895	100.0
1996	4134	82.8	856	17.2	4990	100.0
1997	4456	76.6	1358	23.4	5814	100.0

续表

贷款发放年	目前终止的贷款		数据截尾的贷款		全部	
	数量	占百分比/%	数量	占百分比/%	数量	占百分比/%
1998	4642	69.2	2068	30.8	6710	100.0
1999	4833	63.5	2783	36.5	7616	100.0
2000	3693	58.8	2589	41.2	6282	100.0
2001	4543	46.4	5251	53.6	9794	100.0
2002	5183	38.2	8384	61.8	13567	100.0
2003	7277	25.6	21186	74.4	28463	100.0
2004	5983	16.0	31377	84.0	37360	100.0
2005	2416	4.2	54885	95.8	57301	100.0
2006	166	0.4	44145	99.6	44311	100.0
总计	60195	25.5	175798	74.5	235993	100.0

表 2 中,贷款被移交给住房与城市发展部的情况算作贷款终止,即使借款人依然继续住在被抵押房产中。从投资者的角度来说,贷款移交相当于业务终止,因为被移交的贷款相当于被住房与城市发展部支付保险赔偿额并买出了证券资产池。

(二)离散时间风险模型

离散时间风险模型采用均匀的时间段(如年、月或其他时间单位)来描述一群个体中不同的时间点发生事件的可能性。这些事件可以是一组抵押贷款如 HECM 中的贷款终止状况。

离散时间风险模型中的一个核心概念是风险率。本文中离散时间风险率是某一段时间内某个事件将发生在某个个体身上的概率,假定该个体在期初就是有风险的;事件是指 HECM 贷款的终止。基于这个定义,离散时间风险率有时是指,个体在期初就处于风险状态的条件下,在某段给定的时间内事件发生的条件概率①。第二个关键概念是风险集,即处于某种事件将会在每个离散时间点开始时发生的风险状态下的个体(本文中,个体指 HECM 贷款)集合。风险集也叫做风险敞口。

通过给个体按照相似的特征分组(比如具有相同的初始借款年龄等),我们发现风险率在不同的离散时间段会有不同,但可以认为风险率在每个时间段内对群组内所有的个体都是一样的。我们用某段时期内观察到的事件数除以风险集合个体数,来估计该时期内群组的风险率。

离散时间风险模型中的另一个概念是生存率。生存者是原来的群体中在某一给定的时间段内并未经历事件发生的个体;预期期末生存者数量等于预期期初生存者数量减去预期事件发生数;某段时间内预期的事件发生数,是估计风险率乘以期初的风险集合个体数。如果没有数据截尾,风险集合个体数就等于期初的生存者数量。该群组的生存率即在每个时间段开始之时,未经历事件发生的个体数占期初群体数的比例。需要注意的是,数据截尾的引入会导致上述的计算有所调整(参见 Allison,1984、1995)。

---

① 一个人在 95 岁死亡的非条件概率是很低的,很多人通常在更低的年龄去世。然而如果一个人已经 94 岁了,那么其在 95 岁死亡的概率就很高,这就是条件概率。

(三)计算 HECM 离散时间风险率和生存率

我们使用生命表技术对某些数据进行截尾,来计算 HECM 的风险率和生存率。[①] 此处风险指的是 HECM 贷款的终止,包括或不包括贷款移交给住房与城市发展部的情况。数据是右截尾的,因为在本研究的截止日期(2006 年 9 月 30 日)之前,并未终止的贷款的实际终止日期被截尾了,并未能做进一步的观察。贷款终止和被截尾事件的计时,是基于每个贷款的保单年份。保单年份是按年计算的贷款年龄,初始时间是贷款被发放和被住房与城市发展部承保的时间。所有的贷款,不管其发放的日历年份是多少,都是从保单年份的第一年开始的。观察到的保单年份数在每个贷款记录中都有所不同[②]。文件记录中包含每个贷款的贷款发放日期以及已终止贷款的终止日期。如果没有终止日期记录,那就代表着该份贷款至少会生存至 2006 年 9 月 30 日。

保单年份 i 内的风险率是用保单年份 i 内终止的贷款数 $d(i)$,除以该保单年份期初处于风险敞口的贷款数 $E(i)$ 来估计:

$$h(i)=d(i)/E(i) \text{[③]} \tag{1}$$

保单年份 i 内的生存率计算如下:

$$S(0)=1.0000 \tag{2}$$

$$S(1)=S(0) \times (1-h(1)) \tag{3}$$

一般的,

$$S(i)=S(i-1) \times (1-h(i)) \tag{4}$$

$$=\prod_{j=1}^{i}(1-h(j)) \tag{5}$$

如前所述,由离散时间风险率所得到的离散时间生存率,类似于连续时间风险模型中的连续时间风险率和生存率。[④]

表 1 到表 4 展示了根据住房与城市发展部 235993 条贷款记录的数据库计算出来的 HECM 贷款生存率和风险率。表 1 到表 4 中,风险被定义为死亡、搬出住房或者其他自愿性的贷款偿还

---

① 例如,生命表技术会使期初风险集个数减少,该保险年份内被截尾个体数的一半,以为没有在整个保险年份内处于风险状态的个体做校正。关于此可参见《SAS/STAT 使用指南》第一卷第六版第 26 章。

② 例如,一份贷款在 2003 年 9 月 30 日发放,但是在 2006 年 9 月 30 日还未被终止,通过数据截尾会得到该贷款的保险年份是 3 年,而如果该贷款在 2005 年 9 月 30 日被终止,那么其保险年份就是 2 年。大多数贷款的保单年份都会有分数值。

③ 下面的等式解释了生命表技术怎样处理被截尾的个体。设 A = 风险集内贷款总数,$d(i)$ = 在保险年份 i 内终止的贷款数,$C(i)$ = 在保险年份 i 内被截尾的贷款数,也即这些贷款在其第 i 个保险年度内就遇到了截止日期,$E(i)$ = 在保险年份 i 年初处于风险集内的贷款数。生命表技术把所有在保险年份 i 内被截尾的贷款视作其发生在保险年份中间,也即平均来说被截尾的贷款只有半个保险年份处于风险状态下。因此风险集也即有效样本容量应该为 $E(i)$ 减少该保险年份内被截尾个体数的一半。具体来说,$E(1)=A-1/2C(1)$,$E(2)=E(1)-d(1)-1/2C(1)-1/2C(2)=A-d(1)-C(1)-1/2C(2)$,$\cdots$,$E(i+1)=E(i)-d(i)-1/2C(i)-1/2C(i+1)=A-\sum d(j)-\sum C(j)-1/2C(i+1)$,其中 $j=(1,\cdots,i)$。

④ In continuous time, the probability that an event occurs at exactly time t is infinitesimal. Instead, the hazard rate in the continuous model is the limit as s approaches 0 of the conditional probability of an event occurring during the interval from t to $t+s$:

$h(t)=\lim P(t \leqslant T<t+s \mid T \geqslant t)/s$, where T represents the time at which the event occurs, and the condition $T \geqslant t$ implies that the individual is at risk at time t. If the hazard function $h(t)$ thus defined is continuous, then the survival probability $S(t)$ can be expressed by

$S(t)=\exp \left(-\int_{0}^{t} h(y)\mathrm{d}y\right)$.

（包括再融资）等，但不包括贷款业务移交。表 2 到表 4 中风险的定义，则被扩展包含了贷款移交。表中展示的，都是三个选定年龄组的情况：较年轻的低龄借款人（贷款清算时年龄为 64 到 66 岁），典型的中龄借款人（贷款清算时年龄为 74 到 76 岁），较年长的高龄借款人（贷款清算时年龄为 84 到 86 岁）。图 9A 和图 9B 则利用了所有的 HECM 数据来展示所有年龄段的贷款生存率和风险率。每个图内，贷款风险和存续的信息都按照特定借款人类型进行了区分（所有的借款人，夫妇，单身女性和单身男性）。图表里同时也包含了每个保险年度内有效样本数的信息，以及估计风险率的标准差的信息。最后，这些图表展示了国家健康统计中心统计的女性总人口死亡率以及观察到的风险率，与相应的美国卫生与公众服务部统计的女性死亡率之间的比率。这个比率是起到解释作用的，因为每组借款人潜在的死亡率是未知的，并且会随着群组构成不同而不同。图 9A 和图 9B 中并未包含这些死亡率比较，因为其中聚集了所有年龄组。

表 3　以保险年度为单位，较年轻借款人（64～66 岁）的贷款生存率和风险率
（风险的定义不包含贷款移交）

保险年份	65 岁女性死亡率 $m(t)$	1. 所有借款人					2. 夫妇中有一方年龄在 64～66 岁				
		风险率 $h(t)$	年末生存率 $S(t)$	有效样本数	$h(t)$ 标准差	风险率/女性死亡率	风险率 $h(t)$	年末生存率 $S(t)$	有效样本数	$h(t)$ 标准差	风险率/女性死亡率
0	—	0.0000	1.0000	14288.0	0.0000	—	0.0000	1.0000	5569.0	0.0000	—
1	0.0122	0.0142	0.9828	11830.0	0.0011	1.2	0.0092	0.9908	4584.0	0.0014	0.7
2	0.0134	0.0658	0.9209	7841.0	0.0028	4.9	0.0483	0.9430	3002.0	0.0039	3.6
3	0.0147	0.1143	0.8157	4944.5	0.0045	7.8	0.0936	0.8547	1902.0	0.0067	6.4
4	0.0160	0.1297	0.7099	2929.0	0.0062	8.1	0.1133	0.7579	1156.5	0.0093	7.1
5	0.0174	0.1361	0.6133	1925.0	0.0078	7.8	0.1076	0.6763	771.5	0.0112	6.2
6	0.0190	0.1295	0.5338	1375.0	0.0091	6.8	0.1064	0.6044	564.0	0.0130	5.6
7	0.0208	0.1326	0.4631	1041.0	0.0105	6.4	0.1047	0.5411	439.5	0.0146	5.0
8	0.0227	0.1328	0.4016	753.0	0.0124	5.9	0.1325	0.4694	332.0	0.0186	5.8
9	0.0246	0.1816	0.3286	490.0	0.0174	7.4	0.1618	0.3934	222.5	0.0247	6.6
10	0.0266	0.1742	0.2714	298.5	0.0220	6.5	0.1773	0.3237	141.0	0.0322	6.7
11	0.0290	0.1224	0.2382	196.0	0.0234	4.2	0.0782	0.2984	89.5	0.0284	2.7
12	0.0318	0.1255	0.2083	135.5	0.0285	3.9	0.0945	0.2702	63.5	0.0367	3.0
13	0.0349	0.2222	0.1620	76.5	0.0475	6.4	0.2162	0.2118	37.0	0.0677	6.2
14	0.0381	0.1250	0.1418	24.0	0.0675	3.3	0.1739	0.1749	11.5	0.1118	4.6
15	0.0417	0.1538	0.1200	6.5	0.1415	3.7	0.3333	0.1166	3.0	0.2722	8.0

保险年份	65 岁女性死亡率 $m(t)$	3. 单身女性借款人					4. 单身男性借款人				
		风险率 $h(t)$	年末生存率 $S(t)$	有效样本数	$h(t)$ 标准差	风险率/女性死亡率	风险率 $h(t)$	年末生存率 $S(t)$	有效样本数	$h(t)$ 标准差	风险率/女性死亡率
0	—	0.0000	1.0000	6150.0	0.0000	—	0.0000	1.0000	2512.0	0.0000	—
1	0.0122	0.0166	0.9834	5169.5	0.0018	1.4	0.0192	0.9808	2035.0	0.0030	1.6
2	0.0134	0.0718	0.9128	3536.0	0.0043	5.4	0.0897	0.8928	1282.5	0.0080	6.7
3	0.0147	0.1288	0.7952	2275.5	0.0070	8.8	0.1233	0.7827	754.0	0.0120	8.4
4	0.0160	0.1334	0.6891	1349.5	0.0093	8.4	0.1602	0.6573	412.0	0.0181	10.0
5	0.0174	0.1507	0.5853	896.0	0.0120	8.7	0.1723	0.5441	249.5	0.0239	9.9
6	0.0190	0.1352	0.5062	636.0	0.0136	7.1	0.1845	0.4437	168.0	0.0299	9.7
7	0.0208	0.1637	0.4233	476.5	0.0169	7.9	0.1176	0.3915	119.0	0.0295	5.7
8	0.0227	0.1225	0.3714	326.5	0.0181	5.4	0.1582	0.3296	88.5	0.0388	7.0
9	0.0246	0.2019	0.2965	213.0	0.0275	8.2	0.1980	0.2643	50.5	0.0561	8.1
10	0.0266	0.1569	0.2499	127.5	0.0322	5.9	0.1923	0.2135	26.0	0.0773	7.2
11	0.0290	0.1600	0.2099	87.5	0.0392	5.5	0.1176	0.1884	17.0	0.0781	4.1
12	0.0318	0.1368	0.1812	58.5	0.0449	4.3	0.2400	0.1432	12.5	0.1208	7.5
13	0.0349	0.2462	0.1366	32.5	0.0756	7.1	0.1538	0.1212	6.5	0.1415	4.4
14	0.0381	0.0000	0.1366	10.0	0.0000	0.0					
15	0.0417	0.0000	0.1366	3.5	0.0000	0.0					

表 4　以保险年度为单位,较年轻借款人(64～66 岁)的贷款生存率和风险率

（风险的定义包含贷款移交）

保险年份	65岁女性死亡率 $m(t)$	1. 所有借款人					2. 夫妇中有一方年龄在 64～66 岁				
		风险率 $h(t)$	年末生存率 $S(t)$	有效样本数	$h(t)$ 标准差	风险率/女性死亡率	风险率 $h(t)$	年末生存率 $S(t)$	有效样本数	$h(t)$ 标准差	风险率/女性死亡率
0	—	0.0000	1.0000	14288.0	0.0000	—	0.0000	1.0000	5569.0	0.0000	—
1	0.0122	0.0142	0.9858	11830.0	0.0011	1.2	0.0092	0.9908	4584.0	0.0014	0.7
2	0.0134	0.0659	0.9208	7841.5	0.0028	4.9	0.0483	0.9430	3002.0	0.0039	3.6
3	0.0147	0.1143	0.8156	4944.5	0.0045	7.8	0.0936	0.8547	1902.0	0.0067	6.4
4	0.0160	0.1297	0.7098	2929.0	0.0062	8.1	0.1133	0.7579	1156.6	0.0093	7.1
5	0.0174	0.1361	0.6132	1925.0	0.0078	7.8	0.1076	0.6763	771.5	0.0112	6.2
6	0.0190	0.1302	0.5334	1375.0	0.0091	6.9	0.1064	0.6044	564.0	0.0130	5.6
7	0.0208	0.1327	0.4626	1040.0	0.0105	6.4	0.1047	0.5411	439.5	0.0146	5.0
8	0.0227	0.1329	0.4011	752.5	0.0124	5.9	0.1325	0.4694	332.0	0.0186	5.8
9	0.0246	0.1837	0.3274	490.0	0.0175	7.5	0.1663	0.3913	222.5	0.0250	6.8
10	0.0266	0.1946	0.2637	298.0	0.0229	7.3	0.2071	0.3103	140.0	0.0343	7.8
11	0.0290	0.2474	0.1985	194.0	0.0310	8.5	0.2171	0.2429	87.5	0.0441	7.5
12	0.0318	0.2773	0.1434	119.0	0.0410	8.7	0.2456	0.1833	57.0	0.0570	7.7
13	0.0349	0.4553	0.0781	61.5	0.0635	13.1	0.4776	0.0957	33.5	0.0863	13.7
14	0.0381	0.2000	0.0625	15.0	0.1033	5.2	0.1333	0.0830	7.5	0.1241	3.5
15	0.0417	0.5455	0.0284	5.5	0.2123	13.1	0.8000	0.0166	2.5	0.2530	19.2

保险年份	65岁女性死亡率 $m(t)$	3. 单身女性借款人					4. 单身男性借款人				
		风险率 $h(t)$	年末生存率 $S(t)$	有效样本数	$h(t)$ 标准差	风险率/女性死亡率	风险率 $h(t)$	年末生存率 $S(t)$	有效样本数	$h(t)$ 标准差	风险率/女性死亡率
0	—	0.0000	1.0000	6150.0	0.0000	—	0.0000	1.0000	2512.0	0.0000	—
1	0.0122	0.0166	0.9834	5169.5	0.0018	1.4	0.0192	0.9808	2035.0	0.0030	1.6
2	0.0134	0.0721	0.9125	3536.5	0.0044	5.4	0.0897	0.8928	1282.5	0.0080	6.7
3	0.0147	0.1288	0.7950	2275.5	0.0070	8.8	0.1233	0.7827	754.0	0.0120	8.4
4	0.0160	0.1334	0.6889	1349.5	0.0093	8.4	0.1602	0.6573	412.0	0.0181	10.0
5	0.0174	0.1507	0.5851	896.0	0.0120	8.7	0.1723	0.5441	249.5	0.0239	9.9
6	0.0190	0.1368	0.5051	636.0	0.0136	7.2	0.1845	0.4437	168.0	0.0299	9.7
7	0.0208	0.1640	0.4222	475.5	0.0170	7.9	0.1176	0.3915	119.0	0.0295	5.7
8	0.0227	0.1227	0.3704	326.0	0.0182	5.4	0.1582	0.3296	88.5	0.0388	7.0
9	0.0246	0.2019	0.2958	213.0	0.0275	8.2	0.1980	0.2643	50.5	0.0561	8.1
10	0.0266	0.1719	0.2448	128.0	0.0333	6.5	0.1923	0.2135	26.0	0.0773	7.2
11	0.0290	0.2400	0.1861	87.5	0.0457	8.3	0.3529	0.1382	17.0	0.1159	12.2
12	0.0318	0.2991	0.1304	53.5	0.0626	9.4	0.3529	0.0894	8.5	0.1639	11.1
13	0.0349	0.4082	0.0772	24.5	0.0993	11.7	0.5714	0.0383	3.5	0.2645	16.4
14	0.0381	0.1538	0.0653	6.5	0.1415	4.0					
15	0.0417	0.3333	0.0435	3.0	0.2722	8.0					

表5　以保险年度为单位,典型借款人(74～76岁)的贷款生存率和风险率

（风险的定义不包含贷款移交）

保险年份	75岁女性死亡率 m(t)	1.所有借款人					2.夫妇中有一方年龄在74～76岁				
		风险率 h(t)	年末生存率 S(t)	有效样本数	h(t)标准差	风险率/女性死亡率	风险率 h(t)	年末生存率 S(t)	有效样本数	h(t)标准差	风险率/女性死亡率
0	—	0.0000	1.0000	24295.0	0.0000	—	0.0000	1.0000	9614.0	0.0000	—
1	0.0306	0.0144	0.9856	20621.0	0.0008	0.5	0.0070	0.9931	8059.5	0.0009	0.2
2	0.0337	0.0659	0.9206	14707.0	0.0021	2.0	0.0464	0.9470	5842.0	0.0028	1.4
3	0.0371	0.1151	0.8147	10253.5	0.0032	3.1	0.1031	0.8493	3938.0	0.0049	2.8
4	0.0408	0.1204	0.7166	6838.0	0.0039	2.9	0.1170	0.7500	2607.0	0.0063	2.9
5	0.0450	0.1266	0.6259	4889.5	0.0048	2.8	0.1206	0.6595	1832.0	0.0076	2.7
6	0.0498	0.1407	0.5378	3611.5	0.0058	2.8	0.1438	0.5647	1342.0	0.0096	2.9
7	0.0552	0.1452	0.4597	2707.5	0.0068	2.6	0.1426	0.4842	989.0	0.0111	2.6
8	0.0613	0.1622	0.3852	1960.0	0.0083	2.6	0.1520	0.4106	710.5	0.0135	2.5
9	0.0680	0.1846	0.3141	1295.0	0.0108	2.7	0.1822	0.3358	477.5	0.0177	2.7
10	0.0756	0.1794	0.2577	791.5	0.0136	2.4	0.1465	0.2866	293.5	0.0206	1.9
11	0.0842	0.1770	0.2121	491.5	0.0172	2.1	0.1762	0.2361	193.0	0.0274	2.1
12	0.0940	0.1681	0.1764	297.5	0.0217	1.8	0.1494	0.2008	120.5	0.0325	1.6
13	0.1048	0.1776	0.1451	152.0	0.0310	1.7	0.1760	0.1655	62.5	0.0482	1.7
14	0.1168	0.0847	0.1328	59.0	0.0363	0.7	0.1739	0.1367	23.0	0.0790	1.5
15	0.1299	0.1364	0.1147	22.0	0.0732	1.1	0.1333	0.1185	7.5	0.1241	1.0

保险年份	75岁女性死亡率 m(t)	3.单身女性借款人					4.单身男性借款人				
		风险率 h(t)	年末生存率 S(t)	有效样本数	h(t)标准差	风险率/女性死亡率	风险率 h(t)	年末生存率 S(t)	有效样本数	h(t)标准差	风险率/女性死亡率
0	—	0.0000	1.0000	11279.0	0.0000	—	0.0000	1.0000	3329.0	0.0000	—
1	0.0306	0.0184	0.9816	9729.5	0.0014	0.6	0.0216	0.9784	2782.5	0.0028	0.7
2	0.0337	0.0709	0.9120	7137.0	0.0030	2.1	0.1049	0.8758	1906.5	0.0070	3.1
3	0.0371	0.1142	0.8079	5062.5	0.0045	3.1	0.1574	0.7379	1238.5	0.0103	4.2
4	0.0408	0.1179	0.7126	3451.0	0.0055	2.9	0.1443	0.6314	769.0	0.0127	3.5
5	0.0450	0.1240	0.6242	2509.0	0.0066	2.8	0.1581	0.5316	537.5	0.0157	3.5
6	0.0498	0.1358	0.5395	1877.5	0.0079	2.7	0.1567	0.4483	383.0	0.0186	3.1
7	0.0552	0.1448	0.4614	1429.0	0.0093	2.6	0.1607	0.3763	280.0	0.0129	2.9
8	0.0613	0.1650	0.3852	1042.5	0.0115	2.6	0.1818	0.3079	198.0	0.0274	3.0
9	0.0680	0.1797	0.3160	679.0	0.0147	2.6	0.2281	0.2376	131.5	0.0366	3.4
10	0.0756	0.1825	0.2583	411.0	0.0191	2.4	0.2875	0.1693	80.0	0.0506	3.8
11	0.0842	0.1694	0.2146	248.0	0.0238	2.0	0.2022	0.1351	44.5	0.0602	2.4
12	0.0940	0.1608	0.1801	143.0	0.0307	1.7	0.2000	0.1081	30.0	0.0730	2.1
13	0.1048	0.2113	0.1420	71.0	0.0484	2.0	0.0571	0.1019	17.5	0.0555	0.5
14	0.1168	0.0000	0.1420	26.5	0.0000	0.0	0.1111	0.0906	9.0	0.1048	1.0
15	0.1299	0.0909	0.1291	11.0	0.0867	0.7	0.2857	0.0647	3.5	0.2415	2.2

表6   以保险年度为单位,典型借款人(74～76岁)的贷款生存率和风险率
(风险的定义包含贷款移交)

保险年份	75岁女性死亡率 $m(t)$	1. 所有借款人					2. 夫妇中有一方年龄在74～76岁				
		风险率 $h(t)$	年末生存率 $S(t)$	有效样本数	$h(t)$标准差	风险率/女性死亡率	风险率 $h(t)$	年末生存率 $S(t)$	有效样本数	$h(t)$标准差	风险率/女性死亡率
0	—	0.0000	1.0000	24295.0	0.0000	—	0.0000	1.0000	9614.0	0.0000	—
1	0.0306	0.0144	0.9856	20621.0	0.0008	0.5	0.0071	0.9929	8059.5	0.0009	0.2
2	0.0337	0.0659	0.9206	14706.0	0.0021	2.0	0.0464	0.9469	5641.0	0.0028	1.4
3	0.0371	0.1151	0.8147	10252.5	0.0032	3.1	0.1031	0.8492	3937.0	0.0049	2.8
4	0.0408	0.1205	0.7165	6837.0	0.0039	3.0	0.1170	0.7499	2606.0	0.0063	2.9
5	0.0450	0.1271	0.6254	4887.5	0.0048	2.8	0.1212	0.6590	1831.0	0.0076	2.7
6	0.0498	0.1430	0.5360	3607.5	0.0058	2.9	0.1448	0.5636	1340.0	0.0096	2.9
7	0.0552	0.1620	0.4492	2697.5	0.0071	2.9	0.1550	0.4762	987.0	0.0115	2.8
8	0.0613	0.2286	0.3465	1924.5	0.0096	3.7	0.2121	0.3752	702.5	0.0154	3.5
9	0.0680	0.3238	0.2343	1167.5	0.0137	4.8	0.3193	0.2554	438.5	0.0223	4.7
10	0.0756	0.3516	0.1519	583.0	0.0198	4.6	0.3304	0.1710	227.0	0.0312	4.4
11	0.0842	0.3904	0.0926	292.0	0.0285	4.6	0.3775	0.1065	124.5	0.0434	4.5
12	0.0940	0.4138	0.0543	130.5	0.0431	4.4	0.4167	0.0621	60.0	0.0636	4.4
13	0.1048	0.4894	0.0277	47.0	0.0729	4.7	0.5116	0.0303	21.5	0.1078	4.9
14	0.1168	0.2222	0.0216	13.5	0.1132	1.9	0.2222	0.0236	4.5	0.1960	1.9
15	0.1299	0.5333	0.0101	7.5	0.1822	4.1	0.6667	0.0079	3.0	0.2722	5.1

保险年份	75岁女性死亡率 $m(t)$	3. 单身女性借款人					4. 单身男性借款人				
		风险率 $h(t)$	年末生存率 $S(t)$	有效样本数	$h(t)$标准差	风险率/女性死亡率	风险率 $h(t)$	年末生存率 $S(t)$	有效样本数	$h(t)$标准差	风险率/女性死亡率
0	—	0.0000	1.0000	11279.0	0.0000	—	0.0000	1.0000	3329.0	0.0000	—
1	0.0306	0.0184	0.9816	9729.5	0.0014	0.6	0.0216	0.9784	2782.5	0.0028	0.7
2	0.0337	0.0709	0.9120	7137.0	0.0030	2.1	0.1049	0.8758	1906.5	0.0070	3.1
3	0.0371	0.1142	0.8079	5062.5	0.0045	3.1	0.1574	0.7379	1238.5	0.0103	4.2
4	0.0408	0.1182	0.7124	3451.0	0.0055	2.9	0.1443	0.6314	769.0	0.0127	3.5
5	0.0450	0.1240	0.6240	2508.0	0.0066	2.8	0.1600	0.5304	537.5	0.0158	3.6
6	0.0498	0.1386	0.5375	1876.5	0.0079	2.8	0.1623	0.4443	382.0	0.0189	3.3
7	0.0552	0.1629	0.4500	1424.0	0.0098	3.0	0.1874	0.3611	277.5	0.0234	3.4
8	0.0613	0.2320	0.3456	1021.5	0.0132	3.8	0.2715	0.2630	191.5	0.0321	4.4
9	0.0680	0.3164	0.2362	610.0	0.0188	4.7	0.3661	0.1667	112.0	0.0455	5.4
10	0.0756	0.3494	0.1537	300.5	0.0275	4.6	0.4571	0.0905	52.5	0.0688	6.0
11	0.0842	0.3918	0.0935	145.5	0.0405	4.7	0.4500	0.0498	20.0	0.1112	5.3
12	0.0940	0.3934	0.0567	61.0	0.0625	4.2	0.4706	0.0264	8.5	0.1712	5.0
13	0.1048	0.4889	0.0290	22.5	0.1054	4.7	0.3333	0.0176	3.0	0.2722	3.2
14	0.1168	0.1429	0.0248	7.0	0.1323	1.2	0.5000	0.0088	2.0	0.3536	4.3
15	0.1299	0.2857	0.0177	3.5	0.2415	2.2					

表 7　以保险年度为单位,较年长借款人(84~86 岁)的贷款生存率和风险率

（风险的定义不包含贷款移交）

保险年份	85岁女性死亡率 m(t)	1.所有借款人					2.夫妇中有一方年龄在84~86岁				
		风险率 h(t)	年末生存率 S(t)	有效样本数	h(t)标准差	风险率/女性死亡率	风险率 h(t)	年末生存率 S(t)	有效样本数	h(t)标准差	风险率/女性死亡率
0	—	0.0000	1.0000	9217.0	0.0000	—	0.0000	1.0000	2339.0	0.0000	—
1	0.0874	0.0326	0.9674	7728.5	0.0020	0.4	0.0217	0.9783	1890.5	0.0034	0.2
2	0.0976	0.1321	0.8396	5270.0	0.0047	1.4	0.1083	0.8724	1200.0	0.0090	1.1
3	0.1091	0.1904	0.6797	3345.5	0.0068	1.7	0.1785	0.7166	734.0	0.0141	1.6
4	0.1218	0.2079	0.5384	2005.5	0.0091	1.7	0.1758	0.5907	421.0	0.0186	1.4
5	0.1358	0.2018	0.4298	1283.5	0.0112	1.5	0.2243	0.4582	272.0	0.0253	1.7
6	0.1509	0.2390	0.3271	866.0	0.0145	1.6	0.2126	0.3608	174.0	0.0310	1.4
7	0.1672	0.2444	0.2471	577.0	0.0179	1.5	0.2131	0.2839	122.0	0.0371	1.3
8	0.1847	0.2654	0.1815	365.5	0.0231	1.4	0.2317	0.2181	82.0	0.0466	1.3
9	0.2031	0.2333	0.1392	210.0	0.0292	1.1	0.1957	0.1754	46.0	0.0585	1.0
10	0.2226	0.3033	0.0970	122.0	0.0416	1.4	0.2083	0.1389	24.0	0.0829	0.9
11	0.2420	0.2581	0.0719	62.0	0.0556	1.1	0.1538	0.1175	13.0	0.1001	0.6
12	0.2612	0.3125	0.0495	32.0	0.0819	1.2	0.2667	0.0862	7.5	0.1615	1.0
13	0.2797	0.1739	0.0409	11.5	0.1118	0.6					
14	0.2968	0.4444	0.0227	4.5	0.2342	1.5					

保险年份	85岁女性死亡率 m(t)	3.单身女性借款人					4.单身男性借款人				
		风险率 h(t)	年末生存率 S(t)	有效样本数	h(t)标准差	风险率/女性死亡率	风险率 h(t)	年末生存率 S(t)	有效样本数	h(t)标准差	风险率/女性死亡率
0	—	0.0000	1.0000	5277.0	0.0000	—	0.0000	1.0000	1564.0	0.0000	—
1	0.0874	0.0364	0.9636	4510.0	0.0028	0.4	0.0353	0.9647	1302.5	0.0051	0.4
2	0.0976	0.1341	0.8344	3192.0	0.0060	1.4	0.1525	0.8176	865.5	0.0122	1.6
3	0.1091	0.1848	0.6802	2088.5	0.0085	1.7	0.2263	0.6326	517.0	0.0184	2.1
4	0.1218	0.2030	0.5421	1295.5	0.0112	1.7	0.2762	0.4578	286.0	0.0264	2.3
5	0.1358	0.1903	0.4389	846.0	0.0135	1.4	0.2202	0.3570	163.5	0.0324	1.6
6	0.1509	0.2479	0.3301	585.0	0.0179	1.6	0.2358	0.2728	106.0	0.0412	1.6
7	0.1672	0.2474	0.2485	380.0	0.0221	1.5	0.2838	0.1954	74.0	0.0524	1.7
8	0.1847	0.2900	0.1764	234.5	0.0296	1.6	0.2083	0.1547	48.0	0.0586	1.1
9	0.2031	0.2471	0.1328	129.5	0.0379	1.2	0.2388	0.1178	33.5	0.0737	1.2
10	0.2226	0.3624	0.0847	74.5	0.0557	1.6	0.1778	0.0968	22.5	0.0806	0.8
11	0.2420	0.3333	0.0565	33.0	0.0821	1.4	0.1875	0.0787	16.0	0.0976	0.8
12	0.2612	0.3448	0.0370	14.5	0.1248	1.3	0.3000	0.0551	10.0	0.1449	1.1
13	0.2797	0.2000	0.0296	5.0	0.1789	0.7	0.0000	0.0551	4.0	0.0000	0.0
14	0.2968	0.0000	0.0296	2.0	0.0000	0.0					

表8　以保险年度为单位，较年长借款人(84～86岁)的贷款生存率和风险率
（风险的定义包含贷款移交）

保险年份	85岁女性死亡率 m(t)	1. 所有借款人					2. 夫妇中有一方年龄在84～86岁				
		风险率 h(t)	年末生存率 S(t)	有效样本数	h(t)标准差	风险率/女性死亡率	风险率 h(t)	年末生存率 S(t)	有效样本数	h(t)标准差	风险率/女性死亡率
0	—	0.0000	1.0000	9217.0	0.0000	—	0.0000	1.0000	2339.0	0.0000	—
1	0.0874	0.0326	0.9674	7728.5	0.0020	0.4	0.0217	0.9783	1890.5	0.0034	0.2
2	0.0976	0.1322	0.8395	5270.5	0.0047	1.4	0.1083	0.8724	1200.0	0.0090	1.1
3	0.1091	0.1910	0.6792	3345.5	0.0068	1.8	0.1798	0.7155	734.0	0.0142	1.6
4	0.1218	0.2141	0.5338	2004.0	0.0092	1.8	0.1786	0.5877	420.0	0.0187	1.5
5	0.1358	0.2283	0.4119	1270.5	0.0118	1.7	0.2370	0.4484	270.0	0.0259	1.7
6	0.1509	0.3183	0.2808	823.0	0.0162	2.1	0.2604	0.3317	169.0	0.0338	1.7
7	0.1672	0.3395	0.1855	483.0	0.0215	2.0	0.2715	0.2416	110.5	0.0423	1.6
8	0.1847	0.4000	0.1113	262.5	0.0302	2.2	0.4286	0.1381	70.0	0.0591	2.3
9	0.2031	0.4180	0.0648	122.0	0.0447	2.1	0.3333	0.0920	30.0	0.0861	1.6
10	0.2226	0.5818	0.0271	55.0	0.0665	2.6	0.4286	0.0526	14.0	0.1323	1.9
11	0.2420	0.4706	0.0143	17.0	0.1211	1.9	0.1818	0.0430	5.5	0.1645	0.8
12	0.2612	0.4615	0.0077	6.5	0.1955	1.8	0.6667	0.0143	3.0	0.2722	2.6
13	0.2797	0.4000	0.0046	2.5	0.3098	1.4					

保险年份	85岁女性死亡率 m(t)	3. 单身女性借款人					4. 单身男性借款人				
		风险率 h(t)	年末生存率 S(t)	有效样本数	h(t)标准差	风险率/女性死亡率	风险率 h(t)	年末生存率 S(t)	有效样本数	h(t)标准差	风险率/女性死亡率
0	—	0.0000	1.0000	5277.0	0.0000	—	0.0000	1.0000	1564.0	0.0000	—
1	0.0874	0.0364	0.9636	4510.0	0.0028	0.4	0.0353	0.9647	1302.5	0.0051	0.4
2	0.0976	0.1344	0.8341	3192.5	0.0060	1.4	0.1525	0.8176	865.5	0.0122	1.6
3	0.1091	0.1853	0.6795	2088.5	0.0085	1.7	0.2263	0.6326	517.0	0.0184	2.1
4	0.1218	0.2108	0.5363	1295.0	0.0113	1.7	0.2797	0.4565	286.0	0.0265	2.3
5	0.1358	0.2177	0.4195	836.0	0.0143	1.6	0.2646	0.3351	162.5	0.0346	1.9
6	0.1509	0.3351	0.2790	555.0	0.0200	2.2	0.3265	0.2257	98.0	0.0474	2.2
7	0.1672	0.3392	0.1843	312.5	0.0268	2.0	0.4576	0.1224	59.0	0.0649	2.7
8	0.1847	0.3951	0.1115	164.5	0.0381	2.1	0.3571	0.0787	28.0	0.0906	1.9
9	0.2031	0.4706	0.0590	76.5	0.0571	2.3	0.3226	0.0533	15.5	0.1187	1.6
10	0.2226	0.7302	0.0159	31.5	0.0791	3.3	0.3158	0.0365	9.5	0.1508	1.4
11	0.2420	0.6667	0.0053	6.0	0.1925	2.8	0.5455	0.0166	5.5	0.2123	2.3
12	0.2612	0.0000	0.0053	1.5	0.0000	0.0	0.5000	0.0083	2.0	0.3536	1.9

表 9　以保险年度为单位，所有借款人(62 岁以上)的贷款生存率和风险率

(风险的定义不包含贷款移交)

保险年份	女性死亡率 m(t)	1. 所有借款人					2. 夫妇中较年轻一方年龄在 62 岁以上				
		风险率 h(t)	年末生存率 S(t)	有效样本数	h(t)标准差	风险率/女性死亡率	风险率 h(t)	年末生存率 S(t)	有效样本数	h(t)标准差	风险率/女性死亡率
0		0.0000	1.0000	235993.0	0.0000		0.0000	1.0000	85067.0	0.0000	
1		0.0203	0.9797	199200.5	0.0003		0.0105	0.9895	70786.0	0.0004	
2		0.0860	0.8954	138690.0	0.0008		0.0567	0.9334	48081.5	0.0011	
3		0.1351	0.7745	92192.5	0.0011		0.1047	0.8357	32011.0	0.0017	
4		0.1426	0.6640	58398.5	0.0015		0.1184	0.7367	20390.0	0.0023	
5		0.1504	0.5642	39822.5	0.0018		0.1316	0.6398	13912.0	0.0029	
6		0.1514	0.4787	28237.0	0.0021		0.1309	0.5560	9936.0	0.0034	
7		0.1634	0.4005	20814.0	0.0026		0.1468	0.4744	7481.5	0.0041	
8		0.1735	0.3310	14601.0	0.0031		0.1572	0.3998	5370.5	0.0050	
9		0.1863	0.2694	9399.0	0.0040		0.1722	0.3310	3537.0	0.0064	
10		0.1804	0.2208	5766.5	0.0051		0.1599	0.2781	2201.0	0.0078	
11		0.1830	0.1804	3649.5	0.0064		0.1490	0.2366	1416.0	0.0095	
12		0.1681	0.1500	2225.5	0.0079		0.1452	0.2023	888.5	0.0118	
13		0.1666	0.1250	1128.5	0.0111		0.1478	0.1724	446.5	0.0168	
14		0.1321	0.1085	439.0	0.0162		0.1493	0.1466	167.5	0.0275	
15		0.1220	0.0953	147.5	0.0270		0.1176	0.1294	51.0	0.0451	

保险年份	女性死亡率 m(t)	3. 单身女性借款人					4. 单身男性借款人				
		风险率 h(t)	年末生存率 S(t)	有效样本数	h(t)标准差	风险率/女性死亡率	风险率 h(t)	年末生存率 S(t)	有效样本数	h(t)标准差	风险率/女性死亡率
0		0.0000	1.0000	113985.0	0.0000		0.0000	1.0000	36083.0	0.0000	
1		0.0243	0.9757	97769.0	0.0005		0.0302	0.9698	30057.5	0.0010	
2		0.0948	0.8832	70221.0	0.0011		0.1258	0.8478	20104.0	0.0023	
3		0.1439	0.7561	47511.0	0.0016		0.1800	0.6952	12492.0	0.0034	
4		0.1512	0.6418	30518.0	0.0021		0.1740	0.5742	7363.5	0.0044	
5		0.1554	0.5421	20977.0	0.0025		0.1840	0.4686	4825.5	0.0056	
6		0.1582	0.4563	14904.0	0.0030		0.1827	0.3830	3301.0	0.0067	
7		0.1710	0.3783	10882.5	0.0036		0.1821	0.3132	2367.0	0.0079	
8		0.1793	0.3104	7527.5	0.0044		0.1999	0.2506	1631.0	0.0099	
9		0.1901	0.2514	4798.0	0.0057		0.2189	0.1958	1005.0	0.0130	
10		0.1869	0.2044	2921.0	0.0072		0.2183	0.1530	595.5	0.0169	
11		0.1998	0.1636	1821.5	0.0094		0.2187	0.1196	375.0	0.0213	
12		0.1847	0.1334	1083.0	0.0118		0.1798	0.0981	228.0	0.0254	
13		0.1788	0.1095	542.5	0.0165		0.1841	0.0800	119.5	0.0355	
14		0.1106	0.0974	217.0	0.0213		0.1720	0.0662	46.5	0.0553	
15		0.1205	0.0857	83.0	0.0357		0.1481	0.0564	13.5	0.0967	

表 10　以保险年度为单位,所有借款人(62 岁以上)的贷款生存率和风险率

(风险的定义包含贷款移交)

保险年份	女性死亡率 $m(t)$	1. 所有借款人					2. 夫妇中较年轻一方年龄在 62 岁以上				
		风险率 $h(t)$	年末生存率 $S(t)$	有效样本数	$h(t)$ 标准差	风险率/女性死亡率	风险率 $h(t)$	年末生存率 $S(t)$	有效样本数	$h(t)$ 标准差	风险率/女性死亡率
0		0.0000	1.0000	235993.0	0.0000		0.0000	1.0000	85067.0	0.0000	
1		0.0203	0.9797	199200.5	0.0003		0.0106	0.9894	70786.0	0.0004	
2		0.0862	0.8952	138683.5	0.0008		0.0567	0.9393	48077.5	0.0011	
3		0.1365	0.7730	92191.0	0.0011		0.1050	0.8353	32007.5	0.0017	
4		0.1458	0.6603	58311.5	0.0015		0.1192	0.7357	20378.5	0.0023	
5		0.1548	0.5581	39605.5	0.0018		0.1331	0.6378	13887.5	0.0029	
6		0.1640	0.4666	27909.0	0.0022		0.1375	0.5501	9896.5	0.0035	
7		0.1907	0.3776	20233.5	0.0028		0.1636	0.4601	7390.0	0.0043	
8		0.2272	0.2918	13780.0	0.0036		0.2024	0.3670	5222.5	0.0056	
9		0.2779	0.2107	8328.0	0.0049		0.2538	0.2738	3274.5	0.0076	
10		0.3147	0.1444	4541.5	0.0069		0.2877	0.1951	1852.5	0.0105	
11		0.3537	0.0933	2460.0	0.0096		0.3093	0.1347	1041.0	0.0143	
12		0.3810	0.0578	1233.5	0.0138		0.3607	0.0861	554.5	0.0204	
13		0.4286	0.0330	504.0	0.0220		0.3850	0.0530	226.0	0.0324	
14		0.4000	0.0198	160.0	0.0387		0.3803	0.0328	71.0	0.0576	
15		0.4694	0.0105	49.0	0.0713		0.5263	0.0155	19.0	0.1145	

保险年份	女性死亡率 $m(t)$	3. 单身女性借款人					4. 单身男性借款人				
		风险率 $h(t)$	年末生存率 $S(t)$	有效样本数	$h(t)$ 标准差	风险率/女性死亡率	风险率 $h(t)$	年末生存率 $S(t)$	有效样本数	$h(t)$ 标准差	风险率/女性死亡率
0		0.0000	1.0000	113985.0	0.0000		0.0000	1.0000	36083.0	0.0000	
1		0.0243	0.9757	97769.0	0.0005		0.0302	0.9698	30057.5	0.0010	
2		0.0949	0.8831	70219.0	0.0011		0.1260	0.8476	20103.5	0.0023	
3		0.1459	0.7543	47512.5	0.0016		0.1819	0.6934	12492.5	0.0035	
4		0.1558	0.6367	30458.0	0.0021		0.1776	0.5703	7348.0	0.0045	
5		0.1613	0.5340	20817.0	0.0026		0.1901	0.4619	4793.0	0.0057	
6		0.1749	0.4406	14667.5	0.0031		0.1954	0.3716	3249.0	0.0070	
7		0.2033	0.3511	10472.5	0.0039		0.2206	0.2896	2289.0	0.0087	
8		0.2370	0.2679	6980.0	0.0051		0.2635	0.2133	1510.5	0.0113	
9		0.2887	0.1905	4150.0	0.0070		0.3098	0.1472	858.5	0.0158	
10		0.3284	0.1280	2216.5	0.0100		0.3539	0.0951	446.5	0.0226	
11		0.3791	0.0794	1166.0	0.0142		0.4051	0.0566	237.0	0.0319	
12		0.4025	0.0475	559.0	0.0207		0.3772	0.0352	114.0	0.0454	
13		0.4602	0.0256	226.0	0.0332		0.4792	0.0184	48.0	0.0721	
14		0.3946	0.0155	73.5	0.0570		0.5000	0.0092	14.0	0.1336	
15		0.4231	0.0089	26.0	0.0969		0.5000	0.0046	4.0	0.2500	

　　图5到图7阐释了贷款移交给住房与城市发展部对三个特定年龄组借款人(较年轻,中等,较年长)的贷款存续率的影响。影响贷款生存率和风险率的移交发生的保险年份,随着借款人的初始年龄不同而不同。图8应用所有的 HECM 数据将这一阐释扩展到所有年龄的借款人。移交行为在保险年份第6年之后开始影响所有借款人的贷款生存率和风险率,在第4年之后开始影响较年长借款人的贷款生存率和风险率。

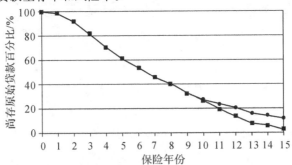

图5　HECM 生存率——64~66 岁

注:其中,圆点表示贷款终止不包括移交,方点表示贷款终止包括移交,下同。

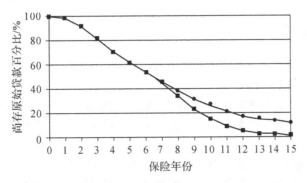

图6　HECM 生存率——74~76 岁

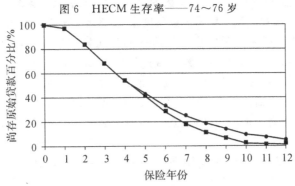

图7　HECM 生存率——84~86 岁

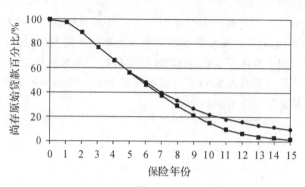

图 8   HECM 生存率——所有年龄

四、结论

从以上图表反映数据得出的结论,清楚地表明了借款人的年龄、类型以及贷款移交的时间,都会影响 HECM 贷款的生存率和风险率。投资者尤其需要知道贷款移交的影响,传统的反向抵押贷款没有这种特征。

(一)借款人年龄

如果 HECM 贷款的终止按传统方式定义为由于借款人死亡、搬出或如再融资等的其他自愿性偿还行为导致的贷款被偿还,那么——

1. 较年轻的借款人(贷款发放时 65 岁左右)偿还 HECM 贷款的速度远远大于潜在的女性总人口死亡率。具体来说,这个年龄段的所有类型借款人偿还的速率,大约是该年龄段女性死亡率的 6~8 倍。

2. 中等年龄的借款人(贷款发放时 75 岁左右)偿还 HECM 贷款的速度,大于潜在的女性总人口死亡率,但其倍数要远小于较年轻借款人的倍数,大约只有该年龄段女性死亡率的 2~3 倍。尽管从相对于相应年龄段女性死亡率的倍数角度来说,较年轻借款人和中等年龄借款人的还款速率相差较大,但这两个群体实际的贷款风险率还是比较相似的。较年轻借款人的 10 年期HECM 贷款生存率为 27%,中等年龄借款人相差不多,为 26%。

3. 较年长借款人的还款速率,相对于相应年龄段女性死亡率的倍数要小得多,大约只有 1.5倍。尽管倍数较低,较年长借款人的还款速率要比中等年龄借款人和较年轻借款人为高,因为相应年龄段的死亡率比较高。正因为如此,这一年龄段借款人的 10 年期 HECM 贷款生存率仅为 10%。

4. 包含所有年龄的借款人,其 10 年期 HECM 贷款生存率为 22%。

(二)借款人类型

不同性别的死亡率是不一样的,单身女性终止 HECM 贷款的速度,通常要慢于同年龄段的单身男性,但还是比同年龄段的夫妇类型的借款人要快一些。如中等年龄借款人中,单身女性借款人的 10 年期 HECM 贷款生存率为 26%,单身男性为 17%,夫妇同在为 29%。

（三）HECM移交

住房与城市发展部在接受 HECM 贷款移交时会给贷款机构支付与未偿还贷款余额等额的保险赔偿额。对 HECM 支持的证券投资者来说，这种移交相当于贷款合约终止。因此，投资者应将贷款合约终止定义为由于借款人死亡、搬出房屋或再融资等其他自愿性偿还行为导致的贷款偿还，或者将贷款移交给住房与城市发展部。HECM 贷款的终止，将会在以下几方面发生变化：

第一，风险上升，贷款生存率下降；

第二，移交开始影响贷款生存率和风险率的初始保险年份，随着借款人的初始年龄不同而不同。对较年轻的借款人来说，风险率和生存率在第 9 个保险年份开始改变，中等年龄借款人是在第 6 个保险年份，较年长借款人是在第 4 个保险年份。在这些保险年份之前，极少有贷款合约移交的现象。

格式化信托基于 1500 份相同的反向抵押贷款，借款人都是 75 岁并且房屋价值为 10 万美元。我们假设贷款按照浮动利率计息，若贷款是 HECM，利率则参照一年定期国债的利率；如果贷款是传统反向抵押贷款，利率则参照其他的利率指数，比如伦敦同业拆借市场利率。资金账户由现金以及/或者按照比抵押贷款更低的浮动利率计息的流动资产组成。这些由抵押贷款以及资金账户担保的证券是按照票面利率现付的证券，利率也会低于抵押贷款的利率。

所有贷款的贷款额与抵押物的价值（本金限额）比率都是 50%，且其结构都是备用信贷的反向抵押贷款。借款人在贷款第一年取出可用贷款额的 58%，第二年取款占本金限额的 7%，第三年为 5%，依此类推。本例中，累计的担保额是 15000 万美元，其中 7500 万美元是初始本金限额。初始贷款累计余额为 4350 万美元（初开办时一次性取款占本金限额的 58%），剩余 3150 万美元是借款人仍然可以支取的额外信贷，这个额外信贷便构成了资金账户。

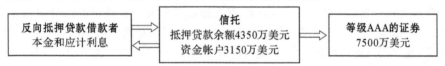

图 9　格式化的反向抵押贷款信托

这些证券由公共评级机构根据相应的压力情景分析评级。鉴于反向抵押贷款在不景气的房价和利率场景下，可能会没有足够的现金流来支付定期的证券利息及最终的本金，评级机构将采用与证券承受压力程度相应的评级标准进行评级。

如果该反向抵押贷款是 HECM 贷款，通过保险可以免受房价下跌或抵押贷款利率上升带来的损失，这些证券将得到较大的保护，免遭经济环境不景气的影响。图 9 所对应的是 HECM 担保的一种 AAA 级证券。但传统的反向抵押贷款所能得到的保护就小多了，其信托结构可能包含多种等级的证券，其中从属等级的证券将吸收大部分的损失，以使高等级的证券可以承受更高水平的风险，以获得评级机构更高的评级。

我们注意到反向抵押贷款证券与传统的住房抵押贷款证券有着相似的结构。然而，传统的抵押贷款支持证券没有资金账户，在其信托资金与借款人之间也没有双向的现金流。我们注意到业界正在研发可资替代的反向抵押贷款新证券化结构，该结构将把每份作为担保的完整反向抵押贷款分成两部分，然后将到位的部分资金放入信托基金中，这样信托基金就没有向借款人支付预付金的义务。在这个备选的证券化模式里，因为证券发行机构将保留向借款人支付预付金的义务，将不再需要资金账户履行对借款人的义务。（杨梦翻译）

反向抵押贷款和住房财富的流动性①

迈尔·克里斯多佛·J 西蒙斯·凯特琳娜②

一、前 言

本文通过对住房资产高持有率的分类,分析了开办反向抵押贷款业务,旨在提高老年人收入和资产流动性的前景。本文列示了老年人住房的分布情况,同时将对老年人的收入研究考虑在内时,发现反向抵押贷款的前景,较之以前研究的结果更被社会看好。

对 1990 年的收入调查和反向抵押贷款计划参与及人口普查的结果进行测算,通过参与反向抵押贷款业务,大约有超过 600 万的美国房主每个月至少可增加 20％的有效收入,其中有 130 多万房主是没有孩子的。进一步而言,反向抵押贷款业务可以使 140 多万老年人的收入水平提高到贫困线之上。

困扰许多老年户主的问题,是如何在保证老年人居住消费的同时,无需变卖或搬出该住房,就可以完好地利用拥有房产的价值。住房财富占到老年人非养老金财富的大部分。反向抵押贷款这种创新式金融工具的诞生,给这个问题的解决提供了一种可行方案。客户在利用好房产价值的同时,还可以继续住在自己的房子里。

尽管反向抵押贷款已经实施 20 多年了,但金融机构和客户对该贷款的接受还是比较缓慢的。一直以来,影响人们接受该产品表现困难的原因有:对该金融产品的状况不够熟悉、贷款发行成本过高、房产缺乏流动性和多样性、会计处理不公平、相关规则和法律的不确定,以及对客户权益保护的过于关注等。然而,随着这些问题的逐渐解决,特别是将来老年人数与总人数相比的大幅增长,反向抵押贷款有可能成为许多老年房主选择的金融产品。

事实上,作为反向抵押贷款业务的潜在客户,他们的数量是值得讨论的。学术文献对反向抵押贷款做过许多研究,并测算了该项金融产品在老年人口中的潜在需求。很典型的结果是,这些文献资料发现潜在客户群在某种程度上受到了限制。本文在前人研究文献的基础上,将关注重点放在最有可能受益的老年人口上。研究结果表明,拥有大量房产的老年家庭通过反向抵押贷款可以大幅提高他们的收入和流动性财富。此外,笔者还将考虑以下两个被其他研究忽略的人口因素:一个是高负债老年房主试图利用反向抵押贷款来减轻负债压力,另外一个是无子女的老年房主并没有很强的遗产传承的动机。

---

① 本文由蔡步琳翻译自 1994 年《美国房地产和城市经济联合会》第 22 期。
② 波士顿联邦储备银行,波士顿,MA 02106

二、反向抵押贷款定义

反向抵押贷款比较其他利用房产价值手段的优势，主要在于它的贷款偿付计划。与传统抵押贷款或以房产价值为最高信用额度的贷款不同，在反向抵押贷款期间，本业务并不要求房主归还利息和本金。也许老年房主的收入不足以弥补生活支出的缘故，他们更需要对房产的价值精打细算，不大有可能支付二手抵押贷款或以房产价值为最高信用额度的贷款。

反向抵押贷款按照期限和条件又有很大区别，但基本上不外乎永久期限和固定期限两种。永久式反向抵押贷款是在住房的初始状态无损毁的前提下，贷款机构按月支付给房主一定金额直至其死亡的一种方式。借款人搬离或卖掉该住房，或自身死亡后，相关账款全部结清。借款人在贷款期间按月获得的金额取决于许多因素，包括房产价值、贷款利率、借款人的年龄、预期寿命，还有所设计的房产贬值率等。

固定期限式反向抵押贷款与此相反，要延续一个通常不多于 10 年的固定时间。贷款到期时，通常要求老年户主出售房屋。这种贷款可以每月支付给多数借款人更多的金额，同时又要求他们在固定期限结束后搬离或出售该抵押房屋。

以上提到的两种方式提供了按月支付的方式，除此之外还有其他支付手段，如提前一次性总付、最高贷款限额支付或前面三者的组合等。许多永久式或固定期限式的反向抵押贷款，都是基于对房屋做主要居住地的持续占有以及在长期空巢（如居住在养老院）情况下也必须支付的前提之上。

三、反向抵押贷款的类型

目前有三种方式的反向抵押贷款可资利用：联邦住房管理局担保的、非担保的以及贷款机构担保的反向抵押贷款。

(一)联邦住房管理局担保的反向抵押贷款

联邦住房管理局担保的反向抵押贷款项目，官方名称为"住房资产转换抵押贷款保险项目"（HECM），这是国会为了鼓励反向抵押贷款市场的发展于 1987 年授权开办的贷款计划。联邦住房管理局保护在这个项目下的贷款机构免受贷款余额最终有可能超过住房价值的风险，同时，也保证贷款机构不守信用时对借款人款额的支付。该项目提供了一系列的支付方式，客户可以选择固定期限内的按月支付，也可以选择按照他们在房屋的居住时间支付。联邦住房管理局固定期限支付方式有个特点，就是在贷款到期的时候不必偿还款项，只是贷款机构停止对借款人的支付，而未偿还余额的利息自然增加，直至借款人搬离房子或死亡或卖掉房子为止，贷款得到偿还的时候。联邦住房管理局此项计划同样也为老年房主提供获得房产的途径：最高信用额贷款或最高信用额贷款与永久式或固定期限式贷款计划的结合。为确保借款人了解反向抵押贷款产品，防止对贷款的误用，要求潜在借款人在实施该业务前必须接受来自联邦住房管理局推荐的独立咨询机构的咨询。

一开始美国国会只允许 50 个贷款机构开办此业务，并且每个机构只能贷放 50 笔业务。1989 年，国会拓展了反向抵押贷款项目，目前总共授权 10000 个联邦住房管理局推荐的贷款机构开办此项贷款业务,已同意办理反向抵押贷款业务数达 25000 笔。

(二)非担保的反向抵押贷款

非担保贷款只提供固定期限的支付方式,在约定日期到期并且完成支付。这种贷款通常都是由贷款机构与独立的咨询机构联合开展,由咨询推选合适的消费者给贷款机构。咨询机构帮助借款人制定长期计划,为搬离住房或其他贷款偿还方式作出有利安排,同时也帮助客户寻找除反向抵押贷款外的其他方式如政府救济项目,前提是客户必须符合该项目的要求。由于贷款咨询费用不菲,过程耗时,加上咨询机构多是由志愿者组织或政府支持的非营利性机构,能够得到咨询的客户为数并不多。此外,检测收入的状况也往往限制了客户的合格性。由于固定期限反向抵押贷款的数目和规模都很小,贷款机构(绝大多数是银行和储蓄机构)更愿意将其视为社区服务类活动而非现在或将来的潜在收益中心。

(三)贷款机构担保的反向抵押贷款

目前,只有三个金融机构提供贷款机构担保的反向抵押贷款,它们的总部都设在加利福尼亚州,向许多其他州提供该贷款产品。担保住房受到所处地理位置的影响。与联邦住房管理局计划一样的是,贷款机构对借款人征收一笔保险费或除利息费以外的风险弥补费,不同的是,这类贷款项目是贷款机构得不到政府的担保,故此只好由自身承担担保的职责。某些贷款机构也从未来房子的价格升值中获利。借款人可以保留自己的部分住房资产,通常占到房产总额的 25%～30%,免受贷款机构在贷款偿还时的侵占。这样做虽然减少了借款人每月可获得的金额,但却保证了住房资产或传承遗产能享受未来房价升值的收益。对借款人而言,根据项目的具体内容,支付期限可以以借款人居住在房子里的时长为准,也可以选择终身支付。

四、相关文献回顾

经典文献对老年房主在反向抵押贷款可行时对其进行充分利用的意愿存在质疑。Venti 和 Wise(1989,1990)提出老年房主可以通过搬入小一些的房子来缩减他们的房产,并表示近年来已搬迁的老年房主对增加或减少房产的态度是一样的,反对卖房子和搬迁中所涉及的高交易成本,使得老年人拥有太多房产的假设。对此有些人提出不同意见,认为老年房主渴望维持相同水平的住房消费,也考虑到缺乏发达的为单身家庭准备的房屋租赁市场,他们可能更倾向于拥有大量的住房资产。

还有另一些人认为老年人可能将住房资产作为遗产而不愿意在自己生前将住房的价值全部消费掉。Mirer、Menchick 和 Martin(1979,1983)多个跨部门的研究就是例子,得出与遗产动机强烈一致的结论,即退休之后的财富积累增加了。Kotlikoff 和 Summers(1981)估计约有 80% 的房产是用于继承的,暗示房产继承是财富积累的重要方式。

有证据显示在解释个人储蓄行为方面,遗产动机并不十分重要。Kotlikoff 和 Summers 估计,可能并没有反映由于过早死亡而造成财富和非预期遗产的偏态分布,对大多数老年人的偏好行为的影响。Hurd(1987,1990)将老年人在退休后继续储蓄的原因,归为利用合计数据检测个人储蓄轨迹的困难,特别是在给定富裕房主比贫困房主寿命更长的条件下。他用面板数据做实证,结果表明对个体老年房主来说,不管有无子女,拥有的净财富随着时间的变化都是相似的,Hurd 认为用遗产动机来解释老年人储蓄的重要因素的假设,是不成立的。

在某种程度上说,各类研究文献的观点是相互对立的,但主流观点承认遗产传承是解释老年储蓄行为的重要因素。尽管遗产动机十分重要,但也无法确切解释为什么老年人想给子女留传他们的财产,特别是以房子的形式。事实上,许多人这样做反映了他们对凝结在住房资产中蕴含财富的高度重视。如果老年人能通过反向抵押贷款从住房中获得流动性收入,他们可能传给子女种类丰富的资产组合。

有些学者对反向抵押贷款的潜在市场做了较细致的研究。Venti 和 Wise(1991)利用 1984 年收入调查和计划参与的数据,预测了一笔反向抵押贷款对年龄在 55 岁及以上老年人的收入和资产的影响。研究结果发现,年纪处于中等的老年房主,即使收入位于倒数的范围内,通过反向抵押贷款,也可以使他们的收入增加不少比例。尽管提出了大多数老年人可以通过采用反向抵押贷款一次性总额支付的方式使收入获得实质性提高,Venti 和 Wise 总结反向抵押贷款的潜在客户受限于年纪较大的单身老人上。根据 1993 年 6 月刊登于美国退休者联合会的《反向抵押贷款计划的总结》,贷款机构指幸运住房收入、自由住房资产伙伴和全美第一住房。另一个贷款机构是国会控股,最近取消了反向抵押贷款的业务。

Merrill、Finkel 和 Kutty(1992)利用不同的数据——1989 年的 AHS(美国房产调查),假定反向抵押贷款潜在客户的特点:年纪大于等于 70 岁,年收入少于 30000 美元,至少 10 年的住房历史,且拥有价值在 10 万到 20 万美元的完全产权住房。他们发现在 1200 万名年龄在 62 岁及以上的房主中有 80 万符合以上要求。该研究立足于大都市,得出结论表明居住在加州和东北地区的符合条件的老年人,他们的房子在价格上有了很大的增长。

以上研究成果可能低估了反向抵押贷款的潜在需求。Venti 和 Wise 只研究特殊群体里处于中间支付水平的反向抵押贷款。Merrill、Finkel 和 Kutty 选择了某种程度上有点随意的收入和房产价值的终值。他们的研究都没有考虑到少数高债务者利用反向抵押贷款来偿付债务而从中受益的情况。

五、研究数据列示

本篇文章引用了来自 SIPP 的数据,对全国有代表性的 20000 位老年户主进行分层抽样。由于 SIPP 提供了关于家庭组成、人口生产力历史、月收入的来源和金额,还有包括房产、其他资产和负债在内的家庭资产负债表等,特别适合用来研究老年人对反向抵押贷款的潜在需求。除小部分比较分析是用 1984 年的面板数据外,其余大部分分析都是基于 1990 年的面板数据。人口历史的数据来自 1990 年 SIPP 的第二次,而金融数据来自 1984 年和 1990 年 SIPP 的第四次。对 1984 年和 1990 年 SIPP 第四次的调查,分别于 1985 年 1 月和 1991 年 4 月举行。1990 年 SIPP 第二次的调查则是在 1990 年 5 月到 8 月举行。1990 年 SIPP 调查的许多房主都接受了第二次和第四次的调查,而其他一部分房主则被忽略了。这部分忽略的内容不足以影响结果。

按照 Venti 和 Wise 给出的定义,养老金财富是指在房主的整个预期剩余生命里,将私人和政府的养老金以及社会保障收益的支付流折算成的现值。折现率假定为 6%,假设私人、州、居住地以及其他形式养老金支付,在被支付者寿命的名义期间内保持不变,而联邦、军事部门和铁路部门的养老金以及社会保障支付,以通胀的速度增长(假定为 4%)。限定流动性资产包括放在金融机构里的存款,股票、国库券和共同基金。

表1列举了用于整体分析的各变量的中值,显示了房产所有者比贷款机构有更高的中值收入和财富。尽管房产所有者拥有较高的中值财富,但其中有8%的人收入处于贫困线之下,也就有可能通过诸如反向抵押贷款等产品来提高收入。样本中有1/5的房产所有者无子女,没有强烈的遗产动机,也就意味着他们可能采用反向抵押贷款方式。

表1　1990年SIPP面板数据的描述(年龄在62岁及以上的老年人)

	总样本数	拥有房产者	没有房产者
样本规模	4840	3405	1435
中位数年龄(岁)	72	71	73
月收入(美元)	1460	1733	955
房产(美元)	41000	64000	0
养老金财富(美元)	103152	118434	76253
流动性财富(美元)	9475	15000	1449
总财富(美元)	199357	256398	94974
在贫困线下的百分比(%)	11.8	8	20.8
无子女百分比(%)	22.9	21.1	27.2

资料来源:笔者根据美国统计局SIPP(1990)的数据计算所得

研究文献中所使用的样本包括了年龄都在62岁及以上的夫妇和单身老人。1990年的面板数据中样本数为4840,其中拥有房产者数为3405。

图1根据1990年SIPP的数据按年龄显示了老年房主样本的财富组成,并与1984年SIPP的参照数据做了对比。除最小年龄层外,1990年,所有年龄层的财富都要多于1984年。更进一步而言,老年人的财富不合理地集聚在如房产、未来养老金现金流的现值支付等非流动性资产上。这种现象在1990年表现得更为显著,流动性财富的比例比1984年少了几个百分点。

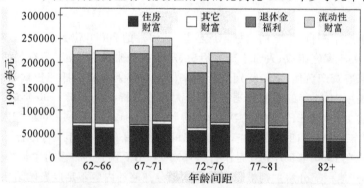

图1　根据年龄分类的真正财富计算(62岁及以上老年房主)

一些老年房主可能会发现,利用反向抵押贷款支付如抵押贷款等其他债务,提高可支配收入是有利的。表2显示了负债房主的数目和比例,每月负债支付的平均值和中值,以及相比收入的负债规模。大多数的房主无负债,38%有一些负债,20%有抵押贷款负债。有负债的人每月还款中值为177美元,占月收入的8%。老年房主的负债中值看起来不是很大,掩盖了少数高负债的人群。表2的最后显示了债务支付作为老年房主月收入的消费组成的分布。有70%人员的负债清偿额度超过收入的 10%,1.4% 的老年人超过了收入的一半。

表 2 老年房主的负债 (1990 年)

	总负债	抵押贷款负债	其他负债
样本中负债老年人数量	1303	680	930
在总老年房主中的比例	38.3	20	27.3
平均每月负债支付额(美元)	271.3	342.6	129.5
占月收入比(%)	14	18	6
每月负债支付中值(美元)	177.3	243.4	76.5
占月收入比(%)	8	11	4
所有老年房主月负债支付额占月收入的比例(%)			
<10%	83.1	89	94.2
10%～20%	9.5	6.1	4.2
20%～30%	3.8	2.4	1.1
30%～40%	1.4	0.7	0.4
40%～50%	0.9	0.6	0.1
>50%	1.4	2.1	0.1

资料来源:美国统计局,SIPP 数据,1990

六、反向抵押贷款模拟

这一节描述了样本中反向抵押贷款将给老年人的收入带来的影响。研究中使用的反向抵押贷款的模拟,假设贷款以年金的形式在借款人的整个预期寿命中发放。模拟产品的特点与全美第一房产提供的反向抵押贷款合同最相似。一种更典型、更严格的永久式反向抵押贷款,要求对借款人在搬出原房屋前的预期居住时长进行假定,如搬到疗养院或敬老院里,在保险学上称为搬出率。

反向抵押贷款的月支付水平按如下方法计算:反向抵押贷款的最高金额,即借款人可一次性领取的总额是确定的。贷款总金额取决于房产的价值、借款人对房子的占有率、拟定房产价值的升值率以及借款人的性别和年龄(如果是夫妇,还需要视二者的年龄确定)。负债价值的最高比率达 75%,包括反向抵押贷款的差额加上现有的抵押贷款。初始费用成本设定为用于反向抵押贷款业务资产价值的 3%。一旦选择反向抵押贷款一次性总额方式,借款人将收到按月付款方式的永续年金。

鉴于女性的寿命长于男性,她们每期收到的反向抵押贷款金额给付也要少于男性。如果是夫妇的话,基于双方年龄的寿命预期,将导致他们能获得的支付比单个借款人要少。本文并不打算对由于个人的偏见而致使反向抵押贷款借款人预期寿命不同于总人口预期寿命作出更正。通常情况下,年金的支付特点将吸引预期寿命高于平均水平的老年人,如果借款人利用反向抵押贷款所得来支付较高的医疗费用或长期护理费,那么反向抵押贷款群体的健康状况,将会比同龄人的平均水平低一些,预期寿命也要短一些。

抵押贷款的利率假设为 9.25％,是 1991 年 1 月份主要采用的 30 年抵押贷款的平均固定利率[①]。未来房产价格升值率与预期通胀率相等,假设为 4.3％[②],抵押贷款率与年金的利差假定为 2％,因此计算的年金利率为 7.25％。为了检测实际结果与这些利率假设的敏感性,在估算时也利用了另外两大假设,即抵押贷款率、年金利率和房屋贬值率,分别比原假设低两个百分点和高两个百分点。

表 3 显示了在以上三大假设条件下,按月支付的反向抵押贷款年金对房主收入的影响,三种不同情况却有着相似的影响。比如说,表 3 的第 1 列,就说明了当抵押贷款利率、年金率和房产年升值率分别设为 9.25％、7.25％ 和 4.3％ 时,40％ 多老年房主收入水平提高幅度小于 10％。然而大量小比例的潜在需求者,他们的收入水平将提高 20％ 或更多,10％ 多一点的人群收入的提高幅度将超过 50％。

表 3   反向抵押贷款月支付在月收入中的分配比 (所有老年人,1990)

抵押贷款率(%)	9.25	7.25	11.25
年金率(%)	7.25	5.25	9.25
房价年升值率(%)	4.3	2.3	6.3
反向抵押贷款支付占月收入比例			
<10%	41.8	46.9	37.2
10%～20%	23.8	22.9	23.7
20%～30%	11.1	9.9	12.9
30%～40%	6.9	6	7.4
40%～50%	4.2	4.2	4.8
>50%	12.2	10.1	14

资料来源:笔者基于 1990 年收入调查和计划参与的数据计算所得。

七、反向抵押贷款客户

为了更进一步地调查可能对反向抵押贷款感兴趣的住房持有者的类型,本节将研究核心放在老年反向抵押贷款人群上,年龄在 62 岁及以上。该项业务可使他们的债后有效收入提高至少 20％。

---

①   参见"基金数据流",联邦储备系统,1991。由于 1990 SIPP 第四波的调查是在 1991 年的上半年举行,因此 1991 年的数据比 1990 年的数据更恰当。

②   根据联邦储备发布的季度专业预测者调查,预期通胀率假定为 1991 年第一季度的十年一致性的预测。

表 4　反向抵押贷款人群与所有老年房主的比较（1990 年）

	老年反向抵押贷款人群*	所有老年房主
中值年龄（岁）	76	71
收入（美元）	1064	1733
流动性财富（美元）	10340	15000
房产（美元）	85000	64000
总财富（美元）	215101	256398
反向抵押贷款月支付额（美元）	400	218
预期剩余寿命（年）	10	13
样本数	1273	3405
无子女（%）	24.3	21.1
流动财富在 5000 美元以下（%）	40.6	36.8
所有收入的第 33 个百分等级（%）	46.7	25.1
贫困线（%）	15.9	8
反向抵押贷款后的贫困线（%）	4.2	3.1

　　* 说明：反向抵押贷款人群指在办理该业务后月收入、债后余额至少提高 20% 以上的老年房主。

　　资料来源：美国统计局，SIPP 数据，1990；美国卫生和人类服务部，美国重要数据，1988，第 2 集 A 部分，表 6-3

　　表 4 中，该反向抵押贷款人群是老年房主比例的 38.5%。与老年房主相比，该群体的中值收入为 1064 美元，低于所有老年房主的中值水平，而房产水平却大大高于他们，平均年龄比他们大，当然预期寿命就要短，更符合反向抵押贷款的要求。反向抵押贷款人群里大约有 1/4 是无子女的，也就意味着没有遗产动机，扫清了反向抵押贷款业务开展的一大阻碍。位于反向抵押贷款人群里中间水平的房主每月会收到 400 美元，使收入增加近 40%。

　　反向抵押贷款大大提高了贫困老年房主的福利，参与业务的人群中将近 16% 的房主生活水平在贫困线之下，高于所有老年房主中的比例。如果将办理反向抵押贷款所得收入包括在内的话，这个比例就会降至 4.2%，同样地，该业务也使所有老年房主里贫困线比例从 8% 降到 3.1%。

　　反向抵押贷款的潜在需求者居住在美国的各个地区，每个人口普查区里反向抵押贷款人群占老年房主的比例至少在 29%（见表 5）。根据 Haurin、Hendershott 和 Kim（1991）的研究，1982 年至 1991 年间，新西兰的房价增长得最快，为 91%，其次是加州北部地区（81%）和亚特兰大中部（69%）。正因为如此，太平洋、新西兰和亚特兰大中部地区出现最高的潜在需求率也是意料之中。

　　反向抵押贷款人群主要包括年龄较大的老年房主和单身老年房主（见表 6）。所有 82 岁及以上的单身老年房主超过 3/4 可以从办理该项业务中大大受益。年纪稍小的组里面，如 12.5% 的 62～71 岁的房主以及 22.7% 的 72～81 岁的老年房主，都认为反向抵押贷款业务是很有吸引力的。

表 5　反向抵押贷款人群的地理剖面　（单位：%）

区域	老年反向抵押贷款人群比例	所有老年房主比例	各区域老年反向抵押贷款人群占老年房主比例
新西兰地区	6.1	4.6	50
亚特兰大中部	19.5	17.1	42.7
中部的东北部	16.1	18	33.4
中部的西北部	7.7	9.3	31.1
亚特兰大南部	17.6	19.1	34.4
中部的东南部	5.6	6.7	31.1
中部的西南部	6.9	8.9	29
高山区	3.4	4.3	29.1
太平洋地区	17.1	12	53.4

资料来源：美国统计局，SIPP 数据，1990

表 6　反向抵押贷款的群体和所有老年房主的婚姻状况和年龄分布　（单位：%）

年龄范围及身份	老年反向抵押贷款比例	所有老年房主比例	各类老年反向抵押贷款人群占老年房主比例
62～71 岁			
已婚	8.7	26.2	12.5
单身男性	6.4	5.6	42.6
单身女性	17.3	18.7	34.5
72～81 岁			
已婚	10	16.4	22.7
单身男性	7.9	4.6	64.7
单身女性	25.8	15.7	61.6
82 岁以上			
已婚	4.1	3.6	42.6
单身男性	4.1	2.1	74.3
单身女性	15.7	7.2	81.6

资料来源：美国统计局，SIPP 数据，1990

八、反向抵押贷款作为流动财富

　　大多数人研究反向抵押贷款业务开办的前景时，主要考察了该业务对客户收入增加的影响。然而，许多老年房主更偏好一次性总额付款或基于资产的最高限额贷款等不规则支付，以备不时之需。实际上，联邦住房管理局担保计划中的借款人有一半选择单纯的信用限额支付，另外的23%选择信用限额支付与期限式或永久式相结合的方式（美国住房与城市发展部，1992）。美国退休者协会(AARP)的一项调查也表明,尽管人们表示目前暂不需要反向抵押贷款业务,但其中高达 84% 的人认为如果需要时,他们也会办理此项业务(1993)。在了解房主的流动财富概况的前提下,最高限额贷款利率的计算就不难了。约有 37% 老年房主的流动性财富低于 5000 美元,一旦金融震荡来临,可能不得不卖掉房子来应付。金融震荡可能与房子相关,小的如屋顶破损、浴室里砖面腐蚀,或与健康相关,如需要特殊护理或保险除外药物,甚至是与汽车相关等。

从表 7 可以清楚地看到,一次性总额付款能够大大提高许多老年房主的流动性财富。一项反向抵押贷款业务可以令将近 1/3 房主的收入提高 2 倍以上,14% 的房主有可能提高 10 倍以上。所有老年房主一次性总额付款的中值为 24507 美元(流动性财富为 15000 美元);而流动性财富在 5000 美元以下的房主,可以收到超过 17000 美元的款额。

表 7　一次性总额收入在流动性财富中的分布(所有老年房主)

一次性总额收入占流动性财富比例(%)	
＜50%	44.4
50%~100%	12.9
100%~200%	12.4
200%~500%	10.2
500%~1000%	6.5
＞1000%	13.7
一次性总额收入中值(美元)	
所有房主	24507
流动性财富＜5000 美元的房主	17607

资料来源:美国统计局,SIPP 数据,1990

九、实施反向抵押贷款的困难

尽管大量老年房主可能从反向抵押贷款业务中受益,但很少有金融机构愿意提供这样的产品。高龄老人比一般老人在经济上可能更趋于保守,考虑到借款人的高额咨询费以及教授他们新金融产品的有关知识是一个缓慢过程,这些都是开展此业务的困难。

低收入的老年人考虑到一旦办理反向抵押贷款业务,就会损失获得附加保障收入(SSI),或者基于 SSI 之上的医疗补助等的公共救济。贷款机构将借款人的房屋作为留置物,借款人将所得的预付款以本票的形式保存,并不计入收入,并不影响获得附加保障收入。然而,如果将款额存放银行而非每月消费,就要计入收入来源,有可能不能获得附加保障收入。

反向抵押贷款的支付,对偿还债务后老年房主净收入的估算有何影响呢?假设抵押贷款率、年金率和房产年升值率分别是 9.25%、7.25% 和 4.3%,收入增长超过 20% 的房主比例只增加了 1.5%。如果借款人能从模拟反向抵押贷款中获得一次性总额支付用于偿还现有的高利率负债,这个比例就会上升至 4%。除节省利息外,运用这样的方式还有附加优势,即可以使偿还本金的期限与借款人的实际寿命一样长。

实际上,Merrill、Finkel 和 Kutty(1992)研究发现,反向抵押贷款需求的地域限制更为严格。

分析其原因可能是他们假定的收入水平和房产价值与一些地区的房主实际情况不符。

年金收入使得借款人的收入在政府规定的最低收入之上，他们就可能无法获得公共救济。这也是低收入老年者接受反向抵押贷款业务的一大困难。如果反向抵押贷款以年金的形式支付，这就要计入收入而非贷款。如果采取一次性总额付款方式，尽管在危难时刻可能派上用场，但对于想要获得公共救济的低收入老年人来说，还是缺乏吸引力。更进一步地，年金利息属于应税收入，所以，年金形式对那些没有公共救济，有应税收入的老年人来讲是不利的。反向抵押贷款制度规定，不管借款人是否继续居住在原房屋里，都可以获得现金流入。如果反向抵押贷款支付的款额被视为合法贷款所得，而不计入收入，对借款人就更具有吸引力了。

十、结论

本文研究表明，反向抵押贷款的市场潜力比前人研究的更大。大多数研究只涉及反向抵押贷款支付的平均情况（取某一特殊年龄层或收入层的小样本），忽视了重要的信息。我们对房主分布进行考察，结果预示，本业务将给数量巨大的房主带来收入上的明显提高。

我们采用 1990 年的收入调查计划以及对 62 岁及以上人口普查评估的数据进行测算，表明通过反向抵押贷款，超过 600 万的美国房主的月收入可有效增长 20%。其中，130 多万房主没有孩子。进一步而言，反向抵押贷款业务可使 140 多万老年人的收入水平提高到贫困线之上。

接近 500 万的老年房主可以从反向抵押贷款业务中获得至少相当于他们现有流动资产两倍的一次性总额支付，230 万房主可利用该项业务使他们的流动性资产增加 10 倍以上。遇到金融风险时，这些房主尤为受益，可以在不损失房产的情况下获得现金收益。

如今美国老年人口的数量已超过 3700 万，人口统计局预计到 2020 年这一数目将增加至6600 万。根据以往 30 年的人口分布发展趋向，可以预见未来不仅老年人口数量猛增，单身和无子女老人也将随之增加，遗产动机就更为减弱。反向抵押贷款市场的发展，不仅依赖于人口规模的大小，还有机构开办业务的约束、私人部门反向抵押贷款合同的结构和吸引力。政府的参与可以提高客户对此业务的兴趣度。而私立机构将决定如何把反向抵押贷款业务办理好，以及该项业务是否如人们预期的良好形势发展。（蔡步琳翻译）

反向抵押贷款在各国运行状况的研究

柴效武

摘要:随着反向抵押贷款在美国获得巨大的成功,英国、新加坡、法国、日本、澳大利亚、加拿大等国也纷纷推出了各自的反向抵押贷款产品,该业务在全球迅速发展开来。从这些国家反向抵押贷款市场的发展历程来看,各国的发展模式和水平并不相同,本文分析和阐述这些国家的反向抵押贷款运作模式,为我国推行这一业务提供参考。

一、英国

(一)英国反向抵押贷款历史

老年人没有足够的退休金支应他们的退休生活,并非现代生活才出现的情形。而老年人期望动用拥有房产蕴涵的价值来度过晚年的幸福生活,这一以房养老的思想也非目前的人们才能想到。早在 400 年前,欧洲投资人就会自老年人手中买入他们的房子,而且允许他们不用付租金,就可以一直住在房子中度过余生。现代意义的反向抵押贷款的产生,则可以追溯到 20 世纪早期的欧洲,是为了解决住房问题而创新的一种金融工具,它作为一种新型融资工具一直很受家庭的欢迎。

英国的反向抵押贷款市场没有美、加发达,最主要的是净资产释放体系(Equity Release Mechanism)。在 1929 年经济大萧条时,英国有种金融工具叫做 Home-equity Reversion,时至今日,则称为 Equity Release,一直到 20 世纪 90 年代都还在英国持续开展。

英国在 20 世纪 80 年代初期,出现了一种新型反向抵押贷款——住房资产释放计划,但产品的市场表现并不理想。造成这个局面有多方面的原因,产品设计中未能设定"无追索"保护条款是其根本性缺陷。该产品具体运行中,房主首先签订贷款合约,获得大量贷款并投资于债券或股票市场,获取收益用来养老。理想的状况下,该收益将会远远超过反向抵押贷款利息,所得差额为合约持有人所有。但在 20 世纪 80 年代,英国的经济陷入衰退,股市低迷,利率上升,股票债券价格骤降。反向抵押贷款合约债券收益反而低于贷款的利息费用,使得老年人陷入债务危机。1990 年,英国政府立法取缔了这些没有"无追索"保护条款的产品。

2001 年 4 月,英国政府借鉴了美国的反向抵押贷款运作方式,推出了如今的资产释放计划。老年人可以把私有房产的部分或全部价值转换为现金,并居住在抵押住房内直至搬离或生命终结。当地金融部门以住房价值为基础给予借款人相应额度的贷款,贷款在到期时予以归还。部分贷款则由地方政府直接提供,以取得老年人的信任。政府在三年内持续投入了约 8500 万英镑的预算资金。

英国的反向抵押没有纳入金融服务权力机构的监管,政府没有从舆论到政策对该产品的推行进行大力支持,新产品的生命力较弱,造成了公众对反向抵押贷款的坏印象。由于之前产品的运营失败给人们留下了不良印象,一定程度上阻碍了产品推广。初期的英国反向抵押贷款市场份额仍然很小,随着时间的推移,该市场逐渐扩大。1993 年,资产释放计划规模只有 2370 万英镑,从 20 世纪 90 年代末开始,该计划开始快速发展,至 1999 年底,已签订的资产释放计划合约总额已超过 50 亿英镑。此外,2002 年 1 月,英国政府提出制订反向抵押贷款的新运营管理规章,以期推动反向抵押贷款市场的发展,保护借贷双方的利益。在政府的支持下,英国反向抵押贷款市场逐步走上正轨。相信在政府的大力支持、银行等相关机构的共同努力以及产品结构和运营机制的不断完善下,英国市场上大量存在的不动产价值将会流动起来。

(二)英国反向抵押贷款产品简介

英国的反向抵押贷款均为一次性贷款,不存在年金形式。如果这笔钱用于投资,其收益将被视作应计税收入。贷款利率为固定利率,现在为 7%,高于传统住房抵押贷款利率。“避免负抵押保证”条款消除了年长借款人由于房屋价值低于贷款本息之和而被逐出的可能,但需要承担相应较高的贷款利率。

当前,英国市场上主要有以下几种反向抵押贷款产品。

1. 家庭收入计划

家庭收入计划是英国早期反向抵押贷款运作失败的一个产品,它是指老年人将住房产权抵押给贷款机构后,获得的不是现金,而是类似于即期终身年金的投资产品。如果房主选择的是夫妇的共同合约,则这种投资产品的支付期是到夫妇两人都去世终止。早期产生丑闻的合约采用的是短期浮动利率,并要求房主每月交纳利息,这样每月应付利息变化的幅度可能很大,而贷款机构付给房主的投资收益却因股票市场的低迷而甚少,从而导致了房主的入不敷出。丑闻发生之后,家庭收入计划大多采用固定利率,并保证利率全期不变,而支付给房主的年金数目也固定,故称为“安全的”家庭计划。这一产品已逐步退出了反向抵押贷款市场。

2. 卷藏式反向抵押贷款

卷藏式反向抵押贷款,是指借款人不必每个月偿还利息,而是将其自动累加到贷款总额上。在房主过世后,本金及所有滚存利息费用才通过变卖房产清偿。卷藏式反向抵押贷款采用固定利率,但为避免投资风险过高,有些合约采取有上限的浮动利率。在贷款的发放方式上,借款人可选择一次性总付或年金的方式,其中年金支付又有固定金额和递增金额式之分。新近的卷藏式反向抵押贷款产品还增加了“无追索权保证”条款。在贷款到期时,如果本金和利息超过住房价值,贷款机构不得向借款人追讨差额。

合约持有人一般可选择一次性或年金式发放贷款,年金方面亦有固定式或递增金额或可供消费者选择。较新颖的卷藏式反向抵押贷款具有“不追讨保证”。假若本金及卷藏入贷款的利息费用总和超越物业价值,反向抵押贷款供应者亦不得向借款人追讨差额。

3. 分享升值反向抵押贷款

分享升值反向抵押贷款最先由苏格兰银行发行,随后巴克莱银行也开办了这项业务,这些分享升值计划大致可分为两种类型。

第一类型是借款人支付比市场较低的利息,但需要与贷款机构分享将来部分物业升值之得益。

第二类型是借款人不须缴付任何利息开支,但将来的还款额是本金再加上 3 倍其借款比率的物业升值额。最高借款比率一般被定为 25%。举例来说,一名屋主的物业现值为 10 万英镑,借款比例为 25%,即该屋主可获贷款 2.5 万英镑。假设期满后屋主物业升值至 15 万英镑,还款额为:本金=2.5 万英镑,分享=3×25%×[15 万-10 万]=37500 英镑

升值分享概念原本颇受一般消费者欢迎,但供应机构未能找到其他长期投资者的继续支持

及提供资金。假若资金问题一旦得到解决,相信有更多不同类型的分享计划再度出现。

分享计划最大的缺点是合约期内屋主不能转售或搬离该物业。这使屋主失去了一些迁居或转换居所的自由。现在,苏格兰银行及巴克莱银行均已经停止发行这些分享计划。

(三)英国发展反向抵押贷款的阻碍

1.传统观念

1994 年,Don Preddy 为国家退休金协会做的一项调查显示,大部分英国老人尚不愿意参与反向抵押贷款业务来提高自身的收入,他们只会在收入严重不足,迫不得已的情况下才会考虑这一业务。最近几个相近的调查也显示老人对反向抵押贷款的态度仍然没有较大改变。但已经持有反向抵押贷款的老年人,则大多对这项贷款安排感到非常满意。

现时英国的反向抵押贷款市场开始扩大,截至 2009 年底为止,已经签订的反向抵押贷款总金额超过 100 亿英镑。反向抵押贷款近期得以发展,全赖供货商庞大的市场推广计划,发放很多反向抵押贷款的正面消息,如反向抵押贷款收入可令老人生活更为优裕,如参与各项消闲活动,与儿孙共享天伦及收入充裕所带来的安全感等。这些信息可望在将来改变老年人对反向抵押贷款的抗拒心理。

2.继承

英国老年人一般仍然希望把房子传给下一代,但亦有人认为这种遗产继承的思想慢慢会改变。一般老年人可能还希望遗赠居所给下一代,未必愿意为此使自己在世时受苦。有些反向抵押贷款安排释放出部分物业价值,但亦留下部分价值给下一代继承者。这类型的合约可能会减少老年人对反向抵押贷款的忧虑。

3.资金问题

现时英国的反向抵押贷款机构不容易从长期投资者,如退休基金或保险公司处筹集资金。税务及欧盟法例的差异,使得各国投资者对英国反向抵押贷款市场望而却步。英国若要解决反向抵押贷款业务开办的资金问题,首先要解决税务及欧盟法例的问题。

4.法例

现时,英国监管反向抵押贷款的机构及法例比较散乱,有些合约甚至不受任何管制。有明确完善的管理法规可帮助该市场顺利发展。英国政府已经决定,并将推出一套专为反向抵押贷款而订立的新法例。《消费者信用法案》虽然可以对这类产品起到部分的约束作用,但是,由于《消费者信用法案》不是专为反向抵押贷款而制定的,许多规定繁琐而严格,增加了运作的成本和复杂程度,在一定程度上阻碍了反向抵押贷款业务的发展。

最近几年,英国政府意识到了反向抵押贷款的积极作用。为加强对反向抵押贷款的监管,英国的金融管理服务局已经接管了反向抵押贷款事务,并负责制定新的监管条例。

二、加拿大的反向抵押贷款模式

(一)加拿大反向抵押贷款历史

加拿大为了解决养老保障问题,为老年人提供反向抵押贷款融资服务。这个反向抵押贷款业务又称为住房收入计划(Canadian Home Income Plan,CHIP),早在 1986 年就开始运作。该计划帮助老年人从自住的物业中释放出现金收入。经过长达两年的研究,CHIP 根据英、美等国的同类计划为蓝本,制定出切合加拿大需要的一个反向抵押贷款方案。

CHIP 是一个由私营机构管理的计划,没有政府参与其中,已经成功发行超过 20.7 亿加元的反向抵押贷款合约。CHIP 被公认为加拿大反向抵押贷款业界的翘楚,并获得 AAA 信贷评级。该计划部分由 CHIP 公司工作的反向抵押贷款专业顾问负责分销,其他大型财务机构亦参与了业务分销工作。

CHIP 对借款人的资格要求为:年龄在 62 岁以上(含 62 岁);拥有的房产类型为单幢房产、城镇房产、复式房屋、公寓。申请人可通过加拿大的 6 家主要银行(The Royal Bank Financial Group,TD Bank,Seotia-bank,Bank of Montreal,National Bank and HSBC)以及金融理财师、会计师、抵押贷款经纪人向 CHIP 公司申请反向抵押贷款(方永祥,2007)。处理一份申请及其相关法律文件大概需要 21 天。考虑到该计划的复杂性,建议申请人向其律师或专业的机构和人士详细了解该计划(蔡清,2003)。

在今天,有 80% 以上的加拿大老年人拥有无抵押的,价值一般在 10 万～20 万加元之间的自住物业。但这批老年人亦有不少每月现金收入不定,生活于贫穷线之下。在近期低息的经济环境下,大部分保证投资合约的收益都只有 3%～4%。老人若不充分利用其价值不菲的物业,单靠退休金投资利息收入,每月收入可能就有较大不足。鉴于反向抵押贷款计划每月能为老人带来不少的年金收入,该贷款业务已经在加拿大渐渐流行起来。

加拿大政府为反向抵押贷款产品提供担保机制,根据贷款发放方式的不同设计成 3 类,强化了市场监管和风险控制。加拿大没有出台专门的法律法规,没有特定的法律规范约束反向抵押贷款的运行,但规定 CHIP 贷款机构由国家财务机构监管局来监管,CHIP 产品的推销员也必须持证上岗。

(二)加拿大反向抵押贷款产品简介

目前,在加拿大主要有三种反向抵押贷款产品。

1. 反向年金抵押贷款(Reverse Annuity Mortgage)

反向抵押贷款在加拿大得到越来越多的关注,并被广泛使用。反向年金抵押贷款分为两个方面:首先,借款人使用住房作抵押取得大笔资金;然后,利用这笔资金购买一份年金。在整个反向年金抵押贷款期限内,这笔资金是使用复利计息的。大多数情况下,年金在借款人的有生之年都能按月为其提供固定的收入。即使在住房被出售、贷款已经还清后,老年房主仍然拥有还会继续支付的年金。反向年金抵押贷款非常适合那些希望有生之年都能按月得到固定收入的老年借款人。这种贷款的弊端是成本很高,这是因为一次性支取大笔资金、使用复利计息等,导致利息支出额增加得非常快。

加拿大的反向抵押贷款运作模式和美国类似,只是政府所起的作用要小一些,市场方面也面临着与美国类似的发展障碍。

2. 信用限额反向抵押贷款(Line of Credit Reverse Mortgage)

这种贷款允许借款人随时支取所需贷款,在年度支取的限额内,每次支取数额自行决定。借款人仅仅需要对已支取部分的贷款支付利息。信用限额的反向抵押贷款适合那些仅在需要时支取贷款的老年借款人,这就可以把贷款利息降到最低。

3. 固定期限反向抵押贷款

这种贷款仅在固定期限内提供贷款,如 5 年或者 10 年。当贷款到期时,所有贷款本息必须还清;如果借款人不能按时清偿贷款本息,住房将被强行出售,用售房所得来归还贷款本息。固定期限的反向抵押贷款比较适合那些短期急需资金的借款人,为那些等待投资到期或养老金开始发放而又急需资金的老年人,解决了燃眉之急。

老年人通过反向抵押贷款得到的款项是免税的,在加拿大很受欢迎。从 1986 年开办反向抵押贷款以来,加拿大 CHIP 共签署了反向抵押贷款合同 10000 份,价值达到 1.04 亿加元。据 2006 年统计报告,加拿大 65 岁及以上的老年人有 430 万人,说明这一房产养老模式仍然面临市场需求不足的局面。

(三)加拿大房屋反向抵押制度的优点

加拿大房屋反向抵押制度的优点主要有:
(1)房屋所有人可以继续享受房屋投资所带来的收益;
(2)通过反向抵押得到的贷款是免税的,可以减轻个人税负;
(3)能够为借款人从事其他经济活动提供现金;
(4)只要借款人继续居住在该房屋内,贷款机构便不能要求其偿还贷款;
(5)借款人在任何时候都可以自由出卖其房屋或移居他处,被要求偿还的贷款额不会超过该房屋变卖时的市场合理价格,以确保借款人的利益。但如借款人在获得贷款的 3 年内就要提前偿还贷款,因打乱了机构的贷款计划,个人将要支付额外的赔偿给贷款机构。

(四)美国与加拿大房产养老模式的比较

加拿大、美国等国家在发展反向抵押贷款业务的过程中,包含着普遍的和共性的经验,具有借鉴意义。由于两国各种文化、经济、社会状况的不同,形成了各自的特色和鲜明的个性。但两国政府在反向抵押贷款的发展中都扮演着重要的角色。政府的作用主要体现在:强化宣传教育,优化发展环境,如美国国会为支持反向抵押贷款知识的宣传、反向抵押贷款计划的推广和潜在借款人的培育提供一定的资金支持,成立了政府性质的咨询机构;制定税收减免优惠政策(张巍巍,2007)。两者之间的比较详见表 1(龙会芳,2005)。

表 1　美国模式与加拿大模式之间的比较

类型	美国模式	加拿大模式
政府作用	政府作用较大,国会、联邦住房管理局等	政府作用相对较弱
法律规范	《联邦不动产法》、《国家住房法案》、《联邦真实贷款法案》等	无特定法律规范
贷款机构	政府和私人贷款机构同时提供;根据美国的《联邦银行法》下设的《联邦不动产法》,任何银行、信托公司、国家银行联盟、储蓄银行、储蓄和贷款协会、联邦储备银行、联邦储蓄和贷款协会、信用联盟、联邦信用联盟和任何授权的抵押银行,以及其他 FHA 特别授权的实体都可作为"合法贷方"	私人专业公司提供,唯一一家提供反向抵押贷款产品的机构
借款人	自己拥有住房,以该住房作为自己的永久住所,并居住于此的 62 岁以上的老年人(不论性别);房屋可以是共同拥有,但所有共有人的平均年龄至少应达到 62 岁,且其中至少有一人将该房屋作为永久住所;此外该房屋必须仅为一户家庭所居住	年龄在 62 岁以上(含 62 岁);拥有的房产类型为单幢房产、城镇房产、复式房屋、公寓。对租赁房产、共同拥有房产和大面积土地则无法申请贷款

续表

类型	美国模式	加拿大模式
贷款金额	因贷款机构的不同而有所不同,并且每年调整	可获得房产评估价值10%～40%的贷款额度,具体贷款金额由借款人的年龄、性别、婚姻状况、房产类型和地段及评估时现行利率决定,最低14500加元,最高不超过50000加元
贷款发放方式	分期支付、一次性支付和信用限额(客户自己选择时间不定期领取或偿还),或三种方式的结合	一次性支付
贷款偿还	允许借款人或继承人直接以现金偿还贷款本息。但还款义务仅限于抵押部分的价值(包括此后房屋的增值),借款人将抵押的房屋变卖后所获得的价款扣除相关的交易费用后的金额,贷款机构无权因超过部分向借款人或其继承人求偿,此时其未获偿部分就由保险人负责赔偿;如果房屋的价款扣除交易费用后偿还全部贷款本息后还有剩余,该剩余的部分则仍属于借款人所有,应将之归还给借款人或其继承人	可短期出租自己所抵押的房产;允许借款人可以出售自己的房产来偿还贷款,但如果在获得贷款的3年内就进行偿还,就得支付额外的赔偿给贷款机构

三、日本

(一)日本的人口老龄化状况

20世纪90年代,随着房地产泡沫的破裂,日本的经济金融状况持续走低。二战后人口出生率的剧减,加重了日本人口的老龄化程度。1970年,日本65岁以上人口占总人口的比率为7%,刚刚进入老龄化社会。此后30多年里,由于出生率下降、平均寿命延长等原因,日本人口老龄化的发展速度十分迅速,目前,日本已经成为全球老龄人口比例最高和人口老龄化最为严重的国家。根据2004年9月日本总务省公布的人口推算数字,日本65岁以上人口占总人口比例已达19.5%。到2015年,这一比例将达25%,甚至有可能在2050年超过1/3。

(二)养老压力与反向抵押贷款业务的推出

为了解决老龄化社会里老年人的照料和护理问题,日本在1989年制定并推行了"黄金计划",为低收入老年人提供上门服务和家庭护理,以促使老年人保健福利计划战略的实现。1994年又颁布了"新黄金计划",将服务对象扩大到全民。2000年护理保险制度正式实施,将护理服务纳入社会保障的法制体系。为了减缓出生率的下降,1994年日本推出"天使计划",帮助妇女就业,增加育儿、保育措施。1999年和2004年,日本又先后推出了"新天使计划"和"新新天使计划",鼓励妇女生育。同时,日本政府还大力推动财政和金融领域的结构性改革,希望能够使国民经济走出多年的低谷,从而增加财税收入,提高养老基金的投资收益。

日本公共财政和养老保障体系今天面临着前所未有的压力。人们逐渐将注意力集中到反向抵押贷款上来,希望能以此改善老年人的生活。日本老年人拥有的住房资产及占据家庭总资产的比例,要远远高于美国等发达国家,在财政吃紧的情况下,反向抵押贷款是提高老年人消费水平的一种很好选择。

日本的反向抵押贷款主要分为公共计划和私营计划两大类。与美国的 HECM 贷款相似,典型的公共计划是 MUSASHINO－CITY 和 NAKANO－WARD,大多要求抵押房产的价值在5000 万日元以上或更多,而私人计划则要求抵押房产价值在 1 亿到 2 亿日元或更多。在实践中,金融机构通常把最大贷款额限制在目前房产市场价值的 70%,有些贷款项目中,公寓房的这一比例可能在 50%。但 20 世纪 90 年代初期的房地产市场崩溃,使得这一限制失去了意义。另外,城市公寓房不符合日本贷款抵押物的条件,这就意味着大量拥有这类房产的老人被排除在反向抵押贷款计划之外。

Hisashi Ohgaki(2003)探索了日本反向抵押贷款的发展历程。早在 20 世纪 80 年代晚期到1992 年的泡沫时代顶峰时期,日本的私人金融机构就提供了反向抵押贷款。一些地方政府还开办了“实物付款型”的反向抵押贷款,但这些努力都随着房产泡沫的崩溃而夭折了。到了 20 世纪90 年代后期,随着老龄化问题越来越严重,并且低利率和股市疲软加剧了国家养老体系的财务危机,试图解决养老问题的人们开始把注意力集中到反向抵押贷款上,把它作为补充养老保障体系的一种选择。

Mitchell 和 Piggott(2004)在“Unlocking Housing Equity in Japan”一文中,提出日本开办反向抵押贷款业务需要政府给予相关政策支持,减轻资本利得税、交易税等税收负担,建立相关机制使年金收入流免纳税费等,同时需要对房地产市场进行改革来加强信息流通,对资本市场进行改革来建立反向抵押贷款的再保险机制等。虽然目前日本反向抵押贷款的市场需求很小,仍在初步探索阶段,但作为一种关于老年人的创新金融工具,随着利率的下降和人口寿命的延长,将来必定会越来越多地受到国民的欢迎。

日本反向抵押贷款的特点是,国内老年人的潜在需求巨大,政府积极扶持,但由于民众普遍的观念保守和经济低迷,导致了消费需求的不够旺盛,使得日本反向抵押贷款市场狭小,没有受到广大民众的欢迎。图 1 是一个调查结果,反映了反向抵押贷款不受欢迎的原因。

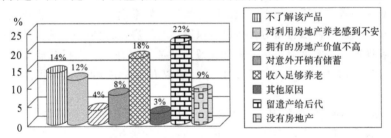

图 1　日本反向抵押贷款不受欢迎的原因
数据来源:Bank of Japan Monthly Bulletin, April 2005 issue

从图 1 可知,日本反向抵押贷款不受欢迎的原因中,排在第一位的是“留遗产给后代”,第二位是“收入足够养老”,第三位是“不了解该产品”。

四、新加坡

在接下去的二三十年中,新加坡将面临着严峻的人口老龄化问题。预计到 2030 年,60 岁以上老人占全部人口总量的比例将增至 19%,高达 796000 人。[①] 政府必须为此准备足够的养老金,以应对老龄化趋势。新加坡政府设定了中央公积金制度,即中央准备基金,并将最小额度从 1987 年的 30000 新元增加到 2003 年的 80000 新元,但仍然有许多职工无法满足最小数额的需求。

新加坡政府将反向抵押贷款视为解决人口老龄化问题的有效方法。1994 年,政府任命的成本评论委员会建议参照美国引进反向抵押贷款,以帮助政府解决部分退休国民的养老问题。成本评论委员会调查研究后认为,反向抵押贷款是帮助新加坡老人得到他们拥有房产的变现收入,满足退休开支的一种方式。[②] Ngee-Choon Chia 和 Albert K. C. Tsui(2004)研究了拥有公共住房的"高资产、低现金"的新加坡人开展反向抵押贷款的可行性。

新加坡是继美国后,在各国推行和创新反向抵押贷款模式的典型代表,该项目在新加坡住宅发展局(Housing Development Board)的指导下,由银行、保险等金融机构负责发放反向抵押贷款,凡是年龄达到 60 周岁以上且拥有住房产权的老年人,都可以把房产进行抵押加入反向抵押贷款项目,从而获得额外的现金收入。1997 年,新加坡保险合作社(NTUC Income,职总英康)首次推出了反向抵押贷款保险。这一业务是针对拥有私人住宅,年龄在 60 岁以上的新加坡公民或常住新加坡人,利率实行浮动。

新加坡的反向抵押贷款具有更强的政府色彩,目前得到普遍推广的是新加坡保险合作社——职总英康推出的反向抵押贷款项目,该项目受到新加坡住宅发展局的指导和监督。与美国推行的几种反向抵押贷款不同的是,新加坡模式在借款人去世时,贷款机构从其变卖的房产总额中扣除借款人生前实际发生的贷款本金和利息后,余额部分须交给其法定的继承人。此外,如债务到期时超过房屋价值的那部分,将向老年人继承者追偿。如果继承人能一次性付清或用再按揭的方式付清借款人生前的反向抵押贷款本金和利息,房屋也可转卖给继承人,或继续留给借款人的后代。

新加坡的以房养老模式,有以下三种具体情况:

第一种,允许符合条件的组屋拥有者出租全部或部分居室来换取养老收入。

第二种,对一些居住在原来较大面积的已退休的夫妇来说,如果子女长大成人并且已经搬到他处居住,老年夫妇可以将现有住房置换成面积较小的住房,以大换小后获得的净收入用作老年日常开支,或者投资一些低风险产品来获得收益。新加坡允许当事人根据经济状况选择一次性或分步完成住房的以大换小。如卖掉私人住宅后换取五房式的组屋,然后再换取三房式的组屋等,依次类推。

第三种就是平常所说的倒按揭。退休者将自己的住房抵押给金融机构,按月从该金融机构获得现金收入,退休者仍居住在自己的住房内。当该退休者死亡、出售该住房、搬出或原先商定的贷款期限到期时,抵押变现并结算利息。在新加坡,只有私人建造的商品住房才能参加倒按揭操作。

厦门大学的经济学硕士张鑫归纳出反向抵押贷款项目美国模式和新加坡模式的相似性和不同点(见表 2)。

---

① The Straits Times, Jan. 17, 1994, for the announcement by the Acting Minister for National Development.

② Ngee-hoon Chia and Albert K. C. Tsui. Reverse Mortgages as Retirement Financing Instrument: An Option for "Asset-rich and Cash-poor" Singaporeans[R]. Presented ISER Seminar. Osaka University. 2004.

表 2　美国反向抵押贷款模式与新加坡反向抵押贷款模式的对比

		美国模式	新加坡模式
相同处	贷款目的	通过反向抵押解决养老保障不足的问题,提高老年生活水平	
	住房产权	拥有住房的产权,方可将住房作为抵押物申请反向抵押贷款	
	贷款发放	按月固定给付或者一次性支付贷款	
不同处	项目制定人与贷款机构	联邦住宅管理局或金融机构既是项目制定人也是贷款机构	项目制定人为新加坡住宅发展局,贷款机构为银行等金融机构
	借款人	年龄为 62 周岁及以上的老年人	年龄为 60 周岁及以上的老年人
	贷款期限	分为固定期限和终身期限两种	一般到借款人去世或出售房屋才偿还贷款
	房产及增值余额处置	固定期限型到期后收回住房,终身期限型直到借款人去世。房产升值带来的利润由借款人获得	直到借款人去世才收回房产,若一次性付清贷款,可转给继承人。房产升值利润差交继承人

反向抵押贷款制度在新加坡开展得较早,已经形成了一些成熟的经验,但也存在着一定的缺陷,原因在于新加坡在进行反抵押产品定位时没有充分考虑到自己的特殊国情:

一是要求申请者年龄在 60 岁或 60 岁以上,新加坡政府规定反向抵押贷款只限于拥有私有房产的新加坡籍或持绿卡的房主,或是私人建造的商品住房,政府建造的组屋不能参加反向抵押贷款。组屋是指由新加坡政府出资为普通收入居民建造的公共房屋,分为一房式、二房式等,大致相当于我国的经济适用房。这个规定将广大公有住房的住户排除在外。而新加坡 80% 以上的家庭拥有的是公有住房,损失了这么大的市场份额非常可惜。

二是机构的贷款额度较低,贷款合同设计不尽合理,没有纳入"无追索权"的保护条款,公众较少获利且缺乏保障,致使新加坡的老年房主一度不愿意接受住房反向抵押贷款,降低了该产品的吸引力。该产品不仅使贷款机构面临房屋价值波动风险,也使老年人或他们的继承人面临债务风险。

三是新加坡国内华裔众多,有着和国人相似的观念,比如希望把房子当做遗产等,使新加坡人对反向抵押贷款这类新产品有一种天然的抵触心理。

五、中国香港

(一)香港退休保障的不足

香港现时的老年人主要是靠儿孙供养,随着香港社会日渐西化,伦理关系和社会价值观念已有较大改变。子女供养退休父母的传统在香港日渐式微,有许多年轻人已经不再把照顾退休老迈的父母视为自己的责任。未来一辈香港退休人士的财务支柱,可能主要依赖下列各项:家庭其他成员的资助;自己工作的薪金;退休金(如强积金)和社会福利等。

我们现在利用一个简单的精算模型推算出强制公积金所能带给老人退休后的经济保障。表 3 列出不同年龄、性别及收入组别按月领取的公积金与退休前最后月薪的百分比例。一般估计,由于退休前后的基本生活开支、入息税项均有所改变,大部分高收入人士认为他们退休后需要大概六至七成退休前的收入;低中收入人士则需要七至八成。这样的收入水平才可能过上较为理想的退休生活。精算分析的结果显示现时的强制公积金（MPF）计划只能为老年人带来基本保障，而非较高程度的生活标准。

表 3　不同年龄、性别及收入组别按月可领公积金与退休前最后月薪百分比

年龄	男性中、低薪人士	男性高薪人士	女性中、低薪人士	女性高薪人士
20	61.5%	37.9%	54.1%	28.1%
30	40.6%	21.1%	35.7%	18.5%
40	24.8%	12.9%	21.8%	11.3%
50	12.8%	6.6%	11.2%	5.8%
60	3.7%	1.9%	3.2%	1.7%

注：(1)年龄是指参加强制公积金计划时的年岁；
(2)中低薪人士是指文员级、督导级、技术员级的收入组别（1997 年平均月薪为 11400 美元）；
(3)高薪人士是指管理及专业级的收入组别（1997 年平均月薪为 38525 美元）；
(4)假设薪酬以每年 7% 递增，投资回报率为每年 11%，退休时，把这笔强积金转购每月年金。

总括来说，现时制度下，香港为有需要的老年人提供现金的综合援助保障计划（CSSA）及社会保障津贴（SSA）。但大多数具有自置物业的人士都不乐意通过这些援助计划的需求测试。香港市民不再单靠子女供养，而是以退休后工作的薪金或强积金计划作为全盘退休准备。其实，他们亦要预备从自己的积蓄、投资或其他项目（如保险储蓄及反向抵押贷款计划等）来补贴退休后的生活开支。

（二）反向抵押贷款在中国香港的发展潜力

香港房地产价格不断飞涨，可媲美伦敦、东京或纽约。虽然经历了 1997 年的亚洲金融风暴，在 1984—1998 年间，香港的房地产价格亦有平均每年 13% 的增长。行政长官董建华在第一次施政报告时，披露政府的目标是在 2007 年看到港人拥有自置居所的比率上升至 70%。这可能使很多中产人士在退休时会拥有价值可观的不动产业，但每月的生活费用却时感缺乏。这又称作"房产富人，现金穷人"，这并非指老人们特别穷困，而是他们大部分资产都被凝固在物业上。

"房产富人，现金穷人"的问题不单在香港常常碰到，很多海外国家也具有相近的景象。这些国家花了多年时间尝试使市民从他们的房屋资产释放出退休生活费用。香港一般物业的价值介乎 200 万～600 万港元之间，对拥有自置屋主说，反向抵押贷款可能是将来获取养老收入的重要源头之一。

香港政府对老年人医疗及长期护理的承担政策之改变，可能对反向抵押贷款的发展有深远影响。许多自置居所的老年人，物业是他们面对庞大医疗或长期护理支出时的后盾。将来政府政策减低对全民医疗及长期护理的承担，反向抵押贷款可能是中产阶级在这方面的重要财务支持。

Wai-sum Chan（2003）研究了香港市场，认为虽然反向抵押贷款在香港有着很大的发展潜力，但由于香港近年来的楼市大幅下滑及反向抵押贷款固有的高风险性，现在还不是开展反向抵押贷款市场的最佳时机。如今，香港的房价早已回归跌价之前的水平，除外还有相当程度的上涨，而香港的老龄化程度则较往日有了大幅提升，故此，反向抵押贷款的推出就有了很大的紧迫性。据有关媒体发布资料报道，香港目前正在积极推展反向抵押贷款的金融产品，并取得了较好的进展。

六、其他国家状况

(一)韩国

Deokho Cho 和 Suengryul Ma(2004)根据韩国的住房市场和 Chonsei 价格指数,分析了韩国反向抵押贷款在经济上的可能性,结果表明,从经济角度而言,反向抵押贷款在韩国是完全可行的,存在着较多的潜在需求者。同时,Ngee-Choon Chia 和 Albert K. C. Tsui (2004)研究了拥有公共住房的"高资产、低现金(Asset-rich,Cash-Poor)"现象,认为韩国开展反向抵押贷款具有较大的可行性。香港大学的徐永德博士正就韩国反向抵押贷款的课题作出研究[1]。

Suengryul Ma 和 Yongheng Deng(2006)对韩国反向抵押贷款市场上该产品的保险费结构进行分析,他们发现递增的月度支付对低龄老年借款人更为有利,而固定月度支付对高龄老年借款者更加有利。前者对贷款条件的改变,如未来房价升值率和利息增长率等更为敏感,在贷款条件上应当更保守一些。

(二)澳大利亚

20 世纪 80 年代末,澳大利亚曾引进了反向抵押贷款产品。贷款机构主要是具有一定资信条件的金融机构,不管是公营还是私营。借款人必须同时满足以下几个条件:65 周岁以上的澳大利亚公民;拥有房屋的完全产权;贷款用途仅供个人使用;除反向年金抵押贷款之外没有其他债务(信用卡、为个人使用目的的再贷款除外);办理反向年金抵押贷款之前,需要向专门的咨询机构或金融理财师咨询。

澳大利亚反向年金抵押贷款的支付方式有年金支付、一次性付清或信用贷款之最高限额式支付三种。贷款本金的数额以住房资产的净值、财产价值的预期评估值、市场利率、借款人的年龄和预期寿命为依据而确定。如果借款人不止一人,则以较年轻借款人的年龄和借款人的平均寿命为标准。因此,澳大利亚的反向年金抵押贷款非常类似于美国的反向抵押贷款。

在 20 世纪里,澳大利亚的反向年金抵押贷款由于没有引起政府的特别重视,公众需求短缺而下市。到了 21 世纪,澳大利亚的老龄化问题日趋严峻,政府被养老难题所困扰。同时,经济繁荣又使得人们拥有的财富剧增,众多老年人持有的住房资产显著增值,但他们的现金收入很少。澳大利亚政府认为反向抵押贷款正好可以解决当前的难题,该产品在澳大利亚又有了生存和发展的基础。

政府人员和学者主要从借鉴美国经验入手,做了很多研究,以尽量避免走一些弯路,将其快速有效地推广到澳大利亚市场上。比如在 2003 年 PRRES(Pacific Rim Real Estate Society)第九届年会上,Richard Reed 和 Karen M. Gibler 讨论了澳大利亚根据美国的经验来开展反向抵押贷款的可能性。他们认为澳大利亚存在着潜在的贷款市场,同时认为反向抵押贷款是一种独特的金融工具,虽然对部分人有明显的好处,但在推出前应该保持应有的谨慎。因此,需要借鉴海外市场的经验,规划该种金融产品,既能满足老年家庭的财务计划,又能满足社会上的大部分需要。[2]

---

① 引自张怡,反向抵押贷款:一种新养老模式的研究(硕士学位论文),2007:6.
② 柴效武,孟晓苏.反向抵押贷款制度[M].杭州:浙江大学出版社,2008.

(三)俄罗斯

俄罗斯的情况与澳大利亚恰好相反。俄罗斯曾经推出过一种称为 Mossots Garantia 的反向抵押贷款,但到 1999 年 12 月就因恶性通货膨胀、金融体系出现严重问题停止了运营,只卖出2337 份产品。缺乏政府支持以及国内金融体系不稳定,是这项产品推广失败的关键原因。学者Robert Buckley 和 Kim Cartwright (2003)认为,在俄罗斯等前社会主义国家的经济转轨过程中,失去了经济保障支持制度下的养老支付,以及医疗、住房及交通等保障,老年人的收入仅仅停留在贫困线之上,而且他们还经历了 1998 年的经济危机。但他们在住房私有化过程中,获得了高价值的住房资产。由此论证了反向抵押贷款在俄罗斯的潜在需求及其能否部分改善老年人的贫困问题。

时至今日,俄罗斯政府还没有作出支持反向抵押贷款业务开办的决策,市场一直处于停滞状态。造成这种状况的原因,很大程度上是因为俄罗斯金融系统的问题,没有金融机构愿意提供这种长期贷款;而反向抵押贷款赖以依存的住房市场也存在诸多问题,特别是俄罗斯老年人的住房维护意识,依旧像当年公有住房制度下一样淡薄,很多住房年久失修;对相关方面的信任也是问题之一,经过恶性通货膨胀和银行系统的崩溃后,俄罗斯人的存款几乎化为乌有,对反向抵押贷款这种新型财务安排并不十分热衷。

(四)印度

Gireesh(2009)对印度的反向抵押贷款市场状况进行了评估,他认为由于印度老年人缺乏公共的社会保障项目,反向抵押贷款产品将会很受欢迎。他预测到 2016 年,印度会有 2800 万合适的反向抵押贷款借款者,预计潜在市场规模将达到 5000 亿美元。

七、各国反向抵押贷款制度的比较

反向抵押贷款将养老保障与住房结合起来,实现了以房养老,对改善老年人的生活质量,减轻社会保障压力起到了很大的作用。由于国情不同,不同国家对该金融产品的设计是有一些差异的。

(一)贷款机构的选择不同

加拿大的反向抵押贷款产品是由私人的专业公司提供的;新加坡是由保险公司推出的,政府是否参与正在讨论之中;美国是由政府和私人金融机构同时提供的,但政府提供的占市场的绝大部分。美国的贷款机构较多,由美国的联邦住房管理局规定的“合法贷方”为任何银行、信托公司、国家银行联盟、储蓄银行、储蓄和贷款协会、联邦储备银行、联邦储蓄和贷款协会、信用联盟、联邦信用联盟和任何授权的抵押银行等。上述国家设计和提供反向抵押贷款产品的机构不同,有的是营利性的,有的是非营利性的,但其销售和管理往往要依赖于银行或保险公司众多的机构网络。

(二)借款人的资格不同

反向抵押贷款是针对老年人推出的,要求老年人必须拥有私人房产。新加坡规定借款人的资格为:必须是寿险保户,并在贷款期间内维持保单有效;年龄在 50 岁及以上者,目前未被判入

"穷籍"也没有牵涉任何法律诉讼程序及案件起诉者；必须是新加坡公民或永久居民，拥有私人房产；申请成功必须在贷款期间购买抵押保障保险。在美国，根据其现行法律，借款人必须是自己拥有住房并以该住房作为自己的永久住所的62岁以上的老年人，性别不论；房屋可以是共有的，但所有共有人均须达到62岁，且其中至少有一人将该房屋作为永久住所；此外该房屋必须仅为一户家庭所居住。

以上之所以有年龄限制，是因为若不考虑出售房屋这一情况，那么贷款的偿还期，完全由借款人的寿命决定。如果债务人的年龄较轻，则还款期限会很长，而发放的贷款额则会很低，反而不利于债务人。年轻人和中年人一般都有各种收入，可以用于各项支付，而其他类型需要债务人定期还款的贷款成本，一般比反向抵押贷款要低，因此中青年人没有必要使用反向抵押贷款。另外，与传统住房抵押贷款运作刚好相反，反向抵押贷款运行面临的风险与贷款的周期成正比，周期越长，风险越大，如长寿风险、住宅价值变动风险、利率风险、道德风险等，开办此项业务离不开保险机构的参与。

(三)贷款的发放额度和发放方式不同

在贷款的发放额度上，加拿大规定：借款人可以获得其房产评估价值10%～40%的贷款额度，具体数量由借款人的年龄、性别、婚姻状况、房产的类型和地段，以及评估时的现行利率而定，规定了贷款额的上限和下限。根据2003年的调整，美国的贷款额度下限为15496美元，上限为20749美元，限额确定主要根据房产所在的不同地区，并且每年根据实际情形予以调整。

在贷款的发放方式上，加拿大是以一次性的方式给付申请人，而美国则有分期支付、一次性支付和信用支付(客户自己选择不定期领取或偿还时间)，或者是三种方式的结合。其中信用支付最吸引人，借款人最乐于接受，借款人可在贷款交易成立后的任何时刻，在信用额度的范围内一次或多次提款，但每次提款时必须提前通知贷款机构。

利息按实际支取的金额计算，未支取部分不必支付利息，这有利于减轻借款人的利息负担。但信用方式最吸引人之处在于，除非借款人在交易结束后立即支取全部额度(就是一次支付)，额度内未支取的部分可随房屋价值的升值而同比例增加，每月调整，借款人因此可以享有房屋增值的利益，增值速度是贷款合同中所约定的贷款利率。这一制度针对老年人的现金需求而设立，是其他贷款方式所没有的，对缺乏收入的老年借款人来说非常有利。同时，增值速度与贷款利率相同，对贷款机构并无不利影响。

虽然各个国家采取的贷款发放方式和额度不同，但都与借款人的年龄、当前利率、房屋价值息息相关。年龄越大，意味其预期存活年限越短，预期还款期也越短，借款到期时的利息也越少，因此所能获得的贷款金额也越大。当前利率越低，意味着到期时的利息越少，所能获得的贷款金额也越大。房屋的价值越大，意味着贷款到期时房屋所担保的价值越大，所能获得的贷款金额也越大。

(四)贷款的偿还办法不同

反向抵押贷款的目的，就是保证老年人继续居住在自有房屋的前提下，以该房屋做抵押取得现金来养老。借款人在没有构成违约的情况下，只要还在该房屋内居住，就没有还款的义务，但借款人有义务保证房屋的完好价值，以保证贷款机构的债权。在偿还方式上，最常见也最符合以房养老目的的还款情况，就是借款人死亡后，以该住房资产变现后的价值还款，但也可以是其他方式，如加拿大允许借款人可以出售自己的房产来偿还贷款，但如果在获得贷款的三年内就提前偿还，则要支付额外赔偿给业务开办机构。

　　美国允许借款人或继承人直接以现金方式偿还贷款的全部本息。此时,还款的义务仅限于供抵押部分房屋的价值和此后的增值。借款人仅就所抵押的房屋变卖后所获得的价款,扣除相关的交易费用后,偿还贷款。如果房屋的价款扣除交易费用后偿还全部贷款本息后还有剩余,则该剩余的部分仍属于借款人所有,应将其归还借款人或其继承人。但如贷款的本息累计已超过了房屋的价款扣除交易费用后的金额,贷款机构无权就超过部分向借款人的其他遗产追偿,也无权向借款人或其继承人求偿,此时其未获偿部分就由保险人负责赔偿了。

　　从美国、英国、加拿大、新加坡、澳大利亚等国家的实践来看,反向抵押贷款在 40 多年中得到了快速的发展,不仅受到了本国政府的政策支持,而且一些国家的政府机构直接作为反向抵押贷款的运作者,推广这种补充养老保障服务。反向抵押贷款越来越被各国政府关注,成为社会养老保障制度外的有效补充形式,与社会养老保险、企业年金和个人储蓄共同构成立体式的养老保障网络,在全面防范老年风险的同时,更加注重老年保障水平的提高。

　　综观海外国家房屋反向抵押的发展历程,主要基于两个方面的原因:一是人口老龄化带来的养老问题,老有所养引起全社会的关注;二是房屋私有化率提高,居民资产的大部分以不动产的方式外现出来,盘活这部分资产,将它们以货币的形式释放出来,就可以实现资源的优化配置。

反向抵押贷款发行量影响因素的实证分析

王　铮

摘要：反向抵押贷款业务的开办中，发行量的多少是衡量本业务开办状况的重要因素。本文以美国的 HECMs 反向抵押贷款的发行状况为例，并探讨和分析影响贷款发行量的多种因素，借以为我国开办本项业务提供相应的借鉴。

一、美国反向抵押贷款的发行量

反向抵押贷款业务的开办中，发行量的多少是衡量本业务开办状况的重要因素。一般情况下，我们会认为利率是影响反向抵押贷款业务拓展的重要因素，实证结果也验证了这一点。但实证结果还证明，政府支持在反向抵押贷款发展历程中也起到重要作用，且其影响程度并不比利率因素的影响程度低出多少，这是许多研究人员忽略的。由此证明了政府对反向抵押贷款推广运营提供支持的必要性。图 1 从一个侧面说明了政府支持力度和利率因素对 HECMs 发行量的影响。

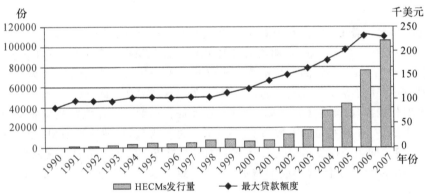

图 1　1990—2007 年美国 HECMs 发行量和最大贷款额度趋势图①

从上图描述的结果中，可以明确看出，最大贷款额度对 HECMs 的发行量有着明显的正相关性。1990—1995 年，最大贷款额度每年都在增加，而美国的经济基础在这几年并没有出现重大变化，HECMs 的发行量呈逐年迅速增长状态。1996 年，最大贷款额度从上一年的 105368 美元下降到 103335 美元，而 HECMs 的发行量则骤降至 570 份。这从一个侧面印证了政府支持力度（最大贷款额度）对反向抵押贷款业务开办的重要作用。2000 年，平均利率由上一年的 6.5％上调至 7.3％，虽然最大贷款额度持续上调，但 HECMs 发行量还是受到了显著影响，从上一年的 7923 份下降到 6637 份。2006 和 2007 年，平均贷款利率没有发生变动，最大贷款额度从 2006 年的 235619 美元下降到 229337 美元，但 HECMs 的发行量仍然增加了 31086 份，这看起来和前面

① 数据来源：http://www.hud.gov.

的论述产生了矛盾。其实并不矛盾。2006 年较之 2005 年,最大贷款额度增加了将近 3 万美元,这种增幅是空前的,因而 2007 年 HECMs 发行量延续了前期的增幅。由上述研究可知,在引进和推广反向抵押贷款时,必须采用政府主导、金融保险机构运作、各种社会机构辅助的营运模式。

二、模型构建和实证方法

美国反向抵押贷款业务的开办,在从小到大、从弱到强的发展进程中,美国政府的支持和激励政策起到了重要作用。为了证实政府支持力度等因素在反向抵押贷款发展中的重要作用,本文利用回归分析的方法,构建了一个反向抵押贷款发行量影响因素的实证模型,测算反向抵押贷款发行中,各类因素对业务开办的影响程度。这里选取反向抵押贷款发行量为因变量,选取政府支持力度和公众需求作为自变量。因 HECMs 在反向抵押贷款市场的占有率超过 90%,大致可以代表整个美国市场的发展状况,本文以 HECMs 发行量代表反向抵押贷款的发行量。

公众需求主要取决于借贷成本,以平均利率作为借款人成本的衡量标准,平均利率越高,成本越大。HECMs 是由政府部门 HUD 设计并发行的,产品的最大贷款额度和平均初始本金限额越高,可以认为是政府支持力度越大。两个额度越高,反向抵押贷款机构承担的成本和风险就越大。

三、小结

由以上实证可以看出,通过对 HECMs 的相关数据进行分析,最大贷款额度对 HECMs 发行量的系数为 3.081054,符号为正,说明最大贷款额度和 HECMs 发行量之间存在正相关关系,最大贷款额度增加 1%,HECMs 的发行量就会相应增加 3.081054 个百分点。最大贷款额度表示借款人抵押其房产而换取的养老资金的最高额度,如果最高额度太低,以至于高价值房产户主不愿意将房产对外抵押,就会使需求下降。因此,最大贷款额度的增加能刺激反向抵押贷款的需求。利率对 HECMs 的发行量的系数为 −3.155036,符号为负,与理论预期一致,说明利率和 HECMs 发行量之间是一种负相关关系,利率增加 1%,HECMs 发行量就相应减少 3.155036 个百分点。利率增加导致了借款人成本增加,由此导致借款人用于养老资金的减少,使其需求降低。

反向抵押贷款运行中的资产证券化问题

柴效武

摘要:反向抵押贷款业务运作中,特设机构通过抵押收进了大量的住房资产,这些资产要在未来的某一不确定时期以很不确定的价格才能变现还款。对贷款时期的不确定可以通过大数定理、预期寿命与实际寿命的保险得以解决;对房产价值的不确定,如住房价值随着时间的推移而出现的波动,则可以通过资产证券化的形式予以消除,至少是可以将其系统性风险,如整个房地产交易价格的整体走高或趋低的风险,在证券化的状况下予以相当程度的消除。本文对反向抵押贷款中的资产证券化问题展开相应的探讨。

一、反向抵押贷款资产证券化的提出

(一)资产证券化的一般状况

资产证券化是 20 世纪 80 年代以来国际金融发展的主要趋势,是一种重要的金融工具创新。资产证券化实质上就是把缺乏流动性,但具有未来现金流的贷款资产经过重组形成资产池,并以此为基础发行证券,出售给投资机构或投资人的融资过程。从欧美各国的资产证券化的实践来看,到目前为止,已经有抵押担保贷款、各种应收账款、固定收入贷款、各种商业贷款等多种资产成功地加以证券化。

我国资产证券化的实施上,集中意见最多的是住房抵押贷款,大家公认的理由有三:一是从世界范围来看,住房抵押贷款是一种被广泛证券化的资产;二是住房抵押贷款主要面向居民家庭个人,贷款损失和拖欠风险相对较小,且相对易预计;三是提前支付行为具有较高的可预测性,相关会计和法律环境更令人满意。这就使住房抵押贷款相对而言,更容易被社会接受并广泛推开。

资产证券化是指将资产产生的现金流转变为可在资本市场上销售和流通的证券,是以项目所属资本的未来现金流为支撑的证券化融资。它通过盘活非流动资产,提高资产的运行效率,优化商业银行的资产现金配置,优化资源配置成本,提高贷款运行的稳定性,增强贷款机构的资金流动性,提高银行的竞争力,降低银行资金占压比例和坏账比,降低贷款机构的流动性风险,降低既定的资产负债比例。同时,这一金融工具还可降低宏观经济运行的成本,为企业融资提供新的渠道和模式。

所谓资产证券化,美国证券交易委员会认为它是这样一种证券,由一个特定的应收款资产池或其他资产池来支持,保证偿付,通常是由特定专业信托公司来运作,证券承销商负责证券的出售,投资者通过投资这些证券获得可预期的稳定收入,商业银行能借助资产证券化这种方式迅速实现抵押贷款的变现,增加流动性收入。资产证券化是近年来国际金融市场中发展速度最快、最具活力和最令人振奋的金融工具。

住房抵押贷款二级市场的完善,能满足金融二级市场的投资需求,提供稳定安全的投资新渠道,投资者能通过在二级市场买卖该贷款业务获利,拓宽投融资渠道。资产证券化能够为贷款机构提供新业务,丰富创新金融产品,实现房产资本货币化的转换,降低借款人的支付风险,避免经济损失。

肖文、詹绚伟对资产证券化做了具体说明,认为资产证券化是以融通资金为目的,将缺乏流动性,但具有共同特征和稳定的未来现金收入流的信贷资产进行组合和信用增级,对该组合产生的现金流按照一定的标准进行结构性重组,并依托该现金流可以在金融市场上出售和流通证券的过程。

(二)反向抵押贷款资产证券化的提出

我们借助于反向抵押贷款的办法,解决了老年房主拥有房产价值不能流通的弊病,但在将老年人房产价值搞活的同时,却又使机构自身拥有资产的巨额价值出现了凝固。生命周期理论为住房反向抵押贷款的运作提供了基本的理论依据,却不能解决反向抵押贷款机构的资产流动性,尤其是在二级融资市场上的流动性问题。资产证券化理论为此提供了资产流动的基本思路。

反向抵押贷款推出中,当特设机构受理了大量的抵押住房资产后,需要考虑如下事项:

1.资产只有在流动的过程中才能创造新的价值,反向抵押贷款业务的推行过程中要面临的一个突出难题就是资金凝固。开办此项业务的机构前期支付养老贷款需要大量资金支出,然而房屋的回收却要在十数年,甚至数十年后。现在要投入巨额资金,回收的周期却很长,必然造成资金的沉淀或凝固,同时面临巨大的不确定性,这就成了以房养老业务的最大瓶颈。资产证券化为克服这一瓶颈提供了很好的解决途径。

2.为住房收购或反向抵押而付出的大量资金,需要有一个盘活、流动的市场和机制,以避免这笔巨额资金被"闲置压死"。

3.因住房价值随时处于波动之中,为住房收购而付出的大量资金同所收购住房的价值相比较而言,前者有可能大于、等于或小于后者。对这一价值波动的风险,需要在一定的市场上予以释放。

4.巨量社会资金需要寻找好的投资出路,金融保险部门也需要研发新的金融工具与产品。资产证券化的推出,正是应运而生。经办此项业务的特设机构,也将在这一资产证券化的推出运作中,实现盘活资金、发现价格、释放风险、金融工具创新等目的。

反向抵押贷款业务中的投资者包括机构投资者和个人投资者。银行大量的负债资产来源于储户,其资本通过贷款机构流入反向抵押贷款市场。金融机构获得的反向抵押贷款业务,经投资机构资产证券化后面向社会发行,进入二级市场流通。

(三)反向抵押贷款资产证券化的价值

资产证券化在反向抵押贷款实施中的具体运用,使得反向抵押贷款因回收期长带来的资金长期占用问题得到了有效解决,有利于反向抵押贷款项目的大力推广。

反向抵押贷款证券化能够帮助贷款机构有效规避流动性风险、住房价值波动风险和支付风险,通过反向抵押贷款业务资产证券化,能够使贷款机构提早回收流动资金,实现固定资本向货币资本的转移。若能实现反向抵押贷款业务的证券化,贷款机构就能通过二级市场收回本息,规避因房产价值波动导致贷款机构遭受损失的可能性。

反向抵押贷款业务办理中,由于贷款机构的资金回收要等到贷款期结束,期间期限较长,银行固定资产流动性不足,未来现金流的回收充满了不确定因素。反向抵押贷款资产证券化能够优化贷款机构的资产负债结构,目前已在多个国家实现。反向抵押贷款资产证券化有助于完善二级市场,深化金融体制改革,丰富金融产品市场,促进金融业的发展,维持反向抵押贷款市场的稳定。

二、对反向抵押贷款实施资产证券化的可行性

资产证券化提供了一种将长期应收款项迅速变现的手段,将资产证券化引入反向抵押贷款业务,最重要的作用是机构可以通过资产证券化在分散经营风险的同时,借此快速搞活手中的资金,在较大程度上增强控制流动性风险的能力。同时也使得对这类业务有投资需求的各类机构或个人,不会因无营运资质而丧失兴办反向抵押贷款业务的资格。反向抵押贷款中各种不确定因素的存在,可能导致经济损失,资产证券化就可以将这部分流动性较弱的信贷资产提前变现,减少可能面对的不确定性,为银行防范损失发生、控制风险提供了有力的武器。

反向抵押贷款的标的物——房产是不动产,具有较大的保值增值性而又缺乏流动性,符合资产证券化的要求。将反向抵押贷款产品引入资产证券化,相比其他缺乏流动性的资产而言,可以迅速提升发行债券的信用评级,是合理可行的。

反向抵押贷款证券化运作中,贷款银行正是基于风险分散机制,为转移和分散发放反向抵押贷款所带来的信用、利率等借贷风险。我们可以借鉴美国资产证券化的成功经验,设置适合养老者的规范化的制度,再通过住房抵押贷款的证券化运作,使得银行等金融机构发起人将持有的抵押贷款转化为市场交易的证券,实际上是将发起人最初贷出的款项在市场上重新实现交易。通过这种交易,就把原来由银行等发起人独家承担的借贷风险分散给多家投资人承担,而不必再单独承担全部借贷风险。这就使以房养老者有了更多的保障。

特设机构将代表不同住房资产的贷款合约进行整合,发行具有投资价值的标准化债券,在二级市场上流通。此时,具有丰富投资经验的投资人通过公开市场上买卖的方式实现债券交易,从而实现住房资产所有权的转移。风险分散机制的实质,是将大额风险按照债券的份额实现标准化分割,并按比例分散到各个债券持有人手中,其核心是实现住房资产的债券标准化分割和上市交易问题,只有通过二级市场的交易,才能最终实现分散风险。

詹绚伟认为基于反向抵押贷款模式与资产证券化具有三个共同特性,选择资产证券化作为以房养老改革的过渡途径具有可行性。首先,贷款的标的——房屋是不动产,且具有一定的同质性,符合资产证券化标的的要求。其次,房屋归个人所有难以直接在证券市场融资,必须依靠特殊的信托机构实现资产重新组合,而这正是资产证券化的优势所在,且有利于政府的监督管理。最后,从中长期来看,房屋具有较高的保值增值功能,可以保障未来较为稳定的现金流,满足了资产证券化的必要条件。贷款业务机构获得的房屋资产,可以通过资本市场的资产证券化实现有效流通,缓解现金支付压力,减弱贷款机构的支付风险。从另一个角度看,反向抵押贷款的资产证券化,为投资者提供了一种新型的投资工具。

资产证券化与房产泡沫,是引发美国次贷危机的两大助力,机构对资产证券化的监管与信息披露必须谨慎。银监会必须出台相关文件,明确资产证券化的使用原则、计量方法和监管资本上限,并对信用风险转移方式与转移程度进行严格的分类,规定对资产证券化进行信用评级的机构必须得到银行监管机构的认可等,防止商业银行因从事资产证券化业务而形成的风险暴露,审慎计提监管资本,避免出现资本充足率被高估的状况,防止类似于次贷危机的事件在我国发生。

三、反向抵押贷款资产证券化的定价分析

银行对已发放的反向抵押贷款进行资产证券化时,首先需要对该信贷资产组合打包,形成一个有未来现金流入的资产池,然后将该资产池出售。在构建资产池时,不仅可以单独选择反向抵押贷款产品进行组合,也可以选择其他信贷产品与反向抵押贷款共同构建资产池,但归集于同一资产池的银行资产必须是同质的,比如在期限、利率方式、偿付方式方面比较相似等。贷款产品的期限可以是定期的,比如15年或20年,也可以是不定期的,以借款人寿命为准,具体状况视反向抵押贷款合约而定。

对资产池进行产品定价时,其资产总值应该不低于构成资产池的单笔反向抵押贷款资产的价值总和,且在定价时应遵守"高风险、高收益"原则。产品定价的关键在于确定该资产池的信用评级,而信用评级的通用指标是现金流,即根据资产池中的反向抵押贷款的未来现金流是否稳定,是否能按期归还,按照一定的权重和模型来评估资产池的信用等级。当该资产池的信用等级评定后,可以参照市场上现行的且信用评级相同或相近的金融资产价格,确定一个基准卖价 P_1。银行再根据未来市场利率的走势预期,充分考虑可能面临的利率风险,将资产池中的各贷款资产未来可能的变现价值进行贴现加总,得到欲出售的资产池现值 P_2。

假设不考虑其他因素,当 $P_1-P_2>0$,即贷款资产池的市值大于银行测算的资产池现值时,银行应按照市值 P_1 来确定该资产池的出售价格。如银行欲出售的反向抵押贷款资产池的信用等级,被专家评定为A级,市场上相同或类似期限的A级资产的平均年收益率为8.5%,银行就可以按照8.5%的价格出售该资产池中的资产。当 $P_1-P_2<0$,即资产池的市值小于银行测算的资产池现值时,如银行按照资产池的现值报价,则该报价不会被市场接受。

四、反向抵押贷款资产证券化模式

反向抵押贷款的资产证券化工作,可以依照如下模式进行:

1. 老年人同某特设机构签订房产委托协议,将其拥有的房产委托该特设机构予以运营。作为交换,老年人获得代表该特设机构的全部住房资产收益率的房产信托凭证。该房产信托凭证是特设机构经办的众多房产信托凭证中的一份,其反映的资产收益率并非该特定房产的专门计算的投资收益率,而是该特设机构经营众多的房产信托业务的总的运营状况,以便计算出信托资产的总收益。如此可以避免单独计算每一笔信托业务的业绩所带来的麻烦,也可减少各笔房产信托业务因运营收益分配的差异而带来的冲突。

2. 该房产信托凭证可以谋求上市交易,交易定价是随行就市而进行,而该信托凭证的内含价值的确定,则是基于特设机构全部房产信托投资的平均价值。这种上市交易的模式有利于减弱特设机构的运营风险,搞活资金,并使持有该信托证券的老年人可将持有的证券随时在交易市场上购进或售出,以搞活资金。当然,一般社会公众也可以将此作为一种有效的投资工具,参与这一信托证券的交易。

3. 老年人还可以用持有的房产信托凭证作抵押向金融机构取得贷款。银行评估单个人的单套要求抵押的房产比较困难,但房产信托凭证的整体性和收益、计价的平均性,消除了这种单个评估的必要。银行只需要承担信托机构整体房产投资的风险即可(通常情况下,鉴于房地产保值

增值的特性,这种风险是较小的)。如果整个房产信托投资的组合相当大,就能使价格波动的风险达到最小化,老年人不再需要就房产评估的结果同银行做单个的资产评估,也将从中受益。

4. 信托投资机构对收进的大量住房,通过出租、出售、再购进的方式进行投资。这是信托公司业务的实体部分。通过这种运营,投资机构获取了相当的投资收益,除自己的经营谋利外,还可以向委托投资的老年人予以相当的利润分享。在正常情况下,这种投资收益可以凭借其专业化水平做到稳定可靠。通过这种方式,也使得该房产信托凭证能在上市后得到较高的市场定价和价位的持续走高,并凭借这一点使机构自身、老年客户、借款银行、股市投资者等各个方面都能实现共赢的好结局。

五、推出反向抵押贷款资产证券化涉及的事项

信托投资机构凭借自己拥有的专业技能和人才,运作收进的各套住房,运作的方式有出租、出售、抵押融资、再购进等。出售与再购进的目的只是为了调换手中所拥有的住房资产,并将劣质住房资产尽量调换为优质住房资产,以便在房产价格升得很高时售出,再到其他有涨价潜力的地段购进价位适中的新住房。单个人员对房产的运作是很难的,花费时间与精力太多,收租、管理、维护、售房与寻找新房源,其间都有着众多的复杂事项需要予以打理,有着太多的程序和手续需要"过五关斩六将",这是一般老年人不可能应对自如的。但通过专业的信托投资公司,就可以将这一切事项都操作熟练,运用自如,并取得可观的收益。

我国的某些大中城市,数年前曾经出现了号称"住宅银行"的机构,它接受客户闲置的住房,并予以自主营运,营运的最终结果再于年终或定期同客户办理结算。本种房产信托投资同住宅银行的运作模式有较大差异。客户在这里放弃了对原拥有特定房产的专有权利,仅仅保留对持有房产信托凭证的权益,该凭证对应的是机构拥有众多房产的一定份额,而非对应于某一处房产。机构与客户的投资收益的结算,并非是就某一处房产的运营收益进行结算,而是将机构整体的房产投资收益状况,同整个信托凭证的持有者办理结算。每个持有者得到的都只能是计算的按其持有房产信托凭证的份额平均的住宅投资收益,机构将发挥专业优势和规模化经营的优势,机构拥有多方面人才的技能优势和信息优势予以运营。它比个人独自运作经营自己拥有的房产要效率高,风险低。

机构运营商经营的商品是客户委托的房地产,机构在资本充裕、对大势看好时,可以在房市上大量购进新房或二手房,给予投资运营。客户将房产委托给机构运营时,得到的是一定面值的信托凭证,凭借此张凭证,客户可以将其在证券交易市场上交易转让(前提是该房产信托投资公司为一上市公司),可以向银行申请抵押贷款融资。但是否容许个人之间的私下交易转让,机构能否出资收购客户持有的信托凭证等,则值得商榷。这相当于客户将自有房产出售给信托机构,而非委托经营。

住房二级抵押市场是一个买卖现存抵押贷款的市场,发展住房二级抵押市场,以资产证券化方式拓宽流通渠道,放贷人可以通过将贷款组合为相关证券,以资产证券化的方式通过证券承销商出售给投资机构或投资个人,实现资产的流动性。在商业银行作为放贷人对反向抵押贷款借款人进行年金支付的期限内,根据需要可以借助抵押贷款资产证券化的方式,将应收账款转化为流动的现金,改变现有贷款资产负债的构成,调整贷款结构,拓宽反向抵押贷款的流通渠道。

六、反向抵押贷款资产证券化的运作程序

金融机构在开办反向抵押贷款业务后,将会持有数量日益增多的住房资产,这必然会使机构的资产流动性受到相当的阻碍。为此,采用资产证券化的方法来激活反向抵押贷款机构的资产流动性,就是必要的。具体操作程序可表现为:某老年住户希望利用反向抵押贷款来盘活自己的住房资产,同时又希望能以手头现有的住宅置换到更适于养老的处所。这就可以"两步并作一步走"。首先将旧住房出售并换购新住房;然后将新住房申请操办反向抵押贷款业务,将该住房资产盘活用好,起到改善养老生活的处所,找到房产养老的新处方。

反向抵押贷款实行资产证券化时,在具体操作上,应在商业银行与老年房主签订反向抵押贷款合约后,将已发售的反向抵押贷款产品打成"资产包"出售给其他机构进行债券融资,将回收的资金一部分用于支付老年房主余生或者合约约定期间的约定年金,剩余部分则用于银行营运,包括继续开办新的反向抵押贷款业务。

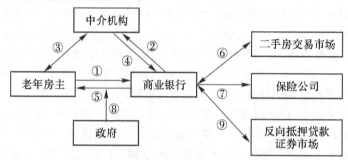

图 1   增加资产证券化后的反向抵押贷款业务运作流程图

图 1 中的⑨就是反向抵押贷款资产证券化程序,商业银行可以将缺乏流动性,但具有可预期收入的反向抵押贷款债权资产,通过在反向抵押贷款证券市场上以发行证券的方式予以出售,提前收回贷款。

具体到反向抵押贷款证券市场时,一般涉及商业银行、特殊目的机构(SPV)和投资者三方关系当事人。由于反向抵押贷款以借款人自有房产为抵押担保,因此,在对反向抵押贷款实施资产证券化时,必然会涉及抵押权的转移。反向抵押贷款资产证券化过程如图 2 所示:

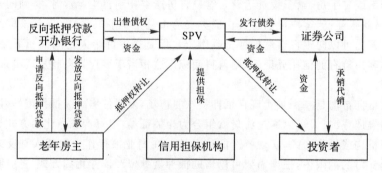

图 2   反向抵押贷款资产证券化结构图

持有或退出

——美国反向抵押贷款的正向或逆向选择

王益虹　程　楠

摘要：美国的反向抵押贷款市场出现了一种奇特的现象：参与反向抵押贷款的老年人，比较没有参与这一贷款业务的老年人，在其晚年生活中住房转换的比例反而更高。我们将这一现象定义为"正向选择"，同传统熟知的"逆向选择"相对。本文针对产生这种现象的原因、是否可持续进行，借款人和贷款机构如何应对此事项发生等进行了深入探讨，并对反向抵押贷款的运营提出相关建议。

一、反向抵押贷款的现象描述

Thomas Davidoff 和 Gerd Welke(2004)[1]认为，反向抵押贷款的设计可能会招致两种形式的道德风险。第一种是住房维护风险，即借款人在办理反向抵押贷款后不愿意进行必要的房屋维护，以致房屋变现降低的可能性；第二种是指反向抵押贷款的借款人，相比较非借款人的平均存活时间可能更长，从而在抵押房屋中居住时间也会更长的风险。

第二种情况的出现，主要基于以下两方面原因：一是办理反向抵押贷款后，贷款机构拥有房屋的所有权，借款人仍保有房屋的使用权直至其死亡或主动搬离、出售住房为止。在每期能从房屋中获得的现金价值已经给定的情况下，对于借款人而言，继续在房屋中居住相对于搬离或出售购买新房变得更有吸引力，他们甚至愿意忍受由此带来的一些医疗不便或牺牲一定的生活舒适度。二是反向抵押贷款为借款人提供了一定的流动资金，使他们能更好地享受老年生活、接受更好的医疗待遇等，从而延长其存活寿命，进一步推迟反向抵押贷款的结束时间。对贷款机构来说，贷款本息和超过房屋价值的风险也将由此而加大。如果借款人从反向抵押贷款中获得的利益和其在房屋居住时间的长短，这两者之间存在某种正向关联的话，借款人会选择在房屋中居住更长的时间，这就意味着借款人的愿望和贷款机构的制度产生了一定的冲突，我们将其定义为反向抵押贷款市场的"逆向选择"[2]问题。

需要特别指出的是，老人参与了反向抵押贷款业务之后，机构并不会对其晚年生活居住环境的自由选择设置任何障碍。老年人可选择继续持有该住房直至死亡，然后终结合约，贷款机构收回房产；也可选择出售房屋或以其他形式中途退出该业务，筹得款项提前归还前期贷款的本息和。

反向抵押贷款的本意，是老年人参与业务后，仍能继续居住在自己的住房内，不致影响其晚年的正常生活，同时又能将住房的价值尤其是自己身故后住房仍然蕴涵的巨大余值，提前转换为持续稳定可靠的现金流入，供给自己的养老生活，弥补养老资源的短缺。美国是目前反向抵押贷

---

① Thomas Davidoff and Gerd Welke. "Selection and Moral Hazard in the Reverse Mortgage Market", October 21, 2004.

② 这里指出的逆向选择，只是与本文提到的"正向选择"现象相对，并不同于普遍认知的逆向选择与道德风险问题。

款做得最为成功的国家,但在这项业务的实际运作中,揭示出这样一种奇特的现象:参与反向抵押贷款的老年人,比较没有参与这一贷款业务的老年人,在其晚年生活中住房转换的比例反而更高。根据美国住房调查(American Housing Survey,AHS)的结果,参与反向抵押贷款的单身女性从房屋中搬离(包括由于死亡、搬迁、出售旧房购买新房等)的可能性,要比非反向抵押贷款参与者高50%。迄今为止反向抵押贷款借款人相比较非反向抵押贷款借款人,正以更高的比例和更快的速度从他们的房子里搬离。

这一奇特现象的出现,意味着美国反向抵押贷款市场里,无形中形成了借款人与贷款机构双赢的局面。与"逆向选择"相对,我们将其称为反向抵押贷款市场中的"正向选择"。这种现象产生的原因是什么,它是否可以持续下去,借款人和贷款机构对此应该如何行动等,是我们下面要进一步讨论的问题。

二、持有与退出住房行为的原因分析

反向抵押贷款参与者比非参与者有更高的房屋转换率,原因应是多样的,这里试予剖析。

(一)美国房价近年来在快速升值

2002年到2007年期间,美国房地产市场的住房销量和销售价格,一直处于高速增长态势。房屋价值年均增长率都在2005年到达顶峰,为9.41%;年均房屋价格指数则在2007年达到最高点;2008年,由于次贷危机的影响开始出现负增长。反向抵押贷款作为一种对住房价值波动极为敏感的产品,无疑受到这一期间房价走势的极大影响。不少反向抵押贷款参与者选择提前退出。我们认为其主要原因是:尽管合约中约定,贷款机构会根据房价的波动定期或不定期地对给付的款项作一定调整,但实际操作中的及时性、可实施性等则有待考量。于是在房价出现大幅上涨,而抵押房产后的每期给付款项却未能作同比例的上升时,借款人会感觉继续持有房产抵押合约,远不如将住房出售提前终止合约更为合算。这就出现了我们前面定义的"正向选择"现象。

(二)复利累积效应

利率风险、长寿风险同住房价值波动风险一起,构成了反向抵押贷款业务的三大风险。反向抵押贷款属于长期业务,实际操作中选择复利计息比单利计息更为合适,计息结果也更为确切,对参与双方都更为公平合理。如采用单利计息,贷款年限不同,利率也会有较大差异,必须精确给出不同贷款年限下的不同年利率,复利计息就可以免除这一缺陷。目前反向抵押贷款业务的实施中,一般均采取复利计息,这一计息方式是造成"正向选择"现象的可能原因之一。

采用复利计息,整个贷款期间又无任何还贷付息之事,由此带来的问题是,实际利率随着年限的增长将以指数的形式直线上升,贷款计息的后期,复利的累积效应会带来负债的累积性上涨,越到业务运营的后期,贷款累计的本息越高,风险越大,给老年人造成的负担越重。因惧怕这一现象的出现,参与反向抵押贷款的老人会选择提前搬离,提早还款,就大大减弱了这一风险,避免自己仍然健在而住房价值已经消耗殆尽的局面发生。

为了更清楚地说明问题,我们构造了简单的年金给付计息模型,先给出以下假设:

(1)反向抵押贷款采取每月定额支付的方式,且支付发生在月初,月支付额为 A;

(2)老人在申请反向抵押贷款后的第 t 年,因死亡、主动搬离或出售等原因,结束贷款业务;

(3)贷款机构预定的利率水平是 r。

老年人退出反向抵押贷款业务时,需要向贷款机构偿还的本息和为:

$$L_t = A(1+r/12)^t + A(1+r/12)^{t-1} + \cdots + A(1+r/12)$$

$$C_c = A\left[\left(1+\frac{r}{12}\right)^{10} - 1\right] \frac{1+\dfrac{r}{12}}{\dfrac{r}{12}}$$

申请过程中的各项费用,包括房屋评估费、保险费、房屋修缮费等,一般在最初办理反向抵押贷款时支付。这里我们认定老人已经支付了各项费用,选择退出时,老人只需要偿还贷款的本息和即可。

贷款机构的预定利率 r,由无风险回报率和风险报酬率两部分构成。通常,无风险回报率等于储蓄利率或国债利率,但本文的研究对象——反向抵押贷款则呈现为一种长期行为,贷款机构对其定价采用的利率往往是长期的。本文采取 10 年固定期限的债券利率。图 1 是美国 10 年固定期限债券利率 2002—2009 年的基本走势,我们可以发现,为排除金融危机的影响,利率基本上保持在一个稳定的范围内波动。此处为了简化模型,我们选择采取固定利率模型计息。参考普通住房抵押贷款和美国现有抵押贷款的利率水平,$r=8\%$ 是合适的。

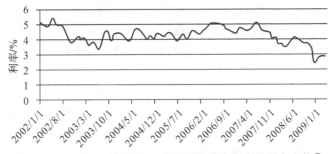

图 1   2002—2009 年美国 10 年固定期债券利率的基本走势①

考虑到参加美国反向抵押贷款住房价值的平均水平,月支付额 A 我们采用 $A=1000$ 美元。

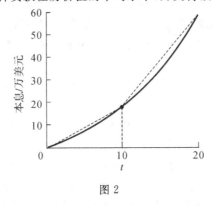

图 2

图 2 反映了我们把 $A=1000$,$r=8\%$ 代入函数后,随着时间 t 的增长,贷款本息和的基本走势。图中横轴表示时间 t,单位为年;纵轴表示所需归还的贷款本息和,单位为万美元。从图中我们可以看到,以 $t=10$ 为分界点,$t\leqslant10$ 和 $t>10$ 两段的增长率有很大的差别。$t>10$ 时,5 年时间的贷款本息增幅,同前 10 年的增幅几乎相当,说明其增长率几乎为前者的两倍。随着时间的推移,复利的累积效应会更加明显。

---

①   数据来源:Board of Governors of the Federal Reserve System。

反向抵押贷款机构业务运作的风险较大,要求的贷款利率通常高于普通住房抵押贷款。考虑到复利的累积效应,我们认为,老人如考虑到以后不会一直参与反向抵押贷款直至终老,应该在合适的时机尽早退出这项业务。一般情况下,反向抵押贷款都设有"无追索权"条款,即老人去世后,所需要偿还的贷款本息和仅以被抵押房屋的价值为限。也就是说老人最终所需要偿还的数额,为第 t 期时房屋的估计价值。当大于、等于或接近时,选择以主动搬离或出售的方式提前退出业务是很不合算的。另外,在市场利率走低时,如该项反向抵押贷款业务实行固定利率,且依旧保持较高的贷款利率时,对参与人也很不利,所以,选择退出的动机往往更为强烈。2002 到 2005 年时期,美国 10 年固定期限债券利率保持在相对较低水平波动,而房产价格指数则保持了较高的增长率,两个因素的共同作用下,反向抵押贷款的退出率反而较高一些。

(三)借款人的风险偏好

关于反向抵押贷款市场的"正向选择"问题,Thomas Davidoff 和 Gerd Welke(2004)认为这一现象可以用以下原因解释:越是厌恶风险的保险产品的消费者,越是会采取行动防止被保险事件的真正发生。De Meza 和 Web(2001)[①]的研究表明:购买保险来防范信用卡遗失的人,反而更不容易丢失信用卡。Finkelstein 和 McGarry(2003)[②]发现,购买长期医疗保险的老年人,比没有购买的人更不容易使用长期医疗服务。同样的原理运用于反向抵押贷款业务,即希望通过反向抵押贷款把财产从房屋中释放出来的人,往往更有可能通过提前出售房屋的方式更快地取得房屋的剩余价值。

反向抵押贷款实质上是一个保险合同,被保险的风险是借款人居住在房屋的期间内,该房屋价值经历小幅增长甚至负增长的可能性。购买保险合同后,钱财从低边际效用的状态转换到较高边际效用的状态。借款人由于风险厌恶的偏好,对自己搬离住宅前后房屋资产的边际效用的差异,比其他人更为敏感,即使反向抵押贷款带来的财富在出售前后的转换有明显好处,也无法完全弥补这一差异。为了防止意外事件的发生,借款人会更快地搬离自己的住处,来减少资产处于高边际效用状态的时间。从表面上看,年龄、收入、财富、财产价值和预计房屋升值率等因素,都会较明显地影响借款人的选择,但这些因素只是反向抵押借款人发生正向选择——即高于其他人群更快搬离住房的部分原因。迄今为止的一些正向选择,还是更多地由于风险偏好这种非显性因素导致的。

(四)家庭情感原因

大多数老人都希望晚年有一个温馨、和睦的家庭环境,子孙绕膝,享受天伦之乐。特别是老人孤单、生病时,更希望儿女在自己身边照顾关心,这时独守空巢往往觉得凄凉无助,通常会怀念与子女一起生活而选择终止合同。办理了以房养老业务后,会给人造成子女不孝、养老困难的感觉,让子女无端承受不必要的社会舆论压力;又可能会引发子女与父母的感情与财产危机。另外,如何处理儿女的继承权等,也是一时难以解决的问题。许多老年人选择了同子女分开居住的生活模式,这就是目前大量存在的空巢家庭,当老人的身体和经济状况都能支撑之时,显然是有益的。但当老人的身体状况随着年龄愈益增大而变得越来越差时,这种分开居住就显得颇有风

① De Meza and David Webb. "Advantageous Selection in Insurance Markets", *RAND Journal of Economics*, Summer 2001: 249-262.

② Finkelstein Amy and Kathleen McGarry. "Private Information and Its Effect on Market Equilibrium: New Evidence from the Long Term Care Industry", *working paper*, 2003.

险。所以,很多老年人签订贷款合同后,随着年事增高和分开居住的不便,会越来越明显地选择终止合同。

应当说明,老年人在晚年生活中根据自己的经济能力和意愿爱好,自主处置其居住场所,变换居住方式,首先是老年人的一种权利,某种情形下也是自身拥有资源优化配置、提升养老生活效用的有效手段。

(五)选择其他更好的以房养老办法

一些老年人在签订合同后,居住一段时间后对房子的需求也会有所变化。对居住地域的选择上,工作期间考虑问题的重点是就业赚钱,要考虑何处就业和赚钱最为容易,要注意上下班交通和日常生活的方便。有子女处于教育期的,希望居住周围有个好的中小学教育机构。退休养老一段时间后,会发现生活的重点在于如何度过晚年的幸福时光,对生态环境的要求开始加大,要考虑生活费用节约,空气清新,环境绿化等适合人居养老。这时,并不一定要居住在闹市繁华地段,交通便利与否也不必再做过多考虑。这些老年人就会选择终止合同,转而选择房产置换养老。比如,将昂贵的高档大住宅更换为普通而廉价的小住宅,如60平方米的二居室住宅,对老两口的生活可能更为适宜。

还有一些老年人喜欢热闹,乐意过群体生活,独居一段时间后会考虑住养老院或与子女同住是否更为适宜,这时会选择将自己的住房完全出售,用所得房款添补居住养老院的用费,或作为在儿女家中生活的补贴;也可将住宅转赠与子女,作为自己进住儿女家中养老的代价;还可以将住房出租,用租金收入来养老,到自己过世时再将该住宅交给子女作为遗产。各种原因的出现,使得签订的反向抵押合同往往不待到期就会被单方面宣告终止。

三、持有与退出住房行为的利弊评析

反向抵押贷款"正向选择"现象的出现,对于老年人和贷款机构来说各有利弊,以下分别从参与业务的老年人和贷款机构的角度进行具体剖析。

(一)老年人角度

老年人将住房反向抵押后,时日不长,又自行出售转让或用其他方式结清这一贷款业务,有利有弊。住户作出这种调整的决定,固然是从住房资源优化利用的角度,以个人利益最大化作为出发点。但反向抵押贷款号称是一种代价昂贵的贷款,参与期间需要发生的额外费用,比较普通住房抵押贷款要高得多。从附表一中的数据可以发现,当抵押住宅的额度分别为5万美元、10万美元和20万美元时,相关费用率将分别达到10.35%、6.26%和4.20%。有资料表明,2003年发生的7万多件反向抵押贷款中,费用率的中值是6.8%[①],这与普通抵押贷款相比无疑是很高的。

上述数据同时也说明,反向抵押贷款对住房的价值有一定的要求,住房价值越低,贷款的费用数额就相对越高。住户如选择提前退出终止合约,无疑又提高了费用占所得贷款的比率,这对老年住户并非十分有利。

---

① 资料来源:Minnesota Housing Finance Agency.

(二)机构角度

老年住户提前终结贷款业务的做法,对贷款机构而言同样是利弊参半。

从有利的方面来说,这种"正向选择"大大减弱了贷款机构开办反向抵押贷款业务的相关风险。

1. 长寿风险。长寿风险是指当老年住户的预期寿命与实际存活寿命不一致,特别是在老年住户格外长寿时,贷款机构所要面对的因贷款累计本息之和超过抵押住房价值而会遭受亏损的可能性。在正向选择下,老年住户提前退出合约,老年人是否长寿等,对贷款机构而言即不再构成任何风险。

2. 住房价值波动风险。反向抵押贷款相比普通住房抵押贷款风险要大得多,是因为其现金流与普通住房抵押贷款正好相反。普通住房抵押贷款一次给付后,逐月收回分期贷款,风险逐渐减小;反向抵押贷款则是分期给付,最后结束时收回房屋并通过拍卖收回贷款,是一个风险逐步累积的过程。随着时间的延长,贷款风险也在逐步加大,到贷款机构最终收回房屋时,房地产市场的走势将直接影响到贷款机构能否足额收回累计本息。正向选择行为出现的实质,就是使贷款机构将风险强劲的反向抵押贷款,转变为风险相对要小得多的普通抵押贷款,大大减弱了贷款机构将要面对的住房价值波动的风险。

从不利的方面来说,根据前面分析得出的结论,老年住户一般会选择在房屋价值高速增值或市场利率低迷时期,出售住房提前结束合约,这使得贷款机构无法享受到房屋增值的收益,同时打乱了机构的业务安排,并面对资本再投资的机会风险。

四、政策建议

(一)对老年人的建议

反向抵押贷款业务内容复杂,关联面广,开办业务和参与业务的成本费用昂贵,老年住户参与这一业务前需要三思,如果未来还希望将该房产作其他方式处置时,不必参与这一业务。养老生活中真正需要资金时,可以申请普通住房抵押贷款,如此需要额外开销的费用成本将会节省许多。这就需要老年人在决定参与反向抵押贷款之前,应当请教有关专家,考虑今后房价的走势和自己对老年生活的大致规划,然后在若干种以房养老模式中作出谨慎选择,慎重从事。这里需要遵循的一个基本原则是:老年人将住房做反向抵押后,不应因此对自己的晚年生活安排带来某种人为障碍。

(二)对机构的建议

1. 房地产的价格时有波动,房价上涨时,特设机构对老人推出的反向抵押贷款业务,应有必要的校正措施,即如何根据房价的涨跌等适度调整每期房款的给予额度。

2. 机构举办反向抵押贷款的业务种类,应当多种多样,设计金融产品的制度条款时,应当尽量考虑老年人生活的特性,符合其经济特点和生活需要,为老年人的以房养老提供一桌"丰盛大餐",供大家自主选择。同时,在居住模式等方面尽量考虑以人为本,给予较大的弹性化处理。

3. 可以开办某种反向与普通住房抵押贷款相结合的新型贷款产品,即客户将住房抵押给银行,银行按照客户的融资需要,给予一次性或年金式的贷款。贷款期限可以是定期或不定期,在整个贷款期间内或客户的整个存活期间内,客户可以随时到银行结清贷款的累积本息。如此即为普通住房抵押贷款。但客户应当为这种"随时性"对银行信贷计划的打乱等,额外交付一笔数额不大的费用。如果客户在抵押房内正常居住,一直到死亡为止,再用抵押住房来还贷,则可以称为反向抵押贷款。如此安排的结果是方式灵活,可以大大减少业务开办中的无谓花费。

4.老年人将住房反向抵押给银行后,漫长的晚年生活应当如何度过,是个重要选择。既可能是遵循传统的法则,即"有个老窝,守着老伴,整日与老街坊、老邻居,聊着老话,过着优哉游哉的生活";也可能是利用晚年的休闲时光和自己尚很硬朗的身体,整日游山玩水,同大自然作伴;可能是继续居住在旧有房屋中,也可能是搬离该住房居住他处;可能和子女、孙子女同居,享受三代同堂的天伦之乐,或是到某个山清水秀、生态环境异常优越的养老基地,整日与众多的老人为伴;或寻找一个适宜的养老机构,同众多老年人过着热闹的群体生活,其间有各种选择,很难在当时一一考虑清晰。漫长的晚年生活里,又很可能根据情势发展的需要而出现种种变故,要求自觉调整自己的养老居住模式。这都是很对的。政府、机构开办业务,应当鼓励老年生活的这种百花齐放的大好局面出现,而非人为地去限制。

附表一　HECM 贷款业务中不同价值房屋申请贷款所需费用　　　　单位:美元

成本	费用计算	贷款5万	贷款10万	贷款20万
初始费用	贷款额2%或2000美元取高者	2000	2000	3000
FHA 保险费	最高为当地 FHA 规定贷款额或住宅价值的2%	1000	2000	3000
鉴定费	350～500	500	500	500
信用报告	50	50	50	50
水灾保险证明	18～20	20	20	20
快递费	20/次	20	20	20
契约费	250～300	300	300	300
产权证明办理	125～150	150	150	150
资格审查	125～130	130	130	130
文件准备	125	125	125	125
资格保险——借款人	150～200	200	200	200
资格保险——贷款机构	250～300	300	300	300
签署	借贷款机构各50	100	100	100
记录谈话	每次记录费25～30,谈话费5	35	35	35
抵押登记税	0.23/100 美元贷款	115	230	460
绘图	60	60	60	60
估价费	30	30	30	30
总计		5175	6260	8520

附录二　美国 1999—2009 年房价指数

日期	房价指数	房价变化率	变化率的绝对值	日期	房价指数	房价变化率	变化率的绝对值
1991/1/1	100	—	—	1994/6/1	110.13	0.55%	0.55%
1991/2/1	100.44	0.44%	0.44%	1994/7/1	110.31	0.16%	0.16%
1991/3/1	100.74	0.30%	0.30%	1994/8/1	110.56	0.23%	0.23%
1991/4/1	100.78	0.04%	0.04%	1994/9/1	110.39	−0.15%	0.15%
1991/5/1	100.85	0.07%	0.07%	1994/10/1	110.52	0.12%	0.12%
1991/6/1	101.2	0.35%	0.35%	1994/11/1	110.55	0.03%	0.03%
1991/7/1	101.04	−0.16%	0.16%	1994/12/1	110.19	−0.33%	0.33%
1991/8/1	101.08	0.04%	0.04%	1995/1/1	109.98	−0.19%	0.19%
1991/9/1	101.01	−0.07%	0.07%	1995/2/1	110.6	0.56%	0.56%
1991/10/1	101.14	0.13%	0.13%	1995/3/1	110.89	0.26%	0.26%
1991/11/1	101.83	0.68%	0.68%	1995/4/1	111.59	0.63%	0.63%
1991/12/1	102.01	0.18%	0.18%	1995/5/1	111.95	0.32%	0.32%
1992/1/1	102.01	0.00%	0.00%	1995/6/1	112.76	0.72%	0.72%
1992/2/1	102.65	0.63%	0.63%	1995/7/1	113.09	0.29%	0.29%
1992/3/1	102.77	0.12%	0.12%	1995/8/1	113.5	0.36%	0.36%
1992/4/1	102.63	−0.14%	0.14%	1995/9/1	113.51	0.01%	0.01%
1992/5/1	102.76	0.13%	0.13%	1995/10/1	113.36	−0.13%	0.13%
1992/6/1	103.12	0.35%	0.35%	1995/11/1	113.4	0.04%	0.04%
1992/7/1	103.32	0.19%	0.19%	1995/12/1	113.48	0.07%	0.07%
1992/8/1	103.93	0.59%	0.59%	1996/1/1	113.67	0.17%	0.17%
1992/9/1	104.15	0.21%	0.21%	1996/2/1	113.92	0.22%	0.22%
1992/10/1	104.27	0.12%	0.12%	1996/3/1	114.96	0.91%	0.91%
1992/11/1	104.63	0.35%	0.35%	1996/4/1	115.35	0.34%	0.34%
1992/12/1	104.22	−0.39%	0.39%	1996/5/1	116.07	0.62%	0.62%
1993/1/1	103.86	−0.35%	0.35%	1996/6/1	116.59	0.45%	0.45%
1993/2/1	103.63	−0.22%	0.22%	1996/7/1	116.87	0.24%	0.24%
1993/3/1	104.29	0.64%	0.64%	1996/8/1	116.95	0.07%	0.07%
1993/4/1	105.04	0.72%	0.72%	1996/9/1	116.89	−0.05%	0.05%
1993/5/1	105.45	0.39%	0.39%	1996/10/1	116.8	−0.08%	0.08%
1993/6/1	106.24	0.75%	0.75%	1996/11/1	116.98	0.15%	0.15%
1993/7/1	106.23	−0.01%	0.01%	1996/12/1	116.85	−0.11%	0.11%
1993/8/1	106.78	0.52%	0.52%	1997/1/1	116.73	−0.10%	0.10%
1993/9/1	107	0.21%	0.21%	1997/2/1	117.14	0.35%	0.35%
1993/10/1	107.12	0.11%	0.11%	1997/3/1	118.04	0.77%	0.77%
1993/11/1	107.39	0.25%	0.25%	1997/4/1	118.69	0.55%	0.55%
1993/12/1	107.44	0.05%	0.05%	1997/5/1	119.51	0.69%	0.69%
1994/1/1	107.62	0.17%	0.17%	1997/6/1	119.96	0.38%	0.38%
1994/2/1	107.52	−0.09%	0.09%	1997/7/1	120.25	0.24%	0.24%
1994/3/1	108.36	0.78%	0.78%	1997/8/1	120.65	0.33%	0.33%
1994/4/1	109	0.59%	0.59%	1997/9/1	120.44	−0.17%	0.17%
1994/5/1	109.53	0.49%	0.49%	1997/10/1	120.88	0.37%	0.37%

日期	房价指数	房价变化率	变化率的绝对值	日期	房价指数	房价变化率	变化率的绝对值
1997/11/1	120.93	0.04%	0.04%	2001/5/1	150.57	0.84%	0.84%
1997/12/1	120.91	−0.02%	0.02%	2001/6/1	151.79	0.81%	0.81%
1998/1/1	121.03	0.10%	0.10%	2001/7/1	152.54	0.49%	0.49%
1998/2/1	122.07	0.86%	0.86%	2001/8/1	153.2	0.43%	0.43%
1998/3/1	122.95	0.72%	0.72%	2001/9/1	153.78	0.38%	0.38%
1998/4/1	123.72	0.63%	0.63%	2001/10/1	154.17	0.25%	0.25%
1998/5/1	124.68	0.78%	0.78%	2001/11/1	154.38	0.14%	0.14%
1998/6/1	125.72	0.83%	0.83%	2001/12/1	154.97	0.38%	0.38%
1998/7/1	126.13	0.33%	0.33%	2002/1/1	155.52	0.35%	0.35%
1998/8/1	126.57	0.35%	0.35%	2002/2/1	156.42	0.58%	0.58%
1998/9/1	126.94	0.29%	0.29%	2002/3/1	157.72	0.83%	0.83%
1998/10/1	127.2	0.20%	0.20%	2002/4/1	159.02	0.82%	0.82%
1998/11/1	127.86	0.52%	0.52%	2002/5/1	160.79	1.11%	1.11%
1998/12/1	127.88	0.02%	0.02%	2002/6/1	162.2	0.88%	0.88%
1999/1/1	128.33	0.35%	0.35%	2002/7/1	163.27	0.66%	0.66%
1999/2/1	129.07	0.58%	0.58%	2002/8/1	164.12	0.52%	0.52%
1999/3/1	129.91	0.65%	0.65%	2002/9/1	165.05	0.57%	0.57%
1999/4/1	130.89	0.75%	0.75%	2002/10/1	165.73	0.41%	0.41%
1999/5/1	132.18	0.99%	0.99%	2002/11/1	166.13	0.24%	0.24%
1999/6/1	133.15	0.73%	0.73%	2002/12/1	166.85	0.43%	0.43%
1999/7/1	133.79	0.48%	0.48%	2003/1/1	167.36	0.31%	0.31%
1999/8/1	134.52	0.55%	0.55%	2003/2/1	168.47	0.66%	0.66%
1999/9/1	134.55	0.02%	0.02%	2003/3/1	169.71	0.74%	0.74%
1999/10/1	135.23	0.51%	0.51%	2003/4/1	171.07	0.80%	0.80%
1999/11/1	135.23	0.00%	0.00%	2003/5/1	172.67	0.94%	0.94%
1999/12/1	135.62	0.29%	0.29%	2003/6/1	174.03	0.79%	0.79%
2000/1/1	136.81	0.88%	0.88%	2003/7/1	175.4	0.79%	0.79%
2000/2/1	136.83	0.01%	0.01%	2003/8/1	176.46	0.60%	0.60%
2000/3/1	138.26	1.05%	1.05%	2003/9/1	177.38	0.52%	0.52%
2000/4/1	139.54	0.93%	0.93%	2003/10/1	177.88	0.28%	0.28%
2000/5/1	140.67	0.81%	0.81%	2003/11/1	178.68	0.45%	0.45%
2000/6/1	142.01	0.95%	0.95%	2003/12/1	179.73	0.59%	0.59%
2000/7/1	142.83	0.80%	0.82%	2004/1/1	181.04	0.31%	0.31%
2000/8/1	143.21	0.38%	0.38%	2004/2/1	181.84	0.80%	0.80%
2000/9/1	143.84	0.44%	0.44%	2004/3/1	183.33	0.82%	0.82%
2000/10/1	144.25	0.29%	0.29%	2004/4/1	185.16	1.00%	1.00%
2000/11/1	144.75	0.35%	0.35%	2004/5/1	187.51	1.27%	1.27%
2000/12/1	145.14	0.27%	0.27%	2004/6/1	189.64	1.14%	1.14%
2001/1/1	145.74	0.41%	0.41%	2004/7/1	191.23	0.84%	0.84%
2001/2/1	146.75	0.69%	0.69%	2004/8/1	192.22	0.52%	0.52%
2001/3/1	148.04	0.88%	0.88%	2004/9/1	193.08	0.45%	0.45%
2001/4/1	149.32	0.86%	0.86%	2004/10/1	194.12	0.54%	0.54%

续表

日期	房价指数	房价变化率	变化率的绝对值	日期	房价指数	房价变化率	变化率的绝对值
2004/11/1	195.42	0.67％	0.67％	2007/1/1	221.11	0.06％	0.06％
2004/12/1	196.51	0.56％	0.56％	2007/2/1	221.94	0.38％	0.38％
2005/1/1	196.89	0.19％	0.19％	2007/3/1	223.83	0.85％	0.85％
2005/2/1	198.21	0.67％	0.67％	2007/4/1	225.16	0.59％	0.59％
2005/3/1	200.91	1.36％	1.36％	2007/5/1	225.85	0.31％	0.31％
2005/4/1	203.11	1.10％	1.10％	2007/6/1	226.15	0.13％	0.13％
2005/5/1	205.57	1.21％	1.21％	2007/7/1	225.06	−0.48％	0.48％
2005/6/1	207.52	0.95％	0.95％	2007/8/1	224.43	−0.28％	0.28％
2005/7/1	209.41	0.91％	0.91％	2007/9/1	223.05	−0.61％	0.61％
2005/8/1	210.28	0.42％	0.42％	2007/10/1	221.08	−0.88％	0.88％
2005/9/1	211.9	0.77％	0.77％	2007/11/1	219.01	−0.94％	0.94％
2005/10/1	212.6	0.33％	0.33％	2007/12/1	217.56	−0.66％	0.66％
2005/11/1	213.5	0.42％	0.42％	2008/1/1	214.78	−1.28％	1.28％
2005/12/1	214.27	0.36％	0.36％	2008/2/1	216.15	0.64％	0.64％
2006/1/1	215.06	0.37％	0.37％	2008/3/1	215.63	−0.24％	0.24％
2006/2/1	215.58	0.24％	0.24％	2008/4/1	214.88	−0.35％	0.35％
2006/3/1	217.43	0.86％	0.86％	2008/5/1	214.78	−0.05％	0.05％
2006/4/1	218.95	0.70％	0.70％	2008/6/1	214.61	−0.08％	0.08％
2006/5/1	220.25	0.59％	0.59％	2008/7/1	212.7	−0.89％	0.89％
2006/6/1	221.25	0.45％	0.45％	2008/8/1	210.12	−1.21％	1.21％
2006/7/1	221.3	0.02％	0.02％	2008/9/1	207.36	−1.31％	1.31％
2006/8/1	221.52	0.10％	0.10％	2008/10/1	204.45	−1.40％	1.40％
2006/9/1	221.47	−0.02％	0.02％	2008/11/1	199.17	−2.58％	2.58％
2006/10/1	221.57	0.05％	0.05％	2008/12/1	198.21	−0.48％	0.48％
2006/11/1	221.14	−0.19％	0.19％	2009/1/1	200	0.90％	0.90％
2006/12/1	220.97	−0.08％	0.08％	2009/2/1	202.25	1.13％	1.13％

异地与就地养老
——异地租房养老与就地反贷养老的选择

夏　静[①]　柴效武

摘要:城市老年人的养老办法,可以实行到外地如农村租房养老,也可以通过反向抵押贷款的办法就地居家养老,两种办法各有利弊。本论文试图通过定性和定量的分析,为老年人对于异地租房养老和就地反向抵押贷款养老两种方案的选择,提供有益的参考意见。

一、引 言

人口老龄化危机日趋严重,养老已成为不可回避的热点话题。养老金极度匮乏的同时,我国已有 89%以上的城市家庭购买了自己的房屋,且房价稳定保值升值,许多老人成为"房产富人,现金穷人"。反向抵押贷款养老开始走入我国民众视线,产生极大反响,群众对其寄予了厚重的希望。我国学者不断探索与丰富反向抵押贷款的操作办法,在此种新型理念的基础上拓展了众多通过住房来养老的新办法,总称为"以房养老"。

以房养老的操作模式丰富多样,可分为金融保险模式和非金融保险模式两大类,前者包括"反向抵押贷款"、"售房养老"、"合资购房";后者包括"异地集中养老"、"资产置换"、"资产租换"、"售后回租"、"家庭内交易"等,总计可以达到 30 种。众多养老方案各有利弊,各有自己的适用范围,老人对此不够全面了解时往往难以合理选择。本文为方便老年人的抉择,试图就其中的两种加以比较:一是反向抵押贷款养老,它通过时间转换(将老人身故后遗留的房产价值提前变现)和房产权属的改变(通过房产的产权出售和使用权转让等,实现房产价值的流动化)实现养老资金的开源;二是异地租房养老,它通过空间转移(利用不同地域的房价和生活费的差异,获得并节约养老对现金的需要)和住所变更(又可称为住房置换或住房租换)来增加养老现金的流入,节约养老资金的使用。对两者的适用范围、运作利弊等加以深入分析,是很有必要的。

二、目前国内外问题研究的现状

(一)国外研究状况

以房养老理念的产生与反向抵押贷款在美英等国的推出,至今已有 20 多年的历史,在最近几年里得到了飞速进展,各个经济发达国家都相继推出了这种贷款,对老年人的养老保障事项发挥了可观的效用。美国的学术界对反向抵押贷款的理论研究及实践操作的探讨分析,也大量出现,如 Yung Ping Chen 教授的"洛杉矶住房供给的年金计划"调查研究,Ken Scholen 教授直接管

---

　　① 夏静,女,浙江大学经济学院 2006 届学生,主要研究方向为金融保险等。

理的"反向抵押贷款的研究工程"。1978 年,威斯康辛州老人中心资助 Ken Scholen 教授的"反向抵押贷款项目研究"(Reverse Mortgage Study Project)。直到 1981 年,美国成立了住房资产转换的国家中心(NCHEC),并作为一个独立的非营利组织存在,其主要任务就是向消费者进行反向抵押贷款金融产品的宣传和教育。美国才开始了真正的反向抵押贷款业务实践。

Wong 和 Garcia(1998)重点分析了美国加利福尼亚州的反向抵押贷款产品市场,指出这种贷款产品可以使老年房主在居住期内不失去房屋所有权的前提下,免税利用房屋的价值,而且对申请者没有收入限制,借款人需要偿还的借款额不会高于房屋的价值,同时随着人们在家居住时间的延长,未来几年里老年居民对家庭保健和房屋维修资金的需求将会大幅度增加,反向抵押贷款产品有很大的潜在市场。Speared、Mayer 和 Simons 的研究也都证实了,反向抵押贷款可在一定程度上提高特定群体老人的生活质量,满足他们对财务的需求。

Merrill、Finkel 和 Kutty (1994)在"Potential Beneficiaries from Reverse Mortgage Products for Elderly Homeowners:An Analysis of AHS Data"一文中,证明反向抵押贷款年金支付与收入的比例,对低收入老人而言是最大的,他们认为,价值 10 万美元以下的房产选择反向抵押贷款的年金支付方式,会因领取额太小而不值得。而拥有价值 20 万美元房产的老人,极有可能因拥有其他资产而不大需要反向抵押贷款——这正是一大矛盾。反向抵押贷款是目前美国运作最为成功的以房养老模式,在美国,凡是年龄在 62 岁以上的老年人家庭,不论其家庭财产或收入状况如何,都可以用独立拥有产权的住房申请反向抵押贷款。从实际运作上来看,借款人的年龄平均在 75 岁左右。

异地养老在一些发达国家,尤其是人口老龄化较为突出的国家曾经试行,有些正在实施中。由于大多数发达国家的人口老龄化进程基本地与经济社会发展同步并进,或处于"先富后老"的状态,这就决定了老年群体拥有较为充足的经济积累(如日本全国个人储蓄中有一半是由 60 岁以上的老年人所持有),并享有优厚的养老金、退休金等社会福利待遇。他们的经济能力在全体国民中大多处于优势或次优势地位,甚至超过目前在职的中青年群体。出于气候条件、日常消费水平、护理成本等考虑,发达国家的部分老人较早就兴起了异国养老的风潮。英国有不少老年人把自己的养老地点选择到西班牙、南非等国家。这些国家物价水平较低,他们把本国面积不大的住宅出售后可在西班牙或南非买到面积更大或质量更好的住宅,可以享受到比本国更好的物质生活和服务。日本在 20 世纪末老龄化加速出现之际,也曾制定过异国养老方略,即在国土辽阔的巴西以及距离较近的泰国、新加坡建造日本老年社区,在那里配备适应日本人日常生活的各种设施,然后安排老年人迁徙到那些国家养老。只是,这一措施因社会舆论的较多反对,没有得到较大范围的推广。

(二)国内研究状况

在中国,以房养老的理念已经深入人心,各种相关的操作模式正为大家相继运用和试验。虽然反向抵押贷款的实际操作,尚未在现实社会正规运行起来,但理论界和实践界专家大都认为以房养老可以在中国运行,且市场前景广阔。

目前,国外的以房养老模式已经比较成熟,相关的产品定价问题、风险防范问题等,已经有了详尽的论述及丰富的实践。在中国,以房养老的理念虽然相对新颖,但也吸引了社会的大量关注。我国学者在结合中国国情,借鉴国外以房养老模式的情况下,对我国众多以房养老方式都颇有研究,对"反向抵押贷款养老"以及"异地养老"的利弊分析详尽到位。特别是反向抵押贷款理论已经被大范围传播。这些养老模式提高了资源的利用效率和社会的福利水平,赢得了政府和银行机构的重视。

虽然我国的学者在结合中国国情,借鉴国外反向抵押贷款模式的情况下,对我国以房养老的众多模式都颇有研究,对"反向抵押贷款养老"及"异地养老"的利弊分析也都有详尽的分析,特别是以房养老理论已经被大范围传播,各种养老模式都有一定的开展。但关于不同养老模式之间的比较还缺乏相关的数据和资料。本文的思路是试图寻求一种更为精确的方式,针对不同类型的老人进行横向的对比分析,得出老年人面对众多的养老模式时的最优选择。本文把老年人的选择局限于"就地反向抵押贷款养老"和"异地养老"两种,且设定后者是老人采用出租大城市房屋,租入小城市房屋,利用差额租金养老。

三、两种选择方案的定性比较

异地养老是通过空间转移,从大城市移居到小城市甚至是县镇乡村养老,少数情况下也会存在相反的情形,如从小城市移居到大城市周边的生态环境优美的区域养老。一般说来,异地养老适用于:一是经济状况较差,难以在消费水平高的大城市立足生存的老人;二是对优越的生态环境情有独钟,乐意于"采菊东篱下"的老人。

异地养老与反向抵押贷款养老是两种截然不同的养老模式,最主要的区别在于是否离开现有的居住环境。对希望保持熟悉的生活环境,在居住多年的房屋中继续度过余生的老人,或者是子女在同一城市,对亲情依赖度较大的老人而言,反向抵押贷款养老无疑是绝佳选择;对希望叶落归根,或想逃离城市的喧嚣拥挤和昂贵生活成本的老人而言,异地养老是一举多得的妙法。两种方案还有众多利弊的区别,下面将分别陈述。

(一)异地养老的益处

就老年人自身而言,异地养老的益处大约有以下几点:

1.良好的自然环境,有利于老年人的生理健康。一般而言,大城市生活节奏快,噪音污染较严重,空气和水质相对中小城市较差。如老人从大城市搬迁到自然环境优美、适宜身心人居的小城镇,对老人的身心健康而言,无疑是更为有益。

2.降低养老成本,减轻养老压力。小城镇的消费水平相对较低,老人养老所需要的花费相对较小,可以减轻老人对资金的需求量。再者,老人还可以采用售房买房、租房买房等方式,增加自己的养老金,开源节流并行。

3.异地养老不仅对老年人个人有许多好处,对整个社会也有良好效应。大城市老人异地养老,可吸引不少第三产业服务人员向老年人宜居城市靠拢,小城市的人流量增加,拉动人气和就业市场,带动当地各个方面的消费等。

4.缓解大城市的人口压力。异地养老通过老人的迁出,在一定程度上实现了人口分流,可以缓解大城市的人口压力。据预测,到2050年北京市老年人口将超过650万,占总人口的比重超过35%。假若其中有20%的老人选择异地养老,就可以缓解约130万人口的养老压力。

5.降低青年人的就业成本。老年人离开大城市养老,可以缓解中心城区交通和住房的压力,减少很多物质的需求,通过供给平衡使得物价降低,让到大城市工作的年轻人就业成本降低。

(二)异地养老存在的问题

1.精神慰藉问题。我国《老年人权益保障法》第11条规定:"赡养人应当履行对老年人经济上供养、生活上照料和精神上慰藉的义务,照顾老年人的特殊需要"。对于原本与子女同居一个城市的老人,异地养老将在一定程度上导致精神赡养义务的弱化,老人可能会因此缺少代际间交流和人文关怀。

2.安全问题。异地养老的安全问题,主要是移地过程中老人的健康问题,许多老人经受不了长时间的舟车劳顿,对异地气候、饮食的适应也是一大问题。

3.福利待遇损失。流动老年人容易面对在原住地和单位既有福利待遇的损失,如体检问题、交通、公园的优惠便利等。在户口所在地,老人可以享受到单位一年一度的体检,享受其他优惠待遇,一旦搬迁到其他城市就失去了这种待遇。

4.养老金领取问题。养老金的社会化发放虽然取得了不小的进展,但也存在一定的局限性,特别是在异地养老的离退休人员,养老金领取的手续繁杂,有的地区还不能异地办理存取。

5.医疗保险问题。我国现行的医疗保险制度规定,离退休人员必须在单位所在地社保机构指定的定点医院看病,否则不能报销。目前,该政策有了一定的松动,可以异地看病但必须回到原籍报销医药费,这对离退休老年人随子女在异地养老形成了很大障碍。

6.能否享受到流入地的社会福利待遇问题。相当部分的城市对老人的优惠政策局限于当地户籍的老人。若异地养老,老人就难以享受到这些优惠。

可以看出,异地养老的社会瓶颈不是特别多,主要集中在养老金、医疗费报销和其他社会福利上。为吸引老人参与异地养老,政府应当大大简化老年人户口迁移的程序,将医疗保险和养老金领取等尽早实行全国网络化。

(三)反向抵押贷款养老的益处

反向抵押贷款养老的益处是:

1.不动产转换成现金收入,自己继续住在原有房屋中养老。对老人来说,反向抵押养老最大的优点是在不迁出自己房屋的情况下,把房屋产权置换成现金。而且即使超过预期寿命的老人,还可以一直享受到每个月固定的资金收入。这就可以有效解除老年人对生活没有保障的担忧,放心大胆地花钱消费,心情愉快地努力延长生命。

2.反向抵押贷款可以有效地增加老年居民的收入水平和支付能力,使他们在人生收入的低谷期,开启业已形成的"房产金库",将积蓄在房产上的巨大个人财富分期支用,增加的现金流入改善了老人的社会地位,提高了老年人的消费能力和主观幸福水平。

3.贷款期间没有还款压力。反向抵押贷款在自己至今整个存活期间无须还款,抵押贷款时也没有对收入的要求。对于每月资金收入有限,又拥有房产的老人,反向抵押贷款为他们提供了一种能增加每月生活津贴的方式,且不用担心每月归还贷款。按照国外通行的做法,借款人参与这一业务后,还不用担心背负超过房屋价值的债务。这就是说,借款人最大的债务承担额是其被抵押的房屋。即使借款人能够活得长久,获得年金总额已超过了房屋的总价值,贷款机构也不能要求借款人用被抵押房屋之外的财产来偿还借款。

(四)反向抵押贷款养老的不足

1.反向抵押贷款的成本用费昂贵,高额的贷款费用是借款人的负担。相关费用在贷款办理之初就会附加到借款上来,主要费用名目有贷款初始费、抵押贷款保险费、贷款终结费,包括房产评估、调查、信用审查、扣税、备案费等,这些费用一般表现为房屋价值的一定百分比,有时高达$8\%\sim10\%$之多。高额的前期费用使老年人参与反向抵押贷款业务并不合算。这些借款人还没有收到多少预付现金时,就已经欠下了大笔费用和利息。

2.借款人留给后代的房屋权益递减。反向抵押贷款抵减了大部分的房屋权益,使借款人能留给后代的房产很少,或者根本没有。这对部分中国老人和他们的继承人来说,在观念上可能一时间很难接受。老年人感觉不能将自己的住房传承给子女,是对子女欠了一份债,丧失了遗产带来的效用,并且可能因子女对此业务的不理解,造成家庭人际关系的恶化,引致某些负效用。

3.业务开办的条款与程序复杂,令人难以理解。反向抵押贷款业务开办及制度设计的复杂性,使借款人难以真正理解。即使是对金融保险业务有较多研究,处事非常老练的消费者,要真正理解反向抵押贷款的基本条款也有相当的难度。不同反向抵押贷款产品的给付额、费用范围、偿还选择权、利率等,都会有较大的差异,这就导致不同产品之间的比较相当困难,且借款人很难清晰了解参与业务后的实际费用,及每个月可以拿到手的款项会是多少。

4.反向抵押贷款可能会影响借款人获得社会保险补贴和医疗补助的资格。正在享受社会保险或医疗补助的借款人,必须仔细规划并备案何时、如何使用反向抵押贷款。如每月借款收益不被看作收入,不会影响享受社会保险的资格,但若当月借款收益保留到下一个月就会被认为是资产,从而影响借款人继续享受社会保险的资格。

5.通货膨胀将会减少借款人效用。反向抵押贷款可以一次性支付或按年金支付,虽然不管哪种支付方式,目前看来得到的资金收入都是比较可观,但在通货膨胀的情形下,都会使实际消费能力变相降低。通货膨胀时期,房价也会有相当程度的上升,但由此带来的收益,老年人却较少享受或只能得到其中的较少部分。

以房养老的诸多不足之处和弊端,可以通过改善相关政策来消除,政府对反向抵押贷款养老应采取更多的积极政策。

(五)反向抵押贷款的重要问题和对策

在我国开办住房反向抵押贷款业务,目前尚面临三个重要问题:一是民众接受度不高;二是开办业务所需资金极其巨大,资金周转时间长,一般机构难以负担;三是没有完善的法律制度规范市场。

政府可以针对这三个问题,作出以下积极对策:

(1)结合媒体,大力宣扬反向抵押贷款,促进全社会消费观念的转变;

(2)建立住房反向抵押贷款的保险基金,或由政府授权的保险公司对借贷双方提供保险,提高这一业务的安全系数;

(3)国家立法给予开展此项业务的特设机构相应的财政支持和税收优惠政策,刺激业务供给;

(4)制定相关法律法规,规范市场。按照规范化、程序化、法制化相统一的原则,尽快研究制定符合中国国情的《房地产评估管理条例》,涵盖住房价值保险、房主人寿保险、借贷合同履约保证保险的《住房抵押贷款保险法》等。

四、两种选择方案的定量分析

上文叙述了两种养老方案的利弊,但对于尚在其间犹豫不决的老人,更加深入的定量分析是必要的。这里旨在通过分析不同类型老人的效用函数,最大化他们的消费路径,从而得出不同养老方式下的效用最大化公式,使得老人可以根据自身的情况,将数据代入,进一步得到针对老人而言较优的养老策略。

(一)模型参数介绍

$T = 105$ 为寿命的上限,t_0 为老人现在的年龄;$F(t)$ 是 t 时刻之前的死亡概率,$F(t_0) = 0$,$F(T) = 1$,$F(t)$ 是一个一阶倒数 $F'(t) > 0$,二阶倒数 $F''(t) \geqslant 0$ 的函数;$U(C(t))$ 为 t 时间消费给老人带来的效用,是一个递增的凹函数(即 $U' > 0$,且 $U'' < 0$),$\int_{t_0}^{t} e^{-rt} U(C(t)) dt$ 则是时间段 $[t_0, t]$ 中消费为老人带来的所有效用的折现值,r 表示贴现率,假设为 2.5%;$w(t)$ 为老人的退休金、补助或者子女的赡养金等收入;$K(t)$ 为老人 t 时刻所拥有储蓄,i 为利率,假设为 4%,$iK(t)$ 为储蓄带来的利率收入,$K'(t)$ 为储蓄的变动,即投资;$B(t)$ 为 t 时刻老人对住房所拥有的价值;$W[K(t) + B(t)]$ 为遗产给老人的效用,$a(t)$ 为遗产所带来的效用的折现系数。α 表示住房反向抵押贷款的发起费,假设为 1%;β 表示住房反向抵押贷款的保险费,假设为 2%;γ 表示住房反向抵押贷款的其他交易费用,即除利率、发起费和保险费之外的其他交易费用,如第三方服务费、手续费等,假设为 3%;H_0 表示贷款的最高金额,假设给付系数 80%;g 表示住房价值的年均波动率,假设为 3%;λ 表示反向抵押贷款年利率,也即包含贷款机构正常利润的年利率,假设为 8%;死亡率数据,$_t | q_x$ 来自中国人寿保险业经验生命表(2000—2003)中的养老金业务表。

(二)模型前提假设

(1)假设遗嘱的效用函数是线性的,为 $W[K(t) + B(t)] = \beta_0 [K(t) + B(t)] + \beta_1$;

(2)忽略房屋价值的变更,以及房租的涨跌;

(3)假设消费的效用函数为 $U(C) = \ln C$;

(4)老人的初始储蓄 $K(t_0) = K_0$;

(5)对无子女或者子女不孝顺的老人,假定他们不存在遗产动机;对于子女孝顺的老人,假定存在的遗产动力为利他性遗产动机。

利他性遗产动机是指年长一代将自己的部分收入和财富留给下一代的经济行为。在利他性遗产动机分析中通常假定有两代人,父代(p)和子代(k)。子代完全自私,效用只来源于其消费 C_k;而父代是利他的,不仅关心自己的消费 C_p,还关心孩子的效用,他们各自的效用函数分别为 $U_k(C_k)$、$U_p[C_p U_k(C_k)]$。

(三)模型现金流的计算

为了后续的分析,在此先组织两种养老模式带来现金流的计算。

反向抵押贷款模型考虑的是如何为产品定价,下面引入范子文博士(2006)给出的贷款定价模型[①]:

$$LS_x = \sum_{t=t_0}^{T} (1 - \alpha - \beta - \gamma) \times H_0 \times \left(\frac{1+g}{1+\lambda} \right)^t \times_{t|} q_x$$

假定贷款机构支付给老人的现金是连续的,且常数函数为 $D(t) = D_0$,范子文的模型中,年金计算考虑了死亡率和折现问题,这里为了简便计算,忽略了死亡率和折现问题,且假定一切费用是在业务开始时一次性从房产中抵扣的,则易知:

$$\int_0^{T-t_0} e^{-rt} D_0 dt = LS_x \Rightarrow D_0 = \frac{rLS_x}{1 - e^{-r(T-t_0)}}$$

---

① 范子文:以房养老 —— 住房反向抵押贷款的国际经验与我国的现实选择[M]. 中国金融出版社,2006.

$$B(t) = B_0 - \int_0^s e^{\lambda s} D_0 \mathrm{d}s - \sum_{t=0}^{T-t_0} (\alpha + \beta + \gamma) \times H_0 \times \left(\frac{1+g}{1+\lambda}\right)^t \times {}_{t|}q_x$$

$$B(t) = B_0 - \int_0^t e^{\lambda s} D_0 \mathrm{d}s - \frac{\alpha + \beta + \gamma}{1 - \alpha - \beta - \gamma} LS_x$$

在异地租房养老中,出租大城市房屋带来的收入,减去租入小城市房屋带来的资金只是名义收入,需要再乘以大城市消费水平与小城市消费水平的相对差额,才等于现金流的实际增加量:

$$R_0 = \frac{\text{大城市的消费水平}}{\text{小城市的消费水平}} \times (\text{年出租大城市房屋得到的货币量} - \text{年租入小城市房屋付出的货币量})$$

(四) 最优动态模型

影响老人养老效用的因素很多,如婚姻关系、家庭结构、社会支持、生活环境等,但因本人掌握知识数据的局限性,本文的效用模型只考虑了消费和遗产两个因素,其他因素只能舍去不计。

1.老人无子女或子女不孝顺的最优动态模型及分析

老人没有子女或子女对老人很不孝顺时,遗产动机不大需要考虑,消费 —— 即这些老人存世期间将所有的财产尽量消耗殆尽,几乎是唯一需要考量的因素,为此构建的动态最优模型如下:

$$U_p = \max \int_0^{T-t_0} F'(t) \left[\int_0^t e^{-rt} U(C(s)) \mathrm{d}s \right] \mathrm{d}t$$

$$\text{s. t.} \qquad C(t) + K'(t) = iK(t) + w(t) + P(t) \qquad (1)$$

该约束条件表示,老人在时刻消费与投资(储蓄的变化量)的总和,等于投资带来的利润(常常等价于储蓄带来的利息)加上老人已有的收入(政府补贴、退休工资等)和反向抵押养老或异地租房养老带来的资金收入。

$$\int_0^{T-t_0} F'(t) \left[\int_0^t e^{-rt} U(C(s)) \mathrm{d}s \right] \mathrm{d}t$$

$$= F(t) \left\{ \int_0^t e^{-rt} U(C(s)) \mathrm{d}s \right\} \Big|_0^{T-t_0} - \int_{t_0}^{T-t_0} F(t) \mathrm{d} \left\{ \int_0^t e^{-rt} U(C(s)) \mathrm{d}s \right\}$$

$$= F(T - t_0) \int_0^{T-t_0} e^{-rt} U(C(t)) \mathrm{d}t - \int_0^{T-t_0} F(t) e^{-rt} U(C(t)) \mathrm{d}t$$

$$= \int_0^{T-t_0} \{ e^{-rt} U(C(t)) [1 - F(t)] \} \mathrm{d}t$$

记 $e^{-rt} U(C(t)[1 - F(t)]$ 为 G,将(1)转化为 $C(t) = iK(t) + w(t) + P(t) - K'(t)$,代 G 入中,再分别对 K, K' (在此,K' 被看作独立的变量) 求偏导,得:

$$G_K = e^{-rt} U(C(t)) [1 - F(t)]$$

$$G_{K'} = e^{-rt} U'(C(t)) [1 - F(t)]$$

根据 Euler Equation,$\mathrm{d}Q_{K'}/\mathrm{d}t = Q_k$,整理后得到:

$$C'(t) = -(i - r - m) U'(C)/U''(C) \qquad (2)$$

假定这里采纳通常的效用函数 $U(C) = \ln C$,(2) 式可简化作 $C' - (i - r - m)C = 0$。解此一阶齐次线性常微分方程,可得最优消费路径如下:

$$C^*(t) = e^{-\int_0^t -(i-r-m(\xi))\mathrm{d}\xi} \left[\int_0^t e^{-\int_0^s -(i-r-m(\xi))\mathrm{d}\xi} \mathrm{d}s + C(0) \right] = C(0) e^{(i-r)t} [1 - F(t)]$$

将(1)中 $iK(t)$ 移到等式左边,$C(t)$ 移到等式右边,有:

$$K'(t) - iK(t) = w(t) + P(t) - C(t) \qquad (3)$$

根据设定,$w(t) = w_0, P(t) = P_0 = D_0$ 或者 $P(t) = P_0 = R_0$,解(3)可得:

$$K^*(t) = \mathrm{e}^{-\int_0^t (-i)\,\mathrm{d}\xi} \left\{ \int_0^t [w_0 + P_0 - C(t_0)\mathrm{e}^{(i-r)s}[1 - F(s)]]\mathrm{e}^{\int_0^s (-i)\,\mathrm{d}\xi}\,\mathrm{d}s + K_0 \right\}$$

又有约束条件 $K(T - t_0) = 0$,则,

$$\int_0^{T-t_0} [w_0 + P_0 - C(t_0)\mathrm{e}^{(i-r)s}[1 - F(s)]]\mathrm{e}^{\int_0^s (-i)\,\mathrm{d}\xi}\,\mathrm{d}s = -K_0 \tag{4}$$

在(4)中,t_0,T,w_0,K_0 以及 i 俱为固定常量,且 $\mathrm{e}^{(i-r)s}[1 - F(s)]$ 为正,因此 P_0 与 $C(t_0)$ 正相关。又 $C^*(t) = C(t_0)[1 - F(t)]$,易知 P_0 若增大,$C(t_0)$ 将增大,$C^*(t)$ 整体上移。又有 $U'(C) > 0$,因此 $U(C)$ 也变大,得到更大的最优总消费 Up^*;P_0 若较小,$C(t_0)$ 相应较小,$C^*(t)$ 的图像整体偏低,$U(C)$ 也就在区间 $[t_0, T]$ 上整体偏小,将导致 Up^* 较小。

2.子女孝顺老人的最优动态模型及分析

对子女孝顺老人的状况而言,消费不再是老人晚年唯一需要衡量的因素,利他性的遗产动机也将出现在他们的最优动态模型之中,具体的动态模型如下所示:

$$Up = \max \int_0^{T-t_0} F'(t)\left[\int_0^t \mathrm{e}^{-rt}U(C(s))\,\mathrm{d}s + a(t)W(K(t) + B(t)) \right]\mathrm{d}t \tag{5}$$

$$\mathrm{s.t.} \quad C(t) + K'(t) = iK(t) + w(t) + P(t) \tag{6}$$

$$\int_0^{T-t_0} F'(t)\left[\int_0^t \mathrm{e}^{-rt}U(C(s))\,\mathrm{d}s + a(t)W(K(t) + B(t)) \right]\mathrm{d}t$$

$$= \int_0^{T-t_0} \{ \mathrm{e}^{-rt}U((C(t))[1 - F(t)] + a(t)W(K(t) + B(t))F'(t) \}\,\mathrm{d}t$$

记 $\mathrm{e}^{-rt}U(C(t))[1 - F(t)] + a(t)W(K(t) + B(t))F'(t))$ 为 Q。

将(5)转化为 $C(t) = iK(t) + w(t) + P(t) - K'(t)$ 后代入 Q,Q 分别对 K,K'(在此,K' 被看作独立的变量)求偏导,得:

$$G_K = \mathrm{e}^{-rt}U'(C(t))[1 - F(t)] + aW_K(K(t) + B(t))F'(t)$$

$$G_{K'} = -\mathrm{e}^{-rt}U'(C(t))[1 - F(t)]$$

根据 Euler Equation,$\mathrm{d}Q_{K'}/\mathrm{d}t = Q_K$,整理后得到:

$$C'(t) = -(i - r)U'/U'' + m(U'0\mathrm{e}^{rt}aW_K)/U'' \tag{7}$$

其中,$m(t) = \dfrac{F'(t)}{1 - F(t)}$。 $\tag{8}$

假定采用常用的效用函数 $U(C) = \ln C$。

又根据前面的假设,$W(K(t) + B(t)) = \beta_0[K(t) + B(t)] + \beta_1$。(6)式可以简化为:

$$C' = (i - r - m)C + \mathrm{e}^{rt}am\beta_0 C^2 \tag{9}$$

令 $J(t) = \dfrac{1}{C(t)}$,$t \in [t_0, T]$。

由(8)得,$J' + (i - r - m(t))J = -\mathrm{e}^{rt}a(t)m(t)\beta_0$

$$\Rightarrow J = \mathrm{e}^{\int_0^t (i-r-m(\xi))\,\mathrm{d}\xi}\left[\int_0^t -\mathrm{e}^{rs}a(s)m(s)\beta_0 \mathrm{e}^{\int_0^s (i-r-m(\xi))\,\mathrm{d}\xi} + \mathrm{d}s + J_0 \right]$$

$$\int m(t)\,\mathrm{d}t = \int \frac{F'(t)}{1 - F(t)}\,\mathrm{d}t = -\ln[1 - F(t)]$$

$$J = \mathrm{e}^{-(i-r)t}[1 - F(t)]^{-1}\left[\int_0^t -a(s)F'(s)\beta_0 \mathrm{e}^{is}\,\mathrm{d}s + J_0 \right]$$

假定 $a(t) = \mathrm{e}^{-it}$ 的情况下,上式可简化为:

$$J = \mathrm{e}^{-(i-r)t}\frac{J_0 - \beta_0 F(t)}{1 - F(t)}$$

$$C^*(t) = \mathrm{e}^{(i-r)t}\frac{C(t_0)[1 - F(t)]}{1 - \beta_0 C(t_0)F(t)}$$

对 $K'(t) - iK(t) = w_0 + P_0 - C(t)$ 求解,得到:

$$K^*(t) = e^{\int_0^t (-i)\,\mathrm{d}\xi}\left\{\int_0^t [w_0 + P_0 - C^*(s)]e^{\int_0^s (-i)\,\mathrm{d}\xi}\,\mathrm{d}s + K_0\right\}$$

(1)采用反向抵押贷款养老的模式。

若老人采用反向抵押贷款养老的模式,对房屋的产权拥有不断减少,因此式(5)中的 $B(t) =$ $B_1(t) = B_0 - \int_0^t e^{\lambda s}D_0\,\mathrm{d}s - \dfrac{\alpha+\beta+\gamma}{1-\alpha-\beta-\gamma}LS_x$,即 t 时刻老人所拥有的房产,其值为最初的房产 B_0 减去一次性支付的发起费、保险费及交易费用之后,再减去贷款机构因借款给老人而损失的金额。约束条件中的 $P(t)$ 则恒等于 $D_0 = \dfrac{rLS_x}{1-e^{-r(T-t_0)}}$。达到最优路径时老人的最大总效用为 Up_2^*。

(2)采用异地租房养老的模式。

老人若采取异地租房养老方式,所拥有房产不变,始终为最初时的房产值,式(5)的 $B(t) =$ $B_2(t) = B_0$,约束条件(6)中的 $P(t)$ 为 R_0,即达到最优路径时老人的最大总效用为 Up_2^*。

$$\Delta = \int_0^{T-t_0} F'(t)\left\{\iint_0^t e^{-rs}\ln\frac{C_1^*(t)}{C_2^*(t)}\,\mathrm{d}s + \beta_0 a(t)\left[K_1^*(t) - K_2^*(t) + B_1(t) - B_0\right]\right\}\mathrm{d}t$$

如果一个老人不论选择哪种方案,都将采用同样的消费路径 $C(t)$,可以得出:

$$\Delta U(C) = \int_0^t e^{-rs}\ln\frac{C_1^*(t)}{C_2^*(t)}\,\mathrm{d}s = 0$$

$$\Delta K^*(t) = e^{\int_0^t i\,\mathrm{d}\xi}\left\{\int_0^t (D_0 - R_0)e^{\int_0^s (-i)\,\mathrm{d}\xi}\,\mathrm{d}s\right\} = \frac{e^{it}-1}{i}(D_0 - R_0)$$

$$\Delta B^* = -\int_0^t e^{\lambda s}D_0\,\mathrm{d}s - \frac{\alpha+\beta+\gamma}{1-\alpha-\beta-\gamma}LS_x$$

$$\Delta = \int_0^{T-t_0} F'(t)\{\Delta U(C) + \beta_0 a(t)[\Delta K + \Delta B]\}\mathrm{d}t$$

$$= \int_0^{T-t_0} F'(t)\left\{\beta_0 a(t)\left[\frac{e^{it}-1}{i}(D_0 - R_0) - \int_0^t e^{\lambda s}D_0\,\mathrm{d}s - \frac{\alpha+\beta+\gamma}{1-\alpha-\beta-\gamma}LS_x\right]\right\}\mathrm{d}t$$

记 $\delta = \dfrac{e^{it}-1}{i}(D_0 - R_0) - \int_0^t e^{\lambda s}D_0\,\mathrm{d}s - \dfrac{\alpha+\beta+\gamma}{1-\alpha-\beta-\gamma}LS_x$ （10）

$$\frac{\mathrm{d}\delta}{\mathrm{d}t} = (D_0 - R_0)e^{it} - e^{\lambda t}D_0 = (e^{0.04t} - e^{0.08t})D_0 - e^{0.04t}R_0 < 0$$

令 $\delta = 0$,求得 $t - t^*$,当 $t < t^*$ 时,$\delta > 0$,表明老人通过反向抵押贷款获得的总效用较异地租房养老高;当 $t > t^*$ 时,$\delta < 0$,表明老人反向抵押贷款将会获得较低的效用。

现假设有两个完全一样的老人甲和乙,甲采取反向抵押贷款养老,乙则采取异地租房养老。在 $t < t^*$ 时,若采取相同的消费路径,老人甲的效用将较高。若此时老人乙试图通过消费路径改变自己的效用,老人甲可以作出相同的改变。因为 $K(t)$ 和 $C(t)$ 关系固定,老人甲、乙的 $K(t)$ 将发生同样的变化,即 $\Delta K^*(t)$ 不变,进一步 Δ 不变,老人甲的效用必定大于老人乙。在 $t > t^*$ 时,则由老人甲作出调整,老人乙跟随,同样的 $\Delta K^*(t)$ 不变,进一步 Δ 不变,老人乙的效用必定大于老人甲。

从上面的分析可以发现,方案选择同老人的寿命密切相关,老人应根据自己的身体状况,估计自己的寿命值,再代入公式中细致计算,选择适合自己的养老方案。

五、结论与建议

养老方案的选择要视个体的具体情况而定。本文构建模型限定的条件较多,假设与实际情形也会有一定出入,特别是死亡率的假设,因此局限性比较大。但本文的出发点值得更多人士的深入探究。现在社会养老资源短缺,希望通过房产改善养老环境的老人愈来愈多,而老年人接受分析的能力毕竟有限,面对众多的养老方案,相当多的老人感到茫然,不知如何抉择。因此,可供老人横向具体比较的模型和公式,正是当前所需。在此希望更多的人士建造更多考虑更加周详,且结论更加简易的模型,以便于老年人使用。

老年人住房资产净值置换的经济评析

洛厄尔·詹姆士

一、前　言

联邦住房管理局经营的反向抵押贷款项目,因其增加了老年人的养老收入,引起人们对此贷款的格外注意。本文通过数据模拟,比较了联邦住房管理局经营的反向抵押贷款和另外两个可选用的置换工具(剩余利息出售、售后回租出售)所产生的不同结果。联邦住房经营保险计划被用来为每一个工具设计,并为表现联邦住房管理局抵押的公平的替代品而构建。此外,联邦住房经营抵押被调整为对房屋所有者的分布,允许每年有 4% 的增长。针对房屋所有者的每个反向抵押贷款计划的生存能力、财务制度及联邦住房经营的研究中,都使用了房屋所有者的初始年龄。为房屋所有者更有利地掌握每种金融工具下所能获得的报酬,并同不选择住房资产净值置换下做了比较。本文研究了联邦住房经营模型对某些假定的灵敏性,检验了税收和会计规则对可选择工具的影响。

尽管没有一种金融工具可以实现帕累托最优,本文表明剩余利息的出售和售后回租出售两种金融产品,对房屋所有者来说都不是可行的可替代工具。这些工具对金融机构来说是有利可图的,但所得益部分尚不足以转移给房屋所有者从而使该工具仍然有效。税率、房屋增值率及房屋所有者的初始年龄,所起的作用出乎意料的小。一般规律是,这些因素中的任何一个都不曾本质地影响到房屋所有者或金融机构的选择。税法和会计制度发现对工具的选择仅仅起到最小限度的作用。灵敏性分析则表明任何一个所动用的工具,在单独情况下都不像对联邦住房经营的收益性有本质性影响。

二、住房资产净值反向抵押

(一)住房资产净值反向抵押的含义

住房资产净值反向抵押贷款是住房资产净值置换的普遍形式。住房资产净值反向抵押又常常称为反向抵押,是因为它跟一般的抵押贷款正好相反。

住房资产净值反向抵押贷款有三种类型,即信用贷款最高限额抵押贷款(line of credit)、固定期限抵押贷款(term)、无期限抵押贷款(tenure)。信用贷款最高限额贷款这种住房资产净值反向抵押,类似标准的住房资产净值贷款。主要区别在于,信用贷款最高限额贷款是直到借款人离开住房或死亡之时才需要偿还贷款本息。

其中,固定期限抵押这种住房资产反向抵押贷款,是对借款人阶段性支付款项直到一确定的预期日,或直到借款人离开住房或死去(如果较早死亡)的日子为止。如果借款人在到预期日时还居住在该住房里,大多数固定期限抵押的住房资产贷款要求抵押收支差额被偿还;然而,无期限抵押的住房资产贷款直到借款人离开或死去才要求偿还。

决定标准的住房资产净值置换期间抵押的阶段支付额的公式为:

$$A = F * k/(1+k)^{n-1},$$

其中:A 表示阶段性年金支付额,k 表示每一阶段的利率,n 表示截止预期日的阶段数,F 表示第 n 阶段末的抵押收支差额。

无期限抵押贷款以某个固定的年金支付(实际上是出借)给借款人一生直至其去世或离开住房,就算抵押本金的增加超过了住房价值也没有关系。在抵押期末住房被出售来偿还贷款。无期限抵押每月支付额的计算方法跟固定期限抵押一致,除了抵押使用某公式来决定 n(年金被支付的预期阶段数)。由于无期限抵押一般没有追索权,如果在抵押期末住房的价值仍低于抵押本金,房屋产权被移交给出借人。

对出借人来讲,无期限抵押的风险不同于一般的前项抵押。既然借款人不必有抵押付款,风险就限制在借款人无能力偿还财产税、保险费或住房维修费用。而主要风险则在于借款人的实际寿命将比预期寿命活得更为长久,或者到期时的住房价值低于在抵押初始所规划的。有保险的住房资产净值置换抵押的一个优点,在于对金融机构和借款人双方都起到了保护作用。

(二)住房资产净值置换的背景和远景

住房资产净值置换,广义上被定义为利用住房资产净值(即住房的价值)对房屋所有者提供现金。传统的住房资产净值贷款满足这个广义定义。但在本研究中则定义得更为狭窄,仅仅包括那些被设计成给老年房屋所有者提供额外的现金流,同时使得他们能够继续居住在自己目前或想得到的未来住宅里而不必担心被赶出去的住房资产净值置换工具。主要的三种住房资产净值置换形式是住房资产净值置换抵押(HECM)、分离利息(SI)、售后回租出售(SL)。每一种形式将在本文中予以解释。本研究的主要目的在于探索鼓励老年住房资产净值置换工具的一些公共政策含意。特别是检验考虑以下这些金融工具下扩充联邦住房管理局经营的住房资产净值置换抵押项目的经营结果:增长住房资产净值置换抵押、分离利息、售后回租出售。尽管还有其他住房资产净值置换形式,但由于它们实用性有限,本文不作研究。有些州已为穷人或老人建立了允许延期所有权税或维护成本的住房资产净值置换机制(Scholen,1992),这些亦不列为本研究范围。

本研究限于那些通过金融机构成为可行的住房资产净值置换,并不考虑家庭内的住房资产净值置换工具或者像租房、共用住房等生活方式发生改变的情况。[①]

一个理性的解决有关独特的国家政策问题的决策模型要求:(1)对现存的或被提议的政策原因予以检验;(2)对政策导致的问题的可能解决方案;(3)过去执行或试验的可供选择的方法的结果。目的在于在以上限制的框架下为老年人的住房资产净值置换问题提供背景知识。

三、住房资产净值置换问题的介绍和综述

1930 年,超过 65 岁的老年人占到美国总人口的 5.4%,1980 年该百分比增至 11.3%。预期

---

① Pastalan(1993)注意到可选用的住房安排,例如将房屋出租并构建新的公寓较之典型的反向抵押,会给房屋所有者带来更大的收入。但他没有认识到在很多情况下可选用的住房安排是能够跟反向抵押(或其他住房资产净值置换的形式)组合的,从而增加房屋所有者可任意使用的收入。

到2030年老年人口将占到总人口的21.8%。老年人口的快速增长,引起对老人晚年财力保障的关注。在大量出现财政赤字的年代,住房资产净值置换,即利用一个人的住房资产净值以增加可获得的养老金①,从而使老年人能每年消费来自他们的真实不动产带来的价值,而不必借助政府提供的资助。尽管住房资产净值置换(HECM)始于20世纪70年代,但直到美国住房和城市发展机构(HUD)开始为住房资产净值置换抵押提供联邦住房管理局(FHA)②保险后才引起广泛关注。1987年美国国会又授权它增至允许25000个项目住房资产净值置换抵押。

本研究的目的在于为联邦住房经营评估的需求,以确保住房资产净值置换的附加形式,即增长抵押、分离利息和售后回租出售。这些工具将在第二部分讨论。共涉及五个主要问题:(1)对房屋所有者的预期经济结果;(2)对金融机构预期经济结果;(3)对联邦住房经营的预期经济结果;(4)政府立法建议的变化;(5)有关以上建议的会计问题。

本论文比较分析了美联邦住房管理局开办的住房资产净值的置换抵押附加工具的成本和收益,一般用预期现金流的净现值衡量结果,除外还有其他方法,至今尚未发现有对这些可选用的住房资产净值置换工具做的成本和收益方面的研究。

住房资产净值置换中的利率因素会产生非常大的影响。例如,联邦住房管理局在1990年施行本项目,收到2.8万封关于住房资产净值置换抵押的咨询。而实际需求却远远少于此数。在此项操作的前9个月,贷款机构仅仅得到了572份联邦住房经营的住房资产净值置换抵押申请,实际上只有257份贷款是真正实施的。可见在这样的状况下,2.5万份抵押贷款上限在未来的50年内是难以打破(作者的此项判断过于保守,美国目前开办反向抵押贷款业务的份数,已经超过了每年10万多份,截至2018年度累计贷款总数已经达到100多万份——引者注)。

住房资产净值置换抵押,被设计成每个月给房屋所有者支付一定数额,而非一般意义的通胀指数化,因此分离利息和售后回租出售两种反向抵押贷款产品,每个月对住户的支付额度较低,但同时避免了通胀风险。老年房屋所有者很可能对规避通胀风险,同当前的现金收支是一样感兴趣。我们将通过以后对三个产品模型的比较,分别对那些房屋所有者、金融机构和提供保险者(联邦住房管理局)的相关性组织分析,以显示出各自的优势和不利之处。

本研究利用Monte Carlo模拟,比较联邦住房经营的住房资产净值置换抵押和类似产品,构建并保险的分离利息、售后回租出售的出售协议,以及老年住房资产净值置换抵押。之所以采用模拟方式是因为存在大量的变量,其中一些在不同情况下又表现有较大不同。联邦住房管理局目前并没有对分离利息、售后回租出售或住房资产净值置换抵押提供保险。研究对房屋所有者、金融机构等造成的经济效果做了检验。对不同可选用工具下的现金流做了检验,以确知当前和未来的现金流是否有所反映。此外,联邦住房经营模型的财务有效性和对一些假设的灵敏性也得到了探究。

研究结果应该能为房屋所有者和金融机构更好地比较四种被检验的住房资产净值置换形式提供信息。另外一个目的是检验这些计划的某些政策影响,为保险公司就这些计划的经济有效性提供相关信息,检验联邦住房经营计划,是为了确定该计划是否有可能打破已达到的稳定。

那些希望促进针对老年人的住房资产净值置换的组织和政府机构会对本项研究很有兴趣,因其为评估扩大联邦住房经营的住房资产净值置换抵押(或建立私人项目)的有效性提供了信息。而且,该研究结论对住房资产净值置换是否在没有收益损失或不利的选择风险下,实施可选

---

　　① 这是狭义上的定义,广义上讲,住房资产净值置换还包括为个人操作的信用贷款最高限额形式的标准住房资产净值抵押。

　　② 通篇中的"HUD"和"FHA"将交替使用。

用的三个计划有很大帮助。[①]

　　会计规则有可能阻碍金融机构提供这些计划。为了维持调整资本和盈利，银行等金融机构很可能通过减少现金流来增加已报出的利润(Scholes、Wilson & Wolfson，1989)。如果分离利息计划或售后回租出售被采用，则考虑到计划的保险本质，会计规则需要修正。这受到那些对促进住房资产净值置换感兴趣的特殊利益团体的关注。如 SEC 在 1992 年对未保险的住房资产净值置换抵押做了会计上的调整，而受到美国退休者协会(AARP)的质问。

　　从税收的角度来看，本研究也有较大价值，主要因为：税收对房屋所有者和金融机构就住房资产净值置换选择的影响做了检验；为政策制定者是否有改变税收政策和管制以鼓励新的住房资产净值置换形式的需要做了检验；为房屋所有者和金融机构在税后评估住房资产净值置换选择提供了帮助。

　　文中假定每一个步骤都是合法的，或者说在评估立法机构或裁决下满足合法要求。如银行或其他金融机构(除保险公司外)目前不大可能被允许发行养老金。本研究假定增加住房资产净值置换的项目，将包含在限定的住房资产净值置换下对金融机构予以发行养老金的授权。

四、住房资产净值置换的经济基础

　　住房资产净值置换的经济上的需要，可以追溯到美国著名经济学家莫迪格利安尼(Modigliani)和布伦伯格(Brumberg)(1954)创建的生命周期理论。生命周期理论(LCH)认为个人在工作期间增加财富，在非生产期间耗尽财富。莫迪格利安尼(1975)解释如果个人除去遗产传承的目的，那么所有的个人都将有自己的终生边际消费率(即消费等于收入)。工作期间，个人在未来预期收入的现值基础上对收入进行消费和储蓄的配置，从而消费在个人的一生中总能保持一个常数。退休后，个人不必在消费上有大的改变，而逐渐耗尽在工作期间积累的财富。

　　在生命周期理论形成后不久，弗里德曼(Friedman，1957)提出持久收入理论(PIH)。这一理论假定每个家庭拥有一系列人力的和非人力的资产，并期望从中获得一种收入流。来自每项资产的收入通过适当的折旧率予以折旧；对非适于销售的资产折旧率或许极高(可以高达33.3%)，而每项折旧后的收益对每项资产产生价值。每项资产的价值通过合适的折旧率得以增加。来自多项资产的持久收入，是一个家庭的主要收入来源。弗里德曼认为消费主要依赖于一个家庭的持久收入。

　　莫迪格利安尼和安多(Ando)(1960)提出，尽管两个理论是不同的，但却产生出许多相同的结论。莫迪格利安尼(1975)进一步增强了这个观点，他注意到假定预期生命是无限的，持久收入理论和生命周期理论导致几乎一致的结果。他们注意到这两个假设下，储蓄与收入的比例随着收入的增加而增加。他们意识到这两个理论都基于大量的不可观察的变量，虽然很多研究者对退休期间的财富的减少进行测验，但要测定它们是极其困难的。

　　生命周期理论假定财富在整个退休期间将被耗尽，而持久收入理论假定财富仍然是一常数。研究发现还没有得出结论，其中一个困难是事实往往能被予以不同的解释。全异的解释可能支持相互冲突的结论。例如 Mirer(1979)及 Dicks-Mireaux 和 King(1984)赞成当社会安全和其他年金收入的保险精算价值也包含在财富的计算中时，明显表明财富在退休期间是会下降的。相

　　[①]　在给定的低增值率下，住房资产净值置换计划 A 有利于计划 B，但在给定的高增值率下，计划 B 更为有利，房屋所有者和金融公共机构在所有权不大可能正确评价的情况下会使用计划 B，所有权容易正确评价下则会选择计划 A。

反,Bernheim(1987)认为在测验理论时,来自当前收益的资本化价值,尽管是正消耗的资产,但将整个养老金看作持久收入是合适的。

基于生命周期理论,个人对房屋的所有权首先随着年龄的增长而增高,而后在退休时又随着年龄的增长而减少。就如在两个研究中指出的,其根据是混合的。Li(1977)通过逻辑分析发现在波士顿和巴尔的摩影响房屋所有权的因素,被测验的变量为收入、家主的年龄、家庭大小和种族。Li发现了生命周期效应。随着一个家庭在早期婚姻中的成长,房屋所有权的可能性增长;当年龄在45~64岁,家庭规模变小时,其可能性减少。在一个由年龄都超过65岁的老两口组成的家庭,可能性则进一步减少。当储蓄和整个消费符合生命周期效应时,这些研究结果不再具有决定性,其结论在住房需求的生命周期效应下可能无效。

Chen和Jensen(1985)引进各种变量到逻辑模型中,用来估计使用住房资产净值的可能性。他们发现在不考虑婚姻状况、退休情形和收入水平时,老年人使用住房资产净值的可能性是很低的。因此得出结论老年住房所有者并不依赖于动用储蓄来支持当前消费。但注意到在他们的研究中由于缺乏某些可获得的数据而存在两个重要的局限性:(1)没能将住房收入包含在整个财富之中;(2)无法证实这类行为的参与是出于自愿还是非自愿。一个有趣的研究发现是,即使给定同样的财富,高收入群体比中收入群体更倾向于负债,低收入群体则最有可能负债。将此归因为高收入个体融资更为方便,可能有更高的冒险倾向。

从上述讨论中得出的一个推断,就是若要住房资产净值置换有效,生命周期理论必须正确。如果老年人随着时间流逝却并不减少财富,他们就不需要住房资产净值置换。然而在弗里德曼的持久收入理论下,住房资产净值置换将会是十分有用的。如果住房资产净值转换成年金,则来自该年金的收入流将被包含在住房所有者的持久收入中,从而增加住房所有者的消费。总而言之,住房资产净值置换在任何一个理论中都能增加当期乃至长期的消费。

五、住房资产净值置换的需要

住房资产净值置换的根本前提,如果算不上极多时,至少是住房资产净值占美国老年人主要财富来源的多数,如老年人净财富中超过40%的部分。住房资产净值置换为老年人提供了一种新的机制,使其能在退休期不放弃使用住房的同时还能消费来自他们住房的资产净值。有关住房资产净值置换需要的研究,大都基于人口统计学数据。例如,Howard(1987)分析了俄亥俄州的哥伦布的351户住房所有者的原始数据,这些从1982年住房调查年鉴中的公用数据库中挑选出来的对象,年龄都高于65岁,且都拥有一套住房。Howard检验了三个可能计划:为住房维修的延期贷款、剩余利息的出售、售后回租的出售。31%的单身房屋所有者和10%的已结婚房屋所有者生活在贫困线以下,而年龄越高的老人则拥有更少的收入(显示了生命周期效应)。在住房资产净值和收入之间有一个重要的但不是极端大的关联(相关系数为0.52),表明大量的老年人虽居住在富有价值的房屋里,却因无从置换而使晚年生活步履维艰。Howard发现25%的抽样人口表示了对住房资产净值置换计划的兴趣,得出结论是因老年人需求的多样性,三个计划中没有一个完全优越于其他。

Speare(1992)对相关数据进行适当调整,满足老年房屋所有者将获得联邦住房管理局经营的住房资产净值置换贷款的9%的假设,发现房屋所有者增加房屋所有收入的比例提升,从年龄在65岁与69岁之间的对应6.9%,到年龄高于85岁的对应66.8%。而那些"房产富人,现金穷人"中有22%将通过住房资产净值置换贷款脱离贫困线。这个数据比Gasper(1984)得到的要低,但仍然很是显著。

Jacobs(2003)发现来自住房资产净值置换的年金,对老年人来讲是一个长期融资照顾的有效方式。两项计量经济学的研究表明,Jacobs关于住房资产净值置换的年金用于长期照顾的假设,可能并非有效。Katsura等(1989)的研究结论,是延伸的住房资产净值置换抵押不会显著改进住房质量,因为收到的大部分现金将被用来生活支出,而不是对住房做再投资。Rivlin等(1988)探究针对老年人的融资长期照顾的多种可替代办法(如住房看护),发现老年人购买长期照顾保险的比例并没有显著增加,除非年金收益是专门为保险设计的。

Chen(1973)的调查发现被采访人中仅有9%对住房资产净值置换项目感兴趣,这个比例近似对剩余利息的出售。造成如此明显低的比例可能原因有:对家园存有感情;对项目缺乏了解;其他让Chen作出不足的经济判断力的个人感知。Weinrobe(1987)利用概率单位的模型分析数据,发现年龄越老、经济状况越穷的人更有可能参与房产置换,单身比已婚者更有可能参与房产置换。那些可以依靠孩子资助的老人则不太有可能置换住房资产。

近来更多的研究表明房屋所有者对这些项目的兴趣在增加。Nelson(1980)对Chen的工作模型化,对纽约的伊萨卡岛的一项研究,发现年龄超过65岁的房屋所有者中,31%对住房资产净值置换感兴趣。

Nelson(1980)对威斯康辛州的549个房屋所有者的调查表示,44%的人员对反向抵押贷款、反向抵押年金贷款、售后回租出售、税收延期等住房资产净值置换计划中的一项或多项感兴趣或很感兴趣。其中售后回租出售模型以超过27%的比例最受欢迎,对税收延期有兴趣的占26%,对任何一个抵押贷款感兴趣的各占16%。但那些最需要住房资产净值置换的人(如收入少于5000美元,年龄高于75岁的寡妇)则是最不感兴趣,这可能是她们对该项目缺乏了解。Kummerow(1980)用同样的数据研究发现,人们对住房资产净值置换项目的兴趣,随着收入和所受教育的提高而增加,这个结论与Chen和Jensen(1985)发现的效应类似。

Ventin和Wise(1990)发展了联立方程模型用来估计改变主要居住的愿望。结果仅7.5%的退休房屋所有者想在两年期内搬离住宅,15%的人愿意在起落阶段(如婚姻状况发生变化或退休)搬离。与生命周期理论相反,Ventin和Wise得到的结论,是老年人希望减少住房资产净值并没有根据,相反,却有期望增加住房资产净值的趋向。Ventin和Wise注意到交易费用可能阻碍某些家庭减少住房资产净值。Ventin和Wise(1991)进一步探究反向抵押贷款的生存能力。首先,他们用1984年收入和项目参与的调查重复了1990年的实验得到一致的结果。另外有证据表明,房屋所有者中的住房财富跟年龄几乎恒相关(只有非常小的向下动向)。他们还发现流动财富和住房财富的相关性几乎为零,意味着几乎没有替代效应。由此得到的结论是老年人即使能够获得反向抵押贷款,他们也不一定想参与该项业务。从反向抵押贷款得到的年金数目,不足以对一般的老年房屋所有者来说变得很重要。Speare(1992)指出这个结论已假设了比通常对住房价值打折时所用的更低利率,且由于在计算中包含了一些年龄在55到64岁之间的人使得结论存有偏差。

Ventin和Wise(1991)承认绝大多数的老年人的财富是社会保障和私人养老金形式,所受益部分价值随着年龄增长趋于减少,从而老年人的总财富与生命周期理论相符。养老金收益的重要性表明老年人或许不渴望额外的收入,但他们可能对剩余利息出售和售后回租出售计划的通胀防止感兴趣。

通常标准的住房抵押和住房资产净值贷款有以下几个特征,使得他们不相称于作为住房资产净值置换的设计:(1)不提供生命租赁,如果需要付款时却无从支付,由此丧失抵押品赎回权能迫使房屋所有者离开住房;(2)要求房屋所有者确定贷款可以从未来的收入中得到偿还,而不会超出住房资产的净值。

六、政策问题

住房资产净值置换的成功与否,很大程度上取决于某些政策问题,而不在于该产品是否可行。例如,如果税收规则不确定,金融机构将不乐意提供该产品,房屋所有者也可能不愿意考虑所提供的产品。下文中要讨论的政策问题包括:会计问题、收入税问题、社会福利问题、流动性问题和收益性问题等。

(一)会计问题

对住房资产净值置换工具来讲,会计问题涉及两方面,首先是会计处理的透明度,其次是会计处理是否反映了产生未来现金流的能力。如果住房资产净值置换工具的会计处理不确定或不相宜,金融机构则可能拒绝提供该金融工具。如果会计处理不同于预期的现金流,那么不但会与会计概念中的 FASB 声明的规则相冲突,还可能导致金融机构愿意牺牲现金流以维持调整的收入,却无提供该项产品的积极性。

Providential 是第一家为处理无保险的反向抵押贷款成立的金融公司,是不确定或不适宜会计规则引起后果的一个例子。1992 年 2 月 10 日,该公司处理的案例也不存在反向抵押贷款投资组合上的会计处理问题。同年 7 月 14 日,安全和交易委员会(SEC)通报该公司必须改变反向抵押贷款的会计方式,致使计划的财产增值被排除。消息宣布后,Providential 的股票价格大幅下跌。在美国退休者协会(AARP)的压力下,安全和交易委员会同意改变主意,发布描述了新定位的买卖契约书,适用无保险的反向抵押贷款,允许计划的财产价值列为收入的计算范围中。对规划的未来现金流,要求每一笔来自贷款储金的实际或预期回报的年计算使用合适的统计技术。如果来自储金的预期回报高于或低于以往年份,则来自储金的收入就要做合适的调整。

(二)收入税问题

有关这项研究存在四个基本的税收政策问题,即不明确的法律、水平的平衡法、垂直的平衡法和税收津贴。如果关于住房资产净值置换工具的税收法规不明确,房屋所有者和金融机构都会避开这种工具,寻找更高风险但更高回报的交易。这种税收处理的不明确,可能源于缺乏来自税收当权方的指导,或是税收当权方所执行的不利的、有挑战性的定位。由于税收当权方不利的定位,还可能引起水平平衡法的问题,即在类似交易上以类似的方法处理税收。与之相反的垂直平衡法则基于支付的能力征税,有强支付能力的人支付更高的税收。

(三)社会福利问题

联邦住房管理局经营的住房资产净值置换抵押中的抵押人平均家庭收入仅仅是 7572 美元,他们的平均社会安全收入(SSI)为 7005 美元(住房与城市发展部,1992)。因此,很多房屋所有者用住房资产净值置换作为公共援助是符合条件的。住房资产净值置换的形式影响着补充安全收入和其他公共援助。社会安全收入有资产测验和收入测验。住房资产净值置换计划中没有一个会影响资产测验;住房和那些不被容纳者控制的其他资产(如养老金)价值将从该测验中排除掉。然而,从剩余利息出售计划或售后回租出售计划的养老金得到的收入,在测验中将被视为收入,由此可能减少社会保障收入的援助。有迹象表明社会保障委员会在这点上可能采取灵活形式。

（四）流动性问题

有迹象显示增加住房资产净值置换的可获得性的一个困难，在于对金融机构来说缺乏流动性。如 1992 年 8 月，联邦国立贷款协会（FNMA）购买了 94％的联邦住房经营的住房资产净值置换抵押，剩余 6％的贷款要么处于待处理中，要么不被联邦国立贷款协会接受。住房和城市发展部意识到在开发此产品中二手市场的重要性。同时抵押保障也非常重要。联邦国立贷款协会就是不相信联邦住房经营贷款可以被抵押保障。因此，住房和城市发展部得出结论，因有着与年金结构类似的反向抵押，保险公司很可能是有着可变支付流的唯一投资者。

（五）收益性问题

联邦住房经营的住房资产净值置换项目被设计打破盈亏平衡点。如果该项目是非盈利的，则所花费用将由税收支付者负担。此外，政府项目一般应是用来补充，而不是与私人部门竞争。非营利的联邦住房经营项目往往阻碍私人企业进入住房资产净值置换市场。

联邦住房经营项目已被指责在假设上过于宽泛。Szymanoski（1992），即联邦住房经营项目的发明者，承认如此缺陷并指出了一些原因。首先，宽泛的假设与保守的假设是相平衡的，并不是所有的房屋所有者都会在被允许的条件下使用得到最大的收益。

另外，Szymanoski（1993b）指出联邦住房经营市场是针对老年穷人的，私有市场应该被限制在上层和中层阶级中。即使宽泛的假设被认为是允许的，认识到这些假设对整个模型的盈利性所产生的效果仍很重要。

无处与家相比:加利福尼亚针对
老年人开展反向抵押贷款的意义

Victoria Wong，Norma Paz Garcia[①]

一、简　介

退休后如何负担继续住在家中的生活,是许多老年人最重要的事情之一。老年人大多都拥有自己的房子,而寿命正在越来越长。与此同时,许多老年人单单依靠固定收入生活,有些老人进行投资,但回报无法满足自己的需要。某些老人需要额外的收入来源以应对日常开支,还有些老人需要现金做大额开支,如医疗服务或房屋维修费等。对有这些需要的老年人来说,反向抵押贷款是一种有吸引力的选择。然而与此同时,这一贷款业务在开展过程中却存在许多欺诈或滥用的现象。

本报告以加利福尼亚和全国范围内开办的反向抵押贷款业务为基础,探讨了本项贷款对老人的好处和坏处;研究了对反向抵押贷款借款人现存的和潜在的危险,提出了一些可以在保留老年人借款选择的同时保护老年人权益的方法。

消费者协会之所以选择反向抵押贷款进行调查,是因为这种类型的贷款针对的只是老年人。和其他人员相比,老年人经常处于"房产富人、现金穷人"的状态,且更容易受到欺诈和蒙蔽。反向抵押贷款可以让需要现金的老人在继续居住而非卖掉自己房子的情况下,也能将房子蕴涵的价值提前利用起来。这种不迁出住房也能利用住房价值养老的做法,对借款人来讲是很需要的,极具有吸引力。对许多老人来说,自己的房屋可能承载了许许多多的家庭故事和个人意味,他们愿意为继续居留在家里付出更大的代价。

二、反向抵押贷款的成长

美国国内对反向抵押贷款的兴趣正与日俱增。1989 年,联邦住房管理局(FHA)开始对房屋价值转换抵押贷款(HECM)提供担保。从那时开始,政府和私人担保的反向抵押贷款共有 55000 份,其中约 2/3 是住房与城市发展部开办的房屋价值转换抵押贷款。联邦国民抵押协会(Fannie Mae)估计潜在的反向抵押贷款市场约在 300 万份左右。无论在加利福尼亚还是全美,典型的反向抵押贷款借款人应具备以下特征:孤寡老人、年龄在 75 岁到 80 岁之间、主要依靠社会保障生存、子女很少或没有。

在加利福尼亚州,因老年人口众多,且不动产价值很高,人们对反向抵押贷款的兴趣更加强烈。虽然反向抵押贷款得到了大量的宣传,但加利福尼亚州还是有很多老人对它了解不多。加

---

①　Victoria Wong，Norma Paz Garcia,美国消费者协会西海岸办事处,1999 年 8 月

利福尼亚 65 岁及 65 岁以上的人口大约有 360 万人,随着生育高峰的一代人退休,到 2015 年将达到 450 万人,到 2025 年则可能达到 640 万人。从 1993 年开始,加利福尼亚 65 岁以上的人口一直是全国最多的。除了生育高峰一代目前将逐步进入老龄化,不断增加的寿命期望值,也是老年人口迅速增多的原因之一。到 21 世纪中叶,预期超过 40% 的 65 岁居民将活到 90 岁,比 1979—1981 年增加 25%。

全美国老年人持有的房产价值估计有 1 万亿美元。老年人对房屋的拥有量也在飞快增长,从 1970 年的 68% 增长到现在的 79%。在所有这些老年房屋所有者中,有 83% 的份额已经全额付清了按揭贷款,拥有了自主而清晰的产权。根据加利福尼亚州的最新数据,1990 年,拥有房屋的老年人比例为 72.5%,与全国的数字一致。

大多数老人都生活在自己的家里。一份全国调查显示,有 70 岁以上老人的家庭,仅 3% 住在养老公寓里。85% 的老年人更愿意留在自己家里,而不愿意搬家。随着老年人生活得更为长久,他们的生活费经常包括较大的医疗保健开支。那些更愿意住在家里而非去养老机构的老人,其卫生保健项目可选择的范围更广,同时包括数种水平的医疗服务。

这些数据显示,基于加利福尼亚和全国的住房拥有率,加利福尼亚州 60% 的老人符合反向抵押贷款的条件。这个数据显示随着人们在家里居住时间的延长,未来几年里老人对用于家庭保健和房屋维修资金的需求将会增加。因而反向抵押贷款的潜在市场是很大的,且将持续增长。

尽管反向抵押贷款对少数民族的房屋所有者,在人种或种族方面的影响如何,以及这种影响是好是坏等,还没有成为争论的焦点。但这个问题会随着少数民族的房屋所有者的增多变得更加重要。从现在来看,少数民族中房屋所有者的比例相对较低:全国少数民族房屋占有率为 46%,白人中这个比例则为 72%;少数民族占所有家庭的比例为 24%,占房屋所有者的比例仅为 17%。然而,现在的房屋购买热潮,在很大程度上归功于少数民族家庭。虽然少数民族只占房屋所有者比例的 17%,他们在 1994—1997 年间新增房屋所有者中却占到 42%,在 1985—1993 年期间购房比例占到 36%。在西班牙人和亚洲人里,房屋所有者的增长大多归因于移民。另外,这部分人口大多数介于 25 岁到 34 岁之间,首次房屋所有权购买的比例是最高的。在非洲人和美洲人中,房屋所有权的增多在更大程度上归因于贷款更容易获得和相对低利率的环境。不断增加的公共贷款,也是少数民族房屋占有率增加的原因之一。

虽然研究人员指出贷款购房快速增长的速度可能放缓,但房屋占有率在少数民族中持续增长的事实,则意味着在未来几年内反向抵押贷款将会对少数民族家庭的影响不断增大。

由此,现在是检验反向抵押贷款作为老年人借款选择角色的理想时期,同时确保随着反向抵押贷款的增长,对消费者权益实施正当的保护。

三、反向抵押贷款概述

(一)什么是反向抵押贷款

反向抵押贷款是 62 岁以上的老人才能获得的房屋贷款。大部分反向抵押贷款都要求借款人对自己的房屋拥有自主、清晰的产权,或近乎于此。老人以其拥有的房屋为抵押,就可以获得反向抵押贷款,贷款可以是按月支付、一次性付清或以最高信用额度的形式支付。贷款期间里不需要偿还,直到老人永久搬出住房或去世,或者在一个固定期限的截止期为止,才是贷款的到期日。

反向抵押贷款是房屋价值贷款的一种，它允许老年人在继续拥有住房的同时，将房屋价值的一部分转换成现金，而且不用立即偿还。贷款机构按月向借款人进行款项支付，与普通住房抵押贷款的借款人按月向贷款机构付款正好相反，因此称为"反向"抵押贷款。根据其条款，只要借款人还住在自己的房子里，或者还处在特定的借款年限之前，借款人就不用偿还本金和利息。这意味着反向抵押贷款是一种债务增长型贷款；随着预付款支付给借款人，利息不断计提并复利，总的欠款额随着时间不断增长。通过反向抵押贷款获得的款项可以用于任何用途。大多数时候，借款人是用它来应付日常开支、房屋修缮费和家庭的保健支出。

（二）贷款资格

要获得反向抵押贷款的资格，借款人的年龄必须是在 62 岁或 62 岁以上，一般还需要对自己的房屋有自主、明晰的产权，或抵押贷款只有很少一部分没有还清。房屋必须是借款人的主要居住地。

反向抵押贷款最大的好处之一就是对借款人没有最低收入要求，只要满足其他条件，即使只有很低固定收入的人员也可以申请。

（三）支付方式

现有的反向抵押贷款程序，允许借款人通过以下几种方式收到款项：一次性支付、按月分期付款或通过最高信用额度方式，具体支付方式依照贷款程序而定。一般来说，借款人可以选择最符合自己需要的支付方式。一次性支付可以让借款人马上获得大笔现金来满足巨额购买或开支；分期付款年金方式可确保借款人在借款期间长期得到持续固定的收入来源；最高信用额度形式则赋予借款人很大的灵活性，他可以在需要的时候借款，而且利息只是根据实际借款额和贷款发起费用计提。到一个固定时期期末，贷款到期后，借款人或其继承人必须偿还包括利息在内的全部款项。

一般来说，贷款到期日是指借款人去世、不再占用房子、还清贷款或出售了房子。有的反向抵押贷款（固定期限的反向抵押贷款）到了既定期限结束也会到期。在这种情况下，房屋所有者如没有其他资金来源，就必须在贷款到期时卖掉房屋来偿还贷款。

反向抵押贷款的一个重要特征，就在于它是一种"无源"贷款，这就是说借款人需要偿还款项的额度，不会超过贷款到期日的房屋价值。虽然很长时间以来加利福尼亚的房产很少贬值，但是一旦发生贬值，对这一贷款的操作影响将是重大的。

一些反向抵押贷款计划为借款人提供了利用贷款购买年金保险的选择。这是一种保险产品，它为借款人确保终身按月支付，而不管借款人是否还住在自己的房子里。借款人从他可以获得的贷款中取出部分来购买年金保险，这意味着他实际得到的钱财变少了，且必须立即对购买年金的款项支付利息。事实上，借款人可能还没有从所购买的年金保险中获益就去世了。所以，无论年金是延期支付还是非延期支付，都是极其昂贵的，借款人在决定购买任何年金保险之前，都应该了解完全的信息。

（四）典型的反向抵押贷款的借款人特征

虽然反向抵押贷款借款人的特征各不相同，1995 年一份对住房与城市发展部的房屋价值转换抵押贷款（HECM）计划——这个最受欢迎的反向抵押贷款的研究成果显示，HECM 借款人的平均年龄为 76 岁，平均收入为 10400 美元，是全部老年房屋所有者平均收入的 44％。其中 60％的借款人是孤身女性，75％的借款人没有子女。HECM 借款人拥有房屋的平均价值是 102000

美元,比所有老年房屋所有者的平均房屋价值高出 42%。HECM 贷款最受欢迎的五个州分别为加利福尼亚、纽约、伊利诺斯、科罗拉多和新泽西州,现在占据 HECM 贷款业务总量的近二分之一。

(五)历史背景

虽然反向抵押贷款从 1960 年就出现了,但因缺乏反向抵押贷款保险和贷款二级市场,使其大规模开展受到了限制。直到 1989 年,联邦住房管理局进入这个市场并推出房屋价值转换抵押贷款后,才得到稳定发展。住房与城市发展部开展房屋价值转换抵押贷款,并通过对符合 HECM 条款的贷款进行担保,推动了本贷款市场的扩张,这种扩张又随着联邦抵押贷款协会进入二级市场购买政府担保的贷款进一步加强。

HECM 起初是作为示范性的计划出现,总共发放了 5 万份贷款,并且只允许有限数量的符合条件的贷款机构参与。1995 年,"房利美"开发了自己的产品——房屋保留反向抵押贷款。这种新的产品比 HECM 有着更高的贷款限制条件,并且为潜在借款人提供了比非政府计划更优惠的选择。1998 年,HECM 继续扩张,并获得了永久性的地位,新增 15 万份贷款业务。

现在开办的反向抵押贷款业务主要有三种:住房与城市发展部的 HECM,"房利美"的房屋保留计划和雷曼兄弟自由基金公司开办的财务自由计划。财务自由计划是一种专有产品,也就是说,其特征在于由私人贷款机构提供和拥有。它由财务自由老年人融资公司提供,这是一家私有的、追逐利润的公司,该贷款没有得到联邦政府的保险,并且不向"房利美"出售。

随着 HECM 和房屋保留抵押贷款的引入,以及贷款二级市场的拓展,反向抵押贷款借贷市场得到了很大发展。在 1990 年之前全国只完成了 3000 份反向抵押贷款。在 HECM 开展之后,1990—1992 年完成了 5000 份。增长最快的时期在 1992 年,一共完成了 46750 份,等于 1993—1998 年所有反向抵押贷款量的 85%。还有其他迹象可以证明反向抵押贷款的潜在市场是很大的,举例来说,在房屋保留计划公布后的最初六个月里,"房利美"总共收到 10 万个问询电话,充分说明了消费者对此业务的兴趣之大。

四、反向抵押贷款产品

美国消费者协会号称"不偏向任何一个反向抵押贷款产品或贷款机构"。

"反向抵押贷款"一词,通常指的是通常意义上由私有贷款机构提供的房屋价值转换贷款。在本报告中,反向抵押贷款都是采用这个含义。

现在开办的三种反向抵押贷款产品,对消费者的需求都有正反两方面的影响。通过反向抵押贷款可以得到现金的数量可由公式计算出来。这个公式要考虑借款人的年龄、现行利率和房屋的价值。目前,这三种反向抵押贷款都采用浮动利率,"房利美"也只购买浮动利率的抵押贷款。

在这三种反向抵押贷款的程序中,房屋所有者都可以继续留在自己家里。这意味着他或她得到反向抵押贷款支付的同时,仍然要按章纳税,并对房屋进行修理和维护。

(一)房屋价值转换抵押贷款(HECM)

HECM 由住房与城市发展部下属的联邦住房管理局设计并担保,由住房与城市发展部批准的私有机构负责发放。最高贷款额依赖于房产的价值,并且不能超过规定的最高数量,这个价值量由住房所在的地理位置、最年轻借款人(夫妇双方中的最年轻者)的年龄和反向抵押贷款的预期利率共同决定,现在这个数额是 208800 美元。HECM 只针对单户住宅、一到四单元的住房(其中至少占一个单元)、人工住房(移动房屋)、HUD 批准的单元住宅、单元发展计划中的住房。住房与城市发展部要求房屋条件满足特定的标准。

在 HECM 贷款中,借款人可以从五种支付方式中进行选择:(1)终身付款方式,将会一直对借款人按月支付,条件是他继续以自己的房子为主要居住地,也就是说直到去世、永久搬出或将其出售前,都以该住房为主要居住地;(2)定期付款方式,在一个固定时期内按月支付;(3)最高信用额度,允许借款人在任何需要的时候借款,直到数量达到最高额度;(4)改进的终身付款方式,将终身付款方式与最高信用额度结合在一起;(5)改进的定期付款方式,将定期付款方式和最高信用额度结合在一起。

最高信用额度方式的一个重要特征,就是信用额度随着时间而增长,这在现有的反向抵押贷款产品中是独一无二的。反向抵押贷款的顾问声称,正是这种不断增加的信用额度使得 HECM 最受借款人的欢迎。住房与城市发展部要求所有的 HECM 申请人到其批准的中介机构进行咨询,确保这些潜在的借款人都能理解贷款的条款和含义。

如果借款人去世或将房屋出售,或连续 12 个月不住在抵押的房子里,本贷款将立即宣告到期。此时借款人必须卖掉该抵押房屋或利用其他资产来偿还贷款。住房与城市发展部对贷款进行担保,如果贷款机构违约不予付款,借款人仍然会依照事先的约定收到贷款。同样,如果预付现金数量超过了贷款到期时的房屋价值,住房与城市发展部将支付其差额。"房利美"在二级市场上从发起人处购买 HECM 贷款。

(二)"房利美"房屋保留抵押贷款

房屋保留计划是由"房利美"设计并购买的反向抵押贷款,它由"房利美"批准的贷款机构提供,然后由"房利美"从二级市场上买回。最高贷款额由借款人的年龄和数量、房产价值和"修正的房产价值"共同决定。修正的房产价值要小于评估价值或 24 万美元,24 万美元是"房利美"购买单户房屋贷款的最大价值。房屋保留抵押贷款提供了一个"价值分享"的选择,它是一笔等于贷款到期时房屋价值 10% 的费用,在贷款到期日支付。作为此费用的回报,贷款机构将会给借款人更高的月支付额。如果借款人在两年内偿还贷款,这笔费用就不必支付了。

在"房利美"的房屋保留抵押贷款中,借款人在如下几种支付方式选择:(1)终身支付,只要借款人还住在房子里,就可以每月得到支付;(2)循环式的信用额度,它不会随着时间增加;(3)改进的终身支付,把终身支付方式和最高信用额度结合起来。

申请房屋保留抵押贷款者必须完成"房利美"规定的咨询事项,既可以通过住房与城市发展部批准的中介机构,也可以通过"房利美"的电话咨询服务"家庭之路"。如果当地没有法律顾问,"房利美"允许借款人通过反向抵押贷款的贷款机构进行咨询。这种贷款采用的利率比 HECM 高,但是其贷款额度也更高,在一些条件下可以得到更多的月度支付。和 HECM 类似,如果借款人去世、出售房屋或连续 12 个月不在此居住,房屋保留抵押贷款就马上到期。此时,借款人必须通过出售房屋或者利用其他财产归还贷款。

"房利美"购买这种产品的一种修正版贷款,称作房屋保留抵押贷款。在这种产品里,房屋所有者可以利用现有房屋价值直接购买新的房屋,同时建立最高信用额度来利用新房屋的价值,可以节约借款人出售住宅再另外购置房屋的额外费用。

(三)财务自由计划

财务自由计划由老年人财务自由基金公司提供,是一种私人性质的反向抵押贷款,由贷款机构拥有和发起,并且没有政府的担保。开展这种贷款的包括加利福尼亚、科罗拉多、华盛顿和亚利桑那州。这种贷款的最大好处就是最高可以借到 70 万美元,比 HECM 和房屋保留计划规定的贷款数额都要高。通过财务自由计划,房屋所有者可以获得一次性支付,有时会用部分或者全部数额来购买养老金,反过来由养老金提供月度支付,不管借款人在何处居住。财务自由计划并不要求一定购买养老金,但如借款人有此要求,也可以对购买该项养老金进行安排。

这项计划的"价值保留"特征,决定了借款人负债的多少。借款初期,借款人可将房屋价值的一定比例用来抵押,这一比例就是借款人在贷款到期时以房屋价值为基础的欠款数量。举例来说,如果某位借款人以房屋价值的 60% 作为抵押来借款,那么在贷款到期时他欠款的数量就相当于此时房屋价值的 60%。在财务自由计划中,不论什么原因,只要借款人 475 天以内不在房屋中居住超过了 375 天,借款就会到期。

财务自由计划的费用,通常比政府举办的反向抵押贷款尤其是 HECM 要高,这种贷款通常只对拥有的房屋价值较高,并且希望借到比 HECM 和房屋保留计划更多款项的借款人发放。

1999 年 6 月 21 日,老年人财务自由融资公司动用 2 亿美元收购 Transamerica 公司,这将使财务自由计划拓展到 35 个州。此举从 Transamerica 得到 6000 份反向抵押贷款,并计划将这些贷款重新打包进行证券化。标准普尔负责结构金融评级的主管 Joseph Hu,对此进行评级,他相信这是"由美国信用评级机构第一次对反向抵押贷款证券进行评级"。

反向抵押贷款与让与担保制度

鲁　旋[①]

摘要：本文从让与担保制度的内涵谈起，阐述了其基本特征、相关比较，并对这一法律制度在我国目前的发展现状进行了论述，提出了应将让与担保等非典型性担保制度在《担保法》中予以认可的建议。最终要达到的目的，是通过探寻反向抵押贷款业务的法律基础，规范开办此项业务，以期在有效改善老年人生活质量的同时，切实保障好老年人的合法权益，促进社会经济的协调一体化发展。

一、让与担保制度简述

(一)担保制度的内涵

担保制度是指债权人为确保到期债务得到全部清偿，而在债务人或第三人的特定物或权利上设定的，可以支配他人财产权利的制度。担保制度是伴随着债法而产生、发展的一种重要的法律制度，自公元前七世纪古希腊产生担保制度的雏形算起，经历了罗马法与日尔曼法的培育之后，担保制度适应经济社会发展的需要，已成为各国法律不可或缺的组成部分。

反向抵押是以担保制度为法律基础建立的。首先符合担保制度最初设立的目的，担保制度的设立在于强化债权的信用，以担保债权的实现和确保债务的履行为目的，反向抵押的设立正是以房屋担保的方式保证贷款债权的实现；其次，反向抵押的建立符合担保制度的发展趋势，经过各国立法的不断完善，担保制度体现出价值多元化的趋势，从最初纯粹的债权担保功能向融通资金的功能发展，由重视担保功能向同时注重发挥物的效用发展，反向抵押贷款的设立不仅具有债权的担保功能，更注重老年人以其房屋进行融资来保障自己的晚年生活，体现出房屋利用价值的多重性。

(二)让与担保制度的内涵

关于让与担保的内涵界定，学者们因观察问题角度的差异作出了不同的定义。有的学者认为，所谓让与担保系指在通过转让可以作为担保标的物的财产权而达成信用授受目的的制度中，授信者(即债权人)具有请求返还所融通资本的权利，在受信人(即债务人)未能返还时，得就该标的物优先受偿的一种特殊的物的担保制度。反言之，让与担保就是债务人或第三人为担保债务人之债务而将担保标的物的财产权转移给担保权人，于债务清偿后，标的物应返还给债务人或第三人，债务人不履行时，担保权人得就该标的物受偿的非典型担保。也有学者认为，让与担保系以转移标的物所有权之方式为之，担保权人因而取得标的物之所有权，故让与担保之设定人所授与担保权人者乃超过其经济目的之权利。就担保权人与设定人之内部关系而言，仅于担保债务

---

① 鲁旋，中国政法大学硕士，本文见于鲁旋硕士论文《银行倒按揭业务的法学基础思考》，2007年。

清偿之经济目的范围内取得所有权。还有学者认为,让与担保是指债务人或第三人以移转担保物的权利担保债务履行的非典型担保。

学者车辉、李敏在《担保法律制度新问题研究》一书中,对上述让与担保的定义进行归纳后,认为:让与担保是指债务人或第三人以担保债务履行为目的,将担保物的权利(通常为所有权)预先转移给债权人,由双方约定于债务清偿后,将担保的标的物返还于债务人或第三人,于债务不履行时,债权人得就该担保物优先受偿的一种担保方式。其中,转移标的物权利的债务人或第三人,为担保设定人;取得担保物权利的人,为担保权人,亦即债权人。

(三)让与担保制度的特征

让与担保具有以下法律特征:债权人和债务人之间存在特定的债权债务关系。

让与担保设定时,债务人或者第三人将担保物的所有权移转于债权人,此时债权人将成为担保物形式上的所有权人,所有权的转移具有临时性。让与担保的根本目的是用标的物的所有权来保障其债权的实现,不同于一般交易行为。债务人履行了债务后,让与担保权人必须返还标的物。

房屋反向抵押制度是一种具有房地产金融与社会养老保障双重功能的制度设计,其法理基础是让与担保理论,即"转移所有权,保留使用权",并不转移标的物的占有。但房屋反向抵押和让与担保仍然有一定的区别,主要有以下几点:

1.设立目的和范围不同。房屋反向抵押主要是为了缓解老年人的经济压力,保障老年人的生活,而以自己拥有产权的房屋向商业银行、保险机构或具有政府背景的公益性机构做抵押来融资,具有一定的社会福利性质的让与担保,虽然也附有融资的性质,但可以适用于各种交易方式。

2.主体不同。让与担保的主体主要是设定人和让与担保权人两方,两者并不是特定的,房屋反向抵押的主体是特定的,一方为达到法定年龄且拥有房屋产权的老年人,另一方为法定的商业银行、保险机构或具有政府背景的公益性机构等。

3.标的物不同。房屋反向抵押的标的物,只能是房屋等不动产;让与担保的标的物,除了不动产之外,还包括动产及权利等。

二、让与担保是一种非典型性担保

作为债权担保方式的物的担保,有典型担保与非典型担保之分。典型担保系以在标的物设定具有担保作用之定限物权为其构造形态;标的物所有权仍存留于设定人之手,并不移转于担保权人。各种典型担保方式均有法律明文规定,如各国民法上规定的抵押权、质权、留置权等均为典型担保。而非典型担保则非"民法"所规定的物的担保,而系社会交易所发展出来的新型担保形态。其主要特色在于此项担保,虽非以设定担保物权之方法为其权利构造,但却足以实现担保债务之目的。典型担保物权标的设定的是限定物权,无须转移标的物的所有权;而让与担保是转移标的物的所有权于担保权人,故让与担保设定人授予担保权人超过其经济目的的权利。

让与担保作为一种新型担保方式,其存在必须以债权人对担保人或第三人享有债权为前提条件,否则"债权不成立时,则欠缺为让与担保的权利移转之法律上的原因"。所担保的标的物不仅包括不动产也包括动产,范围更加广泛,同时具有比典型性担保更为充分的随附性、不可分性、物上代位性,以及追及效力,因而被纳入非典型性担保之列。

让与担保并非民法所规定的担保物权,是在社会交易中自发产生,尔后逐渐被广泛利用,立法未予规定而为判例学说所承认的一种物的担保方式,在非典型担保中占有重要地位。让与担保与抵押权、质权相同,也具有随附性,是为担保债权的受偿而设定,以移转担保物的所有权为内容的担保形式,具有从属于被担保债权的属性。让与担保的发生、移转或消灭,从属于被担保债权的存在、移转或消灭。让与担保的存在,以被担保债权的存在为条件;让与担保权的行使具有不可分性,让与担保设定后,若被担保的债权无效、未发生或不存在,让与担保应归于无效。

让与担保不因担保物的分割或让与、被担保债权的部分清偿、分割或让与而变化,担保权人仍对担保物行使全部权利以担保债权的实现。担保人不论其被担保债权数额的多寡,都可以对全部担保物行使权利;担保人的债权因为清偿、让与、免除等原因而部分消灭的,担保权人仍可以其未受偿的债权部分对担保物行使全部权利;担保物的分割或转让,不影响担保权的权利,担保权人仍可以参考担保物的全部行使权利;担保物部分灭失,担保权人仍可以对担保物的残留部分行使权利。

让与担保具有物上代位性,让与担保的权利内容在于取得担保物的所有权,以所有权支配担保物的交换价值,担保债权的受偿。担保权人对担保物的损害或灭失而取得的赔偿或其他对待给付或者保险给付,有受偿的权利。因此,物上代位原则可以适用于让与担保。在这方面,让与担保与一般担保物权的特征基本相同。

对于一般担保物权,如抵押权、担保标的物不管辗转流通到何人手中,担保权人都可以依法向担保标的物的占有人追索,主张权利。这种追及效力在让与担保中表现得更为充分和有力。因为,不动产让与担保是以担保物的所有权对债权提供担保。如果担保设立人处分不动产担保物,担保权人对其行使的追及效力要高于诸如抵押权、质权等一般担保物权。即让与担保具有优先受偿性。

让与担保的标的物十分广泛,"只要具有可转让性的财产,无论动产、不动产、债权、有价证券,还是集合动产、集合债权,都可以作为标的物"。换言之,凡具有让与性之财产权或其他未定型之财产权,均可以作为让与担保的标的物。从国外的实务来看,为判例所承认的让与担保标的物,除机械器具、买卖之商品等动产外,票据中的支票、股票等证券,土地物等不动产以及其他权利,都可成为让与担保标的物。近年来,让与担保的物的范围更扩展至特许权、集合物等。

三、让与担保制度的立法之争

自梁慧星教授在《中国物权法草案建议稿》提出让与担保制度之后,我国的法学理论界就对让与担保制度应否存在于我国,并在我国的立法等进行了一系列讨论。反对方认为,物权法不应规定让与担保制度,原因有二:一是让与担保把所有权转让给债权人来实现担保,其法理基础与传统的物权理论框架将担保物权定位于他物权的基本认识相冲突;二是让与担保是一种变现的流质担保,而我国法律是严格禁止流质担保的。赞同方认为,让与担保具有形式与实质的二重性,即在法律外观上债务人将标的物的所有权转移于债权人;而在实质上,债务人转移标的物的目的是为了对债权提供担保,是对担保物交换价值的支配而非担保物实体的支配。"让与担保的标的物所有权,不是完整意义上的所有权,也不是完整意义上的转移,而是形式上的所有权和形式上的移转,与诸如抵押所设立的他物权一样,其目的是为债权提供担保。"

让与担保制度在合同实践中均规定了清算义务,实质上并不违背"禁止流质"的规定。反对方主张让与担保制度不应纳入物权法,且不应以立法形式予以规定;而赞同方则认为,应纳入物权法立法,或通过民事立法予以确认和保护。《物权法》最终的正式出台,以未接受让与担保制度而告终,但通过对反向抵押贷款业务的分析和思考可以看到,让与担保制度在经济领域发展及其对商业活动需求的适宜,使其具有成长的环境。让与担保以转移担保物所有权,实现担保为目的,属于物的担保的最早形态。其起源可追溯至罗马法之信托制度。在被典型性担保取代多年后的重生,更充分说明了其价值的不可替代性。

四、让与担保制度的法律意义

台湾学者谢在全先生对让与担保的社会功能归结如下:"让与担保具有如下积极的社会功能:一是与动产质权相比较,让与担保的动产标的物的物权,仅以具有让与性为足,范围甚广,且于设立让与担保后,通常仍由设立人占有,保留其用益权,故此正可弥补典型担保制度的缺失,适应现代商业社会活动的需要;二是让与担保可为不能设定典型担保的标的物与集合财产,提供最佳融资渠道,以发挥其担保价值;三是让与担保可节省抵押权与质权实行之劳费,避免拍卖程序中换价过低的不利。"

让与担保之所以成为各国判例流行的一种非典型性担保方式,其产生和存在的目的就是为了摆脱典型担保中繁琐的设立和实行程序。让与担保制度在19世纪末开始出现,并于20世纪在德、日等国的社会经济生活中发挥着越来越大的作用,其原因在于该制度本身具备了能够弥补典型担保物权的不足的独特作用。其法律意义主要在于,最大限度地满足了市场经济的融资需求,弥补了抵押物范围仅限于不动产和机器设备的不足,克服了拍卖制度中处置成本加大对当事人的不利,节省了交易成本。

让与担保在实践中的存在,克服了典型性担保方式在资金融通上的不足,更大限度地满足现代市场经济社会日益高涨的融资需求。作为民法中约定担保方式之一的质押制度,是以转移抵押标的物所有权作为债权担保方式的。这样既造成了债权人管理标的物且需支付管理费用的不便;还会因标的物的长时间闲置,降低了标的物的可利用性。在经济领域质押方式极低的利用率,足以说明这一制度的理论上的理想效果与实践中效益和理性间的巨大差距。而在经济领域,让与担保制度却因只转移标的所有权,债务人或提供标的物用于抵押的第三人可继续占有并使用该标的物的特性,使"物尽其用",发挥了财产的最大价值,因而被银行业广泛用于保理业务、保兑仓业务等新兴业务产品。

我国担保法所规定的可用于抵押标的物主要是不动产和机器设备,可用于抵押的动产或权利十分有限。而让与担保对标的物的要求仅为"具有可转让性"即可,适应了现代市场经济对资金融通和商品流通的需要,而且对于集合财产及正在形成中的财产也能发挥效用。让与担保的这一特性很好地满足了社会对融资的强烈要求,正是近现代各国在判例和学说中承认让予担保制度的重要理由之一。

典型担保所规定的拍卖制度,加大了处置成本。在理论上可以有效保证债务人利益的拍卖方式,在实际应用领域中因评估拍卖费用的存在,却加大了债权人与债务人两方的处置成本。而在让与担保制度中,双方可自行约定到期不履行的处理方式,增加了变现的灵活性,减轻了双方不必要的支出。同时清算程序的存在,又可以有效约束债权人的行为,防止流质契约对债务人的侵害。

五、让与担保制度与反向抵押贷款

首先借助于让与担保制度，从以下几个方面来重新审视反向抵押贷款业务的性质：

1. 从让与担保的主体来看，反向抵押贷款业务涉及两方当事人。作为借款人和抵押人的是同一人，即拥有住房完整产权且达到一定年龄的老年人；作为贷款机构和抵押权人的是同一人，即开办业务的金融机构。

2. 从担保的内容来看，反向抵押贷款业务涉及四个基本的法律关系：(1)老年人与金融机构间的借贷关系；(2)老年人与金融机构间转让房屋所有权的"抵押关系"，即让与担保法律关系；(3)老年人或其近亲属主动偿清贷款及利息，要求赎回房屋产权时产生的回赎法律关系；(4)借款人在贷款期内提前死亡，借款人处置房产后，将余款交至继承人的返还关系。

3. 从担保的目的来看，反向抵押贷款的用途只能用于各项养老支出。用于担保的标的物，只能是借款人拥有完整产权且用于居住的房产。

4. 从担保的生效条件来看，梁慧星教授在《中国物权法草案建议稿》中提出"采取通知登记或设定合同登记的形式"。但大多数学者主张，应采用登记生效主义，即除了合同本身予以登记外，登记机关还应在不动产登记簿上进行设立让与担保登记，同时还应在不动产权利凭证上作出"不动产设立让与担保记载"，并向担保权人颁发"他项权证书"。

5. 从权力实现方式来看，由双方在合同中约定，不以拍卖抵押物为必要条件，但各国司法实务上大都规定了担保权人的清算义务，目的是防止担保权人在行使担保权时，借助于标的物评价额与债权额之间的不均衡而获取暴利的不当行为。

通过从法律视角对反向抵押贷款业务性质所作的一系列的比较、分析，可以得出如下结论：

1. 反向抵押贷款具有所有权转移、清算而非拍卖收回贷款等特性，与普通抵押制度具有实质上的不同，故不属于传统典型担保方式中的抵押。

2. 银行对房屋所有权的控制还是对所有权证书的控制，即抵押房产所有权是否发生了真正的转移，以及按揭业务中开发商这个特殊的权利义务主体存在，加之回购和回赎在两种业务中的不同体现，可以看出反向抵押贷款本质上不同于我国的按揭制度。

3. 反向抵押贷款与英美法系中的按揭制度相近，符合三要素特征，但我国的法律体系并不属于英美法系，其法律理论基础只能从大陆法系中寻找根源；反向抵押贷款业务应归于大陆法系中的非典型担保方式——让与担保。

六、对我国《担保法》的立法建议

首先，让与担保虽然规定了到期以所有权转移作为对债务的担保，但它并不是真正的流押。一般意义上的流押，是在债务人不能清偿到期债务时，担保权人直接取得物之所有权，而不用考虑担保物的现实价值。《担保法》禁止流押的立法目的，正是为了防止由于主观或客观的原因，导致的担保物价值与债权价值过分差异，因而损害当事人的利益或引发纠纷。但让与担保并非所有权的径自转移，而是在转移之前会有一个对担保物的估价过程，在实现担保权人的债权后，担保物的剩余价值还要返还给债务人，就能很好地保护双方当事人的利益，符合担保法禁止流押的立法目的。

其次,物权法定主义的基本精神是物权的类型强制和类型固定。之所以要"物权法定",既是为了保证物权的绝对性和直接支配性,也是为了发挥物的经济效用,并保证交易的安全与便捷。但是社会实践是不断发展进步的,人的认识却是有限的。我国法律最初规定的几种物权类型及内容已无法满足现实社会的需要。因此"只要不违反近现代所有权的基本观念以及有适当的公示方法等,就可以对物权法定主义予以合理的突破"。让与担保正是经济社会发展的产物,它的登记公示和在实现担保权时的清算程序能够很好地保护物之所有权人的利益,所以,让与担保在本质上是合法的。

根据我国现行《担保法》的规定,在债务人届期不履行债务,债权人为实现债权而行使担保权时,只能用协议折价或拍卖、变卖所得价款来补偿其债权。这几种强制执行程序的实行,不仅需要大量的费用,而且担保权实现的程度还会取决于担保物的交易成本和担保物二级流转市场的运行情况,担保物经常遭遇被严重贬值的命运。

市场经济是效率经济,尽量降低交易成本、提高交易效率和实现资源的最有效利用,应当是市场经济所应追求的主要目标。正如科斯所指出的:"和约(契约)的形成是通过不同资源的流转或组合,来实现资源的有效配置。而合约要达到实现资源优化配置的目的,就是以不同的合约安排选择来减少或降低资源运行中的交易费用。"既然如此,那么作为合约之一的担保合约自然也应当遵循这一规律,降低交易成本,优化配置资源。因此,让与担保还具有一定的经济效益。

实际上,在我国的实践中,具有让与担保性质的抵押贷款已经得到了普遍的承认,且发展得越来越成熟。不仅没有影响到交易的安全,反而使更多的人实现了"拥有住房"的人生主要目标之一。日本民法学家柚木馨教授在他的《注释民法物权(4)》中曾对让与担保作出这样的评价:"让与担保,一方面可以填补物的担保制度在立法上的缺陷,而适应社会之需要;另一方面也可以缓和大陆法系近代私法中被赋予高度抽象性的所有权所呈现出的绝对化之倾向,具体地调和现有的物权秩序。"因此,本文认为应当进一步完善我国的担保法,加入让与担保的内容,从而扶正让与担保的"私法上的私生子"地位。

我国推行反向抵押贷款的政策及思路

张　鑫[①]　柴效武

摘要:推行反向抵押贷款能有效弥补老年保障的不足,培育健康的消费观念,拉动内需,建立融合的代际关系,促进社会的稳定与和谐发展,具有显著的社会现实意义。我国发展反向抵押贷款业务,可以从遵循客观实际,科学设计反向抵押贷款方案、明确反向抵押贷款的各相关机构,加强协作等方面,不断探索和完善。本文最后对反向抵押贷款的可行性进行了实证研究。

一、遵循客观实际,科学设计反向抵押贷款方案

(一)反向抵押贷款的价值

经过 20 多年的苦心经营,反向抵押贷款在美国、英国、加拿大和新加坡等国取得了巨大的成功,事实证明反向抵押贷款拓展了原有的养老方式,不仅是金融产品的创新,也是养老保障模式的创新,具有显著的经济效益和社会效益。作为一种价值最大化的理性选择,人们完全可以通过反向抵押贷款实现"年轻时人养房,年老时房养人"的愿望,在保留居住权的前提下依靠不动产变现来享受老年生活的安详与快乐。

不论从微观层面、中观层面还是宏观层面,推行反向抵押贷款都具有显著的社会现实意义,也有赖于政府部门、金融机构和房地产机构的协同合作,在技术操作上对反向抵押贷款进行科学设计,在政策上给予引导和支持。政策的制定、执行及其执行的结果,都是为了解决一定的社会问题,反向抵押贷款作为养老保障体系的组成部分,目的就在于借助这种金融产品降低老年贫困、改善老年生活,培育健康的消费观念,拉动内需,建立融合的代际关系,让老年人手中的住房来帮助他们实现"老有所养,老有所乐"。

(二)科学设计反向抵押贷款方案

经过改革开放 30 年来的发展,我国已经具备了推行反向抵押贷款的经济基础,宏观经济形势良好,市场经济体制逐步走向规范,住房市场化改革顺利完成,绝大部分住房实现了产权明晰化,同时各金融机构也获得了长足的进展。但另一方面,我国又面临着人口老龄化趋势的加剧、独生子女政策对养老保障体系的巨大压力、社会养老保障制度的不健全以及传统观念的约束等,不利于走出推行反向抵押贷款业务的困境,必须有针对性地科学设计反向抵押贷款项目,提出合理的研发方案。我国发展反向抵押贷款,可以从如下几个方面进行不断的探索和完善。

笔者认为应从以下几个方面给出反向抵押贷款的具体操作方案,规定申请借款人的条件,明确反向抵押贷款的咨询和申请途径、年金给付方式,以及反向抵押贷款的房产运作、回收与价值分配:

---

① 张鑫,厦门大学经济学硕士,本文部分取材了张鑫《反向抵押贷款的精算模拟与实证研究》硕士论文的第四部分。

（1）申请人年龄在 62 周岁以上；

（2）申请人拥有产权清晰的住房；

（3）住房已使用的年限小于 30 年；

（4）到政府社会保障部门、商业银行等机构进行咨询与申请；

（5）将房产价值留存（房产估价的 30％）的一部分用于向保险机构购买商业生存年金，其余房产价值留存注入风险基金，用于抵御房产市场波动的风险；

（6）年金给付采取终身型，在 15 年的期限内通过房产价值折现进行支付，第 16 年以后则通过所购买的商业生存年金支付，直到受益人去世；

（7）为了防范通货膨胀的风险，年金给付采取渐进递增的方式；

（8）借款人还可以一次性支取全部年金（根据预期余命和利率计算应当贷款额度，大致相当于房产估价的 60％）；

（9）通过与专业信托公司（SPV）合作的形式，将反向抵押贷款资产证券化，增强资产的流动性；

（10）借款人去世后，贷款机构按合约收回房产；

（11）房地产中介服务机构根据房产市场的当期状况组织房产现值的估算折现，价差（期限内去世或房产升值）部分用于支付贷款本金和利息，另一部分由借款人的继承人获得，若无继承人则滚存至风险基金；

（12）若因房产市场波动发生贷款现值超过住房价值而出现亏损时，部分由风险基金支付，另一部分通过政府的政策补贴支付。

二、明确反向抵押贷款的各相关机构，加强协作

在我国推行反向抵押贷款，可以部分地借鉴美国模式和新加坡模式，由政府作为政策引导者，商业银行作为反向抵押贷款项目的具体运作者，借助房地产中介服务机构与专业信托公司（SPV）等第三方机构，确立三方运作机制，共同支撑起反向抵押贷款项目的全面推行。从反向抵押贷款操作流程的各个环节中，可以看出，反向抵押贷款项目的整体运作是一个政府、商业银行、房地产机构和专业信托公司之间相互协作配合的过程。

（一）第一方主体——发挥政府的主导作用

一般意义来说，政策主体可以界定为直接或间接参与政策制定、执行、评估和监控的个人、团体或组织。虽然，反向抵押贷款是具有独立属性的金融产品，但该贷款项目的推行中，政府必须作为重要的政策主体参与其中，从最终的目的来看，反向抵押贷款实际上是养老保障政策的重要补充，要发挥政府的主导作用，由政府进行政策的制定、监控和引导，是反向抵押贷款项目得以在我国实施的必要条件。国际经验也表明，不管是美国模式还是新加坡模式，事实上都有赖于政府的积极推广并强化监管。这恰恰证明，在现代社会中，一种金融产品或服务已经不单纯是一种市场行为，特别是对于具有广泛社会效应的反向抵押贷款，要有效地发挥政府职能作用，增进政策效果。

总的来说，政府在推行反向抵押贷款的项目中，主要应从五个方面介入：一是担当贷款项目的政策制定者，作出反向抵押贷款的总体发展规划和项目方案；二是担当引导者和宣传者，提高收回房屋的使用效率（如用作廉租房等），增进社会福利，从制度层面提供支持；三是担当监管者，

出台相关法律法规加以规范;四是担当风险监控者,必要时作为风险的最后承担人;五是担当投资者,将少部分养老金投入反向抵押贷款证券,发挥"长尾理论"的作用,拓宽基金投资增值渠道。

(二)第二方主体——确立商业银行的实施主体地位

反向抵押贷款的顺利实施,尤其要充分发挥保险机构、金融机构机构与专业信托公司(SPV)的作用,充分认识第二方主体的重要性。

反向抵押贷款的实施主体可以是政府机构或商业银行,也可以是保险机构,如 HECM 项目是由美国联邦住房管理局推广,Cash Account 项目则由美国相关商业银行来运作,而新加坡的反向抵押贷款项目则是通过职总英康保险合作社实施。因此,如何选择反向抵押贷款的实施主体,必须结合不同的实际情况,本文认为在我国推行反向抵押贷款项目,不宜由政府或保险机构承担,而是应该由商业银行作为实施主体具体操作,政府主要起到政策的制定、宣传、引导和监管的作用,商业保险机构作为风险分散的第二方介入。

反向抵押贷款是一种建立在较为复杂基础上的信贷类金融产品,对操作层面的技术要求较高,实施主体需要具有充足的资金和丰富的信贷经验,这正是商业银行所具备的。从商业银行的贷款资产构成来看,居民住房抵押贷款已经成为各大商业银行的优质资产,具有较高的远期收益回报。在国外,以资产为基础的贷款通常占到银行总贷款量的一半以上,发展反向抵押贷款,有助于拓展银行资产类抵押贷款的渠道,优化组合各类中长期与短期贷款项目,增加收益渠道,提升综合竞争力。

加强金融机构之间的协作,即商业银行与保险机构的合作。反向抵押贷款项目的推行中面临着诸多的风险因素,如前所述的不动产市场风险、金融市场风险、生存余寿风险以及信用风险等。通过保险机构的介入,可以在一定程度上分散政府部门和商业银行可能承担的风险。同时政府应为商业银行与保险机构开展反向抵押贷款这种养老保障产品的合作提供有利条件。

借助专业信托公司(SPV)通过资产证券化的形式,提高反向抵押贷款资产的流动性。《中华人民共和国信托法》规定:"信托是指委托人基于对受托人的信任,将其财产权委托给受托人,由受托人按委托人的意愿以自己的名义,为受益人的利益或者特定目的,进行管理或者处分的行为。"

在反向抵押贷款项目中,主要通过两种方式实现贷款资产的流动:一是按揭资产信托,即专业信托公司将商业银行的按揭资产打包分类后,面向养老金、保险基金等金融机构发放,以按揭利息为收入来源的信托计划;二是出售反向抵押贷款证券,投资机构或投资人能从证券承销人处购买证券,分享未来的收益。

美国的反向抵押贷款到 21 世纪才真正地兴旺发达,成为大众化产品,主要原因就在于联邦政府为政府部门推出的贷款产品提供担保,私营机构推出的产品通过资产证券化方式上市流通。这两项措施使得美国反向抵押贷款的风险在一定程度上得以分散。通过资产证券化运作,把原来由贷款机构独自承担的各种风险分散给众多的个人和机构投资者,从而使贷款机构的风险程度大大降低。在我国现行的法律法规、金融环境和利率政策下,由于缺乏风险分散机制,反向抵押贷款的风险必然会高度集中于贷款机构。这是目前金融机构对经营这项业务热情不高的原因之一。

(三)第三方主体——依托房地产中介服务机构

开办反向抵押贷款业务涉及房地产评估、信息咨询、保险、法律、财务、拍卖等中介服务行业和机构。这些行业和机构的发展水平与公信力,直接影响着反向抵押贷款业务运营的效率和成败。如金融机构在发展这项业务时,需要评估抵押房屋的价值,以测算贷款额度的大小。反向抵押贷款是一种无追索权贷款,贷款到期后贷款机构无权要求借款人偿还超过房产价值的贷款本息部分,因此房产价值评估的准确性与否,对开办反向抵押贷款业务非常重要。

当借款人去世后,金融机构收回房产需要将其在市场上销售变现以收回贷款,这就需要有一个发展成熟的房地产二级市场。从保险市场看,反向抵押贷款的贷款期限较长,为规避在此期间住房价值波动的风险,往往需要寻求对抵押住房价值的保险。但目前我国住房保险市场却不能提供合适的相关险种。这些问题都不利于本贷款业务的推出和运营。反向抵押贷款风险分担机制缺失的风险,是可以通过完善法律法规、创新金融工具等办法来规避的。

反向抵押贷款牵涉房地产业、金融业、社会保障、保险以及相关政府部门,对这些领域的运作质量要求相当高。如何保证这些行业和部门公平公正地经营、管理和执法,在当前法制健全的条件下是个极大的挑战。就拿房地产评估来说,由于起步较晚,我国房地产评估机构还极不规范,不但整体素质偏低,而且市场存在恶性竞争,尤其是对弱势群体来说,更难以得到及时、公正、合理的处理。

在我国住房分配制度改革的同时,推行住房商品化、市场化,鼓励房地产市场的发展,以商品房为主开拓住房增量,大大开启了房屋需求的闸门,各地的房价均有不同程度乃至较大幅率的上涨。同时,我国的房地产二级市场也跟随发展,存量住房交易日趋活跃,房地产中介和物业管理迅速拓展,服务内容不断增加,房地产市场服务体系基本建立。可以相信,随着时间的推移和交易量的增加,二手房的交易手续会简化,交易成本会减少,住房二级市场会逐步成熟。

金融机构开办反向抵押贷款业务,其落脚点是房屋拥有者的房产。当借款人去世后,金融机构可相应获得房屋的产权,并用来销售、出租或拍卖,所得用来偿还贷款的本息,而这些目的能否实现,则依赖于房产能否迅速在二手房市场得以变现。当前,由于受地区经济发展程度、居民收入、城市化发展速度、住宅消费理念和房屋供给品质等宏观因素的影响,以及房屋产权不明、房价上涨、房屋价值评估不规范和手续繁琐等微观因素的影响,我国二手房市场发展缓慢。若金融机构在二手房交易市场无法以合理的市场价格出售反向抵押的房产,不仅会使金融机构遭受损失,还会抑制反向抵押贷款业务的健康发展。

资质信誉良好的房地产中介机构,更熟悉不动产市场的运作,有助于对抵押房产价值的估价,科学合理地确定房产现值,减少房产评估可能会给申请人带来的风险。在借款人去世后,再经由房地产中介机构对收回的房产进行估价和运作,盘活反向抵押贷款所获的不动产。

加快和完善住房二级市场的发展,也是一个重要条件。随着对反向抵押贷款需求的急剧增加,将有大量的房产在合同到期时以出售的方式来还清贷款累计本息,这就对抵押房地产的市场可售性提出要求。需要盘活老年人的房产资源,形成住房市场与住房建设的良性循环机制。

金融机构开办反向抵押贷款,为此抵押进来大批住房,鉴于这些住房大都是居住数十年的旧房,因此二手房市场的发展和走向,决定了住房的变现能力以及金融机构的盈利情况。当前,由于受各类宏观和微观因素的影响,我国二手房市场发展缓慢,尚处于无序的"地摊式"状态,规模不大。若金融机构在二手房交易市场无法以合理的价格出售抵押房产,就会抑制反向抵押贷款业务的发展。

三、反向抵押贷款业务评估的标准

金融保险部门在开办个人金融业务时,应当从观念认识、指导思想、制度设计等方面,真正认识到个人金融业务开办的重大意义,真正以客户为本,即站在老年客户的角度和立场,为满足客户的融资需要提供各种优质金融服务,同时要自觉主动地为客户出主意、想办法,围绕居民个人持家理财生活,包括日常生活开销、住房购建、养老保障、接受教育、耐用大件品购置等各个方面对金融保险的需要,并以此来安排储蓄、贷款、保险产品与服务的设计,这其间是大有文章可做的。

反向抵押贷款、房产养老寿险、合资购房等以房养老业务的开办,对业务开办机构而言,风险极大,收益较低,且需要提前垫付巨额资金,或在长达 10 多年的时期内,持续不断地支付现金给老年住户,而现金的收回及盈利的实现则还是遥遥无期。在这种风险、收益与资本付出极不相称的状况下,金融保险部门是否还需要坚持开办这类业务呢?银行和保险公司从来都是富人的乐园,是担当"锦上添花"而非"雪中送炭"的角色,在决策任何经营事项,尤其是研发开办新的贷种、险种之时,必然会从自身的经济利益维护与自身效用的最大化出发,给予种种的收益、成本、风险的权衡盘算。尤其是在今天的市场经济社会里,企业部门负责一切经营事项的决策安排,各个金融保险机构已经作为独立的经济主体,组织独立经济核算与自负盈亏、自担风险,就更有必要这样来做,这都是很正常的。

评价各类金融保险业务开办的成败得失,对其作出成本、收益、风险的经济分析是必要的。但这种分析又包括两种,一是部门单位自身的成本、收益与风险,以判断此项业务是否值得开办;二是与此相关的外部社会的总的成本、收益与风险。比如,该项业务的开办是有利于整个社会的总的人力、物力、财力资源的节约和优化配置,提高了社会的总收益,或者说将社会风险给予较大的释放与减轻,还是正好相反。这种事涉外部社会的成本收益风险的比较评析,同样是评价该项业务应否开办的有力证据,或者说是更为有力的依据。如某项个人金融业务的开办,可能对业务开办机构是得不偿失,很不应当予以开办;但它却对全社会的整体利益增进有相当好处,那么,这项业务就是绝对值得开办的。

这里需要提出一个新的价值评判的标准与思路。比如,我们评价金融保险部门开办反向抵押贷款等以房养老业务的成败得失,是仅仅考虑金融保险部门自身的成本效益评析,还是将其同整个社会的成本收益的分析做统盘考虑,即将这一金融保险业务的开办,不仅仅是在金融保险自身的小圈子里给予风险、收益、成本的评析,尽管这种评析是非常重要,还必须将其置于全社会的更大范围内,对其做整体的分析评价。

单就金融保险部门而言,开办这一类业务,因其风险大、成本高、收益低等,是不大合算。最简单的应对方法,就是坚决不开办这一类业务,至少是不积极推进这类业务的开办,或者是迫于有关方面的压力,是虚应故事地开办,像我国的银行在教育储蓄、教育助学贷款的开办初期发生的种种事项等,都深深地印证了这一点。

金融保险机构毕竟是一种独立经济核算、有自己独立的利益机制、自主决策运行的经济实体。该机构为开办这类业务所可能受到的某种损失[①],也应当由国家或社会给予相应的政策补偿与优惠津贴。总之,不能让银行为社会做好事,而使自己吃亏。同样,如果某项金融保险业务的开办,对业务开办机构是绝对合算,却会对社会带来众多的负面效应。比如,许多垄断部门自行制订的"霸王"式的合同条款,就十分清晰地揭示了这一点,机构就应当牺牲自身的小利益,坚决不开办此项业务。

国家与社会对反向抵押贷款业务开办中的扶持与资助,可以做的事项是很多的。财政政策、

---

① 事实上,金融保险机构开办反向抵押贷款等业务,只要把握得好,是不会遭受任何损失的,只是相比较其他金融保险业务的开办,以及本业务开办中的成本与收益,风险极不对称,显得不大合算。

税收政策、土地政策、养老保障等的指导思想及相关政策的制订,都应当是支持与促进这项事业的开展,而非相反。

四、反向抵押贷款运作需具备的条件

(一)引导个人消费观念的转变,组合使用住房信贷工具

反向抵押贷款产品设计的目的就在于借助老年群体手中的不动产资源,提高晚年的生活水平。因此,反向抵押贷款项目的推行,有赖于个人消费观念的转变,以及对这种补充养老保障服务认识的不断提高。组合使用传统抵押贷款和反向抵押贷款两种住房信贷工具,以改变个人现有的消费预算约束,增进整个生命周期的生存质量,人们可以不必为积累老年储蓄而降低年轻时的生活消费,在年老时充分利用手中的不动产,通过反向抵押贷款实现资产变现达到"老有所养,老有所乐"的目的。将抵押贷款和反向抵押贷款组合使用的好处还表现在,实施反向抵押贷款可以调动中青年购买不动产的兴趣,推动我国房地产业的快速发展,提高个人的信用意识,促进社会信用体系不断完善。

(二)配合社会养老保障制度,增强反向抵押贷款的嵌入性

我国社会保障制度发展至今已经形成了一套较为完善的体系,基本养老保障制度覆盖了大部分群体,企业年金等补充养老保障模式逐渐发展开来,养老保障社会化的趋势大大增强,社区养老保障发挥了重要的作用。与此同时,面对人口老龄化及社会养老保障制度的多元化发展,对各种新型补充养老保障模式的探索,无疑会极大地配合我国现有社会养老保障制度的推行,促进居民老年生活水平的提高。

在发展反向抵押贷款的过程中,该模式的定位就在于以一种创新的金融产品,达到以房养老的目的,进而作为社会养老保障体系的一部分,为今后我国补充和完善养老保障体系开拓出一种可行的途径。养老保险基金可以积极参与反向抵押贷款项目的运作中来,开辟养老基金运营的新渠道。借助反向抵押贷款资产证券化的方式,通过将反向抵押贷款组合资产证券出售给养老保险基金,能够在较低风险水平下实现基金的增值,这正是目前养老保险基金运营亟待解决的问题。可以说,反向抵押贷款不仅能够有效配合社会养老保障制度的运行,更可以凭借自身的产品设计积极改善养老保障体系,增进社会成员的福祉。因此,反向抵押贷款的设计和运作,必须增强这种模式的制度嵌入性,使得反向抵押贷款这种先进的养老模式,能够更好地融入现有的养老保障体系,有效发挥这种模式的支持作用。

(三)建立风险监控体系,完善政策法规,强化市场规范

考虑到风险的不确定性,有必要建立一个比较完善的风险监控体系,确保反向抵押贷款能在一个较为平稳的环境中运行。对反向抵押贷款风险的监控,主要分为内部风险监控和外部风险监控,内部风险主要来源于反向抵押贷款的推行主体(商业银行)自身存在的风险,包括产品设计风险、房产评估风险以及内部管理的风险等;外部风险则来源于房产市场的波动风险、金融市场利率和通货膨胀的风险、借款人生存余命延长的风险,以及借款人自身的道德风险和信用风险。商业银行在推行反向抵押贷款的过程中,应对申请人进行严格的审核,对房产进行准确的估价,减少因前期疏漏而造成的损失,对外部风险则可以通过房产价值的留存、风险基金的设立以及保

险机构与专业信托公司的介入适当分散风险。

从某种程度上来说,相关风险的防范还有赖于政策法规的完善,强化市场规范,优化反向抵押贷款的发展环境。目前,我国已经出台的《信托法》和《物权法》是推行反向抵押贷款项目的有利保障,但通过与发达国家的比较,依然可以发现,类似于美国《住宅法案》的相关法律规定在我国仍然欠缺,法律制度体系依然需要一个渐进发展完善的过程。

综上所述,反向抵押贷款作为一种补充养老保障的新型金融服务产品,对大众来说还是较为陌生,而我国的具体国情也决定了反向抵押贷款的推行不可能一蹴而就,其间需要更多的理性思考,这又有赖于今后对反向抵押贷款进行更多的探索。然而,通过对反向抵押贷款的系统研究,可以肯定的是在物质文化不断发展进步的今天,人们有了一种可以将不动产转化为现金收入,从而实现晚年美好祥和生活的新途径。

五、我国发展反向抵押贷款的对策思路

我国开展反向抵押贷款业务是机遇与风险并存,前景很好,阻力亦不小,推进反向抵押贷款业务应注意以下问题。

(一)大力开展产品创新,降低市场风险

自从推出反向抵押贷款到本世纪初期,反向抵押贷款业务发展得并不快,主要原因之一是借款人和贷款机构都承受着较大的市场风险。为解决这一问题,美国政府推出了担保计划,由联邦政府为借贷双方提供了担保。无论是贷款机构破产时,还是当借款人的住房资不抵债时,对方的利益主要是本金都能得到保障,从而消除了借贷双方的后顾之忧,促进了反向抵押贷款的健康发展。

在"未富先老"的国情下,如何切实解决好老年人老有所养、确保他们的生活质量,是摆在我国政府面前的大问题。人口老龄化给社会生产、分配、消费等领域都带来较强烈的影响,老龄化问题已经显现出来,现在必须着手解决。这个问题现在不加以重视,日积月累就会成为一个大问题。养老保障与养老方式同样需要制度与观念创新,开拓养老新思路,增加新的养老资源,加固我国脆弱的养老保障。反向抵押贷款将金融、保险、投资等不同工具手段相连接并有机融合,形成新的金融保险产品,突破目前严格的分业经营体制,实现金融保险工具创新,并推动银证保一体化与混业经营在我国尽快得到实现。

应当说明的是,美国政府提供担保并非政府直接给予财政补贴,而是由政府机构统一向借款人收取保险费用,建立保险基金,对借款人与贷款机构的可能损失进行补偿。只有在保险基金金额不足的情况下,才由政府兜底。从实际运行状况来看,保险基金的运作比较稳健,设计得比较成功,收取的保险费比较充足,还没有出现需由政府救助的情况。

我国实施反向抵押贷款业务的过程中,尤其是试点阶段,因为市场和法制环境的不健全,更应发挥信用担保等作用。鉴于我国刚开办这一领域的尝试,人们对情况不太了解,应借鉴美国经验,组建专门的担保机构为其提供担保。该机构须以非营利组织形式组建,但仍应按营利原则作为一个企业经营,同其他保险企业展开公平竞争。我国反向抵押贷款业务的开展,给金融保险业的发展提供了宏大空间,随着此项业务的试点乃至全面推行,其他保险公司均可以涉入此领域。

(二)发达的反向抵押贷款证券发行和流通市场

要保证反向抵押贷款的有效实施,就要建立贷款资产证券的发行和流通市场。通过成熟的

市场运作模式,反向抵押贷款证券发行和流通市场,可以作为交易者的产权和资金的沉淀池,有效地分散非系统性风险,活跃债券市场。发达的反向抵押贷款证券市场,容易保证银行等放贷机构的资金来源,缓解银行的资金压力,增加金融机构对反向抵押贷款的信心,推动该业务的顺利发展;而活跃的反向抵押证券市场也可以增加抵押贷款的流动性,保证投资者的投资能随时变现,从而增加投资者的信心,吸引更多的资金流入反向抵押贷款市场。

(三)我国开发反向抵押贷款的市场定位

从美国反向抵押贷款业务的发展来看,西南民族大学经济学院的曾庆芬老师谈到美国开办的反向抵押贷款引入我国的可行性及市场定位问题,认为我国引入该业务,必须有正确的市场定位才能将潜在的需求转化为现实的市场。具体包括如下内容:

1.确定经营性质定位

我国开发反向抵押贷款,应定位于准社会福利性质为宜。一方面,对于贷款提供者,该业务面向老人交易成本较高;所抵押的房产通常处于居住使用的中后期,房屋未来的价值具有较大的不确定性;而老人的寿命也具有不确定性,业务开发的风险较大。开发该业务需要在税收、资金来源等方面给贷款机构政策性的鼓励和扶持,如减免开办机构的营业税以及所得税、中央银行给予更优惠的资金提供等。另一方面,贷款业务的对象都是年事已高的贫弱老人,业务的性质定位以准社会福利性质为宜。在利率方面,可采用财政部分贴息的优惠利率。总之,只有将反向抵押贷款经营性质定位于"以收抵支,略有节余"的准社会福利性质,才能增强该业务对广大老年人的吸引力。

2.搞好供给形式定位

鼓励竞争,需要供给主体多元化。我国的政策性银行、商业银行甚至其他金融机构都可以鼓励开办反向抵押贷款业务。服务形式上尽可能照顾到老人的多种需求,在贷款支付方式、利率选择、期限等方面,采用灵活多样的供给方式。同时借鉴美国经验,规范行业信息揭示,严格咨询服务、住房评估、律师服务、保险等中介服务管理。

3.完善服务对象定位

在我国开发反向抵押贷款,对老人的年龄限制可结合国际做法和我国居民的平均寿命,定位于62岁或65岁及以上的老年人。同时,对借款人的经济住房状况不应过于严格,只要本人愿意申请,收入属于中低收入,而且拥有一定价值的可抵押房产都应是服务对象。现行法律法规禁止农村房屋用于抵押,然而农村大量的老人又是社会中相对最贫困的,如果能在法律法规方面取得突破,不仅可带来我国反向抵押贷款更大的潜在市场,而且对解决农村地区凸显的养老问题有积极的建设意义。

六、建立政府主导型的住房抵押贷款市场

反向抵押贷款具有减轻社会保障压力的功能,加之借款者大部分是经济收入较低的老年人,对此国家应给予贷款机构和借款人各种政策优惠,提高金融机构和老年住房所有者的参与积极性。如适当减免金融机构开办此业务的营业税、增值税、企业所得税,减免金融机构在二手房市场上处理抵押住房时的房地产交易税等。办理反向抵押贷款的老年住房所有者可以享受财政贴息,借款人每月从金融机构取得的养老金,也应当给予一定额度内免税的优惠等。

(一)有效的市场监督管理者

政府对社会经济活动的运行和管理,有维持市场秩序与发展经济两种功能,由此产生了"秩序导向"与"发展导向"两种不同的政策设计体系。在"秩序导向"中,政府更多地注重市场竞争的方式与过程,也就是竞争规则,较少注重实质性竞争活动;在"发展导向"中,将设立具体的社会与经济目标作为第一任务。一般来说,在产业发展的早期阶段,政府承担着领导推动产业发展的任务,会采取多种措施扶持该产业,且往往是直接的财政干预,这对处于早期阶段的产业进入"起飞"和中期阶段来说是必不可少的。在产业成长中期,政府干预还应继续进行,但这时由于市场较为成熟,政府的"发展"功能已退居第二位,而维持秩序的功能却变得越来越重要。

在反向抵押贷款处于试点的早期阶段,政府的支持体系应当采取"发展导向"模式。政府应积极推动支持、制定优惠政策,扶持反向抵押贷款业务的拓展。住房产业是我国国民经济的主导产业,不仅可以带动房地产市场的健康发展,还可以大大减轻社会保障的压力。通过借助于政府优惠政策的支持,采用市场方式开拓业务,做大反向抵押贷款市场,起到较好的示范作用。

随着市场逐渐成熟,政府的支持体系应逐渐转向"秩序导向"模式。准政府型商业银行业务的开展,吸引和带动更多的商业机构进入该贷款市场。在商业机构进入这一市场时,政府应保持公平的市场准入机会和竞争环境,而不能设置维持准政府机构利益的壁垒。政府应完善市场的基础设施和体制的建立,尽可能避免市场的扭曲行为。

国家政策支持是反向抵押贷款发展的软力量。反向抵押贷款的期限较长,政策风险极高,国家政策长期稳定的支持是反向抵押贷款不可或缺的保障。同时,社会道德对反向抵押贷款的承受能力也很重要,只有观念创新开放才能减弱推行反向抵押贷款的阻力。

完善的市场监管体系是借款人和投资人合法权益的有力保证。房地产和金融管理部门应该建立投资审核、信息披露制度,以防止市场欺诈行为;公开审核程序和结果,增强业务透明度,以便社会公众监督。

(二)金融机构提供完善的服务,是本贷款计划实施的关键

银行或有关机构向老年人提供长期消费贷款,保险机构提供住房保险服务,当然不是无限额的,总量应控制在中介机构公正评估的住房价值总额80%以内为限,保留20%左右的余额,调节因政策、市场、时间、价格、利率、维修保值等因素造成的金融机构的风险保证金,保障老人"百年"后住房变现或处置的支出成本。一般来说,作为银行、保险等金融机构,在防范风险、保证资金安全的前提下,他们需要扩大资本运作的市场。一旦此计划实行,将为银行、保险、中介机构开拓巨大的新兴市场。只有把金融消费市场做大,巨额的银行储蓄存款才有广阔的出路和可靠的资本运作空间。相对于其他投资领域,老人住房抵押消费的经营风险相对较低,无论从社会责任还是从自身利益考虑,我们都有理由相信,金融机构将是老年人住房消费的积极推进者。

在国内各地环境不尽相同的情况下,为了使反向抵押贷款未来的实施更具有普遍性,应当首先在条件相对成熟的城市和商业银行开办此项业务。试点城市应当同时具备如下条件:(1)房地产二级市场发展程度较高;(2)商业银行的可用资金具备一定规模;(3)房地产市场的预期发展良好;(4)房地产评估业的发展较成熟;(5)银保联手开办业务获得批准;(6)当地投资消费生活观念领先;(7)房屋产权情况较明确;(8)相关法律法规环境较完善成熟;(9)监管机构监管环境良好等,同时当地财税部门应给予商业银行一定的优惠政策,待条件相对成熟后再作大面积推广。

(三)强化宣传教育,优化发展环境

在反向抵押贷款申请前,所有的借款人都必须履行法定的贷前咨询。咨询的目的是为了确

保借款人充分了解反向抵押贷款的益处和弊端,了解除反向抵押贷款外的其他可能选择,以及反向抵押贷款对他们生活状况和财务状况有何影响等。提供咨询的机构必须是经批准的有资质的机构,一般为咨询公司或者老年服务机构。这些机构应与反向抵押贷款的提供者保持独立,以确保潜在的借款人能够得到准确、公正的信息。为支持反向抵押贷款知识宣传、计划推广和潜在借款人的培育,美国国会通常会提供一定的资金支持。

国家要大力宣传、倡导现代养老新方式,培育正确的养老观念。我国人口多,经济欠发达,老年人占总人口的比例逐年增加。这一现实决定了国家不可能大包大揽养老领域的一切问题。"低水平、广覆盖"是我国基本养老保障的不二选择。部分学者出于美好初衷竭力鼓吹发达国家的完全社会养老模式,在我国根本不存在操作可能性。相当一段时间内,与我国国情相适应,合乎中国传统与习惯的养老模式,应该且必然是社会与家庭相结合的养老模式。在此种养老模式下,社会保障只负责基本的生活保障,公民如果有更高的生活需求,只能通过家庭自己解决。老人自食其力,通过自有住房融通资金,既能有效解决生活资金紧张的困扰,又不会增加子女的负担,国家应大力提倡。

(四)建立健全相关制度

反向抵押贷款是以不动产为基础成就的业务,故为保障债权人的权利,必须建立完善的反向抵押贷款登记制度。加强债权人权益的保护,加快社会征信体制的建设。同时,金融机构亦要建立健全内部机制,要改变目前只重眼前、忽视长远的做法,建立长效的反向抵押贷款业绩考核指标。严格反向抵押贷款审查和发放程序,严格资金管理。

(五)逐步降低贷款成本,增加借款人利益

降低高昂的贷款成本,有利于市场的发展和壮大,但贷款成本的降低又依赖于市场规模的大小。反向抵押贷款业务面向老年人,需要耗费较多时间与老人沟通,同时抵押业务也需要更多的文件签署。如果没有较大的市场规模,管理部门规定的较低收费,将会大大限制贷款机构拓展该市场的积极性。如 HUD 最早规定发起费不能超过 1800 美元,到 2000 年,HUD 将该费用低限又上调到 2000 美元。HUD 正在研究调整反向抵押贷款的前期保险费费额,以增大该业务的吸引力。全美反向抵押贷款联合会也在呼吁监管部门大幅提高贷款的限额,并在全国范围内实施统一的限额标准。可以预期,提高贷款限额将会刺激本贷款市场的更快发展。

(六)规范信息揭示,增强同业间可比性

2000 年,HUD 发起了反向抵押贷款教育计划,提出了更加规范的信息揭示方案。该方案规定,所有的反向抵押贷款都要揭示三个简单问题:一是借款人可以领取多少贷款? 二是付给贷款机构或其他人的成本费用是多少? 三是贷款到期借款人或其后代还能剩余多少房屋价值? 规范化的信息揭示有利于借款人的分析和比较。既方便估计不同贷款期内年均贷款成本的高低,有利于借款人在不同反向抵押贷款间作出比较,也方便向单个借款人展示不同假设下的各种可能,在不同的贷款期假设下,抵押房屋的价值有多少转化为借款人可以领取的贷款,有多少付给贷款机构或其他人,贷款到期借款人或其后代还能剩余多少房屋价值。

虽然说开展反向抵押贷款业务,对解决中国养老保障资金问题意义非同寻常,但迄今为止我国却还没有哪一家商业银行或寿险公司涉足这一领域,究其原因不仅在于我们缺乏这方面的经验,主要还是相比较我国商业银行目前开办的任何贷款,反向抵押贷款都有着更为特殊的操作难度,包含着诸多的不确定因素。

七、反向抵押贷款的实证研究——以厦门市为个案

为了能探索出一种适合我国实际国情的反向抵押贷款模式,以期运用这种新型的补充养老保障服务,增进社会养老保障体系的运行效率,提高老年人口的生活水平,笔者以问卷调查的方式在厦门市进行了实地调研。此次问卷调查总计发放问卷150份,回收有效问卷123份,回收率为82%,覆盖行业包括了政府部门、事业单位、国有企业、外资企业、民营企业、非营利机构以及个体经营户等,年龄分布在19～62岁,性别比例分别为男性52.8%、女性47.2%,从统计意义上来说,此次调查具备了一定的代表性。这里借助社会统计分析的方法,主要从人口结构、房产市场、养老保障状况、养老需求以及对反向抵押贷款的态度等五个方面,分析了厦门推行反向抵押贷款的适应环境,利用前面提出的模型给出基本的评价结论。

(一)人口结构

截至2006年年末,厦门市有户籍人口160.38万人,常住人口为233万人。在户籍人口中,城镇人口为109.24万人,比重达68.1%。其中,男性人口和女性人口分别为81.07万人、79.31万人,各占50.55%和49.45%,性别比为102.2(女性为100),基本保持平衡。人口出生率为11.36‰,人口死亡率为3.84‰,人口自然增长率7.52‰,比上年提高1.93个千分点。从人口的年龄结构分析,2006年厦门市常住人口中,0～14岁人口30.92万人,占13.3%;15～64岁人口185.89万人,占79.8%;65岁及以上人口16.19万人,占6.9%。老年抚养比为8.7%,比2005年提高0.8个百分点,比2000年提高了2.5个百分点,老年人口规模不断增大。可以看出,厦门市实行计划生育后人口增长趋势放缓,老龄化趋势逐渐加快,"人口红利"对经济的贡献开始减缓,这也反映出研究开发反向抵押贷款金融服务产品的紧迫性。

通过调查发现,厦门市大部分居民纳入了社会养老保障体系,但是民营企业、非营利机构和个体经营户等行业的从业人员,却仍然有很多被隔离在制度体系之外,其中有个人因素,更多的则是企业规避经营成本的考虑。此外,由于经济发展,物价水平提高,居民的消费能力增强,在现有的情况下,对制度外未纳入社会保障体系的群体和制度内无法满足较高养老需求的群体来说,就迫切需要更多崭新的途径供其作为未来的养老选择,根据统计数据的分析,也可以看出绝大多数的人对补充养老保障模式都表示愿意接受。

(二)个人对反向抵押贷款的态度

对于普通老百姓来讲,反向抵押贷款仍然是一个比较新的名词,问卷中对反向抵押贷款进行了解释,用以房养老的说法作替换,力图做到通俗易懂。问卷中对反向抵押贷款的解释为:在政府相关政策的指导下,在年老时将自有产权的房产抵押给银行等相关金融机构,由银行等相关金融机构对房产进行评估,每个月支付给一定额度的现金,以满足医疗、休闲等较高生活水平的需要,直到期满或者受益方去世。调查中发现,即便是具有硕士以上学历的调查对象,对以房养老的形式也不十分清楚。可以想象对一项新生事物来说,势必有一个从陌生到熟悉的时间过程。反映了调查对象对反向抵押贷款的了解程度以及参加反向抵押贷款的意愿,从统计数据中可以看出人们对该贷款项目是了解甚少,传统观念还难以接受,因此反向抵押贷款在我国的推行仍然面临着种种的困难和阻力。

此外,调查还选取了年龄、文化程度、家庭年收入等指标建立交叉列联表(如表1),经过对比

分析和一致性检验,表明这几种指标与参加反向抵押贷款的意愿不存在明显的相关性,即年龄、文化程度、家庭年收入等,不作为反向抵押贷款的影响因子。

表 1 调查对象是否愿意参加逆抵押贷款项目与个人月平均收入的交叉列联表

			个人平均月收入(元)						总数
			1000 以下	1000~2000	2000~3000	3000~4000	4000~5000	5000 以上	
是否愿意参加住房反向抵押贷款项目	愿意	频数	8.00	13.00	8.00	9.00	11.00	5.00	54.00
		期望频数	4.39	10.98	10.10	12.73	8.34	7.46	54.00
		在是否愿意参加住房反向抵押贷款项目中百分比	14.81%	24.07%	14.81%	16.67%	20.37%	9.26%	100.00%
		在个人月平均收入中百分比	80.00%	52.00%	34.78%	31.03%	57.89%	29.41%	43.90%
	不愿意	频数	2.00	12.00	15.00	20.00	8.00	12.00	69.00
		期望频数	5.61	14.02	12.90	16.27	10.66	9.54	69.00
		在是否愿意参加住房反向抵押贷款项目中百分比	2.90%	17.39%	21.74%	28.99%	11.59%	17.39%	100.00%
		在个人月平均收入中百分比	20.00%	48.00%	65.22%	68.97%	42.11%	70.59%	56.10%
总数		频数	10.00	25.00	23.00	29.00	19.00	17.00	123.00
		期望频数	10.00	25.00	23.00	29.00	19.00	17.00	123.00
		在是否愿意参加住房反向抵押贷款项目中百分比	8.13%	20.33%	18.70%	23.58%	15.45%	13.82%	100.00%
		在个人月平均收入中百分比	100.00%	100.00%	100.00%	100.00%	100.00%	100.00%	100.00%

(三)基本结论

厦门市作为全国经济发展水平较发达的港口城市,具备了推行反向抵押贷款的客观条件,特别是通过对人口结构的分析,可以看出目前厦门市人口老龄化的趋势愈益明显,"4-2-1"家庭模式占社会家庭类型的比重逐渐增加,抚养比呈现上升趋势,已有的社会基本养老保障体系不足以满足未来老年人口的养老需求。因此,对新型补充养老保障服务的有益探索,势必会为提高老年群体的整体生活质量提供一条稳定的途径,从而使老年人真正实现安享晚年的美好愿望。结合厦门市基本社会经济状况,本文通过实地问卷调查,借助 SPSS 统计软件对数据进行了统计分析。根据上述基本数据和交叉数据的相关性分析,能够得出以下结论:

1. 推行反向抵押贷款的充分条件已经具备,厦门市的住房自有率与全国相当,约在 80%,自《物权法》颁布后,居民住房使用期限满 70 年后将自动续约,因而老年人完全可以通过自有房产抵押变现,摆脱"房产富人,现金穷人"的处境,使老年生活更有保障。同时,推行反向抵押贷款在一定程度上也有助于贫困率的降低。

2.经过交叉数据分析和一致性检验,证明参加反向抵押贷款的意愿与年龄、职业、文化程度和家庭收入没有明显的相关,这些因素在推行反向抵押贷款时不会产生决定性的影响。

3.调查对象参加反向抵押贷款的意愿,与个人月收入有显著相关,收入高低是影响反向抵押贷款项目参加意愿的重要因素,收入越低,对未来老年生活越担心,越希望通过反向抵押贷款模式来保障未来的老年生活。

4.调查对象对反向抵押贷款的选择,受到传统观念和子女意见的影响,拒绝反向抵押贷款的原因大多在于希望把住房留给子女,子女对反向抵押贷款的认同,会在很大程度上影响老年群体是否决定参加反向抵押贷款项目。

5.现有社会养老保障体系不够健全,并且保障水平有限,也是影响对补充养老保障模式选择的重要原因。

6.部分调查对象担心房产评估和支付信用风险,这有赖于金融市场体系的不断完善。

总体而言,从厦门市的实际调查来看,人们对反向抵押贷款的了解程度还很低,但通过分析却能发现,绝大多数调查对象对这一补充养老保障产品具有很大兴趣,认为反向抵押贷款产品在一定程度上提高了老年生活水平。在探索推行反向抵押贷款项目过程中,还需要对产品进行更科学的设计,扩大宣传,突破传统观念束缚。面对着人口老龄化步伐的逼近,不断探索新型的补充养老模式,是一种有益的尝试。

我国发展反向抵押贷款的障碍[①]

柴效武　张仕廉　刘亚丽

摘要：反向抵押贷款是一项新型金融交叉业务，涉及领域较多。我国的土地制度、消费观念、政策环境等，与国外相比较都有着较大的差异。推出本项业务时，必然会存在某些风险和障碍。本文主要针对以房养老的试点情况，说明反向抵押贷款业务推广的阻碍因素，并提出相应的解决办法，以期在目前养老基金不足的情况下，使反向抵押贷款首先作为过渡性的养老方法，然后逐步向普遍推广的国民养老方案推进。

一、金融障碍

（一）金融市场不完善，贷款收益不确定，制约金融机构开办本贷款业务的积极性

反向抵押贷款业务的运作，涉及银行、保险、房地产等多个行业，需要这些行业部门的通力合作。鉴于以房养老这种新型模式的复杂性，在具体的贷款运作过程中，应当是以商业银行、保险和证券等相关金融机构和部门参与其中联合运作。我国目前是金融分业经营，严格禁止混业经营，故此，由商业银行、保险公司、房地产中介机构等合作推出反向抵押贷款业务时，正好同银行开办业务的宗旨相违背，首先就存在着政策法规上的障碍。

反向抵押贷款的运行周期长，银行存贷款的时间短，借贷双方的持续期不匹配，金融机构还存在着长短期贷款的合理搭配问题。如存贷款时期搭配不很合理，就会影响机构资金的正常运转，会给金融机构带来资产的流动性问题；房产抵押给金融机构，金融机构不断地获得抵押房产的权益，并因此而使得现金等流动资产逐渐减少，机构的资产流动性整体变差。

金融市场不完善，住房抵押贷款市场结构单一，缺乏二级市场。目前我国住房抵押贷款的二级市场尚未建立起来，不能保障住房抵押债权的正常随意流通，无法简单实现资本市场和住房抵押贷款市场的有机结合，会在一定程度上影响金融机构开办本项贷款的积极性，阻碍反向抵押贷款业务的实施。

（二）贷款成本构成复杂，同业间可比性差

反向抵押贷款的业务运作中，相关成本费用的发生不可避免。不同类别的反向抵押贷款业务，不仅是贷款成本差别很大，成本构成也各不相同。贷款成本除通常最主要的利息费用外，还包括发起费、成交费、抵押贷款保险金等服务费。相较一般的住房抵押贷款，反向抵押贷款的业务复杂，涉及事项众多，为此需要发生的成本费用种类更多，费用标准也要高一些。

当一个老年人使用反向抵押贷款以房养老时，贷款使用成本会达到房屋价值的 1/4 或更多。

---

① 本文的部分内容来自重庆大学建设管理与房地产学院的张仕廉、刘亚丽撰文《我国试行反向抵押贷款的障碍与对策》。

如果年轻时按揭供房,购房贷款成本再加上反向贷款养老的成本,可能占到房屋最终价值的半数或更多一些。高使用成本成为阻碍反向抵押贷款业务推行的重要因素,减弱了老年人参与贷款业务的积极性,阻碍该贷款业务在我国的顺利推行。如何减少各项费用成本的发生,就是一个值得关注的话题。

反向抵押贷款业务推行中所有的成本费用,主要是指公司打算开办住宅反向抵押贷款业务时,会因为促销、咨询、试验费用,以及推出产品失败的损失费等。这些费用都是由借款人直接承付,或从贷款金额中直接扣除的,这就相应降低了借款人能获得的净贷款额。在一个成熟的贷款市场上,除利息费用而外的其他成本费用也应该尽量压缩,如税收作为一种外生变量就可以通过政策优惠得以降低。中介费用等交易费用在很大程度上属于内生变量,可以通过贷款市场供求双方的需求压力得到减少。

目前,即使在美国,反向抵押贷款产品的运作仍然在不断探索中,贷款的市场容量也较小,产品推广费用比成熟市场要高出很多,费用风险相应也变得更突出一些。新产品推出中的探索失败是在所难免,失败带来的损失也会计入相应的费用之中。对商业银行而言,本贷款业务经营的诸多风险和障碍,必然会降低机构参与业务的积极性。即使成功推出,也会因为市场小,无法弥补相应的期间费用发生。其实任何新产品开办都存在着这类费用风险。根据其他国家开展住宅反向抵押贷款的经验,本贷款产品在推出初期普遍存在有效需求不足的问题,这种风险只能靠提高市场占有率,扩大市场规模来降低。如果客户群体达到一定的规模,这种风险就可以消除。

20世纪90年代中期,美国管理部门曾经把披露年均贷款成本,作为向借款人揭示住房反向抵押贷款真实成本的重要措施。自从贷款业务实施以来,仍然暴露出不少问题。年均贷款成本因为借款人预期寿命的长短和抵押房屋价值的变动而各不相同,因不同贷款种类和贷款机构也有差异,缺乏可比性。同样的总贷款成本,借款人预期寿命越长,年均贷款成本就越低;预期寿命越短,年均贷款成本就越高。同样的总贷款成本,如抵押房屋的价值是增值越少甚至贬值,年均贷款成本就会越低。

大多数借款人都会采用信贷额度的支付方式,在这种支付方式下,年均贷款成本的高低,在很大程度上依赖于整个贷款期内借款人领取现金的数额和时间安排,这就造成年均贷款成本在借款人之间缺乏一种可比性。因此,贷款成本不仅构成复杂,而且同业之间的可比性较差,影响了人们对该贷款业务的理解和热情。

(三)产品定价复杂,难以运作

技术操作层面也有较多的制约。反向抵押贷款支付额度的确定中,涉及房地产市场的走势、人均预期寿命等因素,如偏向借款人,银行和保险公司的风险就会加大;如偏向银行和保险公司,借款人就会觉得很不合算,对借款人的吸引力下降。合理的月领取额需要在统计大量稳定可靠的数据后,经过精算才能确定。再如,合理的贷款利率既能保证银行获得应有的利润,又能吸引拥有住房而有现实资金需要的人,尤其是对生活素质要求较高而收入来源有限的老年人。但何种贷款利率是公平合理的,对银行和消费者都具有吸引力,需要经过多方面的论证,综合各方面因素,认真精算后才能确定。

目前我国的房地产市场价格变化、利率调整和人民健康水平的提升,都处于快速增长时期,还没有长时期的稳定表现,确定合理的月领取额的难度很大。此外,由于信息不完全、信息不对称造成的逆向选择和道德风险,使金融机构控制风险的难度进一步加大,直接导致金融机构供给业务的积极性不高。

(四)技术水平和监管能力不足,缺乏对借款人利益的保障机制

反向抵押贷款养老模式运行周期长,不确定因素多,受利率风险、长寿风险、房价波动风险、逆向选择与道德风险的影响大。同时,反向抵押贷款作为一种全新的养老模式,国内尚没有可积累的经验,缺乏技术操作方面的优势。

从国外发展反向抵押贷款的经验来看,业务发展离不开政府的监管,美国政府不但为该金融产品提供担保,国会每年还提供资金用于贷款申请前的业务咨询服务,还出台了《国家住房法案》和《共同发展法案》。其他国家虽然没有为反向抵押贷款业务的推行作出直接担保,但也制订了相关的法律和法规,设立了专门的监管部门,如英国的金融服务局,加拿大的国家财务机构监管局等。国内到目前为止还没有开办反向抵押贷款业务,也无相关的专门机构对此进行监管。

(五)金融机构控制风险难度较大

对银行来说,住房抵押贷款的风险随着时间的推移在不断减少;对保险公司来说,一般寿险的风险随着时间的推移在不断减弱。而反向抵押贷款则是恰恰相反,随着时间的推移,风险在不断增大。

市场经济条件下,银行开办本业务首要考虑的是自身利益的最大化。一笔反向抵押贷款业务从开始发放款项到最终收回贷款本息,往往需要一二十年的时间,这会凸显房价、利率波动引致的风险,使推广和扩大这项业务带来相当的难度。此外,反向抵押贷款还需要相应的法律、法规等配套制度,这在我国目前还不够完善,国家还没有反向抵押贷款的相关政策文件出台。

目前我国房地产市场的价格一直居高不下,且呈现快速上涨态势,反向抵押贷款的期限较长,合同到期后,如房地产价格不像预期那样升值,金融机构实际回收的贷款额就会大幅下降,甚至可能是连本金都收不回来。人均预期寿命也是一大难题,不管借款人的实际寿命有多长,贷款发行机构一律都是按月付款,一旦房主的寿命超过预期,贷款总额就可能会大于房屋的价值,届时可能面临房价下跌的不确定性,给金融机构带来一定的损失,势必加大风险控制的难度。而金融机构的垄断心态,也很难要求其能担负起协调平衡各方利益的职能,尽管在这台"大戏"中,金融机构要担当"领衔主演"的角色。

(六)内部业绩考核方式制约反向抵押贷款业务开展

应当特别说明,国内商业银行主办的业务大多是 1 年或 1~3 年的中短期限,5 年即为长期限。反向抵押贷款业务的前期是没有利润的,要获得盈利需要经过较长的时间,不可能在短期内得到实现。尽管反向抵押贷款可能成为银行的一个新的业绩和利润的增长点,但见效的时间过长,是一种典型的长线投资,一般要经过十多年甚至二三十年才能得到回报,这必然会与短期业务指标考核产生矛盾。对实施年度指标考核的银行来说,业绩确定似乎有些遥远。

目前大部分银行和保险公司对经营部门的业绩考核,是按年度进行的。所以在任的经营部门负责人对这种在其任期后才能产生经济效益的贷款品种的开发热情不会很高,更何况开展此项业务还要面临很多的风险。在目前按年度考核业绩和利润指标的方式和标准下,反向抵押贷款业务会导致银行整体的利润率降低,这就导致反向抵押贷款市场的供给不足。开办反向抵押贷款业务,应当针对本贷款业务设计专门的长期绩效考核标准,以便有效克服考核机制的障碍,而不能简单照用目前的考核机制。

(七)利率、住房等资产价格的不确定性

反向抵押贷款是全新的混合型金融产品,美国等发达国家的反向抵押贷款也是在规避市场

风险的法律法规及金融工具出现后,通过政府担保或证券化运作,分散风险,才获得长足进展的。而我国现行的金融环境缺少风险分散机制,不利于调动金融机构经营该业务的主动性。

反向抵押贷款收益不确定,风险大,要在很长的时间跨度内,对房价走势、利息变动、抵押人健康状况等作出合理预测并非易事,且时间越长,风险越大,给贷款业务运营和监管带来难题。国内相关行业的发展还不够成熟,房产评估机构与评估人员的技术业务素质尚不够高,住房的二级市场发育不健全,不具备准确预测房产未来价值的能力等。反向抵押贷款模式的构筑,涉及住宅资产的价值评估、未来房价走势的预测、预期存活寿命的精算等标准和技术,影响因素多,对保险精算要求非常高,评估标准不明确,技术方法不健全。具体操作难度大,将使国内多数保险公司望而却步。

金融机构进行反向抵押贷款业务,偿还贷款主要是通过贷款到期后对房产的售卖来实现。鉴于不同时期房地产价格变化的不可预知性,增加了抵押贷款的风险。如房产最终出售的价格低于贷款累计本息时,金融机构就会发生亏本。另外,整体宏观环境对抵押物的处理也有一定影响,当整体宏观经济不景气时,处理抵押物的难度会自然增加,抵押物就只能廉价出售。风险大,收益不确定,是金融机构开展该业务的障碍因素。

在利率方面,由于"倒按揭"需要计算的抵押贴现利率存续的时间(年)会很长,甚至达到几十年,如何有效地避免利率风险,是十分困难甚至不大可能的。目前的利率确定尚未完全市场化的情况下,可能存在套利的空间,加剧了灰色金融现象。等到相关机构收回所抵押的房产,其变现能力也不好估计。以美国的经验来看,既使双方都同意房屋在未来的波动价值,但限于利率的因素,银行愿意放款的金额,只有房价的四到五成左右,这个比例是很难被国人接受的。

(八)政府功能的不到位与市场及市场主体的监管问题

我国的房地产市场在某种程度上来说还是政策市场,国家的宏观调控政策会给房地产市场带来一定程度的影响。如"国五条"及后续系列的房地产调控政策等,都在一定程度上抑制了房价的增幅,有的地区甚至出现了房价下跌的现象。国家正在酝酿的开征物业税等措施,也将会给房地产市场带来较大的冲击,而住房的使用成本也会随着地价的增长而增长,接受反向抵押贷款的机构在获得抵押房产后,又会增加物业税的新负担。这不仅给房产价值带来极大的不确定性,还会出现一些难以解决的权属问题。

有人认为以房养老是政府推动养老行为市场化的一种行为,有推卸养老责任的嫌疑。以房养老在多大范围内实施,带来的金融风险如何监管,目前都处于"纸上谈兵"之中。政府和市场在以房养老中各自发挥什么作用、负什么责任等,尚无定论。笔者认为政府为减少养老成本,应该提供以房养老的共同性服务,而个性化的服务则应对全社会放开让市场随意操作。市场风险由市场主体承担,政府进行必要的调控,并进行必要的改革让金融机构市场化,减少给金融机构"圈钱"的机会,使风险集中爆发的可能性引致到最小。

以房养老模式是一项社会效益明显的养老模式创新,对养老事业的发展和社会稳定有着积极的推动作用。近年来我国推出的一些政策,对这种养老模式做了一些有益的尝试,由于经济文化原因,该政策推行时受到了一定程度的阻碍,产生了所谓的"中国式困境",在推行过程中存在着种种阻力和风险。模式运作过程中周期长、涉及面广、不确定因素多,政府应当积极介入、主动宣传、加大扶持力度。同时,应当制定相关法律法规,严格进行监管,规范市场秩序。

(九)房价走势难以预料,阻碍模式顺利推行

近几年来,我国房地产投资规模不断扩大、房价猛增,成为社会投资的热点。与此同时,房地

产风险系数不断加大,房地产开发融资结构中仍有 50% 来源于银行贷款。有关数据表明:目前不良住房贷款余额已经达到数千亿元之多,房地产市场风险集中于银行系统内部成为隐患。据统计,2008 年 6 月,我国 70 个城市房屋销售价格同比上涨 7.1%。其中,深圳、北京等城市上涨较快,深圳连续 17 个月同比涨幅超过 10%,其中 2007 年 6 月达到 15.9%;北京连续 14 个月同比涨幅超过 8%,其中 2007 年 6 月达 9.5%。房价的巨幅变动为房产评估工作增加了难度,阻碍了以房养老模式的顺利推行。

二、相关中介服务组织滞后

(一)业务开办机构的质量有待提高

缺乏中介保证机构和住房抵押贷款保险体系,是推出本贷款业务的一大障碍。目前,许多经济发达国家都设有专门机构给住房抵押贷款提供担保或保险,以保障金融机构贷款的安全性,降低借款人的利息成本。我国迄今还没有一家政府开办的住宅抵押贷款担保机构。此外,还缺乏一套按国际通行做法建立起来的,包括财产、信用、责任、人寿等多险种的住房抵押贷款保险体系,这必定会影响反向抵押贷款业务的开展。

相对而言,目前投资银行业和会计业的行为较为规范,基本能满足实施住房反向抵押贷款的要求,而资产评估业距离标准的差距较大。资产评估业的主要问题是管理尺度不一,政出多门;评估机构过多过乱,导致业内不正当竞争加剧;评估业务重复收费,加大了正常经营的成本;评估人员缺乏职业道德,素质层次不齐。资产评估业不加以规范,本贷款业务在我国将会举步维艰。

在美国,咨询机构服务是法定程序,但咨询机构的扩展速度跟不上反向抵押需求的增长速度,使得很多潜在借款人无法得到或尚未得到较好的咨询,处于等候状态,由此而影响了该计划的持续快速增长。

除以上因素外,会计处理方法的确定、住房二级市场的规范、相关法规的制订与完善、发行机构的选择、政府扶持政策的出台等问题,也对反向抵押贷款的实施产生重要影响,如不能妥善解决,都会成为业务开办的障碍。因此,在我国实行反向抵押贷款,还需要进一步加强探索和研究。

(二)房地产评估业发展存在很多问题

房地产价格评估是国家的法定制度,在房地产买卖、抵押、房价补偿标准确定等方面发挥着重要作用。目前,我国共有房地产估价机构 3500 余家,有房地产估价师 3.5 万人,全行业从业人员 25 万人。针对估价行业存在的给"回扣"、迎合委托人要求出具不实估价报告、转借资质等突出问题,国家住房与建设部先后出台了部门规章《房地产估价机构管理办法》和《注册房地产估价师管理办法》,下发了《关于加强房地产估价机构监管有关问题的通知》,初步确立了政府监管、行业自律和社会监管相结合的行业管理模式。房地产估价行业监管制度日趋完善,对依法规范房地产估价机构和房地产估价师的行为,维护房地产估价市场秩序,保障房地产估价活动当事人的合法权益,为以房养老模式的顺利推行发挥着重要作用。

以房养老行为中的房屋估价,涉及老年人的寿命、银行利率、老年人身故后的房价和房屋损耗等因素,具有较大的不确定性。面对这么多的未知数,让经营机构和老年人心中都没有一个准确数。我国房地产评估机构还极不规范,很多评估结果缺乏公正、公平、合理。

金融机构在受理此项业务之初,需要对房屋价值和借款人的综合情况进行评估,此项业务进行中仍要对房屋价值做连续评估,以便准确界定房屋的实际价值。在金融机构将房产通过房地产二级市场进行变现时,仍要依据对房产价值的评估确定实际收益。评估机构应当按照中介机构应遵循的职责,独立、客观、公正地对房产标的进行评估。成熟的房地产评估业应具有统一的评估行业管理办法和规范、监管有效的评估机构、一支高素质的评估师队伍。我国房地产评估市场建立的时间较短,缺乏统一管理,评估机构和评估资质等方面,都存在不少问题。

反向抵押贷款的业务推行中,借贷双方从房地产的信息咨询、房价评估到房地产的再次出售,都离不开相关的中介服务机构。房地产中介服务体制不顺,就会形成房产、土地、工商、物价、金融各施其政、"五马分肥"的管理局面,政策上各行其是。一些房地产中介服务组织违规现象时有发生,屡见不鲜,某些估价机构为了承揽业务,不惜违背"独立、公平、公正"的原则,用"高估价、低收费、给回扣"的方式迎合委托方。房地产中介服务机构缺乏行业监管和自律的政策法规,无论是政府房地产主管部门的直接监管,还是行业协会出面的自律性监管,都存在着监管不力的问题,对违规者起不到震慑和打击效应,造成行业信用危机。

综合来看,我国房地产评估市场存在的问题,主要包括条块分割严重,收费标准与评估规程各异;涉及的中介机构大小悬殊,鱼龙混杂,整体素质偏低;中介机构之间存在恶性竞争;有争议的评估结果,得不到及时、公正、合理的处理,中介机构不按核准的资质和范围执业等。规范房地产评估市场,已成为一项刻不容缓的任务。

(三)中介机构不规范

在反向抵押贷款合约结束时,相对新房而言,金融机构需要处置的房屋是交易量小、地点分散、房龄老旧,无疑会加大交易成本,且不符合专业分工的市场原则。反向抵押贷款涉及房产评估、交易和咨询等多个业务,都需要房地产中介的配合。同发达国家相比,我国房地产中介机构的整体素质偏低,使得借款人利用自身拥有的信息优势,如房产的使用情况和自身的健康状况等,追求自身的利益最大化,损害金融机构的利益,使房产的使用情况和当前的价值很难得到一个客观公正的评价,从而影响该业务的稳健发展。

开办反向抵押贷款业务,牵涉房产价格市场走势的分析、人均寿命预期、金融利率变化、意外损失预计和估算等专业化程度很高的工作。在我国,许多相关的服务业还刚刚起步,社会配套机制不够健全,银行很难从相关专业服务领域得到富有价值的信息。

三、观念道德障碍

(一)认识不足,观念落伍,宣传不够

在中国实行反向抵押贷款养老,还需要跨越社会传统伦理观念的门槛。中国养老的观念和思维方式与其他国家不同,有自身民族特色的深厚积淀。虽然对老年人来说,以房养老不失为一种养老的好方式,但这一模式的实施,一定程度上又会受到根深蒂固的传统文化,如父财子继、父老子养、代代相传等的制约。

反向抵押贷款市场仍处于发育中,国人对该项金融产品的创新仍不够热情。一个重要的解释是房屋属于遗赠物中最重要的内容,老人们更愿意将房屋遗赠给后代。还有个原因是部分老人不愿意负债,他们在青壮年时代好容易还清了购房抵押贷款,希望晚年生活里不再有任何债务负担。特别是如今 65 岁以上的一代人,都是成长于计划经济时代,对担负债务大都非常厌恶,尽

管反向抵押贷款能改善生活并享有资产免税的优惠,仍然被他们视为债务负担。甚至有老人认为,申请住房反向抵押贷款会失去房屋,很不体面。

此外,这项金融产品创新宣传不够,很多人不能正确理解甚至不知道该业务。据一项调查,有71％的老人未曾听说过住房反向抵押贷款。媒体关于住房反向抵押贷款的信息,主要集中在贷款的负面效应等方面,忽视了对贷款好处的宣传,也造成人们对该贷款业务的热情不够。

以房养老模式冲击中国的传统家庭观念。家庭作为组成整个社会的基本单元,不仅保障着每个家庭成员的人身权益免受外在侵犯,同时承担着社会的责任和义务。在中国,老年人的养老首先是由家庭承担,这是我国传统思想中荀子对孝敬父母"能以事亲"思想的最好注释。而参与反向抵押贷款模式养老的老年人,容易被社会误认为是被家庭遗弃的鳏寡老人,这让子女、父母以及社会都感觉到难以接受。

我国的老年人能否接受这一新型养老模式,需要给予深刻的考虑。国外有反向抵押贷款养老的需求,在很大程度上是美国有开放的文化观念,崇尚独立自主的精神,代际之间的物质凝聚力较弱,子女成年后对父母的赡养义务较轻,老年人处理自己的房产时有很大的自主权等。

(二)传统习俗障碍

我国在反向抵押贷款业务推行初期,面临传统文化冲突等不利因素的影响。国人历来有"养儿防老、共享天伦"的家庭观,有着浓郁的"但存方寸地,留于子孙耕"的财产继承观,使得大部分中国人将毕生所得用于购房,又将房屋视作将来的遗赠所用。在西方文化观念影响的状况下,配合以正确的宣传与舆论导向,突破传统观念,接受新兴金融产品,才有助于反向抵押贷款的业务开办。

在我国,子女赡养老人是应尽的义务,而父母把房产留给子女,是中国几千年的传统文化。对绝大多数老人来说,房产是他们身后最大的一笔财产,而且习惯把财产留给子女。而"倒按揭"、以房换养和将房产卖给子女等以房养老方法,是不符合传统财产继承观和家庭亲情观的。如果老年人参与了反向抵押贷款养老,无异于剥夺了子女的继承权,这与中国家庭财产继承的传统思想很难融合。

西方国家的老人已经接受了用不动产的提前套现来享受现世人生的观念。但在中国,为子女留一份财产的传统观念根深蒂固。子女一方只要对老人尽到了赡养义务,就对老人的财产拥有了潜在的继承支配权利。社会舆论对子女承接以房养老也产生巨大的压力,多数人认为只有那些没有儿女或儿女不孝的老人才会选择反向抵押贷款养老。这将对"养儿防老"的传统造成较大冲击,让子女承受不顾亲情的舆论压力。以房养老模式推出后,有些子女会因此减少应当继承的遗产,乃至业务到期金融机构收回房产而无法据此怀念父辈等,因而反对接受以房养老业务。此外,国人对于房产投资的观念不强,也是限制此项业务开展的原因之一。

随着社会主义市场经济体制改革的深入,通过与世界各国的文化交流,我国人民的思想和行为方式正在发生巨大的变迁,大众文化对以房养老模式的兼容性在迅速增强。中国传统的孝文化在逐渐衰落,家庭成员间开始讲求人际平等、个人自立。随着社会人口流动的加强和家庭核心化的推进,出现了越来越多的"空巢"家庭,家庭的养老功能日益退化,"养儿防老"这一古训正面临着巨大挑战。

(三)传统文化差异是巨大阻力

我国传统的养老模式是养儿防老、家庭养老。随着城市化水平的不断提高,许多城镇也普遍采用社会统筹养老和单位养老,储蓄存款、商业保险和依靠政府最低生活保障等方式来养老。独生子女政策的实行,"四二一"家庭结构在城镇已经成为主流,四位父母给成家的儿女留下两套住房。与此同时,养老也成为儿女沉重的负担。以房养老模式的实施,意味着儿女们将不再有老人房产的继承权,中国传统的养老方式被打破,老人与儿女之间的代沟将不可避免地出现。因此,基于我国现实国情上的传统思想文化差异,是以房养老模式面临的一道不可逾越的鸿沟。

西方国家崇尚独立,子女长大成人后没有义务给予经济帮助,很多人选择将遗产捐赠给慈善机构而非留给子女,高额的遗产税也强化了这种做法。而在我国目前社会捐赠行为并不普遍,老人的财产理所应当是留给子女继承。根据反向抵押贷款的定义,老人拥有的房产在贷款期满后将被拍卖,用于偿还贷款本息,如此,老人的住房在其有生之年提前取用而无法留给子女,似乎有损两代人的感情。同时我国法律对未成年子女对父母的赡养义务及遗产继承权有严格的规定,遗产税也尚未推出,在这一背景下,我国居民接受反向抵押贷款还需要一个长期的过程。

以房养老的实施,需要确立新的观念。养老方式不是唯一的,选择某种养老方式后也非永久不变。它可以随时根据老年人的心理喜好给予相应的变换,在不同时期选择不同的养老模式。当进入这一境况时,人们即可由自在王国进入自由王国,而变得随心所欲、自由自在,这将是未来人生理想的最高境界。

只有一套住房的部分老年人可能会觉得如果参与以房养老的话,就等于自己前半辈子为房子卖命,后半辈子吃完自己的财富,身后什么也没留下,有种"被剥削感"。如果老人把房子抵押后,更可能会疏于对原住房的打理,产生一定的"道德风险"。老年人也可能会把住房抵押后用每月的养老金帮助儿女还房贷,无形中提高了房贷利率,变成一种高风险的利益输送。

总之,中国文化的变迁和客观的养老危机,使得特定人群接受以房养老模式成为可能。

(四)传统观念障碍

反向抵押贷款首先遇到的是观念障碍,受"养儿防老、遗产继承"等传统观念的影响,房产这类高价值的不动产往往会作为遗产传递给下一代,若父母将房产用于反向抵押养老,子女将会丧失对房产的继承权。一方面,在中国的传统观念中,人们都把房子看得很重,"金窝银窝不如自己的狗窝"。对许多老百姓来说,房子是他们辛苦一辈子攒下的。如果把房子抵押给银行以贷款来补充养老,对很多人来说是很难接受。另一方面,老人为子女留下一份遗产的观念根深蒂固,许多老人还会担心如果将住房抵押,子女很可能就不再会照顾他们,从而会使两代之间的关系恶化。老人要办理反向抵押贷款,不仅要突破自身的观念束缚,更要使子女能接受自己的行为。

老年人将自有住房抵押给金融机构,每月定期从金融机构获得一笔资金,作为现有退休金的补充,安然度过晚年。这种利用反向抵押贷款的方式获取养老资金,实现以房养老的办法,在发达国家已经有几十年历史了,要在中国实行,还需要跨越社会传统伦理观念的门槛。国外有反向抵押贷款的额度需求,很大程度上是因为父母和子女在经济利益上各自比较独立,子女一般不需要负担赡养老人的责任。但子女孝敬父母、赡养父母是中华民族几千年来的传统美德,被认为是天经地义的事情,是子女应尽的责任。俗话说"百善孝为先",赡养父母是我国千百年来的优良传统思想,如父母办理了反向抵押贷款,可能会给人子女不孝的感觉,也在一定程度上剥夺了子女的继承权,子女一般不愿意父母这样做,除非是孤寡老人。

台湾的彭思远助理研究员于2009年10月29日在"中央网络报"发文《台湾反向抵押贷款施行之前期研究及建言》,文章认为:与欧洲、美国相较,中国台湾地区还多出了民族习惯的不同。在美国人的观念中,并不会非常期望把房子留给小孩,最好是在生前就可以把所有的钱都花完。在大家庭的传统观念下,中国台湾地区的父母多半会把房子留给子孙,这将会大大限制申请反向抵押贷款的愿望。且在父母与子女同住的习惯下,还会牵扯出子女不愿搬出住房等事情,压低金融机构承办业务的意愿。加上成本收益的考虑下，金融机构需考虑房子日后的流通性与债权回收性，偏远地区可能无法施行，令原本就较城市地区更需要福利照料的乡村老人，反而无法受惠于政策上的援助。

以房养老的理念与国内家庭财产继承的传统很难相容，在国内目前尚难以被普遍接受，这就制约了反向抵押贷款市场规模的扩大。而且，偏远地域的老人接触的信息少，对于新的理财观念和金融工具都不太了解，往往不知道自己的房产除了留给子女外，还有更为广泛的用途，可以借此提高自己的收入、支持日常的消费等。同时，老年人还存在不愿举债的心理，尽管反向抵押贷款允许客户拥有永久居住权，一旦借款人存在违约，就可能导致居住权的丧失，也在一定程度上降低了老年客户的积极性。

国人习惯于将家园看作是安身立命之所，住房是建立家庭的条件。人们经常把住房称为自己的家，多数人还不能接受"人未死房产就变卖"的观念。按传统的观点，只有败家子才会这样做，所以老人难以义无反顾地将家园抛弃。子女出于保护自身利益或其他目的，很难在感情上接受老人的遗产变成金融机构财产的现实。因此，很多老人更倾向于把房子作为遗产留给下一代，而不愿通过提前变现房产来提高老年生活质量。正是这种传统观念的束缚，反向抵押贷款的市场需求很小，这种需求不足又正是导致金融机构供给不足的一个原因。由于供给不足，很难在社会上形成一种示范效应，使得需求不足的现状难以较快改变。在这种传统下，我国居民对反向抵押贷款的接受有一个漫长的过程。在国外，最先接受这种贷款和办理这种贷款的，也多为无子女或者寡居的女性老人。

中国是历史悠久的文明国度，文化传统和消费习惯与国外有较大的差异。几千年来，人们一直固守勤俭持家的消费习惯，不愿意举债，反对任何方式的挥霍浪费和超前消费；父母的生活以子女为重，生前为子女操劳，生后也要给子女留下尽可能多的遗产；过分看重房子的产权，倾向于将其作为遗产留给后代的情结过于浓郁，"但存方寸地，留与子孙耕"的观念根深蒂固。这是反向抵押贷款至今仍未在我国推行的重要原因。国内的房产产权又并非永久性的，具有一定的年限，这对房产价值的评估与以房养老推行的积极性等，都会产生一定的负面影响。但随着经济的发展和时代的进步，人们的理念也在发生着重大变化。比如，贷款买房在我们这个曾经信奉"无债一身轻"的国度里，已经成为人们购买住房的首要选择。

我国自古就有"养儿防老"、"父业子承"的传统。老年人晚年靠子女养老，去世后的产业归子女继承，是中华民族几千年来的传统。如推行反向抵押贷款制度的话，大多数的老年人尤其是子女在身边的老年人可能不会采纳。固有的财富代际转移的观念影响他们对反向抵押贷款的接受，子女也可能会阻碍他们的选择，因为这将会给人以"子女不孝，父母迫不得已，要靠自己卖房子养老送终"的感觉，要面子的观念使他们不会同意老人这样做，社会养老机构里大多是孤寡老人的原因也在于此。有些子女可能自己无力买房或出于私利考虑，希望继承父母的房产。他们认为反向抵押贷款将剥夺他们继承父母财产的权利，因而不同意父母选择这种养老方式。

反向抵押贷款要在我国推行的话，首当其冲，还是要先打破人们观念上的障碍和顾虑，要做到这一点，关键又在于反向抵押贷款的设计和运行模式要科学、可行，运作要合理、合法。反向抵押贷款的实行带有一定的养老保障性质，并非完全的商业行为，需要政府的大力支持，做好宣传工作，使人们充分了解反向抵押贷款的好处，逐步转变观念，主动接受这一产品。

尽管反向抵押贷款不用担心偿还的问题，但由于我国传统文化的问题，多数人都难以接受人未死就变卖财产的观念，许多遵从传统孝道的年轻人也不赞成父母进行反向抵押贷款。种种传统观念导致反向抵押贷款不被接受而没有市场，达不到预期效果。

四、政策法规不具备

以房养老模式已经受到社会各界的广泛关注,虽然业务本身风险多,不确定性大,但具有极大的社会经济效应。国内要积极开展以房养老业务,通过财税激励政策来促进和引导其发展和实施,是至关重要的。

以房养老不仅是一项金融创新,还承担着部分社会保障的功能。在具体到每月的养老金计算上,除了商业化操作,政府是否还能提供一些优惠?这部分资金又从何而来?政府应否对以房养老模式的成功运行提供相应担保,为特设机构的运行提供资金支持和税费减免等种种优惠?该业务开办后必然会对现行法律带来相当大的冲击,政府是否可以制定相关的政策和法规予以支持?都是顺利发展本业务所需要考虑的。再如,法律对涉及房屋抵押方面的界定并不清楚,以后收回的房价如何评估、怎样计算老人得到的回报、服务价格是否合理等系列问题,目前都没有明确的说法,也没有更多的法律条款,导致以房养老的运作存有一定的风险。

理论上来讲,上述很多障碍和问题都有解决的出路。在无法确定老年人的预期寿命时,我们可以测评不同屋主的健康状况,获得不同的价值定位,分别制定可予贷放的款项。此时屋主的健康状况就成为一项可以带来现金流的资源。健康状况的测量可以使用统一的流程和指标加以统一,从而避免可能的人为造成的信息隐瞒或歪曲;对房屋的测评也应当统一设计不同的流程和标准,并聘请有资质的权威评价机构开办这项工作。最后,借鉴美国的做法,政府可以用最后担保人的身份分担商业银行的经营风险。

从目前国际经验来看,反向抵押贷款的推行可以起到一些积极作用,在满足一些客户需求的同时,还能起到活跃房地产市场等其他积极作用。但使用反向抵押贷款的成本费用项目多,费用总值高,在支付金融机构的贷款利息时,还得向其他参与机构支付服务费。即使国际上有成功的先例可资借鉴,也必然面临一个与国情相适应的问题。我国目前正处于经济飞速发展、房地产市场剧烈变化、人民生活水平迅速提高的时期,对房地市场的未来走势,银行实难作出准确判断。

目前国家在以房养老方面尚没有出台相关的法律法规,显而易见的事实是,在没有法律法规支撑的状况下,不管是经营机构还是老年人的合法利益,都是没有保障的。

五、积极改变传统观念,大力推进观念创新

根据反向抵押贷款的定义,老人拥有的房产在贷款期满后将被拍卖,用于偿还贷款本息。如此之后,老人的子女将不再拥有父母的房产。而在我国,一般来说,中老年人总是尽量减少消费,将钱存起来,用于孩子的上学、结婚、买房以及自己的养老,去世后再将住房留给子女。受这种根深蒂固的传统观念的影响,我国居民对接受反向抵押贷款还需要有个过程。故在反向抵押贷款引入早期,根据我国的民情可考虑制订一套允许赎回的办法。在借贷双方同意的前提下,借款人或受益人可向贷款机构退还已领取的全部本息,并根据贷款机构的规定给予一定的赎回补偿。另外,贷款机构也可每年向借款人提供一个合理的赎回价格,以利于借款人的选择。

老年人与大家一样,同样希望提升生活质量、需要社会关爱,不因其年龄缘故而有较多不同。这不仅仅是人权问题,更属于伦理道德范畴。目前,我国对养老方式较多地考虑居家养老和社区养老,但不管是何种养老方式,都必须以资金为后盾。养老保障问题上,需要较多地考虑养老保

障基金的筹措、使用、监管,这是必要的,但涉及面却过于狭窄。如仅靠当期征缴的养老保险金和财政补助来维持养老金的支付,养老保险金的缺口将越来越大。据已公布的资料显示,为填补养老金的短缺,中央财政用于养老保险的拨款越来越多,与十年前相比整整翻了两番多。

对银行来说,可以允许子女在老人死后选择是否把该房产买回,子女只要把这些年银行支付给老人的贷款总额和利息全数偿还给银行,房子仍旧是子女的。这样做的好处是在父母晚年的时候,儿女一般还处于青年和中年时期,鉴于买房和子女教育的重大压力,很难再挤出更多的钱财赡养老人。

房产——这是指归由父母长期积蓄而购置,并完全归属父母自有的住房;子女孝敬父母的住房,子女同父母共同购买、产权由双方共同享有的住房,显然不同于此种情况。父母子女共同购买的住房,自然是父母先行居住,待父母百年后再由子女顺势继承,除非是得到子女的允准,父母是没有权利将该住房给予随意处置的。如系子女为孝敬父母而为父母购买的养老房,该住房的产权和支配权应归子女所有。在这种情形下,子女一般都是事业有成、收入较高,且又有很高的"情商",乐意为父母的晚年生活幸福作出自己的奉献。子女既然能够为父母购买住房,自然也能为父母晚年生活所需要的一切作出较妥善的安排。父母不大需要为晚年的生活费开销等产生焦虑,是否需要将该住房再申请参与反向抵押贷款,也是无可无不可之事,不必给予过多考虑。

除去以上两种情况,父母既然对所居住住宅拥有完全的产权,也就有了最终支配该住房的各种权利。这种权利的支配也必然是以住房资源的合理配置及效用最大化为前提。这种支配权利包括:一是对该住宅的正常使用居住,并于最终将其作为遗产交付于子女;二是将该住宅予以现售转让,用售房款支付养老用费;三是将该住宅申请反向抵押贷款,提前获得变现款用于养老,死亡之后用该房产偿还贷款的累积本息。当然还有对外捐赠等其他各种支配处置的方式。

第一种方式诚然是最为自然的,不掺杂任何人为因素,且符合我国几千年来遗留之文化传统。第二、第三种方式有所不同,但都属于以房养老,是老人在自己的晚年生活期间,不借助子女的力量,完全依赖自己拥有住房的价值来解决自身的养老问题。但第一种方式必须同儿女对父母的赡养结合在一起,即"养儿防老,遗产继承"。假若子女不考虑如何赡养好父母,而只想着如何早日继承父母的遗产,这个社会又将会变得多么可怕? 在这种状况下,父母又何必一定要将房产遗留给子女呢? 将这笔遗留房产的价值用来养老,更能满足自身的晚年生活需要,也更符合自立自强之本意。

目前国内对住房养老模式的研究仍处于初步阶段,以房养老业务在国内并未得到推广与实施,一切研究都还处于纸上谈兵阶段,且该业务是一项非常复杂的系统工程,有许多因素制约着业务的真正实施。该模式在国外运营的成功,为我国今后住房养老模式的实践提供了可供参考的经验。如简单照搬照抄国外模式、急躁冒进,将会使以房养老模式进展缓慢,欲速而不达。它的可行性取决于一些现实条件,如人们观念的转变,秩序良好的金融体制,信息披露制度的完善建立等。

尽管存在上述众多因素的制约,从长远来看,反向抵押贷款业务在我国的开办毕竟是大势所趋。对国家来说,反向抵押贷款既能起到社会保障压力减震器的作用,又能盘活社会资产总量,刺激消费,促进社会经济的快速健康发展;对拥有住房的老年人来说,反向抵押贷款能拓宽融资途径,提高生活水平,在经济上更为独立,改变靠子女赡养来支撑退休生活的方式,有效避免出现"房子富人,现金穷人"的尴尬局面;对银行来说,反向抵押贷款能拓宽经营业绩和盈利空间。总之,反向抵押贷款可以开创一个多赢局面,理应具有很好的发展前景。

浅析反向抵押贷款的相关法律问题

刘　青① 柴效武

摘要:为促进反向抵押贷款在我国的早日开办,本文基于现行的法律环境,首先给出反向抵押贷款的法律定义,并从主体资格、抵押方式、支付方式和偿还方式对其法律特征进行说明,并与普通住房抵押贷款作出对比,从而将其剥离为独立的法律概念,为进一步分析打下基础。随后分析了反向抵押贷款中的主要法律关系类型,并对借贷法律关系的内容进行了详细的阐释,归纳出借贷双方分别享有的民事权利和承担的民事义务。找出目前我国推行反向抵押贷款所面临的法律障碍,从城市土地所有权的使用期、农村宅基地抵押、金融业的分业经营和监管、最低生活保障待遇资格、丧偶老人的房屋产权及信用制度缺失等方面,对这些法律障碍进行分析,并据此提出相应的政策建议。

一、绪论

(一)选题背景和意义

我国目前已经是人口老龄化国家,突出问题是如何解决好老年人的养老保障问题。与发达国家不同,我国老龄化的程度与经济发展并不同步,国家和社会在各个方面都没有做好充足准备,社会保障体系不健全,养老金缺口巨大,加之我国计划经济时代长期实行低收入政策,老年人没有多少积蓄,微薄的退休金难以满足晚年高昂的医疗保健消费。自20世纪70年代末以来,我国推行严格的计划生育政策,使"四二一"式的家庭结构大量涌现,给家庭养老带来巨大的压力。仅依靠国家、社会和家庭等传统养老模式是不够的,必须探索新的养老途径,才能解决我国日益严重的养老保障问题。

反向抵押贷款在国外,特别是在美国已被实践证明为一种解决老年人养老问题非常有效的金融工具,在加拿大、新加坡和日本等国也取得了较好的效果,值得我国借鉴。上海市推出"以房自助养老"方案,北京寿山福海国际养老服务中心也开办了"养老房屋银行"项目。这都表明以房养老的雏形已经在我国初步显现,但这两个项目的开办效果都不够好。原因很多,除传统观念的束缚和房地产发展趋势不明朗外,重要因素之一就是缺乏良好的运行环境,其中法律环境的影响尤为突出。

我国现行法律中的很多规定与西方国家存在较大差异,对反向抵押贷款在我国的推行造成了很大的障碍。反向抵押贷款作为一种金融创新的工具,业务开办必须要得到相关法律的允许,还需要对相关法律法规组织修订,以及制定一些新的法律法规。因此,从法学角度对反向抵押贷款进行分析,有利于深化对这一制度的认识,便于国家修改和制定相关的法律规范,为金融机构和老年人参与该业务提供参考,对促进反向抵押贷款在我国的顺利健康开展具有重要意义。

---

① 刘青,浙江大学经济学院博士生,主要研究方向为法经济学、产业理论等。

（二）文献综述

从 20 世纪 70 年代开始，美国开展了对反向抵押贷款的研究，并在 1993—1994 年达到高潮，研究层面相当的广泛，并主要集中在定量分析层面。专家们采用实证分析的方法，讨论各种经济变量、社会变量、家庭特征变量对反向抵押贷款的影响。

Mayer 和 Simons(1994)的研究结果，认为如采取全额信用额度的领取方式，反向抵押贷款可以使老年人的流动资产提高 200％甚至更多。Yamashita（2007）从住户应用二次抵押贷款应对房产贬值的角度，对反向抵押贷款的风险进行了分析，得出结论表明流动性的制约对房主很重要。Sharon Lucida(2008)通过对反向抵押贷款定义、操作过程及相关费用的描述，给老年市民以及继承人提供了反向抵押的相关信息，说明反向抵押贷款能减弱日常生活用费的压力，使人精神平静和享受生活。Jennifer Harmon(2009)通过对反向抵押贷款发起人的国家管理问题调查准则的阐述，表明了反向抵押贷款正在走向规范化。

目前，国内对反向抵押贷款的研究还处于起步阶段，还处于对国外文献资料及具体做法的翻译介绍与引进阶段，且主要集中于经济学和金融学方面，从法学角度来研究的很少。许芳和范国华(2006)介绍了以反向抵押贷款为基础的"以房养老"模式，并从让与担保和抵押两个角度对其法理基础进行了分析，最后阐述了相关的法律框架。张字强和张春红(2007)从法学角度，对反向抵押贷款的概念和定位进行说明，分析了反向抵押贷款的抵押人和抵押权人的资格，并基于现行法律，从农村房屋抵押、房屋价值波动等对反向抵押贷款的影响作了法律分析。刘倩和雷振斌(2007)从立法调适、心理法学和政府的政策供给等角度，对反向抵押贷款的法律环境和社会控制进行了分析，建议政府应当大力推进反向抵押在我国的开办。柴效武(2008)对 70 年住宅土地使用权对反向抵押贷款推行的影响作出分析，建议国家修改相关土地法律，改有限土地使用权期为永久性使用权，以物业税取代土地使用权出让金。

从已有文献来看，目前关于反向抵押贷款的相关法律问题的研究还比较欠缺，本文拟在前人研究的基础上，从法学角度对反向抵押贷款进行探讨，作出初步尝试。

（三）研究思路和结构安排

本论文以基本法理精神为指导思想，以推进我国反向抵押贷款业务开办为目的，在了解国外，特别是美国的反向抵押贷款业务运作模式的基础上，结合我国的基本国情，对反向抵押贷款的定义、特征及与相关概念的区别等进行法律界定，归纳其法律关系类型及揭示主要法律关系的内容。通过查阅我国的相关法律法规，分析目前我国推行反向抵押所面临的法律障碍，并提出相应的政策建议。

本论文包括如下内容：

第一部分为绪论，阐释了本文的选题背景和意义，就国内外反向抵押贷款相关研究进行梳理，评述其特点和趋势，指出论文研究的方向，并对论文的研究思路和结构安排作出简单陈述。

第二部分为反向抵押贷款法律界定，给出了反向抵押贷款的定义，从主体资格、抵押方式、支付方式和还款方式等方面分析其特征，与住房抵押贷款作出区分。

第三部分是反向抵押贷款法律关系分析，探讨了五种法律关系类型及相互关系，并详细说明了借贷法律关系的内容。

第四部分为法律障碍分析，基于现行法律，就阻碍反向抵押贷款在我国开办的法律法规进行了考察，并说明其形成阻碍的原因。

第五部分为政策建议，基于前面的结论，对现行法律提出修改意见，并建议制定新的法律法规。

二、反向抵押贷款的法律界定

反向抵押贷款是指达到法定年龄的具有民事行为能力的自然人，以保障老年生活为目的，将自己拥有完整产权的房产作抵押，与经授权的商业银行、保险机构或具有政府背景的公益机构订立合同，约定后者以房屋价值评估机构所估算的房产现价为基础，以一定方式向前者支付现金，直至其死亡或永久搬离，房屋产权归后者所有的一种无追索权的贷款。

（一）主体资格的特殊性

1.从贷款申请方来说，首先，反向抵押贷款借款人必须达到法定年龄，具体标准按照一国的人口平均预期寿命和退休年龄计算。美国法律规定年满62岁的老年人可以申请反向抵押贷款，房屋可以是自己独立拥有，或多人共有，但所有共有人的年龄均不得小于62岁。这有利于贷款机构控制贷款风险，如果中青年人也参与申请，因其剩余寿命较长，去世时房屋价值会远远小于贷款本息，贷款机构将蒙受极大损失。其他国家也有类似规定。根据国家统计局2000年全国第五次人口普查的资料，我国男性的平均预期寿命为72岁，退休年龄为60岁，女性的平均预期寿命为73.33岁，退休年龄为55岁。按照专家建议，应该将我国参与反向抵押贷款的年龄资格设定在65岁左右。[①] 根据生命周期理论，处于这一阶段的老人因丧失或部分丧失劳动能力，缺乏固定现金来源，加之高额的医疗保健支出，可能陷入贫困，对反向抵押贷款的需求最为强烈；对贷款机构来说，又能缩短贷款期限，降低贷款运作风险。

其次，借款人必须对参与反向抵押贷款的房屋具有完整的产权。反向抵押贷款的合同规定，导致合同终止的情况出现时，贷款机构将取得房屋的产权。如该老年人对用于抵押的房屋没有或只有部分产权，就无法将其顺利转让给贷款机构，使得本项业务难以最终结算。所以，在反向抵押合同订立前，贷款机构一般会对申请人是否拥有房屋的完整产权进行严格审查。

2.从贷款提供方面来说，只有经特别授权的商业银行、保险机构或具有政府背景的公益机构才能成为合格的贷款机构。银行根据美国《联邦不动产法》规定，美国联邦住房管理局授权的"合法贷方"为任何银行、信托公司、国家银行联盟、储蓄银行、储蓄和贷款协会、联邦储备银行、联邦储备和贷款协会、信用联盟、联邦信用联盟和任何授权的抵押银行以及其他美国联邦住房管理局授权的实体。

根据我国国情，抵押权人应当为：一是经中国银行业监督管理委员会批准的商业银行；二是经中国保险监督委员会批准的保险公司；三是其他具有政府背景的公益性机构。

商业银行作为反向抵押贷款的贷款机构具有以下优势：第一，商业银行资金充裕，我国的商业银行存贷差额很大，有大量的闲置资金，能够满足反向抵押贷款巨大的初期投入；第二，传统的住房抵押贷款一直由商业银行办理，积累了丰富的贷款运作经验，反向抵押贷款在操作内容上与抵押贷款大致相同，而在流程上则是大致相反，银行在业务上能够提供足够的技术支持；第三，商业银行是金融创新的主体，推出一种新的金融工具可以获得更大的市场份额，增强自身竞争力。

保险公司作为反向抵押贷款的贷款机构也很合宜。首先，保险公司通过保险业务积累了大量资金，而且大都负债期较长，与反向抵押贷款的贷款期限相匹配；其次，保险公司特别是寿险公

---

① 柴效武.反向抵押贷款运作[M].杭州：浙江大学出版社，2008：111.

司在长期的人寿保险中,拥有专业的精算技术,对人的预期寿命估算较准确,可以降低因实际寿命大大超过预期寿命形成的"长寿风险";最后,保险公司的理赔经验丰富,可以为顺利开展反向抵押贷款业务提供技术保证。

除了商业银行和保险公司外,反向抵押贷款作为一个具有社会意义的产品,还需要具有政府背景的公益机构参与,就目前的情况来看,社会保障机构作为反向抵押贷款的业务开办机构较为合适。社保机构不以营利为目的,可以为借款人提供中立的顾问服务,保证借贷双方信息对称和交易公平。

(二)抵押方式的特殊性

在一般的住房抵押贷款中,贷款合同往往会对贷款的期限作出明确的规定,而在反向抵押贷款中,抵押贷款的期限是不确定的,一般是根据借款人的年龄和预期寿命来决定。但因多种原因,借款人的预期寿命往往与其实际寿命无法做到一致,抵押期限具有不固定性。在担保债权额方面,反向抵押贷款的担保额度,是根据经双方认可的房屋价值评估机构评估来确定的,以实现抵押权时房屋的现实价值为限。一般情况下,房屋价值越大,贷款金额越大;利率越低,贷款金额也越高。

与一般抵押贷款不同的是,反向抵押贷款金额的确定与借款人的年龄和生活状况息息相关,借款人年龄越高迈,可获得的贷款金额越大;单身者获得的贷款金额高于夫妻两人共同作为借款人。此外,一般反向抵押贷款赋予了抵押人的抵押权,即指抵押人为充分利用抵押物的交换价值,再次以抵押物设立抵押权。[①]

我国《担保法》第35条规定:"财产抵押后,该财产的价值大于所担保债权的余额部分,可以再次抵押,但不得超出其余额部分。"可见,在一般抵押贷款中,抵押物上可以有多个抵押权重复设立,抵押权人可以就同一抵押物进行多次抵押。而对反向抵押贷款来说,作为抵押物的房屋不能被再次抵押,反向抵押贷款合同终止后,如果在该房屋上还有其他抵押权存在,贷款机构将不能获得该房屋的完整产权。此外,在计算贷款额度时,房屋价值评估机构已对整个房屋的价值进行了估量,并以此确定借款人每月能领取的借款金额,抵押物没有余额存在,不能进行再次出抵。

(三)支付方式的特殊性

在贷款支付方式上,一般抵押贷款往往采用一次支付的形式,而反向抵押贷款主要采取延续至终生的按月年金式支付,即贷款机构按照房屋价值评估机构通过房屋价值、利率、房主预期寿命和服务费用计算出来的金额,每月支付一定金额给借款人,直至其死亡或永久性地搬离该抵押房屋。除此之外,有的国家还使用按月限期支付和信用支付等方式,但以按月定期终生支付为主要形式。这种支付方式的期限一般长于按月限期支付,利率小于一次性支付,比信用支付更加固定,有利于保障老年人晚年生活,解除其后顾之忧。

(四)还款方式的特殊性

在一般抵押贷款中,当债权债务人的借贷关系到期后,债务人通常以现金的形式向债务人偿还全部债务,当债务人不能履行债务时,债权人依法通过对抵押物折价、拍卖或变卖优先取得价款,作为债务的补偿。而在反向抵押贷款中,当老年人死亡或永久搬离该抵押住房后,借款人及其继承人无需用现金偿还贷款,而是将房屋的产权和使用支配权等直接转移给贷款机构,从而清

---

① 王建平. 民法学(下)[M]. 成都:四川大学出版社,2005:261.

偿债务。

此外,反向抵押贷款还采用无追索权的形式。贷款终止后,住房产权转移给贷款机构,贷款机构再将房屋通过出租或变卖等方式取得款项,收回贷款的本息。当房屋变卖后价值增大,偿还本息后尚有剩余,该剩余部分按照事先约定由借款人及其继承人所有,或者在机构和借款人之间共同分享;当房屋价值小于本息时,贷款机构所能收回的最大金额仅仅为房产本身的价值,没有继续要求借款人或其继承人用住房以外的资产来偿还借贷差额的权利。对这部分损失,贷款机构可通过再保险计划的方式获得补偿。

(五)反向抵押贷款与住房抵押贷款的区别

住房抵押贷款是买房者以取得房屋所有权为目的,在支付卖房者一定房款后,以房屋作为抵押,向银行申请贷款付给卖房者,再分期偿还给银行的一种贷款方式。

与反向抵押贷款相同,住房抵押贷款本质上属于抵押贷款,体现了贷款机构与借款人的债权债务关系,借款人拥有房屋的居住使用权,是一种融资工具。但两者之间也存在显著的不同,主要体现在以下几个方面:

第一,主体不同。住房抵押贷款的借款人一般以中青年为主,贷款机构为商业银行;反向抵押贷款的借款人是达到法定年龄的老年人,贷款机构除了商业银行,还可以是经授权的保险公司或其他有政府背景的公益机构。

第二,贷款的目的不同。住房抵押贷款的目的为取得房屋的所有权,而反向抵押贷款则是为老年人顺利养老筹措资金。

第三,风险大小不同。对于贷款机构而言,住房抵押贷款的抵押物为新房,期限确定,风险较小;反向抵押贷款的抵押物为旧房,贷款期不确定,风险较大。

第四,现金和产权转移的方向相反。住房抵押贷款是现金从借款人向贷款机构的转移,产权由贷款机构向借款人转移,只有借款人将贷款的本息全部还清之后,才能获得住房的全部产权;而反向抵押贷款则正好相反,现金从贷款机构向借款人逐月转移,随着贷款的增加,老年人对住房的产权逐步减少,贷款到期后,贷款机构获得房屋的全部产权。

第五,贷款的发放和归还方式不同。住房抵押贷款是一次性整体发放,贷款期内以现金分期偿还;而反向抵押贷款是在老年人生命周期内分期发放,到期后以房屋一次性整体偿还。

第六,财政税收政策不同。住房抵押贷款属于一般商业行为,需要缴纳营业税和物业税,国家一般不给予税收优惠;而反向抵押贷款因具有公益性质,国家应给予税收减免或财政补贴等优惠政策。

此外,在贷款金额确定标准、贷款机构业务属性以及住房状况方面,两者也存在一些差异。

三、反向抵押贷款的法律关系分析

(一)反向抵押贷款的法律关系类型

民事法律关系是指民事法律规范调整平等主体之间的人身关系和财产关系而形成的一种社会关系,其内容组成为民事权利和民事义务。[①] 反向抵押贷款的主要参与主体是老年人、商业银

---

① 王建平. 民法学(上)[M]. 成都:四川大学出版社,2005:31.

行和保险公司等金融机构，它们是平等的民事主体，由此形成的法律关系主要为民事法律关系。

反向抵押贷款业务中存在着五种法律关系：一是达到法定年龄的老年人与经授权的银行、保险公司或具有政府背景的公益机构之间的借贷法律关系；二是借款人和贷款机构向保险公司投保所产生的保险法律关系；三是借款人将自己拥有完全产权的房屋作为借款担保抵押给贷款机构形成的抵押法律关系；四是借款人或贷款机构与房地产评估、律师事务所等社会中介机构之间形成的委托代理法律关系；五是政府主管部门为规范反向抵押贷款参与主体的行为产生的管理法律关系，即银监会、保监会和其他政府部门与借款人及贷款机构形成的监督管理关系。

在如上五种法律关系中，借款人和贷款机构之间形成的借贷法律关系是基础性的，其他法律关系均以借贷法律关系的存在为前提，在时间上具有前后继起的关系，反向抵押贷款开办的实务操作中，只有借贷双方订立了借贷合同后，才会产生抵押、保险、顾问服务等行为。

抵押贷款法律关系从属于借贷法律关系，其他法律关系之间相互独立，各自享有权利和承担义务。其中，管理法律关系具有较为重要的地位。反向抵押贷款的目的是解决老年人养老问题，带有社会保障的性质，为了维护老年人的权利，降低贷款金融机构的风险，政府必须对参与各方进行有效的管理，从而形成这种纵向法律关系。

（二）反向抵押贷款借贷法律关系的主要内容

反向抵押贷款的各种法律关系中，借款人与贷款机构之间的借贷法律关系是基础，为了进一步了解这一法律关系的主要内容，下面就借贷双方的权利和义务进行说明。

英美法学中没有"债物二分"的法学理论架构，为了更好地理解和分析倒按揭制度，本文将倒按揭制度分为两部分：构成基础法律关系的借款合同和担保债权实现的倒按揭合同。虽然主体重合，但本文为了避免混淆，在借款合同中将双方当事人称为贷款机构和借款人；在倒按揭合同中，将当事人称为倒按揭权人（reverse mortgagee）和倒按揭人（reverse mortgager）。正是基于权源的不同，当事人的权利义务在贷款合同和倒按揭合同两种情形下是不同的。在借款合同中，贷款机构有收取利息的权利；当出售住房所得的资金不足以弥补贷款本金和利息总额时，也不能向借款人或其继承人追索贷款余额。借款人有按期获得贷款的权利，有权随时清偿债务等等。

1. 借款人的权利

民事权利是指法律为保障民事主体实现某种利益的意图，而允许其行为的界限。[①] 反向抵押贷款的借款人一般是达到法定年龄，具有房屋的完整产权的，具有一国国籍或在该国居住满一年以上的自然人，享有以下民事权利。

第一，按期取得贷款的权利，即可以要求银行按照合同约定，每月支付其固定款项，保障其老年生活的权利。

第二，抵押房屋的居住保有权，在将房产抵押后，借款人仍然可以居住在自己的房屋内，直至死亡或永久搬离。

第三，借款人或其继承人享有的房产优先赎回权。当老年人永久搬离房屋时，产权转移给贷款机构，当贷款机构变卖该房产时，借款人可以优先买回原有的房屋；当借款人身故后，基于情感等因素，借款人的继承人同样享有优先购买被继承人原有房屋的权利。

第四，借款人及其继承人享有对房屋余值的所有权。这种情形一般发生在房屋价值超过贷款本息时，又分为两种情形，一是由于房价和利率的因素，借款人永久搬离时，房价升高的部分由借款人所有；二是借款人的实际寿命少于预期寿命，房屋余值由其继承人所有。

---

① 彭万林. 民法学[M]. 北京：中国政法大学出版社，1999：72.

第五,其他应享有的权利,如作为反向抵押贷款这种金融产品的消费者,所拥有的消费者权利。

2.借款人的义务

基于住房反向抵押贷款的特殊性,借款人负有如下义务。

第一,按合同约定的时间、方式、数额收取借款。

第二,按法定用途使用借款,所得贷款只能用于养老,不得从事商业投资活动,不得从事高风险的投机活动和违法犯罪活动。开办反向抵押贷款的目的是为了解决养老问题,对贷款的用途要求很严格。若借款人用得到的款项,尤其是一次性支付下得到的巨额款项,从事某些冒险投资项目,从而遭受较大亏损时,日后的生活来源就是个大问题,且对机构的营运带来较大麻烦。

第三,妥善使用房屋,承担房屋的物业税和维修费等各种费用,避免房屋的非正常折旧,不得造成房屋价值的不当减少。反向抵押合同终止后,房产将收归贷款机构所有,借款人有保护房屋完整性的义务。

第四,向贷款机构提供必要的资料并保证其真实性。借款人预期寿命的估算,对反向抵押贷款额度的影响具有重要作用,为降低贷款机构的风险,借款人必须向贷款机构提供详细的个人资料,包括年龄、健康状况、继往病史和家庭收入、住房状况等。

第五,妥善使用房屋,并承担房屋所产生的物业费、房产税、维修费等各种费用。

第六,在发生或可能发生影响未来住房反向抵押贷款本息偿还之事时,应当立即通知贷款机构。如对借款人有或可能有重大不利影响的诉讼、仲裁、行政措施、财产保全措施、强制执行措施,或对借款人的身体健康、收入、家庭状况等发生重大变化,或担保房屋权属争议等。

第七,合同规定的其他义务。

3.贷款机构的权利

贷款机构是指反向抵押贷款金融产品的提供者,也是房屋的抵押权人,主要应为经授权的商业银行、保险公司或具有政府背景的公益机构。它们的民事权利主要包括以下几个方面。

第一,要求提供证明材料如权属材料的权利。

第二,对抵押房屋享有合法的担保物权,可以通过出售房屋实现债权。

第三,如果借款人没有履行合同义务或法定义务,贷款机构有权暂停贷款的发放,并采取相应措施;对抵押人行为危及债权情况下对债权进行保全的权利。

第四,对参与反向抵押贷款的房屋具有优先受偿权,当借贷合同终止后,贷款机构可以通过房屋出售、出租等方式收回贷款的全部或部分本息。

第五,可以采取多种防范和化解风险的措施,有权对担保房屋开展资产证券化或房屋信托投资等金融活动,但不得侵害借款人的利益或公共利益。

第六,享有房屋的保有权和物上代位权,由于抵押期间的房屋不转移占有权,可能因为种种原因使其价值不当减少。如借款人具有重大过失,拒不履行相应义务,在征得相关主管部门同意后,有权暂停贷款的发放。

第七,贷款机构为保障其利益,有权监督借款人的房屋使用和维修情况,当损害情形发生时,有权要求借款人停止侵害行为、恢复房屋原状等权利。

第八,有权对借款使用情况以及房屋管理情况进行监督和检查的权利。

第九,当借款人怠于履行自己的其他债务因而损害机构的利益或房产价值时,机构可以随时代位借款人清偿而事后向借款人追偿。

4.贷款机构的义务

第一,按合同约定的时间、方式、数额发放贷款的义务。贷款机构应按照合同规定每月按时向借款人提供一笔贷款，直到合同约定终止的条件发生。

第二，对借款人提供的资料或信息的保密义务。由于借款人提供的资料有很多涉及借款人本人与其家属的隐私，贷款机构需要妥善保存，避免泄露，但法律另有规定或合同另有约定除外。

第三，向借款人提供反向抵押贷款产品说明的义务，如贷款过程中产生的费用和可能的法律后果的信息披露的义务。老年人一般缺乏获取信息的能力和谈判能力，作为金融产品的提供方，应该对反向抵押贷款的内容、特点和办理方法等以通俗的语言披露相关信息，并以格式合同的形式载明，保障老年人的合法权益。

第四，尊重借款人享有的合法的居住权及赎回权的义务。

第五，为借款人提供售后服务的义务。

第六，向借款人充分说明住房反向抵押贷款的内容、特点、程序以及可能影响缔约、履行情况的信息披露义务。

第七，当出现合同规定的事由时，或与反向抵押贷款相关的业务发生变化时，机构需要及时书面通知借款人并给予填补过错的机会。

四、我国推行反向抵押贷款的主要法律障碍

反向抵押贷款是一项风险较高的贷款品种，业务开办需要有法律的保证。目前我国相关法规还不完善，政府扶持政策尚未出台，在此情况下，很少有机构敢于冒险推出反向抵押贷款业务。到目前为止，反向抵押贷款还没有在我国正式出现，也没有调整反向抵押贷款的专门法律。

在现行法律中，对其有约束力和影响力的法律法规，主要包括《城镇国有土地使用权出让和转让暂行条例》《城市房地产管理法》《物权法》《担保法》《土地管理法》《商业银行法》《保险法》《个人所得税法》《城市居民最低生活保障条例》和《继承法》等。这些法律法规的部分条款不利于反向抵押贷款制度的推行，下面就其形成的主要障碍进行简要分析。

（一）现有土地所有权制度的障碍

1. 城市土地使用权期限的障碍

我国法律规定，城市土地属于国家所有。商品房所有者不能拥有土地的所有权，而只拥有土地使用权。《城镇国有土地使用权出让和转让暂行条例》和《城市房地产管理法》将住宅土地使用年限规定为 70 年，土地使用期满，土地使用权及其地上建筑和其他附着物的产权由国家无偿取得。《城市房地产管理法》第 32 条规定："房地产转让、抵押时，房屋的所有权和该房屋占用范围内的土地使用权同时转让、抵押。"可见，我国现行的土地使用权制度是建筑物所有权和土地使用权一体化的，两者的相互关系十分紧密，构成了我国推行反向抵押贷款的最大法律障碍。

这一障碍表现为当反向抵押合同终止日期晚于土地使用权期，即土地使用权满 70 年时，由于房产所有者没有及时申请续期或申请未获批准，国家在贷款机构行使优先清偿权前，将土地和房屋收归国有，从而导致反向抵押贷款的标的物不复存在，失去了抵押的基础资产，贷款机构无法顺利获得房屋产权，从而蒙受巨大损失。即使在合同到期后，借款人的土地使用权还没有到70 年，借款人能够得到房屋产权，但距离土地使用期满可能很近了，贷款机构为了收回贷款本息，必须在房地产二级市场出售该房产，其实质是将土地使用权期限的风险转移给买房者，买卖双方博弈的结果，可能使房屋变现困难或者低于正常价值，贷款机构同样会遭受损失。

2007 年颁布的《物权法》第 149 条规定：住宅建设用地使用期间届满的，自动续期。这一规定

有利于减弱因申请续期结果不确定带来的风险，但在续期时土地使用权出让金的数额确定方法和收取方式等方面，未能作更为详尽的阐述。这就可能导致借贷双方应由何方承担土地续期费用而产生纠纷，还可能因土地使用者拒绝缴纳费用，产生私权与公权的冲突，从而大大增加反向抵押贷款运行的风险。

2.农村宅基地禁止抵押的障碍

目前关于反向抵押贷款客体的探讨主要集中于城市商品房上，农村房产是否适合反向抵押贷款很少涉及，除了因为农村房屋价值较低、市场交易的范围受限，达不到反向抵押贷款住房最低价值限定要求外，最主要原因是现行法律明确规定农村宅基地禁止抵押。《担保法》第37条规定："耕地、宅基地、自留山、自留地等集体所有的土地使用权不得抵押。"《土地管理法》第63条规定："农民集体所有的土地使用权不得出让、转让或者出租用于非农建设。"反向抵押贷款的实质是一种抵押贷款，农村宅基地的不可抵押性，使得农村老年人失去申请反向抵押贷款的主体资格。

农民的养老保障问题，是我国养老保障体系中最为薄弱的环节，农民由此而丧失以房养老的资格，是很为可惜的。

(二)金融业经营与管理法规的障碍

上文提到，反向抵押贷款的业务开办机构应该为经授权的商业银行、保险公司和具有政府背景的公益机构。但现行法律对商业银行与保险公司的经营原则，以及相互间业务范围区分等方面的规定，给选择反向抵押贷款供给机构造成了障碍。

1.商业银行和保险公司经营原则的障碍

《商业银行法》第4条规定："商业银行以安全性、流动性、效益性为经营原则。"鉴于反向抵押贷款的运作周期长，以住房产权还款，在房地产二级市场不发达的情况下，贷款风险很大，与商业银行的经营原则不符。所以商业银行特别是一些中小型商业银行，欲成为反向抵押贷款提供方的主体，受到一定的资格限制。因此，在商业银行参与反向抵押贷款业务时，必须对其经营状况进行全面考察，防止流动性风险对银行业务的冲击。

同样，《保险法》第106条规定："保险公司的资金运用必须稳健，遵循安全性原则。"由于反向抵押贷款的风险较大，保险公司作为贷款机构的资格也存在一些法律障碍。此外，在商业银行和保险公司的经营范围中，没有明确规定与反向抵押贷款类似的业务，如要开办此类业务，必须经过中国银行业监督管理委员会或中国保险业管理监督委员会的授权。

2.金融业分业经营和监管的障碍

按照国外的经验，结合我国国情，商业银行与保险公司共同提供反向抵押贷款，将是最有效率的方式。鉴于我国法律规定金融业必须分业经营，使这一提供模式受到限制。《商业银行法》第43条规定："商业银行在中华人民共和国境内不得从事信托投资和证券经营业务，不得向非自用不动产投资或者向非银行金融机构和企业投资，但国家另有规定的除外。"还规定："商业银行不得从事信托投资和股票业务，不得投资于非自用不动产，不得向非银行金融机构和企业投资。"

目前实施的《保险法》规定："保险业和银行业、证券业、信托业实行分业经营、分业管理，保险公司与银行、证券、信托业务机构分别设立。国家另有规定的除外。"还规定："保险资金可用于银行存款、政府债券、金融债券及国务院规定的其他保险资金运用方式，保险公司的资金不得用于设立证券经营机构，不得用于设立保险业以外的企业。"保险公司开展反向抵押贷款养老模式，涉及二手房的经营，超出了《保险法》规定的资金运用范围。如果由商业银行来经营反向抵押贷款养老模式，又与现行的《商业银行法》相违背。

目前,混业经营在实践中已经开始出现,但只局限于少数特定业务,属于法律规定的分业经营的另外条款,但法律仍然规定银行、保险和证券公司在大多数业务上进行分业经营。反向抵押贷款涉及房地产业、金融业、社会保障及相关政府部门,对这些领域的运作质量要求相当高。反向抵押贷款作为一种金融创新产品,可否由银行和保险公司一同经营,在现行法律没有规定的情况下,相关金融机构很难作出参与的决定。而在反向抵押贷款的开办过程中,贷款机构的选择往往关系到运行的成败,金融业的严格分业经营和管理,在很大程度上阻碍了反向抵押贷款在我国的开展。

(三)最低生活保障条例的障碍

《城市居民最低生活保障条例》第 2 条规定:"持有非农业户口的城市居民,凡共同生活的家庭成员人均收入低于当地城市居民最低生活保障标准的,均有从当地人民政府获得基本生活物质帮助的权利。"其中收入指共同生活的家庭成员的全部货币收入和实物收入。国外实践证明,反向抵押贷款将明显改善老年人晚年的生活状况,特别是对那些"房产富人,现金穷人"来说,效果最为明显。但如某老年人参加反向抵押贷款之前,已经享有国家最低生活保障的待遇,参加本业务之后,每月就能得到一笔固定的现金,使其不符合保障标准,是否意味着将丧失继续享受低保待遇的资格。同时,如某老年人在参与反向抵押贷款前,没有申请国家最低生活保障,当其参加反向抵押贷款后,除去每月从贷款机构那里获得的现金,其收入低于当地城市居民的最低生活保障标准,是否仍然有资格申请国家最低生活保障待遇,都是老年人要考虑的问题,也是我们研究反向抵押贷款与最低生活保障的相互关系时,必须要考虑的问题。

造成这一法律障碍的原因,主要是对反向抵押贷款中老年人取得现金性质的认定。如果将这一笔现金视为收入,显然绝大多数参加反向抵押贷款的老年人的月收入都将大大超过当地的最低生活保障标准,按照现行法律,不得享有最低生活保障待遇。如果老年人不愿意失去这一现金来源,必然放弃进行反向抵押贷款的抉择,从而限制了该业务开展的规模。

(四)继承法的障碍

在反向抵押贷款业务中,贷款机构必须拥有完整的房屋产权,这是获得申请资格的前提。这一条件与我国的《继承法》的相关规定有冲突。按照该法第 3 条规定,公民的房屋属于遗产继承范围;第 10 条规定,遗产的第一顺序继承人为配偶、子女和父母;第 13 条规定同一顺序继承人继承遗产的份额,一般应均等;第 26 条规定,夫妻在婚姻关系存续期间所得的共同所有的财产,除有约定的以外,如果分割遗产,应当先将共同所有财产的一半分出为配偶所有,其余部分为被继承人的遗产。

按照这一法律逻辑,如果一对拥有独立房屋产权的老年夫妻,在申请反向抵押贷款前,一方先于另一方身故,如果死亡一方的父母尚在或有儿女,在没有遗嘱的前提下,房屋属于遗产的法定继承范围,其价值的一半将在第一继承人之间作平等分配,虽然尚健在一方仍然拥有房屋的居住权,但其在法律上丧失了房屋产权的独立性。同样,如老年夫妻双方共同申请反向抵押贷款,在贷款合同期间,一方先于另一方死亡是经常会看到的。假如这时其子女要求分割已死亡一方的遗产,反向抵押贷款业务就存在着抵押住房的分割而难以继续开办下去的问题。所以,按照现行的法律制度,中国丧偶老年人参与反向抵押贷款存在着法律障碍。

反向抵押贷款中,住房产权是逐渐转移给贷款机构的,在共同借款人只有一方死亡的情况下,贷款机构并不能获得该抵押房屋的完整产权,未死亡一方也会因上述继承方面的原因,产生主体资格合法性问题。

美国的遗产税高达 20%～65%,普通家庭能从继承中得到的好处有限,以房养老的实施阻力不太大。中国目前对遗产税的制定有各种声音,每个地方每个人的情况也不一样,所以至今还未有正式文本出台,业务开办和制度执行更是阻碍重重。笔者认为现阶段为了藏富于民,不适合大范围开征遗产税,遗产税应成为少部分富人的税。关于抵押房产的继承权所有权问题按合同协议决定,具体情况具体分析。围绕房屋的继承权也有许多问题,比如产权不完整,最后房产的产权人是谁,利益如何分配等,将是阻碍以房养老的问题。

(五)信用管理制度法律缺失的障碍

与其他形式的抵押贷款相比,反向抵押贷款的持续时间长,不确定因素多,导致风险大,对参与主体的信用要求很高,其中借款人的信用是主要方面。在反向抵押贷款申请时,如果借款人故意隐瞒健康状况等相关个人信息,使得对其预期寿命估计远远低于实际寿命,按照其预期寿命计算的每月的现金支付,必将大大高于实际应该支付的金额,从而使贷款本息远远大于房屋价值,这将导致贷款机构的经营亏损。

在反向抵押贷款的运行过程中,借款人在不丧失居住权的前提下,将房产抵押给贷款机构,这种状况一直持续到其死亡或永久搬离。借款人长时间居住在房屋内,可能因不当使用或疏于修缮,导致房屋价值的非正常减少,即使法律规定贷款机构有定期检查的权利,但这势必会产生相应的费用,构成了贷款机构的成本,加之贷款机构对贷款超出房屋变现价值无追索权,在"长寿风险"存在的情况下,将使其蒙受损失。要解决上述问题,必须通过法律形式对借款人的不诚信行为进行约束。但在现行法律体系中,尚无专门规范信用活动的法律,相关规定只零星出现在一些法律中,如《合同法》《担保法》和《民法通则》中"诚实信用原则",但其过于原则化,操作性不强。对反向抵押贷款而言,信用管理法律的缺失,将是一个不小的法律障碍。

在发达的市场经济国家,建立规范化、社会化的抵押担保和保险初制是防范金融风险的基础条件。目前,世界上许多经济发达国家都设有政府性的专门机构,给住房申请贷款以及住房反向抵押贷款提供担保和保险,而国家担保或保险能保障住房反向抵押贷款的安全性,降低借款人的利息成本。我国缺乏政府担保保险等专门机构,难以有效减弱住房反向抵押贷款的风险,从而抑制了住房反向抵押贷款的业务开展。

五、完善我国推行反向抵押贷款法律环境的建议

(一)改革土地使用期年限,完善土地出让金缴纳制度

70 年土地使用期在特定历史时期起到了重要作用,但随着我国商品房自有率的逐步提高和市场经济的发展,这一制度必将阻碍社会经济的发展,并且与法律精神不符。宪法规定,公民的合法财产不受侵犯。当 70 年使用期满,国家无偿取得土地产权为公民所有的房屋,这与宪法规定相违背,也不符合民法中保护私有财产的基本原则。所以应改变土地 70 年使用期为永久使用期,国家拥有土地的所有权,赋予公民永久使用该土地的权利。这样既可以解除公民购房置产的后顾之忧,也利于国家的安定和社会秩序的稳定,防止相关政府机构滥用职权导致的公权对私权的侵害。

在土地使用权出让金方面,目前采用一次性缴纳的方式,这一规定没有考虑房屋存在年限和住户居住年限及住房位置的差异,采取统一的一次性收缴方式,明显有失公平,与权利义务对等

原则不符。因此应该以物业税的逐年缴纳取代土地使用权出让金的一次性缴纳。这一变化符合"费改税"的基本政策趋势,对降低房地产价格具有重要作用。物业税的征收可以根据房屋的位置在规定范围内调整,避免"一刀切"带来的不公平现象。如果上述两个法律规定得以完善,反向抵押贷款运行中最大的风险将得以消除,当反向抵押贷款合同终止条件发生时,金融机构就能顺利得到房屋的产权,不必顾虑国家无偿取得房屋以及重新缴纳土地使用权出让金的问题。

(二)适当放松对农村宅基地禁止抵押的限制

按照现行法律,农村宅基地不能用于抵押,因此反向抵押贷款业务不能在农村开办,农村老年人相应失去了"以房养老"的资格。笔者认为,这一规定过于严格,宅基地禁止抵押的立法初衷,应该是维护农村经济稳定,提高农民生活质量,如果不分情况采取禁止抵押的规定,不符合立法的目的。

反向抵押贷款是一项具有公益性质的抵押贷款,其目的是解决老年人的养老问题。应该针对该业务,适当放松对农村宅基地抵押权的限制。国家应当允许城市郊区的农村老人,特别是孤寡老人参与反向抵押贷款业务,当合同期满后,金融机构得到房屋的产权,如果那时农村房屋可以流转,金融机构可以将房屋在房地产二级市场变现,如果现行法律没有改变,金融机构可以卖给该村的其他居民,从而照样可以收回贷款本息,这对扩大反向抵押贷款的业务范围,具有重要意义。

(三)修改金融业分业经营与管理的法律规定

我国银行业、保险业和证券业的分业经营和管理,不符合国际金融业发展的大趋势,进一步加大了金融风险,不利于提高金融资源配置效率,并增强我国金融业的整体实力,这一模式应予以改变。在现行法律中,关于分业经营和管理也有例外条款,在短期内,应当将反向抵押贷款纳入国家规定的例外中,允许商业银行和保险公司共同作为该业务的贷款方,协作提供反向抵押贷款业务,一起接受银监会和保监会的管理。在长期运作中,应该修改相应的法律法规,允许银行和保险公司的业务适当交叉,相互合作,逐步向混业经营模式转变,为反向抵押贷款以及其他金融创新产品的市场化扫清障碍。

国家有关政策规定颁布之前,由商业银行、保险公司、房地产中介机构等合作推出反向抵押贷款时,仍面临着法律规范的障碍。目前国内的银行、证券、保险、信托、金融租赁、集团财务公司、基金管理公司等七类金融机构,已经在运用不同的渠道和方式,通过金融控股公司的运作模式进行混业经营,这为反向抵押贷款的实际操作开辟了道路。

反向抵押贷款业务需要各领域相关机构的密切配合,甚至要求突破领域限制。如欧洲一些国家的反向抵押贷款,是一种反向抵押年金产品,由借款人将住房抵押给银行,然后用获取的现金再去购买保险公司的年金保险。这种模式运作的前提条件是,贷款机构实行混业经营,信贷、保险、证券等业务相互交叉,目前金融业分业经营的模式,给反向抵押贷款的开展造成了障碍。

商业银行要开办反向抵押贷款,要修改《商业银行法》,突破该法对银行经营范围的限制;保险公司要开办这一业务,要突破《保险法》的限制,这一业务已经涉及实业投资,超出了《保险法》对保险资金运用范围的规定。从长远来说,应当修改现行的《商业银行法》《证券法》《保险法》等法律中严格的分业经营条款,完善相关法规,为反向抵押贷款业务提供一个透明、配套的法治环境。《证券法》的修改给金融业混业经营开了一个口子,在原来第6条的规定"证券业和银行业、信托业、保险业实行分业经营、分业管理,证券公司与银行、信托、保险业务机构分别设立"中加入"国家另有规定的除外"的内容。

(四)对老年人参与反向抵押贷款所得借款进行税收豁免

在反向抵押贷款开办过程中,老年人会按月得到一笔固定的现金。在法律没有明确规定的条件下,如果税务机关将这笔现金看作老年人以逐渐转移房屋产权而获得的销售款,那么就可能被要求缴纳个人所得税。《个人所得税法》第2条规定将财产转让所得列入个人所得税范围,并分别在第3条和第6条规定了相应的所得税率和所得税额计算方法。虽然老人每月得到的现金,在理论上属于将房屋作为抵押而获得的借款,但由于房屋产权最终将为贷款机构所有,特别是因房主寿命等原因,反向合同期缩短时,与财产转让具有很大的相似性,在实际操作中,税务机关很有可能将老年人按月所得现金,当作财产转让所得而课以税收,这就会降低老年人参与反向抵押贷款的积极性。

对于老年人因参加反向抵押贷款而获得现金,不应视为个人所得,也不能当作房产转让得到的房屋销售款,而应作为抵押房产得到的借款。对于这部分收入,国家应该明确规定,税务机关不得要求老年人纳税,从而减少老年人的顾虑。

(五)保留反向抵押贷款借款人享有最低生活保障待遇的权利

反向抵押贷款是老年人实现自我养老的途径,城市最低生活保障制度是国家提供的一种保障模式,两者的提供主体不同,不应当是相互替代的关系。如果老年人在申请反向抵押贷款前,符合最低生活保障标准,并且取得了待遇资格,申请反向抵押贷款后,应当继续享有最低生活保障待遇,同时,如果已经参加了反向抵押贷款的老年人,除去每月从贷款机构那里获得的现金,其收入低于当地最低生活保障标准,仍然可以享有城市最低生活保障待遇。这是因为老年人通过反向抵押贷款获得的现金,在法律上不应当作为收入看待,而应视为自有资产形式的转换,老年人每月取得的一笔固定现金,是以逐渐丧失房屋财产为代价的,从财富总量看,老年人并未获得资产升值,所以财富保有状况没有实质性的增加,从这一角度看,老年人应该继续享有最低生活保障待遇。

反向抵押贷款作为一种有效的养老途径,应该得到国家的鼓励,不应将参加反向抵押贷款的老年人排除在城市最低生活保障范围之外,降低其参与自我养老的积极性。

(六)修改继承法的相关规定,给予丧偶老人特别保护

现行《继承法》对于遗产继承的规定,不利于保护丧偶老人的合法权利,将导致未死亡一方房屋产权完整性的丧失。老年夫妇在婚姻期间得到的房屋产权,属于两人的共同财产,但其与现金及其他动产有区别,主要表现其为老年人赖以生存的必要基础,如果老年人丧失了住房的完整产权,其居住的权利往往要受到一定限制,随着市场经济的深入,经济利益的划分已渗入到家庭的代际关系中,常常出现不孝子女为取得房屋的完整产权将老人撵出家门的情况,因此需要修改《继承法》的相关规定,给予丧偶老人以特别保护,对于房屋的继承,丧偶老人应该拥有完整的产权,当其死亡后,再按照正常的遗产继承方法将房屋价值在继承人中分配。这有利于保证老年人的人身独立,减少对子女的依附性。同时,也能够赋予老年人抵押房屋的权利,减少子女因产权纠纷,对丧偶老人参加反向抵押贷款的干涉。

(七)制定我国信用管理制度方面的法律

为了减少反向抵押贷款业务开办中因借贷双方的信用问题产生的纠纷,国家应该将《合同法》、《担保法》以及《民法通则》中的"诚实信用原则"具体化,以相应的法律条款形式给以明确规

定,赋予执法者以现实的操作性,产生对民事主体的实质性约束。同时,国家应尽快出台相应的专门法律,制定《个人资信评估法》,设立个人信用账户,对公民的信用记录进行记录和评级,为反向抵押贷款机构审核借款人资格提供依据。同时,国家应该建立公民的个人健康档案制度,记录公民的既往病史和健康状况,避免贷款机构因借款人隐瞒个人信息而导致对其预期寿命的错误估算,使贷款机构蒙受损失。此外,通过制定信用管理制度,还可以减轻反向抵押贷款中因老年人不积极修缮住房产生的"道德风险",从而促进反向抵押贷款在我国的顺利开办。

(八)建立反向抵押贷款运行的法律法规

尽管我国已有为数不少的全国性法规,比如《证券法》《担保法》《中国人民银行法》《商业银行法》《个人住房贷款管理办法》等,以及不断增加的地方性法规,但直接针对反向抵押贷款的法律框架还未能形成,各参与主体的地位、权利与义务等关系尚不明确,法律保障基础不充分。结合我国实际,保障反向抵押贷款实施的法律建设,应从以下方面入手:

第一,修改完善现行法律。目前开展反向抵押贷款业务还受到现行法律、法规的制约,需要制定、修订相关的政策、法规。修改和完善包括《证券法》、《信托法》、《商业银行法》、《保险法》、《个人所得税法》等法律和法规,从减轻老年人反向抵押贷款申请负担以及公平合理的角度,完善现有的财产保险制度,增加住房抵押保险的种类,修改条款,合理制定保险费的金额、缴费方式以及关于退保的规定,为反向抵押贷款的运作提供良好的制度环境。

第二,培养和提高参与主体的法律意识。我国公民的法律知识相对缺乏,法律意识相对淡薄,对法律关注程度也严重不足。这一缺陷致使其经营活动经常面临被动局面,加之外部条件的影响,侵权和被侵权的事件时有发生,因此,在完善相关法律的同时,应通过各种途径进行法律的宣传和培训,提高参与主体的法律意识,进而提高反向抵押贷款运作的规范程度。

第三,法制化是市场经济正常运行的基础,法制建设是我国市场经济新秩序建设和完善的重中之重。开展住房反向抵押贷款业务,不仅需要一系列的基础性法律,更需要专业性法律来规范运作,防范风险。而我国尚有一些方面存在着立法空白,或法律不够完善,可操作性不强。目前针对住宅信贷的保险、担保、物品抵押等,尚缺乏专门的法律法规来规范当事人双方的权利和义务关系,尤其是缺乏强有力的法律措施对合同违约行为的制约。

实施反向抵押贷款是一项系统工程,涉及借款人、保险机构、商业银行、房地产评估机构、房地产中介机构等方面的利益,现有法律体系无疑是实施住房反向抵押贷款的障碍。

六、结束语

根据当前的经济形势来看,我国城市居民住房自有率的大幅提高,"四二一"家庭结构和"空巢"家庭的大量出现,表明我国开办反向抵押贷款具有牢固的经济基础和现实需求。反向抵押贷款作为老年人实现自我养老的一种金融工具,有利于解决我国老龄化问题,减轻国家、社会和家庭的养老压力,可以显著提高老年人的晚年生活质量,到达刺激消费,拉动内需,促进国民经济发展的良好效果。我国应早日引进反向抵押贷款制度,发挥其巨大功效。为推动反向抵押贷款的开办,必须根据目前我国的基本国情,对这一"舶来品"进行充分的可行性论证,找出其与现实的政治、经济以及法律环境的冲突,以便在借鉴西方发达国家开办经验的基础上,对该金融产品作适当改造,使其与我国的法律环境"水土相服"。

法律环境对我国推行反向抵押贷款的约束具有固定性,为了使反向抵押贷款适应中国的法律,一方面,我们应该在现行的法律框架下,对反向抵押贷款进行法律界定,使其归于特定的法律约束之中;另一方面,也应该从动态的角度出发,根据我国法制化进程的需要,顺应国际趋势,对一些不合理的法律法规进行分析,提出修改建议,解除反向抵押贷款开办的障碍。

目前,有关反向抵押贷款的研究大都集中在经济金融和房地产、养老保障方面,对相关法律问题的研究较少。鉴于笔者的水平有限,本文对此的研究尚存在许多不足之处,希望在以后的进一步研究中再作弥补。

反向抵押贷款法律制度的设计[①]

李淑文   柴效武

摘要：我国反向抵押贷款业务的开办中，非常有必要借鉴国外的经验，以完备的法律法规来规制各参与方的行为及相关事宜，以保障我国的反向抵押贷款业务从一开始就能更加健康、规范地开展。这套法律法规既有原有相关法律的添加，更需要有全新的立法；既应当包括实体法，也应当包括程序法。本文对反向抵押贷款的法律制度的设计等，提出自己的看法。

一、国外反向抵押贷款法律制度设计

反向抵押贷款在国外已经有许多专门法律予以规制和调整，各个国家因国情不同，对反向抵押贷款的法律规定也不尽相同，我们从中可以得到一些启示和借鉴。如美国的房产价值转换抵押贷款(HECM)就是美国国会根据《全国住房法案》设立的；英国1974年颁布的《消费者信用法案》适用于额度为25000英镑以下的反向抵押贷款。美国主要是通过《联邦银行法》、《联邦不动产法》、《全国住房法案》、《共同发展法案》以及联邦抵押联合会颁布的法规构成的法律框架，对反向抵押贷款进行调整，概括起来主要有以下几方面要素规定。

（一）契约行为

反向抵押贷款为一种特殊类型的按揭行为。设定反向抵押贷款的行为是契约，具有法律行为之有效要件，如当事人之资格、要约与承诺、约因、标的物的合法性、被担保的债权以及表明反向抵押贷款的文字和登记等。除此以外，反向抵押贷款要素的设定，必须是当事人自愿以书面契约的形式，属于要式行为。按照防止欺诈法的规定，设定反向抵押贷款的契约还需要相关当事人的签名。如同普通的抵押贷款一样，反向抵押贷款合同也是贷款机构事先拟定好的格式合同。为了保护反向抵押贷款申请人的应有权益不致受到损害，美国法律强制要求反向抵押贷款申请人在合同签订之前，就反向抵押贷款的风险和利益咨询独立的非营利性社会机构。但咨询费用需要申请人自己承担，高昂的咨询费用增加了申请人的交易成本，阻碍了美国反向抵押贷款业务的进一步推广。后来的相关制度规定，则更正为由政府部门举办免费的咨询服务机构，为借款人提供免费而又强制性的咨询服务。

（二）当事人

反向抵押贷款制度和房产按揭制度一样，当事人主要为发放贷款享有抵押权的贷款机构和以自己房产作按揭担保贷款的按揭人，没有以自己房产为担保抵押贷款独立的第三人，抵押人和借款人是重合的。反向抵押贷款这种法律关系中只存在借款人和贷款机构两种当事人。

---

①   本文部分内容见之于西南政法大学硕士李淑文的学位论文《反向抵押贷款法律问题研究》(2008年4月)。

（三）标的物

住房按揭之标的物，原本以不动产为限，后扩及动产。按揭这个词引入汉语后，因其价值功能部分与抵押制度重合，故"按揭"的现代汉语语境要比英美法系中 mortgage 的意思大为缩小，按揭的标的物也局限于用于担保抵押贷款的住房。

住房同样具有"生命周期"，即从住房的初始设计、建造，长期使用居住，到最终的报废清理、拆迁或重建的一段长期间，这即所谓的住房生命周期。住房抵押贷款通常处于住房使用居住的前期或中期，而反向抵押贷款的开办，则大多处于住房使用居住的中期和后期。申请住房抵押贷款的人员，都是为购买住房而申请贷款，如初始建造的新房或一手房等。而申请反向抵押贷款的则多是已经居住多年的旧住房，是对使用后期的住房资产价值的重新盘活整理。

随着经济社会的发展，土地及附属在土地之上的房屋，不仅保值而且还有一定的增值空间。部分反向抵押贷款具有增值分享条款。如果住房出售收入超过贷款本金及利息，超出部分按先前规定的比例在贷款机构与借款人（或继承人）之间分享。然而我国城市中的土地是国家所有，房屋所有人对房屋附着的土地只拥有一定期限的使用权而非产权。按照"地随房转"的原则，房屋所有人的土地使用权延展到 70 年的既定年限时，将会面临一些大问题。而在我国农村，农民建造住宅的宅基地则受到众多的限制，不能随意进入流通领域。

（四）担保债权

在贷款额度内，借款人可以随意选择一种或多种贷款机构提供的贷款发放方式组合，常见的发放方式有：一次性发放，每月发放，年金发放和信贷户口等。除一次性发放外，其他发放方式下，借款人和贷款机构之间的债权，是在设定反向抵押贷款之后才产生的，也就是说在这种情形下倒按揭所担保的是将来的债权。传统的物权法理论中，大陆法系的担保物权需要从属于债权存在，其权利成立以债权成立为前提，并因债权之转移而移转，因债权消灭而消灭，是为担保物权之从属性。由此可见反向抵押贷款对所担保债权的从属性是弱化的。在英美法系中，关于为将来债务 mortgage 之有效性，意见虽未一致，但判例上大抵认为，有单纯为将来债权担保之合意契约之存在即可，对于债权类，无须在设定当时确定为必要。反向抵押贷款所担保的债权除了贷款本金以外还包括利息、迟延利息、实现反向抵押贷款的费用、保全反向抵押贷款权的费用以及违约金。在实践中，所有的反向抵押贷款所担保的贷款都采用浮动利率计算利息，在美国，利率盯住一年期国库券的利率（通常有一个利率"帽"即最高利率的规定）。反向抵押贷款情况下的分期贷款额水平，是依据对房屋价值的评估、市场变化的预测以及对借款人寿命的判断等多方面因素推算出来的，而在一般按揭，设定按揭时所要担保的债权数额是确定的。反向抵押贷款所担保的债权总额虽未确定，但分期得到的借款额则是确定的，只是由于借款人寿命的不确定而使债权总额不确定。反向抵押贷款所担保的债权总额不确定，又是其从属性弱化的表现。

反向抵押贷款所担保债权属于无追索权的债权，是指当出售住房所得的资金不足以弥补贷款本金和利息总额时，也不能向借款人或其继承人追索贷款余额。反向抵押贷款到期时的贷款总额（本金利息费用之和）有可能低于也有可能高于房产的出售价格。对于前者，出售房产所得在归还贷款后还有剩余，贷款机构顺利回收贷款，剩余部分归借款人或其继承人所有。对于后者，出售房产所得不足以归还全部贷款，贷款机构所能收回贷款的最大额为房产价值，没有权利要求借款人或其继承人用其他资产、收入归还全部贷款。此外，借款人还能随时提前清偿而无须承担任何违约责任。

二、反向抵押贷款制度的相关立法调适

刘倩和雷振斌撰写的《反向抵押贷款的推行与法律的社会控制》一文,专门指出:反向抵押贷款对经济正处于积累发展阶段,刚刚步入老龄化社会,各项养老保障制度尚待充实完善的中国社会而言,是一个崭新的事物。反向抵押贷款的推行与法律的社会控制休戚相关,研究其推行过程中如何实现法律的社会控制非常重要。

(一)反向抵押贷款制度与我国社会的契合

反向抵押贷款作为一项舶来品,需要考虑该项制度本身与作为受体的我国社会是否契合的问题。我们可以借鉴西方国家的经验,但仍需根植于我国国情,以此来建立一种新的安居养老保障的体系,作为我国养老保障制度的一种补充。如果把达成反向抵押贷款的协议看作是一个谈判的过程,目前的中国社会,在法律和政策对此并无关注和涉及的情况下,谈判各方主体的权利界定是很不明确的,再加上来自各方的风险值也是一个变量,谈判博弈就成为一件难事,此种谈判中的障碍有待相关法律和政策的解决。

正如著名经济学家科斯所主张的,法律的一个中心目是消除私人谈判的障碍。目前的困境是,无论是贷款方还是借款方都很难在基于当前的法律、政策环境下在谈判中使己方的收益达到最大化,因为法律和政策对此项制度的漠视,使得各方都要承担风险值很高的法律成本,他们宁愿选择其他的替代产品来养老或投资。立法者和执法者所能做的就是要找出私人谈判的障碍,并努力用法律规则帮助克服这些障碍。

(二)法律对经济的调整机制

法律对经济的调整往往有两套机制,一是激励机制,二是约束机制。在需要对某一经济行为加以鼓励时,法律便会启动其激励机制;相反,需要对某一经济行为加以抑制时,法律的约束机制便派上了用场。因此,反向抵押贷款需要法律这一重要的社会控制工具的调整,以期更适应在我国的运作。

利益是法律规范产生的根本动因,造就了"应该"这一概念。在利益法学看来,法律命令源于各种利益的冲击。关系反向抵押贷款的法律法规,必须以该项制度其中可能涉及的利益冲突点为突破,着重解决各种利益的平衡问题,以期实现各方利益关系的最大化,从而以法律的利益激励机制使反向抵押贷款得以在我国顺利推行。反向抵押贷款的实施涉及银行、保险、资产评估、社会养老保障等诸多方面,远比传统的抵押贷款复杂得多。高昂的法律成本是束缚反向抵押贷款市场发展的重要因素,因此,站在鼓励该制度发展的角度,扫除法律法规上的障碍,降低其法律成本,充分发挥法律的激励机制,一套规范市场参与各方行为的全面的法律法规便成为必需。

三、国外反向抵押贷款法律制度的具体规定

(一)业务发起、管理及授权方面的规定

美国有关反向抵押贷款业务发起、管理及授权等方面,主要是由联邦抵押联合会颁布法规进

行约束的。这些法规主要包括两个方面的内容：一是反向抵押贷款发起机构、管理部门的规定，即规定反向抵押贷款由联邦抵押联合会发起并实施，并由联邦住房管理局下设项目管理部门予以管理；二是规定了住房反向抵押贷款的贷款机构应当达到的资质和标准。

1. 业务类型规定

《联邦不动产法》和《全国住房法案》等法律对反向抵押贷款的类型进行了规定。把反向抵押贷款业务分为有保险的、无保险及放贷者有保险的三种类型，并对三种类型的反向抵押贷款具体开办形式进行了规定，包括借款人类型、贷款期限、放款方式及担保等内容。

2. 程序性规定

《联邦不动产法》和《全国住房法案》等对反向抵押贷款的申请、审查和批准程序进行了规定。申请阶段包括借款人的贷前咨询义务及申请的具体程序等，审查阶段包括审查程序及中介机构评估等，批准阶段包括签订借款及担保合同、完善担保手续等。

3. 信息披露规定

《联邦不动产法》及1994年克林顿签署的《共同发展法案》，都有关于反向抵押贷款信息披露的规定。《共同发展法案》规定，贷款机构必须向借款人如实披露借款的费用和风险，并将全部借款费用用平均年率的形式表示，以方便借款人对不同贷款机构的产品进行比较。我国反向抵押贷款的法律框架设计通过合同法调整相互间的借贷关系。反向抵押贷款中的借贷关系在借贷主体、借款金额、还款方式等方面都有其特殊性，可以构成单独的一类合同关系，建议在合同法中予以确认。

(二)通过物权法及担保法调整反向抵押贷款中的抵押关系

反向抵押贷款中的抵押权，是反向抵押贷款法律关系中最重要的权利，它的成立与实现是反向抵押贷款业务开展的关键。但这种"抵押"又是一种特殊抵押，既有抵押的一般特征，又不同于现行法律上的任何特殊抵押。根据物权法定的原则，没有得到法律认可的物权不具有合法性，这给反向抵押贷款的正常开展造成了障碍。因此，应该通过物权法和担保法对反向抵押贷款中的"抵押"予以确认，明确其合法性。通过公司法等法律规范反向抵押贷款的市场主体完善现有的《商业银行法》、《保险法》、《证券法》和《公司法》，对反向抵押贷款的市场主体进行规定，明确各类市场主体的资格条件、权利义务等。

通过规章明确反向抵押贷款的市场运行规则，银监会等部门可以制定《反向抵押贷款管理办法》，对贷款的操作程序、市场准入和退出机制、风险控制等作出规定。同时要注意与《商业银行法》、《保险法》、《证券法》和《公司法》等相关法律有所衔接，避免发生冲突而难以执行。通过法律法规明确政府有关部门对反向抵押贷款的监管职责，具体包括制定和完善反向抵押贷款的政策和法规、监管反向抵押贷款市场、提供反向抵押贷款的配套服务以及担保反向抵押贷款的额外风险。

(三)反向抵押贷款的业务实现

普通抵押贷款的还贷期限，是借贷双方事先约定并在贷款合同中明确列示并按约实施的。即使会有提前还贷或推迟还贷事项发生，也属较少。反向抵押贷款实现的时期一般为借款人死亡或是夫妻双方为借款人时，当最后一名配偶死亡时，显然在事先无法预知具体事件发生的时间条件。

反向抵押贷款合同中会订立一些"特殊"条款，即某些特殊情况下，即使贷款未到期，借款人仍需立即还款。这些"特殊"情况包括：借款人欠缴物业税；借款人不能正常保养维护该住房；

借款人没有为该住房购买火灾或其他保险;借款人将住房全部对外出租(若部分出租则应当允许);借款人容许其他非授权人占住该住房;借款人将住宅房改成商业用房;借款人将住房办理再抵押;借款人放弃及捐赠该住房于他人;借款人出现的其他危害反向抵押贷款权人作为房产第一优先权人地位的行为等。

反向抵押贷款本质上是一种特殊按揭行为,在贷款行为实现的方式上与一般按揭制度的实现方式相同。美国是邦联制国家,各州法律存在着差异,全美没有统一的实现方式。

(四)化解"长寿风险"的制度设计

在约定固定贷款期限的反向抵押贷款合同中,如合同到期借款人仍未死亡,而贷款机构为了正常收回贷款,可能会把借款人逐出房屋,并期望将该抵押房产出卖以获得清偿。鉴于借款人都是年事已高的老年人,他们的流离失所将会导致严重的社会问题。在这种行为发生时,如让借款人继续居住在抵押房产里,贷款机构的债权不能及时获得清偿,对贷款机构是不公平的,会严重挫伤潜在贷款机构进入贷款市场的积极性,导致该市场的萎缩。这就需要做好对这部分老年人的恰当安置。

在没有约定固定贷款期限的反向抵押贷款合同中,如果借款人的寿命足够长,很有可能会使房产的最后市值低于贷款总额,由于反向抵押贷款的无追索性,贷款机构将面临着贷款总额和房产市值的差额损失的风险。如何化解这种"长寿风险",是反向抵押贷款制度设计的一个重要的问题。

"证券化你的梦"是美国家喻户晓的一个广告语。资产证券化通常是指将缺乏流动性的资产,转换为在金融市场上可以出售的证券的行为。资产证券化就是指将存在的具有稳定未来现金流的非证券化资产集中起来,进行重新组合,据此发行证券的过程和技术。由于资产证券化可以有效地把信用风险转换为市场风险,使风险得以分散,降低了风险累积的可能性。因此,它在化解金融风险方面具有重要的作用。1979 年美国国民抵押贷款协会以住房抵押贷款证券化首开资产证券化之先河。解决此类问题,美国人理所当然地想到了将反向抵押贷款证券化(MBS)在二级市场上出售。在二级市场上的买家主要为 Fannie Mae 和 Freddie Mac。当贷款机构不能及时收回贷款或面临"长寿风险"时,其损失将由二级市场上的买家承担。

四、我国建立反向抵押贷款制度的法律问题

(一)立法模式与立法原则

在立法模式上,我们有合并立法及单独立法模式的选择。合并立法模式是指在相关法律中对反向抵押贷款的条文作出规定,反向抵押贷款依其内容可纳入到房地产法的调整范围,但鉴于我国《城市房地产管理法》刚做了修改,除此之外我国尚未有一部完整的房地产法,因此,反向抵押贷款的立法不建议采取合并立法模式。本文认为应对反向抵押贷款实行单独立法模式,由商业银行的监管机构——银行业监督管理委员会,制定一部单独的《住房反向抵押贷款管理办法》。之所以先以"办法"的形式进行立法,首先是我国对反向抵押贷款有关法律研究还不是很充分,且实践经验不足,不宜贸然将反向抵押贷款制度上升到基本法律的层次。其次,以"办法"的形式进行反向抵押贷款的立法,具有灵活性高、适应性强的优点,能根据反向抵押贷款的实际运行情况迅速进行调整,而且更具有针对性,为反向抵押贷款的具体问题作出明确细致的规定,提供了可

能性。

（二）立法原则

反向抵押贷款的立法应在"优先保障老年人权益"的原则指导下进行。

作为反向抵押贷款法律关系两个基本主体——借款人与贷款机构，不可避免会存在一定的利益冲突。从本质属性上讲，利益是社会主体的需要在一定条件下的具体转化形式，表现为社会主体对客体的一种主动关系，构成了人们行为的内在动力。借款人与贷款机构的利益冲突，主要是二者都会追求自身利益的最大化。对借款人来说，自身利益的需要是实现住房抵押价值的最大化，争取到更多的贷款额保障自己的晚年生活，尽可能地避免反向抵押贷款对自身的风险。贷款机构的利益最大化，则是要尽可能地减少自己的风险，同时争取更多的经济利益。

反向抵押贷款关乎老年人的基本生存保障权，体现的是一种基本人权。反向抵押贷款立法时应确定"优先保护老年人权益"的原则，这一原则要求在反向抵押贷款法律制度中应体现借款人与贷款机构的风险分担上，倾向于让贷款机构分担更多风险。贷款机构有资金及运作经验的优势，抵御风险的能力显然要大于老年人，在风险分担上，贷款机构相对老年人更能凭借其优势化解、转嫁反向抵押贷款的风险。对此，我们应借鉴国外反向抵押贷款制度的"无追索权"条款。根据这一条款，即使借款人所借本金加上利息已经超过了抵押房产变现的价值，需要偿还给贷款机构的金额也以房屋价值为限，贷款机构不得要求以借款人的其他财产清偿借款。"无追索权"条款化解了老年人面临的最主要的风险，保证了老年人不必担心贷款额超过房屋售价时他们会被迫从房屋中搬离，或者他们的其他资产被用于偿还超过部分以致不能留给继承人。

（三）本土化原则

刘倩和雷振斌的《反向抵押贷款的推行与法律的社会控制》一文，指出：心理法学派的大师塔尔德认为，社会现象主要有模仿、对立、适应或发明等形式。社会就是人们相互模仿的一个群体，当一个发明或创新被其他人重演或模仿时，可能会出现模仿的浪潮，从而由远及近，推向整个社会。法律规范作为社会中的一种特殊现象，同样存在着一个发明、模仿和冲突的过程。法律规范中所体现的观念或行为方式，就是群体中优秀的个体在社会冲突中为了适应社会生活而发明的。法律规范建立在人们相互模仿而形成的服从心理的基础上。法律规范所确立的行为模式的实现过程中，也存在着模仿的规律。简言之，法律规范所确定的行为方式必须和当时的社会发展水平相一致，才会被人们竞相模仿。与社会发展水平不相适宜的法律规范就不会被适用，发挥不了预期的效果。

制定关于反向抵押的配套法律和政策时，要有效地考虑本土文化及行为方式的问题，并结合当前我国的经济发展实际，这是形成模仿效应的基础。只要反向抵押的制度设计和相关法律政策调试得当，在模仿效应的作用下，反向抵押必将有着广阔的发展前景。美国的反向抵押贷款也不是一蹴而就获得成功的，是经历了多年的市场调试和法律政策调整配套的过程。事实上，任何产品的推出都需要一个市场消化和调整的过程。美国自 1989 年推出反向抵押贷款，至 2000 年，该产品发展一直非常缓慢。但从 2000 年至今，该产品开始以年均 100% 的增速发展，除了市场本身的原因，配套政策法规的调整起到了重要的推动作用。

（四）强化对反向抵押贷款的监管

为了确保反向抵押贷款制度的安全有效运行，由专门的国家部门对反向抵押贷款业务进行监管，这是必要的。老年人一般缺乏足够的金融知识，无法对反向抵押贷款作出全面准确的判断,很容易被误导,立法中必须强化政府有关部门对反向抵押贷款的监管。

1.建立信息披露制度

为了充分保护老年人的权益,使得老年人对反向抵押贷款在全面了解的前提下权衡利弊,监管机构应责成咨询机构及贷款机构向老年人如实披露以下信息:反向抵押贷款的申请条件,抵押房屋条件,借款人的权利义务,反向抵押贷款的贷款额度、利率、费用及成本负担,反向抵押贷款的结束条件,无追索权条款等。而且上述信息的获得,应作为反向抵押贷款合同签订的必要前置程序,并在合同中予以声明。

2.对反向抵押贷款风险的监管

对反向抵押贷款风险的监管,关系到贷款机构的运营安全及老年人权益的保障。在反向抵押贷款业务运作中,无追索权条款使得大部分风险转嫁给贷款机构,对反向抵押贷款风险的控制和监管,主要是针对贷款机构风险的控制和监管。反向抵押贷款运营中因其时间较长而且期限不固定,会使得贷款机构承担诸多风险,如利率风险、长寿风险、房屋价格波动风险、道德风险等。对反向抵押贷款中机构运营的风险,监管机构应采取商业银行监管的最低资本充足率、贷款保险、内部信用评级体系等措施化解和防范。

3.对反向抵押贷款合同的监管

合同在反向抵押贷款中具有重要地位,反向抵押贷款合同标的额大,履行时间长,专业性强,程序复杂,牵扯面广,合同双方地位不平等,特别是对履行过程中的道德风险更难加以法律规制。因此,政府应当对反向抵押贷款合同实行严格管理。反向抵押贷款合同大多为格式合同,为了平衡借贷双方的利益冲突,政府的监管尤为重要。对此类格式合同,一般应在贷款机构制定后,交由监管机构审核甚至完全由监管机构拟订,在当事人双方利益冲突时侧重于保护借款人的利益;在合同条款发生争议时,要作出有利于借款方的解释。以通过对贷款合同的严格管理,加强对反向抵押贷款市场的监控,控制风险,保证反向抵押贷款运行过程的安全。

(五)反向抵押贷款制度与现行有关制度的冲突

最低生活保障制度是社会保障体系中社会救助制度的组成部分,被喻为维护社会稳定、保障人民基本生活的最后一道防护网。未被其他保障制度所覆盖或保障不足的人员,以家庭为单位,只要人均收入低于最低标准,就可以领取足以维持基本生活的补助。反向抵押贷款制度是最低生活保障制度的补充,能弥补最低生活保障制度保障力度偏低的问题。但在一定程度上,反向抵押贷款制度与最低生活保障制度也会出现冲突。

我国现行的调整最低生活保障制度的法律法规,主要是国务院颁布的《城市居民最低生活保障条例》,该条例虽然没有明确规定哪些人群不适用最低生活保障制度,但规定各地方人民政府可以根据各自的经济发展水平制定最低生活保障办法。笔者考察了北京市、天津市、南京市、厦门市等各地方政府制定的最低生活保障办法,这些办法几乎无一例外都将处置家庭财产所得的收益,列入家庭收入。

根据《城市居民最低生活保障条例》的规定,只有共同生活的家庭成员人均收入低于当地城市居民最低生活保障标准的,才能获得最低生活保障提供的救助。对一些由于福利住房制度或其他原因拥有自己住房,同时也享受低保补助的人来说,如果该房屋参与了反向抵押贷款,并因此带来的现金收入状况突破了最低生活保障标准的限制,这部分老年人是否能继续享有最低生活保障呢?本文认为,如果因参与反向抵押贷款业务获取收入,突破了最低生活保障的标准,则老年人不宜再获得救助。老年人作为弱势群体,虽然需要国家及社会给予关注、保障,但最低生活保障的范围不仅仅局限于老年人,社会上还有其他更急切、更需要救助的人群。最低生活保障的目的,在于为贫困人口提供救济,是遵循保障城市居民基本生活的原则,但这种救济具有临时性,如果老年人能通过自己的资产安排,将房屋进行反向抵押贷款,使得自己的收入增加,能维持一个相对较高的生活水平,再对这些老年人以发放现金补贴的形式进行救助,则违背了最低生活保障制度设立的初衷,也有违社会公平,国家应把有限的财力用于其他更需要救助的贫困人群。

五、其他法律中适当修改或添加反向抵押贷款的有关内容

现行《保险法》第106条第1款、第2款规定:"保险公司的资金运用必须稳健,遵循安全性原则,并保证资产的保值增值。保险公司的资金运用,限于在银行存款,买卖政府债券、金融债券和国务院规定的其他资金运用形式……"反向抵押贷款需要保险公司等机构的介入,涉及保险资金投资普通房产问题,房地产市场因其存在一定的商业风险故为相关法律限制投资的领域,因此,对相关法律进行调整,扫除保险公司参与反向抵押贷款的障碍,保险公司在其中的主体性才能更加充分地发挥。

(一)住宅用地使用权允准收回的情形

《城市房地产管理法》严格限制政府可以收回住宅用地使用权的情形,打破了70年的使用权限制,以续订出让合同为原则,维护土地使用权人的利益。2007年3月16日,十届全国人大五次会议审议通过并施行的《中华人民共和国物权法》规定:"住宅建设用地使用权期间届满的,自动续期。"由此可见,打破70年的使用权限制是与物权法相符合的。针对根据公共利益需要收回土地的规定,要明确界定"公共利益"的范围和定义,防止对公共利益的滥用。在确实涉及公共利益时,也应当举行权利波及人的听证程序,并将听证结果落到实处,不能只听证不执行。针对为旧城区改造而收回土地使用权的,更应当有所规制,防止政府以城市规划建设为名,行攫取土地收益之实。随意拆迁改造,搞形象工程,大发土地财,损害土地使用权人的利益。

(二)在民事诉讼法中增加有关反向抵押贷款的程序性规定

民事诉讼法是权利救济的法律,救济应当先于权利。反向抵押贷款涉及的机构较多,之间的争议也相对较为复杂和难以预料。除遵循民事诉讼法的一般原则和规则外,民事诉讼法需要增加有关反向抵押贷款的一些特别规定。

首先是管辖法院的确定。反向抵押贷款涉及不动产,当事人发生纠纷后应当适用合同管辖的相关规定,还是不动产专属管辖的规定呢,是个容易产生争议的问题。本文认为,在管辖上应该区别情况而定。如果纠纷是与不动产有关的原因而产生,就属于是不动产纠纷,应当由不动产所在地的法院专属管辖。因为不动产为双方争议的焦点,由不动产所在地法院管辖方便取证,符合专属管辖规定的精神。如果纠纷是由于其他原因而产生,不是以不动产为争议焦点的,那么就应当属于合同管辖范围。当事人可以约定管辖法院,没有约定的,可以适用法定管辖即被告人住所地或者合同履行地的法院管辖。

其次是举证责任分配。一般情况下是"谁主张谁举证"。但反向抵押贷款的借款人多是上了年纪的老年人,面对的又是强势的金融机构,因此在举证责任上可以本着方便借款人举证的原则,以对他们的权利予以更好地救济。譬如,如借款人起诉贷款机构没有按期支付贷款,就应当是举证责任倒置,由贷款机构提供其付款的凭证。如果贷款机构真的没有付款的话,借款人无法为贷款机构的不作为举证。如果借款人认为贷款机构聘请的房产评估机构不具有合法资格,也

应当由贷款机构举证,证明房产评估机构资质的合格性。

再次是诉讼当事人。原告方一般应是办理反向抵押贷款的老年房主,如果纠纷产生于房主去世后,房主的继承人具有当事人地位,可以自己的名义直接起诉。

(三)建议制定《反向抵押贷款保险法》

由于反向抵押贷款参与机构的特殊性,使得该机构的保险不同于《保险法》所规定的财产保险和人身保险。《保险法》的很多规定都无法直接适用于反向抵押贷款的保险,需要专门订立一部规制这种保险品种的法律——《反向抵押贷款保险法》,对反向抵押贷款保险作出更加明确和具体的规定。这里重点阐述《反向抵押贷款保险法》对《保险法》的突破之处。

首先,应当将反向抵押贷款保险尤其是人寿保险列为强制保险的范畴。《保险法》第11条第2款规定:"除法律、行政法规规定必须保险的以外,保险公司和其他单位不得强制他人订立保险合同。"由此可见,《保险法》的宗旨是自愿投保为原则,强制投保为例外。但反向抵押贷款的运作周期长,贷款额度大、风险难以预料,对金融资金的稳定有较大影响。而人的寿命又是很难精确预测的,应当对其投保予以强制性规定。

其次,在财产保险中引入受益人的概念。与一般财产保险的标的物只对投保人具有保险利益不同,反向抵押贷款的标的物涉及借款方和贷款机构双方的利益,标的物的所有权最后都是要转归于贷款机构的。而在标的物出险前,机构已经付给房主部分贷款额,如果不赋予银行以保险金直接请求权,而是等待老年房主先请求保险公司赔偿再转付给银行,既有失效率也可能导致银行无法完全受偿。

再次,设立保证保险条款。保证保险是保险法上没有规定的一个险种。而它在按揭保险中已经存在,并被实践证明是一种可行的保险品种。但在立法上仍没有有关保证保险的规定,应当在《反向抵押贷款保险法》中对保证保险予以具体规定,包括它的定义、设立条件、保险合同各方当事人的权利义务、保险事故的界定以及保险各方的法律责任等。

最后,人寿保险合同主要以老年房主的寿命为保险标的,并且是以老年房主的寿命超过贷款初期的预期寿命的事实作为保险事故的发生,由保险公司负责支付房主超过预期寿命年限以后的养老金。这也是与一般人寿保险的不同之处。

(四)尽快研究制定并颁布《住房反向抵押贷款条例》

北京市农业局的范子文博士承接北京市社会科学规划课题,撰写了《发展反向抵押贷款实现以房养老的对策建议》,政策建议认为:反向抵押贷款的实施,涉及银行、保险、资产评估、社会养老保障等诸多方面,远比传统的抵押贷款复杂得多。国外的经验表明,反向抵押贷款的健康发展,离不开相关法规的保障,要有一套法律法规及程序来规范市场参与各方的行为。为少走弯路,中国从这项业务开展之初就要立法规范、立章建制。

(1)在资产评估环节,对住房反向抵押贷款的房产评估和流通、住房反向抵押贷款的操作程序、金融机构的权利与责任、申请人的资格、双方的权利与义务、监督管理等内容予以规定。根据国家已颁布的《城市房地产管理法》等法律,尽快研究制定符合我国国情的房地产评估管理方面的相关立法,使反向抵押贷款运作中的房地产评估环节更加规范化、程序化、法制化。

(2)在住房保险环节,为切实控制借贷双方的风险,应结合发展反向抵押贷款的实际需要,研究制订涵盖住房价值保险、房主人寿保险、借贷合同履约保证保险的住房抵押贷款保险法规,以尽可能地降低借贷双方的预期风险和成本,调动双方的参与积极性。

(3)在土地使用权出让环节,应在坚持国有土地使用权70年不变的前提下,改革土地租赁制度,研究将现行的土地出让金一次性收缴改为由住户按年缴纳的管理办法,以降低土地租赁部分的成本,同时对 70 年到期后住宅用地的使用与管理问题予以明确,以消除贷款机构关于此方面的顾虑。

(4)在反向抵押贷款的发放与回收环节,应保证借款人按时收到足额的贷款,同时当借款人去世后,也能保证房产能顺利归属到贷款机构手中。建议尽快研究制定并颁布《反向抵押贷款条例》,对反向抵押贷款的操作程序,金融机构的权利与责任,申请人的资格、权利与义务,业务开办机构的监督管理等内容予以规定。同时,应组织有关人员对老年人收入、住房面积进行调查,对市场需求进行深入研究分析,尤其要对中国目前面临的特殊矛盾进行调研,找出切实可行的解决办法。在成本收益规律的"无形的手"的作用下,也能受到政府法规这一"有形的手"的调整,优势互补、风险共担,从而将反向抵押贷款的贷放与收回真正纳入法制轨道,反向抵押贷款的发放与回收也因此而更具合理性。

反向抵押贷款合同的设计

李　笑　柴效武

摘要：合同设计是反向抵押贷款业务推行的关键。本文从法律角度分析了反向抵押贷款合同的涵义、法律性质、当事人、权利义务等内容，以期对反向抵押贷款的推行提供一定的参考意义。

一、反向抵押贷款合同的法律性质

（一）反向抵押贷款合同的涵义

合同是在商品经济活动中，为促进交易而产生的一种法律形式。美国《合同法》对合同作出这样的定义："所谓契约，是这样一个或者一系列许诺，法律对于契约的不履行给予救济，或者在一定意义上承认契约的履行义务。"在市场经济条件下，信贷制度日渐发达，交易形式的复杂性趋势，使得道德约束的力量已无法有效保证交易安全而更需要以法律的锁链来加以拘束，那么合同就是法律锁链能发挥作用的凭证。正因为如此，合同可以说是交易的起点。在反向抵押贷款中，贷款机构付出了大笔贷款换来的只是一纸合同，老房主安身立命的房子与金融机构交易得到的结果，也只是一纸合同。所以，合同的完备、清晰、无争议和具有可操作性，就显得尤为重要。构建反向抵押贷款制度的首要任务，就是订立一个能够充分保护双方当事人合法权益的贷款合同。

（二）反向抵押贷款合同是非典型合同

反向抵押贷款合同是法律法规尚未特别规定的，未赋予一定名称的无名合同。它适用的法律可以参照与之有一定联系的有名合同的规定。按照合同法的有关法理，非典型合同发展到具有成熟性和典型性程度后，应当立法加以具体规范。反向抵押贷款对我国应对老龄化具有重要意义，而业务操作又具有相当程度的风险，应在反向抵押贷款出现之初就给予合同法的规制。如果在大规模推行之前就能立法对其明确规范，将对减少纠纷和风险大有裨益。"非典型合同产生以后，经过一定的发展阶段，具有成熟性和典型性后，合同立法应当适时地规范，使之成为典型合同。在这种意义上说，合同法的历史是非典型性合同不断变成典型合同的过程。"

（三）反向抵押贷款合同是双务合同

反向抵押贷款合同的双方当事人互相承担给付的义务，且二者的义务也就是对方应享有的对应权利。借款方的主要权利是定期收款，并承担到期交房的义务，贷款机构的主要权利是到期收房，并承担定期足额付款的义务。借贷双方还负有一些附带义务，如借款人应当对房屋尽到善管和维护的义务，贷款机构应当聘请客观公正的评估机构对相关事宜予以评估。

既然是双务合同，又是具有一定履行顺序的双务合同，双方当事人应当享有一些法定的抗辩权。对于借款人来说，由于他是后履行主要义务的一方，因此享有先履行抗辩权，在贷款机构未定期付款履行义务之前,借款人有权拒绝履行其交付房屋的义务。而负有先履行义务的贷款机构则享有不安抗辩权,该抗辩权行使的条件,就是贷款机构有证据证明后给付义务的借款人有丧失或可能丧失履行债务能力的情况,如在借款人对房屋的破坏性保管,或者将房屋另行抵押、转让而有碍贷款机构取得房屋所有权等情形出现时,贷款机构可以行使不安抗辩权,中止付款。在贷款机构行使不安抗辩权时,应当及时通知借款人,该通知应当包括中止履行的意思表示,同时要求借款人提供足额担保的合理期限。

(四)反向抵押贷款合同是有偿合同

反向抵押贷款合同的当事人双方取得权益,都应当以付出相应代价为条件,因此是有偿合同。之所以要特别强调反向抵押贷款合同的有偿性,主要是因为有偿合同的债务人所负担的注意义务比无偿合同要高。在反向抵押贷款合同中,借款人具有妥善保管和维护住房的义务。如果因为借款人的故意而导致房屋价值严重减少的话,将由其承担相应的赔偿责任或减少相当于房屋减损价值的贷款额。

(五)反向抵押贷款合同是要式合同

英国著名合同法学者柯宾指出:"要式合同是指这样一种合同:其法律效果依赖于它的做成形式或表示方式,而不依赖于交换中给付的充分对价,也不依赖于信赖它的受要约人的任何地位变化。"反向抵押贷款合同的标的是房屋,价值较高,且期限较长,应当将其比照我国已有的房屋买卖或不动产抵押相关规定来设定合同成立生效的条件。首先,合同必须以书面形式订立,以保证交易的稳定性和安全性。其次,凡是办理过反向抵押贷款的房屋,都应当在房屋产权部门登记备案,保障反向抵押贷款交易的外部安全。登记在房屋买卖合同和房屋抵押合同中的效力是不同的。房屋买卖以登记为合同对抗要件,而在抵押合同中,登记为合同生效条件,未经登记不产生抵押的效力。那么在反向抵押贷款合同中,登记应当是合同生效要件还是对抗要件呢?本文认为登记应当为合同的生效要件:一是因为反向抵押贷款在我国处于刚刚起步阶段,严格手续可以引导其向正确方向发展;二是登记具有公示的作用,可以更有效地防止房主或其他人以房屋抵押或提供其他担保,产生其他优先权,妨碍贷款机构债权的实现。除了登记以外,还可以选择对反向抵押贷款合同由专门的公证机构予以公证,同样能够起到公示公信的作用。

(六)反向抵押贷款合同可以设定成格式合同

签订反向抵押贷款合同的都是老年人,通常没有太多的法律知识和风险防范的意识,贷款机构应当以更加清晰明了的方式提示对方注意。签订合同的过程中,如果要他们与贷款机构谈判并明确权利义务关系的话,不利于对他们的合法权益的有效保护。本文认为可以以格式合同的形式确定反向抵押贷款合同当事人的主要权利义务内容,由贷款机构本着诚实信用的原则,并严格依照法律拟定出主要合同条款。具体到个案中,还可以由当事人依情况再签订一些补充协议。

既然是格式合同,拟定合同的一方当事人在合同签订前,应当对合同中出现的一些免除自己责任或限制对方权利的条款,给予对方合理的提示和说明。在格式合同条款的理解出现争议后,需要进行解释时,需要严格按照法律规定的程序来处理,先按照一般人惯常的理解为依据进行解释。如果有两种以上解释的话,应当根据不利解释规则作出不利于格式合同提供者的解释。而且格式条款和非格式条款不一致的,应当采用非格式条款。

(七)反向抵押贷款合同是无追索权合同

所谓的无追索权是指,在借贷双方都严格遵守约定的前提下,如果房产价值在反向抵押贷款期间内由于非双方当事人过错的原因而迅速贬值，并且到合同到期，房屋价值仍低于预计价值，贷款机构不得自行减少对借款人的贷款额，而是仍然要按照约定的款额定期支付给老年房主，并且也不能要求借款人或其继承人以除住房外的其他资产予以补偿。反过来，如果因为自然原因或意外原因使反向抵押贷款合同终止或者提前终止的话，按照房屋市价折算后的款项抵偿贷款机构所支付贷款本金及利息后仍有剩余时，将返还给借款人或由其继承人合法继承。因此，无追索主要是贷款机构的无追索，对借款人而言仍然是有追索的。

二、反向抵押贷款合同的当事人

(一)保险主体

反向抵押贷款合同的当事人应当包括两方，一方是拥有房屋的老年房主，可称为借款人或借款方。国外申请反向抵押贷款的老年房主的年龄，大多是 60 周岁或 62 周岁以上，房主的年龄直接决定着对其寿命年限和房屋未来价值估计的准确程度。鉴于我国的反向抵押贷款尚处于起步和探索阶段，申请人的年龄以 65 周岁左右为宜。年龄太轻不利于对房主寿命和房价估计的准确性，太高则对老年人的晚年生活起不到太大保障作用。反向抵押贷款的另一方当事人即贷款机构的确定，在学界有一些争议，我们认为应以银行和保险公司为主办机构为宜。

这里首先对参与反向抵押贷款保险品种的保险机构和老年人，进行较深刻的资格限定，如两者在此保险业务开办中的权责利关系，哪些保险机构和老年人可以参与这一保险品种等。保险主体一般表现为保险人、投保人、被保险人和受益人，保险人是开办反向抵押贷款业务的保险公司。反向抵押贷款的险种是老年人同房产自我参保、自我养老，故投保人、被保险人和受益人，在这里应当视同一体，其间并无确切区分。老年夫妻同时健在的情况下，投保人和受益人应当是双方共同签约，共同受益。

(二)被保险人和受益人

按照新《保险法》[①]规定，"被保险人是指其财产或者人身受保险合同保障，享有保险金请求权的人，投保人可以为被保险人"；"受益人是指人身保险合同中由被保险人或投保人指定的享有保险金请求权的人，投保人、被保险人可以为受益人"。在反向抵押贷款合同中，被保险人与受益人，在多数情况下应当是指同一人。但当被保险人在约定的保险期间提前死亡，而保险金的给付又有较大不足时，可以将其行使保险金请求的权利事先让渡给受益人。如此做法可使被保险人的家属或其他利益关系人，不致因被保险人死亡而遭受经济上的损失。如某老人签约房产寿险合同，并将住房的产权转让给保险公司，预期存活余命为 16 年，并以此为标准每月计算给付养老金，但在履约 9 年后，该老人已死亡，尚余很多的保险利益未得到领取。此时，可以按照保险公司与被保险人的约定，将剩余的保险利益转让给该老人的家属。

(三)被保险人与投保人

在反向抵押贷款养老合同中，被保险人与投保人两者应当是合为一体，投保人也就是被保险

---

① 新《保险法》自 2009 年 10 月 1 日起施行，和 2002 年版保险法相比，新修订的保险法新增了 29 条。新保险法增设保险合同不可抗辩规则、明确被保险财产发生转让时的理赔争议、规范保险公司理赔程序和时限这三大条款，维护了广大投保人的利益，规范保险人提供保险条款内容。

人,只有拥有独立房屋产权的老年人,才有权利将拥有的住房产权投保于保险公司,其他各类人员或关联单位,如投保人的亲属、子女或其工作单位等,都无此资格。所以,这里的投保人也就是被保险人,大多数的情况下还为此保险事项的受益人。在反向抵押贷款业务中,需对投保人的资格给予相应的限定:(1)拥有独立产权的房屋;(2)该住房的现时价值应不低于某一标准;(3)该住房的房龄不超过一定期限;(4)该住房所处地段是城市规划后修建的,不在城市规划拆迁之列;(5)投保人的年龄不低于 65 岁;(6)投保人的意思表示真实等(曹晓琳、杨琦,2008)。

三、反向抵押贷款合同的制度设计

根据我国《保险法》第 18 条规定,保险合同应包括的事项有:①保险人名称和住所;②投保人、被保险人名称和住所,以及人身保险的受益人的名称和住所;③保险标的;④保险责任和责任免除;⑤保险期间和保险责任开始时间;⑥保险金额;⑦保险费以及支付办法;⑧保险金赔偿与给付办法;⑨保险责任和争议处理;⑩订立合同的年、月、日。

(一)保险标的

保险标的是指作为保险对象的财产及其有关利益或者人的寿命和身体。在反向抵押贷款合同中,保险标的既是指被保险人的寿命,又是指被保险人拥有的作为保险客体的住房价值。

住房价值是指对作为保险标的的住宅,用货币评估作价的价值总额。这一价值额度需经有资格的独立的权威房产评估机构给予评估认证。但在房产寿险合同中,这一保险价值难以确定。它可以是指保险合同签订,保险责任开始履行当时的住房评估价值,也可以是指保险合同执行,保险责任履约期间对住房再度评估确认的价值,还可以是指保险合同执行期满,保险责任解除(实质是指作为被保险人的老人已经死亡时),实际交付给保险公司的住房的价值。我们在这里可以设想按月给付的养老金,随着房产价值的变化而变化,最终价值由保险责任解除时实际交付给保险公司的房产价值确定。

(二)保险金额与给付

保险金额是保险人对被保险人承担损失赔偿或约定给付责任的最高限额,是保险费计算的依据。房产寿险合同的签约中,保险金额有其特殊含义。其内含的住房财产保险,应按有关财产保险的合同条款给予约定,其内含的寿险部分,则应按寿险合同的有关条款给予约定。

1.保险费以及支付办法

这是指投保人向保险人支付的费用,作为保险人按保险合同规定为被保险人提供经济保障的代价。但反向抵押贷款中的保费支付,同一般寿险的保费支付有较大不同。一般寿险业务是投保人于中青年时代,就开始持续稳定地按期缴纳等额的保费,是货币性年金形式的付出;反向抵押贷款则是投保人于老年退休时代,直接以住房为保险的手段,相当于投保人于保险合同开始时的一次性趸交保费。

2.保险金给付

这是指保险人对被保险人因发生保险事故所造成损失的赔偿,或对人寿养老保险事件给付保险金。反向抵押贷款中对投保的房屋财产保险在发生保险事故损失时要给予赔偿,对投保的反向抵押贷款则应按合同约定的方式给付寿险养老金。

(三)保险责任和责任免除

保险责任是指在保险合同中,明确规定保险人对于保险标的在约定保险事故或保险事件发生时所应承担的赔偿或保障责任。责任免除则是指保险标的的损失,在不属于保险责任范围内的风险事故所导致的结果,保险人在此状况下可以不承担赔偿或给付责任。反向抵押贷款合同同时涉及财产和寿险两个方面,故此,保险责任和责任免除事项应当是大致相似的。只是在被保险人的房屋在发生某些免除责任的损害事项,如不可抗拒的灾害发生损失时,保险公司应否给予一定的赔偿,还是将此救济责任全交由政府机构来承担,是需要予以考虑的。从制度规定而言,保险公司可以不承担此项已免除责任的赔偿。但对被保险人而言,则已丧失了其安身立命的根本。

保险责任开始的时间应当是保险合同签约的时间,从保险合同签订时起,保险责任就应当正式履行。保险责任开始的时间也称起保日,保险责任从起保日开始计算。保险期间是指保险合同的有效期,是从签约到被保险人最终死亡的时间为止,即保险合同从生效之日到终止日的时间,当然,这期间也可能发生某些除外事项。

(四)违约责任

这是指保险合同当事人一方违反合同而使另一方的权利受到侵害时,所应承担的法律责任。按《保险法》有关条款规定,保险人未及时履行给付保险金义务时,除支付保险金外,还应当承担被保险人或受益人因此受到的损失。房产寿险业务的开办中,对保险机构的资格给予特殊限定的原因,正是为了防范可能因保险机构的财力薄弱而导致的支付危机。当然,投保的老人也应按约履行合同,比如,投保伊始即将住房的产权证书直接转让给保险机构,并承诺放弃在相当时期里对该住房的各项支配权利等。

四、反向抵押贷款合同担保物的限制

简单地说,反向抵押贷款合同的担保物就是借款人的房产。由于有金融机构的参与,且金融机构操办业务的关键,是将所得到的房屋再行流转变现以弥补贷款额。为了保障金融业务的稳定,对办理反向抵押贷款的房产,应当本着方便流转的原则予以严格限定。

借款人应当对房屋享有明确、完整的所有权。根据我国《担保法》及其他有关法律的规定,凡是不依法开发建设的、权属不明的、流转受限制的或者权利不完整的房地产,都不能够设定抵押或者转让,具体包括:(1)所有权、使用权不明或者有争议的财产;(2)耕地、宅基地、自留地、自留山等集体所有的土地使用权,但法律允许抵押的除外;(3)依法被查封、扣押、监管的财产;(4)以出让方式取得土地使用权,但没有支付土地出让金,并取得土地使用权证书的;(5)与他人共有房地产,其他人不同意转让等。

法律法规之所以这样规定,是因为这些财产具有流转上的特殊性和不便性,不能保证债权人顺利实现抵押权。有鉴于此,这些房产不应当被用于反向抵押贷款。如果办理反向抵押贷款的房屋,已经先行设定了一个债权,贷款机构为了确保其债权的安全实现,一般会给予借款人两种选择:一是在订立反向抵押贷款合同之前,将设定在房屋之上的债务还清;二是在合同上约定,将反向抵押贷款取得的第一笔现金,用于完全偿还已存在于房屋上的旧债。借款人可以根据自己的情况选择债务偿还方式。

五、反向抵押贷款合同的生效

(一)反向抵押贷款合同的生效

反向抵押贷款是以房地产抵押为运行基础的,应遵从房地产抵押的规则,因此同房地产抵押权的设定一样,反向抵押贷款权的设定应包含两个基本要件:一是签订反向抵押贷款合同;二是办理反向抵押贷款登记。

反向抵押贷款合同是借款人与贷款机构之间达成的设立反向抵押贷款的合意,而且该合意须采用书面形式。应以房地产抵押制度为基础构建我国的反向抵押贷款制度,在抵押合同的生效上,反向抵押贷款应遵从房地产抵押的有关规则。我国《担保法》规定,当事人以城市房地产设定抵押权的,应当办理抵押物登记,抵押合同自登记之日起生效。对该条规定学者有不同的观点,一种观点认为,抵押合同须以登记为生效要件;另一种观点则认为,房地产抵押合同应自成立之日起生效。笔者认为该条规定混淆了抵押合同生效和抵押权设定两大概念。抵押合同的签订,仅在当事人之间发生设定抵押权的权利义务,这一合同行为本身并未直接创设抵押权,而仅仅是抵押权产生的一个行为,该行为在当事人之间产生债的效力。关于抵押合同的生效时间,应适用我国《合同法》的规定,即在符合以下四个条件时生效:当事人有相应的缔约能力,意思表示真实,不违反强制性法律规范及公序良俗,标的确定和可能。

(二)反向抵押贷款权的生效

反向抵押贷款的设定,除了订立书面合同外,还必须到房地产登记部门办理房产抵押登记。根据物权变动的公示原则,物权变动须具备一定的外观形态始能发挥变动的效力,反向抵押贷款应遵从不动产公示的规定,以登记作为其公示方法,通过登记,将设定抵押权的事实公示于外部,使他人能够了解反向抵押贷款存在的事实,防止第三人因不知该事实而遭受不利后果。

六、反向抵押贷款合同的变更及修改

(一)反向抵押贷款合同的变更

反向抵押贷款业务的推行中,当保险公司和投保人之间已经签订了寿险合同,并开始执行之际,往往会因客观情形的改变,要求对已签订的合同给予若干调整。为方便投保人能更好地归还贷款,尤其是要使寿险合同更能符合实际情形,保险公司通常允许人们在寿险合同期限内对原合同约定的期限、还款方式和抵押物进行变更和调整。这种调整有利于防范风险,保护合同双方的合法权益,应当被允许。

合同变更的事项包括房屋价值的贬低或升高。一般情况下,为避免合同调整的麻烦,可以规定当房价增值减值的比率若未超过±10%,合同可不予调整。房价减值的比率超出 10% 时,即应当调减每期付给投保人的养老金额度。但如房价有较大比例的增值,是否应当调增每期付给投保人的养老金额度,则应予以慎重考虑,即使在调整增加时,也应持慎重态度,使养老金额度的贷放能有一定的余地。如投保人因继承、受赠或其他原因获得一笔款项,要求取消反向抵押贷款业务的申请时,保险公司也应给予批准(柴效武,2008)。但在业务开办期间发生的若干费用支出,则可要求投保人能支付一定的违约金。投保人也可能会出现房产置换等事项,使得新住房的各方面状况都同原住房有较大不同。这时可视为寿险合同因标的物变更而自行消失。若原老年房主仍然希望继续执行原寿险合同时,也应当根据新住房的状况更换新的寿险合同。

(二)合同条款的重新修订

在以房养老模式中,鉴于持续期长达10多年乃至更多,许多事项是在签订合约时无法预知的。那么,该寿险合同的签订并非一次定终身,而是可以根据情况的变化,对合约条款予以重新修订乃至完全解约。

反向抵押贷款合同的重新修订,可包括的内容有:(1)住房价值的重新评估;(2)对预期存活寿命的重新估计;(3)利率费率的变更,如每期养老金发放标准的修订等;(4)其他需要修订的内容(柴效武,2008)。

反向抵押贷款合同的解除,大致可包括以下几个方面:(1)父母与子女的意见相左,子女完全不同意本合同的执行,甚至因此影响到父母与子女关系的和谐;(2)夫妻之间的意见相左,另一方完全不同意本合约的执行。对这两种行为的防范,可考虑采取的办法有:

1.合同签订时,除当事者本人外,若老夫妻双方健在时,当事者应为老夫妻双方而非某一方。另外,当事者的儿女等直系亲属的签字同意也很必要。

2.合同当事者一方或双方都已死亡,房产也顺利交接于保险公司,该反向抵押贷款合同宣告解除。当然,此时还需要对整个事项组织全面的清算。如保险公司在整个合约期内付出款项的总和,目前收到房屋或变现后的实际价值,再考虑期间因时间性差异而引致的利息因素的计入,保险公司开办此项业务的成本费用开销等,最终计算出该业务的盈亏(对个别业务的单独计价与核算)。

3.该住房因拆除、城市规划设计等原因,合同标的物消失,此合同只能宣告解除。此时,应对保险公司已支付的养老金总额以及相关的本息、费用成本等进行清算,并商讨补偿办法。房产若系违规建造而被政府勒令拆除,房主是得不到任何补偿的,保险公司就面临着严重损失。若因城市规划设计的原因而导致住房拆除,国家是要给予补偿的,但又往往是补偿不足;因补偿不足造成的损失,同样需要考虑在保险公司和投保人之间分摊的问题。同时还需要考虑,住房拆除后,住户已搬迁到新的住房,原反向抵押贷款合同解除后,新的反向抵押贷款合同是否需要续签。

4.保险公司发生支付危机,难以持续经营,或停止开办此项业务。这种状况是大家不愿意看到的,事实上也不应当发生的。一般性的企业公司破产倒闭是司空见惯,不足为奇,破产倒闭的社会影响也很小,不值得给予过多关注。保险公司从设立伊始,就担负着房产养老保障的重担,将住房资产提前变现套现为金融资产,为老人筹措养老资金。保险公司倒闭,受影响最大的就是投保的老年人,因为他们的养老金收入将从此没有着落,形成一个巨大的社会问题。另外,保险公司已发放的巨额养老款,已收购的住房又应如何善后处理,都会引致一连串的社会反应。

七、反向抵押贷款合同的终止

(一)投保人死亡

反向抵押贷款合同与其他合同一样,应当列明合同执行的期限,并依合同办事,在合同期内按期由保险公司向投保人给付所约定的养老金,合同期满则依约由投保人归还养老金的累积本息,结清整个事项。但作为反向抵押贷款业务的合同,与其他贷款合同的区别在于,申请人都是年龄已达到一定年限的老年人。老年人的预期寿命是很难判定的,它可能短于合同年限或长于合同年限,很少会正好等于合同年限。所以,反向抵押贷款合同有关合同期限的规定,还应特别注明"投保人死亡期限与合同期限孰短"的条款。当合同期限未到,投保人已先行死亡之时,同样可认定为合同到期并终止养老金的继续给付,同时结清累积本息。

(二)合同期限已到而投保人仍旧健康存活

在固定期限合同状况下,当合同期限已满,而投保人仍健在时,应当采取何种措施,是反向抵押贷款业务推行中易于引起争议的问题之一。此时依照合同规定,该项合同已经到期就应宣告清结养老金本息。如计算该套房产的价值在结清养老金本息后尚有相当结余时,投保人可以继续同保险公司续签协议,将反向抵押贷款进行到底,也可持此款项选择其他更为适用的以房养老方式。最简单的办法就是选择住进养老院,或与子女共同居住,用这笔结余款颐养天年。

在防范风险和尽量留有余地的思想指导下,合同执行期限结束,该房产的价值应当是清偿保险公司给付的养老金总额后还有剩余,以留给该老年人应对未来的生活。为达到这一目标,需要在当初的合同签订及每期养老金的给付中,尽量留有余地,适度减少给付数额。这样可使保险公司的经营风险大大减弱,尽量避免被迫将投保老人"扫地出门"的局面发生。老年人的寿命延长应被认定是一件好事,而非是一项负担。这里最忌讳的就是该投保人仍健康存活,而房产的价值已全然消耗殆尽。这时老人的晚年生存就遇到相当问题,只有依靠政府的救济,保险公司也被迫处于一种难以抉择的两难境地。

美国最初开办反向抵押贷款业务时,设计有固定期限的贷款业务,目前,这类合同已经基本取消,而代之以不固定期限的反向抵押贷款业务。这就可以避免期间可能发生的老人"被迫被扫地出门"的现象出现了。

(三)投保人自愿提前偿清贷款累积利息,终止合同

投保人在参与反向抵押贷款业务并取得相关贷款后,因心生反悔、儿女家人反对或从其他处得到更好的经济来源或赡养途径,足以维持其晚年生活时,会提出终止寿险合同,要求提前清偿贷款本息,应属正当合理,此时的保险公司应予以支持并同意提前清偿结算。

应当说明的是,由于投保人的原因提前终止了贷款合同,保险公司围绕此项业务开办所需要做的大量前期性工作,如调查取证、咨询、房产评估、文书制作、客户管理等,就只能是付之东流,围绕这些工作所发生的种种费用,就应当由投保人给予补偿。所以,贷款合同应事先注明"投保人提前还款应收取相应的手续费"的条款。手续费收取的额度则需要把握:(1)保险公司开办此项业务的实际花费;(2)投保人违约应给予的适当罚款;(3)本项业务已执行的时期长短。这笔手续费或说违约金的收取,还会让投保人对决定是否参与这一业务持谨慎态度,至少是自己对有关条款已基本了解,对关键条款是全部搞清,对自己在业务开办后的应享权利和义务责任等已了然于胸,同时征得儿女家人对此事项的一致同意。

(四)投保人要求对已抵押房产做其他方式处理

投保人参与开办本项业务后,还可能因各种状况的发生,而对其他的房产处理方式发生浓厚兴趣。如将住房出售、转让、赠予他人,以取得所需要的钱款或对方承诺养老的保障等,从而对已经反向抵押于保险公司的房产再出售转让或赠予他人。另外,当已抵押住宅的市场价值已经出

现了大幅升值,而寿险合同的相关条款却对此没有相应规定,或投保人每期可领取的养老金却无任何增加,投保人就极可能感觉参与这一业务是"吃了大亏",从而提出反悔,并将该住房直接在市场上予以出售转让。这一行为自然是对保险公司利益的一大损害。

对投保人的这一行为,首先应当明确它违背了双方合同的最初约定,是对机构行为的一种侵权。保险公司可要求有关方面认定该行为的无效,或对此提起诉讼,但也可以网开一面,追认投保人这一行为的有效性,同时又要求投保人对自己的侵权行为给予相应的赔偿。还需要进一步说明的是,当抵押房产的价值并非升值而是大大贬值时,投保人显然不会这样做。这就在客观上造成了一种"逆向选择和道德危害"现象。保险机构开办这一业务,显然是危机重重,风险多多,但保险公司不能因此而终止合同,政府应当大力保障投保人的合法权益。

投保人这一反悔行为的出现,在整个长达十数年乃至数十年的贷期中,极有可能发生。保险公司必须对此做郑重对待,并在事先的合同条款制订中,尽量将各项条款制订得科学合理,反映现实。须知每期养老金给付金额的多少,直接影响到老年人晚年生活是否舒心适意。对该反悔行为的处理,则应尽量予以人性化处理。另外,此项业务面对的都是年过花甲的老年人,在某种情况下,老年人尤其是年届高迈、神志不清的老年人,无法用正常理由做解释的。

(五)投保人"改换门庭"

开办反向抵押贷款业务不可以采取高度垄断的做法,各家保险公司经办的反向抵押贷款业务不可能都呈现为同一种模式,而很可能是各具特色,五花八门。正是由于这种差异性,给老年人以相当大的选择权,在不同的业务开办机构举办的反向抵押贷款业务中作出最适合自己的选择。同时,给予各业务开办机构相互竞争优胜劣汰的大舞台。投保人若已经在某家保险公司投保了反向抵押贷款业务,但另一家保险公司提供的贷款业务的条款更为优惠,对自己更为合适。在这种情况下,投保人提出"改换门庭",也应认为是合理的。

作为业务开办机构而言,面对激烈的市场竞争,面对客户频频"跳槽"的态势,自己最需要做的就是如何改善服务,优化竞争的实力,并争取用较优惠的合同条款来吸引客户。但当客户提出要离开时,则也不能予以完全拒绝。至于是否说要收取违约金,则应予以相应考虑。

(六)保险公司要求对已经抵押房产作其他形式处理

开办反向抵押贷款业务是有较高风险的,将本贷款业务同一般住房抵押贷款相对比,更容易看出这一点。一般的住房抵押贷款,是随着时间推移和贷款额度的逐步归还,风险在逐渐递减。这对贷款银行而言是很合适的。时期越远,不确定性就越大,此时的风险减小就有很高的实际价值。反向抵押贷款业务则不同,一方面,随着时间的推后,贷款的总额度在不断增加,风险也在大大加大,尤其是在贷款的最后几年中,因贷款额度的不断递增,因此形成的利息累积也在逐年大幅上升,而限于这一贷款的特性,贷款本金在整个贷款期间是不予归还,贷款累积利息也同样不必偿还的。这一累积的幅度就会随着时间的推移而飞速上升。

另一方面,作为抵押物的住宅本身,随着时间的推移,住宅外观及内在实体都在迅速折旧,住宅价值在经历长期的升值之后,随着住宅实体的折旧而可能处于下跌的通道之中,贬损严重。尤其是反向抵押贷款业务的期限一般都比较长,至少是与投保人的预期存活寿命相契合。这时,按期发放的养老金所累积的本息,很可能一举超出该抵押住宅可变现的市场净值,即将该住宅在市场出售后得到的售房款项减除其间发生的费用和税金等后的净值。

保险公司为防范这一风险,就需要在贷款临近到期的年份,根据当时的可变现净值与贷款累积本息的余值对比后的净额所处的年份,给予必要的监控和防范措施,以求将贷款银行的风险降到最低。这些必要的措施包括：将老年人送到养老院养老，而把住房提前腾出来用于归还贷款的累积本息，并尽量给这些老年人一定的住房售后余值，使其居住养老院后也有必要的经济实力作为养老后盾；鼓励该老人提前从抵押的住宅中迁移，最好是同自己的子女居住一起，以减轻生活负担。

(七)抵押房产的价值缩水,已不足以清偿养老金累积本息

按照反向抵押贷款的条款设计，此时应当终止寿险合同，并由投保人用房产和其他资产来偿还养老金的累积本息。为避免房产价值不足清偿的现象发生，保险公司应当随时对投保人的房产价值和已发放养老金的累积本息给予经常性的比较分析。若因经济大环境不佳而引致的资产缩水，则是事先难以防范。对这种整体性的系统风险，应该寻找更好的防范措施。

值得予以借鉴的是，美国《联邦银行法》第6(h)款，《联邦不动产法》第280和280(a)款规定，在下列情况下可以终止宣告本项贷款业务终止：(1)出售、转让或赠送不动产的任何部分，不论是自愿、非自愿甚至法律所为；(2)抵押人死亡；(3)抵押人不再将此不动产作为其主要定居住所；(4)抵押者无力支付不动产税或者依照安全协议无法占有所有保险费；(5)如果抵押者无力付税或无法持有所需保险，贷款机构必须在10个工作日内研究此事，并向抵押人和第三方发出书面通知；(6)无力付税或无法保持所需保险不构成合同终止条款，除非贷款机构尽一切努力尽了应尽的义务；(7)抵押人自愿申请破产或在法庭的监督下和债权人达成协议；(8)抵押人无力维持抵押不动产的完整性。对于该贷款，如果适用的话，这些条款也可以终止反向抵押贷款。抵押人有义务尽快以书面形式向贷款机构陈述上述所列的发生事件。

(八)反向抵押贷款合同终止的善后性工作

反向抵押贷款合同的终止，可能还需要考虑某些善后性工作。比如，对已经无房又无钱的老年人的安置工作，可设想有如下方式进行安置。

(1)反向抵押贷款产品的制度要素设计中，应当是"适度留有余地"，以尽力使这类事项大幅度减少。

(2)由其子女给予扶持资助。赡养老人是子女的应尽义务，儿女们并不能因为已经不可能继承父母的房产，就把对父母的扶持赡养事项放置一边而不管不顾。

(3)政府公共福利的救助安置。这是对"无房、无钱、无儿女"的三无老人的特殊扶持。

(4)寿险公司特别扶持。继续对参与反向抵押贷款业务的老年人给与扶持措施，或同民政部门协商，给这些老年人某种特殊的安置办法，如由寿险公司出面建造养老基地，将这些老人安置到基地中养老，就是一个很好的办法。

八、对我国《合同法》立法建议

法国学者托尼威尔曾说过："侵权之债的规则主要起保护财富的作用，合同之债的规则作用则应具有创造财富的功能。"交易能够使社会资源得到最优化的配置，合法有效的合同是增加社会财富的一种方式。因此，反向抵押贷款合同质量的好坏，就成为该制度能否创造财富的重要因素。而我国调整合同关系的最主要的法律——《中华人民共和国合同法》自1999年施行以来，距离现在已有很多年了。在这些年中，我国的市场经济已经有了飞速发展，许多新型合同、无名合同像雨后春笋般涌现。对合同法的修订完善，就应当提上议事日程。

按照合同法的一般法理,对于无名合同,可以按照总则的规定处理,也可以参照与其有密切联系的有名合同的相关规定进行处理。反向抵押贷款合同具有很多自有的特点,与《合同法》规定的十几种有名合同的联系都非很紧密。如果反向抵押贷款制度能够在我国得到顺利推广,那么我国人口优势导致的需求量必将是非常巨大。而且开办反向抵押贷款参与的机构较多,涉及社会多方面的利益关系。本文认为我们有必要将反向抵押贷款合同以有名合同的形式在《合同法》中加以规定,以法律的形式为反向抵押贷款的开办铺设一个顺利、健康运行的轨道,让其在这个轨道中规范地运行。

反向抵押贷款及相关法规制定的思考①

柴效武　马云波

摘要： 本文探讨了《反向抵押贷款法》的法律位阶和主体结构，介绍了相关法律的主要内容，包括立法宗旨、依据、概念，包括反向抵押贷款的基本原则、主体、房屋登记、权利义务等，希望为我国制定相关法律提供一定的参考。

我国已经快速步入老龄化社会，老龄化的特征是未富先老，这给我国的养老保障事业带来了很大的压力。本文从介绍以房养老反向抵押贷款模式出发，提出了一套符合中国实际的制度安排，即安排设计的原则是"保本微利"，整个制度安排的核心机构是养老保障机构，配合加入商业银行、保险机构、房地产公司和相关政府监督部门和政策制定部门。各部门应发挥自身的优势，一同参与这一业务，根据各自的贡献分割利润和承担风险，以实现联合经营。

一、发展反向抵押贷款需要具备的环境条件

发展反向抵押贷款所需要具备的环境条件，包括如下方面。

1. 大量拥有完整住宅产权的老年业主，是反向抵押贷款产生的需求基础，即所谓的"货币穷人，房产富人"。借款者具备的基本条件：(1)合适的年龄，美国一般认为住房反向抵押贷款的合适年龄在70岁以上；(2)强烈的货币需求，反向抵押贷款是老人在退休金和其他货币来源远不能满足生活需求时才会使用的；(3)借款人要拥有完整的房屋产权；(4)房产必须达到一定价值。

2. 实力雄厚的贷款发放者，是反向抵押贷款发展的重要物质条件。开办反向抵押贷款业务的金融机构，必须具备充足的资金和良好的信誉。这是因为：(1)信誉良好、实力雄厚的公司机构才能设计出较为合理的程序、制度和兼顾各方利益的贷款品种；(2)从事住房反向抵押贷款的机构虽然可以借此获得一定的收益，但要承受贷款期限长、房产价值变化、老人预期寿命和利率的不稳定性、房屋损耗等一系列不可知风险，使得只有达到一定规模的机构，才能保证持续稳定地从事反向抵押贷款业务；(3)反向抵押贷款投资者只愿从有实力有信誉的机构手中购买产品。

3. 针对不同需求设计合理的抵押贷款品种，是市场正常运行的物质基础，其特点是种类繁多、证券化和标准化。反向抵押贷款证券化可以降低市场风险，符合条件的老人将自己所拥有的房屋所有权出让给证券化机构，机构向下游资金提供者发行债券融资，发行房产信托凭证，在证券交易所上市交易，完成反向抵押贷款的资产证券化。而对交易各方来说，标准化的抵押贷款品种，是降低交易成本、减少交易纠纷的有效保证。为此就需要对贷款数额、发起费用、利率水平、变动形式、适合人群、付款方式及保险状况等作出明确的规定。

4. 大量的反向抵押贷款的投资者，主要是指从放贷金融机构中购买反向抵押贷款，预期获得未来处置房产收益的投资者。反向抵押贷款投资者可以有效地缓解放贷机构的资金压力。放贷

---

① 马云波：反向抵押制度研究——从经济与法律层面分析[D].西南政法大学，2008.

机构开办反向抵押贷款业务后,收到了众多的房地产,每年要因此支付大量现金,使得这些资金出现凝固,直到十数年之后才可能收回早期投入的资金,导致当前定期的现金支付很可能遇到支付危机。投资者购买反向抵押贷款或证券,有效地分担了放贷机构的资金风险,同时也分享了反向抵押贷款的收益。

5. 遵循市场规律的房产经营者和活跃的现存房流通市场,是抵押房产的最终消化者。反向抵押贷款的标的——抵押房产最终是要流向现房流通市场,成熟和活跃的现存房流通市场是反向抵押贷款有效流转的终端保证。美国二手房市场非常活跃,二手房与新房成交量之比为6∶1,从而有力地推动了反向抵押贷款的迅速繁荣。

6. 经纪人是活跃市场,增加反向抵押贷款流动性的有效因素。业务熟练的经纪人可以有效简化交易程序,节约交易时间,减少交易双方的诉讼纠纷。

7. 发达的证券发行和流通市场,是反向抵押贷款有效实施的有力保证,为此就要建立反向抵押贷款证券发行和流通市场。它通过成熟的市场运作模式,可以作为交易者产权和资金的沉淀池,有效分散非系统性风险,活跃债券市场。发达的反向抵押贷款证券市场容易保证银行等放贷机构的资金来源,缓解银行的资金压力,增加金融机构对开办反向抵押贷款业务的信心。活跃的反向抵押证券市场,还可以增加贷款的流动性,保证投资者的投资能够随时变现,增加投资者的信心,从而吸引更多的资金流入市场。

8. 完善的市场监管体系是对借款人和投资人合法权益的有力保证。政府分管房地产和金融的职能部门应该建立投资审核制度、信息披露制度,公开审核程序和结果,增强业务透明度,以防止发生内幕交易等市场欺诈行为,便于社会公众监督。会计审计机构和房产评估机构要公正、公平、公开、高效执业,保证交易双方合法权益,减少交易双方信息屏蔽。

9. 国家政策的支持是反向抵押贷款发展的软力量。反向抵押贷款期限较长,政策风险极高,国家政策长期稳定的支持是不可或缺的保障。此外,社会道德对反向抵押贷款的承受能力也相当重要,只有观念创新开放,才能减轻反向抵押贷款的阻力。

二、反向抵押贷款的参与机构

我国在开办反向抵押贷款业务时,要走市场模式与政府模式相结合之路。针对反向抵押贷款业务开办中的种种风险,我们提出一套适合中国国情的制度安排。建议除养老保障机构负责组织整个以房养老的具体操作外,还需加入商业银行、保险机构、房地产公司和相关政府监督部门和政策制定部门。各部门应发挥自身的优势,一同参与这一业务,根据各自的贡献承担风险和分割利润,以实现联合经营。

(一)政府

政府要发挥引导作用,其主要作用是规则制定、政策支持等,为反向抵押贷款创造一个良好的外部环境。而对反向抵押贷款产品的开发、设计、推广等具体操作运营过程,则由相关金融机构在充分调查市场的基础上自主完成。

(二)央行

2005 年 3 月,中国人民银行宣布以中国建设银行作为试点单位,进行住房抵押贷款证券化的试点。以房养老模式要取得稳定的发展,必须实现反向抵押贷款资产的证券化。当贷款机构从事反向抵押贷款业务出现资金短缺时,可以向央行申请专项再贷款。当贷款机构或开办反向抵押贷款保险业务的保险公司破产时,央行可直接接管相关业务;或责令接收机构负责继续开展反向抵押贷款相关业务。

(三)保险公司

保险公司是一支有生力量,由于专门经办养老金保险的缴费与赔付,开办此类业务是比较适合的。保险公司尤其是寿险公司最适合开办以房养老业务,同时以房养老在设计时需要考虑借款人的预期寿命,此业务涉及贷款的发放,抵押房屋的评估、维护与销售,需要保险公司与银行、房地产部门的充分合作。

(四)商业银行

商业银行的资金比较充裕,个人储蓄存款中用于购买住房、准备养老的资金也占有较高比重,是反向抵押贷款业务开办的主力军。传统的房地产贷款业务都是由银行开办的,银行在开发与房地产有关的金融产品、借款人资格的审核、抵押资产的评估审查、贷款方式的设计等方面,积累了一定的经验,为实行以房养老创造了条件。住房反向抵押贷款运行周期长、不确定因素多,存在着很大的市场风险。只有在保险产品的介入下,才能有效分散贷款的回收风险。因此,商业银行必须和保险公司加强合作,才能使这类新型金融产品得到稳步发展。

(五)社会保障机构

社会保障机构是积极的倡导者和合作者。建立强有力的社会保障体系,增加新的养老资金筹措渠道,支持养老事业,是社会保障机构的职责。但这一业务的具体开办,如购买新房、房价变现、资产评估,以至最终的房屋产权完全归由贷款发放机构,并通过拍卖收回款项等一系列工作,并非社会保障机构的强项。所以,社会保障机构应该与保险公司、银行、房地产公司积极配合,发挥倡导者和合作者的作用。

(六)中介机构

住房反向抵押贷款的运作,涉及评估、咨询、保险、法律、财务、房屋处置等多种行业和机构,离不开中介机构提供的各种服务,如房产价值评估、法律公证等。住宅反向抵押贷款要求房地产部门、会计师事务所、律师事务所等机构的积极参与,这些行业和机构的发展水平直接影响住宅反向抵押贷款发放的效率和效益。

中介机构在住房反向抵押贷款的运作过程中,应与其他部门合作,发挥其专业优势。一是房地产部门要发挥房地产价值评估作用。为住房反向抵押贷款的借贷双方提供准确、公正、合理的价值评估结果。二是会计师事务所、律师事务所等中介机构可发挥它们专业方面的优势,为住房反向抵押贷款借贷双方提供专业服务,防止交易中可能出现的欺诈行为,损害当事人的利益。

(七)房地产部门

房地产部门的主要作用是:初始房屋价格的评估和房产二级市场的销售。鉴于存在变现风险,房地产部门起到的作用举足轻重。

(1)房屋价格的评估不仅涉及当期房产价格的评估,更主要的是未来十几、数十年后房产价值的评估,由于房地产公司掌握的关于房产的构建、所处地段甚至城市规划方面的信息,相较一般部门机构更多,对这一数据的预测可能也更为准确。

（2）建立和完善住房二手市场，我国明显没有一个合理完善的住房二手市场，过去的原因可能是因为供给源不旺，一旦反向抵押贷款迅速发展起来，市场上必将大量出现二手房，这需要房地产公司培育、完善定价合理的二手房市场，不仅能给房产公司带来新的利润增长点，也会缓解目前房价过高，许多工薪阶层买不起房的困境。

（3）反向抵押贷款房屋抵押中出现的公共地产问题，可以在房屋购买之初就由房地产公司进行调查，如将来有参与反向抵押贷款意向的，可以尽量将这些购房者聚集在一起，甚至推出这样的主题楼盘，既可以扩大以房养老的宣传力度，又可以解决由于公共地产属性而造成的楼盘拆旧翻新的不便，使房产附着土地的价值更好地得以释放。

（八）构建各关联方相互合作的机制

根据上述分析，无论是商业银行、保险公司、房地产中介公司，还是社保基金，都不适于单独发展住房反向抵押贷款。它的推出应以商业银行和寿险公司为主，社保机构和相关中介机构参与其中，形成权责明确、风险共担、利益共享的合作关系。在具体运作形式上，建议成立一个专门开办反向抵押贷款业务的联合经营机构，由商业银行等单位按一定比例投资入股，利益分享、风险共担。

特设机构的内部成立不同的部门，分别负责产品设计、市场开拓、售后服务等业务。如由内部的保险部门策划住房反向抵押贷款业务的程序，设计产品，根据生命表进行相关测算，估计每年给付的养老费用，并由银行部门负责贷款的审查、发放、回收等事宜；由房地产部门发现目标客户，联合保险部门进行谈判，通过拍卖出售将收回的住房变现，回笼资金等。这样既可以发挥几家金融机构的优势，又可以使外部矛盾内部化，还可以隔离风险，达到多赢的目的。

三、反向抵押贷款双方当事人

（一）贷款机构

反向抵押贷款是年老而又贫弱的老人对所拥有房产价值的特别安排，是一种养老的新途径，是强化社会保障的新形式。这又体现了一种政策行为，还附有浓重的公共福利色彩。对实施反向抵押贷款业务的机构，国家必须设立准入制度。

普通住房抵押贷款的开办机构只能是银行，反向抵押贷款的开办机构可以是银行，也可以是寿险公司或专门设立开办这一业务的其他特设机构。如美国政府对反向抵押贷款的承办机构，就特别规定道："联邦住房管理局授权的合法贷方，拥有开展反向抵押贷款的排它性权利。"我国将来推出这一业务时，可借鉴美国反向抵押贷款的模式，允许银行、寿险公司、信托投资公司等机构作为开办反向抵押贷款业务的特设机构，各种基金会尤其是住房基金、养老基金的管理机构，社会保障部门和某些有实力的房地产开发商，也可以经过特别允准后参与这一业务的运作。

（二）借款人

普通抵押贷款的借款者，按制度规定只能是中青年户主，老年户主如年逾 60 岁即不再具备申请贷款的资格。即使年龄在 50 岁的人员，贷款章程也特别规定整个贷款期限不得超出 15 年，即 65 岁之前必须归还全部贷款本息。事实上，老年人也有较强的融资需要，只是考虑贷款归还的资金来源问题，老年人显然不具备这一能力。故此相关政策也不允许这样做。而反向抵押贷款业务则不大相同,美国反向抵押贷款的申请人必须是拥有符合规定的房产,年满62岁以上的老年人,如果是夫妻双方作为申请人,那么夫妻双方都必须年满62岁以上。在澳大利亚,反向抵押贷款借款人为已年届65岁或以上且拥有自己的房产的澳大利亚居民,贷款的目的是个人使用,没有其他借款权的信用卡、基于个人使用目的的贷款的再贷款除外。

尽管各国有关反向抵押贷款的规定都有所不同,但都在年龄等方面对借款人进行了严格限制。这种限制主要基于两个原因:一是反向抵押贷款本身的养老属性,要求其适用对象必须是特殊的老年群体;二是要控制贷款机构的经营风险,向特定年龄的居民放款可以整体缩短贷款期限,减少贷款风险。

确定我国反向抵押贷款借款人的资格,应综合考虑金融机构的风险承受能力,考虑老年人对以房养老的需要程度。第一,我国人均寿命为70多岁,老年人到60多岁时大都丧失了劳动能力,收入来源减少,对反向抵押贷款的依赖最强。而此时,金融机构的贷款期限一般为15年左右,风险比较容易控制,所以规定借款人的年龄达到62岁或65岁较为合适。第二,借款人应当拥有具有产权的房屋,这是办理反向抵押贷款的前提条件。第三,借款人应当是我国公民,这是由反向抵押贷款的社会保障属性决定的,开办目的主要是为了解决我国的养老问题。

综上所述,我国可以将反向抵押贷款借款人的资格规定为年龄达到62岁或65岁以上,拥有房屋自主产权,如果是夫妻双方共有产权,应当是双方都达到62岁以上的中国公民。

四、反向抵押贷款的制度法规设计需要遵循双重效益目标

反向抵押贷款作为一种金融产品,既要为金融机构创造经济效益,又要借此解决养老问题,补充社会保障体系的不足。这就需要在实现经济效益目标的同时,实现社会效益的目标。

(一)反向抵押贷款的经济效益目标

反向抵押贷款的经济效益目标,是指贷款的运行应当保障机构实现合理利润,从而使反向抵押贷款市场活跃,竞争充分。本贷款作为一种金融产品,必须能为金融机构带来利润。金融机构作为市场主体,其存在的目的就是获得经济效益。通过开办反向抵押贷款,丰富业务种类,争取更多的客户,从而实现收入数量的提高以及收入方式的多样化。为此需要做到的是:

1.反向抵押贷款市场健康发展的要求。有效的竞争能降低市场风险,改进产品结构,促进反向抵押贷款市场健康发展。而竞争过程又是市场主体追逐利润最大化,实现经济效益的过程,没有经济效益,企业就会失去竞争的积极性,逐渐退出该领域,从而使反向抵押贷款市场无法健康发展。

美国反向抵押贷款市场发展最为成熟,金融机构的经济效益实现得最为理想。国家应规范市场,并健全法律法规来规范市场运作,保证有序的市场竞争,以便于反向抵押贷款市场主体实现经济效益。为此需要做到:一是制定市场准入方面的相关法规政策,规范贷款机构应具备的资质;二是规范反向抵押贷款运作过程各方当事人的行为;三是加大对违法违规经营的打击力度。

2.反向抵押贷款主体的要求。反向抵押贷款的主体主要有金融机构、借款人,金融机构作为企业,就是要顺应市场变化,追求经济效益,因此要针对不同的消费需要,开发出不同的反向抵押贷款产品,要实现反向抵押贷款产品的多元化,推陈出新,细分市场,保证开办的每一项产品,都必须能给其带来相应的利润,实现经济效益。使贷款规模逐渐提高,从而实现企业的利润最大化。

美国 1994 年的《共同发展法案》规定,贷款机构必须向借款人如实披露借款的费用与风险,并将全部借款费用用平均年率的形式表示,以方便借款人对不同贷款机构的产品进行比较。英国 1974 年颁布的《消费者信用法案》对贷款机构的信息披露、贷款利率及贷款费用、借款人取消或解除贷款合约时所享有的权利、贷款安全的保障措施等事项都进行了规定。建立完善的保险机制。政府通过保险或担保等计划,降低市场风险,实现金融机构的经济效益,保障借款人的利益。如美国联邦住房管理局统一向借款人收取保险费用,建立保险基金,对借款人与贷款机构的可能损失进行补偿,从而保证借款人和贷款机构双方经济利益的实现。

(二)反向抵押贷款的社会效益目标

社会效益相对于经济效益而言,是指该产品和服务将会对整个社会产生的有益后果和影响。反向抵押贷款的社会效益目标,是指通过开办反向抵押贷款来补充社会养老保障体系的不足,促进社会整体的和谐、稳定。

反向抵押贷款坚持社会效益目标的原因,是保护弱势群体的借款人,实现以房养老目的的要求。这些借款人是特定的老年人,与养老保障的对象是一致的,相比较年轻人而言,抗风险和维权能力都处于劣势,处于社会弱势地位。对这部分群体在政策上给予倾斜照顾,有利于实现社会的和谐、稳定。

反向抵押贷款的设计初衷,是解决社会特定老年群体的养老资金短缺问题。由于借贷双方的利益着眼点并不十分一致,借款人追求的是从住房变现中获得养老资金,并继续保留居住权不变,贷款机构追求的是利润最大化。鉴于借款人群体缺乏足够的抗风险能力,反向抵押贷款机构不能片面地追求经济效益,更要关注社会效益。

把社会效益作为目标,也是反向抵押贷款市场发展的要求。有效的需求、良好的竞争秩序、稳定的社会环境,都是反向抵押贷款市场健康运行的必备条件。这些条件要求反向抵押贷款的开展过程关注良好的社会效益,以有利于发掘更多潜在的需求,从而使反向抵押贷款市场的竞争更为活跃,市场主体利益实现能够更为充分,达到社会效益带动经济效益,整个反向抵押贷款市场朝着健康的方向发展。

反向抵押贷款对养老事业的发展和社会的稳定,有着积极意义,社会效益目标的实现必须通过政策支持、规范市场和财政倾斜等多种途径,充分发挥政策的导向性作用。国家的政策对其经济社会发展有着导向性作用,反向抵押贷款社会效益目标的实现也离不开政策的支持,政府在制定与反向抵押贷款相关的政策法规时,应采取鼓励态度,引导金融资金的流向,从而保证社会效益目标的实现。如美国制定的《全国住房法案》就对反向抵押贷款采取了鼓励的态度,并采取多种措施以鼓励其发展。正是有了政策的强有力的保障,美国的反向抵押贷款对老年群体生活的改善、社会养老体系的健全作出了更多的贡献,实现了更大的社会效益。

五、《反向抵押贷款法》的法律位阶

对《反向抵押贷款法》采取何种法律位阶,是一个值得探讨的问题。一般来说,立法层次越高,法律效力就越高,但并非所有的社会经济利益都需要高层次的法律形式调整,只有那些关系政治、经济生活重大方面的利益关系,才有上升到高层次法律形式的可能。鉴于房屋是大部分老年人一生财富的凝结,法律对不动产的处置比动产要严格得多,我国的反向抵押贷款立法应采取法律的形式,即应当以《反向抵押贷款法》的形式出现。其理由如下。

（一）反向抵押贷款涉及利益重大

我国《宪法》规定"公民合法的私有财产不受侵犯。国家依照法律规定保护公民的私有财产权和继承权"；《物权法》规定"因物的归属和利用而产生的民事关系，适用本法。本法所称物，包括不动产和动产。法律规定权利作为物权客体的，依照其规定。本法所称物权，是指权利人依法对特定的物享有直接支配和排他的权利，包括所有权、用益物权和担保物权"。

我国对房屋这种不动产的保护规定是非常严格的，不动产不像动产那样，可以不加太多限制地处分。不动产的抵押按揭涉及社会的方方面面，运作成功会对老年人和社会有很大裨益，造福万家；如运作不成功，则会影响社会稳定，给借贷双方造成很大损失。法律的特征在于它的国家意志性和普遍的约束力，行政法规和规章制度的法律效力和普遍约束力，远远不及法律。因此，《反向抵押贷款法》的制定能强有力地保护借贷双方的权益。换言之，只有采取法律的形式才能体现房屋这种不动产的严格处置，以期更有效地发挥其应有效用。

（二）能够突破现行法律的障碍

目前，在我国实行反向抵押贷款的主要障碍，来自于金融业的分业经营、分业管理。而分业经营管理的原则是以法律的形式出现的，具体在《证券法》等法规中有明确规定。如果反向抵押贷款同样以行政法规、规章等形式出现，则会出现法律效力的冲突。我国《立法法》明确规定"法律的效力高于行政法规、地方性法规、规章"。反向抵押贷款以法律的形式出现，使得法律之间的效力得以协调，且《证券法》也给金融混业经营留下了余地。这样在出现法律冲突时，可以适用《立法法》的规定，即同一机关制定的法律，特别规定与一般规定不一致的，适用特别规定；新的规定与旧的规定不一致的，适用新的规定。

（三）现行调整规范层次杂乱，需要有统一法规

目前，有关不动产抵押的规范制度，大都以法律、管理办法等形式出现，层次杂乱，调整不力。如《担保法》、《个人住房贷款管理办法》、《城市房地产抵押管理办法》等等。这些法律、管理办法在开办反向抵押贷款中，可以适用。但由于是归由不同机关部门制定，没有强有力的法律效力与法律权威，容易造成反向抵押贷款运作过程的冲突。制定《反向抵押贷款法》，能够保证相关法律的统一性，促进反向抵押贷款制度的健康发展。

六、关于《反向抵押贷款法》的结构之探讨

构建我国的《反向抵押贷款法》，至少应该包括以下几方面内容：

1. 总则。总则包括了《反向抵押贷款法》的立法宗旨、依据、概念、基本原则等。

2. 反向抵押贷款主体及其权利义务。这部分内容要对参与反向抵押贷款的主体，即达到一定年龄的老年人和商业银行、保险公司等作出明确的规定，同时对双方的权利和义务作出规定。

3. 房屋价值评估。用于反向抵押贷款的房屋必须进行价值评估，以确定适合的贷款价值比例。房屋价值评估必须由反向抵押贷款双方信赖的中介机构，严格按照评估的程序和方法进行。

4. 反向抵押贷款的程序。在《反向抵押贷款法》中规定反向抵押贷款的程序，是为了方便反向抵押贷款的主体按照既定的步骤开展贷款业务，保证本业务的有条不紊进行。

5. 法律责任。规定法律责任的目的是设立一个惩罚性的机制，使得反向抵押贷款的主体对

自己的行为有一个合理的预期,保证反向抵押贷款有序地进行。

6.附则。其他相关的事项规定。

七、《反向抵押贷款法》的主要内容

(一)立法宗旨、依据、概念

立法宗旨是为了提升老年人的生活质量和水平,完善我国的社会保障体系,根据宪法,制定本法。

本法所称反向抵押贷款是指具有城镇户口的、年龄在62岁以上的老年人,将其拥有的有处分权的房屋抵押给商业银行、保险机构,由商业银行、保险公司按照经双方认可的房屋价值评估机构评估的房产价值,依据一定的方式支付现金给老年人,以保障老年人晚年生活,老年人去世或者永久搬离房屋后,其房屋产权归商业银行、保险机构所有的抵押方式。

(二)反向抵押贷款法的基本原则

法律的基本原则是指法律所能体现的基本精神,它体现了法律的基本价值和调整方法,是各种具体法律制度的高度概括和抽象,对立法、执法、法律的解释和适用都具有普遍的指导意义。因此,反向抵押贷款法的基本原则,就是集中体现反向抵押贷款法的基本价值和调整方法,对反向抵押贷款法的制定、执行、解释和适用,具有普遍意义的基本精神。我国反向抵押贷款法的基本原则应当包括:

第一,诚实信用原则。是指以诚实信用为内容的市场伦理道德准则规范民事主体行为,调整当事人利益冲突,平衡当事人相互之间及其与社会利益关系的基本准则。之所以规定这一原则,是为了克服借款人的诚信风险。借款人对自己的身体状况、预期寿命及医疗保健信息最清楚,借款人为获得反向抵押贷款,往往会对贷款机构隐瞒实情。贷款机构受信息不对称的制约,很难掌握借款人的这些信息。为了减少贷款机构的风险,诚实信用原则必不可少。

第二,平等自愿原则。本原则强调主体资格和法律地位的平等自愿,强调主体的意志自由。由于老年人的维权意识不强,辨别能力减弱,规定平等自愿原则,有助于维护借款人的合法权益,同时也可以防止来自政府部门给予贷款机构施加的强制实施贷款的行政命令。

第三,国家适度干预原则。适度干预是指国家在经济自主和国家统制的边界条件或临界点上所作出的一种介入状态。我国反向抵押贷款业务的开展,离不开政府的参与和支持,但在社会主义市场经济条件下,政府并不能包办这项工作,而应当进行适当的干预。具体来说,政府要加强对贷款主体的监管,要向借款人提供适当的咨询服务,要做额外风险的担保者,确保反向抵押贷款制度的稳健发展。

(三)反向抵押贷款的主体

反向抵押贷款的主体一方应为拥有独立产权、年龄在62岁以上的城市老年人,是为借款人。如果是夫妻双方的房屋,则应以年龄较低者计算贷款期限。贷款机构从我国目前的情况看,应当选择商业银行和保险公司。商业银行的资金比较充裕,对开发与房地产有关的金融产品有比较丰富的经验,可以作为贷款机构之一。保险公司尤其寿险公司在办理保险业务的过程中,积累了大量的老年人的信息,同时积累了丰富的理赔经验,并能运用保险精算原理设计反向抵押贷款的产品,也可以作为贷款机构之一。

(四)反向抵押贷款房屋的登记

反向抵押贷款的标的是房屋这种不动产,因此,应当采取登记的方式,向房屋管理机构登记,经过登记才能生效。

(五)反向抵押贷款双方的权利义务

老年人有权选择参加商业银行或保险公司推出的反向抵押贷款产品,有权按照合同约定的方式固定领取现金,在反向抵押贷款权人违反合同约定时,有权提前终止合同。其义务是在办理反向抵押贷款期间,如实向反向抵押贷款权人说明自己的生理健康状况、医疗记录等。在反向抵押贷款运作期间,妥善管理房屋,防止房屋出现意外风险,必要时得为房屋办理保险,未经反向抵押贷款权人同意,不得以捐赠或其他手段放弃房屋产权,不得在房屋之上设置其他担保物权,不得擅自改变房屋的居住用途。

反向抵押贷款权人有权推出自己设计的产品,在经过银监会和保监会批准后,向社会公布,有权接受或拒绝反向抵押贷款申请人提出的贷款申请,在借款人违反合同约定时有权提前终止合同。其义务是按照合同约定固定期限的支付现金给借款人,向参与反向抵押贷款的老年人解释该项贷款可能面临的风险等。

(六)中介机构应担负的责任

反向抵押贷款的业务操作中,要对房屋的价值进行评估,对借款人的寿命加以预期,对未来的利率走向作出大致预测,从而确定给付贷款的额度。房地产管理部门应当指定具有房屋价值评估能力的公司,并向全社会公示。反向抵押贷款业务双方可以聘请有资质的资产评估公司对房屋的价值进行评估,评估费用由双方平均负担。

涉及公证的事项,按照有关公证的法律法规办理。为保证反向抵押贷款的顺利开展,反向抵押贷款双方可以按照自愿的原则,按照《公证法》的规定,选择具有资质的公证机构办理相关的公证工作。

(七)反向抵押贷款的程序

具有申请反向抵押贷款意向的老年人持本人身份证和房屋所有权证书,向商业银行或保险公司申请反向抵押贷款。机构受理反向抵押贷款申请后,应当进行初步审核,初审合格后予以受理。双方共同委托有房屋价值评估能力的公司进行价值评估,根据评估公司出具的评估报告和其他相关文件,商业银行或保险公司决定是否接受申请人的申请。

对符合条件的老年人,在双方自愿的情况下,签订反向抵押贷款合同。同时商业银行或保险公司应将反向抵押贷款合同的事项向银监会或保监会备案。

(八)房屋保险

反向抵押贷款借款人需要在贷款合同签订前办理房屋保险。反向抵押贷款期内,保险单由反向抵押贷款权人保管。反向抵押贷款期内,借款人不得以任何理由中断或撤销保险,如发生保险责任范围以外的因借款人过错的毁损,由借款人负全部责任。给对方造成损失的,应当赔偿对方的损失。

(九)法律责任

法律责任是指由于违法行为或不属于违法的特定法律事实的出现,而使责任主体应对国家、社会或他人承担的法律后果。法律责任是任何一部法律所必须具备的制度,法的强制性很大程度上取决于法律对责任的合理规定。

在《反向抵押贷款法》中,应分别规定借款人、贷款权人的民事责任和刑事责任,中介机构的民事责任和刑事责任。坚持责任法定、责任自负、程序保障等原则,严格依照法定性质、程度、方式等追究行为人的责任,保护当事人的合法权益,彰显法律的尊严和正义。

(十)立法要点

1.抵押房屋的处分

对反向抵押贷款房屋的处分,主要是指房屋的出售及在房屋上设定抵押权、租赁权。考察国外的反向抵押贷款制度,发现一般都允许自由出售房屋,而对于再设定房屋的其他各种权利时,则需要受到一定的限制。

2.抵押房屋的出售

根据我国《担保法》及《物权法》的规定,在抵押期间,抵押人未经抵押权人同意,不得转让抵押财产。我国反向抵押贷款制度的建立也应遵循这一规定,反向抵押贷款对借款人有"无追索权"保障,即使抵押房屋的价值不足以偿还贷款额,贷款机构也不得要求借款人以其他财产清偿,这一规定可以使得老年人不必担心贷款额超过房屋价值时会被迫从房屋中搬离。但这一条款同时也是一把双刃剑,它使得老年人有可能利用这一条款与他人恶意串通低价变卖房屋,损害贷款机构的利益。因此,已参与反向抵押贷款业务的房屋,在转让时有必要取得贷款机构的同意,以保证房屋能以合理的价格转让,维护贷款机构的正当利益。

3.抵押房屋权的设定

根据《担保法》的规定,在房屋抵押后,对于房屋价值大于担保债权余额的部分,可以再次抵押,同一抵押房屋上可能会存在多个抵押权的问题。对反向抵押贷款来说,贷款机构一般是就房屋的全部价值发放贷款,不会存在房屋价值大于担保债权的情况,这就意味着,已进行反向抵押贷款的房屋不能再设定其他抵押权。

附录 《中华人民共和国住宅反向抵押贷款法》(建议稿)

第一条 为了提升老年人的生活质量和水平,完善我国的社会保障体系,规范住宅反向抵押贷款行为,根据宪法,制定本法。

第二条 本法所称住宅反向抵押贷款,是指具有城镇户口的、年龄在 62 岁以上的老年人,将其拥有的有处分权的房屋抵押给商业银行、保险机构或其他有资格开设本业务的特设机构,由业务开办机构按照经双方认可的房屋价值评估机构评估房产的价值,依据一定的方式支付现金给老年人,以保障老年人晚年生活,老年人去世或永久搬离房屋后,其房屋产权归业务开办机构所有的抵押方式。

第三条 本法所称住宅反向抵押贷款借款人,是指具有城镇常住户口、年龄在 62 岁以上、具有独立房屋产权的老年人。

第四条 本法所称住宅反向抵押贷款机构,是指在我国境内,经中国银行业监督管理委员会批准从事住宅反向抵押贷款业务的商业银行和经中国保险监督管理委员会批准从事住宅反向抵押贷款业务的保险公司,还包括其他有资格开办本贷款业务的特设机构。

业务开办机构可以自行设计住宅反向抵押贷款产品类型,经中国银行业监督管理委员会和中国保险监督管理委员会批准后,向社会公布。

业务开办机构应当设立专门的机构,受理住宅反向抵押贷款的咨询、鉴证、服务工作,办理反向抵押贷款业务。

第五条 住宅反向抵押贷款的业务开办,应当遵循诚实信用、平等自愿、国家适度干预的原则。

依法设定的住宅反向抵押贷款,受国家法律保护。

第六条 依法取得的房屋所有权反向抵押贷款的,该房屋占用范围内的土地使用权必须同时反向抵押贷款。

第七条 下列房屋不得参与申请反向抵押贷款业务:

1.权属有争议的房屋;

2.已依法公告列入拆迁范围的房屋,或预期在不远的将来将会列入拆迁范围的房屋;

3.被依法查封、扣押、监管或以其他形式限制使用支配权利的房屋;

4.依法不得抵押的其他房屋。

第八条 依法反向抵押贷款的房屋,应当向房屋所在地的登记机构办理登记。

第九条 住宅反向抵押贷款合同应当载明下列主要内容:

1.抵押人、抵押权人的名称或者个人姓名、住所;

2.反向抵押贷款房屋的地址、名称、状况、建筑面积、用地面积等;

3.反向抵押贷款设定的期限;

4.反向抵押贷款房屋的评估价值;

5.贷款的数额及发放方式;

6.抵押权灭失的条件;

7.违约行为和违约责任;

8.争议解决的方式;

9.业务开办双方约定的其他事项。

第十条 设定住宅反向抵押贷款时,反向抵押贷款房屋的价值应当由房地产评估机构评估确定,并载入住宅反向抵押贷款合同。

房屋所在地的政府部门应当公布具有房地产价值评估能力的机构的名称。住宅反向抵押贷款的业务双方,应当在上述机构中选择双方认可的有资质的机构进行房屋价值评估。

第十一条 住宅反向抵押贷款双方认为需要进行住宅反向抵押贷款公证的,按照有关法律法规的规定办理。

第十二条 住宅反向抵押借款人申请反向抵押贷款,应当提供下列资料:

1.住宅反向抵押贷款申请书;

2.身份证件;

3.房屋权属证明;

4.抵押权人要求提供的其他文件或资料。

第十三条 住宅反向抵押贷款申请人应直接向业务开办机构提出贷款申请。机构自收到反向抵押贷款申请及符合要求的资料之日起,应在5日内进行初审。

第十四条 经初审合格的,业务开办机构应向住宅反向抵押贷款申请人说明住宅反向抵押贷款的风险。初审不合格的,退回借款人的申请,并说明理由。

第十五条　住宅反向抵押贷款申请人自愿承担贷款风险,双方并就有关事项达成一致的,应当订立书面的住宅反向抵押贷款合同。

住宅反向抵押贷款双方订立合同后,应向房屋所在地的登记机构进行抵押房屋登记。自登记之日起,住宅反向抵押贷款业务生效。

第十六条　业务开办机构应将住宅反向抵押贷款合同的事项,向中国银行业监督管理委员会或中国保险监督管理委员会备案。

第十七条　反向抵押借款人对设定抵押的房屋在反向抵押贷款期内必须妥善保管,负有维修、保养、保证完好无损的责任,并随时接受反向抵押贷款权人的监督检查。

对设定反向抵押贷款的房屋,在反向抵押贷款期届满之前,借款人不得擅自处分。

第十八条　反向抵押贷款期间,未经反向抵押贷款机构同意,借款人不得将抵押物再次抵押或出租、转让、变卖、馈赠。

第十九条　反向抵押贷款期间,因国家建设需要,将已设定反向抵押贷款的房屋列入拆迁范围的,借款人应当及时书面通知业务开办机构。抵押双方依法清理债权债务,解除反向抵押贷款合同。

第二十条　借款人必须在住宅反向抵押贷款合同签订前办理房屋保险。反向抵押贷款期内,保险单由反向抵押贷款机构保管。

第二十一条　反向抵押贷款期内,借款人不得以任何理由中断或撤销抵押房屋的保险,在保险期内,如发生保险责任范围以外的因借款人过错的毁损,由借款人负全部责任。

第二十二条　住宅反向抵押贷款合同需要变更的,经双方协商同意,依法签订变更合同。变更后,依法履行相应的登记和备案手续。

第二十三条　在反向抵押贷款期内,借款人死亡、宣告失踪或丧失民事行为能力,其继承人可以和贷款机构协商提前解除反向抵押贷款合同。

提前解除合同的,反向抵押借款人的继承人应当依法给付反向抵押贷款机构已支付给借款人的一切费用,这些费用包括贷款累计本息和相关费用开支。

第二十四条　合同约定的反向抵押贷款期届满,反向抵押贷款合同终止,房屋的所有权归贷款机构所有。业务终止后,依法履行相应的登记和备案手续。

第二十五条　借款人有下列情形的,贷款机构有权解除合同,并追究借款人的违约责任:

1.提供虚假文件或资料,诱骗贷款机构订立合同的;

2.反向抵押贷款期间,故意或重大过失造成抵押房屋发生重大毁损的;

3.反向抵押贷款期间,擅自处分房屋的;

4.不配合反向抵押贷款权人办理登记手续的;

5.法律规定的其他情形。

第二十六条　贷款机构有下列情形的,借款人有权解除合同,并追究贷款机构的违约责任:

1.无正当理由未按照合同约定支付款项或未足额支付款项的;

2.未经对方同意,擅自变更合同内容的;

3.图谋低价取得借款人的房产,或者有某种诈骗行为的;

4.法律规定的其他情形。

第二十七条　业务开办机构未经中国银行业监督管理委员会或中国保险监督管理委员会批准,擅自开展住宅反向抵押贷款业务,或者擅自发行住宅反向抵押贷款新品种的,应当责令其停止业务,并处以一定数额的罚款。造成对方损失的,并责令赔偿损失。情节严重的,依法追究民事责任或者刑事责任。

第二十八条　借款人串通房地产评估机构提高房屋评估价值,给贷款机构造成损失的,责令赔偿损失。贷款机构有权解除合同。贷款机构串通房地产评估机构故意压低房屋评估价值,给借款人造成损失的,责令赔偿损失。借款人有权解除合同。

第二十九条　房地产评估机构在房产价值评估过程中,因故意或重大过失,出具不合理的评估报告,给反向抵押贷款业务开办双方或某一方造成损失的,应当依法赔偿损失。情节严重的,依法追究民事责任或刑事责任。

第三十条　借款人串通公证机构,促成双方订立合同,给贷款机构造成损失的,责令赔偿损失。贷款机构有权解除合同。贷款机构串通公证机构,促成贷款双方订立合同,给借款人造成损失的,责令赔偿损失。借款人有权解除合同。

第三十一条　公证机构因故意或者重大过失,出具不合理的公证报告,促成反向抵押贷款双方订立合同,给一方或双方造成损失的,应当依法赔偿损失。情节严重的,依法追究民事责任或者刑事责任。

第三十二条　本法自公布之日起施行。

美国反向抵押贷款相关法律条文简介

（本文主要参照美国《联邦银行法》第 6－h 款，《联邦不动产法》第 280 和 280-a 款）

（a）《联邦银行法》6－h 条款和《联邦不动产法》280 和 280-a 款，以及现在这部分赋予了贷方开展反向抵押贷款的排他的权利，这些条款将在 79.2 部分详述。银行法案的第 38、39、80 和 82 部分的总述条款不是反向抵押贷款的依据。

（b）这部分以及 38、39、80 和 82 部分都不适用与老年人房产转抵押保险示范项目条件相符的贷款，即"HUD/HECM"反向抵押贷款项目。

（c）反向抵押贷款由联邦抵押联合会（FNMA）发起并遵从 FNMA 政策条例，《联邦不动产法》的 280 和 280-a 条款与这部分保持一致。然而，这部分的 79.12 节仍适用于开展这项贷款的贷方。

一、反向抵押贷款业务的发起与授权

1. 反向抵押贷款（HECM）业务由 FNMA 在 1986 年发起并实施，并受 FNMA 颁布的法规政策条例框架约束。

2. 政府在 FHA 下专门设立 HECM 项目管理部门予以管理。

3. FHA 授权的合法贷方拥有开展反向抵押贷款的排他性权利。"合法贷方"主要指：任何银行、信托公司、国家银行联盟、储蓄银行、储蓄和贷款协会、联邦储备银行、联邦储蓄和贷款协会、信用联盟、联邦信用联盟和任何授权的抵押银行，以及其他 FHA 特别授权的实体。

4. FHA 授权标准：

（1）除了《联邦金融主管机构条例》410.1 款规定的金融职责要求之外，所有实体必须从联邦或州级管理部门取得不可撤销的备用信用证书，并且账面上必须长期保有满足未来 12 个月贷款需求的最少 300 万美元的余额，第一期信用证书期限至少要两年。

（2）发放信用信函的金融部门不能隶属于贷方。

（3）Dun&Bradstreet 信用服务评级公司连续三年评级达到 4A 或 5A 的贷方，不受本条（1）款的限制。

（4）贷方必须有 1000 万美元以上的资本。

（5）贷方可以依靠母公司来满足（4）款的条件，母公司必须拥有 10000 万美元以上的资本，并且向主管部门书面保证向贷方注入不低于 1000 万美元的资本金。

（6）除上述要求之外，贷方必须以书面形式向抵押银行主管机构申请开展这项业务。书面申请必须包括以下内容：①姓名、地址、电话、贷方业务的主要领域；②负责反向抵押贷款项目执行官的姓名；③款的免责项及相关证据；④一份备用信用函；⑤一份最近的财务报告；⑥A. M. Best 公司签发报告的复印件；⑦主管部门向其指派反向抵押贷款代理服务机构的证明；⑧任意一份贷方和符合条件的信托者签订的合同；⑨信托者和指派机构的名字、地址、电话和主营业务；⑩一份贷方承诺有限放弃赎回权的证明复印件；⑪主管部门需要的其他材料。

二、定义

1."反向抵押贷款"指有不动产抵押保全的 280 或 280-a 贷款,这个不动产必须是 1~4 人的定居家庭独立房产或者多个抵押人共有的房产。这个贷款在贷款期限内分期等额付给抵押人、或者不等额支付、或者两者相结合。反向抵押贷款有固定期限。反向抵押贷款不能用证券、其他财产所有权、租赁财产或和他人共有财产做抵押。

2.280 贷款中的"借款人"指拥有符合条款 1 的抵押房产的,年龄不小于 60 岁的公民,他的收入不能超过该州的中等收入水平。

3.280-a 贷款中的"借款人"指拥有符合条款 1 的抵押房产的,年龄不小于 70 岁的公民,他的收入不能超过该州的中等收入的 80%。

关于这部分的说明:

(a)"授权贷方"和"贷方"指任何银行、信托公司、国家银行联盟、储蓄银行、储蓄和贷款协会、联邦储备银行、联邦储蓄和贷款协会、信用联盟、联邦信用联盟和任何授权的抵押银行,以及依照 79.3 款反向抵押贷款主管部门授权的任何实体。

(b)"280 贷款"必须在《联邦不动产法》280 款下实施。

(c)"280-a 贷款"必须在《联邦不动产法》280-a 款下实施。

三、抵押银行和其他实体开展反向抵押贷款业务的许可

1.作为《纽约法》的补充,合法的抵押银行、保险公司、外资银行保险部门、国立非营利组织以及银行法案 39.2(c)款规定的合法机构,在提供反向抵押贷款之前,必须遵守以下要求:

(1)除了《主管机构条例》410.1 款规定的金融职责要求之外,所有实体必须从联邦或州级管理部门取得不可撤销的备用信用证书,并且账面上必须长期保有满足未来 12 个月贷款需求的最少 300 万美元的余额,第一期信用证书期限至少要两年。

(2)发放信用信函的金融部门不能隶属于贷方。

(3)Dun&Bradstreet 信用服务公司连续三年评级达到 4A 或 5A 的贷方,不受(1)款的限制。

(b)贷方必须有 1000 万美元以上的资本。

(c)贷方可以依靠母公司来满足(b)款的条件,母公司必须拥有 10000 万美元以上的资本,并且向主管部门书面保证向贷方注入不低于 1000 万美元的资本金。

(d)(a)和(b)不适用于以下贷方:

(1)反向抵押贷款在贷款期限内就完全支付者;

(2)反向抵押贷款在二级市场卖给 4A 级或 5A 级的投资者者;

(3)目的是为了给抵押人购买养老金者。

(e)除上述要求之外,贷方必须以书面形式向抵押银行主管机构申请开展这项业务。

2.书面申请必须包括以下内容:

(1)姓名、地址、电话、贷方业务的主要领域;

(2)负责反向抵押贷款项目执行官的姓名;

(3)(a)款的免责项及相关证据;

（4）如果达不到（a）款的免责条件，需要一份备用信用函；

（5）如果达不到（b）款的免责条件，需要一份最近的财务报告；

（6）A. M. Best 公司签发的报告的复印件；

（7）主管部门向其指派反向抵押贷款代理服务机构的证明；

（8）任意一份贷方和符合 79.5 款条件的信托者签订的合同；

（9）信托者和指派机构的名字、地址、电话和主营业务；

（10）一份贷方承诺有限放弃赎回权的证明复印件；

（11）主管部门需要的其他材料。

四、合理的成本费用

1. 除收益、利息、增值分成外，贷方还可以收取下列费用、成本和支付，一共 18 项：

（1）规定申请费；

（2）贷款创办管理费；

（3）文档管理费；

（4）不动产调查和评估费；

（5）～（8）略。

2. 在贷款期限内，贷方可以向抵押人收取下列费用：

（1）购买额外抵押保险的费用；

（2）保持不动产完整性的费用；

（3）贷款展期和再估价的费用；

（4）不动产税收和保险费用；

（5）不高于 30 美元的每月服务费。

在贷款期满时，贷方可以收取终止费，必须是不动产出售时的成本。贷方不能收取储蓄账户的开设、维护和终止费。

参考文献

1. Ambrose,B. ,C. Capone, and Y. Deng. (2001). "Optimal Put Exercise: An Empirical Examination of Conditions for Mortgage Foreclosure," Journal of Real Estate Finance and Economics 23(2), 213Y234.

2. Arunada, B. (2003). Property Rights as Organized Consent, Universitat Pompeu Fabra, Mimeo.

3. American Associationof Retired Persons, May 2000. "Fixing to Stay: Anational Survey of Housing and Home Modification Issues. "

4. Bernheim, B. Douglas. 1992. Is the Baby Boom Generation Preparing Adequately for Retirement, Technical Report. Merrill Lynch. Princet on N. J.

5. Black, F. , and M. Scholes. (1973). "The Pricing of Options and Corporate Liabilities," Journal of Political Economy 81, 637Y654.

6. Berger, A. E. ; Ciment, M. C. ; and Rogers, J. W. 1975. Numerical Solution of A Diffusion.

7. Brennan, J. M. , and Schwartz,E. S. 1979. A continuous time approach to the pricing of bonds. *Journal of Banking and Finance*, 3:133-155.

8. Case, K. E. , and Shiller, R. J. 1989. The efficiency of the market for single-family homes. *American Economic Review*, 79:125-137.

9. Cox, J. C. ; Ingersoll, J. E. , Jr. ; and Ross, S. A. 1979. Duration and the measurement of basic risk. *Journal of Business*, 5251-5261.

10. Cox, J. C. ; Ingersoll, J. E. , Jr. ; and Ross, S. A. 1981. A re-examination of traditional hypothesis about the term structure of interest rates. *Journal of Finance*, 36:769-799.

11. Cox, J. C. ; Ingersoll, J. E. , Jr. ; and Ross, S. A. 1985a. An intertemporal general equilibrium model of asset prices. *Econometrica*, 53:363-384.

12. Cox, J. C. , Ingersoll, J. E. , Jr. ; and Ross, S. A. 1985b. A theory of the term-structureof interest rates. *Econometrica*, 53:385-407.

13. Consumption problem with a free boundary. *SIAM Journal of Numerical Analysis*,12: 646-672.

14. Congressional Budget Office, 1993. Baby Boomersin Retirement: An Early Perspective. September.

15. Cunningham,D. F. , and Capone,C. A. , Jr. 1990. The relative termination experience of adjustable to fixed-rate mortgages. *Journal of Finance*, 45:1687-1703.

16. Canner, G. B. , and W. Passmore. (1994). Private Mortgage Insurance, Federal Reserve Bulletin, October 1994.

17. Clauretie, T. , and M. Jameson. (1990). "Interest Rates and the Foreclosure Process:

An Agency Problem in FHA Mortgage Insurance," Journal of Risk and Insurance 57, 701-711.

18. Deng, Y., and S. Gabriel. (2002). "Enhancing Mortgage Credit Availability Among Underserved and Higher Credit-Risk Populations: An Assessment of Default and Prepayment Option Exercise Among FHA-Insured Borrowers," USC Marshall School of Business Working Paper No. 02Y10.

19. Deng, Y., J. Quigley, and R. Van Order. (2000). "Mortgage Terminations, Heterogeneity and the Exercise of Mortgage Options," Econometrica 68(2), 275Y307.

20. Dennis, B., C. Kuo, and T. Yang. (1997). "Rationales of Mortgage Insurance Premium Structures," Journal of Real Estate Research 14(3), 359Y378.

21. Dunn, K. B., and McConnell, J. J. 1981. Valuation of GNMA mortgage-backed securities. *Journal of Finance* 36:599-616.

22. Ellickson, B. 1971. Jurisdictional Fragmentation and Residential Choice. *American Economic Review*, 61:334-339.

23. Engen, Eric, William Gale and Cori Uccello. 1999. "The Adequacy of Retirement Saving." Brookings Paperson Economic Activity, Number 2, pp. 65-165.

24. Equity, in D. Wise (ed.) Issues in the Economics of Aging, University of Chicago Press.

25. Feinstein, Jonathan and Daniel McFadden. 1989. "The Dynamics of Housing Demand by the Elderly: Wealth, Cash Flow, and Demographic Effects", in D. Wise(ed.) The Economics of Aging, University of Chicago Press.

26. Gustman, Alan and Thomas Steinmeier. 1999. "Effects of Pensions on Savings: Analysis with Data From the Health and Retirement Study." Carnegie-Rochester Conference Series on Public Policy, Vol. 50. June. P271-324.

27. Houston, J. F.; Sa-Aadu, J.; and Shilling, J. D. 1991. Teaser rates in conventional adjust able-rate mortgage (ARM) markets. *Journal of Real Estate Finance and Economics* 4: 19-31.

28. Hu, J. 1992. Housing and the mortgage securities markets: Review, outlook and policy recommendations. *Journal of Real Estate Finance and Economics*, 5: 167-179.

29. Hardt, J., and J. Lichtenberger. (2001). "The Economic and Financial Importance of Mortgage Bonds in Europe," Housing Finance International 15(4), 19Y29.

30. Hendershott, P., and R. Van Order. (1987). "Pricing Mortgages: Interpretation of the Models and Results," Journal of Financial Services Research 1(1) (September), 19Y55.

31. Hull, J. (1999). Options, Futures, and Other Derivative Securities, Upper Saddle River, NJ: Prentice Hall.

32. Hurd, Michael. "Portfolio Holdings by the Elderly." Mimeograph. December 1999.

33. Henderson, J. V and Y. Ioannides. 1983. A Model of Housing Tenure Choice. *American Economic Review*, 73:98-113.

34. Jackson, J., and D. Kaserman. (1980). "Default Risk on Home Mortgage Loans: A Test of Competing Hypotheses," Journal of Risk and Insurance 47, 678Y690.

35. Jaffee, D., and B. Renaud. (1995). Securitization in European Mortgage Markets, Paper presented at the First International Real Estate Conference, Stockholm, Sweden.

36. Jaffee, D., and B. Renaud. (1997). "Strategies to Develop Mortgage Markets in

Transition Economies," In J. Doukas, V. Murinde, and C. Wihlborg(eds.), Financial Sector Reform and Privatization in

37. Juster,F. Thomas, Y and Richard Suzman. 1995. "An Overview of the Healthand

38. Journal of the American Real Estate and Urban Economics Association,Vol. 22,No. 2,pp. 257-299.

39. Kau, J. B.; Keenan,D. C.; and Kim, T. 1994, in press. Default probabilities for mortgages. *Journal of Urban Economics*.

40. Kau, J. B.; Keenan,D. C.; Muller, W. J., 111; and Epperson, J. F. 1987. The valuation and securitization of commercial and multifamily mortga ges. *Journal of Bankinn and Finance*: 11526-11546.

41. Kau, J. B.; Keenan,D. C.; Muller, W. J., 111; and Epperson, J. F. 1990a. The analysis and valuation of adiustable rate mortgages. *Manapement Science*, 36:1417-1432.

42. Kau, J. B.; Keenan,D. C.; Muller, W. J., 111; and Epperson, J. F. 1990b. Pricing commercial mortgages and their mortgage-backed securities. *Journal of Real Estate Finance and Economics*, 3:333-356.

43. Kau, J. B.; Keenan,D. C.; Muller, W. J., 111; and Epperson, J. F. 1992. A generalize dvaluation model for fixed-rate residential mortgages. *Journal of Money*, *Credit and Banking*, 24:279-299.

44. Venti,S. and D. Wise. 1991. Aging and the Income Value of Housing Wealth. *Journal of Public Economics*, 44:371-397.

45. Weinrobe,M. 1983. Home Equity Conversion Instruments with Fixed Term to Maturity: Alternatives to End of Term Pay-off. *Journal of the American Real Estate and Urban Economics Association*, 11:83-96.

46. Wise(ed.). The Economics of Aging, University of Chicago Press.

47. Case, Bradford, and AnneB. Schnare. 1994. HECM 反向抵押贷款程序初步估价.美国房地产和城市经济协会，22(2):301-346.

48. Fratantoni,Michael. 1998. 有房、预期的消费风险和持有股票的困惑. 巴尔的摩:约翰斯霍普金斯大学.

49. 哈伯德,R. 格伦、乔纳森和史蒂芬. 1995. 预防救助和社会保险. 政治经济学期刊,103(2):360-399.

50. Kutty,Nandinee. 1996. 反向抵押贷款:老年人贫困的解决办法. 沼泽地房地产系列.

51. 迈尔、克里斯多弗和西蒙. 1994. 反向抵押贷款和房屋财产的流动性.美国房地产和城市经济协会,22(2):235-255.

52. Merrill,Sally R,Meryl Finkel, and Nandinee K. Kutty. 1994. 从为老年私有住房拥有者的反向抵押贷款的潜在受益人:一个美国直升飞机协会的数据分析.美国房地产和城市经济协会,22(2):257-299.

53. Rasmussen,David W., Isaac F. Megbolugbe,and Barbara A. Morgan. 1995. 使用 1990 年公众使用的个体样本估计反向抵押贷款产品的潜在需求.住房研究期刊,6(1):1-23.

54. Rasmussen,David W., Isaac F. Megbolugbe,and Barbara A. Morgan. 1997. 作为一个资产管理工具的反向抵押贷款. 房屋政策讨论,8(1):173-194.

55. Venti, Stephen F., and David A. Wise. 1990. 他们不想减少住房资产. 老龄经济出版

物。大卫·A.怀斯,13 - 32芝加哥:芝加哥大学出版社.

56.Weinrobe,M. 1985.来自布法罗 HELP:最初的公正资产转换经验的回顾和分析.房屋财务评论,4(1):537-548.